पेरियार ललई सिंह ग्रंथावली

खंड-5

उत्तर भारत के पेरियार

पेरियार ललई सिंह ग्रंथावली

[अशोक पुस्तकालय का साहित्य, अम्बेडकर साहित्य, बौद्ध साहित्य, पेरियार का साहित्य, आरक्षण पर साहित्य, सामाजिक क्रान्ति का साहित्य, मिथकीय साहित्य, 26 हजार पते, दुर्लभ चित्र, वंशावली आदि]

खंड-5

संकलन-सम्पादन

धर्मवीर यादव गगन

राधाकृष्ण प्रकाशन

ISBN : 978-93-91950-70-5

पेरियार ललई सिंह ग्रंथावली : खंड-5

पहला संस्करण : 2024

मूल्य : ₹6000
पाँच खंडों का सम्पूर्ण सेट

प्रकाशक
राधाकृष्ण प्रकाशन प्राइवेट लिमिटेड
जी-17, जगतपुरी, दिल्ली-110 051
शाखाएँ : अशोक राजपथ, साइंस कॉलेज के सामने, पटना-800 006
पहली मंजिल, दरबारी बिल्डिंग, महात्मा गांधी मार्ग, प्रयागराज-211 001
1, अनमोल सोराबजी सन्तुक लेन, धोबी तलाव, मरीन लाइंस, मुम्बई-400 002
वेबसाइट : www.radhakrishnaprakashan.com
ई-मेल : info@radhakrishnaprakashan.com

मुद्रक
विकास कम्प्यूटर एंड प्रिंटर्स
ट्रॉनिका सिटी-201 102

PERIYAR LALAI SINGH GRANTHAWALI : Vol. 5
Edited by Dharam Beer Yadava Gagan

पेरियार ललई सिंह के
भिक्खुप्रिय वारीश—जे.एन. आदित्य
और पेरियार ललई सिंह के आन्दोलनकारी
साथियों - शुभचिन्तकों को सादर!

अनुक्रम

प्राक्कथन

साहित्य, चिन्तन और विचार के प्रकाशन के लिए उन्होंने सन् 1960 में 'अशोक पुस्तकालय' नाम से 'प्रकाशन' शुरू किया। और 'सस्ता प्रेस' नाम से 'प्रेस' खोला। यह सब वे अपने गाँव-जवार में ही स्थापित करते हैं। कारण कि वे गाँव-जवार से ही समाज और राष्ट्रनिर्माण शुरू करना चाहते हैं क्योंकि यही वर्ण और जाति-व्यवस्था के केन्द्र हैं। इनका आमूलचूल उन्मूलन ही समतामूलक समाज निर्माण का आधार है। यही 'सामाजिक लोकतंत्र' की वास्तविक जरूरत है।

उस दौर के कुछ प्रतिगामी और प्रगतिशील प्रकाशनों को भी यहाँ प्रस्तुत किया गया है।

पेरियार ललई सिंह मिशनरी 'अशोक पुस्तकालय' प्रकाशन से 100 पुस्तकें प्रकाशित थीं। जिसके सम्पूर्ण देश में लगभग 26,000 पाठक और वितरक थे। ये प्रमाण उनके प्रकाशन के मूल 'जावक रजिस्टर' से प्राप्त हुआ है। जम्मू-कश्मीर से तमिलनाडु तक और गुजरात से बंगाल तक 'अशोक पुस्तकालय' से प्रकाशित पुस्तकों के पाठक और वितरक मिले।

इतना ही नहीं, अशोक पुस्तकालय की पहुँच राष्ट्रीय के साथ अन्तर्राष्ट्रीय भी थी। इसके पाठक ब्रिटेन, जर्मनी, फ्रांस, न्यूजीलैंड, स्विट्जरलैंड तक थे। ये सन्दर्भ पेरियार ललई सिंह द्वारा प्रस्तुत किए गए 'जावक रजिस्टर' से प्राप्त हुए हैं। उन सभी का नाम जावक रजिस्टर में दर्ज है। अशोक पुस्तकालय के सारे पते यदि ग्रंथावली में दिए जाएँ तो ये पते ही कई खंड में हो जाएँगे।

अत: सुविधा की दृष्टिकोण से कुछ चुनिन्दा पते इस ग्रंथावली में दिए जा रहे हैं। और शेष रजिस्टर के www.periyarlalaisingh.com वेबसाइट पर डाल दिए जाएँगे।

भूमिका

कुछ साल पहले तक मैं पेरियार ललई सिंह के बारे में बहुत कम जानता था। सिर्फ उनका नाम सुन रखा था। लेकिन उनके लेखन और काम से खास परिचित नहीं था। इसे आप मेरी कमी, कमजोरी या अज्ञानता भी कह सकते हैं। पर इसमें हमारा दोष उतना नहीं, जितना इस व्यवस्था का है, जो ऐसे विचारकों और जन-योद्धाओं के काम और विचार को प्रचारित-प्रसारित होने से रोकती रही है। उत्पीड़ित समुदाय से आए अनेक बड़े विचारकों या नेताओं का नाम गिना सकता हूँ, जिन्होंने समानता, स्वतंत्रता और भ्रातृत्व के लिए राजनीतिक और बौद्धिक लड़ाई लड़ी पर उनके जीवन-काल में उनके विचारों का बहुत छोटा-सा हिस्सा ही लोगों तक पहुँच सका। लम्बे समय तक हमारे देश में बाबा साहब डॉ. बी.आर. अम्बेडकर की छवि सिर्फ संविधान प्रारूप लेखन समिति के अध्यक्ष या 'दलितों के संरक्षक या उनके आधुनिक देवता' की बनी रही। उन्हें बीसवीं सदी के बड़े विचारक और देश के बड़े समाज सुधारक के रूप में नहीं देखा गया। यही हाल शहीद भगत सिंह के साथ हुआ। लम्बे समय तक उनकी छवि एक 'युवा योद्धा' या 'उग्र-धारा के स्वाधीनता सेनानी' की बनाए रखी गई। एक प्रतिभाशाली और ज्ञानी युवा विचारक और वामपन्थी-क्रान्तिकारी के रूप में उन्हें नहीं देखा गया।

हमारे समाज में जैसे-जैसे समता, स्वतंत्रता और सामाजिक न्याय के लिए जन-भावना और चेतना का विस्तार होता गया, वैसे-वैसे लोगों ने उत्पीड़ितों की मुक्ति और सामाजिक न्याय के लिए लड़ने वाले ऐसे जन-नायकों के साहित्य और विचारों को खोज-खोज कर लिपिबद्ध और प्रकाशित-प्रसारित करना शुरू किया। बुद्ध, पेरियार और अम्बेडकर के दर्शन और विचारों से खास तौर पर प्रभावित पेरियार ललई सिंह एक ऐसे चिन्तनशील और प्रतिबद्ध सामाजिक, सांस्कृतिक, राजनीतिक कार्यकर्ता और प्रचारक हैं, जो हिन्दी-भाषी क्षेत्र में निरन्तर प्रगतिशील विचारों की अलख जगाते रहे। लेकिन उनके साहित्य का बड़ा हिस्सा समाज के बड़े हिस्से तक नहीं पहुँच सका था। इस 'ग्रंथावली' के सार्वजनिक होने के साथ ही समता की एक बड़ी जरूरी लड़ाई पूरी हो रही है।

दक्षिण के विख्यात, चिन्तक और महान् समाज परिवर्तक पेरियार ई.वी. रामास्वामी की विश्वविख्यात कृति 'The Ramayna : A True Reading' को हिन्दी

में लाने और उसे कानूनी पाबन्दी से बचाने व कानूनी लड़ाई जीतने का श्रेय उन्हें जाता है। कई महत्त्वपूर्ण रचनाओं के लेखक पेरियार ललई सिंह ने बाबा साहब डॉ. भीमराव अम्बेडकर से प्रेरित होकर 21 जुलाई, 1967 ई. को बौद्ध धर्म अपना लिया था। धर्मान्तरण के बाद उन्होंने अपने पूर्व नाम पेरियार ललई सिंह यादव को बदलकर पेरियार ललई सिंह लिखना शुरू किया। प्रगतिशील मानवतावादी विचारों और ग्रंथों को प्रचारित-प्रसारित करने के लिए *अशोक पुस्तकालय* नाम से एक प्रकाशन संस्था बनाई और सस्ता प्रेस नाम से एक छापाखाना खोला। अपने उद्बोधन और लेखन से उन्होंने हिन्दुत्ववादी चिन्तन और ब्राह्मणवादी मान-मूल्यों के विरुद्ध बहुजन समाज में नई चेतना का सतत प्रसार किया। अन्धविश्वास और कूपमंडूकता के खिलाफ वे अपने शब्द और कर्म के स्तर पर अनवरत लड़ते रहे। इस मामले में उनकी प्रतिबद्धता और निडरता उत्तर भारत में बेमिसाल है।

आज अपने देश-समाज में जिस तरह अन्याय, अत्याचार, भय और दमन का माहौल है, उसमें पेरियार ललई सिंह का जीवन-संघर्ष, उनकी रचनाएँ और उनके सम्बोधन बेहद प्रासंगिक हो गए हैं। ललई आज लौटकर आ नहीं सकते पर उनकी रचनाएँ और उनकी बौद्धिक-राजनीतिक विरासत हिन्दी-भाषी क्षेत्र के असंख्य ईमानदार और प्रतिबद्ध जनयोद्धाओं को समाज-बदलाव की बड़ी लड़ाई में आगे बढ़ने की प्रेरणा दे सकती हैं। हिन्दी-भाषी क्षेत्र में आमूलचूल परिवर्तन की राजनीति आज गहरे संकट में फँसी है। उसका वजूद हिला हुआ है। सही संगठन, विवेकशील और सुसंगत नेतृत्व के अभाव में आज लाखों युवा कार्यकर्ता निराश हैं। ऐसे दौर में पेरियार ललई सिंह और उनका चिन्तन इन लाखों निराश और क्षुब्ध कार्यकर्ताओं के लिए रास्ता दिखाने वाले आकाशदीप की तरह हैं।

पेरियार ललई सिंह के लेखन का परिप्रेक्ष्य अपने कुछ पूर्ववर्ती और समकालीन लेखकों-विचारकों से कई मामलों में अलग है। उनका एक बड़ा मकसद विभिन्न भाषाओं में पहले से उपलब्ध ज्ञान की रोशनी को अज्ञान के अँधेरे में भटकते हिन्दी-भाषी क्षेत्र के दलित-पिछड़ों और तमाम उत्पीड़ित समुदायों तक पहुँचाना था। पेरियार की 'सच्ची रामायण' का हिन्दी में अनुवाद कराया और फिर उसे छापकर (सन् 1968) प्रचारित-प्रसारित करने का उन्होंने जबर्दस्त अभियान चलाया। इसका हिन्दी अनुवाद रामअधार ने किया था और इसके प्रकाशक थे—पेरियार ललई सिंह। इस रास्ते में बहुत सारी कठिनाइयों का भी मुकाबला किया। कई बार जानलेवा हमले भी हुए। इसलिए उनके लेखन में अकादमिक किस्म का ज्ञान, गूढ़ दार्शनिकता या अति शोधपरक वैचारिकता खोजने की जरूरत नहीं है। वह बुनियादी तौर पर एक आमूलचूल सामाजिक परिवर्तनशील विचारक, बहुजनों के समर्थ शिक्षक और साहसी एक्टिविस्ट हैं। आर्य-हिन्दुओं के तमाम ग्रंथों के अध्ययन के बाद वह उनका अपने ढंग से विवेचन भी करते हैं। उसे कभी लेखन के रूप में,

कभी कथा के रूप में, कभी साक्षात्कारों के रूप में तो कभी संवादात्मक नाटकीय शैली में पेश करते हैं।

हिन्दू धर्म पर ही नहीं वरन लगभग सभी धर्म, मिथक और इतिहास पर उन्होंने बहुत सारगर्भित और गम्भीर चिन्तन, मनन, अध्ययन और अभियानी कार्य किया है। 'आर्यों का नैतिक पोल प्रकाश', 'आदिनिवासियों की पहचान', 'शोषितों पर धार्मिक डकैती', 'शोषितों पर राजनीतिक डकैती', 'सामाजिक विषमता कैसे दूर हो' जैसी ऐतिहासिक महत्त्व की उनकी वैचारिक पुस्तकों को पढ़ते हुए इसका पता चलता है। 'आर्यों का नैतिक पोल प्रकाश' उनकी महत्त्वपूर्ण कृति है। पिछली शताब्दी के सातवें दशक में देश के कई बड़े विद्वानों, विचारकों और जन-नेताओं ने इसके प्रकाशन का स्वागत किया था। इनमें लेखक-विचारक चन्द्रिका प्रसाद 'जिज्ञासु', जालन्धर से निकलने वाली 'भीम पत्रिका' के सम्पादक लाहौरी राम बाली और उत्तर प्रदेश के पूर्व वित्तमंत्री व अर्जक संघ के संस्थापक रामस्वरूप वर्मा सहित कई विद्वान शामिल हैं।

स्वयं पेरियार ललई सिंह ने इस किताब के बारे में उपसंहार में लिखा है—'इस पुस्तक में मेरे आजीवन अध्ययन की अनुभूतियाँ हैं, जिन्हें लिखकर पाठकों के सम्मुख मैंने उपस्थित कर दिया है। पाठकों से निवेदन है कि उन्हें शान्ति के साथ पढ़ें, समझें और निष्पक्ष भाव से विचार करें। मेरा विश्वास है कि जो कुछ मैंने लिखा है, वे उसे अक्षर-अक्षर सत्य पावेंगे। वास्तविक बात यह है कि वैदिक आर्य-ब्राह्मणों का लिखा हुआ साहित्य ऐसे विजातीय, विधर्मी, विजेता एवं शासक जाति का साहित्य है, जिसका उद्देश्य विजित, दुर्बल, असहाय व अनाथ आदिनिवासियों को भुलावे में डालकर उनका दोहन-शोषण तथा उनसे अपनी दासता एवं समाज के समस्त कड़ी मेहनत वाले काम कराना है और उन्हें अपने ही स्वार्थी विचारों की ऐसी अनुपम घुट्टी पिलाना है कि सिवाय उसके, जो उन्हें पढ़ाया गया है, अतिरिक्त अन्य कुछ सोच ही न सकें।'

'आर्यों का नैतिक पोल प्रकाश' में 'स्वार्थी विचारों की उसी अनुपम घुट्टी' का तार्किक ढंग से पर्दाफाश किया गया है। इसके लिए पेरियार ललई सिंह वैदिक आर्य-ब्राह्मणों के विचार-ग्रंथों, धार्मिक प्रतीकों और मिथकों की बहुत सारगर्भित व्याख्या करते हुए उनकी मान्यताओं को धज्जियाँ उड़ा देते हैं। 'वेद', 'पुराण', 'रामायण' से 'गीता' और 'रामचरित मानस' से सत्यार्थ प्रकाश तक के उद्धरणों के साथ वह अपनी बात आगे बढ़ाते हैं और वैकल्पिक विचार प्रस्तुत करते हैं। उनके वैकल्पिक विचारों का मुख्य स्रोत बौद्ध दर्शन और पेरियार का वर्ण-जाति और हिन्दुत्व विरोधी तर्कशास्त्र है। 'वैदिक आर्य-ब्राह्मणों' के ग्रंथों में व्यक्त विभेदकारी, निहित स्वार्थी और अविवेकपूर्ण विचारों की काट के लिए वे बौद्ध साहित्य के अलावा अम्बेडकर के विचारों को भी जगह-जगह उद्धृत करते हैं और कहीं-कहीं उसमें कुछ जोड़ते भी

हैं। इस किताब में उनकी एक प्रमुख स्थापना है कि बौद्धकाल ही भारतीय इतिहास का सबसे चमकीला दौर है। अपने निष्कर्ष में वह कहते हैं—'भारत को इस उन्नत शिखर पर पहुँचाने का सम्पूर्ण श्रेय केवल बौद्ध धर्म को ही है।'

'सामाजिक विषमता' *कैसे दूर हो* शीर्षक अपनी पुस्तिका में वह डॉ. बी.आर. अम्बेडकर की क्रान्तिकारी प्रस्थापना (एनिहिलिएशन आफ कास्ट) को उद्धृत करते हैं कि इसका वास्तविक उपाय अन्तरवर्णीय विवाह है। सह-भोज अल्प उपाय है। केवल रक्त का मिश्रण ही स्वजन और मित्र होने का भाव पैदा कर सकता है। सन्तराम बी.ए. सहित उस दौर के कई अन्य विचारकों को वे इस पुस्तिका में उद्धृत करते हैं। पुस्तिका के अन्त में वह तमाम विचारकों के मन्तव्यों की रोशनी में सामाजिक विषमता दूर करने के लिए गुरु सूत्र सुझाते हैं। उनके अनेक सुझाव बेहद विचारोत्तेजक और व्यावहारिक हैं।

पेरियार ललई सिंह अनवरत संघर्षशील कार्यकर्ता और समाज सुधार कार्यकर्ता के अलावा समाज-इतिहास के गम्भीर पाठक भी हैं। उनके कई आलेखों और पुस्तिकाओं से उनके गम्भीर अध्येता होने का सबूत मिलता है। डॉ. अम्बेडकर की धनंजय कीर द्वारा लिखित जीवनी उन्होंने उसी वक्त पढ़ ली थी, जब उसका मूल मराठी से पहला हिन्दी अनुवाद कामता प्रसाद ने किया और साधना प्रेस, कानपुर ने उसे पहली बार छापा।

पेरियार ललई सिंह को यह बात अच्छी तरह मालूम थी कि उनकी कृतियों और विचारों से समाज के एक हिस्से में असहमति और यहाँ तक कि प्रचंड आक्रोश और प्रतिक्रिया भी हो सकती है। सम्भवत: समाज के ऐसे ही हिस्सों को सम्बोधित करते हुए उन्होंने बार-बार कहा कि वे तथ्यों की रोशनी में अपनी बात कहते हैं और उनका मकसद समाज में संघर्ष पैदा करना नहीं है, उत्पीड़तों को ज्ञानवान बनाकर समतामूलक समाज की स्थापना से देश को आगे बढ़ाना है। दिलचस्प है कि सन् 1961 में वह अपनी पुस्तिका : 'आदिनिवासियों की पहचान' की 1000 प्रतियाँ छापते हैं। सन् 1964 से 1971 तक उसके कई संस्करण आते हैं। इससे उनके लेखन की लोकप्रियता का अन्दाज लगाया जा सकता है।

हालाँकि हमारा मानना है कि आज के भारत में जो बड़ी चुनौतियाँ हैं, उनका सामना करने के लिए आदिनिवासी या मूल-निवासी के विमर्श से बदलाव की बुनियादी राजनीति को कोई बड़ी मदद नहीं मिल सकती। इस विमर्श को समाज-अध्ययन के एक जरूरी ऐतिहासिक पहलू के तौर पर देखा जाना चाहिए। उत्पीड़ित समाजों के सांगठनिक कामकाज में भी इसका उपयोग किया जा सकता है। किन्तु आज के भारतीय समाज में जरूरी बदलाव की लड़ाई में मूल-निवासी बनाम गैर-मूलनिवासी की धारणा को केन्द्रीय पहलू बनाने की वकालत गैरवाजिब, गैरजरूरी और अव्यावहारिक सोच है।

सामाजिक और ऐतिहासिक मसलों या विषयों के अध्ययन-विश्लेषण में पेरियार ललई सिंह जिन मिथकों का उपयोग करते हैं, उनमें ज्यादातर वैदिक, पौराणिक आख्यानों या किंवदन्तियों से उभरे हैं। वह उन मिथकों और उनसे जुड़ी कथाओं को उत्पीड़ित समाजों के पक्ष में पलट देते हैं और नए ढंग से उनकी व्याख्या करते हैं। ऐसा करते हुए कई सन्दर्भों में उनका इतिहासबोध कमजोर भी नजर आता है। इतिहास को कभी भी सिर्फ मिथकों के जरिये नहीं व्याख्यायित किया जा सकता है। इसके लिए ठोस तथ्यों और पुरातात्त्विक साक्ष्यों की रोशनी में नए शोध की दरकार होती है। ललई सिंह के लेखन में इसकी कमी है।

उनके ऐसे लेखों और टिप्पणियों को पढ़ते हुए लगता है कि हिन्दी-भाषी क्षेत्र के उत्पीड़ित समुदायों के बीच वह एक मानवतावादी शिक्षक और प्रचारक की तरह काम कर रहे थे और इस क्रम में वह निरन्तर अध्ययन और मनन में लगे रहते थे। समाज की जरूरत के हिसाब से वह लिखते रहते थे। कभी अनुवाद करते थे, कभी संकलन-सम्पादन और कभी अपने विचारों को भी लिखते चलते थे। उनमें विचारों की दृढ़ता और दृष्टि सम्बन्धी कल्पनाशीलता नजर आती है। उनमें एक ईमानदार और साहसी एक्टिविस्ट की बेचैनी और प्रतिबद्धता है। उनका सम्पूर्ण लेखन ऐसे ही एक बुद्धिमान और साहसिक एक्टिविस्ट का लेखन है।

मुझे खुशी है कि युवा लेखक और शोधकर्ता डॉ. धर्मवीर यादव गगन ने अपने गम्भीर शोध-अध्ययन से पेरियार ललई सिंह के लेखन और विचारों का बेहतरीन सम्पादन-संकलन किया है। पूरी सामग्री पाँच खंडों और तकरीबन दो हजार पृष्ठों में संकलित है। पेरियार ललई सिंह पर ऐसा काम पहली बार हुआ। विश्वास है, गगन जी के इस ऐतिहासिक काम का हिन्दी-भाषी क्षेत्र में स्वागत होगा और यह बड़े पाठक वर्ग तक पहुँचेगा। इस प्रकाशन से पेरियार ललई सिंह के विचार मशाल की तरह समाज को हमेशा दिशा दिखाते रहेंगे। ऐसी साहसिक विभूतियों और विचारकों के चिन्तन की आज सबसे अधिक जरूरत है। इसी से लोकतंत्र और संविधान को सुरक्षा और गति मिलेगी।

1 सितम्बर, 2022 **—उर्मिलेश**

परिशिष्ट

पढ़िए! पढ़िए!!
अवश्य पढ़िए!!! अमल कीजिए!!!
और मित्रों को भी पढ़ाइए!!! अमल कराइए!!!!

अशोक पुस्तकालय से प्रकाशित पुस्तकें

आदिनिवासियों* के पढ़ने योग्य पुस्तकें

डॉ. अम्बेडकर साहित्य

			मूल्य
1.	अम्बेडकराइज्ड-बुद्धिस्ट-सामाजिक-गाना, 15 पुस्तकें, एक प्रति		25 पैसे
2.	बाबा साहब के उपदेश-आदेश (दो भाग, सन् 1957) (जिज्ञासु)		2 रुपये
3.	बाबा साहब का जीवन संघर्ष (सन् 1961)	"	2.50 रुपये
4.	डॉ. अम्बेडकर का व्यक्तित्व-दर्शन (सन् 1968)	(धनंजय कीर)	1 रुपये
5.	बाबा साहब के पन्द्रह भाषण	(जिज्ञासु)	3.50 रुपये
6.	बाबा साहब बौद्ध क्यों बने?	(बाबा साहब)	2 रुपये
7.	भगवान बुद्ध और उनका धर्म (कमीशन नहीं)	"	8 रुपये
8.	अछूत कौन और कैसे?	"	3 रुपये
9.	शूद्रों की खोज	"	2.50 रुपये
10.	कांग्रेस और गांधी ने अछूतों के लिए क्या किया?	"	4 रुपये
11.	अछूतों की विमुक्ति और गांधी	"	1.50 रुपये
12.	जातिभेद का उच्छेद (खतरनाक था—सिविल जज से जीता),		1 रुपये
13.	ईश्वर, आत्मा एवं वेदों आदि में विश्वास अ-धर्म है	"	3 रुपये
14.	धर्म क्या है? सद्धर्म क्या है?	"	2 रुपये
15.	गांधी, जिन्ना और रानाडे	"	1.50 रुपये
16.	बाबा साहब की भविष्यवाणी (पाँच भाषण)	"	1 रुपये
17.	गांधी-अम्बेडकर विवाद	"	1 रुपये
18.	गांधीवाद की मीमांसा	"	2 रुपये
19.	पाकिस्तान-भारत का विभाजन (कमीशन नहीं)	"	8 रुपये
20.	रामकृष्ण की पहेली का उत्तर	"	4 रुपये
21.	भारत में जातिवाद	"	2 रुपये
22.	हिन्दू जाति का उत्थान-पतन	(रजनीकान्त शास्त्री)	2 रुपये
23.	पूना पैक्ट बनाम गांधी	(आनन्द कुमार शास्त्री)	3 रुपये
24.	डॉ. अम्बेडकर नाटक	(त्रिशरण)	1 रुपये

* आदिनिवासी- पिछड़ी जाति , अनुसूचित जाति, अनुसूचित जनजाति तथा अल्पसंख्यक आदि।

बौद्ध धर्म का साहित्य

25. बुद्ध चरित्र	(जिज्ञासु)	5.50 रुपये
26. धम्म पद-गाथा सहित	"	5.50 रुपये
27. बुद्ध वाणी	(डॉ. गया प्रसाद 'प्रशांत')	3 रुपये
28. विश्व का सच्चा धर्म	(महास्थविर धम्मालोक)	3 रुपये
29. सर्वोत्तम धर्म	(इटालियन भिक्षु)	1 रुपये
30. ईश्वर की खोज	(महाराज सिंह भारती)	4 रुपये
31. भारत का सच्चा धर्म	(जिज्ञासु)	5.50 रुपये
32. बौद्ध धर्म का उदय-अस्त-पुनरोदय	(जिज्ञासु)	1.50 रुपये
33. बौद्ध चर्चा विधि	"	7 रुपये
34. नित्य उपासना	"	2 रुपये
35. त्रिरत्न वन्दना	"	2 रुपये
36. तथागत भर्ग-सूत्र	(भर्ग राजाओं को उपदेश)	3 रुपये
37. अम्बट्ठ-सूत्र	(भिक्षु जगदीश कश्यप)	2 रुपये
38. ब्रह्मजाल-सूत्र	"	3 रुपये
39. कलाम-सूत्र (केसमुत्ति सुत्त)	"	2 रुपये
40. बौद्ध धर्म सार	(धर्म कीर्ति) (कमीशन नहीं),	2 रुपये
41. वैदिक मत का मुख मर्दन	(भिक्षु निर्गुणानन्द)	5 रुपये
42. बौद्ध जागरण	(प्रेम राज बौद्ध)	1 रुपये
43. आगे बढ़ो	(विमल राय 'बोधी')	3 रुपये
44. बौद्ध भिक्षु बोध	"	3 रुपये
45. बिभिन्न बुद्धिस्ट नाटक	(त्रिशरण)	6 रुपये
46. बौद्ध धर्म की रूपरेखा	(बाबा साहब) (प्रेस में है)	1 रुपये
47. बौद्ध दीक्षा का विश्लेषण	(डॉ. अंगने लाल)	1.50 रुपये
48. विश्व को बुद्ध की देन	(रेवती राम)	5 रुपये
49. मिलिन्द प्रश्न	(भिक्षु जगदीश कश्यप) (कमीशन नहीं)	10 रुपये
50. भदन्त बोधानन्द का जीवन चरित्र	(जिज्ञासु)	3 रुपये
51. अनागारिक धर्मपाल का जीवन चरित्र	(भिक्षु धर्म रक्षित)	2 रुपये
52. बुद्धा एंड हिज धम्मा (बाबा साहब अंग्रेजी में)	(कमीशन नहीं)	10 रुपये

सामाजिक क्रान्ति का साहित्य

53.	आदिनिवासियों की पहचान	(पेरियार ललई सिंह)	50 पैसे
54.	आर्यों का नैतिक पोल प्रकाश	"	2.50 रुपये
55.	सच्ची रामायण	"	2.50 रुपये
56.	सच्ची रामायण की चाभी	"	2.50 रुपये
57.	शोषित-संघर्ष - (कविता-संग्रह)	"	25 पैसे
58.	भीम-अभिनन्दन - (सम्पादित—गीत संकलन)	"	50 पैसे
59.	वीर संत माया बलिदान	"	1.25 रुपये
60.	शम्बूक वध	"	1.25 रुपये
61.	एकलव्य	"	1.25 रुपये
62.	अंगुलिमाल	"	50 पैसे
63.	नाग यज्ञ	"	2 रुपये
64.	शोषितों सावधान!	"	3 पैसा
65.	शोषितों का डिब्बा गोल!	"	4 पैसा
66.	जय शोषित!	"	2 पैसा
67.	शोषितों पर धार्मिक डकैती	"	75 पैसे
68.	शोषितों पर राजनीतिक डकैती	"	75 पैसे
69.	सामाजिक विषमता कैसे समाप्त हो?	"	50 पैसे
70.	जाति-पाँति मिटाने व अछूतों की तरक्की के उपाय	"	25 पैसे
71.	बौद्ध धर्म-दीक्षा	"	6 पैसे
72.	मेरे बौद्ध धर्म पर विभिन्न लेख	"	50 पैसे
73.	मेरे विभिन्न सामाजिक लेख	"	50 पैसे
74.	धर्म परिवर्तन (हिन्दी अनुवाद)- (ज़ब्त थी। हाई कोर्ट से जीता)	"	2.50 रुपये
75.	जाति-भेद का उच्छेद (हिन्दी अनुवाद)- (खतरनाक था। सिविल जजों से जीता)	"	1.50 रुपये
76.	मानवतावादी प्रश्नोत्तरी	(रामस्वरूप वर्मा)	2 रुपये
77.	क्रान्ति क्यों और कैसे?	"	2 रुपये

78.	मानववाद बनाम ब्राह्मणवाद	"	5 रुपये
79.	मनुस्मृति राष्ट्र का कलंक	"	2 रुपये
80.	आदिवंश कथा	(डॉ. अंगने लाल)	1 रुपये
81.	तुलसी के तीन पात	(भदन्त आनन्द कौसल्यायन)	1 रुपये
82.	पेरियार ई.वी. रामास्वामी का जीवन-चरित्र	(जिज्ञासु)	5 रुपये
83.	आदिनिवासियों की सभ्यता	"	1 रुपये
84.	ईश्वर व उसके गुड्डे	"	1 रुपये
85.	लोकशाही बनाम ब्राह्मणशाही	"	1 रुपये
86.	रावण व उसकी लंका	"	1 रुपये
87.	पिछड़े वर्गों के अधिकारों का हनन	"	1.50 रुपये
88.	स्वामी अछूतानन्द 'हरिहर' का जीवन चरित्र	"	1.50 रुपये
89.	सन्त रविदास का जीवन-चरित्र	"	4 रुपये
90.	चमारों व महारों की उत्पत्ति	"	2 रुपये
91.	रामराज्य न्याय नाटक	(स्वामी अछूतानन्द 'हरिहर')	1 रुपये
92.	आर्य नीति का भंडाफोड़	(गजोधर प्रसाद 'बौद्ध')	2 रुपये
93.	ब्राह्मणवाद की शव परीक्षा	(महाराज सिंह भारती)	2.50 रुपये
94.	सृष्टि और प्रलप	"	5 रुपये
95.	पाप और पुण्य क्या है?	"	3 रुपये
96.	हिन्दू राजनीति	"	1 रुपये
97.	कमेरा हिन्दुत्व बनाम लुटेरा हिन्दुत्व	"	2 रुपये
98.	मनुस्मृति एक प्रतिक्रिया	(प्रेम कुमार 'मणि')	2 रुपये
99.	वर्ण-व्यवस्था और जातिभेद	(सुन्दर लाल सागर)	2 रुपये
100.	प्रगति हेतु शास्त्रार्थ (लेखक 60 विद्वान, 125 लेख)		10 रुपये

[इतनी सस्ती इस विषय पर अन्य पुस्तक नहीं है। इसमें वेदों, पुराणों, स्मृतियों, उपनिषदों, रामायणों, गीता व महाभारत आदि के उन अंशों की आलोचनाएँ हैं, जो मानव प्रगति में बाधक हैं। अवश्य ही पढ़ें।]

प्रिय धम्म बन्धुवर,

भीषण महँगाई के कारण अब मूल्य डेढ़ गुने हो जाएँगे।

क्षमा!

धन्यवाद!

1. पत्र घसीट कर न लिखें। पत्र में सबसे पहले अपना नाम, मकान नम्बर, गली का नाम, गाँव/मोहल्ला, पोस्ट ऑफिस मय पिन कोड नम्बर, जिला व प्रान्त का नाम लिखें।
2. पोस्ट कार्ड में बाईं ओर अपना नाम, पता मत लिखें। पोस्ट ऑफिस वाले उस पर मोहर लगा देते हैं। पढ़ा नहीं जाता। जवाब न मिलने पर आप नाराज होते हैं। अपना पूरा पता सबसे पहले साफ-साफ हिन्दी में या अंग्रेजी के कैपिटल लेटर में लिखा करें।
3. अगर माल रेलवे से मँगाना हो तो रेलवे स्टेशन का नाम तथा लाइन का नाम साफ-साफ हिन्दी या अंग्रेजी में कैपिटल लेटर में लिखें।
4. जवाब के लिए लिफाफा के भीतर दूसरा लिफाफा भेजें। कम से कम 10 रुपये पहले मनी ऑर्डर द्वारा भेजें। पचास रुपये से अधिक कीमत की किताबों के लिए तिहाई रुपये पहले मनी ऑर्डर द्वारा भेजें।
5. कृपया जवाबी पोस्ट कार्ड डालिए। 2 रुपये अग्रिम भेजें। क्योंकि कुछ वी.पी. लौट आती हैं।
6. 5 रुपया से कम पर कोई कमीशन नहीं। इसके बाद 25 रुपये तक पर 10 प्रतिशत कमीशन, इसके पश्चात् 50 रुपये तक पर 20 प्रतिशत कमीशन और 50 रुपये से अधिक पर 33 प्रतिशत कमीशन है। पैकिंग व डाक खर्च ग्राहक के जिम्मे है।
7. जितनी जल्दी घर-घर में गाँव—गाँव में व मुहल्ला—मुहल्ला में पुस्तकालय खुलेंगे—उतनी जल्दी अधिकारों को प्राप्त करने की जागरूकता बढ़ेगी।
8. बौद्ध धर्म, डॉ. अम्बेडकर, पेरियार और समतावादी प्रगतिशील किताबों के लिए, अपना पता लिखा हुआ, पैंतीस पैसे का लिफाफा, अशोक पुस्तकालय, झींझक, जिला—कानपुर, 209302 को भेजिए। पुस्तकें प्राप्त कीजिए। बुद्धि और समतामूलक चेतना का निर्माण कीजिए। किताबें ज्ञानरूपी हथियार हैं। हथियार मतलब ज्ञान किताबों में संगृहीत है।

आपने कई हजार साल से ब्राह्मणों द्वारा लिखी किताबें पढ़ी हैं। उससे दिमाग में दिमागी गुलामी पैदा हो गई है। उस गुलामी से छुटकारा पाने के लिए; ऊपर लिखी गई किताबें अवश्य पढ़िए।

नोट— जैसे-जैसे महँगाई बढ़ती जा रही है, वैसे-वैसे किताबों के दाम भी बढ़ते जा रहे हैं। अत: 10 रुपये से कम का मनी ऑर्डर मत भेजिए। क्षमा करें!

ये साहित्य पढ़कर आप अपना अन्धविश्वास-कर्मकांड दूर करके भविष्य सुख-मय कीजिए।

जितनी जल्दी घर-घर में, गाँव-गाँव में व मुहल्ले-मुहल्ले में पुस्तकालय खुलेंगे, उतनी ही जल्दी अधिकारों को प्राप्त करने की जागरूकता बढ़ेगी।

अत: आप सबसे विनम्र अनुरोध है कि अपने सामर्थ्य के अनुसार नीचे लिखे पते पर मनीऑर्डर द्वारा सहयोग करें और किताबें प्राप्त करें।

सपरिवार सुखी व स्वस्थ रहें।

मेरा परिवार आप सब हैं। सम्पूर्ण समाज है।

आप सबको सफलता की मंगलकामनाएँ।

धन्यवाद!

आप सबका

—पेरियार ललई सिंह

अशोक पुस्तकालय (रजि.)
झींझक, जिला—कानपुर, उत्तर प्रदेश
पिन-209302, भारत

पेरियार ललई सिंह द्वारा अध्ययन की गई पुस्तकें

[निम्नलिखित किताबों की सूची सम्पूर्ण भारत से पेरियार ललई सिंह के शुभचिन्तकों से प्राप्त की गई हैं। वे जो-जो किताबें अध्ययन करते थे। संग्रह करते थे। सबको पढ़ने को कहते थे। देते थे। वो सब यहाँ दी जा रही हैं। —सम्पादक]

डॉ. अम्बेडकर साहित्य

1. 'बाबा साहेब का उपदेश और आदेश' (दो भाग में)—चन्द्रिका प्रसाद 'जिज्ञासु', बहुजन कल्याण प्रकाशन, 360/193, मातादीन रोड, सआदतगंज, लखनऊ-3, प्रथम संस्करण 1957, मूल्य 1 रुपया
2. 'बाबा साहेब का जीवन संघर्ष'—चन्द्रिका प्रसाद 'जिज्ञासु', बहुजन कल्याण प्रकाशन, 360/193, मातादीन रोड, सआदतगंज, लखनऊ-3, प्रथम संस्करण 1961, मूल्य 1 रुपया। यह जीवनी इतनी लोकप्रिय सिद्ध हुई कि कुछ ही वर्षों में इसके आठ संस्करण निकले अर्थात् 40 हजार से अधिक प्रतियाँ बिक गईं। हिन्दी में डॉ. अम्बेडकर की लिखी गई यह पहली जीवनी है।
3. 'डॉ. अम्बेडकर का व्यक्तित्व दर्शन-धनंजय कीर' (मराठी से हिन्दी अनुवादित), प्रकाशक—डी.सी. वीरेन्दु, बी.एससी., ए.जी., पेरियार ललई सिंह, अशोक पुस्तकालय, झींझक, कानपुर, उ.प्र., अनुवादक—कामता प्रसाद, एम.ए., एल.एल.बी., साहित्यरत्न, मूल्य 20 पैसे, 14 अप्रैल, 1962 ई.
4. 'डॉ. अम्बेडकर', बेवरले निकोलस, अनुवादक—आनन्द कौसल्यायन, भारतीय बौद्ध कल्याण संघ, प्रकाशन सहयोग—वा.ना. मेश्राम, दी इंडियन बुद्धिस्ट वेलफेयर एसोसिएशन, नागपुर, प्रथम संस्करण सन् 1963 ई., मूल्य 5 नये पैसे
5. 'बाबा साहब'—लेखक-भदन्त आनन्द कौसल्यायन, भिक्षु गा. प्रज्ञानन्द अध्यक्ष, भारतीय बौद्ध शिक्षा परिषद, जेतवन महाविहार, श्रावस्ती, बलरामपुर, उत्तर प्रदेश, संस्करण 1964, मूल्य 50 नये पैसे

6. 'बाबा साहेब अम्बेडकर'—(एकचित्रात्मक जीवनी) लेखक—शान्ताराम शंकर रेगे, इंडिया बुक हाउस, एजुकेशन ट्रस्ट, मुम्बई-400039
7. 'बाबा साहब डॉ. अम्बेडकर' (काव्य)—विजय कुमार पुजारी, प्रकाशक—340 कृष्णा नगर, पोस्ट—गांधी नगर, दिल्ली-6, प्रथम संस्करण-1958 ई., मूल्य 3 रुपये
8. 'डॉ. अम्बेडकर की दुनिया'—(भजन इतिहास)—कवि बंशीराम बेधड़क मुसाफिर, प्रान्तीय प्रचारक मंडल लोटी सफियाबाद, जिला—मेरठ प्रकाशक—मा. मक्खन लाल वर्मा, मामराज सिंह कर्दम, उत्तर प्रदेश प्रचारक मंडल, मुसाफिर भवन, लोटी सफियाबाद, पोस्ट—मुदाफरा, जिला—मेरठ, प्रथम संस्करण- 1962, 5 नये पैसे
9. 'भीम बत्तीसी'—अर्थात् 'बोधिसत्व बाबा साहब डॉ. अम्बेडकर का जीवन संघर्ष भजनों में'—लेखक- कवि सूबेदार मनोज, ग्राम-अमरिया, प्रकाशक—श्री खेमकरन लाल 'कर्नल', सिनेमा रोड, हरदोई, मूल्य 1.00
10. 'बाबा साहब का उपदेश और आदेश'—संकलनकर्त्ता—श्री जी.आर. लोमोड़ आदिवंशी, बहुजन कल्याण प्रकाशन, लखनऊ, उत्तर प्रदेश
11. 'भारत का भान अम्बेडकर'—रामलाल अजब बौद्ध, प्रथम संस्करण 1973 ई., मूल्य 40 पैसे
12. 'भीम गीतावली'—नत्थी सिंह गौतम (डॉ. अम्बेडकर मिशन प्रचारक मंडल) हापुड़, शिवगढ़ी, गाजियाबाद, संरक्षक—भारतीय बौद्ध महासभा, गाजियाबाद, उत्तर प्रदेश संस्करण-14 अप्रैल, सन् 1982, मूल्य 1.25 पैसे
13. 'भीमराव रामजीराव अम्बेडकर चालीसा'—रामएकबाल राय, प्रकाशक—श्री गुरु रविदास एवं अम्बेडकर शोध संस्थान, शिशराढ़-802122, थाना—राजपुर, भोजपुर, बिहार, प्रथम संस्करण 14 अप्रैल, सन् 1983 ई., मूल्य पचास पैसे। मुद्रक- आदर्श प्रेस, सोहनी पट्टी, बक्सर, भोजपुर, बिहार
14. 'आखिर डॉ. अम्बेडकर का चित्र क्यों?', लेखक—गुरु प्रसाद मदन, एडवोकेट, मकान नं. 15, मोहल्ला-बेली, इलाहाबाद-2
15. 'अछूतों की विमुक्ति और गांधी जी'—बोधिसत्व बाबा साहब डॉ. भीमराव अम्बेडकर, अनुवादक—श्री खेमचन्द गौतम, सम्पादक—चन्द्रिका प्रसाद जिज्ञासु, बहुजन कल्याण प्रकाशन, लखनऊ, उत्तर प्रदेश, प्रथम संस्करण-सन् 1966 ई., मूल्य 2 नये पैसे
16. 'डॉ. भीमराव अम्बेडकर का अभिभाषण' (भाग-1), सम्पादित-भगवान दास, अनुवादक—भदन्त आनन्द कौसल्यायन, भीम पत्रिका प्रकाशन, जालन्धर, पंजाब, संस्करण 15 अगस्त, सन् 1964 ई., मूल्य 2.50 पैसे

17. 'डॉ. अम्बेडकर और भारतीय संविधान'—लाहौरी राम बाली, 'भीम पत्रिका पब्लिकेशंस', नकोदर रोड, जालन्धर सिटी, पंजाब-144003 (चंडीगढ़), मूल्य 25 रुपये
18. 'रानाडे, गांधी और जिन्ना'—डॉ. अम्बेडकर, बहुजन कल्याण प्रकाशन, सआदतगंज, लखनऊ 3, उत्तर प्रदेश, प्रथम संस्करण सन् 1966 ई., मूल्य 2 रुपये
19. 'डॉ. अम्बेडकर की संघर्षमय जीवन झाँकी', प्रकाशक—डॉ. अम्बेडकर प्रचार समिति, शहर कानपुर, उत्तर प्रदेश
20. 'डॉ. अम्बेडकर की अपील'—बाबू मलखान सिंह, प्रकाशक—बाबू मलखान सिंह, प्रथम संस्करण सन् 1966 ई., कीमत 8 पैसे
21. 'डॉ. अम्बेडकर चित्रावली', संग्रहकर्त्ता—हजारी राम 'बोधी', प्रकाशक—अम्बेडकर मिशन प्रचार सभा, जालन्धर-3, पंजाब, प्रथम संस्करण 15 सितम्बर, 1971, मूल्य पाँच रुपये
22. 'भीम दंगल'—गायक+लेखक—श्री राजगुरु राजा राम कर्डक तथा उस्तादश्री किशन राव पवार, महू, प्रकाशक—श्री जीवनराम काम्बले, महू, मध्य प्रदेश, संस्करण-1967, कीमत 1 नये पैसे
23. 'अछूत कौन और कैसे?'—डॉ. बी.आर. अम्बेडकर, बहुजन कल्याण प्रकाशन, लखनऊ, उत्तर प्रदेश
24. 'क्या जाति-पाँति मिटाई जा सकती है?'—सन्तराम बी.ए. प्रकाशक—जाति-पाँति तोड़क मंडल, पुरानी बस्ती, जिला—होशियारपुर, पंजाब, सितम्बर, 1968
25. 'भारतीय रिपब्लिक पार्टी ही क्यों?', लेखक—भारतीय समाजतत्त्वदर्शी श्री चन्द्रिका प्रसाद 'जिज्ञासु', बहुजन कल्याण प्रकाशन, लखनऊ, उत्तर प्रदेश। मूल्य 75 पैसे
26. 'बाबा साहब डॉ. अम्बेडकर महान् देशभक्त'—लेखक—खेमचन्द्र 'सौगत' एडवोकेट, आगरा, प्रकाशक—प्रबुद्ध अम्बेडकर सांस्कृतिक संस्थान, लखनऊ, संस्करण सन् 1972, मूल्य 75 पैसे
27. बाबा साहेब डॉ. अम्बेडकर (उपन्यास)—सूर्य नारायण त्रिपाठी एवं ईश्वरी प्रसाद, हिन्द पॉकेट बुक्स, ई-5/20, कृष्ण नगर, दिल्ली-110051, प्रथम संस्करण सन् 1973 ई.। मूल्य दो रुपये
28. डॉ. अम्बेडकर के भाषण (भाग-2), संग्रह सम्पादन—भगवान दास, अनुवादक—भदन्त आनन्द कौसल्यायन, प्रकाशन- स्थवीर गा. प्रज्ञानन्द, बुद्ध विहार, लखनऊ। संस्करण सन् 1978 मूल्य 6 रुपये
29. 'डॉ. अम्बेडकर' (नाटक) आर.बी. त्रिशरण, समाज-सुधार-प्रकाशन, हर्रैया, बस्ती, प्रथम संस्करण सन् 1979 ई., मूल्य 3.50 पैसे

30. 'भीम वाणी-गीत', रचयिता व प्रकाशक—भिक्षु सतानन्द (थेरा), बुद्ध विहार, आलमपुर, पोस्ट—हदरूख, जिला—जालौन, उत्तर प्रदेश, संस्करण 14 अप्रैल, 1984, मूल्य 50 पैसे
31. 'गारी भीम किरण'—कवि बाबू बौद्ध भाष्य—डॉ. अम्बेडकर बौद्ध विहार, ग्राम व पोस्ट—घिंलौर, जालौन, उ.प्र., प्रथम संस्करण-सन् 1980, मूल्य 60 पैसे
32. 'बुद्ध अम्बेडकर भजनावली'—आशा गौतम, प्रकाशक—बौद्ध परिषद पिलग्राम, हरदोई, उ.प्र., प्रथम संस्करण-14 अप्रैल, 1984 ई.। मूल्य 1.25 रुपये
33. 'डॉ. अम्बेडकर मिशन क्या है?'—एल. आर. बाली, 'भीम पत्रिका' पब्लिकेशंस, जालन्धर, पंजाब, भारत
34. 'भीमपदी श्रद्धांजलि' (हिन्दी-मराठी काव्य), लेखक—कवि 'दीनबन्धु', प्रकाशक—पां, अ. शेगांक्कर, 'लुम्बिनी प्रकाशन', गोरेगाँव, जिला—अकोला, विदर्भ, महाराष्ट्र, संस्करण 1 मार्च, सन् 1958 ई.
35. 'कांतीची ललकार' (हिन्दी मराठी पदे), कवि 'दिनबन्धु', प्रकाशक—सौ कौशल्याबाई शेगांक्कर, लुम्बिनी प्रकाशन, बुद्ध छाया, भीम नगर, अकोला (विदर्भ), संस्करण 21 अक्टूबर, 1958, मूल्य 30 पैसे
36. 'भीम-गुणमात', कवि 'दीनबन्धु', प्रकाशक—सौ कौशल्याबाई शेगांक्कर, लुम्बिनी प्रकाशन, बुद्ध छाया, भीम नगर, अकोला (विदर्भ), संस्करण 21 अक्टूबर, 1958, मूल्य 30 पैसे
37. 'परिनिर्वाण प्राप्त बोधिसत्व बाबा साहेब डॉ. बी.आर. अम्बेडकर का अन्तिम उपदेश, सन्देश तथा आदेश', भारतीय बौद्ध महासभा, अम्बेडकर भवन, एम.एम. रोड, नई दिल्ली। संस्करण-14 अप्रैल, 1957 ई., मूल्य 4 आना पैसा
38. हेच घा वरदान (पद-संग्रह), कवि 'दीनबन्धु', प्रकाशक—सौ कौशल्याबाई शेगांक्कर, लुम्बिनी प्रकाशन, बुद्ध छाया, भीम नगर, अकोला (विदर्भ), संस्करण सन् 1962, मूल्य 30 पैसे
39. 'उद्धारक', कवि 'दीनबन्धु', प्रकाशक—सौ कौशल्याबाई शेगांक्कर, लुम्बिनी प्रकाशन, बुद्ध छाया, भीम नगर, अकोला (विदर्भ), संस्करण सन् 1950, मूल्य 30 पैसे
40. 'दलित-जागृति' (हिन्दी मराठी पद), कवि 'दीनबन्धु', प्रकाशक—सौ कौशल्याबाई शेगांक्कर, लुम्बिनी प्रकाशन, बुद्ध छाया, भीम नगर, अकोला (विदर्भ), प्रथम संस्करण सन् 1952, मूल्य 30 पैसे
41. 'बुद्ध-भीम पालणा पोवाडा' (नवीन श्लोक व ओत्यासही), कवि 'दीनबन्धु', प्रकाशक—सौ कौशल्याबाई शेगांक्कर, लुम्बिनी प्रकाशन, बुद्ध छाया, भीम नगर, अकोला (विदर्भ), प्रथम संस्करण सन् 1951, मूल्य 30 पैसे

42. 'समाज-चेतावनी' (पद संग्रह), कवि 'दीनबन्धु', प्रकाशक—सौ कौशल्याबाई शेगांक्कर, लुम्बिनी प्रकाशन, बुद्ध छाया, भीम नगर, अकोला (विदर्भ), प्रथम संस्करण सन् 1954, मूल्य 25 पैसे
43. 'पौर्णिमा' (पद संग्रह)- कवि 'दीनबन्धु', प्रकाशक—सौ कौशल्याबाई शेगांक्कर, लुम्बिनी प्रकाशन, बुद्ध छाया, भीम नगर, अकोला (विदर्भ), मूल्य 30 पैसे
44. 'आई मी भीम होईन' (पद संग्रह), कवि 'दीनबन्धु', प्रकाशक—सौ कौशल्याबाई शेगांक्कर, लुम्बिनी प्रकाशन, बुद्ध छाया, भीम नगर, अकोला (विदर्भ), प्रथम संस्करण सन् 1956 ई.
45. 'बाबा साहेब और हमारा समाज' (विचारशील एवं क्रान्तिकारी पुस्तक)- बृजपाल सिंह, बोधिसत्व प्रकाशन, रामपुर, उत्तर प्रदेश, प्रथम संस्करण सन् 1978 ई.
46. 'डॉ. अम्बेडकर और बुद्ध का जीवन संघर्ष'—प्रेमचन्द तैत्रिय, सम्पादक—साप्ताहिक नव जागृत आगरा, प्रकाशक—मान सिंह जी, दिलशाद गार्डन, दिल्ली। मूल्य 4 आना पैसे
47. 'डॉ. अम्बेडकर और हम'—भगीरथ प्रसाद, समाज सेवा प्रेस, 1 जनवरी, 1968 ई. मूल्य 25 पैसे
48. 'विश्वभूषण बोधिसत्व बाबा साहेब डॉ.अम्बेडकर', संकलनकर्त्ता-दुर्गा प्रसाद चोहटल, डॉ. अम्बेडकर साहित्य प्रचार मंडल, जबलपुर, मध्य प्रदेश, प्रथम संस्करण 1976 ई., मूल्य मुफ्त वितरण हेतु
49. 'डॉ. भीमराव अम्बेडकर साहेब का जीवन चरित्र', लेखक एवं सम्पादक—मुखराम सिंह सिद्धान्त, रत्न मवाना कलाँ, मेरठ, उत्तर प्रदेश, मूल्य 1.50 पैसे
50. 'बाबा साहेब डॉ. अम्बेडकर और भारतीय संस्कृति'—डॉ. अम्बेडकर विचार मंच संघ, भिलाई नगर, भिलाई, मध्य प्रदेश, समाज सेवा प्रेस, लखनऊ
51. 'बाबा साहेब की अमरवाणी'—समाज ग्रंथमाला-रचयिता-रत्नाकर बन्धु त्रिशरण, बाबा साहेब डॉ. अम्बेडकर समाज सुधार समिति, हरैंया, बस्ती, उत्तर प्रदेश, प्रथम संस्करण सन् 1978 ई., मूल्य 75 पैसे
52. 'अम्बेडकर बनाम गांधी', एल.आर. बाली—भाग-1, भाग-2, 'भीम पत्रिका' पब्लिकेशंस, नकोदर रोड, जालन्धर, पंजाब-3, संस्करण-28 सितम्बर, 1983 ई., मूल्य 5 रुपये
53. 'प्रेम की दृष्टि' (गीत), बुद्ध संघ प्रेमी—पंचशील लोक साहित्य प्रकाशन, डी-152, न्यू सीलमपुर, दिल्ली-110053, संस्करण 14 अप्रैल, 1982, मूल्य 1 रुपया

54. 'मुक्तिदाता'—छेदीलाल 'साथी', डॉ. अंगने लाल, प्रकाशक—मानव सेवा चैरिटेबल ट्रस्ट ऑफ इंडिया, ए-435, इन्दिरा नगर, लखनऊ, प्रथम संस्करण सन् 1982, मूल्य पाँच रुपये
55. 'धर्म और समाज डॉ. अम्बेडकर की दृष्टि में'—श्री सुदामा प्रसाद अहेरवार (अहिरवार), प्रकाशक—सिद्धार्थ सामाजिक संगम, 90/49 अनवर गंज, कानपुर, उ. प्र., संस्करण-14 अप्रैल, सन् 1970 ई., मूल्य 10 पैसे
56. 'ईश्वर, आत्मा एवं वेदों आदि में विश्वास अ-धर्म है'—डॉ. अम्बेडकर, प्रकाशक—**पेरियार ललई सिंह**, अशोक पुस्तकालय, झींझक, कानपुर, उत्तर प्रदेश। प्रथम बार सन् 1974 ई, दूसरी बार 14 अप्रैल, 1982 ई., सम्पादक—**पेरियार ललई सिंह**, मूल्य 2.50 पैसे
57. 'दलित वर्ग को धर्मान्तरण की आवश्यकता क्यों है?', डॉ. अम्बेडकर, अनुवादक—विमल कीर्ति, प्रकाशन-दलित मुक्ति प्रबोधन माला-एक, नागपुर-10, प्रथम आवृत्ति- 14 अक्टूबर, सन् 1978 ई., पेरियार ई.वी. रामास्वामी के जन्म शताब्दी पर। मूल्य दो रुपये
58. 'भीम भास्कर' (प्रबन्ध काव्य)—रचयिता-बलिराम मिर्जापुरी, प्रकाशक—एस.आर. भारतीय (अध्यक्ष) बाबा साहब डॉ. अम्बेडकर समाज सुधारक समिति, ग्रंथमाला-12, समाज सुधार प्रकाशन, हरैया, बस्ती, उत्तर प्रदेश, प्रथम संस्करण सन् 1989, मूल्य 6 रुपये मात्र
59. 'स्मृति-पत्र' (भारतीय राष्ट्र संघ में उपस्थित किया हुआ स्मृति-पत्र स्वतंत्र भारत के विधान में अल्पसंख्यक और शिड्यूल जातियाँ और उनके अधिकार जिन्हें किस तरह प्राप्त किया जाए), डॉ. बी.आर. अम्बेडकर, कानून मंत्री भारतीय राष्ट्र संघ, अनुवादक—ए.के. शास्त्री, मूल्य 1 आना
60. 'सन्मार्ग : डॉ. भीमराव अम्बेडकर', संग्रहक—कृष्ण कुमार बौद्ध, 'भीम पत्रिका' पब्लिकेशंस, नकोदर रोड, जालन्धर-144003 (पंजाब)
61. 'दलितों के मसीहा डॉ. अम्बेडकर'—लेखक—बाबू लाल चाँवरिया, भारतीय दलित साहित्य अकादमी, जिला शाखा—जोधपुर, राजस्थान, संस्करण-1990 ई., सहयोग राशि 2.50 रु. मात्र

बौद्ध धर्म का साहित्य

1. 'त्रिपिटक'—1 सुत्त पिटक, 2. विनय पिटक, 3. 'अभिधम्म पिटक'—महाबोधि सभा, सारनाथ, वाराणसी, उ.प्र.
2. 'अनुपिटक'—1. 'मिलिन्द प्रश्न', अनुवादक—भिक्षु जगदीश कश्यप, सुगत प्रकाशन, नागपुर, महाराष्ट्र
3. 'वंश साहित्य के 18 ग्रंथ'—महाबोधि सभा, सारनाथ, वाराणसी।
4. 'अंगुत्तर निकाय', भदन्त आनन्द कौसल्यायन, महाबोधि प्रकाशन, कलकत्ता, कई खंडों में
5. 'प्रतीत्य समुत्पाद'—तिब्बतन उच्च अध्ययन विभाग, सारनाथ, महाबोधि सभा, सारनाथ, वाराणसी, संस्करण सन् 1986 ई.
6. 'मज्झीम निकाय', महाबोधि सभा, सारनाथ, वाराणसी, उ.प्र.
7. 'अट्ठकथा'—महाबोधि सभा, सारनाथ, वाराणसी
8. 'अभिधम्मत्यसंगहो', दो भागों में, आचार्य अनुरुद्ध प्रणीत, सम्पादन-अनुवादक तथा व्याख्याकार- भदन्त रेवतधम्म, रामशंकर त्रिपाठी, वाराणसी, (पहला भाग-459 पृष्ठ में तथा दूसरा भाग 1034 पृष्ठ में है।)
9. 'भगवान बुद्ध'—आनन्द कौसल्यायन, प्रकाशक—ए. विलियम, विलियम गैरेज, मामले, श्रीलंका मुद्रक—याज्ञवल्क्य, ममता प्रेस, कबीर चौराहा, वाराणसी (भारत), 1956 ई., मूल्य 10 पैसे
10. 'पंचशील और बुद्ध वन्दना'—बुद्ध विहार, रिसालदार पार्क, लखनऊ, 2 मार्च, 1957 ई.
11. 'बुद्धाचा धर्म घेतला' (पद-संग्रह), कवि 'दीनबन्धु', प्रकाशक—सौ कौशल्याबाई शेगांक्कर, लुम्बिनी प्रकाशन, बुद्ध छाया, भीम नगर, अकोला (विदर्भ), संस्करण सन् 1957, मूल्य 30 पैसे
12. 'सौन्दरानन्दम् महाकाव्यम्'—अश्वघोष, अनुवादक—सम्पादक—सूर्य नारायण चौधरी, प्रकाशक—संस्कृत भवन कठौतिया, पोस्ट—काझा, जिला—पूर्णिया (बिहार) द्वितीय संस्करण-1959 ई.। मूल्य 3 रुपये।

(सावधान! कागज सड़ गया है। अत: पन्ना सावधानी से पलटिए—अन्यथा पन्ना फट जाएगा—**पेरियार ललई सिंह**)

13. 'बौद्ध हुंकार' (पद-संग्रह), लेखक—कवि 'दीनबन्धु', सौ. कौशल्याबाई शेगांक्कर, लुम्बिनी प्रकाशन, बुद्ध छाया, भीम नगर, अकोला (विदर्भ), संस्करण सन् 1960, मूल्य 30 पैसे
14. 'बौद्धचर्या'—विधि—डॉ. भिभु धर्मरक्षित, अनुवाद—अनन्त रामचन्द्र कुलकर्णी। प्रकाशक—महाबोधि सभा, सारनाथ, वाराणसी, उत्तर प्रदेश। कीमत 56 नये पैसे, संस्करण सन् 1962 ई.
15. 'बौद्ध धर्म में पूर्वजन्म, कर्मवाद, मंगल कर्म और अमंगल कार्य'—आर.एन. शास्त्री, प्रकाशक—डॉ. बी.आर. अम्बेडकर रिसर्च इंस्टीट्यूट (इंडिया), 81, नॉर्थ एवेन्यू, नई दिल्ली-110001, प्रथम संस्करण 6 दिसबंर, 1967। मूल्य पाँच रुपये
16. 'बौद्ध धम्म में जयमंगल साधना पद्धति'—एम.ए. शास्त्री, प्रकाशक—179 नॉर्थ एवेन्यू, न्यू दिल्ली-1, सन् 1968, मूल्य 5 रुपये
17. 'त्रिशरण-वंदना-परित्राण पाठ तथा जयमंगल साधना अट्टगाथा'—(कविता में) रचयिता—पंडित चन्द्रिका प्रसाद 'जिज्ञासु', बहुजन कल्याण प्रकाशन, मूल्य दो रुपये, प्रथम संस्करण 1968 ई.
18. 'बौद्ध धर्म का उदय, अस्त, पूर्णोधार'—लेखकगण—डॉ. भीमराव अम्बेडकर, राहुल सांकृत्यायन, चन्द्रिका प्रसाद 'जिज्ञासु', बहुजन कल्याण प्रकाशन, प्रथम संस्करण सन् 1969 ई.। मूल्य 1 रुपया
19. 'भगवान गौतम बुद्ध जीवनी और उनका धर्म' (गारी रूप में), लेखक व प्रकाशक—कवि बालूराम बौद्ध (धर्मरक्षित भिक्षु संघरत्न, श्रीलंका), डॉ. अम्बेडकर, बुद्ध विहार, ग्राम व पोस्ट—धिंलौर, जिला—जालौन, उत्तर प्रदेश, संस्करण सन् 1975 ई., मूल्य 1 रुपया
20. 'अश्वघोष कालीन भारत'—डॉ. अंगने लाल, कैलाश प्रकाशन, 76, खुर्शीदबाग, लखनऊ, संस्करण 1973 ई., मूल्य 15 रुपये
21. 'भारतीय धर्म एवं संस्कृति', लेखक—बुद्ध प्रकाश, मोनाक्षी प्रकाशन, मेरठ, उत्तर प्रदेश, भारत
22. 'बौद्ध धर्म की बाल पोथी'—डॉ. भिक्षु धर्मरक्षित, सुगतानन्द प्रकाशन, सारनाथ, वाराणसी, 1 फरवरी, 1973 ई.
23. 'विश्व को बुद्ध की देन'—रेवती राम, बौद्ध परिषद बिलग्राम, हरदोई (पूर्व)1981 ई.
24. 'तथागत भर्ग सूत्र'—(सद्धर्म सार संग्रह) (तिब्बत से हिन्दी), अनुवादक—भदन्त मंगल हृदय, संग्रहकर्ता-काग्युप्त तथा गम्पोपा, प्रथम संस्करण-

1958 ई., द्वितीय संस्करण-1974 ई. अशोक पुस्तकालय, कानपुर, उ.प्र., तृतीय संस्करण-1993 ई.

25. 'कलाम-सूत्र' (स्वतंत्र चिन्तन का घोषण-पत्र)—अनुवादक—भिक्षु गलगेदर प्रज्ञानन्द, अशोक पुस्तकालय, संस्करण-प्रथम बार 1960 ई., द्वितीय संस्करण-1980 ई., मूल्य 2 रुपये
26. 'बुद्ध धम्म की भारत को देन'—डॉ. सुरेन्द्र अज्ञात, एम.ए. (हिन्दी व संस्कृत) पीएच.डी. (अमेरिका), बुद्धिस्ट पब्लिशिंग हाउस, प्राइवेट लिमिटेड, आबादपुर, जालन्धर, पंजाब-144003, प्रथम संस्करण 1982 ई.
27. 'धम्म दर्पण'—भन्ते डॉ. शीलरत्न, धर्मोदय बुद्ध विहार प्रकाशन, पसौंडा, गाजियाबाद, उत्तर प्रदेश, मूल्य 40 पैसे
28. 'बुद्ध गुणालंकार'—आचार्य अनिरुद्ध महास्थविर, अनुवादक—भदन्त आनन्द कौसल्यायन, प्रकाशक—बुद्ध विहार, लखनऊ, मूल्य 1.27 पैसे
29. 'लुम्बिनी एवं कपिलवस्तु जहाँ बुद्ध का जन्म हुआ'—संचालक—बौद्ध पारिवारिक संगम, प्रकाशक—परिषद-बौद्ध समाज, ब्लॉक नम्बर-ए-29/6, ONGC कॉलोनी, देहरादून उत्तर प्रदेश- सहयोग राशि-3 रुपये
30. 'तथागत भक्ति स्तोत्र'—भिक्षु निर्गुणानन्द थेरो, बम्बई, प्रकाशक सहयोग—उपासक अशोक प्रसाद, अभय प्रसाद, सारिपुत्र प्रकाशन, गौतम कुटीर, अशोक नगर, वासीनाका, चेम्बूर, बम्बई, महाराष्ट्र
31. 'बुद्ध वचन'—संग्रहकर्ता—महास्थविर आनातिलोक, अनुवादक—भिक्षु आनन्द, कौसल्यायन, प्रकाशक—भिक्षु संघरत्न, महाबोधि सभा सारनाथ, वाराणसी, उ.प्र.
32. 'पारमिताएँ'—(जातक कथाओं सहित)—भिक्षु ज्ञानरत्न, प्रकाशक—बुद्ध विहार, प्रबन्ध समिति, चक्कीपाट, आगरा-282003, संस्करण-सन् 1987 ई., मूल्य 8 रुपये
33. 'चित-चेत धरती'—एस.सी.कुरील, प्रकाशक—रंजीत कुमार, 74 एच, देवकी नगर, कानपुर, उत्तर प्रदेश, संस्करण-जुलाई, 1984, मूल्य 2 रुपये
34. 'बुद्धिवाद प्रदीप'—भिक्षु निर्गुणानन्द, सारिपुत्र प्रकाशन, चेम्बूर, मुम्बई, संस्करण सन् 1985, मूल्य आठ रुपये
35. 'भगवान बुद्ध का इतिहास एवं धम्म दर्शन'—भदन्त धर्मकीर्ति महाथेरो, 1986 ई.
36. 'बौद्ध साहित्यांतील आदर्श स्त्री रत्ने'—रमण पाटिल, शिरीष प्रकाशन, 5/16, विदर्भ हाउसिंग बोर्ड कॉलोनी, पाँचपावली, नागपुर-410017 प्रथम आवृत्ति-1978, कीमत-6 रुपये (यह किताब मराठी भाषा में है।)

37. 'बौद्ध शिशु बोध'—लेखक—श्री सी.डब्ल्यू. लेडवीटर, अनुवादक—डॉ. भिक्षु धर्मरक्षित, प्रकाशक—भिक्षु बुद्धशरण
38. 'गारी बुद्ध प्रकाश'—प्रथम खंड, लेखक व प्रकाशक—कवि बालूराम बौद्ध भाष्य (धर्मरक्षित भिक्षु संघरत्न श्रीलंका), डॉ. अम्बेडकर, बुद्ध विहार, ग्राम व पोस्ट—घिंलौर, जिला—जालौन, उत्तर प्रदेश, संस्करण 1981ई., मूल्य 60 पैसे
39. 'गारी विवाह संस्कार'—लेखक व प्रकाशक—कवि बालूराम बौद्ध भाष्य (धर्मरक्षित भिक्षु संघरत्न श्रीलंका), डॉ. अम्बेडकर, बुद्ध विहार, ग्राम व पोस्ट—घिंलौर, जिला—जालौन, उत्तर प्रदेश, संस्करण 1982 ई., मूल्य 50 पैसे
40. 'बौद्ध धर्म में पूजा वन्दना परित्राण सुत्त'—एम.ए. शास्त्री, प्रकाशक—13 नार्थ एवेन्यू दिल्ली-1, संस्करण-1988, मूल्य डेढ़ रुपया
41. 'बौद्ध धर्म के विकास का इतिहास', डॉ. गोविन्द चन्द्र पांडेय, उत्तर प्रदेश, हिन्दी संस्थान, लखनऊ, संस्करण-दिनांक : 14 अप्रैल, 1989 ई.
42. 'बुद्ध धर्म में धम्म विजय'—दशमी का महत्त्व—तुलिकाकार एवं प्रकाशक—रत्न आधार उपासक, ग्राम—परसा, पत्रालय-रामपुर, बारह कोनी, जनपद, बस्ती, उत्तर प्रदेश, संस्करण 1 अक्टूबर, 1987 ई.। मूल्य 40 रुपये
43. 'बौद्ध नामावली'—अजय सागर, सागर प्रकाशन, 223, दरीबा, मैनपुरी, 205001, उत्तर प्रदेश। संस्करण 1991 ई., मूल्य 3 रुपये
44. 'भगवान बुद्ध और उनका अमर सन्देश', बी.आर. सांपला—प्रकाशक—सिद्धार्थ साहित्य सदन, 7/54, साऊथ पटेल नगर, नई दिल्ली-110008, मूल्य 1.25 पैसे। 1975 ई.
45. 'बुद्ध-वाणी'—डॉ. गया प्रसाद प्रशान्त, अशोक पुस्तकालय, कानपुर, प्रथम संस्करण सन् 1971, मूल्य 1 रुपया
46. 'बुद्ध अर्चना'—डॉ. विद्यावती मालवीया, भारतीय बौद्ध शाक्य परिषद, संकिसा, फर्रुखाबाद, प्रथम संस्करण 1951 ई., मूल्य 15 पैसे
47. 'तथागत का धम्म उपदेश' (प्रथम उपदेश)—सम्पादक—भिक्षु धर्मरक्षित, महाबोधि सभा, सारनाथ, वाराणसी, प्रथम संस्करण 1963, मूल्य 65 पैसे
48. 'संसार का सर्वोत्तम धर्म' (First Religion in the World), अनुवादक—श्री दयाराम जैन एम.ए., बहुजन कल्याण प्रकाशन, सआदतगंज, लखनऊ-3, प्रथम संस्करण 1970, मूल्य 1 रुपया
49. 'अम्बट्ठ-सुत्त', अनुवाद—भिक्षु जगदीश काश्यप, सम्पादक—चन्द्रिका प्रसाद 'जिज्ञासु', बहुजन कल्याण प्रकाशन, सआदत गंज, लखनऊ-3, प्रथम आवृत्ति 1969 ई., मूल्य 1.50 पैसे

50. 'भारतीय बौद्ध समाज', रत्नाकर बन्धु 'त्रिशरण', प्रकाशक—एस.आर. भारतीय अध्यक्ष—बाबा साहेब डॉ. अम्बेडकर समाज सुधार समिति, हर्रैया, बस्ती, उत्तर प्रदेश, प्रथम संस्करण जून, 1985 ई., मूल्य 1 रुपया
51. 'बौद्ध धर्म क्या कहता है?', कृष्णदत्त भट्ट, सर्व सेवा संघ प्रकाशन, प्रथम संस्करण 1963 ई., मूल्य 26 पैसे
52. 'सम्यक् सम्बोध'—विनित विक्रम बौद्ध, प्रकाशक—शोषित मुक्ति मोर्चा, भारत भवन, पड़रा, रीवा, (मप्र), प्रथम संस्करण जनवरी 1986 ई., मूल्य 1 रुपया
53. 'विपश्य-पद्धति', (जीवन शोध की सहज व्यावहारिक प्रक्रिया), लेखक-अनागारिक मुनिन्द्र, प्रकाशक—भिक्षु सुगतानन्द, बुद्ध कुटी, साई नदी के किनारे चिलबिला, रणजीत सिंह, प्रतापगढ़ (अवध), प्रथम संस्करण 1968, मूल्य 1 रुपया
54. 'भगवान बुद्ध की वाणी'—एस.आर. भारती, मनीष प्रकाशन, ई/22, चन्द्रनगर, दिल्ली-110051, मूल्य 9 रुपये
55. 'बुद्ध चालीसा आरती' (अट्ठगाथा सहित), रचयिता—क्षेत्रपाल सिंह, रामचन्द्र लाल, महीपाल सिंह 'महीप', मुद्रक स्थान—जगदीश प्रिंटिंग प्रेस, मेन रोड लखीमपुर, मूल्य 10 पैसे
56. 'बुद्ध वाणी' भाग-1-एस.आर. भारती, हर्रैया, बस्ती, उत्तर प्रदेश, संस्करण-5 अगस्त, 1986 ई., मूल्य 2 रुपये।
57. 'बौद्ध दर्शन-निराशावादी धर्म नहीं'—सोहन लाल शास्त्री, विद्यावाचस्पति बी.ए., अशोक पुस्तकालय, झींझक, कानपुर, प्रथम संस्करण 1961 ई., मूल्य 50 नए पैसे
58. 'बौद्ध धर्म हात्त मानव धर्म'—व्याख्याता—डॉ. भीमराव अम्बेडकर, सम्पादक—भिक्षु धर्मरक्षित, ममता प्रकाशन, कबीर चौराहा, वाराणसी, संस्करण 1967 ई., मूल्य 1.50 पैसे
59. 'भारत में बोधि वृक्ष कैसे समाप्त हुआ?'—कुमारी शुभबाला शास्त्री, सिद्धार्थ साहित्य सुधा निकेतन, 7/54, साउथ पटेल नगर, नई दिल्ली-110012, मूल्य 60 नए पैसे। प्रथम संस्करण फरवरी, 1959 ई.
60. 'बौद्ध धर्म और अछूत'—पंडित सुशील कुमार बौद्ध, नंगला शेखू, मेरठ, प्रथम संस्करण 1961 ई., मूल्य 19 नए पैसे
61. 'हिन्दू धर्म, मानव-मानव के लिए कलंक'—लेखक व प्रकाशक—विजय नारायण बौद्ध, ग्राम-दलेलनगर, पोस्ट—पुखरायाँ, कानपुर, मुद्रक—लोधी समाज प्रेस, सब्जी मंडी, कानपुर, सस्करण कार्तिक पूर्णिमा, 1968 ई., मूल्य 30 पैसे

62. 'डॉ. बाबा साहब और उनके अनुयायी' (बाबा साहब के अमृत वचन), डॉ. अम्बेडकर विचार मंच, सेक्टर-5, क्रास स्ट्रीट-4, क्वार्टर नम्बर-6/ए, भिलाई नगर, भिलाई, मध्य प्रदेश, प्रथम संस्करण 14 अप्रैल, 1968 ई.
63. 'जीवित-पिता'—अमर सिंह आर्यपथिक, प्रकाशक—वैदिक धर्म-भूषण, अर्निया, जिला—बुलन्दशहर, मूल्य 2 रुपये
64. 'बुद्ध गुणालंकार'—रचयिता—आचार्य वीदागम मैत्रेयी महास्थवीर, अनुवाद—भदन्त आनन्द कौसल्यायन, बुद्ध विहार, लखनऊ, प्रथम संस्करण 1960 ई., मूल्य 5 रुपये
65. 'बौद्ध धर्म में जय मंगल कार्य', एम.ए. शास्त्री, प्रकाशक—रवीन्द्रनाथ शास्त्री, 1799 नॉर्थ एवेन्यू, न्यू देल्ही-110001, 10 सितम्बर, 1968 ई.। मूल्य 5 रुपये
66. 'धर्म क्या कहता है?' श्री कृष्णदत्त भट्ट, सर्व सेवक संघ, प्रथम संस्करण- मई, 1963 ई., मूल्य 1.25 नए पैसे
67. 'बौद्धकालीन भारत'—जगदिन भट्ट एम.ए., प्रकाशक—रामचन्द्र वर्मा, सहित्य रत्नमाला, काशी, उ.प्र., भारत
68. 'भगवान बुद्ध की अमर वाणी' (भाग-1)—संकलनकर्ता—रत्नाकर बन्धु त्रिशरण, समाज सुधार प्रकाशन, हरैंया, बस्ती, उत्तर प्रदेश, प्रथम संस्करण सन् 1986 ई., मूल्य 7 रुपये
69. 'बोधी द्रुम'—सम्पादक—सुमन वात्स्यायन, बुद्ध विहार, लखनऊ, प्रथम संस्करण सन् 1978, मूल्य 1 रुपया 50 पैसे
70. 'बौद्ध दीक्षा' (वन्दना पाठ एवं परित्राण विधि)—डॉ. अंगने लाल (पीएच. डी.), प्रबुद्ध प्रकाशन, 512/431, सिद्धार्थ पार्क, निशातगंज, लखनऊ-7, प्रथम संस्करण 14 अक्टूबर, 1971 ई., मूल्य 1 रुपया 30 पैसे
71. 'बौद्ध धर्म की रूपरेखा'—लेखकद्वय-महापंडित उमेशचन्द्र मुत्सद्दो और डॉ. अम्बेडकर, प्रकाशक—बाबा साहब डॉ. बी.आर. अम्बेडकर रिसर्च इंस्टीट्यूट (इंडिया), लक्ष्मी नगर, दिल्ली-110006, प्रथम संस्करण सन् 1970, मूल्य दो रुपये
72. 'भगवान बुद्ध की शिक्षा'—देवमित्र धर्मपाल, महाबोधि सभा, सारनाथ, बनारस, उ.प्र.
73. 'बौद्ध धर्म ही क्यों?'—डॉ. भदन्त आनन्द, कौसल्यायन, अनुवाद- भिक्षु चन्द्रबोधि, भिक्षु निवास प्रकाशन, दीक्षाभूमि, नागपुर, महाराष्ट्र। प्रथम संस्करण 1975 ई. मूल्य दो रुपये
74. 'नवदीक्षित बौद्ध'—राहुल सांकृत्यायन, प्रकाशक—प्रज्ञानन्द महाथेरो, बुद्ध विहार, रिसालदार पार्क, लखनऊ, तृतीय संस्करण सन् 1957, मूल्य 15 नए पैसे

75. 'बौद्धमत का भंडाफोड़'—आचार्य श्रीराम आर्य, वैदिक साहित्य प्रकाशन, कासगंज, उत्तर प्रदेश, भारत, प्रथम संस्करण 1983 ई., मूल्य तीन रुपये
76. 'सिंगालोवाद सत्तुं' (बौद्ध गृहस्थ आश्रम धर्म), अनुवाद—ॐ कित्तिमा भिक्खू, बौद्ध मन्दिर, डी-64/135 सिगरा, वाराणसी-1, तृतीय संस्करण 1968 ई.
77. 'सारत्थ पकासिनी'—भदन्त नन्दवर्धन बोधि, कल्पतरु संघाराम प्रकाशन, भिक्षुनिवास, कौसल्यायन नगर, नागपुर-440027 (महाराष्ट्र), संस्करण 1967 ई.। मूल्य 3 रुपये
78. 'धम्म पद'—भिक्षु धर्मरक्षित, प्रकाशक—बी.एन. यादव, अध्यक्ष—मास्टर खेलाडी लाल एंड संस, कचौड़ी बाग, वाराणसी-1, द्वितीय संस्करण 1959 ई., मूल्य तीन रुपये
79. 'विद्यार्थियों के लिए बुद्ध धर्म', वक्ता—भिक्षु बुद्ध दास, प्रकाशक—बुद्ध अनेक प्रसंग एसोसिएशन, थाईलैंड
80. 'बौद्ध ज्ञान माला पुष्प-1', सम्पादक—रामदास सुमन, मूल्य तीन रुपये, 1989
81. 'बुद्ध कीर्तन', प्रेम सिंह चौहान 'दिव्यार्थ', महाबोधि सभा, सारनाथ, बनारस, प्रथम संस्करण 1946 ई., मूल्य 1 रुपया 15 पैसे
82. 'बुद्धा एंड हिज धम्मा', डॉ.अम्बेडकर, अनुवादक—रामअधार, प्रकाशक **—पेरियार ललई सिंह**, अशोक पुस्तकालय, झींझक, कानपुर, उ.प्र
83. 'हम बौद्ध क्यों बनें?'—डॉ. अम्बेडकर, भारतीय बौद्ध समिति, लखनऊ, संस्करण 1981 ई., मूल्य 2 रुपये
84. 'बुद्ध की देन'—भदन्त शासन श्री महास्थवीर, महाबोधि सभा, सारनाथ, वाराणसी, उत्तर प्रदेश, प्रथम संस्करण 1960 ई., मूल्य 2 रुपये
85. 'भारत के बौद्ध तीर्थ'—पब्लिकेशंस डिविजन, सूचना व प्रसार मंत्रालय, भारत सरकार, संस्करण सन् 1956 ई., मूल्य 2 रुपये
86. 'बुद्ध चरित्र' (भाग 1 एवं भाग 2)—अश्वघोष, अनुवादक और सम्पादक—सूर्य नारायण चौधरी, प्रकाशक—संस्कृत भवन, कठोतिया, पोस्ट—काझा, जिला—पूर्णिया, बिहार, संस्करण-जनवरी, 1955 ई., मूल्य 2 रुपये
87. 'बौद्ध संस्कार दर्शिका'—भिक्षु धर्मकीर्ति, प्रकाशक—अखिल भारतीय भिक्षु संघ, शाखा, उत्तर प्रदेश, संस्करण 1981 ई., मूल्य 4 रुपये
88. 'बौद्ध शून्य योग'—भिक्षु निर्गुणानन्द, सारिपुत्र प्रकाशन, गौतम कुटीर, अशोक नगर, वासीनाका, चैम्बूर, बम्बई, संस्करण 1977, मूल्य 4 रुपये

89. 'धर्म क्या है?', सद्धर्म क्या है?, डॉ. अम्बेडकर, प्रस्तुति—प्रकाशन **—पेरियार ललई सिंह** अशोक पुस्तकालय, झींझक, कानपुर, उत्तर प्रदेश, संस्करण 1983 ई.

90. 'बुद्धिवाद प्रदीप'—भिक्षु निर्गुणानन्द, सारिपुत्र प्रकाशन, गौतम कुटीर, अशोक नगर, वासीनाका, चेम्बूर, बम्बई-47, 1985 ई., मूल्य 8 रुपये

91. 'आनन्द बौद्ध सेवा भजन मंडल', स्थापना सन् 1956 ई., (हरदास नगर, लस्करी बाग, सं.न. 17/23, नागपुर), कवि. जी.एम. मानकर, संचालक—सम्पतराव साखरे, गायक—कव्वाल बाबू लाल जीव, बी.जी. बोदले, प्रकाशक—हीरा लाल भावे, मूल्य 2 नये पैसे

92. 'बन्नी बन्नी विहार'—कवि बालूराम बौद्ध भाष्य (धर्मरक्षित भिक्षु संघरत्न श्रीलंका), डॉ.अम्बेडकर बुद्ध विहार, ग्राम व पोस्ट—घिंलौर, जिला—जालौन, उ.प्र, 1982 ई., मूल्य 35 पैसे

93. 'उपदेश भजनावली'—कवि बालूराम बौद्ध भाष्य (धर्मरक्षित भिक्षु संघरत्न श्रीलंका), डॉ. अम्बेडकर, बुद्ध विहार, ग्राम व पोस्ट—घिंलौर, जिला—जालौन, उत्तर प्रदेश, 1980 ई., मूल्य 50 पैसे

94. 'बुद्ध जीवन गाया'—भिक्षु ज्ञानरत्न, प्रकाशक—बुद्ध विहार प्रबन्ध समिति, चक्की पाट, आगरा-03, उत्तर प्रदेश, 1985 ई., मूल्य 5 रुपये

95. 'बुद्ध धम्म भ्रान्ति निवारण'—डॉ. सुरेन्द्र अज्ञात, बुद्धिस्ट पब्लिशिंग हाउस, जालन्धर 144003, पंजाब, भारत, 1983 ई., मूल्य 3 रुपये

96. 'बौद्धचर्या पद्धति', लेखक—भदन्त बोधानन्द महास्थविर, प्रकाशक—भारतीय बौद्ध समिति, बुद्ध विहार, लखनऊ, 1990 ई.

97. 'विशुद्धि मार्ग', आचार्य बुद्ध घोष, अनुवादक—त्रिपिटकाचार्य भिक्षु धर्म रक्षित, प्रकाशक—शाक्यमुनि श्रावक संघ, सन् 1991, दो खंड, पृष्ठ 332

98. 'बौद्ध व्यावहारिक ज्ञान माला'—लेखक व प्रकाशन—रत्नाकर बन्धु त्रिशरण, प्रकाशक—अखिल भारतीय बाबा साहब डॉ.अम्बेडकर समाज सुधारक समिति, हरैया, बस्ती, उत्तर प्रदेश—272135, संस्करण सन् 1991

99. 'संगीत बुद्ध चरित्र लीला'—गुरुचरण लाल बौद्ध, ग्राम—छेदा लालपुर, पोस्ट—बाँकेगंज जिला—खीरी, उत्तर प्रदेश, संस्करण 1991 ई., मूल्य 10 रुपये

100. 'पालि भाषा प्रदेश'—नारायण वासुदेव तुगार, प्रकाशक—श्री कमलाबाई भिंडे, मॉडर्न बुक डिपो, आनन्द आश्रम के सामने, पुणे-02, महाराष्ट्र

मिथकीय साहित्य/वैदिक साहित्य

पुस्तकें		मूल्य रुपये
1. 'वेद' 8 जिल्दों में	-	
'ऋग्वेद' 4 खंड	-	27.00
'अथर्ववेद' 2 खंड	-	13.50
'यजुर्वेद' 1 खंड	-	6.75
'सामवेद' 1 खंड	-	6.75
2. '108 उपनिषद' (ज्ञान, ब्रह्म विद्या,		
सनधना) (3 खंड)	-	23.25
3. 'षट् दर्शन' (6 जिल्दों में)		
'वेदांत दर्शन'	-	4.00
'सांख्य दर्शन'	-	4.00
'योग दर्शन'	-	4.00
'वैशेषिक दर्शन'	-	4.00
'न्याय दर्शन'	-	4.00
'मीमांसा दर्शन'	-	5.00
4. 20 स्मृतियाँ 2 अंक	-	**14.00**
5. पुराण		
'शिव' (2 खंड)	-	14.00
'विष्णु' (2 खंड)	-	14.00
'मार्कंडेय' (2 खंड)	-	14.00
'हरिवंश' (2 खंड)	-	14.00
'पद्म' (2 खंड)	-	14.00
'लिंग' (2 खंड)	-	14.00
'कूर्म' (2 खंड)	-	14.00

'वायु' (2 खंड)	-	14.00
'अग्नि' (2 खंड)	-	14.00
'गरुड़' (2 खंड)	-	14.00
'भविष्य' (2 खंड)	-	14.00
'देवीभागवत' (2 खंड)	-	14.00
'वामन' (2 खंड)	-	14.00
'कल्कि' (1 खंड)	-	7.75

6. विष्णु रहस्य - **6.00**

7. 'तंत्र महाविज्ञान' 2 खंड - 15.00

प्रकाशक—संस्कृति संस्थान, ख्वाजा कुतुब(वेद नगर) बरेली, उ.प्र., भारत वर्ष

8. पेरियार ललई सिंह द्वारा स्मृतियों का अध्ययन—

1. 'वेद व्यास स्मृति'
2. 'याज्ञवल्क्य स्मृति'
3. 'पाराशर स्मृति'
4. 'दक्ष स्मृति'
5. 'सम्वर्त स्मृति'
6. 'आपस्तम्ब स्मृति'
7. 'हारीत स्मृति'
8. 'शंख स्मृति'
9. 'अत्रि स्मृति'
10. 'बृहस्पति स्मृति'
11. 'बौधायन स्मृति'
12. 'काश्यप स्मृति'
13. 'लघ्वाश्वलायन स्मृति'
14. 'मनु स्मृति'
15. 'विष्णु स्मृति'
16. 'औशनस स्मृति'
17. 'वसिष्ट स्मृति'
18. 'कात्यायन स्मृति'
19. 'गौतम स्मृति'
20. 'आंगिरस स्मृति'
21. 'यम स्मृति'
22. 'लिखित स्मृति'
23. 'मार्कंडेय स्मृति'
24. 'पुर्लस्य स्मृति'
25. 'बुध स्मृति'
26. 'देवल स्मृति'
27. 'पुलस्त्य स्मृति'
28. 'शातातप स्मृति'

उपर्युक्त सभी के सम्पादक—पंडित श्रीराम शर्मा आचार्य हैं। प्रकाशक—डॉ. चमन लाल गौतम, संस्कृति संस्थान, ख्वाजा कुतुब (वेद नगर) बरेली, उत्तर प्रदेश, द्वितीय संस्करण 1968 ई. है।

9. 'यजुर्वेद'—सम्पादक—पं.श्रीराम शर्मा आचार्य, प्रकाशक—डॉ. चमन लाल गौतम, संस्कृत संस्थान, दरवाजा कुतुब (वेद नगर) बरेली, उत्तर प्रदेश, संशोधित संस्करण-1969 ई. मूल्य 6 रुपये 75 पैसे, पृष्ठ 556

10. 'मानस मंथन'—डॉ. स्वामीनाथ शर्मा (एम.ए.,पी.एच.डी.), प्रकाशक—आशुतोष प्रकाशन, चेतगंज, वाराणसी 11, प्रथम संस्करण-1966 ई., मूल्य 12 रु. 60 पैसे
11. 'महर्षि दयानन्द'—इन्द्र विद्यावाचस्पति, सुबोध पॉकेट बुक्स 2, दरियागंज, दिल्ली-7, प्रथम संस्करण 1975 ई., मूल्य 4 रुपये
12. 'तीर्थ, मोक्ष और वैदिक धर्म की मान्यताएँ', लेखक—सम्पादक—श्री रघुनाथ प्रसाद पाठक, कविराज हरनामदास, बी.ए., प्रकाशक—सार्वदेशिक संन्यासी वानप्रस्थ मंडल, ज्वालापुर, हरिद्वार, उत्तर प्रदेश, 1967, मूल्य 25 पैसे, 20,000 प्रतियाँ प्रकाशित, मिलने का पता—सुखदाता—प्रकाशन, गौरीशंकर मंदिर, चाँदनी चौक, नई दिल्ली, मूल्य 25 पैसे
13. 'आचार्य पंडित शुक्रराज जी का धर्म' बलि शास्त्री—लेखक—अमर स्वामी जी महाराज, प्रकाशक—वैदिक धर्म संघ, गाजियाबाद, तथा मुरादाबाद, मेरठ, संस्करण-फाल्गुन संवात 2027, विक्रमी, मूल्य 1.25 पैसे, प्रथम बार 20,000 प्रतियाँ प्रकाशित
14. 'सत्यार्थ प्रकाश' (उत्तरार्द्ध)—महर्षि दयानन्द सरस्वती, सार्वदेशिक दयानन्द संन्यासी वानप्रस्थ मंडल, ज्वालापुर, हरिद्वार, उत्तर प्रदेश, 1968, मूल्य 25 पैसे
15. 'विष्णु पुराण' (प्रथम और द्वितीय खंड)—सम्पादक—पंडित श्रीराम शर्मा आचार्य, प्रकाशक—संस्कृति संस्थान, ख्वाजा कुतुब (वेद नगर), बरेली, उत्तर प्रदेश, सन् 1972, मूल्य 75 पैसे
16. 'देवी भागवत पुराण' (प्रथम और द्वितीय खंड), पंडित श्रीराम शर्मा आचार्य, संस्कृति संस्थान, ख्वाजाकुतुब (वेद नगर), बरेली, उ.प्र., संस्करण सन् 1972, मूल्य 9 पैसे
17. 'हिन्दू जाति का उत्थान और पतन' और 'मानस-मीमांसा' दो किताबें—रजनीकान्त शास्त्री, किताब महल, नई दिल्ली
18. 'वैदिक बम्ब'—प्रणेता—पंडित राजेन्द्र जी, सम्पादक—ईश्वरी प्रसाद 'प्रेमी', सत्य प्रकाशन, वृन्दावन मार्ग, मथुरा, उत्तर प्रदेश, 28 दिसम्बर, 1969 ई., मूल्य 30 पैसे
19. 'वैदिक मत का मुख मर्दन' (बौद्ध मत से उत्तर), भिक्षु निर्गुणानन्द, सारिपुत्र प्रकाशन, वासीनाका, चेम्बूर, मुम्बई, प्रथम संस्करण 1984 ई., मूल्यं छह रुपये
20. 'आगम शास्त्र', अनुवाद—भदन्त आनन्द कौसल्यायन, प्रकाशन—महाबोधि सभा, मूल्य 1 रुपया 50 पैसे
21. 'पोप-लीला', श्रीमती पवित्रा देवी विद्याविभूषिता, सत्य प्रकाशन, वृन्दावन मार्ग, मथुरा, उत्तर प्रदेश, .मूल्य तीन नए पैसे

22. 'मूर्ति पूजा पर 31 प्रश्न'—श्रीराम आर्य, वैदिक साहित्य प्रकाशन, कासगंज, एटा, उत्तर प्रदेश, द्वितीय संस्करण 1972 ई., मूल्य 10 पैसे
23. 'मूर्ति पूजा का खंडन'—डॉ. श्रीराम आर्य, वैदिक साहित्य प्रकाशन, कासगंज, एटा, उत्तर प्रदेश, समीक्षा—लेखक—सिद्ध गोपालजी कविरत्न, द्वितीय संस्करण 1971 ई., मूल्य 1.35 पैसे
24. 'मृतक श्राद्ध खंडन'—डॉ. श्रीराम आर्य, वैदिक साहित्य प्रकाशन, कासगंज, एटा, उत्तर प्रदेश, संस्करण पाँचवीं बार 1971 ई., मूल्य 30 पैसे
25. 'नवग्रह समीक्षा'—वेद प्रकाश 'सुमन' शिक्षा शास्त्री, सत्य प्रकाश, वृन्दावन मार्ग, मथुरा, संवत् 2028 वि., मूल्य 40 पैसे
26. 'नृसिंह अवतार वध' अर्थात् पुराणों में शंकर जी द्वारा नृसिंह अवतार का कत्ल कराना—डॉ. श्रीराम आर्य, वैदिक साहित्य प्रकाशन, कासगंज, एटा, उत्तर प्रदेश, संस्करण पाँचवीं बार 1970 ई., मूल्य 12 पैसे
27. 'दुर्गा पर नरबलि'—डॉ. श्रीराम आर्य, वैदिक साहित्य प्रकाशन, कासगंज, एटा, उत्तर प्रदेश, संस्करण-पाँचवीं बार 1972 ई., मूल्य 20 पैसे
28. 'क्या भूत होते हैं?'—वेद प्रकाश 'सुमन' शिक्षा शास्त्री, सत्य प्रकाशन, वृन्दावन मार्ग, मथुरा, उत्तर प्रदेश, संवत् 2029 वि., मूल्य 40 पैसे
29. 'हनुमान जी बन्दर नहीं थे'—डॉ. श्रीराम आर्य, वैदिक साहित्य प्रकाशन, कासगंज, एटा, उत्तर प्रदेश, 1972 ई., मूल्य 15 पैसे
30. 'शिवजी के चार विलक्षण बेटे'—डॉ. श्रीराम आर्य, वैदिक साहित्य प्रकाशन, कासगंज, एटा, उत्तर प्रदेश, 1970 ई., मूल्य 37 नए पैसे
31. 'शिवलिंग पूजा : एक भ्रष्टाचार'—श्रीराम आर्य, हेतराम आर्य, सत्य प्रकाशन, वृन्दावन मार्ग, मथुरा, उत्तर प्रदेश, मूल्य 8 रुपये
32. 'शिवलिंग पूजा क्यों?' (परिवर्धित संस्करण)—आचार्य श्रीराम आर्य, वैदिक साहित्य प्रकाशन, कासगंज, एटा, उत्तर प्रदेश, 1970 ई.। मूल्य 1.35 पैसे
33. 'पुराण किसने बनाया?'—डॉ. श्रीराम आर्य, वैदिक साहित्य प्रकाशन, कासगंज, एटा, उत्तर प्रदेश, संस्करण 1971 ई.। मूल्य 75 पैसे
34. 'संसार के पौराणिक विद्वानों के 31 प्रश्न'—डॉ. श्रीराम आर्य, वैदिक साहित्य प्रकाशन, कासगंज, एटा, उत्तर प्रदेश, संस्करण 1972 ई.। मूल्य 12 नए पैसे
35. 'पुराणों के कृष्ण'—डॉ. श्रीराम आर्य, वैदिक साहित्य प्रकाशन, कासगंज, एटा, उत्तर प्रदेश, संस्करण 1971 ई. मूल्य 4 पैसे
36. 'पौराणिक गप्प दीपिका'—डॉ. श्रीराम आर्य, वैदिक साहित्य प्रकाशन, कासगंज, एटा, उत्तर प्रदेश, संस्करण 1969 ई. मूल्य 55 पैसे
37. 'पौराणिक मुख चपेटिका'—डॉ. श्रीराम आर्य, वैदिक साहित्य प्रकाशन, कासगंज, एटा, उत्तर प्रदेश, संस्करण सन् 1969 ई. मूल्य 20 पैसे

38. 'मार्कंडेय पुराण'—डॉ. शिव पूजन सिंह कुशवाहा 'पथिक', सत्य प्रकाशन, वृन्दावन, मथुरा, संस्करण 1969, मूल्य 60 नए पैसे
39. 'ब्रह्मवैवर्त्त पुराण'—सं. भवानी लाल जी भारती, एम.ए., (पीएच.डी.), सत्य प्रकाशन, वृन्दावन, मथुरा, संवत् 2026 वि., मूल्य 75 पैसे
40. 'पौराणिक कीर्तन पाखंड है?'—डॉ. श्रीराम आर्य, वैदिक साहित्य प्रकाशन, कासगंज, एटा, उत्तर प्रदेश, संस्करण सन् 1969, मूल्य 25 पैसे
41. 'क्या द्रोपदी के पाँच पति थे?'—श्री अमर स्वामी परिव्राजक, प्रकाशक—सत्य सनातन वैदिक धर्म संघ, गाजियाबाद, मुराद नगर, मेरठ, संस्करण-1968 ई. मूल्य 60 पैसे
42. 'गीता में ईश्वर का स्वरूप'—अमर स्वामी परिव्राजक, सत्य सनातन वैदिक धर्म संघ, गाजियाबाद, मुराद नगर, मेरठ, मूल्य 50 पैसे
43. 'गीता और महर्षि दयानन्द जी'—अमर स्वामी जी महाराज, लाजपति राय आर्य, अमर स्वामी पुस्तक भंडार, गाजियाबाद, मेरठ, उत्तर प्रदेश, मूल्य 50 पैसे
44. 'गीता पर 42 प्रश्न'—प्रश्नकर्त्ता—डॉ. श्रीराम आर्य, वैदिक साहित्य प्रकाशन, कासगंज, एटा, उत्तर प्रदेश, संस्करण-प्रथम बार सन् 1971 ई., मूल्य 25 पैसे
45. 'गीता विवेचन'—डॉ. श्रीराम आर्य, कासगंज, एटा, उत्तर प्रदेश, वैदिक साहित्य प्रकाशन, कासगंज, एटा, उत्तर प्रदेश, संस्करण द्वितीय बार सन् 1969 ई, मूल्य 2.75 पैसे
46. 'श्रीमद्भागवत समीक्षा'—डॉ. श्रीराम आचार्य, वैदिक साहित्य प्रकाशन, कासगंज, उत्तर प्रदेश, भारत वर्ष, प्रथम संस्करण 1965 ई.। मूल्य 3 रुपये
47. 'भागवद्गीता की बुद्धिवादी समीक्षा', भदन्त आनन्द कौसल्यायन, हंस प्रकाशन, अमृत राय, इलाहाबाद, प्रथम संस्करण 1958 ई.
48. 'रामकथा' (उत्पत्ति और विकास), रेवरेंड फादर कामिल बुल्के। अध्यक्ष—हिन्दी विभाग, सेंट जेवियस कॉलेज, राँची। प्रयाग विश्वविद्यालय, डी.फिल. उपाधि के लिए स्वीकृत निबन्ध, हिन्दी परिषद प्रकाशन प्रा.लि., द्वारा द्वितीय संस्करण 1962, मूल्य 20 रुपये
49. 'कुरान खुदाई किताब नहीं है'—डॉ. श्रीराम आर्य, वैदिक साहित्य प्रकाशन, कासगंज, एटा, उत्तर प्रदेश, संस्करण दूसरी बार 1970 ई., मूल्य 15 पैसे
50. 'नारी पर मजहबी अत्याचार'—डॉ. श्रीराम आर्य, वैदिक साहित्य प्रकाशन, कासगंज, एटा, उत्तर प्रदेश, संस्करण पहली बार 1971 ई., मूल्य 30 पैसे
51. 'उत्तर रामचरितम्'—व्याख्याकार—तारिणीश झा, प्रकाशक तथा पुस्तक विक्रेता—रामनारायण लाल बेनी प्रसाद, इलाहाबाद—2, तृतीय संशोधित—संस्करण 1970 ई., मूल्य पाँच रुपये

52. 'अवतारवाद का रहस्य अर्थात् अवतारवाद का पोल खोल'—श्रीराम आर्य, वैदिक साहित्य प्रकाशन, कासगंज, एटा, उत्तर प्रदेश, भारतवर्ष, प्रथम संस्करण-1974 ई. मूल्य 2 रुपये 25 पैसे
53. 'काल-विजय'—लक्ष्मी नारायण मिश्र, मेहरा प्रकाशन, हॉस्पिटल रोड, आगरा, संस्करण 1977 ई., मूल्य 6 रुपये
54. 'पूरा पूजा'—आघ श्री शंकराचार्य कृत, हिन्दी अनुवाद—अमर स्वामीजी, सत्य सनातन वैदिक धर्म संघ, गाजियाबाद, मुराद नगर, उ.प्र., भारत, वैशाख संवत विक्रम 2027
55. 'तीर्थ, मोक्ष और वैदिक धर्म की मान्यताएँ'—श्री रघुनाथ पाठक, प्रकाशक—सार्वदेशिक संन्यासी वानप्रस्थ मंडल, ज्वालापुर, हरिद्वार, उत्तर प्रदेश, चौथी बार—1967 ई., मूल्य 25 पैसे
56. 'धर्म बलिदान'—अमर स्वामी जी महाराज, सत्य सनातन वैदिक धर्म संघ, गाजियाबाद, मुराद नगर, उत्तर प्रदेश, संस्करण 1971 ई., मूल्य 1.25 पैसे
57. 'वाल्मीकि रामायण'—हिन्दी अनुवाद—श्री ओम प्रकाश गुप्त, अग्रवाल बुक डिपो (रजि.), थोक पुस्तकालय, खारी बावली, दिल्ली-110006, दूसरी बार 1974 ई.। मूल्य 20 रुपये
58. 'रामचरितमानस'—तुलसीदास, गीत प्रेस, गोरखपुर, उ.प्र., भारत
59. 'सच्ची रामायण'—पेरियार ई.वी. रामास्वामी द्वारा वाल्मीकि रामायण; तमिल रामायण; बंगाली रामायण आदि ग्रंथों का सच्चा समालोचनात्मक अध्ययन और प्रस्तुति है। प्रस्तुति—**पेरियार ललई सिंह**, अशोक पुस्तकालय, झींझक, कानपुर उ.प्र., भारत 209302 हिन्दी संस्करण 1968 ई.
60. 'कथासरित्सागर' (प्रथम खंड)—महाकवि सोमदेव भट्ट, विरचित अनुवाद—पंडित केदारनाथ शर्मा सारस्वत, बिहार राष्ट्र भाषा, परिषद, पटना, प्रथम संस्करण 1960 ई., मूल्य 10 रुपये (1213 पृष्ठ)
61. 'कथासरित्सागर' (द्वितीय खंड), महाकवि सोमदेव भट्ट, विरचित अनुवाद—पंडित केदारनाथ शर्मा सारस्वत, बिहार राष्ट्र भाषा, परिषद, पटना, प्रथम संस्करण 1961 ई., मूल्य 12.50 रुपये (1016 पृष्ठ)
62. 'कथासरित्सागर' (तृतीय खंड), अनुवादक—श्री जटाशंकर झा, श्री प्रफुल्लचन्द्र ओझा 'मुफ्त', बिहार राष्ट्र भाषा, परिषद, पटना, प्रथम संस्करण 1973 ई., मूल्य 35 रुपये (1015 पृष्ठ)

महाभारत का अध्ययन

1. 'महाभारत'—आदि पर्व—प्रधान सम्पादक—डॉ. पंडित श्रीपाद दामोदर सातवलेकर, सह-सम्पादक—श्री श्रुतिशील शर्मा, एम.ए. शास्त्री, प्रकाशक—वशंत श्रीपाद सातवलेकर, स्वाध्याय मंडल, पोस्ट—स्वाध्याय मंडल, पारडी, जिला—बलसोड़। संस्करण 1968 ई. (1096 पृष्ठ)
2. 'महाभारत'—सभा पर्व—प्रधान सम्पादक—डॉ. पंडित श्रीपाद दामोदर सातवलेकर, सह-सम्पादक—श्री श्रुतिशील शर्मा, प्रकाशक—वशंत श्रीपाद सातवलेकर, स्वाध्याय मंडल, पोस्ट—स्वाध्याय मंडल, पारडी, जिला—बलसोड़। संस्करण 1968 ई. (360 पृष्ठ)
3. 'महाभारत'—आरण्य पर्व—पहला भाग और दूसरा भाग—प्रधान सम्पादक—डॉ. पंडित श्रीपाद दामोदर सातवलेकर, सह-सम्पादक—श्री श्रुतिशील शर्मा, प्रकाशक—वशंत श्रीपाद सातवलेकर, स्वाध्याय मंडल, पोस्ट—स्वाध्याय मंडल, पारडी, जिला—बलसोड़। संस्करण सन् 1969 ई. (1564 पृष्ठ)
4. 'महाभारत'—विराट पर्व—प्रधान सम्पादक—डॉ. पंडित श्रीपाद दामोदर सातवलेकर, सह-सम्पादक—श्री श्रुतिशील शर्मा, प्रकाशक—वशंत श्रीपाद सातवलेकर, स्वाध्याय मंडल, पोस्ट—स्वाध्याय मंडल, पारडी, जिला—बलसोड़, संस्करण 1969 ई. (280 पृष्ठ)
5. 'महाभारत'—उघोग पर्व—प्रधान सम्पादक—डॉ. पंडित श्रीपाद दामोदर सातवलेकर, सह-सम्पादक—श्री श्रुतिशील शर्मा, पोस्ट—स्वाध्याय मंडल, पारडी, जिला—बलसोड़, संस्करण 1969 ई. (972 पृष्ठ)
6. 'महाभारत'—द्रोण पर्व—प्रधान सम्पादक—डॉ. पंडित श्रीपाद दामोदर सातवलेकर, सह-सम्पादक—श्री श्रुतिशील शर्मा, प्रकाशक—वशंत श्रीपाद सातवलेकर, स्वाध्याय मंडल, पोस्ट—स्वाध्याय मंडल, पारडी, जिला—बलसोड़, संस्करण 1975 ई. (1248 पृष्ठ)
7. 'महाभारत'—कर्ण पर्व—प्रधान सम्पादक—डॉ. पंडित श्रीपाद दामोदर सातवलेकर, सह-सम्पादक—श्री श्रुतिशील शर्मा, प्रकाशक—वशंत

श्रीपाद सातवलेकर, स्वाध्याय मंडल, पोस्ट—स्वाध्याय मंडल, पारडी, जिला—बलसोड़, संस्करण 1973 ई. (588 पृष्ठ)

8. 'महाभारत'—शल्य पर्व—प्रधान सम्पादक—डॉ. पंडित श्रीपाद दामोदर सातवलेकर, पोस्ट—स्वाध्याय मंडल, पारडी, जिला—बलसोड़, संस्करण 1973 ई. (490 पृष्ठ)
9. 'महाभारत'—सौप्तिक पर्व—प्रधान सम्पादक—डॉ. पंडित श्रीपाद दामोदर सातवलेकर, पोस्ट—स्वाध्याय मंडल, पारडी, जिला—बलसोड़, संस्करण 1972 ई. (115 पृष्ठ)
10. 'महाभारत'—स्त्री पर्व—प्रधान सम्पादक—डॉ. पंडित श्रीपाद दामोदर सातवलेकर, पोस्ट—स्वाध्याय मंडल, पारडी, जिला—बलसोड़, संस्करण 1977 ई. (110 पृष्ठ)
11. 'महाभारत'—अनुशासन पर्व—प्रधान सम्पादक—डॉ. पंडित श्रीपाद दामोदर सातवलेकर, पोस्ट—स्वाध्याय मंडल, पारडी, जिला—बलसोड़, संस्करण 1978 ई. (980 पृष्ठ)
12. 'महाभारत'—भीष्म' पर्व—प्रधान सम्पादक—डॉ. पंडित श्रीपाद दामोदर सातवलेकर, पोस्ट—स्वाध्याय मंडल, पारडी, जिला—बलसोड़, संस्करण 1972 ई. (820 पृष्ठ)
13. 'महाभारत'—आश्वमेधिक पर्व—प्रधान सम्पादक—डॉ. पंडित श्रीपाद दामोदर सातवलेकर, पोस्ट—स्वाध्याय मंडल, पारडी, जिला—बलसोड़, संस्करण 1977 ई. (670 पृष्ठ)

महाभारत भाषा

1. 'महाभारत भाषा'—अठारहों पर्व (सम्पूर्ण), प्रकाशन—ठाकुर प्रसाद एंड संस, बुकसेलर, राजादरवा—ब्रांच—कचौड़ी गली, वाराणसी। मूल्य 12 रुपये
2. 'महाभारत भाषा'—आदि पर्व—पंडित कुंज बिहारी लाल शर्मा, प्रकाशन एवं मुद्रक—श्री केसरी दास सेठ, सुपरिटेंडेंट, नवल किशोर प्रेस, लखनऊ, 1930 ई.
3. 'महाभारत भाषा'—उघोग पर्व—भाषानुवाद—पंडित महेशदत्त जी सुकुल, प्रकाशन एवं मुद्रक—श्री केसरी दास सेठ, सुपरिटेंडेंट, नवल किशोर प्रेस, लखनऊ, सन् 1936 ई.

4. 'अथमहाभारत भाषा'—पंडित महावीर प्रसाद मिश्र, तेज कुमार बुक डीपो, लखनऊ—1, संस्करण-1971 ई., मूल्य 11 रुपया
5. 'महाभारत भाषा'—वन पर्व, अनुवाद—पंडित कुंजबिहारी लाल जी, नवल किशोर प्रेस (बुक डिपो) हजरतगंज, लखनऊ, संस्करण-सन् 1927
6. 'महाभारत'—सम्पादक—ईश्वरी प्रसाद प्रेम, एम.ए. साहित्य रत्न, सिद्धान्त शास्त्री, सम्पादक तपोभूमि मथुरा, सत्य प्रकाशन मथुरा, संवत—2024 वि., मूल्य एक रुपया।

मिथक और धर्म

1. 'श्रीमद्भागवत'—समीक्षा—डॉ. श्रीराम आर्य, वैदिक साहित्य प्रकाशन, कासगंज, जिला एटा, उत्तर प्रदेश, सन् 1935 ई., मूल्य 3 रुपये
2. 'रामचरित मानस'—सत्य की कसौटी पर—प्रस्तोता—ईश्वरी प्रसाद 'प्रेम', मूल्य 1.25 पैसे
3. 'रावण वध क्या विजयदशमी को हुआ?'—लेखक—अमरसिंह आर्य पथिक, प्रकाशक—आम प्रकाश आर्य 'पथिक', संवत 2023 वि., मूल्य 20 पैसे
4. 'गुरुडम के पाखंड'—आचार्य डॉ. श्रीराम आर्य, दयानन्दानन्द 145, सन् 1970 ई.। मूल्य 40 पैसे
5. 'श्रवताखाद पर 31 प्रश्न'—लेखक एवं प्रकाशक उपरोक्त, 1972 ई. मूल्य 10 पैसे
6. 'स्वर्ग विवेचन'—लेखक व प्रकाशक पूर्वोक्त, सन् 1971, मूल्य 20 पैसे
7. 'पं. रुद्रदत्त ग्रंथावली'—भाग—1, लेखक—पं. रुद्रदत्त शर्मा सम्पादकाचार्य, सत्य प्रकाशन, वृन्दावन मार्ग, मथुरा, सम्वत 2022 वि. मूल्य 75 पैसे
8. 'अवतार रहस्य'—आचार्य डॉ. श्रीराम आर्य। सन् 1969 ई. मूल्य 2.50 पैसे
9. 'वर्णव्यवस्था विवेचन'—पं. सिंह गोपाल जी कविरत्न, सत्य प्रकाशन, वृन्दावन मार्ग, मथुरा, सम्वत 2026, मूल्य 10 पैसे
10. 'मनुष्य को मनुष्य के प्रति घृणा क्यों?'—श्री घसीटेलाल साहू, 6/24 पार्वती बांगला रोड, कानपुर, उ.प्र.
11. 'टोंक का शास्त्राचार्य'—डॉ. श्रीराम आर्य, सन् 1969 ई., मूल्य 1.25 पैसे

12. 'शास्त्रार्थ के चैलेंज का उत्तर'—डॉ. श्रीराम आर्य, सन् 1969 ई., मूल्य 25 पैसे
13. 'माधवाचार्य को डबल उत्तर'—डॉ. श्रीराम आर्य, सन् 1970 ई., मूल्य 75 पैसे
14. 'मुनि समाज मुखमर्दन', डॉ. श्रीराम आर्य, सन् 1969 ई., मूल्य 1.50 पैसे
15. 'मन्दिर प्रवेश' (यम नियम निवेचन), आनन्द स्वामी, सत्य प्रकाशन, वृन्दावन मार्ग, मथुरा, मूल्य 20 पैसे
16. 'समाज सुधार गीतांजली'—संकलनकर्ता—कुदपुर श्रीचन्द्र आर्य, सम्पादक—ईश्वरी प्रसाद 'प्रेम', संवत 2028 वि., मूल्य 33 पैसे
17. 'मानवता अमर है'—डॉ. रामचरण महेन्द्र, एम.ए.; पीएच.डी., गवर्नमेंट कॉलेज कोटा। सम्पादक—ईश्वरी प्रसाद 'प्रेम', मूल्य 50 पैसे
18. 'दयानन्द और विवेकानन्द'—डॉ. भवानीलाल भारतीय, सम्पादक—ईश्वरी प्रसाद 'प्रेम' एम.ए.; शिक्षा शास्त्री, संवत 2028 वि., मूल्य 50 पैसे
19. 'नैतिक शिक्षा', प्रस्तोता—पं. रघुनाथ प्रसाद पाठक (सम्पादक 'सार्वदेशिक' साप्ताहिक, दयानन्द भवन, नई दिल्ली-1) सम्पादक ईश्वरी प्रसाद 'प्रेम' एम.ए., सम्वत 2026 वि., मूल्य 60 पैसे
20. 'पाखंडी धर्म का भंडाफोड़'—स्वामी अछूतानन्द हरिहर के शिष्य स्वामी नित्यानन्द 'यात्री'। वर्तमान गुरु नारायण भारती, ग्राम—तडावला, पोस्ट—खंडार, जिला—सवाई माधोपुर (राजस्थान), सम्वत 2013 वि., मूल्य 50 पैसे, पता—आर.जी. सिसौदिया, टेलरिंग हाउस, कमला राजा रोड, माधोनगर (अशोक नगर) उर्फ़ उज्जैन
21. 'पाखंड खंडनी'—पं. बन्सीराम शर्मा व ठाकुर हरिसिंह वर्मा, खेड़ी सुल्तान, जिला—रोहतक (हरियाणा), देहाती पुस्तक भंडार, चावड़ी बाजार, दिल्ली-110006, सन् 1968 ई. मूल्य 1.50 पैसे
22. 'पौराणिक दम्भपर'—वैदिक बम—(मूर्ति पूजा शंका समीक्षा, 'भारत में मूर्ति पूजा' से साभार उद्धृत), पं. राजेन्द्र आर्य, निवास—अतरौली, जिला—अलीगढ़, सम्पादक ईश्वरीप्रसाद 'प्रेम' एम.ए., सन् 1969 ई. (काशी में शास्त्रार्थ दिनांक : 23 से 28 दिसम्बर, सन् 1969 ई.), मूल्य 30 पैसे
23. 'श्रीकृष्णा सन्देश'—ईश्वरी प्रसाद 'प्रेम', सत्य प्रकाशन, वृन्दावन, मथुरा, संवत 2027 वि., मूल्य 10 पैसे
24. 'सत्यार्थ प्रकाश के छीछालेदर का उत्तर', डॉ. श्रीराम आर्य, वैदिक साहित्य प्रकाशन, कासगंज, एटा, उ.प्र., प्रथम संस्करण 1970 ई., मूल्य 40 नए पैसे

25. 'दादा'—पोते की बातें—ईश्वरी प्रसाद 'प्रेम', 1965 ई., मूल्य 1.25 पैसे
26. 'दादी'—पोती की बातें—लेखक—पूर्वोक्त। संवत् 2028 वि., मूल्य 30 पैसे
27. 'दो बहनों की बातें'—पं. सिंह गोपाल 'क़विरत्न', उपरोक्त (मथुरा), मूल्य 1 रुपया
28. 'कमला-विमला संवाद'—लेखक व प्रकाशक—पूर्वोक्त, मूल्य 15 पैसे
29. 'माता-पुत्री संवाद'—श्रीराम आर्य 1972 ई. मूल्य 1.25 पैसे
30. 'दो मित्रों की बातें'—पं. सिंह गोपाल 'कविरत्न', सत्य प्रकाशन, वृन्दावन मार्ग, मथुरा, मूल्य 80 पैसे
31. 'वैदिक विजय' (गीता और वेद)—अमर स्वामी 'परिव्राजक', यह 'वैदिक विजय अखबार' का विशेषांक है
32. 'गीता में ईश्वर का स्वरूप'—अमर स्वामी 'परिव्राजक', सत्य सनातन, वैदिक धर्म संघ गाजियाबाद, जिला—मेरठ, उ.प्र., मूल्य 50 पैसे
33. 'गीता और महर्षि दयानन्द'—लेखक व प्रकाशक—पूर्वोक्त, मूल्य 50 पैसे
34. 'धर्मवीर आचार्य पं. शुक्रराज शास्त्री'—अमर स्वामी 'परिव्राजक' का धर्म बलिदान, वैदिक धर्म संघ, गाजियाबद, जिला—मेरठ, संवत 2027 वि., मूल्य 1.25 पैसे
35. 'हिन्दू और जाति-पाँति'—सन्तराम बी.ए., प्रथम संस्करण 1967 ई.
36. 'राष्ट्र-रक्षा का उपाय'—सन्तराम बी.ए., प्रकाशक—जिला—पिछड़ा वर्ग संघ, कार्यालय—पूर्वादला, पोस्ट—इन्दवामऊ, इटावा, प्रथम संस्करण 1968 ई, कीमत 10 नये पैसे
37. 'समाज और धर्म के नाम पर'—भदन्त आनन्द कौसल्यायन, महाबोधि सभा (केन्द्र अजमेर) धम्म कुटी, बुद्ध विहार, मेओ लिंक रोड, अजमेर, मूल्य 5 नया पैसे, संस्करण 1966 ई.
38. 'वैशाख—पूर्णिमा के दिन'—कुमारी चैनमोई थेर, महाबोधि सभा (केन्द्र अजमेर), धम्म कुटी, बुद्ध विहार, मेओ लिंक रोड अजमेर, मूल्य 2 नये पैसे, 1965 ई.
39. 'आत्मा को नित्य न माना जाए'—महापंडित राहुल सांकृत्यायन, महाबोधि सभा (केन्द्र अजमेर), धम्म कुटी, बुद्ध विहार, मेओ लिंक रोड, अजमेर, राजस्थान, कीमत 1 नये पैसे, संस्करण 1964 ई.
40. 'हिन्दू संस्कृति में वर्ण-व्यवस्था और जाति'—सुन्दर लाल सागर एम.ए, बहुजन कल्याण प्रकाशक, 360/193, मातादीन रोड, लखनऊ, उत्तर प्रदेश, प्रथम बार 1965 ई, मूल्य 1 रुपया

41. 'हिन्दुत्व जो हिन्दुत्व को ही ले डूबा'—सन्तराम बी.ए., प्रकाशक—अखिल भारतीय मारवाडी सम्मेलन 152—बी, महात्मा गांधी रोड, कलकत्ता-7
42. 'गुप्त सागर'—चौदहरत्न, गुप्त ज्ञान गुटका व तत्व पाँचीसी—श्री गुप्ता नन्द जी महाराज, प्रकाशक—श्री मंगत राय साहब सुपरिंटेंडेंट कस्टम एक्साइज—जिला—मंदसौर संस्करण-1993 ई., मूल्य 1 रुपया
43. 'ईश्वर और उसके गुड्डे'—लेखक—बुद्धिवादी—विचारक चन्द्रिका प्रसाद 'जिज्ञासु', बहुजन कल्याण प्रकाशन, लखनऊ, उत्तर प्रदेश, संस्करण-1988 ई., मूल्य 4 रुपये
44. 'तुलसी के तीन पात'—भदन्त आनन्द कौसल्यायन—प्रकाशक—बहुजन कल्याण, प्रकाशन, लखनऊ, उत्तर प्रदेश, सस्करण—1957 ई., मूल्य 6 नये पैसे
45. 'हिन्दू समाज के पथ भ्रष्टक तुलसीदास'—स. विश्वनाथ, विश्वविजय प्रकाशन, दिल्ली, संस्कारण सन् 74 ई., इसे अशोक पुस्तकालय (रजिस्टर्ड) अध्यक्ष : पेरियार ललई सिंह, झींझक, जिला—कानपुर, उत्तर प्रदेश से भी पूर्णतः सस्ते एवज में प्राप्त कर सकते हैं। दिनांक : 05.05.1974 ई.
46. 'तुलसी : एक कुंठित व्यक्तित्व'—लेखक—देवयानी कपाड़ी, प्रबन्ध निदेशक—बोधि प्रकाशन, रामपुर, उत्तर प्रदेश, संस्करण 1977 ई., मूल्य एक रुपया
47. 'देवदासी और पंडित' (कन्नड भाषा से हिन्दी में)—नरसिंह शास्त्री, अनुवाद—बाबूराम कुमठेकर, वाणी विहार, वाराणसी, जुलाई, 1963 ई., मूल्य 3 रुपये 25 नए पैसे
48. 'समाज के देवता'—(रंगमंच एकांकी) सम्पादक—विश्वनाथ, दिल्ली प्रेस, नई दिल्ली, जनवरी, सन् 1957 ई., मूल्य 2 नये पैसे
49. 'पालि भाषा प्रवेश'—माध्यम मराठी—पंडित नारायण वासुदेव तुंगार, प्रकाशक—मॉडर्न बुक डिपो, प्रकाशक—1951 ई., कीमत 2 रुपये
50. 'समाज के स्तम्भ'—(पिलर्स ऑफ सोसायटी) हिन्दी अनुवाद—सीता चरण दीक्षित, आत्मा राम एंड संस, कश्मीरी गेट, दिल्ली-6, संस्करण-1955 ई., मूल्य, 2 रुपये
51. 'भारतीय आदिवासी जाति सेवक संघ'—विवरण 1960 ई. से मार्च, 1961 ई. तक प्रकाशक—न्यू लिंक रोड, झंडेवालान, नई दिल्ली-1
52. 'दूल्हा भी कभी श्वसुर बनेगा', भाग संख्या 1 और 2—(सामाजिक उपन्यास) एम.बी. गौतम, समाज सुधार प्रकाशन, हरैया, जिला—बस्ती-272135

53. 'वयम् रक्षामः'—आचार्य चतुरसेन शास्त्री, राजपाल एंड संस, कश्मीरी गेट, नई दिल्ली संस्करण-1955 ई.
54. 'वर्ण-व्यवस्था या मरण व्यवस्था'—भदन्त आनन्द कौसल्यायन प्रकाशक—भिक्षु निवास प्रकाशन, दीक्षा भूमि नागपुर-1 (महाराष्ट्र), 6 दिसम्बर, 1975 ई., मूल्य 1 रुपया
55. 'वेद से मार्क्स तक'—उपरोक्त-संस्कारण-आषाढ़ पूर्णिमा 20.07.1978 ई.
56. 'मानव जाति सब बराबर है'। कोई ऊँच-नीच नहीं है। —लेखक—घसीटे लाल साहू (विश्व दार्शनिक संसार में सत्यता की खोज करनेवाले), 6/24, पावती वागला रोड, बैकवर्ड कास्ट्स एंड ट्राइब्स फेडरेशन ऑफ इंडिया, कानपुर, उ.प्र., मूल्य 1.20 रु. मानवाधिकार प्रेस, कानपुर, उ.प्र., फोन नं. 243277।
57. 'जीवन दासगुरु साहब'—सोढ़ी तेज सिंह जी, प्रकाशक—भाई चतर सिंह, जीवन सिंह, पुस्तक वाले, बाजार माई सेवा, अमृतसर (पंजाब) मूल्य 16 रुपये
58. 'गीता'—गीता प्रेस, गोरखपुर, मूल्य 20 नए पैसे
59. 'मनुस्मृति में क्या है?'—दौलत राम निम एम.ए. उदयवीर सिंह, एम.ए. प्रथम वर्ष मुद्रक—डॉ. योगेंद्र शर्मा, उमा प्रिंटिंग प्रेस सराय हकीम, अलीगढ़ प्रथम संस्करण-1961 ई. मूल्य 20 नए पैसे
60. 'मनुस्मृति टीका'—टीकाकार—श्री वासुदेवेन, ठाकुर प्रसाद एंड संस, बुक्स सेलर, राजा दरबार, कचौड़ी गली, वाराणसी, संस्करण 1968 ई., मूल्य 6 रुपये
61. 'मनुस्मृति : एक सरल अध्ययन', मुद्रक—वैदिक प्रेस, वृन्दावन, मार्ग मथुरा, उत्तर प्रदेश, भारत
62. 'पराशर स्मृति'—आचार्य पंडित शिवदत्त मिश्र, शास्त्री, ठाकुर प्रसाद एंड संस, बुक्स सेलर, राजा दरबार, ब्रांच कचौड़ी गली, वाराणसी, मूल्य 3 रुपये
63. 'रविदास रामायण'—लेखक—सम्पादक—कथावाचक पं. राधे श्याम जी मिश्र, लखीमपुर खीरी, हिन्दी पुस्तकालय, मथुरा, मूल्य 10 पैसे
64. 'सत्यनारायण कथा'—लेखक—श्री ठाकुर प्रसाद, वाराणसी, उत्तर प्रदेश
65. 'श्रीमद्भगवदगीता'—साधक-संजीवनी (हिन्दी—टीका), स्वामी रामसुखदास, गोविन्द भवन, कार्यालय—गीता प्रेस-गोरखपुर, प्रथम संस्करण-संवत-2044 (92,500 प्रतियाँ), आठवाँ संस्करण संवत-2057 (88,500 प्रतियाँ), उन्नीसवाँ संस्करण-संवत (77,500 प्रतियाँ) (प्रतियों का योग = 2,58,500, एक प्रति का मूल्य 1.60 रुपये।

66. 'श्री शिव महापुराण' (11 खंड)—अनुवादक—पंडित राजेश दीक्षित, भार्गव बुक डिपो, चौक, वाराणसी, संस्करण सन् 1970 ई., मूल्य 14 रुपये, पृष्ठ 800 (यह पुराण 11 खंड में है। प्रत्येक खंड लगभग 800 पृष्ठ के हैं।)
67. 'श्री श्रीविष्णु पुराण'—अनुवादक—श्री मुनिलाल गुप्त, प्रकाशन—गीता प्रेस, गोरखपुर, संवत—1900, पृष्ठ 624, 28 हजार प्रतियाँ छपी
68. 'भृगु संहिता'—अनुवादक—भगवान दास मीतल, ठाकुर प्रसाद एंड संस, बुक्सेलर, राजा दरबार, ब्रांच—कचौड़ी गली, वाराणसी, मूल्य 12 रुपये, पृष्ठ 1012
69. 'पहली झलक'—(महर्षि दयानन्द और वर्ण-व्यवस्था) प्रकाशक—जात—पात तोड़क मंडल, दरियागंज, दिल्ली-6
70. 'शिरोमणि भक्तों के जीवन'—ज्ञानी—अमर सिंह, प्रकाशक—सूरज सिंह, प्रीतम चौकसी गुरु रामदास निवास, अमृतसर, पंजाब संस्करण-1962 ई., मूल्य 5 रु. 25 पैसे
71. 'ईश्वर की खोज'—चौधरी महाराज सिंह भारती (पूर्व सांसद सदस्य) अर्जक संघ, उत्तर प्रदेश द्वितीय संस्करण, शहीद दिवस, 1981 ई.
72. 'महर्षि दयानन्द सरस्वती जीवन-चरित्र', भाग 1 और 2, लेखक—श्री पं.घासीराम, मेरठ, आर्य साहित्य मंडल, लिमिटेड, अजमेर, मूल्य जिल्द सहित-8 रुपये, पृष्ठ 404, 414
73. 'धर्मशास्त्र का इतिहास'—लेखक—डॉ. पांडुरंग वामन काणे अनुवाद—अर्जुन चौबे कश्यप, हिन्दी समिति, सूचना विभाग, लखनऊ—उत्तर प्रदेश, प्रथम भाग द्वितीय संस्करण-1958 ई., मूल्य 21 रुपया भाग-1, भाग-2 प्रथम संस्करण-सन् 1965 ई., मूल्य 18 रुपये, पृष्ठ 1012 भाग-3 प्रथम संस्करण-सन् 1966 ई., मूल्य 20 रुपये, पृष्ठ 1644, भाग-4 और भाग-5। प्रत्येक भाग का पृष्ठ लगभग 1000 से अधिक है
74. 'वाल्मीकि रामायण'—श्री महर्षि—वाल्मीकि प्रणीतम्। श्रीरामकृत—'श्री रामायण तिलक टीकासमलंकृतम्' (हिन्दी भाषानुवाद सहित में) प्रकाशतम्—स्थानयाम् प्रकाशितम् 55/64, कालीचरण घोष रोड स्थित सर्भिस—प्रिन्टर्स नामक—मुद्रालयान्स द्रापितश्य। संस्करणम्—मूल्य 1.50 रुपाकम, पृष्ठम भाग-1, 1012 (मई-जून, 1967 ई.) पृष्ठम भाग-2, 20242 (जुलाई-अगस्त, 1967 ई.) पृष्ठम भाग-3, 3044 (जून-जुलाई, 1967)
75. 'रामायण : एक सरल अध्ययन'—सपादक—ईश्वरी प्रसाद 'प्रेमी', सत्य प्रकाशन, वृन्दावन मार्ग, मथुरा, उत्तर प्रदेश, मूल्य 5.50 नये पैसे

76. 'रामचरित मानस'—तुलसीदास कृत पंडित ज्वाला प्रसाद मिश्र, दीनघरपुरा, मुरादाबाद, पृष्ठ 10453
77. 'महाभारत : एक सरल अध्ययन', सम्पादक—ईश्वरी प्रसाद 'प्रेमी', सत्य प्रकाशन, मथुरा, मूल्य 80 नए पैसे
78. 'रामचरित मानस सत्य की कसौटी पर'—प्रणेता—ईश्वरी प्रसाद 'प्रेमी', सत्य प्रकाशक, वृन्दावन, मथुरा, मूल्य 1.25 पैसे
79. 'रामयण धार्मिक ग्रंथ या संविधान प्रतिवाद?' (एक बुद्धिवादी समीक्षा), श्री छेदी लाल साथी (एडवोकेट), प्रेसिडेंट—रिपब्लिक पार्टी ऑफ इंडिया, उत्तर प्रदेश, प्रकाशन—48, कन्धारी बाजार, लखनऊ, उत्तर प्रदेश, बहुजन कल्याण प्रकाशन, प्रथम संस्करण में 1000 प्रतियाँ, मूल्य 12 नए पैसे
80. 'भारतीय शिष्टाचार एवं व्यवहारपीति', लेखक—श्रीराम शर्मा, वैदिक साहित्य प्रकाशन, कासगंज, एटा, उत्तर प्रदेश, सन् 1972 ई., मूल्य 1 रुपया
81. 'विषपान'—अमृतदान—ईश्वरी प्रसाद 'प्रेमी', सत्य प्रकाशन, समिति, मथुरा, उ.प्र., भारत। मूल्य 15 नए पैसे
82. 'सनातन धर्म में नियोग व्यवस्था', ग्रंथकार—श्रीराम आर्य, वैदिक साहित्य प्रकाशन, कासगंज, एटा, उत्तर प्रदेश, भारतवर्ष, तीसरा संस्करण 1967 ई., मूल्य 25 पैसे
83. 'वैदिक धर्म क्या होता है?' (भाग 1, 2 और 3), श्री बालकृष्ण भट्ट, सर्व सेवक संघ प्रकाशन, राजघाट, वाराणसी, उत्तर प्रदेश, संस्करण-सितम्बर, 1963 ई., मूल्य पचहत्तर पैसे
84. 'जैन धर्म क्या कहा है?'—श्री बालकृष्ण भट्ट, सर्व सेवक संघ प्रकाशन, राजघाट, वाराणसी, उत्तर प्रदेश, संस्करण सितम्बर, 1963 ई., मूल्य पचहत्तर पैसे
85. 'बौद्ध धर्म क्या कहता है?'—श्री बालकृष्ण भट्ट, सर्व सेवक संघ प्रकाशन, राजघाट, वाराणसी, उत्तर प्रदेश, संस्करण सितम्बर, 1963 ई., मूल्य पचहत्तर पैसे
86. 'पारसी धर्म क्या कहता है?'—श्री बालकृष्ण भट्ट, सर्व सेवक संघ प्रकाशन, राजघाट, वाराणसी, उत्तर प्रदेश, संस्करण सितम्बर, 1963 ई., मूल्य पचहत्तर पैसे
87. 'यहूदी धर्म क्या कहता है?'—लेखक—श्री बालकृष्ण भट्ट, प्रकाशक—सर्व सेवक संघ प्रकाशन, राजघाट, वाराणसी, उत्तर प्रदेश, प्रकाशन संस्करण सितम्बर, 1963 ई., मूल्य पचहत्तर पैसे

88. 'ताओ और कन्फ्यूश धर्म क्या कहता है?'—श्री बालकृष्ण भट्ट, सर्व सेवक संघ प्रकाशन, राजघाट, वाराणसी, उत्तर प्रदेश, संस्करण सितम्बर, 1963 ई., मूल्य पचहत्तर पैसे
89. 'ईसाई धर्म क्या कहता है?'—श्री बालकृष्ण भट्ट, सर्व सेवक संघ प्रकाशन, राजघाट, वाराणसी, उत्तर प्रदेश, संस्करण सितम्बर, 1963 ई., मूल्य पचहत्तर पैसे
90. 'इस्लाम धर्म क्या कहता है?'—श्री बालकृष्ण भट्ट, सर्व सेवक संघ प्रकाशन, राजघाट, वाराणसी, उत्तर प्रदेश, संस्करण सितम्बर, 1963 ई., मूल्य पचहत्तर पैसे
91. 'सिक्ख धर्म क्या कहता है?'—श्री बालकृष्ण भट्ट, सर्व सेवक संघ प्रकाशन, राजघाट, वाराणसी, उत्तर प्रदेश, संस्करण सितम्बर, 1963 ई., मूल्य पचहत्तर पैसे
92. 'वेद ही ईश्वरी ज्ञान है'—श्री राम आर्य, वैदिक साहित्य प्रकाशन, कासगंज, एटा, उत्तर प्रदेश, भारतवर्ष, द्वितीय बार 1970 ई, मूल्य 75 पैसे
93. 'संक्षिप्त सत्यार्थ प्रकाश', प्रकाशक—सार्वदेशिक दयानन्द संन्यासी वानप्रस्थ मंडल, ज्वालापुर, हरिद्वार, संस्करण 1968 ई., मूल्य 75 पैसे
94. 'बहाने बाजी'—भदन्त आनन्द कौसल्यायन, नीलाभ प्रकाशन, 5, खजुराहो रोड, इलाहाबाद—1, प्रथम संस्करण 1955 ई.। मूल्य 3 रुपये
95. 'चार्वाक-दर्शन'—आचार्य आनन्द झा, हिन्दी समिति, सूचना विभाग, उत्तर प्रदेश, लखनऊ, प्रथम संस्करण 1969 ई., मूल्य 12 रुपये
96. 'जनता का सेवक—कणाद ऋषि' भटनागर, आत्माराम एंड संस, कश्मीरी गेट, दिल्ली-6, प्रथम संस्करण-1963 ई., मूल्य दो रुपये
97. 'पाखंड खंडनी', लेखक द्वय—पंडित बस्तीराम शर्मा, डॉ. हरि प्रसाद शर्मा, (खेड़ी सुलतन, रोहतक), देहाती पुस्तक भंडार, दिल्ली, संस्करण फरवरी, 1968।
98. 'गुरु गोविंद सिंह'—वेणी प्रसाद, सम्पादक—श्याम सुंदर दास बी.ए., काशी नागरी प्रचारणी सभा, काशी, मूल्य 3 रुपये
99. 'पाखंडी धर्म का भंडाफोड़', स्वामी नित्यानन्द शास्त्री, प्रकाशक एवं सम्पादक—गणेशाय अध्यक्ष शिड्युल्ड कास्ट फेडरेशन, भगवतगढ़, राजस्थान, मूल्य 11 आने
100. 'चिंचा ब्राह्मण रासलीला'—रचयिता—दूधेश्वर सिंह, अम्बेडकर मिशन पब्लिकेशन, डॉ. अम्बेडकर मार्ग, चितकोरा, पोस्ट—अनीशाबाद, पटना-2
101. 'धर्म-प्रचार', पंडित शिव शर्मा, शिव शर्मा बुक्स डिपो एंड संस, सम्भल, मुरादाबाद, प्रथम संस्करण 1926 ई., मूल्य 1 रुपया

102. ‘उत्तर प्रदेश स्वाधीनता संग्राम की एक झाँकी’, कन्हैया लाल मिश्र ‘प्रभाकर’, सूचना एवं जनसम्पर्क विभाग, उत्तर प्रदेश, संस्करण सन् 1972
103. ‘विद्यार्थी जीवन का रहस्य’—महात्मा नारायण स्वामी जी, सम्पादक—ईश्वरी प्रसाद ‘प्रेमी’, सत्य प्रकाशन, वृन्दावन, मथुरा, मूल्य 5 नए पैसे। संवत 2026 वि.।
104. ‘मानव व्यक्तित्व का समन्वित विकार’, मानस साधन मंडल प्रकाशन। चौथा संस्करण 1983 ई., मूल्य 8 रुपये
105. ‘समाज सुधार गीतांजलि’, संकलनकर्त्ता—कुँ. श्री चन्द्र आर्य, सम्पादक—श्री ईश्वरीय प्रसाद ‘प्रेमी’, सत्य प्रकाशन, वृन्दावन मथुरा, मूल्य 33 पैसे
106. ‘मानवता अमर रहे’—डॉ. रामचरण महेन्द्र, कोटा, राजस्थान, सत्य प्रकाश वृन्दावन मथुरा, मूल्य 44 पैसे।

सभ्यता और साहित्य

1. ‘आदिनिवासियों की सभ्यता’—चन्द्रिका प्रसाद ‘जिज्ञासु’, 360/193, मातादीन रोड, लखनऊ, उत्तर प्रदेश
2. ‘आदिनिवासियों की पहचान’**—पेरियार ललई सिंह**, अशोक पुस्तकालय, झींझक, कानपुर, संस्कारण 1961 ई.
3. ‘हिन्द के आदिनिवासी’—पंडित भूपति उपनाम पंडित छेदीलाल जी पांडया, प्रकाशक—मि. बाबू लाल जी पांडया, मकान नं. 8215 ब्लॉक नं. 9 देव नगर, करोलबाग, दिल्ली, संस्करण 1947 ई., प्रथम बारा 10,000 प्रतियाँ मुद्रित, मूल्य 2 रुपये
4. ‘स्वतंत्रता शतक’—रत्ना तिवारी, संस्करण 1984 ई., मूल्य 4 रुपये
5. ‘ऐतिहासिक आल्हा खंड’—श्याम लाल सिंह ‘मजनूं’ वीर श्याम लाल सिंह ‘श्याम’, प्रकाशक—भारतीय पिछड़ा वर्ग—पार्टी, जिला—बिजनौर, उत्तर प्रदेश, संस्करण-15 मई, संस्करण 1961 ई., मूल्य 25 नये पैसे
6. ‘ऐतिहासिक राष्ट्रीय अल्हा’ (सात खंडों में)—मेवालाल उर्फ वीरेन्द्र तार्किक प्रकाशक—डॉ. गया प्रसाद नेत्र विशेषज्ञ, नोनाकपुर—जिला—कानपुर (उत्तर प्रदेश)संस्करण-1964 ई., मूल्य 41 नए पैसे
7. ‘राजमुकुट’ (ऐतिहासिक नाटक)—गोविन्द बल्लभ पन्त, प्रकाशक—श्री दुलारे लाल, अध्यक्ष—गंगा पुस्तक माला, लखनऊ, संस्करण-21वीं. बार, 1956 ई.

8. 'राष्ट्रीय स्वयं सेवक संघ'—(आर.एस.एस.) लेखक—सव्यसाची, प्रकाशक—युगान्तर प्रकाशन, मथुरा, उत्तर प्रदेश, संस्करण-अगस्त, 1980 ई.
9. 'गांधी वध क्यों?'—लेखक—नाथूराम गोडसे, वितस्ता प्रकाशन, 1206/1 (ब), शिवाजी नगर, पूणे—4, मूल्य 8 रुपये। इसकी मूल पांडुलिपि मराठी में गोपाल विनायक गोडसे ने तैयार की थी। प्रथम बार मराठी में 10 अक्टूबर, 1967 को 40,000 प्रतियाँ प्रकाशित हुईं। इसका मराठी नाम, 'पंचावन कोटी ची बली' (पचपन करोड़ की बलि) था। हिन्दी में इसे पहली बार श्री धर्मेंन्द्र शर्मा ने अनूदित करके 'गांधी वध क्यों?' नाम से 31 जनवरी, 1972 ई., को जयपुर, राजस्थान से 50,000 प्रतियाँ प्रकाशित कराया
10. 'गांधी वध और मैं'—गोपाल विनायक गोडसे, वितस्ता प्रकाशन, 1206/1 (ब), शिवजी नगर, पूणे—4, मुद्रक—आयभूषण प्रेस, वाराणसी, मूल्य 12 रुपये। 26 मार्च, 1966 ई.
11. 'गांधीवाद की मीमांसा'—लेखक—डॉ. अम्बेडकर, अनुवाद—श्री श्रीवर्द्धन, बहुजन कल्याण प्रकाशक, संस्करण 2 अक्टूबर, 1969 ई., मूल्य 1.50 रुपये
12. 'हमारा समाज'—सन्तराम बी.ए., प्रकाशक—देवदत्त शास्त्री, विद्याभास्कर, विश्वेश्वरानन्द वैदिक शोध संस्थान प्रेस, साधु आश्राम, होशियारपुर, पंजाब, भारत, संस्करण 1957 ई., मूल्य 4 रुपये 65 पैसे
13. 'आगे बढ़ो'—विमल राय बोधी, बहुजन कल्याण प्रकाशन, लखनऊ, उत्तर प्रदेश, प्रथम संस्करण-जून, 1967, मूल्य दो रुपये
14. 'क्रान्ति का अभ्युदय'—हीरा लाल पिपिल, शोषित साहित्य सदन, मुहल्ला दूती, फिरोजाबाद, आगरा, उत्तर प्रदेश, प्रथम संस्करण दिसम्बर, 1954, मूल्य आठ आने
15. 'क्रान्ति की लहर'—हीरा लाल पिपिल, शोषित साहित्य सदन, मुहल्ला दूती, फीरोजाबाद, आगरा, उत्तर प्रदेश। प्रथम संस्करण 1 मार्च, 1955, मूल्य आठ आने
16. 'सचित्र मार्गदर्शिका' (औरंगाबाद—दौलताबाद एलोरा—अजंता), प्रो. एस. सिद्दकी, प्रकाशक—ए.एच.एस. महमदभाई फोटो हाउस, औरंगाबाद, प्रथम संस्करण, 1962
17. 'किसान-मजदूर-राज की ओर'—दीप नारायण सिंह एडवोकेट साहित्यरत्न अध्यक्ष—यूपी शोषित संघ, प्रकाशक—शोषित संघ, उत्तर प्रदेश, प्रथम संस्करण 1956 ई., मूल्य 4 आना। शोषित संघ एवं जनवादी संयुक्त मोर्चा

संयुक्त मोर्चा की आवश्यकता आदि पर तर्कपूर्ण विवेचन, प्रथम बार 1000 प्रतियाँ प्रकाशित

18. 'बरेली' (कौमी एकता का प्रतीक), सूचना एवं जनसम्पर्क विभाग बरेली, प्रथम संस्करण 15 जनवरी, 1981 ई., मूल्य आठ रुपये
19. 'अग्नि परिक्षा', कवि—आचार्य श्री तुलसी, प्रबन्धक सम्पादक—श्री सोहन लाल बाफणा, आत्माराम एंड संस, दिल्लीः जालन्धर, जयपुर, मेरठ, चंडीगढ़, संस्करण 1961, मूल्य 6.50 पैसे
20. 'अपराजिता', गौरी शंकर सचान, कांति कुटीर प्रकाशन, 6/32, गांधी नगर, पुखरायाँ, कानपुर देहात—209112, संस्करण 1988, मूल्य 50 रुपये
21. 'विश्वगुरु सद्‌गुरु कबीर साहब का मानव'—सन्देश, लेखक—महन्त वसुदास कबीर पंथी (मादक पदार्थ निषेध प्रचारक), बहुजन कल्याण प्रकाशन, 360/193, मातादीन रोड, लखनऊ—3, प्रथम संस्करण 1954, मूल्य 60 नया पैसे
22. 'लीली'—सूर्यकान्त त्रिपाठी निराला, प्रकाशक—श्री दुलारे लाल, अध्यक्ष—गंगा पुस्तक कार्यालय, लखनऊ, संस्करण 1933, मूल्य 7 नए पैसे
23. 'हिन्दी साहित्य का इतिहास'—पंडित रामचन्द्र शुक्ल, लोकभारती प्रकाशन, इलाहाबाद
24. 'हिन्दी साहित्य का गलत इतिहास'—सुदर्शन चोपड़ा, सार—तत्कालीन राजनीतिक सामाजिक और आर्थिक परिस्थितियों को नकार कर केवल मध्ययुग की रूढ़िवादी संस्कृति को फिर से जीवित करने की कोशिश करनेवाला इतिहास क्या सामान्य पाठकों का सही मार्गदर्शन कर सकता है?, पत्रिका—'सरिता', अगस्त प्रथम 1969 अंक से उद्धृत
25. 'विदुर नीति'—गीता प्रेस, गोरखपुर, मूल्य पचहत्तर पैसे
26. 'संसद सदस्य श्री चादर वाला केस'—श्री कन्हैया लाल, एम.पी. बनाम श्री विश्व नाथ, सम्पादक—'सरिता' अदालती कार्यवाही का वितरण
27. 'अपना देश' (एकांकी नाटक)—लेखक एवं प्रकाशक—आर.बी. त्रिशरण, प्रकाशक—बाबा साहेब अम्बेडकर समाज सुधार समिति, हरैया, बस्ती, उत्तर प्रदेश, प्रथम संस्करण दिसम्बर, 1981 ई., मूल्य 1 रुपया
28. 'रक्त का रिश्ता' (उपन्यास), डॉ. डी.पी. वरुण, प्रकाशक—ह्यूमन सर्विस ऑफ चेरिटेबल ट्रस्ट, इंडिया, कानपुर रोड, लखनऊ, उ.प्र.
29. 'बीजक—कबीर दास' कृत, टीकाकार—अभिलाषा दास, प्रकाशक—साधु शरण पाल दास जी, श्री कबीर मन्दिर बड़हरा पोस्ट—मददौ बाजार, जिला—गोंडा (उत्तर प्रदेश),संस्करण-1969 ई., मूल्य 14 रुपये, पृष्ठ 904

30. 'कबीर—सिद्धान्त—दर्शन'—गंगा प्रसाद शास्त्री, कबीर वाणी केन्द्र, कबीर मठ, कबीर चौराहा, वाराणसी, संस्करण-1973 ई., मूल्य 5 रुपये
31. 'कबीर जीवन परिचय', गंगा प्रसाद, कबीर वाणी प्रकाशन केन्द्र, वाराणसी, प्रथम संस्करण 1979 ई., मूल्य 20 रुपये।
32. 'आतंक'—भिक्षु विशुद्धानन्द, बौद्ध महाविद्यालय, लखनऊ, उत्तर प्रदेश, संस्करण 15 मार्च, 1961 ई, मूल्य 25 नये पैसे
33. 'सिंह विजय' (नाटक)—राहुल सांकृत्यायन, समाज सुधार प्रकाशन, हरैया, बस्ती-272135, उत्तर प्रदेश, संस्करण 1961 ई., मूल्य 8 रुपये मात्र
34. 'हीरे की पहचान' (नाटक)—आर.बी. त्रिशरण, समाज सुधार प्रकाशन, हरैया, बस्ती-272135, उत्तर प्रदेश, संस्करण जनवरी, 1983 ई., मूल्य दो रुपये
35. 'नर्तकी' (ऐतिहासिक, नाटकीय क्रान्तिकारी उपन्यास), अमर शहीद नर्तकी अजीजाबाई, लेखक—मेवाराम गुप्त सतौरिया। (स्वतंत्रता संग्राम सेनानी), शहीदाने वतन प्रकाशन, 30/बी, इंडियन एअरलाइंस स्टॉफ कॉलोनी, कालीव, मुम्बई-29, मूल्य 20 रुपये
36. 'शोषित संघ और उसकी रूप रेखा'—हीरालाल प्रजापति, एम.ए. एल.एल.एम., शोषित साहित्य सदन फिरोजाबाद (आगरा) उ.प्र., (जनता प्रेस, फिरोजाबाद)
37. 'राष्ट्रीय शोषित संघ', शीत—शिविर 1968 ई. के अवसर पर डॉ. गौरी शंकर सचान का उद्घाटन भाषण
38. 'शोषित समाज दल' के प्रथम राष्ट्रीय सम्मेलन, डालमियाँ नगर विहार में अखिल भारतीय अध्यक्ष श्री रामस्वरूप वर्मा का अध्यक्षीय भाषण प्रकाशक—स्वागत समिति शोषित समाज दल सम्मेलन, डालमियाँ नगर विहार, प्रतियाँ—5,000, मूल्य 30 पैसे
39. 'बुजुर्गों का इतिहास' (तर्ज बारहामासी), रचयिता—बाबू लाल, बौद्ध धर्म प्रचारक, प्रकाशक—गौतम किराना, मोती नगर कॉलोनी, बेहजम रोड, लखीमपुर खीरी, प्रथम संस्करण-1986, मूल्य 2 रुपये 50 पैसे
40. 'सृष्टि और प्रलय'—वैज्ञानिक, चिन्तक और लेखक—चौधरी महाराज सिंह भारती, भूतपूर्व सांसद, प्रकाशक—अर्जक संघ (शाखा उत्तर प्रदेश) प्रथम संस्करण-समता दिवस, 1 जून, 1984 ई., प्रतियाँ 3,000, पृष्ठ 700 मोटे जिल्द सहित
41. 'स्वास्थ्य रक्षा के सरल उपाय'—लेखक—डॉ. ओम प्रकाश आनन्द, स्वस्थ साहित्य प्रकाशन 117/133, ब्लॉक—ओ, गीता नगर, कानपुर (उत्तर प्रदेश)

42. 'मनमुआ ताजीरात रियासत ग्वालियर'—संवत—1982 (फेहरिस्त माजामीन बाब—1) (नोट—इस मजमू-ए में तारीख 30 जून, 1930 तक के करेक्शन स्लिप्स के मुताबित तसहीह की गई है। **—पेरियार ललई सिंह**)
43. 'पूना पैक्ट बनाम गांधी'—ए.के. शास्त्री, प्रकाशक—स्वामी दर्शनानन्द अम्बेडकर स्कूल ऑफ थाट, देलही
44. 'पूना पैक्ट'—भगत राम, भीम पत्रिका, नकोदर रोड, जालन्धर, पंजाब
45. 'अमर शहीद भगत सिंह'—जितेन्द्र नाथ सन्याल, क्रान्तिकारी प्रकाशन मिर्जापुर, द्वितीय संस्करण-1970 ई., मूल्य 3 रुपये
46. 'आमची भूमिका'—भा.ह. सोनटक्के, प्रकाशक अणि विक्रेते: गणपत आत्माराम घोडेस्वार कार्यवाह, रिपब्लिकन लोक साहित्य प्रकाशन, फेक्टरी रोड, बजरिया चौक, नागपुर—2, महाराष्ट्र, प्रथमावृन्ति जानेवारी, 1965 ई., कीमत 75 पैसे
47. 'यह देश किसका है?'—सूर्यपाल बी.ए., एल.एल.बी., डॉ.अम्बेडकर सेवा संस्थान, मूल्य 4 रुपये
48. 'रेल का टिकट'—भदन्त आनन्द कौसल्यायन, प्रोग्रेसिव पब्लिशर्स, 14-डी, फिरोजशाह रोड, नई दिल्ली, मूल्य 1 रुपया
49. 'संक्षिप्त भूगोल'—छात्र पुस्तक भंडार, राँची
50. 'वोल्गा से गंगा'—राहुल सांस्कृत्यायन, 1942
51. 'भारत में ब्रिटिश राज के अन्तिम दिन'—लियोनार्ड भोसले, रामलाल पुरा, संचालक, आत्माराम एंड संस, कश्मीरी गेट, दिल्ली-6, प्रथम संस्करण-1964 ई., मूल्य 7.50 रुपये
52. 'हमारा महाराष्ट्र'—कक्षा चौथी हेतु, प्रकाशक—महाराष्ट्र राज्य पाठ्य पुस्तक निर्मित व अभ्यास क्रम संशोधन मंडल पूर्ण, संस्करण-1982 ई.
53. 'नींव के पत्थर' (क्रान्तिकारियों की आत्मकथाएँ)—लेखक व प्रकाशक—राम सिंह बघेल, प्रथम संस्करण-जनवरी, 1980 ई., मूल्य 3 रुपये
54. 'श्रीलंका का इतिहास', कु. बंडार (मैणिका दशनायक), प्रकाशन—भिक्षु ग. प्रज्ञानन्द, रसालदार पार्क, लखनऊ, संस्करण-1973 ई.
55. 'उत्तर भारत की आदिम जातियाँ', आर.डी. सोनकर, प्रकाशन—जनजाति एवं लोक कला संस्कृति संस्थान उत्तर प्रदेश सरकार, लखनऊ, उत्तर प्रदेश
56. 'Untold Story अनकही कहानी', लेफ्टिनेंट, जनरल, बी.एम. कौली, अनुवादक—रामकृष्ण शर्मा 'कँवल', विल्को पब्लिशिंग हाऊस, बम्बई-1

57. 'अमर ज्योति'—लेखक-डी.पी. वरुण (आई.ए.एस.) (प्रगतिशील भावनाओं से ओत—प्रोत क्रान्तिकारी, सामाजिक उपन्यास), मानव सेवा प्रकाशन एवं मुद्रालय, ए-435, इन्दिरा नगर, लखनऊ, उत्तर प्रदेश, प्रथम संस्करण-1982, मूल्य 8 रुपये
58. 'घृणा और अत्याचार से मुक्ति क्यों और कैसे?', सम्पादक—डी.पी. वरुण
59. 'विश्वशान्ति का प्रतीक मानव-धर्म एवं भारतीय विनाशक के मूल में ब्राह्मणवाद'—श्री छेदी लाल साथी (एडवोकेट), प्रस्तावना लेखक—डॉ. एन.के. देवराज, प्रकाशन—48, कन्धारी बाजार, लखनऊ, उत्तर प्रदेश, प्रकाशन—बहुजन कल्याण प्रेस, प्रथम संस्करण-1952 ई., मूल्य 4 आना
60. 'गाँव के गरीबों से'—सव्यसाची, युगान्तर प्रकाशन, जनवादी चेतना का गैर-व्यावसायिक प्रकाशन, संस्थान—डेम्पियर नगर, मथुरा, उत्तर प्रदेश, संस्करण-1978 ई., सहयोग राशि-50 पैसे
61. 'नौजवनों से'—सव्यसाची, युगान्तर प्रकाशन, जनवादी चेतना का गैर-व्यावसायिक प्रकाशन, संस्थान—डेम्पियर नगर, मथुरा, उत्तर प्रदेश, संस्करण सन् 1978 ई, सहयोग राशि 50 पैसे
62. 'समाजवाद क्या है?'—उपरोक्त, संस्करण-1978 ई., सहयोग राशि-50 पैसे
63. 'समाज कैसे बदलता है?'—उपरोक्त, संस्करण सन् 1978 ई., सहयोग राशि 50 पैसे
64. 'समाज को बदल डालो'—उपरोक्त, संस्करण-1979 ई., सहयोग राशि-50 पैसे
65. 'रास्ता इधर है'—उपरोक्त, संस्करण-1979 ई., सहयोग राशि-50 पैसे
66. 'कम्युनिस्ट क्या चाहते हैं?'—उपरोक्त, संस्करण-1978 ई., सहयोग राशि-50 पैसे
67. 'आपात काल से आजतक'—उपरोक्त, संस्करण-1978 ई., सहयोग राशि-50 पैसे
68. 'हम क्या करें?'—उपरोक्त, संस्करण सन् 1978, मूल्य 3 रुपये
69. 'लोक विजय'—सर्वदानन्द विश्व ग्रंथमाला, मुद्रक—श्री देवीदन्त शास्त्री, विद्याभास्कर, विश्वराजनन्द वैदिक रिसर्च, इंस्टीट्युट प्रेस साधुआश्रम, होशियारपुर, पंजाब, संस्करण 11 जून, 1954 ई.
70. 'गुरुडम के पाखंड', आचार्य डॉ. श्रीराम आर्य कासगंज, एट, उत्तर प्रदेश, भारत, प्रथम संस्करण-1970 ई., मूल्य 40 पैसे
71. 'स्वर्ग विवेचन', आचार्य डॉ.श्रीराम आर्य, वैदिक साहित्य प्रकाशन, कासगंज, एटा, उत्तर प्रदेश, भारत, प्रथम संस्करण-1971, मूल्य 20 पैसे

72. 'राम कहानी राम की जुबानी', भदन्त आनन्द कौसल्यायन, मंत्री भिक्षु, निवास प्रकाशन, दीक्षाभूमि, नागपुर—10 (महाराष्ट्र), प्रथम संस्करण-1970, मूल्य 6 रुपये
73. 'लोक जीवन की सीता'—डॉ. रामशरण सिंह, अभिव्यक्ति प्रकाशन, 897, यूनिवर्सिटी रोड, इलाहाबाद—2, प्रथम संस्करण सन् 1969 ई., मूल्य 5 रुपये
74. 'विश्व का भूगोल', इलाहाबाद, उत्तर प्रदेश, संस्करण-सन् 1972 ई.।
75. लोहिया और शोषित समाज दल—राम अयोध्या सिंह 'विद्यार्थी', अरवल, गया, बिहार
76. 'सुधरो अथवा टूटो'—डॉ. राममनोहर लोहिया, राममनोहर लोहिया समता विद्यालय न्यास प्रकाशन विभाग, 14/7/371, बेगम बाजार, हैदराबाद—12, प्रकाशन संस्करण-1971 ई., मूल्य 2 रुपये
77. '1857 का भारतीय स्वतंत्रता समर'—विनायक दामोदर सावरकर, हिन्दी अनुवाद—पंडित गणेश रघुनाथ वैशम्पायन, निर्मल साहित्य प्रकाशन, 693, बुद्धवार, पुणे-2, महाराष्ट्र
78. 'इमरजेंसी : क्या सच है क्या झूठ है?'—शंकर दयाल सिंह, दिल्ली प्रिंटर्स प्रकाशन, 4648/21, दरियागंज, नई दिल्ली-110002, संस्करण-1977, मूल्य बीस रुपये
79. 'समता की रचना'—श्री रूपनाथ सिंह यादव (एम.एल.ए.), भूतपूर्व मंत्री संविद शासन, उत्तर प्रदेश, प्रथम संस्करण 1972 ई., मुद्रक—रामायाण प्रेस, इलाहाबाद
80. 'चौधरी सर छोटूराम'—रघुवीर सिंह शास्त्री, प्रकाशक—चौधरी सर छोटूराम मेमोरियल ट्रस्ट, रोहतक, हरियाणा, संस्करण 6 फरवरी, 1965 ई., मूल्य 6 रुपये।
81. 'मेरा जीवन मेरा अनुभव'—सन्तराम बी.ए., हिन्दी प्रचारक पुस्तकालय, पोस्ट बॉक्स नम्बर 70, पिशाचमोचन वाराणसी—1, संस्करण 1963 ई., मूल्य 4 रुपये 50 नए पैसे
82. 'पाकिस्तान की स्थापना में हिन्दुओं का हाथ'—सन्तराम बी.ए., जात—पात—तोड़ो मंडल पुरानी बस्ती, जिला—होशियारपुर, पंजाब, प्रथम संस्करण-1969 ई.
83. 'कुरान'—अरबी से उर्दू अनुवाद—मौलाना कत्ह मुहम्मद, उर्दू से हिन्दी अनुवाद सटीक—मुहम्मद फ़ारुख खाँ, प्रकाशन—मकतबा अल—हसनात, रामपुर, उत्तर प्रदेश, सितम्बर, 1971 ई., मूल्य सत्रह रुपये, पृष्ठ 1250

84. 'मानव अधिकार की लड़ाई क्यों और कैसे?'—सूर्यपाल, अखिल भारतीय अम्बेडकर सेवा संस्थान, रायबरेली, प्रथम संस्करण-1968 ई.
85. 'महात्मा जोतिराव फुले आमच्या समाजक्रान्ति चे जनक', लेखक—धनंजय कीर, पॉपुलर प्रकाशन, मुम्बई, सन् 1971 यह किताब मराठी भाषा में है
86. 'ज्योतिबा फुले'—डॉ. ब्रजराम वर्मा, भावना प्रकाशन, प्रथम संस्करण 1987 ई.
87. 'संघर्ष एवं सृजन : महात्मा ज्योतिबा राव फुले पुण्य स्मृति शताब्दी'—प्रकाशक—महात्मा ज्योतिबा राव फुले स्मारक समिति, 69/184—ए, दानाघोरी, कानपुर, 16 दिसम्बर, 1991 ई.
88. 'खंड खंड पाखंड' (ज्योतिराव फुले की) प्रसिद्ध कृति 'गुलामगीरि' का हिन्दी अनुवाद—सुरेश कान्त
89. 'छत्रपति शिवाजी'—काशिनाथ गोविंद जोगलेकर, प्रकाशन विभाग, सूचना तथा प्रसार मंत्रालय, भारत सरकार, जनवरी—1972, मूल्य 1.80 पैसा
90. 'राजर्षि छत्रपति शाहू'—प्र. सम्पादक, डॉ. ब्रजराम वर्मा, सम्पादक—आर.एन. माली, जून—1992 ई.
91. 'अछूत बौद्ध दर्शन'—श्रीमती सुखई संखवार, ग्राम—डीग, पोस्ट—मुहम्मदपुर, जिला—कानपुर, उ.प्र., पुस्तक मिलने का पता—म.नं. 134, राजापुर, इलाहाबाद, उ.प्र.
92. 'क्या यही कहाती आजादी'—रचयिता एवं संग्रहक—हुबालाल आजाद, प्रकाशक—गया प्रसाद संखवार, भौजा—गडरियन पुरवा (भैसायां), तीसरा संस्करण-1961, मूल्य दो आने
93. 'क्षत्रि कुलादर्श'—रामअवतार सिंह और देवी प्रसाद चौधरी, प्रथम संस्करण-1912 ई. (सन् 1912 ई. में प्रकाशित यह कृति सुदामा प्रसाद अकेला, सम्बन्धित अर्जक संघ, कानपुर, उ.प्र. के पास सुरक्षित है।)
94. 'कम्पैरेटिव मेटेरियल मेडिका'—डॉ. राजनारायण चन्द्र घोष, एम.डी. (यूएसए) हैनिमैन पब्लिशिंग कम्पनी प्राइवेट लिमिटेड, 165, विपिन विहारी गांगुली स्टीट, कलकत्ता, 1991 ई.
95. 'कुम्हारों को मिट्टी के मिलने का कानून'—प्रकाशक—कुम्हार यूनियन, नहरपुर, झींझक, कानपुर, उ.प्र., मुद्रक—लोधी समाज प्रेस, 75/218, सब्जी मंडी, कानपुर, प्रथम संस्करण-1961, कीमत दो आने
96. 'प्रगति रिपोर्ट—1990 ई.', अखिल भारतीय बाबा साहब डॉ. अम्बेडकर समाज सुधार समिति, अम्बेडकर नगर, हरैंया—बस्ती, उत्तर प्रदेश।

विश्व साहित्य

1. 'आदि विद्रोही स्पार्टकस' ('गुलाम की जीवन कथा')—लेखक—हावर्ड फास्ट, हिन्दी अनुवाद—अमृत राय, हंस प्रकाशन, इलाहाबाद, प्रथम संस्करण-दिसम्बर 1955 ई., मूल्य 25 रुपये। इसके सर्वश्रेष्ठ हिन्दी अनुवाद पर भारत सरकार ने सन् 1958 ई. में दो हजार रुपये पुरस्कार से सम्मानित किया।
2. 'लेनिन और अक्टूबर क्रान्ति के बारे में'—एल्बर्ट रॉस विलियन्स, प्रगति प्रकाशन, 21, जूबोव्स्की बुलवार मॉस्को, सोवियत संघ, मूल्य 2 नए पैसे, संस्करण-1959 ई.
3. 'राजनीति शास्त्र'—सम्पादक—प्रकाशक—महेन्द्र सिंह गुर्जर, एड्वोकेट, एम.ए., बी.एस.सी. तथा एल.एल.बी., ज्ञान प्रकाशन, बी-291, रामलीला मैदान, हस्तिनापुर, मेरठ, उत्तर प्रदेश, संस्करण 1 फरवरी, 1958 ई.
4. 'बुराई कैसे मिटे'—लियो टॉलस्टॉय, सस्ता साहित्य प्रकाशन, नई दिल्ली
5. 'चीनी समाज और नवजनवाद'—माओ त्से तुंग, कला प्रवाह प्रकाशन, कर्नलगंज, कानपुर, उत्तर प्रदेश, संस्करण 1983 ई. मूल्य 2 रुपये
6. 'आदि विद्रोही स्पार्टकस'—बादल सरकार, अनुवाद—रीति बार्थोलोम्यु, वीरेन्द्र सक्सेना प्रकाशक—लिपि प्रकाशन—1, अंसारी रोड, दरियागंज, नई दिल्ली-110002 संस्करण-1980 ई., मूल्य 12 रुपये
7. 'रूस, अमेरिका और मानववाद का भविष्य'—भौतिकविद् ए.डी. सखरोव, समाज विद्या भवन यदु चटर्जी लेन, लखनऊ—1, मूल्य 50 पैसा
8. 'भारत का इतिहास, संक्षिप्त रुपरेखा'—को.अ. अन्तोनोवा, ग्रिं.म. वोगर्द—लेनिन ग्रि.ग्रि. कोतोव्स्की, मास्को प्रकाशन—प्रगति प्रकाशन, 1971, संस्करण 1973 ई.

पेरियार ललई सिंह का औषधि आदि पर अध्ययन

1. 'डॉक्टर दूध'—डॉ. गंगा प्रसाद गौड़ (वेस्ट बंगाल), तेज कुमार बुक डिपो, पोस्ट बॉक्स नम्बर 58, लखनऊ, उत्तर प्रदेश, संस्करण 1973 ई., मूल्य 1 रुपया
2. 'नींबू और उसके सौ उपाय'—उपरोक्त, संस्करण 1970 ई., मूल्य 50 नए पैसे

3. 'नीम और उसके सौ उपयोग'—उपरोक्त, संस्करण 1970 ई., मूल्य 50 नए पैसे
4. 'डॉक्टर गेहूँ और डॉक्टर चना'—उपरोक्त, संस्करण 1974 ई., मूल्य 1 रुपया 50 पैसे
5. 'डॉक्टर त्रिफला'—उपरोक्त, संस्करण 1974 ई., मूल्य 1 रुपया 50 पैसे
6. 'डॉक्टर आम'—उपरोक्त, संस्करण 1974 ई., मूल्य 1 रुपया 50 पैसे
7. 'डॉक्टर तुलसी'—उपरोक्त, संस्करण 1970 ई., मूल्य 50 नए पैसे
8. 'डॉक्टर शहद'—उपरोक्त, संस्करण 1970 ई., मूल्य 50 पैसे

चिकित्सा सम्बन्धित पुस्तकें

1. 'मनोचिकित्सकों का सुखचैन'—डी.पी. वरुण, विनोद पुस्तक मन्दिर, आगरा-3, संस्करण-1951 ई., मूल्य 8 रुपये
2. 'मनोविज्ञान के सम्प्रदाय'—डॉ. रामपाल सिंह वर्मा, विनोद पुस्तक मन्दिर, आगरा-3, संस्करण-1951 ई., मूल्य 8 रुपये
3. 'फलों की बागानी'—वि.ना. वाडेगांवकर बी.एस.सी., उघम प्रकाशन, धर्म पेठ, नागपुर, महाराष्ट्र, संस्करण-1953 ई., मूल्य 1 रुपया
4. 'चर्मकला व्यवसाय'—लेखक—ब्राह्मण चमार श्रीबाबा फाटक, उद्यम प्रकाशन, धर्म पेठ, नागपुर, महाराष्ट्र, कीमत 1 रुपया
5. 'सन्तरों का बागान'—श्री बनवारी लाल चौधरी, बी.एस.सी. कृषि, उद्यम प्रकाशन, धर्म पेठ, नागपुर, महाराष्ट्र, कीमत 2 रुपये, संस्करण-1953 ई.
6. 'नमक के गुण-दोष'—डॉ. गंगा प्रसाद 'नाहर', तेज कुमार बुक डिपो, लखनऊ, संस्करण-1973 ई., मूल्य 1.50 पैसे
7. 'सोयाबीन'—उपरोक्त, संस्करण-1973 ई., मूल्य 80 पैसे
8. 'दूध और दूध से बनी चीजें'—उपरोक्त, संस्करण-1973 ई., मूल्य 2 रुपये
9. 'चाय के गुण-दोष'—उपरोक्त, संस्करण-1973 ई., मूल्य 1 रुपया
10. 'पेट रोगों का अचूक चिकित्सा'—डॉ. ओम प्रकाश आनन्द, योगचर्या प्रकाशक, पर्वाकर्ता—देव अन्तर्राष्ट्रीय योग केन्द्र, मोती झील, कानपुर, उत्तर प्रदेश, संस्करण-1985 ई., मूल्य 6 रुपये
11. 'क्या खाए और क्यों खाए?'—डॉ. मधुर अग्रवाल, रोजगार प्रकाशन, हालतगंज, मथुरा, उत्तर प्रदेश, मूल्य 30 रुपये

12. '30 दिन में चश्मा उतारिए'—डॉ. हेरॉल्ड एम. पिपॉड, अनुवादक—मोहिनी राव, हिन्द पॉकेट बुक, शाहदरा, संस्करण-1987 ई.
13. '31 दिन में पालि अवश्य सीखिए'—भदन्त आनन्द कौसल्यायन, बुद्धि भूमि प्रकाशन, नागपुर, महाराष्ट्र

आरक्षण सम्बन्धित किताबें

1. भारत सरकार द्वारा नियुक्त 'बैकवर्ड क्लासेस कमीशन' द्वारा प्रस्तुत प्रश्नावली की उत्तरमाला, प्रकाशक—बैकवर्ड क्लासेज फेडरेशन, यू.पी. दुगावाँ, लखनऊ। मूल्य चार आने, सन् 1953, मुद्रक—वन्देमातरम् प्रेस, नाका हिंडाला, लखनऊ
2. Government of India : Report of The Backward Classes Commission- Vol I to II (Minustes of Dissent) Print in India by the Manage Government of India Prigs, Shimla for the Manager of Publication Civil Lines Delhi, Edition 1956, Price Annas 12.
3. 'पिछड़ा वर्ग कमीशन की रिपोर्ट व स्मृति पत्र'—संकलकर्ता व प्रकाशक—पिछड़ा वर्ग अन्वेषक उप-समिति अखिल भारती वर्षीय हैहय क्षत्रिय महासभा, संस्करण सन् 1957, मूल्य 50 नये पैसे
4. 'पिछड़ा वर्ग संघ उत्तर प्रदेश का कार्य विवरण'—1 जून, सन् 1956 से 31 अगस्त, 1957 तक
5. 'पिछड़ा-वर्ग कमिशन की रिपोर्ट और पिछड़े-वर्ग के संवैधानिक अधिकारों का नेहरू सरकार द्वारा हनन तथा बाबा साहेब डॉ. अम्बेडकर का कर्तव्यादेश'—लेखक—यूपी बैकवर्ड क्लासेज लीग के प्रथम ऑर्गनाइजर चन्द्रिका प्रसाद जिज्ञासु, बहुजन कल्याण प्रकाशन, 360/1,93, मातादीन रोड, लखनऊ-3, उत्तर प्रदेश, प्रथम संस्करण-सन् 1957 ई., द्वितीय संस्करण-1966 ई., मूल्य 1.50 पैसे। 10,000 प्रति
6. 'उत्तर प्रदेश पिछड़ा वर्ग संघ के आय-व्यय एवं कार्यों का विवरण (1 मार्च, 1959 से 31 मार्च, 1961 तक)—प्रकाशक—श्री रामवचन यादव (एम.एल.ए.), प्रधान मंत्री—'सिंह सदन' 34 सरोजिनी नायडू मार्ग, लखनऊ
7. 'उत्तर प्रदेश पिछड़ा वर्ग संघ'—रजिस्टर्ड संख्या-53, सन् 1961 से 1962 तक, प्रकाशक—उत्तर प्रदेश पिछड़ा वर्ग संघ, 'सिंह सदन'—34,

सरोजिनी नायडू मार्ग, लखनऊ, उत्तर प्रदेश, संस्करण-1961 ई., मूल्य चार आने

8. 'उत्तर प्रदेश पिछड़ा वर्ग संघ का कार्य विवरण'—1 अप्रैल से 31 दिसम्बर, सन् 1962 तक प्रकाशक—महिपाल सिंह (एम.ए., एल.एल.ए.) प्रधान मंत्री
9. 'उत्तर प्रदेश पिछड़ा वर्ग संघ का कार्य विवरण'—1 मार्च, सन् 1963 से मई, सन् 1965 तक। प्रकाशक—महिपाल सिंह (एम.ए., एल.एल.ए.) प्रधान मंत्री।
10. 'उत्तर प्रदेश पिछड़ा वर्ग संघ का 10वाँ वार्षिकोत्सव'—प्रकाशक—राम गुलाम सिंह मंत्री
11. 'बिहार राज्य पिछड़ा वर्ग संघ द्वारा पिछड़ा वर्ग आयोग को प्रदत्त स्मृति पत्र'—प्रकाशक—मंत्री बिहार राज्य पिछड़ा वर्ग संघ, पटना-1, संस्करण-11 दिसम्बर, 1954 ई.। मूल्य 4 आने
12. 'नेहरू सरकार द्वारा पिछड़े वर्गों के अधिकारों की हत्या?'—श्री छेदीलाल साथी (एडवोकेट), प्रेसिडेंट—रिपब्लिक पाटी ऑफ इंडिया, उत्तर प्रदेश, प्रकाशन—48, कंधारी बाजार, लखनऊ, उत्तर प्रदेश, बहुजन कल्याण प्रकाशन, प्रथम संस्करण-10,000 प्रतियाँ, मूल्य 8 आने
13. 'गरीब व पिछड़े लोगों की गरीबी कैसे दूर हो?'—श्री छेदीलाल साथी (एडवोकेट), बहुजन कल्याण प्रकाशन, प्रथम संस्करण-1968 ई., 8,000 प्रतियाँ, मूल्य 10 पैसे
14. 'हिन्दू धर्म की तंग नगरी से अनुसूचित जाति, पिछड़ा, अल्पसंख्यक', छेदी लाल साथी, जून, 1969 ई.। मूल्य 30 पैसे
15. 'बिहार आरक्षण नियमावली'—श्री ठाकुर प्रसाद, बी.ए., वी.एल., उप-सचिव कार्मिक विभाग, मंत्री मंडल सचिवालय, बिहार, भूतपूर्व सदस्य सचिव पिछड़ा वर्ग आयोग, विभागीय प्रकाशन विक्रय केन्द्र, नया सचिव, पटना-800015, मूल्य 8 रुपये, संस्करण सन् 1978 ई.
16. 'Government of India Report of the Backword Classes Commision'—Chairman—B.P. Mandal, Part-I, II, Vollume- I, II, III, IV, V, VI,VII, First Edition : Dec. 1980.
17. 'मंडल आयोग लोक सभा में' (गृहमंत्री का जवाब)—रामविलास पासवान, संसद सदस्य, 12, डॉ. राजेन्द्र प्रसाद रोड, नई दिल्ली से प्रकाशित, दिनांक : 19 अगस्त, 1982, मल्य 2 रुपये, प्रतियाँ 25,000
18. 'Barochure on Reservation for Schduled Castes and Schduled Tribes in Service Government of India', New Delhi, 1987, 7th Edition

गीत संकलन

1. 'धम्म गीत, रचनाएँ'—डॉ. बी. जीत ध्यानी और श्रद्धेय होरी लाल बौद्ध, प्रकाशक—ए.जे. भारतीय संगीत प्रभाकर (गायन/तम्बलो), ग्राम-ककोर गहना उर्फ शाहदाउदपुर, जौनपुर, उत्तर प्रदेश, सहयोग-मूल्य 5 पैसे
2. 'बुद्ध संकर्तन', संकलनकर्त्ता—चन्द्रिका प्रसाद 'जिज्ञासु', बहुजन कल्याण प्रकाशन, लखनऊ, मूल्य 1 रुपया
3. 'बुद्ध अम्बेडकर भजनावली', आशा गौतम, बौद्ध परिषद विलग्राम, हरदोई, उत्तर प्रदेश, प्रथम संस्करण 14 अप्रैल, 1984 ई., मूल्य 1 रुपया 50 पैसे
4. 'बेहमई कांड, तर्ज राधेश्याम' (जो गाना गाने के बाद गोली के शिकार हुए), लेखक—रमेश चन्द 'बागान', राजपुर, कानपुर, मूल्य 1 रुपया 50 पैसे
5. 'बुद्ध चालीसा'—चन्द्रिका प्रसाद 'जिज्ञासु', बहुजन कल्याण प्रकाशन, तीसरी बाद, 1973 ई., मूल्य 40 पैसे
6. 'भीम चेतना'—श्रीलालचन्द बडगोत्या 'राही' मैक्सी रोड, उज्जैन, बहुजन कल्याण प्रकाशन, लखनऊ, मूल्य 40 पैसे
7. 'भीम गीतावली'—डॉ. गया प्रसाद प्रशान्त, राजेन्द्र नगर, लखनऊ, बहुजन कल्याण प्रकाशन, मूल्य 40 पैसे
8. 'तांडव', रचयिता—राजवैद्य श्री बबलूराम 'रसिक', दुगावाँ, लखनऊ, बहुजन कल्याण प्रकाशन, प्रथम आवृत्ति 1973 ई., मूल्य 40 पैसे
9. 'अछूत कौन और क्यों?'—डॉ. गया प्रसाद प्रशान्त, बहुजन कल्याण प्रकाशन, लखनऊ, संस्करण 1974, मूल्य 40 पैसे
10. 'आदिवंश का डंका'—अछूतानन्द हरिहर, बहुजन कल्याण प्रकाशन, लखनऊ, संस्करण 1972, मूल्य 40 पैसे
11. 'गणित प्रबोधन'—(कक्षा 9वीं व 10वीं कक्षा के लिए) लेखक—आर.पी. सिंह एवं एस.आर. कटियार, भारतीय विद्या भवन, भोपाल—1967 ई., मूल्य 3 रुपये
12. 'पृथ्वीराज रासो'—चन्द वरदाई (पद्मावती समय) डॉ. हरिहरनाथ टंडन, विनोद पुस्तक मन्दिर, हॉस्पिटल रोड, आगरा, सन् 1964, मूल्य 2.50 रुपये

13. 'क्रान्तिकारी समूह गान'—(26 जनवादी कवियों के 33 समूहगान), सम्पादक—गंगा प्रसाद विमल एवं स्वामीशरण स्वामी, जन साहित्य मंच, 17, शिव मन्दिर गली, भोजपुर (शहादरा) दिल्ली-110053 प्रथम संस्करण-1979 ई., मूल्य 1.50 रुपये
14. 'जनवादी साहित्य के दस वर्ष' (सन् 1967—77)—शिविर, दिल्ली, जनवादी विचार मंच प्रकाशन, दिल्ली विश्वविद्यालय, दिल्ली, संस्करण-1978 ई., मूल्य 6 रुपये
15. 'विनोबा भावे के नाम एक खुला पत्र'—सव्यसाची, युगान्तर प्रकाशन, डेम्पीयर नगर, मथुरा, सितम्बर, 1979 ई., सहयोग—30 पैसे मात्र
16. 'सुबह होने से पहले'—लेखक—प्रकाशक—शर्मा पुस्तक भंडार, घीयामंडी, मथुरा, संस्करण-1979 ई.
17. 'खून के छींटे'—मेजर बलवन्त सिंह, हिन्द पॉकेट बुक्स प्राइवेट लिमिटेड, संस्करण-1971 ई., मूल्य ढाई रुपये
18. 'निमंत्रण'—आचार्य चतुरसेन शास्त्री, संस्करण-1973 ई., मूल्य तीन रुपये
19. 'स्मृति के पथ पर'—शिवराम पांडेय, संस्करण-1977 ई., मूल्य 3 रुपये
20. 'धर्मपुत्र—आचार्य चतुरसेन शास्त्री—हिन्द पॉकेट बुक, जी.टी. रोड, शाहदरा, नई दिल्ली, संस्करण 1972 ई.
21. 'मेरी कहानी'—पंडित जवाहर लाल नेहरू, सस्ता साहित्य मंडल, नई दिल्ली वाया—हिन्द पॉकेट बुक, जी.टी. रोड, शाहदरा, नई दिल्ली
22. 'पुरातत्व निबन्धावली'—किताब महल, इलाहाबाद, दिल्ली, बम्बई, संस्करण-1958 ई.
23. 'व्यथा'—गीत—बाबू लाल 'सुमन', मूल्य दो रुपये
24. 'मान मनौती'—कवि मान सिंह, संस्करण 1974, मूल्य 2.50 पैसे
25. 'मान मंजरी'—कवि मान सिंह, शाहदरा, दिल्ली, जनवरी, 1970, मूल्य दो रुपये
26. 'शोषित'—पुकार—बहुजन कल्याण माला प्रकाशन, सआदत गंज, लखनऊ—3, संस्करण-आठवीं बार, सन् 1990, मूल्य 1.50 रुपये
27. 'शोषित आल्हा'—बाबू रामदास, ग्राम—छौना, पोस्ट—जगम्मपुर जिला—जालौन, संशोधनकर्ता—हुब्बालाल आजाद, ग्राम—भंसरा, पोस्ट—झींझक, जिला—कानपुर, अशोक पुस्तकालय, झींझक, कानपुर 1961 ई., मूल्य 10 नए पैसे

28. 'क्रान्ति की लहर उर्फ कविताएँ'—कवि रघुवीर सिंह राही, प्रकाशक—रघुवीर सिंह राही, समय लवरियाना, अलीगढ़, उत्तर प्रदेश, प्रथम संस्करण 1963 ई., मूल्य 8 नये पैसे
29. 'विवाह लोकगीत'—परमानन्द कुमार, फरवरी, 1981 ई.
30. 'दुखियों की आल्हा'—लेखक एंव प्रकाशक—रामेश्वर दयाल निषाद, गाँव—अनन्तपुर, पोस्ट—दौलतपुर, जिला—इटावा, प्रथम संस्करण-1966 ई., मूल्य 25 पैसे
31. 'फाग भीम चरित'—रचयित—दुर्गा चरण मौर्य बी.ए., प्रकाशक—लालूराम जाटव, गाँव—रायपुरा नं. 2, लहार, जिला—भिंड, म.प्र., संस्करण-1982, मूल्य एक रुपया।

संगीत और कविता की पुस्तकें

जिज्ञासु, बहुजन कल्याण प्रकाशन, सआदतगंज, लखनऊ— 226—003

1.	'त्रिरत्न—वन्दना, परित्रपण, जय—मंगल कविता' (जिज्ञासु)	0.50
2.	'बुद्ध—संकीर्तन' (बौद्ध—धर्म—सम्बन्धी गाने और कीर्तन)	0.50
3.	'नई चेतना नए राग'	1.00
4.	'हरिजन—गोहार छूत—छत्तीसी' (जोशीले गाने)	0.50

अं.नं. पुस्तकाचे तांव कीमत रु. पै.—

1. 'अस्पृश्यांचा मुक्ति संग्राम', लेखक शंकर राव खरात, लोखंडे प्रकाशन, सदाशिव पेठे, टिलक रस्ता, पुणे, महाराष्ट्र, कीमत चार रुपये
2. 'शओने चा लिहिला जाओी राष्ट्राचया इतिहास', गोपाल गोडसे, वितस्ता प्रकाशन, 1206/1-बी, शिवाजी नगर, पुणे-4, महाराष्ट्र
3. 'महात्मा जोतिराव फुले', अमाच्प समाज क्रान्ति चे जनक, धनंजय कीर, पॅपुलर प्रकाशन, मुम्बई, महाराष्ट्र, संस्करण-1973 ई.

हिन्दी में बौद्ध धर्म की पुस्तकें

बुद्ध छाया, भीमनगर, आकोला, विदर्भ

[टेलीफोन 62297 : 65287 रजिस्ट्री संख्या-790]

धर्मदूत—

1.	'विशुद्धिमार्ग' (पहला भाग)	भिक्षु धर्मरक्षित	12.00
2.	'विशुद्धिमार्ग' (दूसरा भाग)	भिक्षु धर्मरक्षित	10.00
3.	'वुत्तोदय'	भिक्षु धर्मरत्न	0.75
4.	'बौद्ध—चिन्तन' (कविता)	सन्त श्याम चरण सिंह	0.25
5.	'सारनाथ का इतिहास'	भिक्षु धर्मरक्षित	6.00
6.	'बौद्ध—चर्य्या—विधि'	भिक्षु धर्मरक्षित	0.46
7.	'बौद्धधर्म—दर्शन तथा साहित्य'	भिक्षु धर्मरक्षित	6.50
8.	'धम्मपद'	राहुल सांकृत्यायन	2.00
9.	'मज्झिम निकाय'	भिक्षु धर्मरक्षित	20.00
10.	'बुद्धधर्म के उपदेश'	भिक्षु धर्मरक्षित	2.50
11.	'युक्तनिकाय'	भिक्षु ज.काश्यप/भिक्षु	8.00
12.	'बौद्ध विभूतियाँ'	भिक्षु धर्मरक्षित	1.50
13.	'भिक्षु धर्मरक्षित'	प्रथम भाग 10.00, द्वि.भाग	6.00
14.	'लंका यात्रा'	भिक्षु धर्मरक्षित	1.50
15.	'अंगुत्तर निकाय' (भाग 1)	भिक्षु आ. कौसल्यायन	7.00
16.	'नेपाल—यात्रा'	भिक्षु धर्मरक्षित	4.50
17.	'अंगुत्तर निकाय' (भाग 2)	भिक्षु आ. कौसल्यायन	10.00
18.	'कुशीनगर का इतिहास'	भिक्षु धर्मरक्षित	2.50
19.	'अंगुत्तर निकाय' (भाग 3)	भिक्षु—आ. कौसल्यायन	10.00
20.	'पालि—पाठ—माला'	भिक्षु धर्मरक्षित	3.00
21.	'अंगुत्तर निकाय' (भाग 4)	भिक्षु—आ. कौसल्यायन	10.00
22.	'जातिभेद और बुद्ध'	भिक्षु धर्मरक्षित	0.75
23.	'बोधिचर्यावतार'	भिक्षु शान्ति	10.00
24.	'तेलकटाह गाथ'	भिक्षु धर्मरक्षित	0.75
25.	'धम्मपद' (कथाओं के साथ)	भिक्षु धर्मरक्षित	3.50
26.	'महापरिनिब्बान सुत्त'	भिक्षु धर्मरक्षित	6.00
27.	'धम्मपद' (मराठी)	भिक्षु धर्मरक्षित	2.00
28.	'बौद्ध—शिशु—बोध'	भिक्षु धर्मरक्षित	0.25

29. 'मल्ल—वधू' (कहानी—संग्रह)	भिक्षु धर्मरक्षित	2.50
30. 'तथागत का प्रथम उपदेश'	भिक्षु धर्मरक्षित	0.37
31. 'सन्त श्यामचरण:जीवन तथा कृतित्व'	भिक्षु धर्मरक्षित	1.50
32. 'सारनाथ'—दिग्दर्शन	भिक्षु धर्मरक्षित	0.37
33. 'तथागत'—हृदय	भिक्षु धर्मरक्षित	0.75
34. 'बुद्धकालीन भारत का भौगोलिक परिचय'	भिक्षु धर्मरक्षित	0.50
35. 'पालि व्याकरण'	भिक्षु धर्मरक्षित	2.50
36. 'पालि जातकावली'	बटुकनाथ शर्मा	3.50
37. 'प्रथम बुद्ध—सन्देश'	भिक्षु धर्मरक्षित	0.50
38. 'बुद्ध—वचन'	भिक्षु आनन्द कौसल्यायन	0.35
39. 'बौद्धधर्म के मूल सिद्धान्त'	भिक्षु धर्मरक्षित	0.75
40. 'बुद्धवचनामृत'	भिक्षु शासनश्री	2.50
41. 'सुत्तनिपात'	भिक्षु धर्मरत्न	6.00
42. 'बौद्ध कलाकृतियाँ'	डॉ. विद्यावती 'मालविका'	3.00
43. 'खुद्दकपाठ'	भिक्षु धर्मरत्न	0.37
44. 'श्रद्धा के फल' (कहानी-संग्रह)	डॉ. विद्यावती 'मालविका'	0.50
45. 'उदान'	भिक्षु जगदीश कश्यप	1.25
46. 'बुद्ध—अर्चना' (कतिवा)	डॉ. विद्यावती 'मालविका'	0.25
47. 'थेरगाथा'	भिक्षु धर्मरत्न	3.00
48. 'पूर्णिमा' (कविता)	डॉ. विद्यावती 'मालविका'	0.62
49. 'भगवान बुद्ध की शिक्षा'	देवमित्त धर्मपाल	0.37
50. 'कामना' (कविता)	डॉ. विद्यावती 'मालविका'	0.37
51. 'बुद्धचर्या'	राहुल सांकृत्यायन	10.00
52. 'आदर्श बौद्ध महिलाएँ' (पुरस्कृत)	डॉ. विद्यावती 'मालविका'	1.50
53. 'बुद्ध की देन'	भदन्त शासनश्री महास्थविर	2.00
54. 'नारी—हृदय' (कहानी)	डॉ. विद्यावती 'मालविका'	1.50
55. 'भगवान् गौतम बुद्ध'	बोधानन्द महास्थविर	1.50
56. 'सौन्दर्य और साधिकाएँ'	डॉ. विद्यावती 'मालविका'	1.50
57. 'बुद्ध—चरितावली' (सचित्र)	डॉ. विद्यावती 'मालविका'	0.75
58. 'इतिवुत्तक'	भिक्षु धर्मरक्षित	0.75
59. 'अर्चना' (एकांकी—संग्रह)	डॉ. विद्यावती'मालविका'	2.50
60. 'बौद्धयोगी के पत्र'	भिक्षु धर्मरक्षित	1.00

61.	'भगवान गौतम बुद्ध'	डॉ. विद्यावती 'मालविका'	5.00
62.	'भगवान हमारे गौतम बुद्ध'	प्रो.मनोरंजन प्रसाद	0.15
63.	'हिन्दी सन्त साहित्य पर बौद्ध धर्म का प्रभाव'	डॉ. विद्यावती 'मालविका'	20.00
64.	'बुद्ध सन्देश'	भिक्षु उपालि	1.75
65.	'महामानव बुद्ध'	राहुल सांकृत्यायन	2.50
66.	'भिक्षु—प्रतिमोक्ष'	भिक्षु धर्मरक्षित	2.50
67.	'बौद्धधर्म ही मानव धर्म'	डॉ. अम्बेडकर	1.00
68.	'श्रामणेर विनय'	भिक्षु धर्मरक्षित	3.00
69.	'कलाम गणतंत्र का केशपुत्र'	भिक्षु धर्मरक्षित	3.00
70.	'विपश्यना—पद्धति'	अनागारिक मुनीन्द	0.50
71.	'धम्मचक्कप्पवत्तन सुत्त'	भिक्षु धर्मरक्षित	0.50
72.	'जातक कथा'	भिक्षु धर्मरक्षित	9.00
73.	'चरिया—पिटक'	भिक्षु धर्मरक्षित	1.80
74.	'सिंगाल सुत्त'	भिक्षु कित्तिमा	1.50
75.	'विसुद्धि मग्गदीपिक'	धर्मानन्द कौशम्बी	3.50

सूची-पत्र के लिए 15 पैसे के टिकट के साथ लिखें।

प्राप्ति स्थान : महाबोधि पुस्तक-भंडार, सार नाथ, वाराणसी

प्रकाशक :— भिक्षु एन.जी. रत्न, प्रधान मंत्री, महाबोधि सभा, सारनाथ, वाराणसी
मुद्रक-ओमप्रकाश कपूर, ज्ञानमंडल लिमिटेड, कबीर चौरा, वाराणसी-699 927

बौद्ध-धर्म सम्बन्धी पुस्तकें

1.	'भगवान् गौतम बुद्ध' (महास्थविर बोधानन्द व जिज्ञासु)	6.50
2.	'धम्मपदम् हिन्दी अनुवाद अट्टकथाज्ञ'—सहित (श्री जिज्ञासु)	6.50
3.	'बौद्ध-धर्म ही भारत का सच्चा धर्म' (जिज्ञासु)	6.50
4.	'बौद्धचर्य्या—बौद्धों के नित्य-नैमित्तिक कर्म' (श्री जिज्ञासु)	3.00
5.	'अम्बट्ठसुत्त' (वर्ण-व्यवस्था का खंडन, राहुल सांकृत्यायन)	0.50
6.	'ब्रह्मजाल सुत्त'—62 मिथ्या दृष्टियों का खंडन, जगदीश कश्यप	0.50
7.	'बौद्ध-गृहस्थों के लिए नित्य-उपासना पाठ' (श्री जिज्ञासु)	0.50
8.	'किसका धर्म सत्य है?' (महास्थविर धम्मालोक)	0.50
9.	'संसार का सर्वोत्तम धर्म' (इटालियन बौद्ध-भिक्षु)	0.50

बुद्ध-विहार, लखनऊ के प्रकाशन, हिन्दी

1.	'बोधिचर्यावतार' (शान्ति भिक्षु शास्त्री)	10.00
2.	'ऊहापोह' (शान्ति भिक्षु शास्त्री)	1.00
3.	'भगवान् गौतम बुद्ध' (भदन्त बोधानन्द महास्थविर)	1.00
4.	'बौद्धचर्या—पद्धति' (भदन्त बोधानन्द महास्थविर)	1.00
5.	'पंचशील और बुद्ध वन्दना' (भदन्त बोधानन्द महास्थविर)	1.00
6.	'धम्मपदं जन—संस्करण' (राहुल सांकृत्यायन)	पैसे 0.01
7.	'धम्मपदं राज—संस्करण' (राहुल सांकृत्यायन)	3.00
8.	'महामानव बुद्ध' (राहुल सांकृत्यायन)	2.00
9.	'नवदीक्षित बौद्ध' (राहुल सांकृत्यायन)	पैसे 0.10
10.	'संयोजन—दस भव बंधन' (भदन्त आनन्द कौसल्यायन)	1.00
11.	'आर्य अंगुलिमालीयं नाम महायानसुत्त' (रिंगचिन लुनडुब लामा)	1.00
12.	'आर्य महाकारुणिक पुण्डरीक सुत्त' (रिंगचिन लुनडुब लामा)	1.00
13.	'प्रतीत्य समुत्पादीय विभंग नाम सुत्त' (रिंगचिन लुनडुब लामा)	1.12
	मराठी	
14.	'त्रिरत्न' (भदन्त आनन्द कौसल्यायन)	पैसे 0.03
	अंग्रेजी	
15.	'फिलॉसफी एंड साइकालॉजी इन दी अभिधम्म'— डॉ. एच.जी. गुंथर	10.00

व्यवस्थापक, बुद्ध विहार, रिसालदार पार्क, लखनऊ

पत्र-पत्रिकाएँ

1. 'सरिता'—सामाजिक क्रान्ति की पत्रिका थी। सन् 1945 में दिल्ली प्रेस, म्.3ए झंडेवालान इस्टेट, रानी झाँसी मार्ग, नई दिल्ली से प्रारम्भ हुई। सन् 1950 ई. से सन् 1971 ई. के लेखों का पेरियार ललई सिंह ने अध्ययन किया था।
2. 'बहुजन'—अछूत व पिछड़े वर्गों की समस्याओं पर निडर होकर आवाज उठानेवाला उत्तर भारत एक मात्र हिन्दी पाक्षिक—पत्र 'बहुजन' जरूर पढ़ें और दूसरों को पढ़ाएँ, छः माह का मूल्य 2 रुपये, वार्षिक मूल्य 3 रुपये।

आज ही नीचे पते पर रुपये भेज कर ग्राहक बनिए

सम्पादक— छेदीलाल साथी, मिलने का पता—श्रीमती कलाजी साथी, 'बहुजन' प्रकाशन, 48-कान्धी बाजार, लखनऊ, उ.प्र., पाक्षिक पत्रिका, सन् 1960 ई., छ:माही मूल्य 2 रुपये, वार्षिक मूल्य 3 रुपये

3. 'प्रबुद्ध भारत'—सम्पादक—संघप्रिय गौतम, जापान हाउस, मैरीश रोड, अलीगढ़, यू.पी., सन् 1960
4. 'निषाद दर्पण'—सम्पादक—श्री 108 गौरी सुवन स्वामी अच्युतानन्द शास्त्री परिब्राजक प्रकाशक—रामसखा निषाद राज समिति, पोस्ट—औरैया, जिला—इटावा (उत्तर प्रदेश), प्रथम संस्करण-1965 ई., मूल्य 1 नये पैसे
5. 'मूल भारतीय जागरण'—सम्पादक—दीनदयाल विरागी बी.ए., राजेन्द्र नगर, उरई, जालौन, उ.प्र., 1968 ई.
6. 'शोषित' (साप्ताहिक)—सम्पादक—प्रो. रमेश प्रसाद सिंह , बिहार, मार्च, 1968 ई.। यह साप्ताहिक 'शोषित दल' का मुखपत्र था। 1969 से जगदेव प्रसाद ने इसका सम्पादन किया
7. 'क्रान्तिकारी बिगुल'—सम्पादिका—डॉ. चन्द्रिका प्रसाद, गाँव—लक्ष्मणपुर, जिला—सीतापुर, उत्तर प्रदेश, सन् 09/12/1968
8. 'अर्जक साप्ताहिक'—सम्पादक—रामस्वरूप वर्मा, 1969 ई., कानपुर, उ.प्र., भारत
9. 'Viduthalai Rational Tamil Daily', 2- Rundalls Road Vepery Madras-7-18 जनवरी, 1970 ई. से पेरियार ई.वी. रामास्वामी मद्रास, तमिलनाडु द्वारा सम्पादित अंग्रेजी समाचार पत्र को मँगाते थे और नियमित अध्ययन करते थे। इस प्रकार वे उत्तर भारत में पेरियारवादी चेतना का निर्माण कर रहे थे।
10. 'धर्मदूत'—(मासिक) महाबोधि सभा सारनाथ का मासिक मुख पत्र, सम्पादक—त्रिपिटकाचार्य भिक्षु धर्म रक्षित एम.ए., मई-जून 1969 से अप्रैल, 1971 तक प्रकाशक—महाबोधि सभा सारनाथ का मासिक मुख पत्र था। इस पत्रिका का भी पेरियार ललई सिंह नियमित अध्ययन करते थे
11. 'शक्यमुनि प्रभा'—शोध पत्रिका, सम्पादक—डॉ. एल.वी. राम अनन्त, एफ/दी 14 नया कबीर नगर, गाजियाबाद, उप्र, सन् 1971 ई.
12. 'सम्यक समाज' (साप्ताहिक)—कार्यालय-202, साउथ एवेन्यू, नई दिल्ली-1, दूरभाष नम्बर 374593, सदस्यता तिथि—19/05/1973
13. 'वैदिक विजय'—पत्रिका का गीता और वेद विशेषांक—सम्पादक—बलदेव आचार्य, विक्रम कुमार विवेकी, मासिक—अंक-2, 15 अक्टूबर, 1972 ई., मूल्य 50 पैसे

14. 'उच्च न्यायालय निर्णय'—पत्रिका, सम्पादक—डॉ. विजय नारायणमणि, विविध साहित्य प्रकाशन (विधि, न्याय और कम्पनी कार्य मंत्रालय, भारत सरकार), संस्करण अप्रैल, 1970 ई.
15. 'तथागत'—सौजन्य—कौशल्या बाई शेगांक्कर, व्यवस्थापिका—तथागत मासिक, बुद्ध छाया, भीम नगर, अकोला, महाराष्ट्र, वर्ष-12, आश्विन—कार्तिक बुद्ध 2517, आक्तों—नोहे—1973, कीमत 20 पैसे
16. 'उत्तरार्द्ध'—सं. सव्यसाची, 2164 डेम्पीयर, मथुरा, उत्तर प्रदेश, अंक 16 जनवरी, 1978, अंक 17 जून,1978, अंक 18 अक्टूबर,1978, अंक 19 दिसम्बर, 1978
17. 'स्वाधीन भारत'—सम्पादक—चन्द्रपाल शैलानी, वीपीओ—सिकन्दराराऊ, अलीगढ़, उ.प्र.
18. 'निर्णायक भीम'—बाबा साहब डॉ.अम्बेडकर का मुखपत्र, सामाजिक क्रान्ति अग्रदूत, अन्तर्राष्ट्रीय मासिक पत्रिका, प्रधान सम्पादक—डॉ. वी.एन. कमल, सम्पादक—नन्दूराम, श्री रामधन, श्री अर्जून प्रसाद, प्रबन्ध सम्पादक—श्री लखन सिंह, संस्करण-मई, 1978 ई., 1979 ई. से सम्पादक—आर.कमल, 11/8, सन्त कबीर नगर, डॉ. अम्बेडकर मार्ग, कानपुर, पिन कोड-208012, प्रकाशन एवं वितरण—शिवलाल कृते बाबा साहेब डॉ. अम्बेडकर मिशन, बी/97, चुन्नीगंज, कानपुर, उत्तर प्रदेश, सदस्यता शुल्क वार्षिक 10 रुपया, अर्द्धवार्षिक 5 रुपया, त्रैमासिक 3 रुपया, एक प्रति 1 रुपया, संस्करण-फरवरी 1978 ई., मार्च 1979 ई., इसके पेरियार ललई सिंह आजीवन सदस्य रहे।
19. 'बहिष्कृत भारत'—आणि मूकनायक—डॉ. बाबा साहब डॉ. आम्बेडकर यांचे बहिष्कृत भारत (सन् 1927 ई.—1929 ई.) आणिमूकनायक (1920) सम्पादक—वसन्त मून, प्रकाशन—शिक्षा विभाग, महाराष्ट्र सरकार मंत्रालय, मुम्बई-400032 प्रथम संस्करण-1990 ई., मूल्य 75 रुपये

कोश

1. 'पालि—हिन्दी कोश'—भदन्त आनन्द कौसल्यायन, सुगत बुक डिपो, नागपुर, महाराष्ट्र
2. 'ब्राह्मणी विश्व की मूललिपि'—प्रेम सागर जैन, वीर निर्वाण ग्रंथ, प्रकाशन समिति, इन्दौर।

3. 'अंग्रेजी-हिन्दी शब्दकोश', लेखक—डॉ. हरदेव बाहरी, राजपाल एंड संस, दिल्ली-110006
4. 'संस्कृत-हिन्दी शब्दकोश', लेखक—वामन शिवराम आप्टे।
5. 'मुस्लिम विधि'—(A Text Book of Mahomedaan Law) लेखक—एम.पी. टंडन तथा राजेश टंडन, प्रकाशन—इलाहाबाद लॉ एजेंसी 9, यूनिवर्सिटी रोड, इलाहाबाद-2
6. 'तर्कशास्त्र का परिचय', इरविंग एम. कोपी, अनुवादक—संगम लाल पंडित, गोरखनाथ मिश्र, एशिया बुक कम्पनी, यूनिवर्सिटी रोड, इलाहाबाद
7. 'English Speaking Course & Competition'—Success Review, 604, Prabhat Kiran, Rajendra Palace, New Delhi-110008
8. 'Oxford Advance Lerner Dictionary of Current English'
9. 'The Epistle Dedictor'
10. 'New Webster's Dictionary of The English Language'—Edition Forth Re-print—Year 1988 (Pages 1856)
11. 'Idiom Grammar & Synthesis', By J.C. Neseield, M.A., Published—Macmillan India Ltd., Edition 1965
12. 'Dectionary of Philosrphy', By I. Frolov Progress Publishers—Mascow, Ist Printing—1967, High School English Grammar and Composition, Wern and Mortions, Edition 1973
13. 'The Conception of Buddhist Nirvana' by Jaidev Singh, Motilal Banarasi, Varanasi.

पेरियार ललई सिंह
द्वारा अध्ययन की गई अंग्रेजी की किताबें

1. 'Annihilation Of Cast'—With A Reply To Mahatma Gandhi by Ambedkar, Ist Edition 1936, 2nd Edition 1937, 3rd Edition 1945, Price Rs. 1.8/-
2. 'Cast in India Their Mechanism Genesis& Development' by Dr. Ambedkar (9th, 1916) Bheem Patrika Publication Nakodar Road, Jalandhar-30—Punjab (India)
3. 'What Congress and Gandhi Have Done to the Untouchables' By Dr. Ambedkar, Published—Thacher and Co. Ltd., Bombay, Edition June, 1945
4. 'The Ramayana : A True Reading' By Periyar e.v. Ramasami, Edition 1958.
5. 'Jotiba Phooley : Father of the Indian Social Revolution' By Dhananjay Keer, Published by Popular Prakashan,Tardev Road, Bombay-400034, First Edition 1964 Maharashtra.
6. 'Dr. Ambedkar Life and Mission' By Dhananjay Keer, Published by Popular Prakashan, Tardev Road, BOMBAY-400034, First Edition 1954, Third Edition 1971, Maharashtra.
7. 'Government of India Report of the Backword Classes Commision', Part-I, II (Lists) Edition-1955, Price : Rs. 3
8. 'Government of India Report of the Backword Classes Commision'—Chairman—B.P. Mandal, Part-I, II, Volume-I, II, III, IV, V, VI,VII, First Edition : Dec. 1980.
9. 'Government of India : Report of The Backward Classes Commission'—Vol. I to II (Minustes of Dissent) Print in India by the Manage Government of India Prigs, Shimla for the Manager of Publication Civil Lines Delhi, Edition 1956, Price Annas 12.
10. 'Monk Who Sold His Ferrari' by—Robin Shama, New Delhi.
11. 'An Introduction to Wom Buddhist Wondulgyo, By Bongkil Chung Wondulgyo Publishing Co.

12. 'The Buddhist Shrines in India'—Written—D.P. Varun Buddhist (I.A.S. Comissioner), Publisher—The Human Service Charitable Trust of India Siddharth House, A-11, L.D.A. Colony, Kanpur Road, Lucknow, India
13. 'Sevak Sangh'—Part I, Report for the Period, April, 1960 to March 1961, Annual Report Bhartiya Adim-Jaati (A.B.J)
14. 'The Sermon of Lord Buddha'—Venerable Shrimat Chandramani (Monk in cheif), Published by Kushingar Buddh Vihar, Deoria, Uttra Pradesh, Edition of Year 1964.
15. 'Buddha and Caste System'—Bhikkhu U. Dhammaratana, M.A., PH.D., Jetvan Mahavihar, Shravasti Baharayich, UP, 3rd Edition 1982, Rs. 5/-
16. 'Buddha In Modern India', By D.C. Aheer, Bhikkhhu Niwas Prakashan, Diksha Bhoomi, Nagpur, Edition dated 8 May, 1972.
17. 'Digha Nikaya'—Tibbat Addhyan an Sansthan Sarnath, Varanasi, Edition 1984
18. 'A study in the Ethics of the Banishment of Sita' by Arvind Kumar, Vishwa Nath Sant Magzine, Rani Jhanshi, New Delhi, Published 1961, Rs. 75 Naye Paise.
19. 'Road Atlas of India', By- P. Poovendran, Publshed—T.T. Maps and Publication Ltd., G.S.T. Road, Chromepet, Madras-600044
20. 'This Amazing but knowable world', Progress-Publisher, Moscow
21. 'This Fascinating Astronomy', V. Komarov, Mir Publishers, Moscow
22. 'Space Chemistry', M. Nikolave, Mir Publishers, Moscow
23. 'The Structure of Matter', M. Karapetyants S. Drakin Mir Publishers, Moscow
24. 'The Power House of the Atom', K. Gladkov, Mir Publishers, Moscow
25. 'Ex Ploring the Planets', Lain Nicolson B.S.C., London
26. 'Matter and Man', M. Vastlyen and K. Stanyukovich Peace Publishers, Moscow
27. 'Matter, Energy and Life', Jafery O.J.W. Baker, U.S.A.
28. 'The Earth', I.O. Evams F.R.G.S., London
29. 'Physical Geology', G. Gorsh Kov A. Vakushova Mir Publishers, Moscow
30. 'All India Pin Code Directory', Issued by- Director General Post and TE/E Graphs, New Delhi- 110001, Price Rs. 1.75/-
31. 'A Study in The Ethics of The Banish Meni of Sita', By Arvind Kumar, Published by Vishwa nath 'SARITA' Magazine, Rani Jhansi Road, New Delhi, Price 75 New Paise

32. 'The Holy Placeses of Pilgrimage in Amritsar', By Manmohan Singh Joginder Singh Chowk, Sri Guru Randas Niwas, Amritsar, Price Rs. 3
33. 'Hunted History'—By Cameron Banks, New Delhi
34. 'A History of India', By James H. Gemse, Macmillan and Co. Ltd., Edition 1960
35. 'Savarkar and his Times' By Dhananjay Keer, Published by Popular Prakashan, Tardev Road, BOMBAY—400034, Edition 1966, Maharashtra.
36. 'Lokmany Tilak' By Dhananjay Keer, Published by Popular Prakashan, Tardev Road, BOMBAY—400034, Edition 1969, Maharashtra.
37. 'My Studies in Ramayana'—by P.H. Gupta, Edition 1968, Price 6
38. 'Idiom Grammar And Synthesis', By J.C. Neseield, M.A., Published by Macmillan India Ltd., Edition 1965.
39. 'Dectionary of Philosphy', By I. Frolov Progress Publishers-Mascow, Ist Printing—1967, High School English Grammar and Composition, Wern and Mortions, Edition 1973
40. 'The Earth Science', Richard J. Ordway, U.S.A.
41. 'Cell Biology', P.S. Verma, V.K. Agarwal, New Delhi
42. 'Cell Biology', P.J. Ambrose, London
43. 'Cell Physiology', Arthur C. Girse, Ph.D., Japan
44. 'Development', Pato M.C.J. Raw Hill Publishing Co., New Delhi
45. 'The Wonderful World of Evolution', Julian Huxley, London
46. 'Inver Tebrates', Herry O. Rounds, New Delhi
47. 'Evolution of the Vertebrates', Edwin H. Colbert, New Delhi
48. 'Archeology', Francis Celoria, London
49. 'Fossil Man', Mischael H. Day, Ph.D., M.B.B.S., London
50. 'A Text Book of Mahomedan Law', By M.P. Tandon & Rajesh Tandon Publisher Allahabad Law Agency, 9 University Road, Allahabad-2
51. 'Pre Historic Animals', Barry Cox M.A., Ph.D., London
52. 'Mammals of the World', Mischael Boorer, London
53. 'Monkeys and Apes', Prucra Pier, London
54. 'Life on Earth', Dawid Attenborough, London
55. 'Primitive Tribes', Home Ministry Government of India
56. Hindi Translation of 'Language', Bloom Field, Delhi
57. 'The Story of Man Kind', Menorik Written Ban Loose, U.S.A.
58. 'The Energy Question', Gerald Folay, U.S.A.
59. 'Things to Come', Mir Publishers, Moscow

60. 'Source Material Of Dr. Baba Sahab Ambedkar And The Movement Of Untouchables' Vol-I, II, Compiled by Dr. B.G. Kunte MA., Ph.D, Associate: Shri D.N. Pathak MA, Published by The Education Department Goverent of Maharasthra, Bombey-400032, Edition 6th December, 1982.
61. 'Dr. Baba Saheb Ambedkar Writing And Speeches', Vol-1,2,3,4,5,6,7,8, Complied and Edited by Vasant Moon, Published by-The Eduction Department Goverment of Maharasthra, Bombey-400032, Edition 14th April, 1982, Rs. 20/-, Vol Prices List {Vol-I = Rs. 40/- (Pages = 520), Vol-II = Rs. 80/- (Pages = 826), Vol-III = Rs. 40/- (Pages = 508), Vol-IV = Rs. 35/- (Pages = 368), Vol-V = Rs. 40/- (Pages = 496), Vol-VI = Rs. 50/- (Pages = 712), Vol-VII = Rs. 40/- (Pages = 390), Vol-VIII = Rs. 40/- (Pages = 510)
62. 'Finger Prints' By Bihari Lal Saxena, Ist Impression 1988, Price 3 Rupees.

सरिता पत्रिका में प्रकाशित

निम्नलिखित लेखों का पेरियार ललई सिंह ने अध्ययन किया था

('सरिता'—पता-दिल्ली प्रेस, 3ए झंडेवालान इस्टेट,
रानी झाँसी मार्ग, नई दिल्ली)

'सरिता' सामाजिक क्रान्ति की पत्रिका, सन् 1945, दिल्ली प्रेस

'सरिता' में हम समय-समय पर ऐसे लेख प्रकाशित करते रहते हैं जिन में हिन्दू समाज और पुरानी भारतीय संस्कृति के उन पहलुओं पर चोट की जाती है, जो हमें अन्ध-विश्वास, कूपमंडूकता व जहालत की तरफ ले जाते हैं और राष्ट्र की उन्नति में बाधक बने हुए हैं। 'सरिता' उन सभी प्रगतिविरोधी तत्त्वों से मोर्चा लेती रही है, जो रूढ़ियों और संस्कारों के रूप में हमारी विचारधारा को अपाहिज बनाए हुए है।

साथ ही, महान दिखाई देनेवाले उद्देश्यों और आदर्शों की आड़ में छल-कपट व आध्यात्मिक शोषण का जो चक्र चलता रहा है। 'सरिता' का रचनात्मक आन्दोलन सदियों से चली आती हुई कूपमंडूकता, मूढ़ता व अन्धश्रद्धा के स्थान पर आज के ज्ञानविज्ञान के आधार पर सोचने समझने व आचरण करने के ढंग में बुनियादी परिवर्तन करना। चरित्र-निर्माण व राष्ट्रीय प्रगति के लिए समाजविरोधी तत्वों के विरुद्ध निर्भीक विचार पाठक तक पहुँचाना, उसे तोड़ना भी 'सरिता' सामाजिक चेतना के लिए जरूरी समझती है।

हमें गर्व है कि इस सामाजिक उद्देश्य में हमें पाठकों के एक बड़े वर्ग का हार्दिक सहयोग मिल रहा है। कुछ लोग अवश्य सरिता की इस नीति से रुष्ट हैं। उनसे हमारा निवेदन है कि हम हिन्दू समाज के एक अभिन्न अंग हैं और हमारे मन में उसे एक आधुनिक, शक्तिवान, सुखी, समृद्ध और प्रगतिशील रूप देने की प्रबल अभिलाषा है। (सम्पादक—सरिता)

पेरियार ललई सिंह 'सरिता' पत्रिका के नियमित पाठक थे। वे इन लेखों का गुच्छा बनाकर अपने शुभचिन्तकों और आन्दोलनकारी साथियों को पढ़ने के लिए देते थे। लेख पढ़ लेने के बाद वे उनसे माँगकर अगले व्यक्ति को देते थे। समाज में चेतना निर्माण का यह उनका नायाब तरीका था। उन प्रिय लेखों की सूची यहाँ प्रस्तुत की जा रही है। (सम्पादक—गगन)

1. लेख—संस्कृत, (भाषा नहीं, सत्ता हासिल करने का एक साधन) लेखक—भगवानदीन, सितम्बर, सन् 1959 ई.
2. लेख—हिन्दू धर्म, (हिन्दू समाज के लिए हिन्दू धर्म है, हिन्दू धर्म के लिए हिन्दू समाज नहीं) लेखक—सत्यभक्त, अगस्त, सन् 1959 ई.

3. लेख—हमारी धार्मिक सहिष्णुता (बराबर हम कहते हैं कि हमारा धर्म सहिष्णु है हम में धर्मान्धिता नहीं है, और इस को लेकर दूसरे धर्मों की आलोचना भी करते हैं।) लेखक—रतन लाल बंसल, फरवरी, सन् 1954
4. लेख—भारत में संस्कृति का ब्राह्मण नियंत्रण और विस्तार लेखक—बालकृष्ण नारायण, जून, सन् 1958
5. लेख—प्रत्येक देश की उन्नति में बाधक पुरोहितवाद लेखक—रतन लाल बंसल, नवंबर, सन् 1950
6. लेख—कितना महँगा धर्म?, लेखक—सखा बाखड़, 15 मार्च, 1 अप्रैल, 15 अप्रैल, सन् 1966
7. लेख—ईश्वर, आत्मा और पाप (अगर सब प्राणी ईश्वर की इच्छानुसार काम करते हैं तो जो बुरे काम हो रहे हैं, उन के लिए कौन जिम्मेदार है?) लेखक—डॉक्टर अ. मथाई
8. लेख—यज्ञोपवीत, (धर्म का कच्चा धागा जो बराबर कमजोर पड़ता जा रहा है।) लेखक—गंगा सहाय प्रेमी, जुलाई, सन् 1964
9. लेख—अतीत का मोह, लेखक—मन्मथनाथ, जुलाई 1950
10. लेख—सत्यनारायण व्रतकथा, लेखक—हंसराज भटनागर, मई, सन् 1962
11. लेख—हिन्दुओं के मन्दिर कैसे हों, लेखक—पं. क. पुट्टस्वामी, 15 नवंबर, सन् 1967
12. लेख—तुलसी साहित्य, (अनुवादों की सफल नुमाइश के सिवा क्या है?) लेखक—गंगा सहाय 'प्रेमी', 1 अक्टूबर, सन् 1967
13. लेख—तुलसी और वेद, लेखक—सरिता, नवंबर, सन् 1960
14. लेख—पुत्रेष्टि यज्ञ, (क्या दशरथ पूर्णरूप से स्वस्थ और सन्तान उत्पन्न करने योग्य थे? अगर थे तो फिर पुत्रेष्टि यज्ञ का अभिप्राय क्या था?) लेखक—बसन्त चटर्जी, जनवरी, (प्रथम) सन् 1969
15. लेख—'रामचरितमानस' के कुछ असंगत स्थल (तुलसी की सर्वप्रसिद्ध रचना में ऐसी—ऐसी भूलें हैं जिन से लगता है कि उन्हें अपनी रचनाएँ दोबारा पढ़ना तक अरुचिकर लगता रहा होगा।) लेखक—गंगा सहाय 'प्रेमी', एक जनवरी, सन् 1968
16. लेख—राम कथा व सीता चरित्र, लेखक—रामशरण सिंह, नवम्बर, सन् 1966
17. लेख—राम का अंतर्द्वन्द्व, (आलोचनाओं व आपत्तियों का उत्तर) लेखक—अरविन्द कुमार, जुलाई, सन् 1957
18. लेख—'रावण' (रामायण का उदात्त चरित्र, जो सिर्फ अन्धे पक्षपात के कारण भारत में सदियों से उपहास का पात्र बनाया जा रहा है...) लेखक—अविनाश, नवम्बर, सन् 1967
19. लेख—शम्बूक वध, लेखक—वेदव्यास, मई, सन् 1950

20. लेख—सताई गई नारी, (हिन्दू शास्त्रों की पृष्ठभूमि में) लेखक—उपेन्द्रनाथ राय
21. लेख—भारतीय नारी की धार्मिक यात्रा
    लेखक—चिरंजीलाल पाराशर, नवम्बर, सन् 1956 ई अंक से उद्धृत
22. लेख—भारतीय नारी की सामाजिक यात्रा, लेखक—चिरंजीलाल पाराशर, अगस्त, सन् 1960
23. लेख—भागवत और भूगोल (भागवतकार ने सात द्वीपों और समुद्रों क्षेत्रफल का योग 254 लाख योजन बताया है लेकिन वहीं वह सारे भूगोल का योजन पचास करोड़ बताते हैं, आंकड़े यह लेखक की कल्पना का चमत्कार है या गणित के ज्ञान की कमी का?)
    लेखक—गंगासहाय 'प्रेमी', नवम्बर (द्वितीय) सन् 1968।
24. लेख—श्रीकृष्णा
    (एक ओर प्रेमावतार माने जाते हैं और दूसरी ओर वह अर्जुन को युद्ध की विभीषिका में धकेल देते हैं तथा भारत की दृढ़ता को सदा-सदा के लिए नष्ट कर देते हैं...)
    लेखक—म.प्र. दीक्षित, 1 दिसम्बर, सन् 1967
25. लेख—कृष्णा और राधा
    लेखक—गंगासहाय 'प्रेमी', जून (द्वितीय अंक), सन् 1968
    सरिता जुलाई (प्रथम) सन् 1971
26. लेख—कृष्ण और कुब्जा, (उनके प्रेम सम्बन्ध का क्या कोई नैतिक आधार था?) लेखक—गंगासहाय 'प्रेमी'
    लेख—कर्म योग, (गीता के सिद्धान्त आज कहाँ तक व्यावहारिक हैं?) लेखक—वीणा अग्रवाल, 15 फरवरी, 1965 से उद्धृत
27. लेख—कर्म योग, (आलोचना और आपत्तियों के उत्तर) लेखक—वीणा अग्रवाल, 1 जून, 1965
28. लेख—गीता (कर्मवाद की व्याख्या या कृष्णा का आत्मप्रचार) लेखक—गंगासहाय 'प्रेमी', 1 मई, सन् 1968
29. लेख—कर्ण (हमारे आदर्श पुरुष), लेखक—रामेश्वराचार्य शास्त्री, नवम्बर, सन् 1956
30. लेख—गांधीजी का बलिदान, लेखक—महेन्द्र कुलश्रेष्ठ, फरवरी, सन् 1963
31. लेख—समाजवाद बनाम स्वतंत्रता
    (दोनों एक-दूसरे के विरोधी हैं तो क्या लोकतंत्रीय ढाँचे में समाजवाद को 'फिट' करने की बात करनेवाले अपने साथियों को भी धोखा नहीं दे रहे हैं।)
    लेखक—कुमार कश्यप, दिसम्बर (प्रथम), सन् 1968
32. लेख—भ्रष्टाचार (जनजीवन का स्थायी स्वभाव)—लेखक—सखा बोरड़, अप्रैल, सन् 1961
33. लेख—क्षयग्रस्त केन्द्रीय प्रशासन—(मुक्ता द्वारा आयोजित 'जनता की अदालत' प्रतियोगिता में प्रथम पुरस्कार प्राप्त रचना) लेखक—अनुराग तायल

34. लेख—आधुनिकता का मतलब उच्छृंखलता तो नहीं! (क्या कौमार्य रक्षा दकियानूसी है?) लेखक—कंचन
35. लेख—प्राचीन हिन्दू संस्कृति, लेखक—रतनलाल बंसल, नवम्बर, सन् 1949
36. लेख—गौ पूजा (आज का सबसे बड़ा देशद्रोह)
लेखक—रतनलाल बंसल, सितम्बर, 1952
37. लेख—तुलसीदास और हिन्दू समाज ('रामचरितमानस' के माध्यम से)
लेखक—सुदर्शन चोपड़ा, फरवरी द्वितीय, सन् 1969
38. लेख—तुलसी साहित्य (आलोचनाओं व आपत्तियों के उत्तर)
लेखक—गंगा सहाय 'प्रेमी', मार्च, सन् 1968
39. लेख—रामचरितमानस में ब्राह्मणशाही, लेखक—भदन्त आनन्द कौसल्यायन, मार्च, सन् 1961
40. लेख—रामचरितमानस में नारी, लेखक—भदन्त आनन्द कौसल्यायन
41. लेख—युगों—युगों से शोषित भारतीय नारी, लेखक—रतन लाल बंसल
42. लेख—भारत में वेश्यावृत्ति, लेखक—मोहनसिंह सेंगर, जुलाई व अगस्त सन् 1959
43. लेख—गरुड़ पुराण (जिस का पाठ कराने मात्र से मृतात्मा के लिए स्वर्ग का दरवाजा खुल जाता है।)
लेखक—सतीश दुबे, 15 जून, सन् 1965
44. लेख—श्रीमद्भागवत (अविश्वसनीय प्रसंगों का धार्मिक एलबम)
लेखक—गंगा सहाय 'प्रेमी', जुलाई (प्रथम), 1968 से उद्धृत
45. लेख—कृष्ण नीति: हमारा नैतिक पतन, लेखक—रामेश्वराचार्य शास्त्री, सितम्बर, 1954
46. लेख—कामायनी (अध्यात्म की अन्धी घाटियों में भटका कर पीढ़ियों को पथभ्रष्ट करनेवाली युग की तथाकथित श्रेष्ठ रचना)
लेखक—सुदर्शन चोपड़ा, दिसम्बर (द्वितीय) 1968 के अंक से उद्धृत
47. लेख—जन्तर—तंत्र-मंत्र, लेखक—अनन्तराम दुबे 'प्रभात', 1 दिसम्बर, 1965
48. पुरोहितवाद (रतनलाल बंसल)
49. ज्ञान की कसौटी पर परलोकवाद (मन्मथनाथ गुप्त)
50. राम-कथा व सीता-चरित्र (रामशरण सिंह)
51. सत्यनारायण वृत-कथा (हंसराज भटनागर)
52. जीवन का स्थानी स्वभाव भ्रष्टाचार (सखाबोरड़)
53. भारतीय नारी (रतनलाल बंसल)

['सरिता' के विरुद्ध मान-हानि का मुकदमा, मध्य प्रदेश, उच्च न्यायालय के न्यायाधीश श्री एच.आर. कृष्णन का फैसला दिनांक : 29.7.64 ई. आपराधिक पुनरीक्षण क्रमांक 151 सन् 1963 ई.। नाम अभियुक्त—विश्वनाथ पुत्र श्री अमरनाथ बनाम परिवादी—कन्हैयालाल पुत्र श्री जगन्नाथ खादीवाला, इन्दौर, सी.टी., एम.बी.एच.(3)—5]

अशोक पुस्तकालय

आजन्म डिस्पैच - रजिस्टर (जावक रजिस्टर)

बीजक नम्बर

1/01.01.61	डॉ. कन्हैया लाल, मुन्ना लाल का चौराहा, पो.—गाड़ीपुरा, शाहजहाँपुर, कानपुर, उत्तर प्रदेश
2/12.02.61	श्री इन्द्रपाल गौतम, 85/139, लक्ष्मी पूर्वा, कानपुर-3, उ.प्र.
3/18.02.61	श्री मोहन लाल कटियार, गौरीकरन, शाहजहाँपुर, कानपुर, उ.प्र.
4/24.02.61	श्री छेदी लाल 'साथी' सम्पादक *बहुजन*, ए-435, इन्दिरा नगर, लखनऊ, उ.प्र., बशरह नं. 257, 0.06
5/17.03.61	श्री रामबचन यादव (एडवोकेट), कलेक्ट्रेट, जिला—आजमगढ़, उत्तर प्रदेश
6/22.03.61	श्री धनई सिंह यादव (एडवोकेट), कलेक्ट्रेट, जिला—आजमगढ़, उत्तर प्रदेश
7/22.05.61	श्री राम दुलारे, ग्राम—चौरा बनगवाँ, बस्ती, उत्तर प्रदेश
8/11.07.61	सिद्धार्थ वाचनालय, भीमनगर, सहावर गेट, कासगंज, एटा, उत्तर प्रदेश
9/13.08.61	श्री रामाश्रय यादव, गाँव—देवरामपुर, पोस्ट—घनश्याम, जिला—जौनपुर, उ.प्र.
10/10.09.61	डॉ. बद्री प्रसाद सिंह, शेखपुरा, कचहरी रोड, जिला—जौनपुर, उ.प्र.
11/11.11.61	श्री रणबीर सिंह, गाँव व पोस्ट—पबई, विदिशा, मध्य प्रदेश
12/01.02.62	श्री हीरालाल सिसौदिया, मोहल्ला—किशनपुरा, वहासी रोड, उज्जैन, 10 कॉपी *सच्ची रामायण* दिया, 20% कमीशन के हिसाब से।

13/01.03.62	डॉ. सुनील राम कुरील, ग्रा + पो.—जसवन्त नगर, इटावा
14/06.05.62	बाबू राम वर्मा, ग्रा + पो.—अमरौली सुमाली, बस्ती, उत्तर प्रदेश
15/01.08.62	श्री रामस्वरूप, ग्रा + पो.—विलावाँ, जिला—जालौन, उत्तर प्रदेश
16/01.10.62	श्री दूच्छाराम यादव, अशोक डेयरी, मॉडल टाउन, जी.टी. रोड, मेरठ, उ.प्र.
17/08.01.63	श्री बंसीलाल, ग्राम-सेवक, ग्रा + पो.—असोथर, फतेहपुर, उ.प्र.
18/23.01.63	श्री जे. कांशीराम, अजुहा, इलाहाबाद, उत्तर प्रदेश
19/12.03.63	श्री लाल दास, गोराबाजार (लालकुर्ती), चुँगी चौकी, रायबरेली, उत्तर प्रदेश
20/03.05.63	श्री फूलचन्द, ग्राम—चन्द्रनगर, कॉलोनी नं. 5, पो.—चन्दिया हजार, जिला—पीलीभीत, उ.प्र.
21/01.06.63	श्री रामप्रकाश कटियार, ग्राम एवं पोस्ट—बहादुर नगर, जिला—रायबरेली, उत्तर प्रदेश
22/11.07.63	श्री बाबू प्रसाद, ईसापुर, चमियानी, जिला—उन्नाव, उत्तर प्रदेश
23/01.08.63	श्री जिउन, शूपेपार बस स्टैंड के पास, कसपा
24/24.08.63	श्री हीरा लाल सिसौदिया, मोहल्ला—किशनपुर, वहासी रोड, उज्जैन, मध्य प्रदेश
25/01.08.63	श्री अंगदेव भगवान राव खौरमोडे, 147-ए, हिन्दू कॉलोनी, दादर, बम्बई-14
27/01.10.63	श्री शिवराम सिंह, गाजीपुर, उत्तर प्रदेश

अन्तर्राष्ट्रीय पते

28/07.01.64	Utakuhn Ham-burg - K.L. Filottbrak Holdeebinst - 6, Germany, Europe.
29/08.01.64	CHARLES W. SHITH C/O BANK OF NEW ZEALAND
30/09.01.64	1, QUEEN VICTORIA ST, LONDON, EC4, ENGLAND
31/10.01.64	KABELLE DUTILEUL 9-RUE DES PINS BOULOGNE / SEINE SEINE FRANCE
32/10.1.64	श्री विट्ठल भाई जे. पटेल, बैरिस्टर एट लॉ, जन्म नडियाड, 27 सितम्बर, सन् 1873 ई.। मृत्यु—ग्लांड स्विट्जरलैंड, 22 अक्टूबर, सन् 1933, जार्ज पंचम (19.05..6) प्रिन्स ऑफ बेताल, वाया आर्य फैरोजी M.P. (सन् 1892 ई.—सन् 1995 ई.)
33/10.01.64	Rajendra Kumar Anand,1536, Oceans Road, Delhi-110006.

34/01-01-62 21847 INSTA, Nand Numbering Machine, Manufactured by Instruments and Appartus Pvt. Ltd., Mdras, Tamilnaadu.

35/01-01-63 Cannemera Public Library Egmora, Madras-8 Tamilnadu.

राष्ट्रीय पते

1/12.01.64 श्री राम आसरे बौद्ध, सी.एस.के. एअरफोर्स, नई बस्ती, उत्तर प्रदेश, मनौरी इलाहाबाद/25, 25 पन्ना नं. 4 पर जमा (बाहर के रहने वाले हैं)

2/14.01.64 श्री लखनलाल, टिकट कलेक्टर, 4/2, नगर महापालिका कॉलोनी, (नगर महापालिका मार्केट के पीछे), लीडर रोड, इलाहाबाद, 25 + 25, 25 + 25 जमा पन्ना नं. 4 (बाहर के रहने वाले हैं।)

3/10.02.64 श्री एस.के. विक्रम, सी.एस.के. एअरफोर्स, नई बस्ती, उत्तर प्रदेश, मनौरी, इलाहाबाद, 25, 25 जमा पन्ना नं. 4 (बाहर के रहने वाले हैं।)

4/14.02.64 श्री राजाराम दोहरे, गाँव—मौहई, पोस्ट—नुनारी कानपुर, 25, 25 जमा पन्ना नं. 4 (इलाहाबाद में सरकारी नौकर हैं।)

5/14.02.64 श्री चैयालाल, सी.एस.के. एअरफोर्स, नई बस्ती, उत्तर प्रदेश, मनौरी, इलाहाबाद, 10, 10 जमा पन्ना नं. 4 (बाहर के रहने वाले हैं।)

6/15.02.64 श्री रामखेलावन, सुपरवाइजर, 23 ऊँटखाना, इलाहाबाद, 25, 25 जमा पन्ना नं. 4 + 28 ग और 30 ब।

7/15.02.64 श्री मोहन लाल, मोहल्ला—पकड़िया, पीलीभीत, पत्र 850/5.12.72। कई पत्र डाले—जवाब नदारद। बशरह नं. 17

8/18.02.64 डॉ. बद्रीनाथ यादव, प्राइवेट अस्पताल, मोहल्ला—शेखपुरा, कचहेरी रोड, जौनपुर, पत्र 849/5.12.70। मित्रों को दे दी। उन्होंने खो दीं। आदमी ठीक हैं—मगर यह उनकी लापरवाही है।

9/18.02.64 श्री मोतीलाल बौद्ध, गाँव—अमौली कुर्मियान, पोस्ट—सिकन्दरा, कानपुर, 15, 15 जमा पन्ना नं. 4, तत्पश्चात श्री बाबूराम यादव

10/18.02.64 श्री राजाराम यादव, एडवोकेट हाई कोर्ट, 227, सोहबलिया बाग, रौजा के पीछे, राज्य-इलाहाबाद (उत्तर प्रदेश)

11/19.02.64	श्री बनवारी लाल यादव, एडवोकेट, 578, मम्फोर्डगंज, डॉ. निगम साहब के चौराहा के पास, राज्य—इलाहाबाद (उत्तर प्रदेश)
12/25.02.64	श्री जयपाल सिंह कश्यप, एडवोकेट हाई कोर्ट (नए हाई कोर्ट के सामने) 1, महात्मा गांधी मार्ग, इलाहाबाद (उत्तर प्रदेश)
13/28.02.64	श्री पोस्ट मास्टर जनरल साहब, लखनऊ (उत्तर प्रदेश)
14/05.03.64	श्री हलमुद्दीन राहत मौलाई, एडवोकेट, एम.एल.ए. (डिस्ट्रिक्ट—मुरादाबाद, उत्तर प्रदेश)
15/06.03.64	श्री शमीम आलम, एडवोकेट, एम.एल.ए., जीन्द जंक्शन, एन.आर. डिस्ट्रिक्ट—जीन्द (पंजाब)
16/06.03.64	श्री रामकरण चौधरी, स्टेब्लिशमेंट डी.ओ. भारतीय जीवन बीमा निगम, मोठ भीलपुर, डिस्ट्रिक्ट—वाराणसी (उत्तर प्रदेश)
17/11.03.64	श्री मान सिंह (एक्स-एम.एल.ए., नंगला लटूरी सिंह, पोस्ट—आगरा (उत्तर प्रदेश)
18/15.03.64	श्री संघप्रिय गौतम, एडवोकेट,स 614, सिविल लाइन्स, डिस्ट्रिक्ट—बुलन्दशहर (उत्तर प्रदेश)
19/15.03.64	श्री बनवारी लाल यादव, एडवोकेट, हाई कोर्ट, 578, मम्फोर्ड गंज, नियर-चौराहा डाक्टर निगम साहब), डिस्ट्रिक्ट—इलाहाबाद (उत्तर प्रदेश)
20/20.03.64	श्री सम्पादक *दैनिक जागरण*, जिला—कानपुर (उत्तर प्रदेश)
21/08.04.64	श्री छेदीलाल साथी, एडवोकेट (एम.एल.सी.), 48, कन्धारी बाजार, लखनऊ (उत्तर प्रदेश)
22/08.04.64	श्री बी.बी. मौर्य, एम.पी., 20 विंडसर प्लेस, नई दिल्ली
23/18.04.64	श्री चन्द्रपाल शैलानी, एम.पी., बंगला नं. 3 व 5, नार्थ एवेन्यू, नई दिल्ली
24/19.04.64	श्री चन्द्रिका प्रसाद 'जिज्ञासु', 360/193, मातादीन रोड, सआदतगंज, लखनऊ (उत्तर प्रदेश)
25/20.04.64	श्री डी.आर. जाटव, एम.ए., पीएच.डी., प्रोफेसर राजकीय विश्वविद्यालय, श्रीगंगानगर (राजस्थान)
26/26.04.64	श्री लाहौरीराम 'बाली', सम्पादक—*भीम पत्रिका*, नकोदर रोड, पोस्ट—जालन्धर (पंजाब)
27/17.06.64	श्री पोस्ट मास्टर, जनरल साहब, उत्तर प्रदेश, लखनऊ (उत्तर प्रदेश)
28/18.06.64	श्री सब-पोस्ट मास्टर साहब, पो.—झींझक, जिला—कानपुर (उत्तर प्रदेश) पिन-209302

29/19.06.64	श्री ठाकुर लल्ला बाबू, पो.—झींझक, जिला—कानपुर (उत्तर प्रदेश)
30/20.06.64	श्री प्रवण अधीक्षक डाकघर, कानपुर, प्रखंड, जिला कानपुर (उत्तर प्रदेश)
31/20.06.64	श्री मोहन लाल, अध्यक्ष, श्री जगन्नाथ प्रसाद मंत्री अखिल भारतीय डॉ. अम्बेडकर सेवा संघ, 25 बी, रफीअहमद किदवई रोड, कलकत्ता, 16 (बंगाल)
32/22.06.64	श्रीमान मिनिस्टर साहेब जेल विभाग, मध्य प्रदेश, जिला—भोपाल (मध्य प्रदेश)
33/22.06.64	श्रीमान महानिरीक्षक साहब, मध्य प्रदेश सरकार, जिला—भोपाल (एम.पी.)
34/24.06.64	श्रीमान व्यवस्थापक महोदय, वैदिक साहित्य प्रकाशन, ग्राम व पोस्ट—कासंगज, जिला—एटा (उत्तर प्रदेश)
35/27.06.64	श्री सब पोस्ट मास्टर साहेब, पोस्ट—झींझक, जिला—कानपुर (उत्तर प्रदेश)
56/30.06.64	श्री पोस्ट—मास्टर जनरल साहेब, लखनऊ (उत्तर प्रदेश)
37/30.06.64	श्री आचार्य डॉ. श्रीराम आर्य, वैदिक साहित्य प्रकाशन, पोस्ट—कासगंज, कानपुर (उत्तर प्रदेश)
38/30.06.64	श्री जगदीश प्रसाद शर्मा, असिस्टेंट लायब्रेरियन, भारतीय राष्ट्रीय अभिलेखागार, जनपथ, नई दिल्ली-110001
39/30.06.64	श्री शिवनारायण सिंह उत्तम, 3/122, विष्णुपुरी, नवाबगंज, कानपुर-2 (उत्तर प्रदेश)
40/30.06.64	श्री मैनेजर डॉ. अम्बेडकर बुक डिपो, ऊँट खाना चौक, मेडिकल रोड, नागपुर-2 (महाराष्ट्र)
41/01.07.64	श्री विश्वनाथ, मालिक-दिल्ली बुक कम्पनी, एम/92, कनाट सरकस, नई दिल्ली
42/01.07.64	श्री व्यवस्थापक हिन्द पॉकेट बुक्स प्राइवेट लिमिटेड, जी.टी. रोड, शाहदरा, दिल्ली-110032
43/01.07.64	श्री राष्ट्रपति महोदय, भारत सरकार नई दिल्ली
44/03.07.64	श्री मैनेजर साहब, पंजाब नेशनल बैंक, हेडऑफिस पार्लियामेंट स्ट्रीट, नई दिल्ली
45/05.07.64	श्री मैनेजर साहेब, रिजर्व बैंक ऑफ इंडिया, हेडऑफिस, नई दिल्ली
46/11.07.64	श्रीमान अधीक्षक डाकघर कानपुर, मुफस्सिल प्रखंड, कानपुर-209001 (उत्तर प्रदेश)

47/18.07.64 श्रीमान अधीक्षक महोदय डाकविभाग, कानपुर, मुफस्सिल, प्रखंड, जिला—कानपुर-208001

48/19.07.64 श्री सब-पोस्ट मास्टर साहेब, पोस्ट—माड़ीपुर, जिला—देवरिया

49/15.09.64 श्रीमान प्रताप सिंह यादव (एम.ए.), 84/146, श्रीकृष्णा ज्ञान मन्दिर, कारवालो नगर, कानपुर-3 से किताबें प्राप्त कर लें। डिस्पेच नं. 2953, 2954, 2955 के थोक में 35 : कमीशन पर किताबें दे देवें।

50/19.10.64 12 मद्रास (तमिलनाडु), पेरियार सेल्फ रिस्पेक्ट प्रोपेगंडा इंस्टीट्यूच, 50, ई.वी.के, समपथ रोड, वेपेरी, मद्रास-600007

51/19.10.64 *दी रामायण : अ ट्रू रीडिंग* बाई पेरियार ई.वी. रामास्वामी

52/25.10.64 रजिस्ट्रेशन नं. एस-17809, रिफ्रेन्स नं. बामसेफ, 16 नवम्बर, 1969 एन.सी./89, दिल्ली, कन्वेंशन, दिनांक : 10,11,12-12/89, बेगम हजरत महल पार्क।

72/26.10.64 श्रद्धेय मूलचन्द भेजन वाले बाबा, मार्फत मोंडली बुद्ध विहार दलित बस्ती, गली बुद्ध विहार, पोस्ट—खिचड़ीपुर, दिल्ली। गाजियाबाद से बस नं. 6, 2 कल्याणपुरी-नोएडा जाती है। लाल किला से बस नं. 301 जाती है। पुरानी दिल्ली से बस नं. 09 जाती है।

आजन्म जावक रजिस्टर (डिस्पैच-रजिस्टर)

अशोक पुस्तकालय

झींझक, जिला—कानपुर

दिनांक : 01.01.66 ई. से 31.12.66 ई. तक

1/1.1.66 श्री डॉ. सर्वपल्ली राधाकृष्णन, राष्ट्रपति भारत सरकार, नई दिल्ली, ऑल इंडिया बैकवर्ड क्लास कमीशन रिपोर्ट 1956 वाली शीघ्र लागू की जाए—अन्यथा 1.4.66 में भूख हड़ताल, 0.75 रजि.

2/1.1.66 श्री लाल बहादुर शास्त्री, प्रधानमंत्री, नई दिल्ली, ऑल इंडिया बैकवर्ड क्लास कमीशन रिपोर्ट 1956 वाली शीघ्र लागू की जाए—अन्यथा 1.4.66 में भूख हड़ताल, 0.75 रजि. दर्ज किया जाता है।

3/1.1.66 श्री अध्यक्ष अखिल भारतीय कांग्रेस कमेटी, जन्तर-मन्तर रोड, नई दिल्ली, ऑल इंडिया बैकवर्ड क्लास कमीशन रिपोर्ट 1956 वाली शीघ्र लागू की जाए—अन्यथा 1.4.66 में भूख हड़ताल, 0.75 रजि.

4/1.1.66	श्री अध्यक्ष अखिल भारतीय कांग्रेस कमेटी पिछड़ा वर्ग संघ, 15 कर्जन लेन, नई दिल्ली, ऑल इंडिया बैकवर्ड क्लास कमीशन रिपोर्ट 1956 वाली शीघ्र लागू की जाए—अन्यथा 1.4.66 में भूख हड़ताल, 0.75 रजि.
5/1.1.66	श्री दुखीराम सदस्य म्युनिसिपैलिटी, मोहल्ला—बैरिहवा, पोस्ट—गांधी नगर, बस्ती, उ.प्र.
6/1.1.66	हकीम अब्दुल रहीम, गाँव—धनपुर, पोस्ट—तहफापुर, मेरठ, उ.प्र.
7/1.1.66	श्री बहुता देवी पर्वाहकर्ता, सरजू प्रसाद, अशोक होटल, बेतिया हाना, गोरखपुर, उ.प्र.
8/1.1.66	भगवान दास कटरा, मुनारान, वीपीओ—फिरोजाबाद, आगरा
9/1.1.66	श्री गोपीचन्द पिपल, औलिया रोड, आगरा
10/1.1.66	श्री विश्वंभर सहाय, 119, होराम नगर, मेरठ
11/1.1.66	श्री वजीर अहमद अंसारी, प्रतापगढ़, उ.प्र.
12/1.1.66	श्री मुंशी मनफूल सिंह, गाँव—रामपुर, पोस्ट—मेवाना कला, मेरठ
13/1.1.66	श्री श्याम लाल, गाँव—डारीडिहा, पोस्ट—सदर गांधी नगर (दफ्तरी शुगर फैक्ट्री), बस्ती
14/1.1.66	श्री सीताराम विशारद, बी-5/210, अवधगर्बी, वाराणसी
15/1.1.66	श्री प्रसिद्ध नारायण यादव, श्री केदारनाथ यादव, वाराणसी
16/1.1.66	श्री रामस्वरूप सोनकर, 210, कसियारी मंडी, वाल्दा रोड, लखनऊ
17/1.1.66	श्री श्याम लाल वर्मा एडवोकेट, वीपीओ—उरई, जालौन
18/1.1.66	श्री बनवारी लाल शेरपुर, वीपीओ—कोतवाली, बिजनौर
19/1.1.66	श्री त्रिवेणी प्रसादवाल, 85 तिलपूर्वा, (राम मन्दिर के पास), हुसेनगंज, लखनऊ
20/1.4.66	श्री डॉ. सर्वपल्ली राधाकृष्णन, राष्ट्रपति भारत सरकार, नई दिल्ली, वापस मिले पत्र नं. 1/1.4.66, 21/19.4.66, 31/21.4.66, इंडिया बैकवर्ड क्लास कमीशन रिपोर्ट 1956 लागू न करने के कारण भूख हड़ताल प्रारम्भ।
21/1.4.66	श्रीमती इन्दिरा गांधी प्रधानमंत्री भारत सरकार, नई दिल्ली, वापस मिले पत्र नं. 1/1.4.66, 21/19.4.66, 31/21.4.66, इंडिया बैकवर्ड क्लास कमीशन रिपोर्ट 1956 लागू न करने के कारण भूख हड़ताल प्रारम्भ।
22/1.4.66	श्री अध्यक्ष महोदय, अखिल भारतीय कांग्रेस कमेटी जन्तर-मन्तर रोड, नई दिल्ली, वापस मिले पत्र नं. 1/1.4.66, 21/19.4.66,

31/21.4.66, इंडिया बैकवर्ड क्लास कमीशन रिपोर्ट 1956 लागू न करने के कारण भूख हड़ताल प्रारम्भ।

23/1.4.66 श्री अध्यक्ष महोदय, अखिल भारतीय पिछड़ा वर्ग संघ, 15, कर्जन लेन, नई दिल्ली, वापस मिले पत्र नं. 1/1.4.66, 21/19.4.66, 31/21.4.66, इंडिया बैकवर्ड क्लास कमीशन रिपोर्ट 1956 लागू न करने के कारण भूख हड़ताल प्रारम्भ।

24/1.4.66 श्री गुलजारी लाल नन्दा, महामंत्री भारत सरकार, नई दिल्ली, वापस मिले पत्र नं. 1/1.4.66, 21/19.4.66, 31/21.4.66, इंडिया बैकवर्ड क्लास कमीशन रिपोर्ट 1956 लागू न करने के कारण भूख हड़ताल प्रारम्भ।

25/1.4.66 श्री छेदीलाल साथी, एडवोकेट, एम.एल.सी., कन्धारी बाजार, लखनऊ, वापस मिले पत्र नं. 1/1.4.66, 21/19.4.66, 31/21.4.66, इंडिया बैकवर्ड क्लास कमीशन रिपोर्ट 1956 लागू न करने के कारण भूख हड़ताल प्रारम्भ।

26/1.4.66 श्री डॉक्टर कन्हैयालाल, गाड़ीपुर चिमकुनी, पुत्तूलाल का चौराहा, शाहजहाँपुर सिटी, उत्तर प्रदेश, वापस मिले पत्र नं. 1/1.4.66, 21/19.4.66, 31/21.4.66, इंडिया बैकवर्ड क्लास कमीशन रिपोर्ट 1956 लागू न करने के कारण भूख हड़ताल प्रारम्भ।

27/1.4.66 मो. हलीमुद्दीन राहत मौलाई एम.एल.ए., डहरिया, मुरादाबाद सिटी, उत्तर प्रदेश, वापस मिले पत्र नं. 1/1.4.66, 21/19.4.66, 31/21.4.66, इंडिया बैकवर्ड क्लास कमीशन रिपोर्ट 1956 लागू न करने के कारण भूख हड़ताल प्रारम्भ।

28/1.4.66 श्री जयपाल सिंह कश्यप, एडवोकेट, बदायूँ सिटी, उत्तर प्रदेश, वापस मिले पत्र नं. 1/1.4.66, 21/19.4.66, 31/21.4.66, इंडिया बैकवर्ड क्लास कमीशन रिपोर्ट 1956 लागू न करने के कारण भूख हड़ताल प्रारम्भ।

29/1.4.66 श्री शिवनारायण साहू, 88/18, प्रेम नगर, कानपुर, बशरह नं. 91/1.4.66

30/1.4.66 श्री शंकर लाल शमी, एडवोकेट, बुलन्दशहर सिटी, बशरह नं. 91/1.4.66

31/1.4.66 श्री बल्देव सिंह गौड़, कानपुर, बशरह नं. 91/1.4 66

32/1.4.66 श्री सरजू प्रसाद होटल, गोरखपुर, बशरह नं. 91/1.4.66

33/1.4.66 श्री माधोराम जौहर, सिविल लाइन, हरदोई, कानपुर, बशरह नं. 91/1.4.66

43/1.4.66 श्री हुब्बलाल आजाद, आदर्श प्रिंटिंग प्रेस, झींझक, कानपुर, बशरह नं. 91/1.4.66

35/1.4.66 श्री रामेश्वर दयाल निषाद, गाँव—अनन्तपुर, पोस्ट—दौलतपुर, जिला—इटावा, बशरह नं. 91/1.4.66

36/1.4.66 श्री श्यामलाल, एम.ए., एम.एल.ए., 138-ए, दारुलशफा, लखनऊ सिटी, बशरह नं. 91/1.4.66

37/2.4.66 श्री हुब्बलाल आजाद, आदर्श प्रिंटिंग प्रेस, झींझक, जिला—कानपुर, बशरह नं. 91/1.4.66

38/2.4.66 श्री सुगना देवी का आश्रम, गाँव—मुड़ेना रूपसाह, पोस्ट—अहेरिपुर, जिला—इटावा, श्री प्रेमचन्द ने आज से ओर श्री ललई सिंह यादव ने दिनांक : 1.4.66 से भूख हड़ताल प्रारम्भ कर दी है।

39/21.4.66 श्री सम्पादक जी, *हिन्दुस्तान,* दिल्ली, श्री ललई सिंह यादव एवं श्री प्रेमचन्द ने भूख हड़ताल समाप्त की, शासन ने शिक्षा में जातीय आधार पर ही केवल पिछड़ा माना। शिक्षा में आरक्षण और बैकवर्ड छात्रों को छात्रवृत्ति देने का आश्वासन दिया।

40/1.4.66 श्री सम्पादक जी, *नवभारत टाइम्स,* दिल्ली श्री ललई सिंह यादव एवं श्री प्रेमचन्द ने भूख हड़ताल समाप्त की, शासन ने शिक्षा में जातीय आधार पर ही केवल पिछड़ा माना।

41/1.4.66 श्री सम्पादक जी, *दैनिक अर्जुन,* दिल्ली श्री ललई सिंह यादव एवं श्री प्रेमचन्द ने भूख हड़ताल समाप्त की, शासन ने शिक्षा में जातीय आधार पर ही केवल पिछड़ा माना।

42/21.4.66 श्री सम्पादक जी, *आज,* बनारस श्री ललई सिंह यादव एवं श्री प्रेमचन्द ने भूख हड़ताल समाप्त की, शासन ने शिक्षा में जातीय आधार पर ही केवल पिछड़ा माना।

43/21.4.66 श्री सम्पादक जी, *सयासत,* कानपुर, श्री ललई सिंह यादव एवं श्री प्रेमचन्द ने भूख हड़ताल समाप्त की, शासन ने शिक्षा में जातीय आधार पर ही केवल पिछड़ा माना।

44/21.4.66 श्री सम्पादक जी, *दैनिक जागरण,* कानपुर, श्री ललई सिंह यादव एवं श्री प्रेमचन्द ने भूख हड़ताल समाप्त की, शासन ने शिक्षा में जातीय आधार पर ही केवल पिछड़ा माना।

45/21.4.66 श्री सम्पादक जी, *स्वतंत्र भारत,* लखनऊ, श्री ललई सिंह यादव एवं श्री प्रेमचन्द ने भूख हड़ताल समाप्त की, शासन ने शिक्षा में जातीय आधार पर ही केवल पिछड़ा माना।

46/1.4.66 श्री सम्पादक जी, *नवजीवन*, लखनऊ, श्री ललई सिंह यादव एवं श्री प्रेमचन्द ने भूख हड़ताल समाप्त की, शासन ने शिक्षा में जातीय आधार पर ही केवल पिछड़ा माना।

47/1.4.66 श्री सम्पादक जी, *कौमी आवाज*, लखनऊ, श्री ललई सिंह यादव एवं श्री प्रेमचन्द ने भूख हड़ताल समाप्त की, शासन ने शिक्षा में जातीय आधार पर ही केवल पिछड़ा माना।

48/21.4.66 श्री सम्पादक जी, *पूर्वी जिले*, बस्ती, श्री ललई सिंह यादव एवं श्री प्रेमचन्द ने भूख हड़ताल समाप्त की, शासन ने शिक्षा में जातीय आधार पर ही केवल पिछड़ा माना।

49/21.4.66 श्री सम्पादक जी, *जमीं के तारे*, मदार गेट, अलीगढ़, बशरह नं. 91/1.4.66 श्री ललई सिंह यादव एवं श्री प्रेमचन्द ने भूख हड़ताल समाप्त की, शासन ने शिक्षा में जातीय आधार पर ही केवल पिछड़ा माना।

50/21.4.66 श्री सम्पादक जी, *भीम पत्रिका*, जालन्धर (पंजाब), बशरह नं. 121/21.4.66

51/21.4.66 श्री सम्पादक जी, *प्रबुद्ध भारत*, बुद्ध भूषण प्रिंटिंग प्रेस, गोकुलदास पाश्ता रोड, बम्बई, बशरह नं. 121/21.4.66

52/21.4.66 श्री सम्पादक जी, *नवभारत टाईम्स*, नई दिल्ली, बशरह नं. 121/21.4.66

53/21.4.66 श्री सम्पादक जी, *वीर अर्जुन*, नई दिल्ली, बशरह नं. 121/21.4.66

54/21.4.66 श्री सम्पादक जी, *कौमी आवाज*, लखनऊ, बशरह नं. 121/21.4.66

55/21.4.66 श्री सम्पादक जी, *नवजीवन*, लखनऊ, बशरह नं. 121/21.4.66

56/21.4.66 श्री सम्पादक जी, *स्वतंत्र भारत*, लखनऊ, बशरह नं. 121/21.4.66

57/21.4.66 श्री सम्पादक जी, *अमर उजाला*, आगरा, बशरह नं. 121/21.4.66

58/17.5.66 श्री संयोजक अखिल भारतीय स्वतंत्रता संग्राम सैनिक संघ, 8 फायर ब्रिगेड लाइन, नई दिल्ली, राजनीतिक पीड़ित ललई सिंह यादव को माने जाने के बाबत/23.5.66

59/23.5.66 श्री आत्माराम एंड संस, दिल्ली-6, 27.5.66 सूची पत्र भेजें।

60/23.5.66 श्री व्यवस्थापक जी, घरेलू लायब्रेरी जी.टी. रोड, दिल्ली-32, 27.5.66, सूची पत्र भेजें।

61/23.5.66 श्री व्यवस्थापक जी, किताब महल गवर्नमेंट ऑफ इंडिया किताब पब्लिकेशन इम्पोरियम जनपथ, नई दिल्ली, 27.5.66, सूची पत्र भेजें।

62/23.5.66 श्री चन्द्रिका प्रसाद 'जिज्ञासु', हिन्दू समाज सुधार कार्यालय, सआदत गंज, लखनऊ, 12.6.66, मुताबित लिस्ट, पुस्तकें भेजें।

63/23.5.66 श्री महेन्द्र यादव, जय हिन्द चबूतरा, 53/23, उदयगंज, लखनऊ, साधारण

64/28.5.66 श्री बाबूराम जाटव, गाँव—श्री राम पूर्वा, पोस्ट—भदौसी, जिला—फर्रुखाबाद, दो रुपये पेशगी भेजें। तभी पुस्तकें भेजी जावेंगी।

65/28.5.66 श्री रामबिलास भारतीय, गाँव—सरस्वाह, पोस्ट—गिरवाँ, पोस्ट—बाँदा, उत्तर प्रदेश, दो रुपये पेशगी भेजें। तभी पुस्तकें भेजी जावेंगी।

66/28.5.66 श्री सीताराम साधो, भूतपूर्व एम.एल.ए., गाँव—खरगोन, पोस्ट—मंडलेश्वर, जिला—निमाड, मध्य प्रदेश, दो रुपये पेशगी भेजें। तभी पुस्तकें भेजी जावेंगी।

67/28.5.66 श्री नन्दराम अम्बादे, टेलर बर्ड मंगलवारी, वीपीओ—रामटेक, जिला—नागपुर, मध्य प्रदेश, 23.6.66, दो रुपये पेशगी भेजें। तभी पुस्तकें भेजी जावेंगी।

68/28.5.66 श्री रामचन्द्र मधुर, संगठित बौद्ध कीर्तन मंडल, वीपीओ—तितरौवा, राज्य—मेरठ, उत्तर प्रदेश, दो रुपये पेशगी भेजें। तभी पुस्तकें भेजी जावेंगी। .06

69/28.5.66 श्री बालकृष्ण भारतीय, मुहल्ला झिंजई, पोस्ट—चौकमंडी, जिला—शाहजहाँपुर, मध्य प्रदेश, दो रुपये पेशगी भेजें। तभी पुस्तकें भेजी जावेंगी। .06

70/28.5.66 श्री दुर्गा मुर्मू, प्रखंड विकास कार्यालय, गाँव—मेहा, पोस्ट—ईशिपुर, जिला—भागलपुर, बिहार, दो रुपये पेशगी भेजें। तभी पुस्तकें भेजी जावेंगी। .06

71/28.5.66 श्री छगन लाल डी. रानाडे, पंच कुटीर, वीपीओ—जस सौराष्ट्र, गुजरात, दो रुपये पेशगी भेजें। तभी पुस्तकें भेजी जावेंगी। .06

72/4.6.66 श्री व्यवस्थापक महोदय आत्माराम एंड संस, दिल्ली, 30.6.66, श्री कनेडी के भाषण भेजें। कीमत दो रुपए, 0.06

73/4.6.66 श्री मोहन सिंह सेंगर, आकाशवाणी, नई दिल्ली, 30.6.66, धन्यवाद *सरिता* के लेख बाबत, रिप्रिंट लेख (वेश्यावृत्ति वाला) भेजें। 0.06

74/4.6.66 श्री सूचना विभाग, भारत सरकार, नई दिल्ली, 1.7.66, सर्वाधिकार सुरक्षित पुस्तक के लिए नियमावली भेजें, 0.30

75/4.6.66 श्री सूचना विभाग, उत्तर प्रदेश, लखनऊ, सर्वाधिकार सुरक्षित पुस्तक के लिए नियमावली भेजें। 0.30

76/16.6.66 श्री मानसिंह बौद्ध, अम्बेडकर भवन, रानी झाँसी, नई दिल्ली, 15.7.66, किताबों के रुपये भेजें। 0.06

77/16.6.66 श्री बशरह नं. 135/17.5.66, राजनीतिक पीड़ित ललई सिंह यादव को माने जाने के बाबत। 0.06

78/17.6.66 श्री सन्तराम बी.ए., पुरानी बस्ती, वाया—बजवाड़ा, जिला—होशियारपुर (पंजाब), महाभारत का कार्यकाल क्या है। 0.12

79/17.6.66 श्री शंकरानन्द शास्त्री, 53, भारती नगर, नई दिल्ली-3, 22.6.66, महाभारत का कार्यकाल क्या है?, 0.12

80/17.6.66 श्री प्रेमचन्द द्वारा श्री सगुनादेवी का आश्रम, गाँव—मुड़ेनारु, श्री चन्द्रिका प्रसाद जी की ओर से पुस्तकें आ चुकी हैं। ले जाइए। 0.06

81/2.7.66 श्री रामचन्द्र वर्मा, 'साहित्य रत्नमाला' कार्यालय, काशी, सूचीपत्र भेजें, 0.06

82/2.7.66 श्री मैनेजर साहब, दिल्ली बुक कम्पनी, कनाट सरकस, नई दिल्ली, एम/12, 15.7.66, सूचीपत्र भेजें, 0.06

83/2.7.66 श्री मैनेजर साहब, भारती भंडार, लीडर प्रेस, प्रयाग, इलाहाबाद, 17.7.66, सूचीपत्र भेजें, 0.06

84/2.7.66 बशरह नं. 153/16.6.66, 15.7.66, किताबों के रुपये भेजें। 0.06

85/2.7.66 श्री प्रकाशन व्यवस्थापक, प्रकाशन शाखा, सिविल लाइन, दिल्ली-110006, 474/8.8.66, प्रतिलिपि अधिकार अधिनियम 1957 असाधारण गजेट 6.6.57 (भाग-2, अनुभाग-1) एवं प्रतिलिपि 0.10 अधिकार नियमावली 1958 असाधारण गजेट 21.7.58 (भाग-2, अनुभाग-3) की प्रतियाँ समूल्य भेजें।

86/2.7.66 श्री *जमीं के तारे*, दीप नगर, अलीगढ़, उत्तर प्रदेश, श्री गंगाराम चमार, अनन्तपुर, धौकल, पुलिस थाना, मंगलपुर की खबर दाएँ, 0.15

87/2.7.66 श्री श्याम लाल, एम.ए., एम.एल.ए., 138-ए, दारुलशर, लखनऊ, श्री गंगाराम चमार, अनन्तपुर, धौकल, पुलिस थाना, मंगलपुर की खबर दाएँ, 0.15

88/2.7.66 श्री डॉक्टर कन्हैयालाल, गाड़ीपुरा चिमकुनी, पुत्तलाल चौराहा, शाहजहाँपुर, उत्तर प्रदेश, भावी चुनाव की तैय्यारी श्री बी.एल. पथिक प्रारम्भ करें। 0.06

89/2.7.66 श्री व्यवस्थापक किताब महल, इलाहाबाद, 5.7.66, सूचीपत्र भेजें। 0.06

90/2.7.66 श्री माधोराम जौहर, सिविल लाइन, हरदोई सिटी-66, एजेंडा भिजवाएँ।...। 0.06

91/2.7.66 श्री गणेश प्रसाद कुशवाहा, वीपीओ—सरावन, जिला—जालौन, सन् 1965 का रेल किराया भेजें। 0.06

92/2.7.66 श्री मैनेजर साहब गीताप्रेस गोरखपुर, 4.7.66, सूचीपत्र भेजें। 0.06

93/2.7.66 श्री कनौजीलाल, हाथी खाना, फतेहगढ़, फर्रुखाबाद, कौन-कौन किस-किस क्लास में है। 0.06

94/15.7.66 श्री रजिस्ट्रार ऑफ कॉपी राइट, कॉपीराइट ऑफिस, नई दिल्ली, पाँच *धार्मिक डकैती वास्ते* कॉपीराइट, लेखक व प्रकाशक ललई सिंह यादव, अशोक पुस्तकालय, वीपीओ—झींझक, जिला—कानपुर, 1.85, नं. 83/17.7.66

95/15.7.66 श्री रजि. ऑफ कॉपीराइट, कॉपीराइट ऑफिस, नई दिल्ली, *पाँच राजनीतिक डकैती* (बशरह नं. 171/15.7.66) 1.85

96/15.7.66 *श्री रजि. ऑफ कॉपीराइट, कॉपीराइट ऑफिस, नई दिल्ली, पाँच राजनीतिक डकैती (बशरह नं. 171/15.7.66) 1.85*

97/15.7.66 श्री रजि. ऑफ कॉपीराइट, कॉपीराइट ऑफिस, नई दिल्ली, दो सूक्ष्म प्रूफ *वीर संत माया बलिदान* (नाटक) (बशरह नं. 171/15.7.66) 1.85

98/15.7.66 श्री रजि. ऑफ कॉपीराइट, कॉपीराइट ऑफिस, नई दिल्ली, दो सूक्ष्म प्रूफ नागयज्ञ (नाटक) (बशरह नं. 171/15.7.66) 1.85

99/15.7.66 श्री शमन सिंह बुकिंग क्लर्क खिड़की नं. 4, दिल्ली जंकशन, 1.7.66, ऑल इंडिया बैकवर्ड क्लास कमीशन रिपोर्ट 1956 नौ के तीन वाल्यूम लेते आवें, 0.06

100/15.7.66 श्री रामेश्वर निषाद, गाँव—अनन्तपुर, पोस्ट—दौलतपुर, जिला—इटावा, आज शाम को स्वत: मिलें। चुनाव की तैयारी प्रारम्भ करें। 0.06

101/15.7.66 श्री माधोराम जौहर, रिपब्लिकन सिविल लाइन, हरदोई, 2 अक्टूबर, 66 को कार्यकारिणी बुलावें। 0.06

102/15.7.66 श्री बल्देव सिंह गौड़ द्वारा श्री शिव नारायण साहू, 88/18, प्रेम नगर, कानपुर, 2 अक्टूबर, 66 को कार्यकारिणी बुलावें। 0.06

103/15.7.66 श्री हलीमुद्दीन राहत मौलाई, एम.एल.ए., उहरिया, मुरादाबाद, 2 अक्टूबर, 66 को कार्यकारिणी बुलावें। 0.06

104/15.7.66 श्री मैनेजर साहब हिन्दी साहित्य सम्मेलन, प्रयाग, इलाहाबाद, सूचीपत्र भेजें। 0.06

105/15.7.66 श्री छेदीलाल पांडया, मकान नं. 8215, ब्लॉक नं. 9, देवनगर, करोल बाग, दिल्ली, धन्यवाद *हिन्द के आदिनिवासी,* प्रथम भाग। द्वितीय भाग छपा या नहीं, लिखें। 0.30

106/20.7.66 श्री हलीमुद्दीन राहत मौलाई, एम.एल.ए., डहरिया, मुरादाबाद, सरक्यूलर भेजें, अजलाम मेम्बर साजी का हिसाब भेजें, आदि। 0.30

107/20.7.66 श्री चन्द्रजीत सिंह यादव, एडवोकेट, एम.एल.ए., बैरिक रॉयल होटल, लखनऊ। धन्यवाद! *बच्चों की शिक्षा-दीक्षा ठीक-टीक रखें।* 0.06

108/20.7.66 श्री कुं. रामदयाल सिंह, 'प्रताप प्रेस', जयेन्द्रगंज, लश्कर, ग्वालियर, मध्य प्रदेश, *राजपूत जगत* पत्रिका भेजा करें। यदि हो सके। मैं मजदूरी में आलोचना समय-समय पर दूँगा। 0.06

109/27.7.66 श्री शमन सिंह बुकिंग क्लर्क खिड़की नं.4, दिल्ली जंक्शन, वाल्यूम-3, लेते आवें। 0.06

110/27.7.66 श्री रजिस्ट्रार ऑफ कॉपीराइट्स, ऑफिस, नई दिल्ली, आज दस रुपये वाला मनी ऑर्डर वापस आया। अतः प्रार्थी अगली कार्यवाही क्या करें। लिखें। 15 + 15 = 30

111/27.7.66 श्री के.डी. मालवीय, एम.पी., 2 सफदरगंज लेन, नई दिल्ली, जा.नं. 135/17.5.66 का उत्तर भिजवावें। 0.92

112/29.7.66 श्री एम.एल. दीपक, *जमीं के तारे,* अलीगढ़, क्या 18.8.66 को केवल महाराष्ट्र रिपब्लिकन पार्टी ही कांग्रेस में विलय होगी या इंडिया रिपब्लिकन पार्टी भी। 0.92

113/30.7.66 श्री हलीमुद्दीन राहत मौलाई, एम.एल.ए., 56 रॉयल होटल, लखनऊ, *जमीं के तारे* 23.7.66 के अनुसार अटरेना, पी.एस. सरघना, मेरठ के जाटवों की लड़की, बहुओं की अस्मत को 15 ब्राह्मणों ने लूटा, वे वलीदपुरा भाग गए। ये खबर जरूर छापें। 0.10

114/30.7.66 श्री विश्वम्भर सहाय, सदस्य म्युनिसिपैलिटी, 19, होराम नगर, मेरठ, उपरोक्त मामले की जाँच रिपोर्ट की नकल। प्रश्न पूछें। मेरे पास व जावक नं. 190/30.7.66 के पास भेजें। 0.12

115/30.7.66 श्री भूपसिंह यादव, एम.एल.ए., गम्भीरपुरा, अलीगढ़ सिटी, बशरह नं. 190/30.7.66, 0.06

116/30.7.66 श्री रामभरोसे लाल, 16/530, ब्लॉक नं. 10-ए. परसादनगर, जावक नं. 162/2.7.66, 171/15.7.66, 135/17.5.66 की जानकारी दें। 0.12

117/30.7.66 श्री व्यवस्थापक महोदय, बैरिकन पब्लिकेशन डिवीजन, गवर्नमेंट ऑफ इंडिया, करजन रोड, नई दिल्ली, सूची पत्र भेजें। 0.06

118/30.7.66 श्री महेशदत्त मिश्रा, एम.पी., 22 वेस्टर्न कोर्ट, नई दिल्ली, जावक नं. 135/17.5.66 की जानकारी भेजें।

119/30.7.66 श्री व्यवस्थापक, इंडियन प्रेस पब्लिकेशंस लिमिटेड, प्रयाग, इलाहाबाद, सूची पत्र भेजें। 0.06

120/30.7.66 श्रीमान डी.एस. बागडे, सेक्रेटरी, एस.सी.एस. गर्ल्स हाई स्कूल, पाँच पावली, नागपुर-4, 7.12.64 का उत्तर, कुशल पत्र। 0.06

121/30.7.66 श्री श्याम सुन्दर लाल, टेलर मास्टर, 9/1, हरधन सिंह रोड, देव नगर, नई दिल्ली-5, 25.7.66, कुशल पत्र। 0.06

122/1.8.66 श्री बल्देव प्रसादजी, संसार प्रेस, वाराण्सी, सूची पत्र भेजें। 0.06

123/1.8.66 श्री शेख मुस्तसिरुल्ला खाँ, प्राइवेट दवाखाना, बनारसी बाग, लखनऊ सिटी, कुशल पत्र। 0.06

124/1.8.66 श्री धर्मबन्धु (पागल बाबा) पर्वाहकर्ता, श्री शिवराम अम्बाराम भाट पूर्वी दरवाजा, वीपीओ—चान सभा, पोस्ट—महेसाना, गुजरात, *मिलिंद प्रश्न* वी.पी. से भेजें। 0.12

125/3.8.66 श्री बाबूलाल वैद्य, पार्क के पास, खलासी लेन, कानपुर, कुल्लूक भट्ट की टीका वाली *मनुस्मृति* कहाँ मिलेगी? लिखें। 0.12

126/3.8.66 श्री शंकरानन्द शास्त्री, 53, भारती नगर, नई दिल्ली-3, कुल्लूक भट्ट की टीका वाली मनुस्मृति कहाँ मिलेगी? लिखें। 0.12

127/3.8.66 श्री भिक्षु जगदीश कश्यप, महाबोधि सोसाइटी, वीपीओ—सारनाथ, बनारस, मिलिन्द प्रश्न दुबारा छपा या नहीं। 0.12

128/6.8.66 श्री बल्देव सिंह गौड़, 88/, प्रेम नगर, कानपुर, *1. कहार, मल्लाह को आदिवासी माना गया या नहीं?* 2. अख-श्रीशमेश्वर पाल निषाद द्वारा अखबार कब तक निकलेगा? 314।

129/7.8.66 श्री प्रकाशक महोदय, गर्ग एंड कम्पनी थोक कुतुबखाना, खारी बावली, देहली, सूचीपत्र भेजें। 0.06

130/7.8.66 श्री सुखबामीलाल, गाँव—रुबाहा, पोस्ट—थेरट, पोस्ट—दनिया, सूची पत्र रवाना है। 0.06

131/3.8.66 श्री प्रकाशक, महादेव इंडियन प्रेस, प्रयाग, इलाहाबाद, सूची-पत्र भेजें। 0.06

132/3.8.66	श्री राम प्रसाद सागर, गाँव—जिन्हौरा, पोस्ट—मिरहची, पोस्ट—एटा, उत्तर प्रदेश, सूचीपत्र रवाना है। 0.06
133/3.8.66	श्री मोहनलाल पासी, गाँव—चमरुपुर, पोस्ट—भरारी, पोस्ट—इलाहाबाद, उत्तर प्रदेश, सूचीपत्र रवाना है। 0.06
134/3.8.66	श्री बंसीधर श्रादिम, गाँव—दखिया, पोस्ट—बड़ागाँव, पोस्ट—सीतापुर, उत्तर प्रदेश, सूचीपत्र रवाना है। 0.06
135/3.8.66	श्री पुजारी रामजीत प्रसाद, शास्त्री निमेश, गाँव—नारायनपुर (पंगा का नगला), पोस्ट—जैत, जिला—मथुरा, सूचीपत्र रवाना है। 0.06
136/3.8.66	श्री कन्हैया बक्स सिंह, 2912, मोहल्ला, नौरंगाबाद, वीपीओ—लखीमपुर खीरी, राय बरेली, उत्तर प्रदेश, सूचीपत्र रवाना है। 0.06
137/3.8.66	श्री कृपाशंकर यादव, गाँव—पूरेवीर मुहम्मद, गाँव—वहाई, पोस्ट—रायबरेली, उत्तर प्रदेश, सूचीपत्र रवाना है। 0.06
138/3.8.66	श्री रामानन्द पुस्तकालय, गाँव—बंगराहा, पोस्ट—कांचा, वाया—मऊवाजिदपुर, जिला—दरभंगा, बिहार, सूचीपत्र रवाना है। 0.06
139/3.8.66	श्री क्षेत्रपाल सिंह यादव, गाँव—वनस्थली, पोस्ट—नीलगाँव, पोस्ट—सीतापुर, सूचीपत्र रवाना है। 0.06
140/3.8.66	श्री राजाराम सिंह यादव, वकील, मकान नं. 44, नया एस.सी. बसु रोड, इलाहाबाद, उत्तर प्रदेश, सूचीपत्र रवाना है। 0.06
141/3.8.66	श्री गंगादीन संखवार, गाँव—बाँध, पोस्ट—बरीपाल, जिला—कानपुर, उत्तर प्रदेश। सूचीपत्र रवाना है। 0.06
142/3.8.66	श्री एस.डी. सम्मेलकर पर्वाहकर्ता, श्री मूलचन्द, मुहल्ला—घरुहू पट्टी, पोस्ट—सदर मिर्जापुर, पोस्ट—मिर्जापुर, उत्तर प्रदेश। सूचीपत्र रवाना है। 0.06
143/3.8.66	श्री कन्हैयालाल, गाँव—दुधौरा, पोस्ट—जाजूपुर, तहसील—हरैया, जिला—बस्ती, उत्तर प्रदेश। सूची पत्र रवाना है। 0.06
144/3.8.66	श्री छोटे सिंह यादव, गाँव—उजरामउ, पोस्ट—राजेपुर, जिला—फर्रुखाबाद, उत्तर प्रदेश। सूचीपत्र रवाना है। 0.06
145/3.8.66	श्री रामफेर, सराय नेता नगर, वीपीओ—मछली शहर, जिला—जौनपुर, उत्तर प्रदेश। सूचीपत्र रवाना है। 0.06
146/3.8.66	श्री हिन्दी प्रचारक पुस्तकालय, पिशाच मोचन, पोस्ट बॉक्स नं. 70, बनारस। सूचीपत्र रवाना है। 0.06
147/3.8.66	श्री रामसेवक धान्वीक 'प्रभात', गाँव—नैनपुर, पोस्ट—रिहुन, पोस्ट—कानपुर, उत्तर प्रदेश। सूचीपत्र रवाना है। 0.06

148/3.8.66 श्री डॉ. मुंशी लाल शाक्य हॉस्पिटल रोड, गाँव—अलीगंज, जिला—एटा, उत्तर प्रदेश। सूचीपत्र रवाना है। 0.06

149/3.8.66 श्री जयराम सिंह, गाँव—नगला कस्बा, पोस्ट—सोनई, जिला—मथुरा, उत्तर प्रदेश। सूचीपत्र रवाना है। 0.06

150/10.8.66 श्री प्रेम प्रकाश मेश्राम, 88, स्वदेशी बीमा नगर, आगरा, सूचीपत्र रवाना है। 0.06

151/10.8.66 श्री रामसेवक धान्वीक 'प्रभात', गाँव—नैनपुर, पोस्ट—बिरहुन, जिला—कानपुर, उत्तर प्रदेश। श्री स्वामी परमानंद जी का स्वर्गवास किस तारीख को हुआ लिखें। 0.12

152/10.8.66 श्री शेख मुस्तसिरुल्ला खाँ, प्राइवेट दवाखाना, बनारसी बाग, लखनऊ। 14.8.66 की क्षमा (अनुपस्थिति बावत), 0.06

153/14.8.66 श्री आर.टी. पवार, डॉक्टर अम्बेडकर वाचनालय, रतलाम (एमबीएच), सूचीपत्र रवाना है। 0.06

154/14.8.66 श्री एस.एम. घोष, पीएनजी, लखनऊ, शिकायत पोस्ट ऑफिस बावत न मँगाने टिकट डाक बी.आर. अम्बेडकर, पोस्ट—झींझक ने, 0.15

155/14.8.66 श्री जे.सी. भट्ट, सीनियर सुपरिंटेंडेंट मरी कम्पनी, कानपुर, शिकायत पोस्ट ऑफिस बावत न मँगाने टिकट डाक बी.आर. अम्बेडकर, पोस्ट—झींझक ने, 0.15

156/14.8.66 श्री रामकृपाल सिंह, गिर्दावर कानूनगो, पोस्ट—विधूना, जिला—इटावा, साधारण, 0.06

157/17.8.66 श्री शीलभद्र जी, धर्मशाला ऑफ गिरधारीलाल, फर्रुखाबाद हो। (स्टेशन रोड), इटावा, उत्तर प्रदेश। साधारण, 0.06

158/17.8.66 श्री डॉक्टर अम्बेडकर साहित्य प्रचार एवं प्रकाशक, 103/177, कर्नलगंज, कानपुर, उत्तर प्रदेश। सूचीपत्र रवाना है। 0.06

159/17.8.66 श्री भिक्षु धर्मरक्षित, प्रिंसिपल महाबोधि इंटर कॉलेज, सारनाथ, बनारस, मिलिन्द प्रश्न चाहिए। 0.21

160/17.8.66 श्रीधर गोपाल जाधव, खंडेलवाल मेंशन, तल मंजिला, रूम नं. 23, रे रोड, कॉटन ग्रीन, बम्बई, 33, महाराष्ट्र। घा.ड., रा.ड., सत्यधर्म-4, वास्तविक स्वरूप-1, निराशावादी धर्म-1, नहीं। 0.06

161/19.8.66 श्री शिवलाल कुरील, एल.डी.सी., पे. बिल्स क्लर्क ऑर्डिनेंस फैक्ट्री, कानपुर, सूचीपत्र रवाना है। 0.06

162/19.8.66 श्री बलूराम व दयाराम, बी.ए., गाँव—फिल्लौर, पोस्ट—नवीगाँव, पोस्ट—जालौन, सूचीपत्र रवाना है। 0.06

163/26.8.66 बशरह नं. 237, दिनांक. 17.8.66, बशरह नं. 237, दि. 17.8.66. 0.85

164/26.8.66 श्री शमन सिंह यादव, बुकिंग क्लर्क, खिड़की नं. 4, दिल्ली जंक्शन, दिल्ली, घर पर कुछ काम है। छुट्टी लेकर शीघ्र आइए।

165/26.8.66 श्री थान सिंह बौद्ध, अम्बेडकर भवन रानी झाँसी रोड, नई दिल्ली, आप शीघ्र रुपये भेजें। 0.06

166/30.8.66 श्री राम भरोसे लाल, 16/530, ब्लॉक नं. 10-ए, परसाद नगर, करौल बाग, नई दिल्ली, 1. बशरह नं. 193/30.7.66... । 0.12

167/30.8.66 श्री मैनेजर साहब, गवर्नमेंट ऑफ इंडिया, किताब पहल पब्लिकेशन इम्पोरियम जनपथ, नई दिल्ली, जावक नं. 162 घी जानकारी, 0.12

168/31.8.66 श्री किशोरी लाल अटल, अलीगंज, एटा, कितबों रजिस्टर्ड वी.पी. पार्सल सात रुपये। 1.80

169/31.8.66 श्री किशोरी लाल अटल, अलीगंज, एटा, सूचना पोस्ट कार्ड, 0.06

170/31.8.66 श्री प्रेमचन्द बौद्ध पर्वाहकर्ता, श्रीमती सगुना देवी का आश्रम, गाँव—मुड़ेना रूपसाहू, पोस्ट—अहेरीपुर, जिला—इटावा, सूची पत्र। 0.06

171/31.8.66 श्री अजब पाल, गाँव—गुखुरुहा (हाफ़िज़पुर), पोस्ट ऑफिस लहरापुर, पोस्ट—इटावा। बाकी रुपया लेकर शीघ्र मिलें। 0.06

172/31.8.66 श्री हलीमुद्दीन राहत मौलाई, एम.एल.ए., एडवोकेट डहरिया, मुरादाबाद, 1. कहा मेम्बर साजी मँगाकर इलेक्शन कमिश्नर दिल्ली को पेश करें, 2. सिम्बल फीस में से अंग्रेजी सेकंड हैंड टाइप मशीन खरीदें। 3. कन्हयी को चपरासी रखें। 4. हमारे पाँच सौ रुपये साविक सिम्बल के और सेक्रेटरी की तनख्वाह सबसे पहले आई रकम में से दिलावें। 0.06

173/4.9.66 श्री रामभरोसे लाल, 16/530, ब्लॉक नं. 10-ए, देवनगर, करोल बाग, नई दिल्ली, कृपया फार्म नं. 4, ऑर्डर रुल्स स. 1958 कॉपीराइट भेजें। 0.06

174/4.9.66 श्री रजिस्ट्रार कॉपीराइट, कॉपीराइट ऑफिस, नई दिल्ली, 1. दस रुपया का पोस्ट ऑर्डर नं. 858658 रवाना है। 2. फार्म नं. 4 अंडर रूल्स कॉपीराइट 1956 नहीं मिल रहा है। 3. कृपया फार्म नं. 4 अंडर रूल्स कॉपीराइट भेजें। नं. 339/5.9.66 झींझक, 0.80

174/7.9.66 श्री रजिस्ट्रार कॉपीराइट, कॉपीराइट ऑफिस, नई दिल्ली, फार्म नं. 4 में वर्णित स्टेटमेंट ऑफ पर्टिकुलर्स एवं स्टेटमेंट ऑफ फरदर पर्टिकुलर्स पाँचों किताबों के साथ ट्रिपलीकेट बर वक्त डिस्पेच नम्बर 171, 172, 173, 174, 175, दिनांक : 15.7.66 को भेजे गए हैं। अवलोकन हो। झींझक रजिस्टर्ड नम्बर 0.80

175/7.9.66 श्री श्यामलाल, एम.ए., एम.एल.बी., एम.एल.ए., 138-ए. दारुलशफा, लखनऊ

1. श्री तिलक चन्द कुरील कारपोरेटर परमट, कानपुर सीटी।

176/7.9.66 श्री माधोराम जौहर रिपब्लिकन सिविल लाइन, हरदोई

2. श्री बल्देव गौड़, 105/2, प्रेम नगर सिटी।

3. श्री शिव नारायण साहू, 88/18, प्रेम नगर, कानपुर, सीटी।

177/11.9.66 श्री चन्द्रिका प्रसाद 'जिज्ञासु', मतादीन रोड, सआदतगंज, लखनऊ, 4. श्री श्याम लाल, एम.ए., एल.एल.बी.,एम. एल.ए., 138-ए, दारुलशफा, लखनऊ, सिटी, बशरह नं. 257, 0.06

178/19.9.66 श्री माधोराम जौहर, रिपब्लिकन सिविल लाइन, हरदोई

6. श्री खेमचन्द, एम.एल.ए., 73-ए, दारुलशफा, लखनऊ, बशरह नं. 257, 0.06

179/19.9.55 श्री तिलक चन्द कुरील, कारपोरेट परमट, कानपुर

7. श्री माधोराम जौहर, 'रिपब्लिकन सिविल लाइन हरदोई, सिटी

180/19.9.66 श्री शिव नारायण साहू, 88/18, प्रेम नगर, कानपुर

8. श्री हलीमुद्दीन राहत मौलाई, एम.एल.ए., एडवोकेट, राहतदास, डहरिया, मुरादाबाद, सिटी

181/19.9.66 श्री बल्देव सिंह गौड़, 105/2, प्रेम नगर, कानपुर

9. श्री एम.एल. दीपक, भीम प्रिंटिंग प्रेस, मदार गेट, अलीगढ़, सिटी, बशरह नं. 257, 0.06 + 0.015 पोस्टिंग सर्टिफिकेट

1. पुराने 500/- दिलावें। 2. चढ़ी तनु. दिलावे। 3. प्रभावशाली को टिकट दें। 4. कहा मेम्बर साजी दिल्ली डेलीगेशन एल.एल. एज ले जावे। 5. कहा जिलों से मँगावें। 6. भविष्य में वक्त पर दें अगर मुझे 15.10.66 से ऑफिस सेक्रेटरी के लिए बुलावे तो। 7. पार्लियामेंट्री बोर्ड के गबन से सावधान रहें। 0.06 पिछली ऑफिस सेक्रेटरी की तनख्वाह दी जाए। भावी सेवाओं के लिए समय-समय पर तनख्वाह दी जाए तभी बुलाया जावे। 0.06 जो समाचार प्रकाशित *जमीं के तारे* 10.9.66 पे 3 कॉलम पर

आपने प्रकाशित कराया है, उसे *भीम पत्रिका* में भी भेजें। 3,4 0.06

दो शब्द लिखकर भेजिए। वीर संत माया बलिदान नाटक रवाना है।

182/19.9.66 श्री चन्द्रिका प्रसाद 'जिज्ञासु', सआदत गंज, लखनऊ, मैं अभी लखनऊ नहीं आ रहा हूँ। 0.06

183/21.9.66 श्री हुन्नर प्रसाद, गाँव—बड़नपुर, पोस्ट—कलापुर, जौनपुर, श्री हलीमुद्दीन राहत मौलाई एडवोकेट एम.एल.ए. डहरिया, मुरादाबाद सिटी के वासी पार्टी टिकट की धनराशि 125/- रुपये भेजें। 0.06

184/21.9.66 श्री रामपाल, गड़रियन पूर्वा, गाँव—भैसायाँ, पोस्ट—रसूलाबाद, कानपुर, जंजीर मैं लखनऊ से नहीं लाया। मेरे पास अधिक रुपये नहीं। 0.06

185/29.9.66 श्री सोनाराम बोवोंशा, सहायक शिक्षक बोर्ड माध्यमिक विद्यालय, वीपीओ—हल्दी पोखर, जिला—सिंहभूमि, बिहार, पेशगी के दो रुपये भेजें- तभी किताबें भेजी जावेंगी। 0.06

186/29.9.66 श्री अटल बिहारी बाजपेयी, एम.पी., सिंदे की छावनी, वाया—लश्कर, जिला—ग्वालियर, मध्य प्रदेश। जानकारी पार्टी सम्बन्धी। 0.12

187/29.9.66 श्री माधोराम जौहर, सिविल लाइन, हरदोई, साधारण, 0.06

188/29.9.66 श्री नन्दराम बाबूराव अम्बाड़े टेलर, रजिस्टर्ड वी.पी. 5.50 किताबें 1.20 रजिस्ट्री पी.वी. 5.50 रुपये

189/29.9.66 श्री मंगलवारी, वार्ड, पी.पी. रामटेक, नागपुर, पोस्ट कर्ण उपरोक्त सूचना, 0.06

190/1.10.66 श्री बदन सिंह बौद्ध, गाँव—अस्सा, पोस्ट—अस्सा, जिला—मेरठ, दो रुपये पेशगी भेजिए, तभी पुस्तकें भेजी जावेंगी। 0.06

191/7.10.66 श्री किशन लाल, घड़ी साज, घीया मंडी, मथुरा, डीग के पाँच जाटवों के कत्ल की कहानी लिख भेजें। 0.06

192/7.10.66 श्री राम जतन यादव, वकील, रतनगंज जेल के पास, मिर्जापुर, 4.10.66 का पत्र मिला। संयम की कमी है। अनुपस्थिति की क्षमा। 6.10.66 को सहार जाऊँगा। 0.06

193/13.10.66 श्री फूलचन्द यादव, अध्यापक, बहुजन साहित्य प्रचारक, वीपीओ—खातौली, जिला—कोटा, राजस्थान, 6.10.66 का पत्र मिला। सूची पत्र रवाना है। 0.06

194/15.10.66 श्री पोस्ट मास्टर साहब, झींझक, मेरे नाम की डाक श्री हुब्ब लाल आजाद को तकसीम की जाया करे।

195/15.10.66 श्री वीरेन्द्र सिंह यादव, कठारा, सरिता के रीप्रिंट लेख श्री सोनेलाल संखवार जी को दे दीजिएगा।

196/15.10.66 श्री हुब्बलाल आजाद, झींझक, कानपुर, गोल पाइप की भीतरी गोलाई का नाप भेजें। ललिता प्रिंटर्स को...न छापें। 0.06

198/15.10.66 श्री हुब्बलाल आजाद, झींझक, कानपुर, गोल पाइप की भीतरी गोलाई का नाप भेजें ललिता प्रिंटर्स को...न छापें। 0.06

199/15.10.66 श्री मौजीलाल यादव, कठारा, कानपुर, आप किसी भी इतवार को श्री आजाद साहेब से मिलें।

200/19.10.66 श्री मैनेजर, सेंट्रल लायब्रेरी टाउन हाल, बम्बई, *1. शोषितों पर धार्मिक डकैती, 2. शोषितों पर राजनीतिक डकैती, 3. अँगुलिमाल* नाटक रवाना है। एक-एक प्रति। रजि. पोस्ट—झींझक नं. 111/19.10.66। 1.25

201/19.10.66 श्री मैनेजर, कनानार लायब्रेरी, मद्रास, *1. शोषितों पर धार्मिक डकैती, 2. शोषितों पर राजनीतिक डकैती, 3. अँगुलिमाल* नाटक रवाना है। एक-एक प्रति। रजि. पोस्ट—झींझक नं. 112/19.10.66। 1.25

202/19.10.66 श्री मैनेजर, नेशनल लायब्रेरी वेलवेडिया, अलीपुर रोड, कलकत्ता-27, *1. शोषितों पर धार्मिक डकैती, 2. शोषितों पर राजनीतिक डकैती, 3. अँगुलिमाल* नाटक रवाना है। एक-एक प्रति। रजि. पोस्ट—झींझक नं. 113/19.10.66। 1.25

203/19.10.66 ललिता प्रिंटर्स स्टोर, 26/45, राजेश निवास, बिरहाना रोड, कानपुर, नाम नमूना पोल प्रकाश, 0.12

204/19.10.66 श्री रजिस्ट्रार ऑफ कॉपीराइट, कॉपीराइट ऑफिस, नई दिल्ली, डिस्पेच नं. 171/17.7.66, शोषितों पर धार्मिक डकैती से सम्बन्धित फार्म नं. 4

205/19.10.66 श्री रजिस्ट्रार ऑफ कॉपीराइट, कॉपीराइट ऑफिस, नई दिल्ली, डिस्पेच नं. 171/17.7.66, *शोषितों पर धार्मिक डकैती* से सम्बन्धित फार्म नं. 4

206/19.10.66 श्री रजिस्ट्रार ऑफ कॉपीराइट, कॉपीराइट ऑफिस, नई दिल्ली

207/19.10.66 श्री नेकराम, गाँव—दयालपुर, पोस्ट—औरइया, इटावा, उ.प्र.

208/22.10.66 श्री छेदी लाल साथी, एम.एल.सी., 48, कन्धारी बाजार, लखनऊ सिटी डिस्पेच नं. 172/15.7.66, *शोषितों पर राजनीतिक डकैती*

से सम्बन्धित फार्म नं. 4, डिस्पेच नं. 173/15.7.66 *अँगुलिमाल* नाटक से सम्बन्धित फार्म नं. 4, डिस्पेच नं. 174/15.7.66 *वीर संत माया बलिदान* नाटक से सम्बन्धित फार्म नं. 4, डिस्पेच नं. 175/15.7.66 *नागयज्ञ* नाटक से सम्बन्धित फार्म नं. 4, उपरोक्त चारों का कोटा।

1. पिछला 500/- + , 2. सेक्रेटरीशिप की तनख्वाह दिलाई जावे। आदि 0.10, 3. 1 दिसम्बर से आखिर फरवरी तक 150 रुपये पाहवय या होल टायलर्स की इतिल खाना को जावे। 4. मीटिंगों में दोनों ओर का एक्सप्रेस का किराया व 10 रुपये विशेष पेशगी भेजे जावें। 5. दिगर हुक्म दिया जावे।

नोट—मसला कार्यकारिणी व पार्लियामेंट्री बोर्ड के सामने मेरे रूबरू पेश किया जावे। जवाब बजरिये रजिस्ट्री दिया जावे। 0.10। सूची पत्र रवाना है। 0.06

209/22.10.66 श्री सुखवीर सिंह कश्यप, दफ्तर कश्यप राजपूत सभा, कचहरी रोड, मुजफ्फर नगर, उ.प्र.

210/28.10.66 श्री चन्द्रमोहन सोरेन, गाँव—तामासा चकचपरी, पोस्ट—चपरी, वाया—पीरपैंती, जिला—भागलपुर, बिहार

211/10.11.66 श्री जगरामसिंह कुसुम, वेतन लेखा कार्यालय कुमायूँ सेंटर, रानीखेत

212/10.11.66 श्री शिवबालक राम रसवल, पोस्ट—सुन्दरपुर गजान, कानपुर

213/12.11.66 श्री जीवनलाल गुप्ता का मकान नं. 307, गढ़ा फाटक, जबलपुर सिटी, म.प्र.

214/15.11.66 श्री मेवालाल संखवाल व श्री सुन्दरलाल संखवाल के शिड्यूल्ड क्लास फार्मों पर दस्तखत करके वापस भेजिए। 0.15। सन् 1965 से पुस्तकालय ने पेशगी दो रुपया का नियम बनाया है। दो रुपये भेजने पर ही पुस्तकें भेजें। अतः तभी पुस्तकें भेजी जावेंगी। 0.06 दो रुपये पेशगी भेजिएगा।

अतः तभी पुस्तकें भेजी जावेंगी। 0.06। 20-21 को कार्यकारिणी में कार्यवश न आ सकूँगा। पत्र नं 294, 295, 296/22.10.66 का खुलासा। 0.06

आज्ञा 31 (137)/66-सी.ओ./7.11.66 के अनुसार फार्म नं. 4, *शोषितों पर धार्मिक डकैती* 3 फार्म 31 (137)/66-सी.ओ. आज्ञा 31 (137)/66-सी.ओ./7.11.66 के अनुसार फार्म नं. 4, *शोषितों पर राजनीतिक डकैती,* 3 फार्म 31 (137)/66-सी.ओ.

आज्ञा 31 (137)/66-सी.ओ./7.11.66 के अनुसार फार्म नं. 4, *अँगुलिमाल* नाटक 3 फार्म 31 (137)/66-सी.ओ.

215/17.11.66 श्री शमन सिंह यादव, बुकिंग क्लर्क, खिड़की नं. 4, दिल्ली जंक्शन

216/22.11.66 श्री माधोराम जौहर, रिपब्लिकन बंगला, सिविल लाइन, हरदोई सिटी, उ.प्र.

217/24.11.66 श्री जगराम सिंह कुसुम, वेतन, लेखा कार्यालय, कुमायूँ सेक्टर, रानी खेत, जावक नं. 315/24.11.66 की सूचना। 0.06

218/24.11.66 श्री भूधर लाल पब्लिक गाड़ीपुरा चिमकुनी, पुत्तूलाल का चौराहा शाहजहाँपुर, अस्वस्थ हूँ। 27.11.66 को ढाई घाट तक नहीं पहुँच सकता। 0.06

219/25.11.66 श्री शमन सिंह यादव, बुकिंग क्लर्क, खिड़की नं. 4, दिल्ली जंक्शन, 1.11.66 को सरिता पत्रिका के लेख लेने आना। 0.06

220/25.11.66 श्री हीरालाल सिसौदिया, किशनपुर, मकली रोड, उज्जैन, मध्य प्रदेश, दो रुपये पेशगी भेजें।

221/25.11.66 श्री शंकर लाल शर्मा, एडवोकेट, बुलन्दशहर, मैं अस्वस्थ हूँ। फिलहाल कोई तारीख नहीं। 0.06

222/25.11.66 श्री सम्पादक जी, *नवजीवन*, लखनऊ, उत्तर प्रदेश, लेख गौवध निषेध

223/25.11.66 श्री मेसर्स गोल्डन रेडियो कॉरपोरेशन, 5632, कुतुब रोड, दिल्ली, सूची पत्र भेजें। 0.06

224/7.12.66 श्री पी.एम.जी., लखनऊ, उत्तर प्रदेश, लखनऊ, कानपुर, वाराणसी, इलाहाबाद, आगरा की मुहल्लेवार लिस्ट भेजिए। 0.15

225/7.12.66 श्री एस.जे. सिंधिया, लश्कर, ग्वालियर, 1. पिछड़ी जाति व अनुसूचित जाति सम्बन्धित पिछड़ी जाति व पिछड़ी एरिया के उत्थान की घोषणा का चुनाव घोषणा-पत्र में करें। 0.15

226/9.12.66 श्रीमान डॉक्टर ए.जे. फरीदी, डॉ. फरीदी का दवाखाना, लाला बाग, लखनऊ, बरशह नं. 324/8.12.66, 0.15

226/19.12.66 श्री रजिस्ट्रार कॉपीराइट, कॉपीराइट ऑफिस, नई दिल्ली, *शोषितों पर धार्मिक डकैती* जावक नं. 171/15.7.66 के अनुसार पुनः हुक्म नं. 31(131)/66 सी.ओ./12.12.66 की तामील में दो फार्म ट्रिप्लीकेट नं. ....../19.12.66

228/19.12.66 श्री रजिस्ट्रार कॉपीराइट, कॉपीराइट ऑफिस, नई दिल्ली, *शोषितों पर राजनीतिक डकैती* जावक नं. 172/15.7.66

229/19.12.66 श्री रजिस्ट्रार कॉपीराइट, कॉपीराइट ऑफिस, नई दिल्ली, *अँगुलिमाल* नाटक जावक नं. 173/15.7.66

325/19.12.66 श्री रजिस्ट्रार कॉपीराइट, कॉपीराइट ऑफिस, नई दिल्ली, उपरोक्त तीनों पत्र एक नम्बर के द्वारा

230/19.12.66 श्री माधोराम जौहर, सिविल लाइन, हरदोई, पिछली मीटिंग की कार्रवाई भेजें, आदि। 0.06

231/19.12.66 श्री एल.आर. बाली, सम्पादक *भीम पत्रिका*, जालन्धर, 1. *भीम पत्रिका* भेजें। 2. नाम पार्टी का अलग रखें। 0.06

232/19.12.66 श्री ओम प्रकाश वरुण ऑडिटर, पी.ए.क्यू. (ओ. आर्स), के.आर. सी. रानीखेत, अलमोड़ा, दुबारा आर्डर दें। 0.06

233/19.12.66 अशोक होटल बेतिया हाता, गोरखपुर, चुनाव एक्टिविटीज लिखें। 0.06

234/20.12.66 श्री व्यवस्थापक जी, जय हिन्द टाइप फौंट्री, ताजगंज, आगरा, श्री हुब्बलाल आजाद पालिक आदर्श प्रिंटिंग टाइप खरीदना चाहते हैं। कृपया भाव लिखें। 0.12

235/21.12.66 श्री शमन सिंह बुकिंग क्लर्क, दिल्ली जंक्शन, पत्रोत्तर हिम्मत से काम लो। 0.15

236/21.12.66 श्री हलीमुद्दीन राहत मौलाई, एम.एल.ए., डहरिया, मुरादाबाद सिटी, एक पत्र मनाम श्री जेड.ए. अहमद साहब भेजिए। बावत तबदिला शमन सिंह बुकिंग क्लर्क। 0.30

237/27.12.66 श्री दीपचन्द वियोगी, वीपीओ—अग्रवाल मंडी, तहसील—बागपत, मेरठ, साढ़े सात रुपये प्रति सैकड़ा भेजी जाती हैं। कीमत- *शोषितों पर धार्मिक डकैती* भेजें। 0.06

आजन्म रजिस्टर जावक (डिस्पैच रजि.)

अशोक पुस्तकालय

झींझक, जिला—कानपुर (उत्तर प्रदेश)

दिनांक : 1.1.67 ई. से 31.12.68 ई. तक

हस्ताक्षर—पेरियार ललई सिंह

1/5.1.67 श्री छेदीलाल साथी, एम.एल.सी., 48 कन्धारी बाजार, लखनऊ, 6.1.66 की मीटिंग की अनुपस्थिति की क्षमा। 0.21 एक्स.

2/5.1.67 श्री शमन सिंह बुकिंग क्लर्क, खिड़की नं. 4, दिल्ली जंक्शन, श्री जैड.ए. अहमद साहब से मिलें। 0.15

4/7.1.67 श्री गुरुशरण लाल यादव, गाँव—अकबरपुर, पोस्ट—घनश्यामपुर, जिला—कानपुर, चौबेपुर से दो मील उत्तर पर स्थित है। सूचित हुआ । 0.06

5/7.1.67 श्री दीपचन्द बियोगी, वीपीओ—अग्रवाल मंडी, मेरठ, बशरह नं. 3/7.1.67, बिना पेशगी किताबें नहीं भेजी जावेंगी। 0.06

6/10.1.67 श्री बराती लाल भारतीय, गाँव—बम्भोर, पोस्ट—भपारा, बाराबंकी, एक रुपया पेशगी भेजें। 0.06

8/10.1.67 श्री जगराम सिंह कुसुम, वेतन लेखा कार्यालय, कुमायूँ सेंटर, रानीखेत, अलमोड़ा, खैरियत, 0.06

9/10.1.67 श्री त्रिवेणी सिंह पाल, 1092, तिलपुरवा, हुसेनगंज, लखनऊ, उत्तर प्रदेश। 0.06

10/13.1.67 श्री रामस्वरूप वाला, डायरेक्टर रेलवे सोसाइटी, लखनऊ, उत्तर प्रदेश

11/17.1.67 श्री रजिस्ट्रार फॉर्म एंड सोसाइटी, लखनऊ, उत्तर प्रदेश, स्मृति पत्र व नियमावली वास्ते रजिस्ट्रेशन अशोक पुस्तकालय, वीपीओ—झींझक, जिला—कानपुर, उत्तर प्रदेश

12/21.1.67 श्री ओमप्रकाश वरुण ऑडीटर, नारटन होटल, माल रोड, वीपीओ—रानीखेत, अलमोड़ा, उत्तर प्रदेश, *डॉ. अम्बेडकर का जीवन संघर्ष* रवाना है। पढ़कर दूसरों को भी पढ़ाएँ। रजि. नं. ....../21.1.67

13/25.1.67 श्री रजिस्ट्रार साहब कॉपीराइट, कॉपीराइट ऑफिस, नई दिल्ली

14/25.1.67
1. बी.पी. मौर्य, एम.पी., 20 विंडसर प्लेस, नई दिल्ली
2. श्री बी.डी. खोब्रागड़े, एम.पी., जिला—चाँदा सिटी, महाराष्ट्र
3. श्री बी.के. गायकवाड़, एम.पी., 15 जनपथ, नई दिल्ली
4. श्री माधोराम जौहर, रिपब्लिकन बंगला, सिविल लाइन, हरदोई सिटी
5. श्री मूलचन्द भारतीय, जाटवपुरा, बरेली सिटी
6. श्री चौधरी चुन्नी लाल, एडवोकेट, मुहल्ला—बेली, इलाहाबाद सिटी

15/25.1.67 श्री माधोराम जौहर, हरदोई, रुपये दिलावें। 0.06

16/25.1.67 श्री शिवराम अम्बाराम भाट, वीपीओ—चानसमा, महसाना, गुजरात, पुस्तक *वीर संत माया बलिदान* नाटक रवाना है। 0.06

17/31.1.67 श्री कन्हैयालाल यादव वैद्य, ऋषिकुल डिस्पेंसरी, 116 किसनपुरा, पोस्ट—माधवपुर नगर, उज्जैन सिटी, दो रुपये पेशगी भेजें। 0.06

18/20.2.67	श्री माधोराम जौहर, रिपब्लिकन बंगला, सिविल लाइन, हरदोई, लिस्ट भेजें। कौन जीता, कौन हारा। 0.06
19/20.2.67	श्री मानसिंह बौद्ध, रुपये भेजें 25 + 44 = 69, 0.06
20/20.2.67	श्री शिवराम अम्बाराम भाट, किताबें मँगावें, 0.06
21/20.2.67	श्री चन्द्रिका प्रसाद 'जिज्ञासु', आने पर विचार होगा। 0.06
22/28.2.67	श्री माधोराम जौहर, लखनऊ में मिलने की तारीख लिखें। 0.06
23/28.2.67	श्री एम.एल. दीपक, अखबार भेजें। 0.06
24/28.2.67	श्री प्रेम गोपाल पर्वाहकर्ता, पी.डी.टी. तिवारी पेरर इंजीनियरिंग, उज्जैन, हालत लिखें। 0.06
25/28.2.67	श्री प्रेमचन्द बौद्ध पर्वाहकर्ता, श्रीमती सगुना देवी का आश्रम, गाँव—मुड़नारुपसाह, पोस्ट—अहेरीपुर, इटावा, पुस्तकें ले जाइएगा। 0.06
26/28.2.67	श्री महेन्द्र सिंह यादव बर मक्खन, श्रीवास्तव साहब का मकान पुराना नं. 53/23, जयहिन्द चबूतरा, उदयगंज, लखनऊ, नियमावली की जानकारी दें। लायब्रेरी तलाशें। 0.06
27/28.2.67	श्री ओंकार सिंह, गाँव—गम्भीरा, पोस्ट—सिसाही, कानपुर मिलें, 0.06
28/1.3.67	श्री डिस्ट्रिक्ट मजिस्ट्रेट (कलेक्टर), कानपुर, डिस्पेच नं. 341/31.12.67 की रसीद भेजें। 0.11
29/1.3.67	श्री चुन्नीलाल एडवोकेट मुहल्ला बेली अस्पताल के पीछे, इलाहाबाद, चुनाव में हार पर दु:ख है। 0.06
30/1.3.67	श्री असरार अहमद, एम.एल.ए., चौराहा ट्रांसपोर्ट मोटर यूनियन, बदायूँ, चुनाव में जीत पर बधाई। 0.06
31/1.3.67	श्री चन्द्रपाल शैलानी, वीपीओ—सिकराराऊ, अलीगढ़, हार पर दु:ख है। 0.06
32/1.3.67	श्री हनुमान प्रसाद कुरील, सन्तलाला का हाता, बेनाझर, अम्बेडकर रोड, कानपुर, चुनाव में हार पर दु:ख है। 0.06
33/1.3.67	1. श्री बी.पी. मौर्य, एम.पी., 20 विंडसर प्लेस, नई दिल्ली 2. श्री बी.डी. खोब्रागड़े, एम.पी., जिला—चाँदा, महाराष्ट्र 3. श्री बी.के. गायकवाड़, एम.पी., 15 जनपथ, नई दिल्ली
34/1.3.67	श्री होरी लाल कश्यप, ताला मछरहा, फर्रुखाबाद, पार्टी स्थिति भेजें। 0.06
35/1.3.67	श्री अशोक होटल, बेतियाहाता, गोरखपुर, पार्टी की स्थिति भेजें। 0.06

36/1.3.67 श्री शमन सिंह बुकिंग क्लर्क, खिड़की नं. 4, दिल्ली जंक्शन, कुशल पाँच। 0.06

37/1.3.67 श्री मूलचन्द भारतीय जाटवपुरा, बरेली, पार्टी स्थिति बनावें। 0.06

38/1.3.67 श्री शिवनारायण साहू, 88/18, प्रेम नगर, कानपुर, कुशलपत्र। 0.06

39/1.3.67 श्री रतीराम वर्मा, गाँव—दखिनाई, पोस्ट—हरचन्दपुर, इटावा, चुनाव में हार पर दुःख। 0.06

40/1.3.67 श्री रामपाल सिंह यादव, वीपीओ—सिठपरा, कानपुर, चुनाव में हार पर दुःख। 0.06

41/1.3.67 श्री श्याम सुन्दर लाल टेलर मास्टर, 9/1, हरधन सिंह रोड, देवनगर, नई दिल्ली-5, कुशल मंगल, पार्टी स्थिति लिखें। 0.06

2/1.3.67 श्री हलीमुद्दीन राहत मौलाई, हार का दुःख, पार्टी स्थिति भेजें। 0.06

43/10.3.67 श्री रामप्रताप कश्यप, रेवाड़ी, एटा, पत्रोत्तर में 15.3.67 को लखनऊ में मिला। 0.06

44/10.3.67 श्री अनुपम प्रकाशन, गाँव—गुड़गाँव, हरियाणा, श्री शास्त्री जी की मृत्यु की कहानी भेजें। 0.06

45/10.3.67 श्री परमपूज्य भन्ते शीलभद्र जी, बुद्ध विहार, चक्की पाट, आगरा, प्रोग्राम मई-जून का भेजें। 0.06

46/10.3.67 श्री परमपूज्य भन्ते शीलभद्र जी, फर्रुखाबाद रोड, रामभरोसे लाल की धर्मशाला, इटावा, प्रोग्राम मई-जून भेजें। 0.06

47/13.3.67 श्री शमन सिंह, दिल्ली जंक्शन, स्टॉक कहाँ है? लिखें, वाल्यूम-3, ऑल इंडिया बैकवर्ड क्लास कमीशन रिपोर्ट भी भेजें। 0.06

48/13.3.67 श्री रामप्रसाद कश्यप, रेवाड़ी, एटा, तारीख 19.3.67 को पधारें। तारीख बदली गई। लखनऊ मीटिंग की। 0.06

49/13.3.67 श्री माधोराम जौहर, रिपब्लिकन बंगला, सिविल लाइन, हरदोई, दल-बल सहित पैरवी करें। 0.06

50/13.3.67 कहानी लेखक महाविद्यालय श्रीनिवासपुरी, नई दिल्ली-14, कहानी कला सीखने के लिए पूर्ण-विवरण भेजें। 0.06

51/20.3.67 श्री चन्द्रिका प्रसाद 'जिज्ञासु', बहुजन कल्याण प्रकाशन, मातादीन रोड, पुनः न मिल सका क्षमा करें। आनन्द है। 0.06

52/21.3.67 श्री एम.एल.ए. दीपक, *भीम प्रिंटिंग प्रेस,* मदार गेट, अलीगढ़, 25.1.67, 3 रुपये भेजे थे। रसीद मिली। आपने पावे। अखबार भेजें। 0.12

53/21.3.67 श्री रंजित सिंह यादव, वाराणसी, राजीव पुत्री का पत्र दें। 0.12

54/21.3.67 श्री संघराज जी, वाराणसी, राजीव पुत्री का पत्र दें। 0.12

55/21.3.67 श्री राव वीरेन्द्र सिंह यादव, मुख्यमंत्री, यादव शैलेष, वीपीओ—गुड़गाँव, हरियाणा, बधाई मुख्यमंत्री पद के लिए। 0.15 + 0.05

56/21.3.67 श्री हलीमुद्दीन राहत मौलाई जी, मुरादाबाद, कानपुर की मीटिंग 21.5.67, 28.5.67 व 4.6.67 को रखें। 0.06

57/21.3.67 श्री तिलकचन्द कुरील, कारपोरेटर, परमिट कानपुर, कानपुर की मीटिंग 21.5.67, 28.5.67 व 4.6.67 को रखें। 0.06

58/21.3.67S श्री एल.आर. बाली, *भीम पत्रिका,* जालन्धर, अखबार की कीमत लिखें। 0.12।

59/21.3.67 श्री सम्पादक *प्रबुद्ध भारत,* बुद्ध भूषण प्रिंटिंग प्रेस, गोकुल दास पाश्ता रोड, दादर, बाम्बे, अखबार की कीमत लिखें। 0.12

60/25.3.67 श्री रजिस्ट्रार फार्म्स एंड सोसाइटीज रजिस्ट्रेशन ऑफिस, हलवासिया बिल्डिंग, लखनऊ, आपकी आज्ञा नं. 3961/11-16787/25.1.67, के उत्तर में अशोक पुस्तकालय झींझक (कानपुर) की नियमावली रवाना है।

61/25.3.67 श्री दीपनारायण सिंह, एडवोकेट मोहल्ला—सादीपुर खुर्द, फतेहपुर, सम्मति भेजें, *शोषितों पर धार्मिक डकैती* आदि रवाना हैं।

62/25.3.67 श्री एम.एल. दीपक, भीम प्रिंटिंग प्रेस, मोहल्ला—मदार गेट, अलीगढ़, सम्मति भेजें, *शोषितों पर धार्मिक डकैती*।

63/25.3.67 श्री चन्द्रिका प्रसाद 'जिज्ञासु', 390/193, मातादीन रोड, सआदतगंज, लखनऊ, सम्मति भेजें, शोषितों पर धार्मिक डकैती

64/25.3.67 श्री सरदार राय दयाल सिंह, इटावा, श्री बाबूराम प्रजापति ने साइकिल दी या नहीं। शीघ्र उत्तर दें। उन्हें आज साइकिल वापस करने की कड़ी चेतावनी दी है। 0.06।

65/25.3.67 श्री शिवनारायण क्लोरिंग फैक्ट्री, शाहजहाँपुर, सूची पत्र रवाना है। 0.06

66/25.3.67 श्रीमती विजया राजे सिन्धिया, जय विलास पैलिस, लश्कर, वाया ग्वालियर, मध्य प्रदेश

67/30.3.67 श्री मानसिंह बौद्ध, हस्ते सुन्दर सिंह पल्ल

68/31.3.67 श्री वजीर अहमद अंसारी, एडवोकेट, प्रतापगढ़, खैरियत नामा, 0.06

69/31.3.67 श्री बी.पी. मौर्य, एक्स-एम.पी., 20 विंडसर प्लेस, नई दिल्ली

70/31.3.67 श्री बी.डी. खोब्रागडे, एम.पी., चाँदा सिटी, महाराष्ट्र

71/31.3.67 श्री बी.के. गायकवाड, 15 जनपथ, नई दिल्ली

72/31.3.67 श्री मुंशी मनफूल सिंह, गाँव—रामपुर, पोस्ट—मेवाना कला, मेरठ

73/31.3.67 श्री असरार अहमद, एम.एल.ए., ट्रांसपोर्ट मोटर, पूर्णिया के पास, बदायूँ

74/31.3.67 श्री गोपीचन्द, पिपल, औलिया रोड, आगरा

75/4.4.67 श्री चौधरी चरण सिंह, लखनऊ

76/5.4.67 श्री हलीमुद्दीन राहत मौलाई, कैडर कैम्प की एक्सप्रेस सूचना भेजें।

77/5.4.67 श्री एम.एल. दीपक, अलीगढ़, शीघ्र सम्मति भेजें। 0.06

78/5.4.67 श्री दीपनारायण, फतेहपुर, शीघ्र सम्मति भेजें। 0.06

79/5.4.67 श्री मैकूलाल वर्मा 'मुकेश', 1/121-बी, नवाबगंज, कानपुर, मार्ग बसरूट नं. 1 से नवाब मंडी, कृपया पता स्थान आने का लिखें, कहानियों के विषय में जानकारी दें। 0.12

80/5.4.67 श्री व्यवस्थापक जी, दिल्ली बुक कम्पनी, एम/12, कनॉट सर्कस, नई दिल्ली-1, राजेन्द्र यादव लिखित *जहाँ लक्ष्मी कैद है*। पढ़ा। मुझे राजेन्द्र यादव का पता लिखें। 0.12

81/5.4.67 श्री व्यवस्थापक जी, कहानी लेखन महाविद्यालय, श्रीनिवासपुरी, नई दिल्ली-14, चप माना रवाना है। धन्यवाद! समय की कमी है। बरसात के कारण मीटिंग देर से शुरू करेंगे। 15 + 10 + 25

82/6.4.67 श्री निमजी भाई एंड कम्पनी बुकसेलर, नयागाँव, क्रॉस रोड, बम्बई-14, लिस्ट भेजें। 0.12

83/6.4.67 श्री खुर्रमदास एडवोकेट, हरदोई, *व्हॉट कांग्रेस एंड गांधी हैव डन टू दी अनटचेबुल,* श्री जिज्ञासु को दे दें, वे हिन्दी में छापेंगे। 0.06

84/6.4.67 श्री लक्ष्मी नारायण बौद्ध ऑडिटर, ईसाई महल के पास, राजापुर, इलाहाबाद, *व्हॉट कांग्रेस एंड गांधी हैव* डन टू दी *अनटचेबुल,* श्री जिज्ञासु को दे दें, वे हिन्दी में छापेंगें। 0.06

85/6.4.67 श्री डी.आर. जाटव, एम.ए., पीएच.डी., दर्शन विभाग, राजकीय महाविद्यालय, श्रीगंगानगर, राजस्थान, कृपया सम्मति और *शोषितों पर धार्मिक डकैती* जल्दी भेजें। 0.35

86/7.4.67 श्री देवदत्त, 2/462, नवाबगंज, कानपुर, अख 13.4.67 को 119/9.4.67 के अनुरूप मिले। 0.06

87/7.4.67 श्री रावेन्द्र प्रसाद अम्बेडकरवादी, अम्बेडकर नवयुवक समिति, अजीतगंज, 4/6, महापालिका कॉलोनी, कानपुर, दिनांक : 13.4.67 को 7 बजे मीटिंग में जरूर मिलूँगा। 0.06

88/7.4.67 श्री इन्द्रमणि, 113/617, सुक्खा पूर्वा, नयापुल के पास, कानपुर

89/10.4.67 श्री डी.आर. जाटव, एम.ए., पीएच.डी., दर्शन विभाग, राजकीय महाविद्यालय, श्रीगंगानगर, राजस्थान, पत्र नं. 117/6.4.67 का उत्तर शीघ्र भेजिएगा। 0.06

90/11.4.67 श्री एम.एल. दीपक, एम.ए., बी.कॉम, सम्पादक *जमीं के तारे*, दीप नगर, मदरगेट, अलीगढ़, तारीख 16.4.67 को दोपहर में चार चपातियाँ आपके यहाँ खाऊँगा। 17.4.67 को फिर बस से आगरा जाऊँगा।0.06

91/11.4.67 श्री गोपीचन्द पिपल रिपब्लिकन औरैया रोड, आगरा, तारीख 17.4.67 को 12 बजे से घर पर मिलें। 0.06

92/11.4.67 श्री तिलक चन्द कुरील कारपोरेटर, पामट, कानपुर, मैं तारीख 13.4.67 को श्री रवेन्द्र प्रसाद अम्बेडकरवादी अम्बेडकर नव युवक समिति, अजीतगंज, 4/6, महापालिका कॉलोनी, कानपुर को आऊँगा, आप मिलें।

93/19.4.67 श्री तिलक चन्द कुरील कारपोरेटर, पामट, कानपुर, सकेला की शीघ्र रूपरेखा बनावें। 0.12

94/19.4.67 श्री सत्य प्रकाश कश्यप पर्वाहकर्ता, श्री कांशीराम, नेता नगर, जौनपुर, उ.प्र.

95/19.4.67 श्री राजेन्द्र यादव पर्वाहकर्ता, *ज्ञानोदय*, 9, अलीपुर पार्क प्लेस, कलकत्ता-27

96/21.4.67 श्री मैनेजर ज्ञान कलेंडर कम्पनी, 11433, जी.टी. रोड, शक्ति नगर, दिल्ली-6

97/21.4.67 श्री सोनेलाल संखवार, गाँव—कठारा, पोस्ट—लहरापुर, कानपुर, उ.प्र.

98/21.4.67 श्री दमयन्ती बाई डोंगरे, मोहल्ला—इन्दौरा, नागपुर, महाराष्ट्र

99/22.4.67 श्री पेरियार ई.वी. रामास्वामी, तिरुची, त्रिचिनापल्ली, मद्रास, तमिलनाडु

100/22.4.67 श्री मैनेजर साहब दिल्ली बुक कम्पनी, एम/12, कनॉट सर्कस, नई दिल्ली-1

101/23.4.67 श्री दमयन्ती बाई डोंगरे, मोहल्ला—इन्दौरा, नागपुर, महाराष्ट्र

102/23.4.67 श्री परमपूज्य भन्ते बुद्ध शरण जी

103/23.4.67 श्री बंसीधर धनगर सनी टोला, इटावा, उ.प्र.

1. श्रीमान् मैनेजर साहब, दिल्ली बुक कम्पनी, एम/12, कनॉट सर्कस, नई दिल्ली-110001

104/23.4.67 श्री बाबूराम जाटववीर, इटावा, उ.प्र.

105/23.4.67 श्री रामेश्वर दयाल निषाद, गाँव—अनन्तपुर, पोस्ट—दौलतपुर, इटावा

106/26.4.67 श्री एल.आर. बाली सम्पादक, *भीम पत्रिका*, जालन्धर, पंजाब

107/26.4.67 श्री सम्पादक, *प्रबुद्ध भारत* बुद्ध भूषण प्रिंटिंग प्रेस, गोकुल दास पाश्ता रोड, दादर, बम्बई

108/27.4.67 श्री संघरत्न जी महाकेश, वीपीओ—सारनाथ, वाराणसी

109/30.4.67 श्री मैनेजर जी, दिल्ली बुक कम्पनी, एम/12, कनॉट सर्कस, नई दिल्ली

110/30.4.67 श्री समद खाँ, गाँव—औझान, पोस्ट—कैस्परी, कानपुर

1. श्री बाबूलाल संखवार, गाँव—कमालपुर, पोस्ट—अकबरपुर, जिला—कानपुर, उत्तर प्रदेश
2. श्री मैनेजर साहब, दिल्ली बुक कम्पनी, एम/12, कनॉट सर्कस, नई दिल्ली-110001
3. श्री सम्पादक साहब, *दैनिक जागरण*, स्वरूप नगर, कानपुर सिटी, कानपुर, उत्तर प्रदेश
    1. श्री पेरियर ई.वी. रामास्वामी, वीलेज एंड पोस्ट ऑफिस तिरुची मद्रास स्टेट
    2. श्री मोहम्मद असरार अहमद साहब, डिप्टी मिनिस्टर, एल.एस.जी, नगर पालिका एंड हाउसिंग, लखनऊ सिटी, लखनऊ, उ.प्र.

111/30.4.67 श्री सम्पादक साहब, *दैनिक जागरण*, स्वरूप नगर, कानपुर, उ.प्र.

112/30.4.67 श्री सहदेव सिंह यादव, एम.एल.ए., वीपीओ—पाली खुर्द, इटावा

113/30.4.67 श्री सहदेव सिंह यादव, एम.एल.ए., वीपीओ—दारुलशफा, लखनऊ

114/30.4.67 श्री दमयन्ती बाई डोंगरे, मोहल्ला—इन्दौरा, जिला—नागपुर, महाराष्ट्र

115/3.5.67 श्री मैनेजर साहब, दिल्ली बुक कम्पनी, एम/12, कनॉट सर्कस, नई दिल्ली।

116/4.5.67 श्री गौरी शंकर आर्य अध्यापक, टी-स्टॉल, चाइना न्यू मॉल रोड, वीपीओ—रानीखेत, अल्मोडा

117/5.5.67 श्री मैनेजर साहब, ज्ञान कलेंडर कम्पनी, 11433 जी.टी. रोड

118/12.5.67 श्री सम्पादक जी, *भीम पत्रिका* हिन्दी, जालन्धर, पंजाब

119/12.5.67	1. श्री मैनेजर साहब, दिल्ली बुक कम्पनी, एम/12, कनॉट सर्कस, नई दिल्ली। जावक नं. 132/22.4.67, 143/30.4.67 के हवाले से जावाक नं. 149/3.5.67 1. श्री सहदेव सिंह यादव, एम.एल.ए., वीपीओ—पाली खुर्द, हेड पोस्ट ऑफिस-भरथना, जिला—इटावा, उत्तर प्रदेश 2. श्री सहदेव यादव, एम.एल.ए., दारुलशफा, लखनऊ, उत्तर प्रदेश 3. श्री दमयन्ती बाई डोंगरे, मोहल्ला—इन्दौरा, जिला—नागपुर सिटी, महाराष्ट्र
120/15.4.67	श्री गौरी शंकर आर्य अध्यापक, वीपीओ—माल रोड, पर्वाहकर्ता, जगदीश चन्द्र चादना न्यू चुंगी चौकी, अल्मोडा
122/15.5.67	श्री डिस्ट्रिक्ट मजिस्ट्रेट, कलेक्टर, कानपुर, उत्तर प्रदेश। नं. 154/15.5.67
123/23.5.67	श्री जगराम सिंह कुसुम, वेतन लेखा-कार्यालय, कुमायूँ सेंटर, वीपीओ—रानी खेत, अलमोड़ा
124/23.5.67	श्री ओमप्रकाश बसरत, ऑडिटर, पी.ए.ओ. (ओ-आनर्स), के.आर.सी., पोस्ट—रानी खेत, अलमोड़ा
125/23.5.67	अशोक होटल बेतिया हाना, गोरखपुर
126/2.6.67	श्री रामबाबू संखवार मास्टर, गाँव—जलालपुर, पोस्ट—मुहाना, कानपुर, उत्तर प्रदेश।
127/6.6.67	श्री प्यारे लाल, गाँव—धीरपुर, पोस्ट—बरीपाल, कानपुर, उत्तर प्रदेश 1. श्री गौरी शंकर आर्य, अध्यापक पर्वाहकर्ता, जगदीश चन्द, रानी खेत, अलमोड़ा 2. गौतम बुद्ध जयन्ती जम्मू एंड कश्मीर के लिए
128/6.6.67	श्री मुस्तसिरिनुल्ला साहेब, प्राइवेट दवाखाना, बनारसी बाग, लखनऊ सिटी, लखनऊ, उत्तर प्रदेश
129/6.6.67	श्री ए.जी. फरीदी, डॉक्टर फरीदी का दवाखाना, लालबाग, लखनऊ सिटी, लखनऊ, उत्तर प्रदेश
130/7.6.67	श्री दमयन्ती बाई डोंगरे, मोहल्ला—इन्दौरा, नागपुर सिटी, महाराष्ट्र
131/9.6.67	श्री व्यवस्थापक जी, अम्बेडकर समाज कल्याणकारी सभा, 6181, बस्ती हरफूल सिंह, सदर बाजार, दिल्ली-6
132/9.6.67	श्री इन्द्रमणि जैसवारा, 133/617, सुक्खापूर्वा, पोस्ट—किदवई नगर, कानपुर, उत्तर प्रदेश
133/13.6.67	श्री सुपरि. प्रिंटिंग एंड स्टेशनरी, डिपार्टमेंट, इलाहाबाद

134/25.6.67	रेडियो स्टेशन, कानपुर, उत्तर प्रदेश
135/25.6.68	रेडियो स्टेशन, लखनऊ, उत्तर प्रदेश
136/25.6.67	श्री आनन्दीलाल प्रजापति वाल्दा रोड कॉलोनी, निशातगंज, लखनऊ सिटी
137/25.6.67	श्री डॉ. कन्हैयालाल व श्री मधुर लाला, तिमकुनी, गाड़ीपुरा, पुन्नूलाल का चौराहा, शाहजहाँपुर सिटी
138/25.6.67	श्री मेघनाद मुहर्रिर, शाहजहाँपुर
139/25.6.67	श्री नेताजी मेश्राम, गाँव—मगर काठा, पोस्ट—बरघाट, सिवनी, मध्य प्रदेश
140/25.6.67	श्री घासी राम पुस्तकालय अध्यक्ष, वीपीओ—ओमी, भिंड, मध्य प्रदेश
141/27.6.67	श्री चन्द्रिका प्रसादा जिज्ञासु, 360/193, मातादीन रोड, सआदतगंज, लखनऊ
142/5.7.67	श्री जिला चुनाव अधिकारी, सिविल लाइन, कानपुर, उ.प्र.
143/5.7.67	श्री रामाधीन सिंह यादव, एम.एल.ए., 9-बी, दारुलशफा, लखनऊ, उ.प्र.
144/5.7.67	श्री मुस्तफा हुसैन, एम.एल.ए., कमरा नं. 33-बी, दारुलशफा, लखनऊ, उ.प्र.
145/5.6.67	श्री महेन्द्र सिंह यादव, जय हिन्द चबूतरा के ऊपर, उदयगंज, लखनऊ
146/5.6.67	श्री श्याम लाल, एम.ए., एल.एल.बी., एडवोकेट, एक्स-एम.एल.ए., सम्पादक *पूर्वी जिले,* बस्ती, उ.प्र.
147/5.6.67	श्रीमन परम आदरणीय महास्थविर बर्पी बुद्ध बिहार, चन्द्रपरिण, वीपीओ—कुशीनगर, देवरिया, उ.प्र.
148/5.6.67	श्री अशोक होटल, बेतिया हाता, गोरखपुर, उ.प्र.
149/10.7.67	सुश्री कुमारी दमयन्ती बाई डोंगरे, मोहल्ला—इन्दौरा, नागपुर, महाराष्ट्र
150/12.7.67	श्री पेरियार ई.वी. रामास्वामी जी, रचनाएँ, मद्रास सिटी से भेजें।
151/31.3.67	श्री बाबू मलखान सिंह आर्य, पोस्ट—जालौन, सिटी-जालौन, उत्तर प्रदेश
152/31.3.67	श्री डॉ. श्रीकृष्ण आजाद रोड, गिरधारीपुरा, वीपीओ—भवानी, पर्वाहकर्ता, आर्या बाबू, इटावा, उ.प्र.
153/31.3.67	श्री हरिचरण चौधरी, 442, कैथफुलगंज, कानपुर, उत्तर प्रदेश
154/31.3.67	श्री शिवनारायण सिंह उत्तम, 23/8, श्रमिक बस्ती, नवाबगंज, कानपुर, उत्तर प्रदेश

155/31.3.67	श्री मास्टर रामआधार, मिडिल स्कूल, वीपीओ—सिकन्दरा, कानपुर, उत्तर प्रदेश
156/1.9.67	श्री श्यामलाल एडवोकेट, एक्स एम.एल.ए., कचहरी, बस्ती, उ.प्र.
157/1.9.67	श्री रामस्वरूप वर्मा, एक्स वित्तमंत्री, कानपुर, उत्तर प्रदेश
158//1.9.67	श्री दीपनारायण सिंह, एडवोकेट प्रमुख विकास निवास, शादीपुर, खुर्द, फतेहपुर, उ.प्र.
159/9.8.67	श्री चौधरी चुन्नीलाल, एडवोकेट, मुहल्ला—बेली, अस्पताल के पास, इलाहाबाद
160/13.8.67	श्री हरिशचन्द्र सिंह, एडवोकेट, कचहरी, गुड़गाँव, हरियाणा
161/19.8.67	श्री चौधरी चुन्नीलाल, एडवोकेट, मोहल्ला—बेली, अस्पताल के पीछे, इलाहाबाद
162/19.8.67	श्री हरिश्चन्द सिंह, एडवोकेट, कचहरी, गुड़गाँव, हरियाणा
163/19.8.67	श्री रामस्वरूप वर्मा, एक्स वित्तमंत्री, पर्वाहकर्ता, श्री राव महेन्द्र सिंह वेल्यूलोशन इन्स. दफ्तर..., रॉयल होटल, लखनऊ
164/23.8.67	श्रीमती राजमाता साहेबा वाइफ ऑफ श्रीमन्त प्रवीणाचन्द्र भंजदेव, बस्तर, मध्य प्रदेश
165/23.8.67	श्री मोहन लाल बुद्धिस्ट, पोत्री रोड, पुलिस चौकी के सामने, वीपीओ—हल्द्वानी, नैनीताल
166/23.8.67	श्री अब्दुल मजीद खाँ, मकतब नौमानियां-बसेती, पोस्ट—डमलिया सुल्तानपुर, सीतापुर, उ.प्र.
167/23.8.67	श्री मैनेजेर साहब, *शब्द-लोक* प्रकाशन, 47 लाजपत नगर, वाराणसी-2
168/23.8.67	श्री मैनेजर साहब, कहानी लेखन महाविद्यालय, श्रीनिवासपुरी, नई दिल्ली-14
169/23.8.67	श्री दयाराम, नई बस्ती, पोस्ट—रामनगर, वाराणसी, उ.प्र.
170/23.8.67	श्री रामकिशोर मास्टर, वीपीओ—किछौछा, फैजाबाद, उ.प्र.
171/23.8.67	श्री मैनेजर साहब, आनन्द प्रोसेस स्टूडियो, 15/271, कृष्णा-भवन सिविल-लाइन, नियर कोर्ट, कानपुर, उ.प्र.
172/23.8.67	श्री भारत ब्लॉक मेकर्स, 28/103, फीलखाना, नील वाली गली, कानपुर, उत्तर प्रदेश
173/23.8.67	डॉ. श्री कृष्णा, गिरधारीपुरा, वीपीओ—भर्थना, इटावा
174/23.8.67	श्री शिवराम सिंह, अम्बेडकरवादी, गाँव व पोस्ट—इटावा, उ.प्र.
175/23.8.67	श्री मैकूलाल, भूतपूर्व प्रधान, वीपीओ—सहार, इटावा, उ.प्र.

176/29.8.67 श्री चौधरी चुन्नीलाल, एडवोकेट, हाईकोट नं. 29, टेलिफोन नं. 3628, मकान नं. 12 बेली, दफ्तर 24 वार्न हिल रोड, इलाहाबाद

177/29.8.67 श्री विभु विमल जी, बुद्ध विहार, चक्की पाट, आगरा, उ.प्र.

178/29.8.67 श्री भिक्षु शीलभद्र जी, बुद्ध विहार, पावर हाउेस के पास, मुहल्ला—मोतीगंज, पीपी-भर्थना, इटावा

179/29.8.67 श्री अनागारिक बुद्ध शरण पर्वाहकर्ता, श्री चुन्नी लाल बौद्ध किसान रहट फैक्ट्री, पिबियापुर रोड, वीपीओ—औरइया, इटावा

180/29.8.67 श्री अतरसिंह यादव, एम.एस.सी. (आ.जी.) सेल कंजरवेशन इंस्पेक्टर, ए.एस.सी., आई.एस.सी.टी. सेंटर, वीपीओ—मऊरानीपुर, झाँसी

181/1.9.67 श्री महेन्द्र राव दफ्तर खैकुई प्रापर्टी, रॉयल होटल, लखनऊ

182/1.9.67 श्रीमान डिस्ट्रिक्ट मजिस्ट्रेट एवं कलेक्टर, जिला—कानपुर, उत्तर प्रदेश

183/5.9.67 श्री शिवनारायण सिंह उत्तम, 23/8, श्रमिक बस्ती, नवाबगंज, कानपुर

184/5.9.67 श्री फूलचन्द बैंतड़ा (यादव), सहायक अध्यापक, गाँव—पीपल्दा कलाँ, पोस्ट—रामगढ़, तहसील—किशनगंज, कोटा, राजस्थान

185/5.9.67 श्री क्लर्क साहेब, बार एसोशियेशन, कचहरी, गुड़गाँव, हरियाणा

186/5.9.67 श्री मुन्नालाल कोरी, वीपीओ—तिर्वागंज, फर्रुखाबाद, उत्तर प्रदेश

187/5.9.67 श्री रामबाबू संखवार, गाँव—ररौंख, पोस्ट—खानपुर, कानपुर

188/17.9.67 श्री फूलसिंह बघेल (पाल), गाँव—आदि रौली, पोस्ट—मछंड, भिंड, मध्य प्रदेश

189/17.9.67 श्री व्यवस्थापक साहब, हिन्दुस्तान पब्लिकेशन हाउस, पार्टी नाका-27, बनारस

190/17.9.67 श्री भिक्षु बिमल जी, बुद्ध विहार, गौतम नगर, हन्नावाली गली, पोस्ट—छेदी टोला, आगरा

191/19.9.67 श्री डॉ. अंगने लाल, श्री डॉ. अम्बेडकर लायब्रेरी, 512/432, आर्य कन्या पाठशाला के पास, सिद्धार्थ पार्क के पास, निशातगंज, लखनऊ

192/19.9.67 श्री डॉ. माता प्रसाद, पी.आई., राजेन्द्र नगर, तकिया, लखनऊ

193/19.9.67 श्री श्रीपाद दामोदर सातवलेकर, वीपीओ—औध, पोस्ट—सतारा, महाराष्ट्र

194/19.9.67 श्री शिव प्रसाद सिंह यादव, 112 लालकुआँ, लखनऊ

196/5.10.67 श्रीमान डिप्टी मजिस्ट्रेट एंड कलक्टर साहब, कानपुर, उ.प्र.

197/17.9.67 श्री सुपरि. पुलिस देहाती क्षेत्र जिला—कानपुर

198/17.10.67 श्री सीनियर एस.आई.पी.पी.एस. एंड पी.ओ. रसूलाबाद, कानपुर

199/13.11.67 श्री नन्दलाल शर्मा, शर्मा वाच कम्पनी, वीपीओ—काकामऊ बाजार, इलाहाबाद

200/13.11.67 श्री बिहारी लाल मन्नीलाल, नयागंज, कानपुर, उ.प्र.

201/13.11.67 इंडियन इक्सटलीसिब्स लिमिटेड, फर्टीलाइजर एरिया ऑफिस, 12-बी, मॉल एवेन्यू, लखनऊ

202/15.11.68 श्री मैनेजर साहब, राज प्रिंटर्स पर्वाहकर्ता, पुराना पोस्ट ऑफिस, राजामंडी, आगरा

203/15.11.68 श्री जयपाल सिंह यादव, पम्मा का पूर्वा, गाँव—सिठऊमताना, पोस्ट—पूरन पूर्वा, कानपुर

204/15.11.68 श्री बाबूराम, वीपीओ—भसगाँव, मुस्करा, हमीरपुर

205/15.11.68 श्री प्रिंसिपल साहब लाइट ऑफ लाइफ पत्र व्यावहारिक स्कूल, चालीसगाँव, महाराष्ट्र

206/15.11.68 श्री रामसिंह यादव, गाँव—लालपुर, पोस्ट—कैथावा, इटावा

207/15.11.68 श्री रघुराजसिंह जाटव, जाटवपुरा, बल्लिया, बरेली

208/26.11.68 श्री सीनियर सुपरि. पु. कानपुर, कानपुर

209/26.11.68 श्री सीनियर सब-इंस्पेक्टर, पुलिस, पोस्ट एंड ऑफिस, मंगलपुर, कानपुर, उत्तर प्रदेश

210/28.11.68 श्री नेशनल लायब्रेरी, कलकत्ता

1. श्री सीनियर सुपरिंटेंडेंट पुलिस, कानपुर सिटी, उत्तर प्रदेश
2. ललई सिंह, अशोक पुस्तकालय, वीपीओ—झींझक, जिला—कानपुर, उत्तर प्रदेश
3. श्री सीनियर सब-इंस्पेक्टर पुलिस, पोस्ट एंड पोस्ट—मंगलपुर, जिला—कानपुर, उत्तर प्रदेश
4. तिरुपति भगवान श्री बालाजी, कलियुग में अवतार प्राप्ति रेनीगुंटा स्टेशन, जिला—आन्ध्र प्रदेश, कुशल मंडल

211/28.11.68 Cannemera Public Library Egmora, Madras-8 Tamilnadu

212/28.11.68 श्री सेंट्रल लायब्रेरी टाउन हॉल, बम्बई-1

213/28.11.68 श्री जे.सी. वर्मा, असिस्टेंट रजिस्ट्रार, ऑफिस ऑफ दी रजिस्ट्रार, न्यूजपेपर ऑफ इंडिया प्रेस विला, शिमला

214/28.11.68 श्री डायरेक्टर साहेब सूचना विभाग, बनारसी बाग, लखनऊ

215/29.11.68 श्री आनन्द प्रोसिस स्टूडियो, 15/271, कृष्णा भवन, सिविल लाइन, कानपुर, उत्तर प्रदेश

216/2.12.68 श्री अब्दुला गफ्फार, सहायक स्टेशन मास्टर, आर.एस. गोबिंदनगर, पूर्वोत्तर रेलवे, बस्ती, उ.प्र., बिल्टी नं. 545561/28.12.66, सरिता के लेख पढ़ लिए हों तो वापस भेजें। अन्यों को भी पढ़ाना है।

217/2.12.68 श्री बाबूराम वस्त्र विक्रेता, गाँव—कंचनपुर, पोस्ट—कदिराबाद, बस्ती

218/2.12.68 श्री चन्द्रिका प्रसाद 'जिज्ञासु', 360/193, मातादीन रोड, सआदतगंज, बिल्टी नं. 545604/2.12.68

219/3.12.68 श्रीमती बहन करतार देवी, समाज सेवा मेश्राम, दिल्ली गेट नं. 2 के पास, रोहतक, हरियाणा

220/3.12.68 श्री मलिखान सिंह, क्लर्क, पोस्ट—जालौन, वाया—उरई, जालौन, उत्तर प्रदेश

221/3.12.68 श्री सुन्दर लाल मास्टर, नरैनी रोड, वीपीओ—अतर्रा, बाँदा, उत्तर प्रदेश

222/3.12.68 श्री रामाश्चर्य यादव, गाँव—देवरामपुर, पोस्ट—घनश्यामपुर, जौनपुर, उत्तर प्रदेश

223/3.12.68 श्री हिन्दुस्तानी पब्लिशिंग हाउस, पोस्ट बॉक्स नं. 27, बनारस, उत्तर प्रदेश

224/4.12.68 श्री दीप नारायण सिंह एडवोकेट सुप्रीम कोर्ट, सादीपुर खुर्द, फतेहपुर

225/4.12.68 श्री छेदीलाल साथी, 48 कन्धारी बाजार, लखनऊ, उ.प्र., अगले राजनीतिक, सामाजिक, सांस्कृतिक आन्दोलन की तैयारी करते रहना है।

226/4.12.68 श्री लल्लू सिंह धारवान, वीपीओ—हांडामाईदास, बिजनौर

227/4.12.68 *खून के छींटें इतिहास के पन्नों पर* ले.—भगवत शरण आजाद, कीमत 2.50 भेजें। रजि. उत्तर प्रदेश 1. मैं अस्वस्थ हूँ 10.12.68 को नहीं आ सकता, 2. आपकी इच्छानुसार श्री साथी जी को पत्र लिख दिया है। 3. पुन: मीटिंग की 90 बिल्ट दिनांक : 30.11.68 के अनुसार मुसलमान के जलावे जाने की घटना छापें। 4. श्री दीपनारायण सिंह के इलाके में अल्पसंख्यक मीटिंग रखें। 2. *नागयज्ञ* 2 *अँगुलिमाल,* 50 *बगावत का राही,* रजि. उत्तर प्रदेश जावक नं. 68/6.12.68

228/7.12.68 श्री नारायण प्रसाद यादव, 33/16, कत्था कोठी, नवाबगंज, कानपुर, उत्तर प्रदेश

229/7.12.68 श्री बच्चन लाल, गाँव—कढ़ोरे का पूर्वा, पोस्ट—ककोर, इटावा

230/7.12.68 श्री रामदयाल सिंह, नरवासा, वाया—गुदड़ी, इटावा

231/9.12.68 श्री बहन करतार देवी, प्रेसीडेंट खेतिहर मजदूर संघ, प्रेसीडेंट अम्बेडकर, एजुकेशन, रोहतक, हरियाणा

232/9.12.68 श्री डॉ. चन्द्रिका प्रसाद, सोसाइटी, मुख्य संपादिका *क्रान्तिकारी बिगुल*, गाँव—लक्ष्मणपुर, सीतापुर, उत्तर प्रदेश

233/9.12.68 श्री नाथूराम धनगर, बी.डी.ओ., ब्लॉक रसूलाबाद, पोस्ट—रसूलाबाद, कानपुर, उत्तर प्रदेश

234/9.12.68 श्री शिवनारायण सिंह उत्तम, 23/8, श्रमिक बस्ती, नवाबगंज, कानपुर, उत्तर प्रदेश

235/9.12.68 श्री रामपाल सिंह यादव, वीपीओ—सिरमरा, कानपुर, उत्तर प्रदेश श्री नागसेन अनागारिक नहीं आए, मैं इसलिए आपके पास नहीं आया।

236/11.12.68 श्री प्राणनाथ जी, आनन्द प्रोसिस स्टूडियो, 15/271, कृष्णा भवन, सिविल लाइन, कानपुर, उत्तर प्रदेश

237/16.12.68 श्रीमान प्रधानाचार्य जी, मौर्य विद्यालय, वीपीओ—सरसौल, जिला—कानपुर, उत्तर प्रदेश

238/16.12.68 श्री अनार्य जी, 454/10, सराय, पटना, बिहार

239/16..12.68 श्री राव महेन्द्र सिंह, जय हिन्द चबूतरा, उदयगंज, लखनऊ, उत्तर प्रदेश

240/16.12.68 श्री नारायण प्रसाद यादव, एम.ए., 3-ए,16 कत्था कोठी, नवाबगंज, कानपुर, उत्तर प्रदेश

241/18.12.68 श्री दीनदयाल विरागी, बी.ए., कार्यालय, मूल भारतीय जागरण, राजेन्द्र नगर, वीपीओ—उरई, जालौन, उ.प्र.

242/21.12.68 श्री रामेश्वर दयाल बौद्ध, आत्मज हरजू लाल, ग्राम—नवादा, गाँव—इंदेपुर, पोस्ट—रौतसर कोठी, शाहजहाँपुर, उ.प्र.

243/21.12.68 श्री नवजिकखां, सेनेटरी इंस्पेक्टर, प्राथमिक स्वास्थ्य केन्द्र, वीपीओ—गोहांड, हमीरपुर

244/21.12.68 श्री नारायण प्रसाद साहब, 3-ए/16, कत्था कोठी, नवाबगंज, कानपुर, उत्तर प्रदेश

245/21.12.68 श्री शिवराज सिंह मेहरा, गाँव—टाना, यही चौगाँव, पोस्ट—पिताखोली, अलमोड़ा

246/25.12.68 श्री बाबू मलखान सिंह, क्लर्क पोस्ट ऑफिस, पोस्ट—जालौन, गाँव—उरई, जालौन, कल्याणी, 102 तोपखाना, जिला—जालौन

247/25.12.68 श्री चुन्नी लाल बौद्ध, किसानरदर फैक्ट्री (पिबयापुर रोड), वीपीओ—औरइया, जिला—इटावा

248/31.12.68 श्री मैनेजर साहब, दिल्ली बुक कम्पनी, एम/12, कनाट सरकस, नई दिल्ली-110001

249/31.12.68 श्री डॉ. मानसिंह आर्य, आर्य मेडिकल हॉल, वीपीओ—रसूलाबाद, कानपुर, उत्तर प्रदेश

250/28.12.68 श्री किशोरी लाल अटल, मंत्री, सि. पार्टी, वीपीओ—अलीगंज, एटा, उत्तर प्रदेश

251/30.12.68 श्री मैनेजर साहब, दिल्ली बुक कम्पनी, एम/12, कनाट सरकस, नई दिल्ली-110001

रुपये 112 पैसे 50, प्रेषक का नाम व पूरा पता—श्री ललई सिंह यादव, अशोक पुस्तकालय, वीपीओ—झींझक, नॉर्दर्न रेलवे, जिला—कानपुर, उत्तर प्रदेश

252/31.12.68 श्री कलेक्टर एवं डिस्ट्रिक्ट मजिस्ट्रेट, कानपुर, उत्तर प्रदेश

253/31.12.68 श्री हलीमुद्दीन राहतौलाई, एक्स एम.एल.ए., मोहल्ला—डहरिया, मुरादाबाद, उ.प्र., किताबें पढ़ ली हों तो वापस भेज दें। दूसरों को भी पढ़ने के लिए भेजना है।

254/31.12.68 श्री शिवनारायण साहू, 88/18, प्रेम नगर, कानपुर सिटी, उत्तर प्रदेश

255/31.12.68 श्री बाबू तिलक चन्द कुरील, कारपोरेटर, परमट, कानपुर, उत्तर प्रदेश

256/31.12.68 श्री रामजीराव, एम.पी., वीपीओ—टाडा, हरदोई सिटी

257/31.12.68 श्री छेदी लाल साथी, एम.एल.ए., 84 कन्धारी बाजार । अगली मीटिंग मेरठ में होगी।

258/31.12.68 श्री गया प्रसाद प्रशान्त, 552/2, राजेन्द्र नगर, लखनऊ, उत्तर प्रदेश

259/31.12.68 श्री संघप्रिय गौतम, एडवोकेट, विजय भवन (डिस्ट्रिक्ट—बोर्ड के पीछे), बुलन्दशहर सिटी, उत्तर प्रदेश

260/31.12.68 श्री बेली (जिला अस्पताल के पीछे), इलाहाबाद सिटी, उत्तर प्रदेश

261/31.12.68 श्री माधोराम जौहर, रिपब्लिकन, सिविल लाइन, हरदोई सिटी, उत्तर प्रदेश

262/31.12.68 श्री रामजीराम, एम.पी., वीपीओ—टांडा, जिला—फैजाबाद, उत्तर प्रदेश

263/31.12.68 श्री छेदीलाल साथी, एम.एल.सी., 8 कन्धारी बाजार, लखनऊ सिटी, उत्तर प्रदेश, इस बार की परम पूज्य बाबा साहब डॉ. अम्बेडकर जयन्ती में मैं कुछ नई किताबें वितरण के लिए ला रहा हूँ। धन्यवाद!

264/31.12.68 श्री बाबू तिलक चन्द कुरील, कारपोरेटर, मुहल्ला—परमट, कानपुर सिटी, कानपुर, उत्तर प्रदेश दो प्रतियाँ *एकलव्य* नाटक मद जी.ए. नोज-455/9.11 दिनांक : 17.4.11/जचसबर रजिस्ट्री झींझक/31.12.68 1. आपने अलीगढ़ में 15.12.68 को किताबें बेचने के लिए जाने की इजाजत नहीं दी। 2. पारस ऑन पाकिस्तान भेजें। 3. 500 + 650 जुमल पोस्ट—साटी, 1150, पालियामेंट्री बोर्ड से दिलावें। पालियामेंट्री बोर्ड से 500 + 650 = 1150 दिलावें।

265/31.12.68 श्री चौधरी चुन्नी लाल एडवोकेट, मुहल्ला—बेली (डिस्ट्रिक्ट—अस्पताल के पास), इलाहाबाद, उत्तर प्रदेश

266/31.12.68 श्री मानसिंह बौद्ध अम्बेडकर भवत, रानी झाँसी रोड, नई दिल्ली

267/31.12.68 श्री मैनेजर साहब, हिन्दी प्रचारक पुस्तकालय, वाराणसी-1

268/31.12.68 श्री होम सेक्रेटरी साहब, होम डिपार्टमेंट, लखनऊ

269/31.12.68 श्री रामजीराम एम.पी., टांडा, फैजाबाद

270/31.12.68 श्री बी.पी. मौर्य, एक्स-एम.पी., 20 विंडसर प्लेस, नई दिल्ली

271/31.12.68 श्री बी.पी. खोब्रागडे, एम.पी., जिला—चाँदा, महाराष्ट्र

272/31.12.68 श्री बी.के. गायकवाड, एम.पी., 15 जनपथ, नई दिल्ली सन् 1962 वाले 500 हाथी सिम्बल वाले पार्लियामेंट्री बोर्ड से दिलावें। 66-20 जो कि 23.5.68 को अपने दिये थे, घटाकर 46 रुपये 14.4.69 को मनी ऑर्डर द्वारा भेजें। *मौत के पंजे में* लेखक—आचार्य चतुरसेन शास्त्री वाली प्रति भेजें।

273/31.12.66 *वीर संत माया बलिदान,* 155/15.5.67 *शोषितों पर धार्मिक डकैती,* 47/1.9.68 *शम्बूक वध,* 65/1.10.68 *सच्ची रामायण,* 66/5.10.68 *नाग यज्ञ* की रसीदें श्री कलेक्टर साहब, कानपुर से भिजवावें। प्रोग्राम 11.1.69 से 4.2.69 तक का भेजें।

274/31.12.68 श्री ठाकुर लल्ला बाबू, वीपीओ—झींझक, कानपुर, उत्तर प्रदेश मैं चुनाव प्रचार में जा रहा हूँ। जो किताबें चाहिए हों—शीघ्रातिशीघ्र एक्सप्रेस सूचना दें। .10

यदि 18-19 जनवरी, 1969 को न आ सका तो मनीऑर्डर 10 रुपये भेजूँगा। सरिता के रीप्रिंट लेख वापस कर जाइएगा। 0.10

शंकर गंगा राम, मिस्साल नेवल डोकयार्ड मिल राइट शॉप, सेंटर नं. 245.13 टिकट नं. 2025, बम्बई नं. 1 पोरबन्दर, बोरीवली से सिद्धार्थ कॉलेज (बुद्ध भवन) आउटर रोड, बम्बई नं. 1, डी.ए. इन्दौरा, दमयन्ती बाई डोंगेरे, सेवन्ता बाई, सर्वोदय बाई पाँच पावली बनारस 14.9.71 = बहेड़ा कांड = दो दलितों के जान से मरे + निरीह बच्चे + लड़की + 14 पुरुष सख्त घायल हुए। 150 लठ बंद ठाकुरों ने 4 बजे शाम से 5 बजे के भीतर दलितों के घरों में आग लगा दी।

डिस्पेच नं. 341,343,344,345/ दिनांक : 8 फरवरी, 1971 ई. को टेलीफोन करके सम्बन्धित नकलें दिलाएँ। ग्राम—सलेम, जिला—मदुराई (तामिलनाडु) की दिनांक : 24 जनवरी की घटना जो *दैनिक जागरण* 12 फरवरी, 1971 ई. पेज नं. का 1,2,3,4 बृहस्पतिवार एडोटोरियल लिखें, सूर्पणखा, विरुपणा तथा ताड़का, बाली, रावण वध, होलिका दहन बन्द हो।

साल समाप्ति पर सभी ग्राहकों और पाठकों को धन्यवाद। सब सुखी एवं स्वस्थ रहें। सबको नए साल की हार्दिक बधाई। सबको धन्यवाद।

आप सबका—पेरियार ललई सिंह

1/26.12.70 श्री खगेंद्र विश्वास, 1-ए, राजा बसन्त राय रोड, (रास बिहारी एवेन्यू के निकट), कलकत्ता-26, पत्र 1165, पत्रों, जवाबी पत्रों का उत्तर नहीं दिया।

2/26.12.70 श्री रमेशचन्द्र मंडल, एच.ए.; एल.एल.बी., एडवोकेट हाई कोर्ट, कलकत्ता-2, पत्र संख्या 1166, पत्रों, जवाबी पत्रों का उत्तर नहीं दिया। + बशरद नं. 2

4/26.12.70 श्री रमेशचन्द्र एडवोकेट, 85, बरियापाढ़ा लैन, नियर आलम बाजार, कलकत्ता-35, पत्र 1167, पत्रों, जवाबी पत्रों का उत्तर नहीं दिया। + बशरद नं. 4

6/26.12.70 श्री हेमन्त कुमार हलधर, 4 बेदिया डांग मस्जिद बाड़ी लेन, कलकत्ता-39, पत्र 1168, पत्रों, जवाबी पत्रों का उत्तर नहीं दिया।

7/26.12.70 श्री पलकधारी, टी. मरी रोड, कलकत्ता-44, पत्र 1169, पत्रों, जवाबी पत्रों का उत्तर नहीं दिया।

8/26.12.70 श्री श्याम मंडल, 59-सी, काकरमाछी रोड, कलकत्ता-54, पत्र 1170, पत्रों, जवाबी पत्रों का उत्तर नहीं दिया।

9/26.12.70 श्री रुतिराम गौतम (इलाहाबाद वाले), डॉ. अम्बेडकर सेवा संघ, 6 विजय कुमार मुखर्जी रोड, मलकिया, हावड़ा, 30 रुपये, पत्र 1171, 30 रुपये जमा, पन्ना नं. 6

10/26.12.70 श्री सेक्रेटरी वेस्ट बंसल शिड्यूल्ड कास्ट फेडरेशन, 66 गिरीश घोड़ा रोड, हावड़ा, पत्र 1172, पत्रों, जवाबी पत्रों का उत्तर नहीं दिया। बशरद नं. 10

12/26.12.70 श्री मुरली बौद्ध, नेशनल जूट कम्पनी, लाइन नं. 15, क्वार्टर नं. 34, पोस्ट—बानीपुर, हावड़ा, 25 रुपये, पत्र 1173, 25 रुपये जमा, पन्ना नं. 6

13/26.12.70 श्री विमल देव बौद्ध, नेशनल जूट कम्पनी, लाइन नं. 17, क्वार्टर नं. 68, पोस्ट—बानीपुर, हावड़ा, पत्र 1174, पत्रों, जवाबी पत्रों का उत्तर नहीं दिया।

14/16.2.70 श्री लक्ष्मी नारायण, मार्केटिंग ऑफिसर, ऑफिसर रीजनल एगमार्क लेबोरेटरी, राजकोट (गुजरात), पत्र 477, पत्रों, जवाबी पत्रों का उत्तर नहीं दिया।

श्री बाबू लाल जैसवार पर्वाहकर्ता, श्री कलकत्ती, मानिकलता, नवाबगंज, इच्छापुर, चौबीस परगना, कलकत्ता, पत्र 1175, डाक से वापस।

15/26.12.70 श्री सन्तोष कुमार 'मल्लिक', लक्ष्मी नारायण कॉलोनी, दमदम, चौबीस परगना, कलकत्ता, पत्र 1176, पत्रों, जवाबी पत्रों का उत्तर नहीं दिया।

16/26.12.70 श्री जे.एन. हलधर, 9 स्टेशन रोड, भाटपाढ़ा, चौबीस परगना, पत्र 1177, पत्रों, जवाबी पत्रों का उत्तर नहीं दिया।

17/17.2.70 श्री रामचन्द्र कठेरिया, गाँव—दयानतपुर, पोस्ट—कौंधी, कानपुर, दस्ती, पत्रों, जवाबी पत्रों का उत्तर नहीं दिया।

+ श्री सिकन्दरदास, एलायलेंस जूट मील, लाइन नं. 1, जगदल, चौबीस परगना, पत्र 1178/26.12.70, डाक से वापस।

18/26.12.70 श्री नागेन्द्र नाथवाला, गाँव—बाडना, पोस्ट—बगुला, नदिया, पत्र 1179, पत्रों, जवाबी पत्रों का उत्तर नहीं दिया।

19/26.12.70 श्री झगड़ू सरदार, बाड़ी वाला, तेतुलतल्ला, हरी नाथपुर रोड, उत्तर पाढ़ा, हुगली, पत्र 1180, पत्रों, जवाबी पत्रों का उत्तर नहीं दिया।

20/26.12.70 श्री कल्लू बाड़ीवाली, 31 साम सागर, मुकर्जी लैन, उत्तर पाढ़ा, हुगली, पत्र 1181, पत्रों, जवाबी पत्रों का उत्तर नहीं दिया।

21/30.12.70 श्री राजाराम संखवार, ए.एस.एम., आर.एस.कुकरा एन.ई.आर., खीरी, पत्र 1184, पत्रों, जवाबी पत्रों का उत्तर नहीं दिया।

2701/23.10.71 श्री डॉ. शिव कुमार गौतम, एम.पी.एच., सीतापुर, 1 *सच्ची रामायण* 2.50 और *सच्ची रामायण की चाभी* 2.50, *पोल प्रकाश* 2.50, *रविदास के लिए* 5 पेशगी भेजिएगा।

2702/23.10.71 श्री एन.बी. अम्बेडकर टेलर, मंगलवारी वार्ड, वीपीओ—रामटेक, नागपुर, 5 पेशगी भेजें। 0.10

2703/23.10.71 श्री गोपीचन्द सुमन, वीपीओ—पैंतखेडा, वाया—जमुनाब्रिज, आगरा, कुछ मदद करें। 0.10

2704/23.10.71 श्री वतर स्वरूप राहुल, मं.नं. 12/44, पुराना गोविन्दपुरा एक्स-एफ, परवाना रोड, डॉ. कृष्णा नगर, श्री मानसिंह बौद्ध से 21 दिलवाएँ। 0.10

2705/23.10.71 श्री माधोराव जौहर, सिविल लाइन रोड, हरदोई, ई.एस.एन./आर। 0.10

2706/23.10.71 श्री रघुनंदन प्रसाद विद्यार्थी, भीम नगर, महानगर गेट, वीपीओ—कासगंज, एटा, 17, 27, 28, बी-4, रिया 30 पावें। धन्यवाद। 0.10

2707/23.10.71 श्री ए.के., अखिल भारतीय डॉ. अम्बेडकर सेवा संघ, शाखा-18 भोट बागान, घुसुडी, हावड़ा, 38-घ, 21-ङ, डॉ. रिमा., जं.

2708/23.10.71 श्री शिवनाथ दास, वीपीओ—सुकृत, मिर्जापुर, कंधी गंगावें। जं.बनारस = 26.10.71 = हड़ौरा कांड = 2 सिपाही + 2 तेली + 2 हरिजन मरे। बनारस सन् 1971 डॉ. सम्भूनाथ सिंह मौर्य, गाँव—उत्तरवाँ को पुलिस बनारस में जान से मार डाला। 459.30

2709/23.10.71 श्री डॉ. कन्हैया लाल, पुन्नूलाल, गाड़ीपुरा, चित्रकुटी, शाहजहाँपुरा, बी-4/4 रिमा. ज.

2710/23.10.71 श्री डॉ. श्री कृष्णा, कुछ मदद करें। 0.10

2711/23.10.71 श्री हेमवती नन्दन बहुगुणा मिनि. गेसल डिपार्टमेंट, भारत सरकार, नई दिल्ली, शिकायत पोस्टमैन, पोस्ट—पूरा, तहसील—बिल्दौर, श्री राम प्रसाद कुरील की बी.बी. अनपेड वापस की। रजि.1।35

2712/23.10.71 श्री पोस्टमास्टर जनरल, लखनऊ, शिकायत पोस्टमैन, पोस्ट—पूरा, तहसील—बिल्दौर, श्री राम प्रसाद कुरील की बी.बी. अनपेड वापस की। रजि.1। 0.15, 0.10

2713/23.10.71 श्री सुपिरिंटेंडेंट पोस्टल डिपार्टमेंट, बडा डाकखाना, कानपुर, शिकायत पोस्टमैन, पोस्ट—पूरा, तहसील—बिल्दौर, श्री राम प्रसाद कुरील की बी.बी. अनपेड वापस की। रजि 0.10

2714/23.10.71 श्री राम प्रसाद कुरील सी.पी. खुशीराम कढिया, गाँव—पलिया बुजुर्ग, पोस्ट—मकनपुर, तहसील—बिल्हौर

2715/26.10.71 श्री एस.बी. कुरील, कानपुर, 25 शेष धन्यवाद, 176/17, 27, डी. 0.10 एम.एल. डार्लिंग (प्रसिद्ध अर्थ शास्त्री) ने कहा, कि अंग्रेज क्रिकेट के शौकीन हैं। भारतीयों में ग्रह-कलह है। झगड़ालू।

2717/26.10.71 श्री मुंशी लाल

2718/26.10.71 श्री लखा लाल, टिकट कलेक्टर, इलाहाबाद

2719/26.10.71 श्री सुजान राव महाद जी, गाँव—हिस्बन खुर्द, पोस्ट—हिस्बन, बुजुर्ग, *हेड पोस्ट, जालान,* औरंगाबाद, *पोस्ट—झींझक नं.* 1530/28.10.71

2720/26.10.71 श्री राम सिंह तुर्क रामदास, गाँव—पृथ्वीपुर, पोस्ट—बेला, इटावा, नकल बीजक नं. 83/26.10.71

2721/26.10.71 श्री राम मनोहर गौड़ पर्वाहकर्ता, एलकस सेल्स कॉरपोरेशन प्रा.लि., एम्पाक हाउस, तीसरी मंजिल, डॉ. डी.एन. रोड, नकल बीजक नं. 84/29.10.71

2722/26.10.71 श्री रामहर्ष गोंड जनरल इंश्यूरेंस सोसाइटी लिमिटेड, 232, डॉ. दादा भाई नौरोजी रेाड, पोस्ट बॉक्स नं. 616, कोर्ट बम्बई, नकल बीजक नं. 85/29.10.71

2723/26.10.71 श्री व्यवस्थापक जोशी अखिलो खंडे प्रकाशन, सदाशिव पैंठ, रिफ्यूज्ड 6.11.71, प्राप्त 12.11.71, पूना-2, पोस्ट—झींझक मनी ऑर्डर नं. 4237/29.10.71, 4.30 रवाना है। अश्पृश्यता पुलि वार्ग भेजें।

2724/26.10.71 श्री बनवारी लाल यादव, एडवोकेट, हाई कोर्ट, 578, मम्फोर्डगंज, (निगम साहब) के चौराहा के पास, इलाहाबाद, मुकदमों की खबर दें।

2725/29.10.71 श्री डाल सिंह, गाँव—निजामाबाद, पोस्ट—छाछा, मैनपुरी, 19 पावें। धन्यवाद। एक कॉपी और मँगावें।

2726/29.10.71 कुमारी कृष्णा कुमारी यादव पर्वाहकर्ता, सुधीर सिंह यादव, 28/1, बरसरामगली, गोकुल पुरा, आगरा

2727/29.10.71 श्री मनोहर लाल यादव. बजरंग भवन, मार्केट स्ट्रीट, वीपीओ—सिकन्दराबाद, आन्ध्र प्रदेश

2728/29.10.71 श्री बनवारी लाल यादव, पुस्तक भंडार, बीकानेर

2729/29.10.71 श्री बिन्दा प्रसाद सिंह यादव, डिप्टी कलेक्टर ऑफिसर्स क्वाटर, कानपुर

2730/29.10.71 श्री बेनी माधव दास, पोनी यादव, बाबा राहटर, शिवाजी पार्क के सामने, अकोला

2731/29.10.71 श्री हरिश्चन्द्र प्रसाद यादव, यादव सदन, 52/26-ए, नई बस्ती, गड़ोदिया रोड, नई दिल्ली-5

2732/29.10.71 श्री केसरी राव मोहर सिंह यादव, सुल्तान पाडा, वीपीओ—रेवाड़ी, गुड़गाँव

2733/29.10.71 श्री दौलतराम सहजपाल, काली कम्पनी, वीपीओ—कुरुक्षेत्र, करनाल, 1-नया पेज, 5/-

2734/29.10.71 श्री खुर्रमदास एडवाकेट, हरदोई

2735/29.10.71 श्री लाखन राय तूफानी, बदायूँ, 20-ख, 21-ख, 26-ख, 27-ए

2736/29.10.71 श्री जमुना प्रसाद, सहायक अध्यापक, गाँव—कुडिला, पोस्ट—जमनियाँ, गाजीपुर, 29.5.71 को यह रुपया किसने प्राप्त किया लिखें। बीजक नं. 43/11.8.71 की भूल कब दिए रुपये।

2737/29.10.71 श्री बलराम तार बाबू, नॉर्दर्न रेलवे (बड़े स्टेशन की छत के ऊपर), इलाहाबाद

2738/29.10.71 श्री सुरेश चन्द्र, बी.एसी, पीएमएस, धोसी (बस स्टेशन के पास), आजमगढ़, 34-ख

2739/29.10.71 श्री चन्द्र प्रकाश, 64, कटरा खुदावार खाँ, सआदतगंज, लखनऊ-3, सूची पत्र .20

2740/29.10.71 श्री आर.जे. काम्बले, विश्वास पुस्तकालय, सरकारी दवाखाना के सामने, चन्द्रपुर, महाराष्ट्र, सूची पत्र .20

2741/31.10.71 श्री निमजीभाई एंड कम्पनी, 98, नया गाँव क्रास स्ट्रीट, दादर, बम्बई-14, सूची पत्र .20

2742/31.10.71 श्री टी.आर. पगारे, सुगत बुक डिपो, कमाल टॉकीज, चौक, नागपुर-2, सूची पत्र .20

2743/31.10.71 श्री चेतराम यादव, ब्लॉक नं. 7/19, नगर महापालिका, कॉलोनी, लोहिया नगर, कानपुर, कुशल पत्र .20

2744/1.11.71 श्री राम आसरे बौद्ध सी.एस.के. नई बस्ती, वीपीओ—मनौरी, इलाहाबाद, श्री भाई लाल बौद्ध से कुछ दिलावें। .20

2745/31.10.71 श्री तुलसीराम ठेकेदार, मकान नं. 10, वार्ड नं. 31, मोहल्ला—तिली, पोस्ट—आर.जी.टी. कॉलेज, सागर

2746/31.10.71 श्री मंगलदास कुरील, गाँव—पाठक खेड़ा, गाँव—भोजपुर, तठारेली, रिया. 84, 17-क, श्री हीराला डूडी वाले की दुकान भोजपुर वाले, कायनतर नहीं ग्राम 25/- भेजें।

2747/31.10.71 श्री चौ. कल्लूदास कुरील, गाँव—जुड़वाखेड़ा, आरक्यू-दौलतपुर, 25/- भिजवाएँ, श्री मंगल दास से।

2748/31.10.71 श्री चौ. दुईल कुरील, गाँव—चिन्ताखेड़ा, पोस्ट—दौलतपुर, 25/- भिजवाएँ, श्री मंगल दास से।

2749/1.11.71 श्री सीताराम शास्त्री, सेक्रेटरी डॉ. अम्बेडकर जन कल्याण पुस्तकालय, लोको कॉलोनी, क्वा. नं. 3730, वाराणसी, सूची पत्र रवाना है। .20

2750/1.11.71 श्री डी.डी. वाघमारे, वीपीओ—मुगलसराय, बी.डी.डी. चाल नं. 98, रूम नं. 46, दुसरा माला, वर्ली, मुम्बई-18, जवाब नहीं आया। रिया. नम्बर 2892/9.12.71, श्री चां. भा. खैरमोई, 1478-अ हिन्दू कॉलोनी दादर मुम्बई-14, कृत *अम्बेडकर चरित्र* का मूल्य भेजें।

2751/2.11.71 श्री राधेश्याम मास्टर, गाँव—चक्के, पोस्ट—कुरील चक्के, जौनपुर, 5/- क्या किया? + विवाह-1/- + जीवन 3/- संघर्ष है। 5/- पेशगी भेजें।

2752/2.11.71 श्री बुद्धि सागर कुरील, पोस्ट—क्लर्क हैड, पोस्ट—उरई, जालौन, पोल प्रकाश 5.50/- + *सच्ची रामायण* 2.50/- है। 5/- पेशगी भेजें।

2753/2.11.71 श्री मुन्नी लाल विशारद, गाँव—लोही, पोस्ट—खन्देवरा, इलाहाबाद, रिया. 39-क

2754/2.11.71 श्री आशा राम 'रवि', पिवारी, पोस्ट—अजहेरा, एटा, रिया. बी-4-29, 30 एंड एस.एच-11-12

2755/2.11.71 श्री बाबू लाल बौद्ध, गाँव—लाल बाहरा, पोस्ट—अम्बेला, एटा, रिया 36-क

2756/2.11.71 श्री गनपत लाल, प्रेमी, बढ़वन गली, वीपीओ—भावनगंज, फहारयाबाद, रिया-34-ग

1, दिसम्बर, 1971 स्टेटमेंट लिखा कि कलकत्ता के जतार हॉस्पिटल में अछूत होकर सवर्ण ने ऑपरेशन नहीं कराया।

2757/3.11.71 श्री संकटे लाल, रिपब्लिकन लीडर, वीपीओ—जिजुरा हैड पोस्ट—कायमगंज, फर्रुखाबाद, रिया 34-क

2758/3.11.71 श्री देथरी बाबा, गाँव—ललई, पोस्ट—शम्भू नगर, फर्रुखाबाद

2759/3.11.71 श्री वीर सिंह, एडवोकेट कलेक्ट्रेट, फर्रुखाबाद, रिया 38-क

2760/3.11.71 श्री नमते शांतारक्षक पर्वाहकर्ता, श्री मानसिंह बौद्ध, अम्बेडकर भवन, रानी झाँसी रोड, नई दिल्ली, सत्य की खोज भेजें, रजिस्ट्री द्वारा

2761/3.11.71 श्री निरंजन लाल अम्बेदी, 25 मटियारा, पोस्ट—दारागंज, इलाहाबाद, रिया. 40-ङ

2762/3.11.71 श्री ओमप्रकाश अनुरागी, 112, हौली की गली, बैरझा, इलाहाबाद, रिया. 40-ङ

2763/3.11.71 श्री डॉ. रामजियावन धीर, इंडस्ट्रियल लेबर कॉलोनी, क्वा. नं. 45 के सामने, वीपीओ—नैनी, रिया-30-अ

2764/3.11.71 श्री आचार्य तुलीस बड़ा श्वेताम्बर जैन मन्दिर, जयपुर, किताब मनि. परीक्षा भेजें।

2765/4.11.71 श्री आचार्य तुलसी बड़ा दिगम्बर जैन मन्दिर, जयपुर, बशरह नं. 2764

2766/4.11.71 श्री विश्व नाथ पहलवान, गाँव—भवनपुर, तहसील—महेरा, कानपुर, डी-43, 25/- भेजें।

2767/4.11.71 श्री होती लाल विद्यार्थी, इटावा, रिया. 27-अ

2768/4.11.71 श्री विजय बहादुर, इटावा, रिया. 26-अ

2769/4.11.71 श्री बृजपाल सिंह जिया, अलीगढ़, रिया.26-अ

2770/4.11.71 श्री टी.एम. कुमार, मेरठ, 20-एच, 29-अ, 80/-

2771/4.11.71 श्री मुंशी लाल गोल, एटा, 17-अ

2772/4.11.71 श्री रोशन लाल, मुरादाबाद, 15-अ

2781/7.11.71 श्री संगीता सरदार

2782/7.11.71 श्री राजाराम बौद्ध

2783/8.11.71 श्री सिद्धि नारायण सिंह पाथव, सी-7/59, सेनपुरा, घोडा अस्पताल के पीछे, फोन नं. 66171

2784/8.11.71 श्री एक्रेलाल, गाँव—जिजपुरा, सी.पी. श्री कत्य दरबारी लाल, पोस्ट—नेनियागंज, वीपीओ—कायमगंज

2785/8.11.71 श्री मूलचन्द भारतीय, भीमनगर, जाटवपुरा

2786/8.11.71 श्री मोहन लाल

2787/8.11.71 श्री इन्द्रपाल गौतम

2788/8.11.71	श्री रामसुन्दर, गाँव—सवरूम, पोस्ट—मियाँपुर इलाहाबाद रजि. द्वारा, बुक नं.12-अ, पोस्ट चौक कानपुर, रजि. नं. 70/11.11.71
2789/12.11.71	श्री चन्दन चौधरी, 19 बेली (गाँव), इलाहाबाद, वजन 100 ग्राम, साधारण रजि. *अँगुलिमाल,* पोस्ट—झींझक, रजि नं. 90/12.11.71, 1.10
2790/12.11.71	श्री के.पी. सिंह, डायरेक्टर चकबली, आजमगढ़ वजन 25 ग्राम, जसपी रजि. धर्मपरिवर्तन, पोस्ट—झींझक, रजि. नं. 90/12.11.71
2791/12.11.71	श्री शिवनाथ दास, मिर्जापुर, 15.11.71 को वी.पी. भेजें, 25/- की होती।
2792/12.11.71	श्री खुशीराम कटियार, गाँव—बुजुर्ग, कानपुर, कभी मिलूँगा, 0.10
2793/12.11.71	श्री व्यवस्थापक जोशी आणि लोखंडे प्रकाशन सदाशिव पेठ, पूना-2, 35622 पाँच मुक्ति संग्राम भेजें, मेरा मनी ऑर्डर डिस्पे. नं. 2723/29.10.71, पाल 4.11.71 को रिफ्यूज्ड होकर आजीवन मिला।
2794/12.11.71	श्री सुपरिं. पोस्टल डिपार्टमेंट, लखनउ सिटी, श्री ब्रह्मप्रकाश सचिव परिवीक्षक शिक्षा परिषद, लखनऊ के बंगले वाला लेटर बॉक्स, सड़ गया है। बदलवाया जावें।
2795/12.11.71	श्री लखनलाल, टिकट कलेक्टर, 4/2, महापालिका क्वार्टर, महा पालिका मार्केट के पीछे, लीडर रोड, इलाहाबाद, 50/- भेजें।
2796/12.11.71	श्री पूरन प्रिंटर्स, भाई बलराम चेम्बर, बारिक रोड, बिहाइंड मेट्रो सिनेमा, बम्बई-20, बी.आर.
2797/13.11.71	श्री किशन लाल घड़ी साज, घीयामंडी, मथुरा, गोकुल के इस्तीफा शुदा पटवारी कौन है? पता लिखें।
2798/13.11.71	श्री बाँके लाल एडीटर, सेक्शन डी-ग्रुप-3, पी.ए.डी (ओ.आर. एस.) अर्टिलरी सेक्टर, मथुरा, रिया. 13-ङ, 14-ङ
2799/13.11.71	श्री जे.एस. कुसुम सेक्शन-ई/ग्रुप-1, पी.ए.ओ. (ओ.आर.एस.) अर्टिलरी सेंटर, मथुरा, जी 2798/13.11.71 को समझावें।
2800/13.11.71	श्री बनारसी दास सप्लाई इंस्पेक्टर ऑफिस राशन कार्ड (नियर कोतेश्कर मन्दिर, नियर चौराहा चौक) लखनऊ, कुछ मदद करें।
2801/13.11.71	श्री जानकी प्रसाद, गाँव—इंगुवारा, पोस्ट—कांघी, कानपुर, कापी मँगावें।

2802/13.11.71 श्री निदेशी राम, एडवोकेट रामेश्वर भवन, दूसरी मंजिल/नियर चुगी चौकी हर्रा, मनपारा, कुछ मदद करें।

2803/13.11.71 श्री व्यवस्थापक मदन हॉफशेन कम्पनी, दिल्ली-32, फोटो

2804/13.11.71 श्री छक्कन राम 'परेशान' एम.एस.सी, एल.एल.बी., 320/5, जूही लाल कॉलोनी, जूही कलाँ, कानपुर-14, प्रबुद्ध अम्बेडकर पुस्तकालय एवं वाचनालय बरौधा, जिला—मिर्जापुर के लिए पुस्तकों की सूची भेजिए।

2805/13.11.71 श्री हरिशचन्द्र, गाँव—कचपूर्वा, पोस्ट—गाजीपुर, फतेहपुर, 5/- पेशगी भेजें। *सच्ची रामायण* 2.50/-, पेशगी, *नैतिक पोल प्रकाश* 2.50/-, *सच्ची रामायण की चाभी* 2.50/-, पोरोज 1.75/- रसीद चन्दा 1-ब

2806/15.11.71 श्री गयाराम ओवरसियर अस्थायी, खंड विकास सा.नि. विभाग, उन्नाव, पोस्ट—झींझक, 187/18.11.71, 1-ब

2807/15.11.71 श्री शिवनाथ दास, वीपीओ—सुकृत, मिर्जापुर, पोस्ट—झींझक, रजि. नं. 275/18.11.71 2-ब, वी.पी. नं. 92/15.11.71 के साथ रवाना है।

2808/15.11.71 श्री राधेश्याम जिज्ञासु, गाँव—उझोली, पोस्ट—बिनाना, बदायूँ, 5/- तीनों किताबें मँगावें।

2809/15.11.71 श्री कृष्णा गुप्ता, 70 राठौर गली, रसूलपुर, वीपीओ—फिरोजाबाद, आगरा, *सच्ची रामायण* 2.50/-

2810/15.11.71 श्री प्रताप सिंह, 49, इंजी. कॉलेज छात्रावास, इलाहाबाद

2811/15.11.71 श्री लाला राम स्टूडेंट पॉलिटेक्निक, इलाहाबाद, क्वा. 19.9.71 की यदि चरपाई श्री रघुराज सिंह यादव वाले 27 आपके हैं। कॉपी मँगावें।

2813/15.11.71 श्री भगौती प्रसाद सुधाकर, वीपीओ—पूरा, गाँव—ताबूझार, तहसील—बिल्हौर, कानपुर, श्री हूलचन्द्र, श्री बुलाकी, श्री सुमिरन, श्री भगत, पचकौड़ी, श्री घसीटे उर्फ मटरु, श्री बाबू, श्री बसन्त प्रसाद, श्री सत्तीदीन श्री घसीटे प्रसाद, श्री मोहन, श्री लोकनाथ।

2814/15.11.71 श्री राम प्रसाद, पुत्र श्री दुलारे लाल दुकानदार, चौराहा, वीपीओ—पुखराया, कानपुर

2815/15.11.71 श्री हीरा लाल तूफानी दुकानपान, चौराहा, वीपीओ—पुखरायाँ, कानपुर, श्री लल्लू प्रसाद, श्री ज्वाला प्रसाद, श्री द्वारिका प्रसाद, श्री खन्ना, नाथू झाल, कुछ मदद करें।

2816/15.11.71 श्री डॉ. सूबेदार कोडरिया, गाँव—संगसियापुर, पोस्ट—बेवन, हैड पोस्ट, आ. अकबरपुर, कुछ मदद करें।

2817/15.11.71 श्री भूप सिंह राजपूत, राजपूत भवन, लाल सड़क, वीपीओ—हाँसी, चंडीगढ़, 5/-, 1.65 = 3.35 जमा है। 10/- नहीं। लिखें। 1 किताब भेज दूँ।

2818/15.11.71 श्री नन्हे सिंह यादव, गाँव—मोला नगला, पोस्ट—कुम्हरौर, फर्रुखाबाद, 5/- पेशगी भेजें।

2819/15.11.71 श्री डालसिंह बौद्ध, गाँव—निजामाबाद, पोस्ट—छाछा, मैनपुरी, पोस्ट—झींझक, कानपुर, रजि. नं. 186/18.11.71, 3-ब, रवाना है।

2820/15.11.71 श्री शिल्पकला निकेतन, 23/60, पटकापुर, कानपुर, मैं 29.11.71 को 10 बजे आऊँगा पेरा पिक्चर तैयार।

2821/15.11.71 श्री संग्राम सिंह सेक्शन अकाउंट, फूड कॉरपोरेशन ऑफ इंडिया, झाँसी, कापी नं. पोस्ट—झींझक रजि. नं. 188/18.11.71

2822/15.11.71 श्री द्वारिका प्रसाद नेताजी, गाँव—कोठरा, पोस्ट—मकरन्दपुर, 24/12, जूही सफेद कॉलोनी, कानपुर, जीवन संघर्ष 3/-, अहमभाषाम 2.50/-, क्या किया? 5/-, कै 4/-, सावता 1.50/- के लिये 5/- पेशगी भेजें।

2823/15.11.71 श्री तेजपाल सिंह राही, बीजक नं. 63/8.10.71 के अनुसार, दिल्ली-6, कॉपी मँगावें।

2824/15.11.71 श्री एल.एच.सी. गोपीचन्द 'सुमन' नं. 1191 एल, बैरिक नं. 1, अपर स्टोरी पुरानी पुलिस लाइन, राजपुरा रोड, दिल्ली-6, कॉपी मँगावें।

2825/15.11.71 श्री नरेन्द्र प्रताप अशोक, ए.पी.पी., टी.एक्स.आर., पर्वाहकर्ता, श्री फैरिज फोरमैन, सी.एफ. ऑफिस, रेलवे स्टेशन, शाहबाद, बिहार, कॉपी भेजें।

2826/15.11.71 श्री सोहरा सिंह, मोहल्ला—ग्राम—पट्टी, पोस्ट—गोशलडीह, गाँव—विक्रमगंज, शाहाबाद, कॉपी भेजें।

2827/15.11.71 श्री बाँके लाल एडीटर, डी-3/पी.ए.ओ., (ओ.आर.एस.) अर्टिलरी सेंटर, मथुरा, कॉपी भेजें।

2828/15.11.71 श्री प्रफुल्ल के.वी. मिमदा, टी.ई. कॉलेज, वीपीओ—चाकलिया, सिंहभूमि, बिहार, रामायण 1.25/-, सभ्यता 1.50/- है पेशगी। 5/- भेजें। 10/- की किताबें मँगावें।

2829/18.11.71 श्री मोती लाल दीपक, 105/426, चयनगंज, प्लाट नं. 1, कानपुर, सदाय नवयुवक सुधार कमेटी 38 को घर पर मिलें। पल-ऑफिस श्री एम.एल. दीपक, असि. यू.पी. फाइनेंशियल

कॉरपोरेशन, 14/88, सिविल लाइन, फिरोजनी हाउस, कानपुर, उत्तर प्रदेश

2830/20.11.71 श्री असरार अहमद, एम.एल.ए., मोहल्ला—चौधरीगंज, बदायूँ, ईद मुबारक

2831/20.11.71 श्री असीमआलम, एम.एल.ए. सराय गुसाई, बुलन्दशहर, ईद मुबारक

2832/20.11.71 श्री हलीमुद्दीन राहत मौलाई, एम.एल.ए., डहरिया, मुरादाबाद, ईद मुबारक

2833/20.11.71 श्री डॉ. बद्री प्रसाद, जौनपुर, 6 कॉपी का हिसाब में, 19 रिया.

2834/20.11.71 श्री चेतराम सिंह बौद्ध, मेरठ, 3-अ, रिया.

2835/20.11.71 श्री किशन लाल, श्री मौजीलाल, कानपुर, 29-अ, रिया.

2836/20.11.71 श्री रामफल, भंडारी पाले, टेलर पर्वाहकर्ता, श्री रायराम अलद प्रसाद बजाज, सदा बाजार, वीपीओ—औरइया, इटावा, कॉपी मँगावें।

2837/20.11.71 श्री आशाराम रवि, एटा, शीघ्र कुछ भेजें, 50/- भेजें।

2838/20.11.71 श्री सियाराम, एम.एल.ए., एटा, 29.30/-, एस.एच-11.12/-

2839/20.11.71 श्री तुलसी राम ठेकेदार, सराय, 28-ङ, शीघ्र कुछ भेजें, पिछले जवाबी का जवाब नहीं किया।

2840/20.11.71 श्री भगवानदीन एडवोकेट कलेक्ट्रेट, उन्नाव, पोस्ट—झींझक कानपुर रजि. नं. 121/22.11.71, 5 - ब, रवाना है।

2841/20.11.71 श्री भागमल सिंह, नायब तहसीलदार, तहसील—सदर, मथुरा, कुछ भेजें।

2842/23.11.71 श्री जैसीराम धोबी, गाँव—बगला परिजी, पोस्ट—आई.टी.आई., इटावा, 5/- पेशगी भेजें।

2843/23.11.71 श्री दुर्गाप्रसाद मंत्री, 25/6, बाबू पूर्वा लेबर कॉलोनी, कानपुर, 5.12.71 की क्षमा, 1.12.71, 12.12.71, भुगतान, में राजपुर क्षेत्र में भेजें।

2844/23.11.71 श्री लालमनी सिंह, मेरठ, 28-अ

2845/23.11.71 श्री मुंशी लाल निर्मल, पटवारी चकबन्दी, कार्यालय झांकनाडा, फतेहागंज, कानपुर, पतरा रुपया में नहीं से परेना

2846/23.11.71 श्री मुंशीलाल, गाँव—हरवंशपुर, पोस्ट—कठेसआ, कानपुर, डाउट कुल है। 22.50/- पाप छंदम, 15/- भेजें।

2847/23.11.71 श्री राधो श्याम मास्टर, गाँव—चक्के, पोस्ट—कुरीर चक्के, जौनपुर, 1.12.71 को किताबें भेजूँगा। 'चाभी' छप रही है।

2848/23.11.71	श्री शिवराम पैनमैन शुगर फैक्ट्री, वीपीओ—धामपुर, बिजनौर
2849/23.11.71	श्री बनवारी लाल, इलाहाबाद, स...नहीं मिला, धर्म परिवर्तन
2850/23.11.71	श्री कन्हैयालाल जाटव, 145/340, प्लॉट नं. 3, कोरियाना, कानपुर, श्री दौलतीराय जाटव, शाहजहाँपुर भेजें। कुछ मदद करें।
2851/23.11.71	श्री गिरधारी लाल, थाना, बीजक नं. 95/24.11.71
2852/23.11.71	श्री जे.एच. डोगरे, दुर्ग, बीजक नं. 96/24.11.71
2853/24.11.71	श्री राम किशोर सुधार, वीपीओ—गाजीपुर, फतेहपुर, 51/- की किताबें मँगावों, 17/- की पेशगी भेजें।
2854/24.11.71	श्री शारदा प्रताप, मिर्जापुर, किताबें बेचकर रुपये भेज दें।
2855/24.11.71	श्री अजीमुल्ला खाँ संस्कृताचार्य जनता, अम्बेडकर विद्यालय, वीपीओ—बिरहूनी, इटावा, जवाब दीजिए। कौन-कौन किताबें भेजी जावें। 10/- पेशगी भेजें।
2856/24.11.71	श्री बुद्धि सागर पोस्टल क्लर्क हेड, पोस्ट—उरई, जालौन, 1.12.71 को वी.पी. भेजूँगा।
2857/24.11.71	श्री जसवन्त सिंह पर्वाहकर्ता, सुखराय सिंह, भोजपुर, पोस्ट—जलूखेड़ा, एटा, 5/- पेशगी भेजें।
2858/24.11.71	श्री विजय बहादुर सिंह यादव, गाँव—इस्माइल मऊ, पोस्ट—गौरा, हरदोई, रायबरेली, 50/- मुकदमों के लिए खर्चा व 20/- पेशगी दोनों ओर का हिसाब भेजें।
2859/24.11.71	श्री बनवारी लाल, रायबरेली, दिनांक : 24.11.71 को बारह बजे रात में...
2860/26.11.71	श्री बनवारी लाल कवि, वीपीओ—भिक्षु, रदहोरा, अलीगढ़, 5/- पेशगी भेजें।
2861/26.11.71	श्री शिवप्रसाद कुर्रे, वीपीओ—मस्तूरी, बिलासपुर, 5/- भेजें।
2862/1.12.71	श्री बुद्धि सागर लिपिक हेड पोस्ट—उरई, जालौन, 7-ब रवाना है। बहमराह बीजक नं. 99/2.12.71
2863/1.12.71	श्री डिस्ट्रिक्ट मजिस्ट्रेट साहब एवं कलेक्टर, कानपुर, पोस्ट—झींझक, जि.नं. 145/4.12.71, दो *सच्ची रामायण की चाभी* रवाना है। 1.40
2864/3.12.71	श्री शिल्पकला निकेतन, 23/60, पटकापुर, कानपुर, दिनांक : 13.12.71 को आऊँगा।
2865/3.12.71	श्री आशाराम रवि, एटा, शीघ्र 50/- भेजें, 29-बी.एच
2866/3.12.71	श्री मोतीराम एडवोकेट, कानपुर रिया. 6-बी.एच, 35/- की मदद करें।

2867/3.12.71 श्री खुनत विद्यार्थी, एटा, 17-बीएच

2868/3.12.71 श्री हीरा लाल सिसोदिया, उज्जैन, बी.एच-29, व 30-क

2869/3.12.71 श्री परम पूज्य भन्ते आनन्द देव, जालौन

2870/3.12.71 श्री परम पूज्य भन्ते शीलभद्र, इटावा

2871/3.12.71 श्री वीर सिंह, एडवोकेट

2872/5.12.71 श्री नारायन प्रसाद प्रधान अध्यापक प्राथमिक पाठशाला, गाँव—गांगपुर, पोस्ट—अरौल, कानपुर, उत्तर प्रदेश

2873/3.12.71 श्री कालीचरन, भूमि संरक्षण निरीक्षक पर्वाहकर्ता, भूमि संरक्षण अधिकारी, वीपीओ—चोपन

2874/3.12.71 श्री ओम प्रकाश यादव, इन्स. पर्वाहकर्ता, श्री पुरुषोत्तम दास, गाँव—जानकीगंज, पोस्ट—मेजारोड, इलाहाबाद

2875/3.12.71 श्री राम धनी, गाँव—बरियारपुर, पोस्ट—एकलपुर, वाराणसी

2876/3.12.71 श्री बनवारी लाल यादव, इलाहाबाद

2877/5.12.71 श्री नन्द किशोर एडीटर, एल.ए.ओ, मुरार, मघई, पोस्ट—2.50/- *सच्ची रामायण* 2.50/- + *चाभी* 2.50/- के लिए 5/- पेशगी भेजें।

2878/5.12.71 श्री हरचरन, वीपीओ—खरेला, हमीरपुर, जनवरी किस तारीख में किसने रुपये लिए?

2879/7.12.71 श्री शिवदास आचार्य पर्वाहकर्ता, श्री रामदेवराव मतरौल, मिर्जापुर नहर, प्रखंड, वीपीओ—दुद्धी, मिर्जापुर, 10/- पेशगी भेजिए।

2880/8.12.71 श्री जानकी प्रसाद, गाँव—इंगुवारा, पोस्ट—कान्धी, कारपुर, पोस्ट—झींझक, रजि. नं. 170/8.12.71, 9-ब, रवाना है।

2881/8.12.71 श्री भीम प्रकाश, वीपीओ—भीमरसा, इलाहाबाद, पोस्ट—झींझक, रजि. नं. 171/8.12.71, 8-ब रवाना है।

2882/8.12.71 श्री हरी लाल ताम्बे, प्राइमरी पाठशाला के पास, मोहल्ला—शान्ति नगर, वार्ड नं. 22, पोस्ट—नया पुरा, नागपुर-2, 5/- पेशगी भेजिए।

2883/8.12.71 श्री बनसडे पर्वाहकर्ता, श्री शंकर राव बंडवाला, पोस्ट—भीम नगर, उस्मानाबाद, महाराष्ट्र, 5/- पेशगी भेजिए।

2884/8.12.71 श्री हीरा लाल सिसोदिया, उज्जैन, मध्य प्रदेश, बी.एच-29-क, 30-क

2885/8.12.71 श्री कृष्णा लाल केन, 21 काजी मल, वीपीओ—गाजियाबाद, मेरठ, आपने 100 किताबें श्री टी.एम. कुमार को कब दी? यदि न दी हों—तो अब दीजिए—शीघ्र।

2886/8.12.71 श्री त्रिमोहन कुमार पर्वाहकर्ता, मालिक मकान श्री मुनेर सिंह, 87 श्याम पार्क, गाँव—साहिबाबाद, पोस्ट—मालिकन, मेरठ, आपने जवाबी पत्र नं. 2770/5.11.71 का उत्तर नहीं दिया अब शीघ्र श्री कृष्ण लाल केन से 180 किताबें ले लें।

2887/8.12.71 श्री चन्द्रकान्त अहिरवार सिग्नल इंस्पेक्टर, द. सेंट्रल रेलवे, मथुरा, कॉपी चन्दा की मँगावें। कुछ मदद करें।

2888/8.12.71 श्री डॉ. आर.डी. कठेरिया पर्वाहकर्ता, महिला चिकित्सालय, धर्मशाला के सामने, वीपीओ—विधूना, इटावा, 5/- जमा। क्या तीनों किताबें भेज दी जावें? लिखें।

2889/8.12.71 श्री संकटे लाल, गाँव—जिजपुरा, पोस्ट—रायपुर, फर्रुखाबाद, सामाजिक मरीजों की भी चिंता करें। 25/- भेजें।

2890/8.12.71 श्री विश्वनाथ एम.ए., गाँव—कुरहुल, पोस्ट—चोवन, मिर्जापुर, 5/- + 5/- 10 के लिए। 10/- पेशगी भेजें।

2891/9.12.71 श्री बुधिराय यादव, वस्म विक्रेता, पोस्ट—शाहपुर बाजार, वीपीओ—शाहपुर, बदलापुर, जौनपुर, बीजक नं. 107 द्वारा कल वी.पी. भेजी जावेगी।

2892/9.12.71 श्री रामनरेश शर्मा, प्राथमिक अध्यापक, गाँव—अहिराटांड, पोस्ट—हरिहरपुर (रैकवारी), बहराइच, बीजक नं. 106 द्वारा कल वी.पी भेजी जीवेगी।

2901/14.12.71 श्री राम हर्ष गौड़, जनरल इंश्यूरेंस सोसाइटी लिमि., 232, डॉ. दादा भाई नौरोजी रोड, पी.बी.वी. नं. 616

2902/14.12.71 श्री रामलोट हरिजन, वीपीओ—सराय रासी, फैजाबाद

2903/14.12.71 श्री संग्राम सिंह सेक्शन अकाउंट, फूड कॉरपोरेशन ऑफ इंडिया (ई. नाइट सिनेमा बिल्डिंग), झाँसी

2904/14.12.71 श्री सियाराम, एम.एल.ए., वीपीओ—असापुर, एटा

2905/15.12.71 श्री गजराज सिंह यादव, अशोक नगर, गुना

2906/15.12.71 श्री गोपीचन्द 'सुमन' एच.सी., वीपीओ—पैन्तखेड़ा, वाया—जमुनाब्रिज, आगरा

2907/16.12.71 श्री राम करण चौधरी सहायक इस्टेब्लिशमेंट, डी.ओ. भारतीय जीवन बीम निगम, भेलूपुर, वाराणसी

2908/16.12.71 श्री परम पूज्य भन्ते ऊँ चन्द्रमणि बरमीबुद्ध बिहार, गाँव—कुशीनगर, पोस्ट—कसिया, देवरिया

2909/16.12.71 श्री परम पूज्य भन्ते कर्मरक्षित, प्रिंसिपल इंटर मिडिएट कॉलेज, वीपीओ—सारनाथ, वाराणसी

2910/17.12.71 श्री आशाराम रवि, एटा

2911/17.12.71 श्री मुंशी लाल खेला, एटा

2912/17.12.71 श्री चन्द्रपाल सिंह आजाद अम्बेडकर छात्रावास, वीपीओ—मँझोला, मुरादाबाद

2913/21.12.71 श्री डॉ. जीवनराम कापले, गवर्नर डिग्री कॉलेज, वीपीओ—महूं, इन्दौर

2914/21.12.71 1. सोने लाल मास्टर, 2. श्री रामअवतार, 3. श्री रामसेवक, (विक्रमजीत सिंह सनातन धर्म कॉलेज), गाँव—इटैली, पोस्ट—मकरन्दपुर, कानपुर

2915/21.12.71 श्री रामेश्वर दयाल, गाँव—गुन्दैला, पोस्ट—ककवन, कानपुर

2916/21.12.71 श्री बनवारी लाल, बदायूँ, इलाहाबाद

2917/23.12.71 श्री अजीमुल्ला खाँ संस्कृताचार्य, जनता अम्बेडकर माध्यमिक विद्यालय, हरदा, 15/- पेशगी भेजें, *भगवान गौतमबुद्ध व उनका धर्म*, 0.20

2918/24.12.71 श्री त्रिमोहन कुमार, मेरठ, 80/- कुछ भेजें, (20-अ से 23-अ), 0.20

2919/24.12.71 श्री जैसराम, बस्ती, 8-अ, 9-अ रिया. 0.20

2920/24.12.71 श्री बलराम तार बाबू, इलाहाबाद, 50/- वैध रखें, मैं 15 दिन पे आऊँगा।

2921/24.12.71 श्री सन्तूरा मकुरीन, राय बरेली, 13-अ। रिया. 0.20

2922/24.12.71 श्री बाबूलाल बौद्ध, एटा, 36-क, 0.20

2923/24.12.71 श्री चेतराम बौद्ध, मेरठ, 4-ख, 5-अ, रिया. 0.20

2924/24.12.71 श्री हीरालाल सिसोदिया, उज्जैन, रिया. 0.20

2925/24.12.71 श्री राम करण चौधरी, वाराणसी

2926/24.12.71 श्री संत कुमार, गाँव—नौनिकुर, पोस्ट—मुहम्मदाबाद, इटावा, 5/- पेशगी भेजें।

2927/24.12.71 श्री महेंद्र कुमार बाठिया पर्वाहकर्ता, पन्ना लाल जी, बाठिया, बाठिया बिल्डिंग, जौहरी बाजार, जयपुर, 'अग्नि परिक्षा', 0.20

2928/24.12.71 श्री लखन लाल, इलाहाबाद, कुछ भेजें।

2929/24.12.71 श्री राम लाल कुरील, गाँव—दौरापुर, पोस्ट—घबुड़ी खेड़ा, उन्नाव, पते भेजें।

2920//24.12.71 श्री चन्द्रकान्त अहिरवार सिग्नल इंस्पेक्टर 'दीक्षित भवन', धौली प्याऊ (नारायणापुरी) चुंगी चौकी के पास, मथुरा, पोस्ट—झींझक, रजि. नं. 169/24.12.71, 15-ब, रवाना है। 0.40

2921/24.12.71 श्री बाबूलाल कुरील नगला अंडार, वीपीओ—धनुहीखेड़ा, उन्नाव

2922/24.12.71 श्री चिकित्सक अऐजुनलाल, सवाई माधोपुर

2923/25.12.71 श्री माओराम जौहर, हरदोई, एसएच-रिया.

2924/25.12.71 श्री खुर्रम राम, हरदोई, भी-क, रिया.

2935/25.12.71 श्री रघुनन्दन विद्यार्थी, एटा, बीएच-17, 27, बीएच-आर

2936/25.12.71 श्री रेवती प्रसाद बौद्ध, एआ

2937/25.12.71 श्री मीलान सिंह कल्याणी, जालौन, 10/- जमा, बी.एच-35-क, रिया. 15/- भेजें।

2938/25.12.71 श्री शिवदास विश्वकर्मा, वीपीओ—बछरावाँ, रायबरेली, कॉप...

2939/25.12.71 श्री कन्हैयाला शाहजहाँपुर, 80-बीएच, रिया.

2940/25.12.71 श्री हीरालाल प्लीज, डी-15/3, दीवानी, आन्ध्र प्रदेश, 29-ख

2941/25.12.71 श्री परम पूज्य ॐ चन्द्रमणि महास्थविर, बाफी बिहार, गाँव—कुशी नगर, पोस्ट—कसिया, देवरिया, पोस्ट—झींझक, रजि. नं. 182/27.12.71, फोटों भेजें। जवाब के लिए 1.40, 1.40

2942/25.12.71 श्री परम पूज्य भदन्त आनन्द कौसल्यायन, नागपुर, फोटू भेजें। 0.10

2943/27.12.71 श्री रामकरण चौधरी सहायक इस्टेब्लिशमेंट डी.ओ. भारतीय जीवन बीमा निगम, भेलपुर, वाराणसी, पोस्ट—झींझक, रजि. नं. 197/28.12.71, 16-ब, रवाना है। 1.40

2944/27.12.71 श्री लखनराय तूफानी, बदायूँ, 20-ख, रिया.

2945/27.12.71 श्री रामलोटन आदित्य, फैजाबाद, बीएच-21,22,23,27

2946/27.12.71 श्री घमंडी लाल, फर्रुखाबाद, बीएच-33-क

2947/28.12.71 श्री सीताराम/सियाराम कक्षा 11 ख, गांधी इंटर कॉलेज, गाँव—कूबा, पोस्ट—दरियापुर ने बाप आजमगढ़, 1 संघर्ष 3/- + 1 भविल .75/- + लाहौर .75 + 1 राज. .75 + लोक 1.25/- + 1 शम्बूक 1.25/- = 7.75 + 2.75 = 5/- + 1.75 पो. = 6.75

2948/28.12.71 श्री मानसिंह, हरदोई, 32-करनी. है।

2949/29.12.71 श्री देवदत्त सिद्धार्थ छात्रावास, एफ/41, शान्ति नगर, कानपुर, 6-अ, रिया.

2950/29.12.71 श्री मोहन लाल लपकड़िया, पीलीभीत, डॉ. 17,18 रिया.

2951/29.12.71 श्री मूलचन्द भारतीय, बरेली, डॉ. 14, 15, रिया.

2952/30.12.71 श्री राधेश्याम पास्टर, जौनपुर, सूची पत्र बीजक नं. 144/30.12.71

2953/30.12.71 श्री तुलाराम बौद्ध बुक सेलर, ब्लॉक नं. 76, के सामने लेबर कॉलोनी, नवाबगंज, पुराना कानपुर, कानपुर, किताबें श्रीमान प्रताप सिंह यादव, एम.ए. 84/146, श्रीकृष्णा ज्ञान मन्दिर कारवालो नगर, कानपुर-3 से प्राप्त कर लें।

2954/30.12.71 श्री रघुबर दयाल जसवार, 14/5, ग्वालटोली, सिविल लाइन, कानपुर, किताबें श्रीमान प्रताप सिंह यादव, एम.ए. 84/146, श्रीकृष्णा ज्ञान मन्दिर कारवालो नगर, कानपुर-3 से प्राप्त कर लें।

2955/30.12.71 श्री रामेन्द्र प्रसाद, 4/6, अजीतगंज नगर, महापालिका कॉलोनी, पोस्ट—किदवई नगर, कानपुर, किताबें श्रीमान प्रताप सिंह यादव एम.ए., 84/146, श्री कृष्णा ज्ञान मन्दिर कारवालो नगर, कानपुर-3 से प्राप्त कर लें।

2956/30.12.71 श्री प्रताप सिंह यादव, एम.ए., कानपुर, डिस्पेच नं. 2953, 2954, 2955 को थोक में 35 प्रतिशत कमीशन पर किताबें दे देवें।

साल समाप्ति पर सभी ग्राहकों और पाठकों को धन्यवाद। सब सुखी एवं स्वस्थ रहें। सबको धन्यवाद। सबका—पेरियार ललई सिंह। डिस्पैच रजिस्टर (जावक रजिस्टर), दिनांक : 1.1.72 से दिनांक…तक। अशोक पुस्तकालय (रजि.), वीपीओ—झींझक, जिला—कानपुर, उ.प्र.।

1/1.1.72 श्री परगन सिंह बौद्ध, गाँव—बाकराबाद, पोस्ट—बमरौली, इलाहाबाद, 10-अ, रिया.

2/1.1.72 श्री डॉ. रामजियावान 'धीर', स्वास्थ्य सेवा निकेतन, औद्योगिक श्रमिक बस्ती वाले, ब्लॉक नं. 45 के सामने, वीपीओ—नैनी, इलाहाबाद, 30-अ, रिया.

3/1.1.72 श्री बाबूलाल कुरील, 155-च/27 पर्वाहकर्ता श्री सरदार बलवन्त सिंह, रामनगर, लखनऊ, 36-अ, 39-अ, 40-अ, रिया.

4/1.1.72 श्री रामकरण चौधरी, सहायक इस्टेब्लिशमेंट डी.ओ., भारतीय जीवन बीमा निगम, कलेक्ट्रेट, प्रतापगढ़, 38-अ, रिया.

5/1.1.72 श्री रामस्वरूप भारती, एडवोकेट कलेक्ट्रेट, प्रतापगढ़, 38-अ, रिया.

6/1.1.72 श्री हरिनाथ यादव मुहर्रिर पर्वाहकर्ता, श्री सरजू प्रसाद 'सरोज', एडवोकेट कलेक्ट्रेट, प्रतापगढ़, एसएच-3, रिया.

7/1.1.72 श्री दौलतराम जयसवाई, एडवोकेट कलेक्ट्रेट, प्रतापगढ़, 26-घ, रिया.

8/1.1.72	श्री मानसिंह बौद्ध अम्बेडकर भवन, रानी झाँसी रोड, नई दिल्ली, नववर्ष की बधाई
9/1.1.72	श्री रामसुन्दर, गाँव—सवरुआ, पोस्ट—मियाँपुर, इलाहाबाद, 12-अ
10/1.1.72	श्री राजाराम पितानपूर्वा, गाँव—कबलेपुर, पोस्ट—मकरन्दपुर, कानपुर, 3-अ, रिया.
11/1.1.72	श्री रंगीलाल संखवार, अध्यक्ष डॉक्टर अम्बेडकर युवक मंडल, वीपीओ—गहलौ, कानपुर, 125-रिया.
12/1.1.72	श्री रामबाबू दोहरे, 105/516, आनन्द बाग, कानपुर, 7.2.71, रिया.
13/1.1.72	श्री बनवारी लाल रिपब्लिकन लीडर, वीपीओ—नगीना, बिजनौर, 30.6.71, 33-क, रिया.
14/1.1.72	श्री एम.एल. गौतम, मेन चौराहा, वीपीओ—खटीमा, नैनीताल, 15.4.71, कुछ भेजें।
15/1.1.72	श्री एन.डी. सोनवाने, 32/629, बी.पी.टी., न्यू कॉलोनी, नाडकरनी पार्क-वाडाला, बम्बई-31, डी.डी., कुछ भेजें।
16/1.1.72	श्री देव शर्मा 'मुनि', बोतियागंज नं. 2, (गोलदार यही) बेतिया, चम्पारन, बिहार, 2.8.69, स.रा. (सच्ची रामायण) के द्वितीय एडीशन का दाम 2.50/- है।
17/1.1.72	श्री मंगल सिंह वर्मा, शहर-छतरपुर, छतरपुर, 22.7.69, स.रा. दाम 2.50/- है।
18/1.1.72	श्री लल्लू सिंह मैकेनिक पर्वाहकर्ता, ई.एल.एस. ऑफिस, डी.टी.ओ., जयपुर, राजस्थान, 20.7.69, स.रा. दाम 2.50/- है।
19/1.1.72	श्री त्यागी जी, मैनेजर 'चिनगारी प्रकाशन', सिविल लाइंस, बिजनौर, 15.7.69, उत्तर प्रदेश, स.रा. दाम 2.50/- है।
20/1.1.72	श्री मैनेजर साहब, सुषमा प्रेस, सतना, मध्य प्रदेश, फोन नं. 399, 15.7.69, स.रा. दाम 2.50/- है।
21/1.1.72	श्री गोस्वामी पुरुषोत्तम लाल वैद्य, सर्राफा बाजार, जबलपुर-2, मध्य प्रदेश, 3.7.69, स.रा. दाम 2.50/- है।
22/1.1.72	श्री पंडित बल्देव कृष्णा पर्वाहकर्ता, पंजाब नेशनल बैंक लिमि., लोन डिपार्टमेंट, हेड ऑफिस, पार्लियामेंट स्ट्रीट, नई दिल्ली-110001, स.रा. दाम 2.50/- है।
23/1.1.72	श्री मैनेजर साहब, विजयगढ़ निर्माण सामग्री भंडार, गुडारवाडा, मध्य प्रदेश, 1.7.69, स.रा. दाम 2.50/- है।

24/1.1.72 श्री महेश प्रसाद गुप्ता, एडवोकेट, गोल-बाजार, बिलासपुर, मध्य प्रदेश, 27.6.69, स.रा. दाम 2.50/- है।

25/1.1.72 श्री मंगल सिंह, वीपीओ—कंचन, मैनपुरी, 26.6.69, स.रा. दाम 2.50/- है।

26/1.1.72 श्री मनोहरलाल शर्मा पर्वाहकर्ता, प्रेम प्रकाश वैश्य, एफपीएस-चान्दपुर, बिजनौर, 25.6.69, स.रा. दाम 2.50/- है।

27/1.1.72 श्री सिद्ध गोपाल पर्वाहकर्ता, भारतीय होटल, वीपीओ—उझानी, बदायूँ, 21.6.69, स.रा. दाम 2.50/- है।

28/1.1.72 श्री छोटे लाल कपूर गली दयारारम, नेहरू रोड, फर्रुखाबाद, 15.6.69, स.रा. दाम 2.50/- है।

29/1.1.72 श्री मानचन्द हुकमचन्द, पब्लिशर एंड बुक सेलर, रेलवे रोड, रोहतक, हरियाणा, 15.6.69 स.रा. दाम 2.50/- है।

30/1.1.72 श्री बंसीलाल गुलशन, जनता इलेक्ट्रिक वर्क्स, नेहरू मार्केट, टोहाना, हिसार, हरियाणा, 17.6.69, स.रा. दाम 2.50/- है।

31/1.1.72 श्री बाबूराम यादव, गाँव—लखईपुर, पोस्ट—ऐवली, वाराणसी, बीएच-10-ख, रिया.

32/1.1.72 श्री रामआधार यादव सभापति, गाँव—महुरा, पोस्ट—डबरिया, वाराणसी, बीएच-11-ख, रिया.

33/1.1.72 श्री राम किशन यादव सभापति, गाँव—करजा, पोस्ट—ऐवली, वाराणसी, बीएच-12-ख

34/1.1.72 श्री राम किशन यादव, प्रिंसिपल, गाँव—मेड़हान, पोस्ट—ऐवली, बीएच-13-ख

35/1.1.72 श्री एम.के. विक्रम, वेस्ट एन.एन.एस.ओ., टेकिंग सेल नवल स्टोर डिपार्टमेंट, घाटकोपर, वेस्ट बंबई-40, 2969/29.7.71, कॉपी मँगावें। (एक्स)

36/1.1.72 श्री रामनारायण गुप्ता, रिटायर्ड एक्साइज इंस्पेक्टर 20 सेठ राम नारायणसंनर, वीपीओ—मुरार, ग्वालियर, 10.6.71 *सच्ची रामायण* आदि के लिए 5/- पेशगी भेजें।

37/1.1.72 श्री बलराम तारबाबू, नॉर्दर्न रेलवे का तार घर, रेलवे स्टेशन के ऊपर छत पर, इलाहाबाद, 13 जनवरी को बनारस में चलूँगा। (एक्स)

38/3.1.72 श्री रामहर्ष गोंड, जनरल इंश्यूरेंस सोसाइटी लिमि., 232, डॉ. दादा भाई नौरोजी रोड, पोस्ट बोक्स नं. 616, फोर्ट बंबई, पोस्ट—झींझक, रजि. नं. 53/3.1.72, 17-ब रवाना है।

39/4.1.72 श्री अलगूसिंह, गाँव—निनताली, पोस्ट—तेंदु राबर्टसगंज, बिर्जापुर, घा.-ङ .75/-, रा.ङ .75/-, लोक. 1.25/-, *लंका* 1.25/-, *नाग.* .25/-, *लाहौर* .75/-, *अंगुलि.* 1/-, *स.रा. (सच्ची रामायण)* 2.50/-, *स.रा.चा. (चाभी)* 2.50/-, *धर्म परिवर्तन* 2.50/- = योग कापी. = 12.11, 13.50, 1.40

40/5.1.72 श्री जी.सी. कोमलवार सिपाही नं. 1203365, गाँव—सादराम दुरासी कलाँ., पोस्ट—धोबीसर्रा, पी.एस. करई, सिवनी, कविता छापने की फुरसत नहीं है। 165735

11.1.72 1. रीजवाइंडर बिल अनेक्स्चर 412/70, मिलेनियस = एक नकल, 2. 2972/71 रिट पैसरि, दिनांक : 19.12.71, दो नकालें, 3. 183/71, लीव—अपील, (412/70) (दायरा 28.5.71) मुन्फसला, 25.8.71 = एक नकल

12.1.72 3 = 3/71 लीव टू अपील, (3221/70 क्रि.मि.) (दायरा 25.10.71) मुन्फसला 5.11.71 = एक नकल, 1/72 कंटैम कोर्ट (412/70 क्रि.मि.)

41/8.1.72 श्री मुंशीलाल निर्मल पर्वाहकर्ता, साकलदास 'रविदास मन्दिर', गाँव—हरवंशपुर, पोस्ट—कठेरेआ, पोस्ट—कचहरी, इलाहाबाद, रजि. नं. 129/8.1.72, डॉ. 19-ब, 20-ब, रवाना है।

42/9.1.72 श्री मोतीलाल दीपक, 105/426, प्लॉट नं. 1, कोरियाना, चमनगंज, कानपुर, रिया. 6-ब

43/9.1.72 श्री बुद्धिसागर लिपिक हैड पोस्ट उरई, जालौन, 30/- दिए धन्यवाद कॉपी के।

44/9.1.72 श्री गया प्रसाद, एम.एस.सी., नोनापुर, पुखराया, कानपुर, कुछ मदद करें।

45/9.1.72 श्री धनपत सिंह यादव, क्वा.नं. 2-बी, फत्तेहपुर, रोड नं. 5, वीपीओ—चितरंजन, बक्षात, बंगाल, कुछ मदद करें।

46/10.1.72 श्री मौजीलाल व रामप्रसाद, गाँव—ढकपूर्वा, पोस्ट—जोत, कानपुर, 16-अ, रिया.

47/10.1.72 श्री छेदी लाल बौद्ध, गाँव—गौरा, पोस्ट—नवादा, तहसील—चापल, इलाहाबाद, कुछ भेजें।

48/13.1.72 श्री बैजनाथ पुष्प, बी.एल.डब्ल्यू. कोठी, (सिनेमा के बगल में), नियर पंप हाउस नं. 2, जिला—वाराणसी, कुछ भेजें।

49/13.1.72 श्री ओम प्रकाश गुप्ता, अधारा आरपी-गाँव—बेलखरा, पोस्ट—अहरैरा, मिर्जापुर

50/14.1.72 श्री कलेक्टर एवं डिस्ट्रिक्ट—मजि., इलाहाबाद, पोस्ट—कचहरी इलाहाबाद, रजि नं. 1043/14.1.72

51/14.1.72 श्री जिला सोशल एंड हरिजन वेलफेयर आफिसर (नियर प्रयाग रेलवे स्टेशन), इलाहाबाद, एल-1040/14.1.72

52/14.1.72 श्री चीफ सेक्रेटरी साहब, उत्तर प्रदेश, लखनऊ, एल-1041/14.1.72

53/15.1.72 श्री होरी लाल सुमन, गाँव—बैंतखेड़ा, पोस्ट—जमुनाब्रिज, आगरा, पोस्ट—झींझक, रजि नं. 181/15.1.72, 27 -ब रवाना है।

54/15.1.72 श्री दौलतराम, गाँव—प्योर जामवाद कोलियारी, पोस्ट—बहूला, वर्धमान, बंगल, संघर्ष

55/15.1.72 श्री नागोदास मैनी सरदार, गाँव—खेरा कोलयड़ी, (कनुयाद्रीह), पोस्ट—कुसुंडा, धनबाद, बिहार

56/15.1.72 श्री रामबाबू पुष्कर, डॉ. बी.आर. अम्बेडकर विद्यालय, गाँव—नगरीया बुजुर्ग, पोस्ट—अहेरीपुर, इटावा, 26 जनवरी को नहीं आ पाऊँगा।

57/15.1.72 श्री गया प्रसाद, एम.एल.ई, गाँव—नोनापुर, पोस्ट—पुखरायाँ, कानपुर, 28.2.72 को मुफसे सिकन्दरा में मिलें।

58/15.1.72 श्री रतनचन्द जैन, वीपीओ—भिंड, एमबीएच, माया 1/-, घ.ड. + रा.ड. 1.50/-, *धम्म* 2/-, *वर्ण* 5/-, *पो.* 2.50/-, *स.रामा* 2.50/-, *चाभी* 2.50/-, *सप्त भाषण* = 16.50/- (कमीशन बराबर पोसेज है)

59/15.1.72 डॉ. रमाशंकर, गाँव—अहमदपुर, पोस्ट—लोहता, वाराणसी, श्री यमुना प्रसाद वर्मा से कहे वी.पी. छुड़ा लें।

60/15.1.72 श्री यमुना प्रसाद वर्मा, वर्मा मेडिकल हॉल, गाँव—बलराम पुर, पोस्ट—लोहता, वाराणसी, वी.पी. छुड़ा लें। भूल 10/- पेशगी वाले अगले ऑर्डर में मुजरा देखें। 5.50/- + 50/- = 15.50/- मुजरा दिए जावेंगे।

61/15.1.72 श्री रामकरण चौधरी, सहायक स्टेब्लिशमेंट, जीवन बीमा निगम, भेलूपुर, वाराणसी, नकल बीजक नं. 3/12.1.72

62/15.1.72 श्री मानसिंह यादव, नई बस्ती, पोस्ट—अनंगपुर, हरदोई, नकल बीजक नं. 4/12.1.72

63/15.1.72 श्री चन्द्रपाल आजाद, डॉ. अम्बेडकर छात्रावास, वीपीओ—अकोला, मुरादाबाद, नकल बीजक नं. 4/12.1.72।

64/15.1.72	श्री ओम प्रकाश गुप्ता, अध्यक्ष आर.पी.आई, गाँव—बेलखरा, पोस्ट—अहरौरा, मिर्जापुर, 5/- जमा है। लिखें कौन-कौन किताबें भेजें। कोई नहीं मिला।
65/17.1.72	श्री चतुरी लाल आत्मज श्री छत्री हे ला, नगला-होती गड़वा, गाँव—पूरा, पोस्ट—उत्री पुरा, कानपुर, 5.2.72 के वी.पी. भेजी जावेगी।
66/17.1.72	श्री एम.के. बिक्र, एन.एस.सी., कोचीन, पर्वाहकर्ता, ऐरोड्रम ऑफिसर मनौरी
67/17.1.72	श्री मोहन सिंह शाक्य, एक्स-एम.एल.ए., वीपीओ—राजा का रामपुर, एटा, कॉपी मँगावें।
68/17.1.72	श्री प्रताप सिंह, 49-ब, टंडन छात्रावास इंजीनियरिंग कॉलेज, इलाहाबाद-4, अब और कुछ भेजें। 25/- ता. 15.7.71 धन्यवाद।
69/17.1.72	श्री पी.एल. राज अधीक्षक शासकीय माध्यमिक पाठशाला, गाँव—धरमपुरा, हृदय नगर, हेड पोस्ट ऑफिस-मिहोरा, जबलपुर, रियां. 17-ङ
70/17.1.72	श्री नर्मदा प्रसाद, नर्मदा हाउस, लकड़गंज, जबलपुर, रियाँ 17-ङ
71/17.1.72	श्री होती लाल निम डी.सी.-12/चौथी, मंजिल, ए.जी.सी.आर, ऑफिस, नई दिल्ली, 20/- जमा। 5/-
72/17.1.72	श्री त्रिमोहन कुमार पर्वाहकर्ता, होती लाल, नियर डी.सी.-12, चौथी मंजिल, ए.जी.सी.आर. ऑफिस, नई दिल्ली, कुछ भेजें।
73/17.1.72	श्री सोहरा सिंह, गाँव—रतन पट्टी, पोस्ट—गोशलडीह, वाया—विक्रमगंज, शाहबाद, बिहार, कॉपी मँगावें। अर्जेंट मँगावें।
75/17.1.72	श्री कृष्णा लाल केन, 21 कॉजीमल, वीपीओ—गाजियाबाद, मेरठ, ठीक है। 291/71 क्रिमिनल अपील की नकल ले लें। सूचना दें।
76/18.1.72	श्री बेचूराम मिलर चार्जमैन क्वां. नं. जे/3, लेबर कॉलोनी, वीपीओ—चुर्क, मिर्जापुर, कुछ भेजें।
77/18.1.72	श्री मूलचन्द भारतीय भीमनगर, जाटवपुरा, बरेली, कुछ भेजें।
78/18.1.72	श्री मोहन लाल, पकड़िया, 570, पीलीभीत, कुछ भेजें।
79/18.1.72	श्री बद्री प्रसाद यादव, प्राइवेट अस्पताल, शेखपुरा, कचहरी रोड, जौनपुर, कुछ भेजें।

80/18.1.72 श्री इन्द्रपाल गौतम, 85/131, लक्ष्मी पूर्वा, कानपुर-3, कुछ भेजें।

81/18.1.72 श्री पुरुषोत्तम जी, गाँव—साहपुर, पोस्ट—झींझक, कानपुर, कुछ भेजें।

82/18.1.72 श्री बनवारी लाल जाटव, रिपब्लिकन लीडर, वीपीओ—नगीना, बिजनौर, कुछ भेजें।

83/18.1.72 श्री सकंटे लाल रिपब्लिकन लीडर, गाँव—जिजपुरा, पोस्ट—रायपुर, वाया—कायमगंज, फर्रुखाबाद, कुछ भेजें।

84/18.1.72 श्री बाबू लाल बौद्ध, गाँव—लाल बादराखुर्द, पोस्ट—मारेहरा, एटा, कुछ भेजें।

85/18.1.72 श्री आशाराम रवि, गाँव—पिवारी, पोस्ट—मारदेश, एटा, कुछ भेजें।

86/18.1.72 श्री ढेचरी बाबा, गाँव—ललई, पोस्ट—शिवनगर, फर्रुखाबाद, कुछ भेजें।

87//18.1.72 श्री मन्नीलाल विशारद, गाँव—लोही, पोस्ट—खंदेवरा, इलाहाबाद, कुछ भेजें।

88/18.1.72 श्री बेचूराम कुरील, गाँव—दौदापुर, पोस्ट—धनुहीखेड़ा, उन्नाव, कुछ भेजें।

89/18.1.72 श्री परदेसीराम सोनकर, प्रधान अध्यापक, प्राथमिक पाठशाला, गाँव—कनक सराय, पोस्ट—कछवा, मिर्जापुर, कुछ भेजें।

90/18.1.72 श्री टी.एम. कुमार, बशरद नं. 73, नकल किया है।

91/20.1.72 श्री बाबू लाल कुरील, वीपीओ—धवुदीखेड़ा, उन्नाव, कुछ भेजें।

92/20.1.72 श्री गनपत लाल, रिपब्लिकन लीडर, पटवन गली, वीपीओ—कायमगंज, फर्रुखाबाद, कुछ भेजें।

93/20.1.72 श्री पुरुषोत्तम लाल अम्बेदी, 8/218, आर्य नगर, (सार्वनगर धर्मशाला, श्री जगभान सिंह वकील का पता, कानपुर-2, 36-ग, आर

94/20.1.72 श्री सुखबासील ठेकेदार पर्वाहकर्ता, श्री राम सिंह, गाँव—पृथ्वीपुर, पोस्ट—बेला, इटावा, 38-ग

95/20.1.72 श्री प्रेम रतन सिंह फौलादी, गाँव—लालपुर, पोस्ट—महेवा मन्दिर, इटावा, 39-ग

96/20.1.72 श्री...जो कानपुर में चुनाव दफ्तर में नौकर थे, वीपीओ—सरबाहर, कानपुर, 4-घ

97/20.1.72 श्री गयाराम ओवरसियर, अस्थायी, खंड विकास सार्वजनिक निर्माण विभाग, उन्नाव, 1-ब, आर.

98/20.1.72	श्री शिवनाथ दास, वीपीओ—सुकृत, मिर्जापुर, 2-ब
99/20.1.72	श्री डाल सिंह बौद्ध, गाँव—निजामाबाद, पोस्ट—छात्र, मैनपुर, 3-ब
100/20.1.72	श्री लखनदीप एडवोकेट, उन्नाव, 5-ब
101/20.1.72	श्री भीम प्रकाश, वीपीओ—अमिरसा, इलाहाबाद, 8-ब, आर.
102/20.1.72	श्री जानकी प्रसाद, कानपुर, 9-ब
103/20.1.72	श्री छक्कन राम, कानपुर, 10-ब, आर.
105/21.1.72	श्री लखनराम तूफानी, वीपीओ—बरहमपुर, कानपुर, डी-20-ख, 21-ख
106/21.1.72	श्री सुरेश चन्द, बी.एस.सी., डी.एम.एस., 83, मुगल बाजार, नाटके लडांग, कानपुर-1, डी- 34-ख, आर.
107/21.1.72	श्री मेड़ेलाल टेलर मास्टर, गाँव—बहुपुर, पोस्ट—दुधवन, रायपुर, डी. 33-ख, आर.
108/21.1.72	श्री रमेश रखकुमार बौद्ध पर्वाहकर्ता, श्री मातादीन पानवाले, 42, गार्डेनरीच, कानपुर-4, डी. 38-ख, आर.
109/21.1.72	श्री राम प्रसाद मास्टर, दयालवाला, गाँव—रामसमापुर, पोस्ट—बेसेर, कानपुर, डी. 40-ख, आर.
110/21.1.72	श्री ठिपल देव बौद्ध नेशनल जूट कारखाना, क्वा नं. 17/क्वा नं. 68, पोस्ट—बानीपुर, डी. 13-घ, आर.
111/21.1.72	श्री लक्ष्मी नारायण मार्केटिंग ऑफिसर रीजनल एगमार्क लेबोरेटरी, डी. 14-घ, आर.
112/21.1.72	श्री राजाराम संखवार, ए.एस.एम., आर.एस. एंड पोस्ट—कुकरा, डी. 21-घ, आर.
113/21.1.72	श्री अछेलाल बौद्ध, गाँव—भवनपुर, पोस्ट—हेरा, कानपुर
114/21.1.72	श्री केशव राम संखवार, गाँव—बहबलपुर, पोस्ट—लालपुर, कानपुर
115/21.1.72	श्री राम चरित्र बर्फ, गाँव—मुरारपुर, पोस्ट—अनेई, कानपुर
116/21.1.72	श्री परगन सिंह बौद्ध, गाँव—बाकराबाद, पोस्ट—बामरौली
117/21.1.72	श्री संत राम कुरील, गाँव—पाठक खेड़ा, पोस्ट—भोजपुर, राय बरेली
118/22.1.72	श्री गंगा सागर राम, 107/256, नेहरू नगर, कानपुर
119/21.1.72	श्री मोती लाल एरछी, 105/332, प्लॉट नं. 4, कोरियाना, चमनगंज, कानपुर-12
120/21.1.72	श्री हेमराज कुरील-106/325, गांधी नगर, कानपुर

121/22.1.72 श्री परसन लाल अम्बेडकर नगर, पोस्ट—नगनेछी, बाँदा

122/22.1.72 श्री रोशन लाल, मो. चुन्नी, वीपीओ—चन्दौसी, मुरादाबाद

123/22.1.72 श्री मुंशी लाल, एडवोकेट, एटा

124/22.1.72 श्री बृजपाल सिंह, एडवोकेट, अलीगढ़

125/22.1.72 श्री फेकनराम, मंत्री डॉ. अम्बेकर जीवन संहर्ष सर्वहारा किसान मजदूर-...कमेटी, एच.ई.सी. बोकारो स्टील प्रोजेक्ट कार्यालय, राँची, बिहार

126/22.1.72 श्री हीरादास बौद्ध, लाइन नं. 59/13, संगम जूट मिल हुगली

127/22.1.72 श्री डॉ. डी.आर. दास, एच.एम.डी.एस. साकेत सहयोगी चिकित्सालय, नृसिंह मन्दिर, रामगंज, वीपीओ—अयोध्या

128/22.1.72 श्री सुज्ञान राव महादजी, गाँव—हिस्बन खुर्द, पोस्ट—हिस्बन बुजुर्ग, हैड पोस्ट ऑफिस-जालना, औरंगाबाद

129/22.1.72 श्री डॉ. विजय बहादुर प्राइवेट अस्पताल इकदिल बाजार, पोस्ट—इकदिल, इटावा

130/22.1.72 श्री डॉ. कन्हैयालाल, पुन्नूलाल चौराहा, गाजीपुरा, चित्रकुटी, शाहजहाँपुर

131/22.1.72 श्री खुर्रमदास, एडवोकेट कलेक्ट्रेट, हरदोई

132/22.1.72 श्री माधोराम जौहर, रिपब्लिकन नेता सिविल लाइन, हरदोई

133/22.1.72 श्री परम पूज्य केन आनन्द देव, बुद्ध विहार, वीपीओ—कुकरगाँव, जालौन

134/22.1.72 श्री परम पूज्य शीलभद्र भंते, इटावा

135/22.1.72 श्री बनफूल सिंह सचान, एडवोकेट, 84/130 (2), कारवालो नगर, कानपुर

136/22.1.72 श्री गुलाब सिंह, वीपीओ—जैन, मथुरा

137/22.1.72 श्री बंशी लाल, ग्राम सेवक, हेडक्वाटर पैगम्बरपुर बकरी, पोस्ट—सेवरामऊ, फतेहपुर-6

138/22.1.72 श्री फूलचन्द कॉलोनी नं. 5, पोस्ट—चन्दिया हजारा, पीलीभीत

139/22.1.72 श्री देवीचरन, गाँव—डुडौली, पोस्ट—बिजहरा, कानपुर

140/22.1.72 श्री बदलू प्रसाद, गाँव—ईसापुर, पोस्ट—भीमपाटी, उन्नाव

141/22.1.72 श्री चौधरी शम्भू दयाल, एडवोकेट दक्षिण जहानाबाद, राय बरेली

142/22.1.72 श्री ठाकुर प्रसाद वर्मा, गाँव—सैदापुर, पोस्ट—महो बाजार, गोंडा

143/22.1.72 श्री विद्याशंकर, एडवोकेट, रायबरेली

144/22.1.72 श्री चन्द्रपाल शैलानी, औरंगाबाद, वीपीओ—सिकन्दरामऊ, अलीगढ़

145/22.1.72	श्री रामाश्चर्य यादव, गाँव—देव रामपुर, पोस्ट—घनश्याम पुर, जौनपुर
146/22.1.72	श्री रामचरन, 133/626, सुक्खाहुर्क, पोस्ट—किदवई नगर, कानपुर
147/22.1.72	श्री दिनेश कुमार, 37/3, लेबर कॉलोनी, साइड नं. 1, पोस्ट—किदवई नगर, कानपुर
148/22.1.72	श्री राम प्रसाद प्रजापति, 1/236, नवाबगंज, कानपुर
149/22.1.72	श्री राधेश्याम मास्टर, गाँव—चक्के, पोस्ट—कुटीर, चक्के, जौनपुर, उत्तर प्रदेश
150/22.1.72	श्री ध्रुवराम मुरलीधर पर्वाहकर्ता, डॉ. अम्बेडकर, हमीरपुर
151/22.1.72	श्री एस.बी. बौद्ध, गाँव—उदोतका, पूर्वा (भीमग्राम), पोस्ट—बिरहूनी, इटावा पोस्ट—झींझक, रजि. नं. 88/24.1.72
153/24.1.72	श्री पन्ना लाल कश्यप, गाँव—महुवरिया, पोस्ट—मुजेहरा, मिर्जापुर, 4 रा. + 2. चा. + 6 धर्म = 30/-, 7 = 23, 22/- + = 25
154/24.1.72	श्री लालता प्रसाद, वीपीओ—देवलापार, तहसील—रामटेक, नागपुर, कुशल पत्र, वाई.सी.पी.
155/24.1.72	श्री त्रिमोहन कुमार पर्वाहकर्ता, श्री सुमेर सिंह (मालिक मकान), 97, श्याम पार्क, गाँव—साहिबाबाद, पोस्ट—मलिक नगर, मेरठ, चै. 1.2.72 की रात में आऊँगा।
156/24.1.72	श्री सलिक राम कुरील, इटावा 13/21.6.71, 25/- बकाया श्री हीरा लाल भिजवाए।
157/24.1.72	श्री सम्पत्तिदास, हरिजन समाज समिति, चीना कुड़ी, पोस्ट—सुन्दरचक, वर्दवान, 5/- पेशगी भेजें। 1. *रा.* 1.25/-, एक 1.50/-, *आदि* 5 6.25/-, *नाग* 2/-, *अंगु.* 1/-, *खोज* 2.50/-, मा. 1/-, *रामो.* 2.50/-, *चाभी* 2.50/- *धर्म परिवर्तन* 2.50/- = 27/-, 6.25 जमा.। 21.25 बकाया।
158/24.1.72	श्री भजनलाल सरोज, कार्यालय होमगार्ड, कम्पनी 'रनर', वीपीओ—चरखाटी, हमीरपुर, 5/- पेशगी भेजें। 1. पोल प्रकाश 10/- + *सच्ची रामायण* 5/- + *सच्ची रामायण की चाभी* 6/- + *धर्म की पर्व* 2/-
159/29.1.72	श्री मोहन दास, स्थान देवतापुर का पूर्वा, गाँव—देवतापुर ब्रांच, पोस्ट—साड़ा, हेड पोस्ट ऑफिस—बिसवाँ, सीतापुर, बीजक नं. 6/29.1.72 की नकल है।

160/29.1.72 श्री असरानन्द, गाँव—हीरापुर, पोस्ट—ईसवारा, सीतापुर, पोस्ट—झींझक, रजि. नं. 119/29.1.72, बुक नं. 30-ब, रवाना है।

161/1.2.72 श्री कलेक्टर एवं डिस्ट्रिक्ट—मजि., कानपुर, 200 ग्राम/पो.ऑ. झींझक रजि नं. 153/1.2.72, दो पुस्तकें, धर्म-परिवर्तन सम्बन्धित फार्म रवाना है।

162/1.2.72 श्री असिरवादी नामी, डमरा का पूर्वा, गाँव—लखरा बेहड़, पोस्ट—दुगाना, सीतापुर, *सच्ची रामायण* 2.50/-, *शम्बूक* 1.25/-, *अछूतानन्द लिखित गाना* .60/-, *शोषितों पर धार्मिक डकैती* .75/-

163/1.2.72 श्री असरानन्द, गाँव—हीरापुर, पोस्ट—ईसरवारा, सीतापुर

164/1.2.72 श्री बाबूलाल कुरील पर्वाहकर्ता, श्री सरदार बलवन्त सिंह, 555-च/27, रामनगर, लखनऊ, 36-अ, 39-अ, 40-अ

165/1.2.72 श्री सियाराम, एम.एल.ए., वीपीओ—अमौपुर, एटा, 33-अ

166/1.2.72 श्री हलीमुद्दीन राहत मौलाई, एम.एल.ए., डहरिया, मुरादाबाद

167/1.2.72 श्री गुमानी लाल संखवार, वीपीओ—भंदेमऊ, हेड पोस्ट ऑफिस-झींझक, कानपुर, पोस्ट—झींझक, रजि. नं. 152/1.2.72, डी. 31-क

168/1.2.72 श्री रामलाल संखवार, सिग्नल इंस्पेक्टर, रेलवे ऑफिस, वीपीओ—शंकरगढ़, पोस्ट—झींझक रजि. नं. 151/1.2.72, 33-ब

169/1.2.72 श्री चन्द्रपाल सिंह, आजाद अम्बेडकर छात्रावास, वीपीओ—मझोला, मुरादाबाद, 5/- मिलने पर वी.पी. भेजेंगे।

170/1.2.72 श्री पेरियर, पोस्ट—झींझक, कानपुर, रजि. नं. 902/1.2.72, 10/- रवाना है। किताबें 'दी रामायना : ए टू रीडिंग' भेजें।

171/2.2.72 श्री चौधरी चुन्नी लाल, एडवोकेट, 19 बेलीगंज, इलाहाबाद, कुशल पत्र भेजें।

172/2.2.72 श्री राम आसरे बौद्ध, सी.एस.के., वीपीओ—मनौरी, इलाहाबाद, डी. 1 एंड 6 रिया. अनार.

173/2.2.72 श्री छोटेलाल, एम.पी., 221 सादियाबाद, इलाहाबाद, डी. 9 रिमा.

174/2.2.72 श्री बेचूराम मिलर चार्जमैन, क्वां. नं. जे/3, लेबर कॉलोनी, वीपीओ—चुर्क, मिर्जापुर, डी. 11,12 रिमा. अल.

175/2.2.72 श्री मूलचन्द लाखीम भीमताप, जाटवपुरा, बरेली, डी. 14,15 रिमा.

176/2.2.72 श्री बाबूराम यादव, डी/8/ई.एस.आई.सी. कानपुर कॉलोनी, सर्वोदय नगर, फैजाबाद की सभा में नहीं आ सकता। 11, 12.2.72 को।

177/3.2.72	श्री मोहन लाल, पकड़िया, खीरी, डी. 17,18 आर.
178/3.2.72	श्री आशा राम रवि, गाँव—पिचारी, पोस्ट—मारहेरा, एटा, भी. 29, 30 एंड श्री 11,12 आर.
179/3.2.72	श्री रघुनन्दन प्रसाद विद्यार्थी, एटा, बीएच-10,27
180/3.2.72	श्री कृष्णलाल केन, 211 काजीमल, वीपीओ—गाजियाबाद, मेरठ, 10 किताबें आपने श्री टी.एम. कुमार को नहीं दी, कुछ दी है लिखा।
181/3.2.72	श्री बलवन्त सिंह जी, 15 नौरोजी नगर, (डी.पी. सिंह जाटव) नई दिल्ली, वे अकाउंट, मानसिंह रोड, 284821 (पर्वाहकर्ता, एस.एल.) बसीन सप्लाई-10
182/3.2.72	श्री बी.एल. मौर्या, नई दिल्ली, रविवार को सत्संग में मिलें।
183/3.2.72	श्री आर.डी. सोनकर, नई दिल्ली, रविवार को सत्संग में मिलें।
184/3.2.72	श्री एम.के. महेन्द्र पर्वाहकर्ता, श्री छिंगेलाल कटरा, कटरा टेलर्स, वीपीओ—तिवाड़ी, टीकमगढ़, 25/- किताबें मँगवाएँ।
185/3.2.72	श्री व्यवस्थापक डॉ. अम्बेडकर पुस्तकालय, डॉ. अम्बेडकर (माडेरी फाटक के बाहर) दनिक, 10/- को किताबें भेजें।
186/3.2.72	श्री मोती लाल सरछी, 105/332, कोरियाना चमनगंज, कानपुर, 32-ङ, रिया.
187/3.2.72	श्री द्वारिका प्रसाद, 84/12, सफेद कॉलोनी, जूही, कानपुर, आर. 11/12-ब, आर.
188/3.2.72	श्री सोनेलाल कासरे, गाँव—डटैली, पोस्ट—मकरन्दपुर, कानपुर, डी. 13-ब, आर.
189/3.2.72	श्री रामेश्वर दयाल पर्वाहकर्ता, श्याम लाल कुरील, गुनैला, पोस्ट—ककश, कानपुर, डी. 14-ब, आर.
190/3.2.72	श्री गयाराम बौद्ध, उन्नाव, डी. 1-ब, आर.
191/3.2.72	श्री शिव नवराम, मिर्जापुर, डी. 2-ब, आर.
192/3.2.72	श्री जलसिंह बौद्ध, मैनपुरी, डी. 3-ब, आर.
193/4.2.72	श्री भगवान दीन, एडवोकेट, उन्नाव, डी. 5-ब, आर.
194/4.2.72	श्री जानकी प्रसाद, कानपुर, डी. 6-ब, आर.
195/4.2.72	श्री चन्द्रभान महेश्वर, मथुरा, डी. 15-ब, आर.
196/4.2.72	श्री जाटव एस.वी. आर्या, हाई-डिल कॉलोनी, वीपीओ—कोवन, मिर्जापुर, 25/- की किताबें भेजें।
197/4.2.72	श्री शम्भू दयाल, 431, निशातगंज, लखनऊ, डी. 8-ग
198/4.2.72	श्री श्याम, बदायूँ, डी. 24-ग, धन्यवाद

199/4.2.72	श्री एन.के. चुडा सभा, भावनगर, डी. 37-ख, धन्यवाद
200/4.2.72	श्री चिकित्सक अर्जुन लाल, सवाई माधोपुर, 23, आर.
201/4.2.72	श्री योगेन्द्र प्रसाद, वाराणसी, डी. 2, धन्यवाद
202/4.2.72	श्री चुन्नू लाल साहू, कानपुर, डी. 3, धन्यवाद
203/5.2.72	श्री माहार रामफल, श्री राज देशराम, कलकत्ता-1, डी. 34-ख, आर.
204/5.2.72	श्री लक्ष्मी नारायण पाफेरियस ऑफिस, राजकोट, डी. 14-घ, आर.
205/5.2.72	श्री रमेशचन्द्र मंडल, एम.ए., बी.सी. एडवोकेट, कलकत्ता-2, डी. 2-घ, 3-घ, आर.
206/5.2.72	श्री सेक्रे. वेस्ट बंगाल शिड्यूल्ड कास्ट फेडरेशन, हावड़ा, डी. 10-घ, 11-घ
207/5.2.72	श्री चन्द्रफल सिंह 'रवि', स.अ., गाँव—गजरौला पंचायत, मुरादाबाद, पोस्ट—गजरौला, पूना 4/- + केस 4/-, पोल 2.50 + राज. .75/-, माया 1/- + नाग 2/- + स. 2.50/- + चाभी 2.50/- + धर्म 2.50/- + स 21.75/- + ज. 4.75/-, बो 2.50/-
208/8.2.72	श्री एस.एन. सिंह, एल.एल.एम., एडवोकेट, मुदीप फोर्ट, जी, 46-47, लाजपत नगर, पार्ट-1, नई दिल्ली-110024, श्री टी.एम. कुमार को माननीय जस्टिस विलियम ब्रूम वाला जजमेंट दें।
209/8.2.72	श्री मन्नीलाल, क्लर्क इलेक्शन ऑफिस, गाँव—चैनपुर, पोस्ट—करवादार, कानपुर, श्री राजबहादुर, गाँव—लाहरपुर, पोस्ट—करवादार
210/8.2.72	श्री रामेश्वर दयाल सत्यार्थी, एम.ए. पार्ट-1, अध्यक्ष डॉ. अम्बेडकर विद्यार्थी सेंघ बद्रीविशाल डिग्री कॉलेज, फर्रुखाबाद, कुछ मदद करें।
211/8.2.72	श्री मोहन लाल कश्यप सेक्रेटरी डॉ. अम्बेडकर विद्यार्थी संघ, गाँव—राजन गाला, पोस्ट—फतेहगढ़, फर्रुखाबाद, कुछ मदद करें।
212/9.2.72	श्री डी.पी. यादव, डिप्टी मिनि. सोशल एंड एज्यू., 6, तुगलक रोड, नई दिल्ली, कुछ मदद करें।
213/9.2.72	श्री नवल किशोर, बी.ए., गाँव—रामगढ़, पोस्ट—हरचन्दपुर, इटावा, कॉपी मँगावें।
214/9.2.72	श्री संघप्रिय गौतम, एडवोकेट, बुलन्दशहर, कॉपी मँगावें।

215/9.2.72	श्री टी.एम. कुमार, मेरठ, पता दें, श्री शैलानी कहाँ है?
216/9.2.72	श्री रंगीलाल, कानपुर, डी. 12-ङ, 20/- पावें। धन्यवाद
217/9.2.72	श्री हँसीबर हैदर, रामपुर, कुछ मदद करें।
218/9.2.72	पर्वाहकर्ता, नौरंग ट्रडर्स, इलाहाबाद, टू श्री बनवारी लाल यादव
219/9.2.72	श्री सिविल लाइन, नई दिल्ली, टू बी.पी. मौर्य, एम.पी. 24, विंडसर फेस नवाबपुरा (उत्तर प्रदेश) पोस्ट—मुरादाबाद, रजि. नं. 913/9.2.72
220/9.2.72	बस अड्डे के पास, फैजाबाद, टू, डॉ. डी.आर. दास, एच.एम.पी.एस. सहयोगी चिकित्सालय नृसिंह मन्दिर, रामगंज, वीपीओ—अयोध्या/डी. आर.
221/9.2.72	टू श्री रामकरण चौधरी, सहायक इस्टेब्लिशमेंट डी.ओ., भारतीय जीवन बीमा निगम, भेलूपुर, डी. 16, आर.
222/9.2.72	श्री जमुना प्रसाद, पी.ए.ओ. (ओ.आर.एस.) अर्टिलरी, मथुरा, डी. 21-ब, 22-ब, आर.
223/9.2.72	श्री मुंशीलाल निर्मल, पर्वाहकर्ता, श्री सावन्तदास, रविदास मन्दिर, गाँव—हरवंशपुर, पोस्ट—कठेरुआ, कानपुर, डी. 22, 19-ब, 20-ब, आर.
224/9.2.72	श्री मुंशीलाल निर्मल, लेखपाल, फर्रुखाबाद, डी. 22
225/9.2.72	श्री मुजफिलउल्ला खाँ, गाँव—अमरोह, गोरी कुआ, मुरादाबाद, कॉपी मँगावें।
226/9.2.72	श्री रामसुन्दर, गाँव—सवरुआ, पोस्ट—मियांपुर, इलाहाबाद, डी. 12-अ, आर.
227/9.2.72	श्री मानसिंह बौद्ध, नई दिल्ली, लिखें। कौन-कौन किताबें चाहिए?
228/9.2.72	श्री धनई सिंह यादव, आजमगढ़, सीएच 23,23 आर
229/9.2.72	श्री राम प्रसाद कश्यप, एटा, बीएच-28, आर.
230/9.2.72	श्री मुंशी लाल गोला, एटा, बीएच. 17, 18 आर.
231/10.2.72	श्री घसीटेलाल साहू बंगला, पार्वती बांगला रोड, नियर बिजली घर, कानपुर, 500/- की मदद करें। पोस्ट—बरेली शहर, रजि नं. 70/11.2.72 रात्रि दो बजे।
232/10.2.72	श्री प्रताप सिंह, वीपीओ—ऐटवा, मैनपुर, डी. 23-ब, 24-ब, आर.
233/12.2.72	श्री बाबू राम यादव, 178 मम्फोर्डगंज, निगम चौराहा के पास, इलाहाबाद, बीएच 10-ख, 11-ख, 12-ख, 13-ख, 14-ख, आर.
234/12.2.72	श्री छेदी प्रसाद, एडवोकेट, देवरिया, डी.आर.

235/12.2.72 श्री बुद्धि सागर, लिपिक हेड पोस्ट ऑफिस-उरई, जालौन, वास्ते श्री दीनदशल विरानी, बीएच-18-क, व 21-क

236/12.2.72 श्री घमंडीलाल जाटव, कस्माबान, वीपीओ—छिबरामऊ, फर्रुखाबाद, बीएच 33-क, आर.

237/12.2.72 श्री राम लाल, मोहल्ला—सीलमपुर, टाउन हॉल के नीचे/ फर्रुखाबाद शहर, फर्रुखाबाद, 25/- की किताबें मँगावें।

238/12.2.72 श्री कैलाश नाथ यादव, टिकट नं. 126, एम.एस.एस.डी., सी.ओ.डी., कानपु, 25/- की किताबें मँगावें।

239/12.2.72 श्री फिरईदास, गाँव—बनकरिया कुटी, पोस्ट—जोकहरा, आजमगढ़, 1. *स.रा.* 2.50/-, 2. *चाभी* 5/-, *पोल प्रकाश* 2.20/-, 10, पो. 2/- पेशगी, 5/- भेजें।

241/13.2.72 श्री रामदेव यादव, गाँव—सोहराभार, पोस्ट—महुला, पत्र सं. 240/13.2.72 से 5/- पेशगी भिजवाएँ।

242/13.2.72 श्री मंगल सिंह, स्थान-चपटा, गाँव—रजपुरा, पोस्ट—गोरमी, भिंड, 5/- पेशगी भेजें।

243/13.2.72 श्री बाबूलाल निषाद, खलासी लेन, कानपुर, 13.2.72 की सभा की गैर हाजिरी की क्षमा।

244/14.2.72 श्री वी.आर. शाक्य, असि.टीचर, बेसिक स्कूल भगवन्त नगर, गाँव—सारहपुरा, फर्रुखाबाद, 5/- पेशगी भेजें।

245/14.2.72 श्री टी.एम. कुमार, डी.पी.-3, चौथी मंजील, जी.सी.आर. ऑफिस, नई दिल्ली, पोस्ट—झींझक पारसल रजि. नं. 322/14.2.72, 250 धर्मपरिवर्तन , 600 ग्राम, 3/-, 4/-, .75/-, .05/-

246/14.2.72 श्री सुमेर सिंह ठेकेदार, 97 श्याम पार्क, गाँव—साहिबाबाद, पोस्ट—मलिकनगर, मेरठ, पोस्ट—झींझक, रजि. नं. 119/14.2.72, 80 भीम अभिनन्दन रवाना है। 1.550, 1.55/-, 1.06/-, .75/-, .05/-

247/14.2.72 श्री ज्वाला प्रसाद अहिरवार, एक्स-एम.एल.ए., गांधी नगर, वीपीओ—कोंच, जालौन, पोस्ट—झींझक, रजि. नं. 121/14.2.72, डी. 34-ब, *धर्म परिवर्तन, सच्ची रामायण की चाभी, सच्ची रामायण,* 0.75/- + 1.07/- + .45/-,0.01/- = 2.18/-

248/14.2.72 श्री कलेक्टर एवं डिस्ट्रिक्ट—मजि., कानपुर, वशुमूल, 246,250, अंडर पोस्ट, (1) धर्म परिवर्तन नहीं लिया था। (2) सच्ची रामायण की 37 प्रतियाँ 300/- खर्चे के दिलाये जावें।

249/14.2.72 श्री डी.एल., कानपुर, 115/- + 0.05

250/14.2.72 श्री एस.पी., देहाति क्षेत्र, कानपुर, .75/- + .05/-

251/14.2.72 श्री चौधरी शम्भू दयाल, एडवोकेट, दक्षिण जहानाबाद, राय बरेली, डी. 35, 2 *धर्म-परिवर्तन* 5/-, 5 *सच्ची रामायण* 12.50/- व 5/12.50 *चाभी* = 30, 7 कमीशन + 2 पोसेज, = 25/- भेजें। पोस्ट झींझक, रजि. नं. 118/14.2.72 (850 ग्राम/ 0.95 + 1 + 0.15 + 0.05 = कुल रुपये 2.15/-)

252/14.2.72 श्री जगराम सिंह कुसुम, वेतन लेखा कार्यालय पी.ए.ओ/ओ. आर.एस., अर्टिलिटी, मथुरा, 8 *धर्म-निरपेक्ष* + 2 *सच्ची रामायण* + 2 *चाभी* = 12, रजि. नं. 120/14.2.72 (950 ग्राम/ 0.95 + 1 + 0.15 + 0.05 = 2.15/-)

253/14.2.72 श्री बद्रीप्रसाद सिंह यादव, पोस्ट—शेखपुरा, कचहरी रोड, जौनपुर, 3 *धर्म-निरपेक्ष* + 5 *सच्ची रामायण* + 5 *सच्ची रामायण की चाभी* = 12 (950 ग्राम/ 0.95 + 1 + 0.15 + 0.05 = 2.15) रजि. नं. 117/14.2.72

254/14.2.72 श्री बद्रीप्रसाद सिंह यादव, पोस्ट—शेखपुरा, कचहरी रोड, जौनपुर, सूचना उपरोक्त

255/14.2.72 श्री टी.एम. कुमार, नई दिल्ली, सूचना पत्र नं. 245, 246/14.2.72

256/14.2.72 श्री ज्वाला प्रसाद अहीरवार, जालौन, सूचना पत्र नं. 247/14.2.72

257/14.2.72 श्री चौधरी शम्भू दयाल, राय बरेली, सूचना पत्र नं. 251/14.2.72

258/14.2.72 श्री जगराम सिंह कुसुम, मथुरा, सूचना पत्र नं. 251/14.2.72

259/14.2.72 श्री राजाभाऊ खोब्रागड़े, उपाध्यक्ष राज्यसभा, भारत सरकार, नई दिल्ली, कुछ मदद करें। जवाब हेतु।

260/14.2.72 श्री हलीमुद्दीन राहत मौलाई, एम.एल.ए., राहत कदा, दहरिया, मुरादाबाद, कुछ मदद करें।

261/14.2.72 श्री मूलचन्द जी, भीम नगर, जाखुदरा, बरेली, श्री कनौजी लाल नहीं मिले।

262/14.2.72 श्री शमीमअलाम, एम.एल.ए., एक्स-डिप्टी मिनिस्टर., बुलन्दशहर, कुछ मदद करें।

263/14.2.72 श्री सुन्दर लाल प्रजापति, 492, कालेशाह का तकिया (कसगरान), सिविल लाइन, बिहारीपुर, बरेली, कुछ मदद करें।

264/14.2.72 श्री माधोरथ जौहर, हरदोई, कुछ मदद करें।

265/14.2.72 श्री डालसिंह बौद्ध, गाँव—निजामाबाद, पोस्ट—छाछा, मैनपुरी, पोस्ट—झींझक, रजि. नं. 133/15.2.72, 8 *धर्म-परिवर्तन* + 2 *सच्ची रामायण* + 2 *सच्ची रामायण की चाभी*

266/14.2.72 श्री रोहन लाल बौद्ध, वीपीओ—पिवरगाँव, फर्रुखाबाद, कुछ मदद करें।

267/14.2.72 श्री श्रामणोर धम्मपाल, वीपीओ—उफानी, बदायूँ, पोस्ट—झींझक, रजि. नं. 131/15.2.72, 8 *धर्म-परिवर्तन* + 2 *सच्ची रामायण* + 2 *सच्ची रामायण की चाभी*

268/14.2.72 श्री लोकनाथ बौद्ध, पोस्टल क्लर्क, वीपीओ—मुगराबाद शाहपुर, जौनपुर, 132/15.2.72, 5 *धर्म-परिवर्तन* + 4 *सच्ची रामायण* + 3 *सच्ची रामायण की चाभी*

269/14.2.72 श्री जाटव एम.पी. आर्या हाइडिल कॉलोनी, वीपीओ—योवन, मिर्जापुर, किताबें 25/- की मँगावें।

270/14.2.72 श्री रघुनन्दन प्रसाद विद्यार्थी, भीमनगर, सहावर गेट, वीपीओ—कासगंज, एटा, किताबें 25/- की मँगावें।

271/14.2.72 श्री रामकेर गौतम, गाँव—कोटिया, पोस्ट—कोरिया, सुल्तानपुर, *जीवन संघर्ष आदि के लिए* 5/- पेशगी भेजें।

272/14.2.72 श्री गजाधर प्रसाद बौद्ध पर्वाहकर्ता, श्री किशन लाल, घड़ी साज, घीया मंडी, मथुरा

273/17.2.72 श्री जाटव एस.पी. आर्या, हाइडिल कॉलोनी, वीपीओ—चोवन, मिर्जापुर, 4 *धर्म परिवर्तन* + 4 *सच्ची रामायण* + 4 *सच्ची रामायण की चाभी,* 30-7 + 2 = 25/- का माल रवाना है।, पोस्ट—झींझक, रजि. नं. 162/17.2.72

274/17.2.72 श्री नवल किशोर, अध्यापक श्री भगवान दास इंटर कॉलेज, गाँव—रामगढ़, पोस्ट—हरचन्दपुर, इटावा, 4 *धर्म परिवर्तन* + 4 *सच्ची रामायण* + 4 *सच्ची रामायण की चाभी,* 30-7 + 2 = 25/- का माल रवाना है। पोस्ट—झींझक, रजि. नं. 161/17.2.72

275/17.2.72 श्री एन.के. चुडासभा, एम.एस.सी., एल.एल.बी., प्लॉट नं. 30, गांधी कॉलोनी, कैलाश रोड, विद्या नगर, भावनगर, 10 *धर्म परिवर्तन* + 10 *सच्ची रामायण* + 10 *सच्ची रामायण की चाभी,* 75-25 = 50/- लेना है।, पोस्ट—झींझक, रजि. नं. 116/17.2.72

276/17.2.72 श्री रघुनन्दन प्रसाद विद्यार्थी, मोहल्ला—भीमनगर, वीपीओ—कासगंज, एटा, 8 *धर्म परिवर्तन* + *सच्ची रामायण* + 2 *सच्ची*

रामायण की चाभी, 30/--7/- + 2/- पोस्टेज = 25 भेजें।, पोस्ट—झींझक, रजि. नं. 165/17.2.72

277/17.2.72 श्री हीरा लाल सिसोदिया, 4/1644, अशोक नगर, फ्रीगंज, उज्जैन, 4 *धर्म परिवर्तन* + 4 *सच्ची रामायण* + 4 *सच्ची रामायण की चाभी,* 30/- - 7/- कमीशन + 2 पोस्टेज = 24 भेजें।, पोस्ट—झींझक, रजि. नं. 159/17.2.72

278/17.2.72 श्री डॉ. अर्जुनलाल 'अखंड', सतगुरु दवाखाना, रेलवे स्टेशन, बजरिया, सवाई माधोपुर, 4 *धर्म परिवर्तन* + 4 *सच्ची रामायण* + 4 *सच्ची रामायण की चाभी,* 30/-- 7/- कमीशन + 2 पोस्टेज = 24 भेजें।, पोस्ट—झींझक, रजि. नं. 163/17.2.72

279/17.2.72 श्री सुन्दरलाल प्रजापति, 492 कालेशाह का तकिया, कसंगरान, सिविल लाइन, बिहारी पुर, बरेली, 6 *सच्ची रामायण* + 4 *सच्ची रामायण की चाभी,* 20/- के 50/- भेजें। पोस्ट—झींझक, रजि. नं. 160/17.2.72

280/17.2.72 श्री डॉ. कन्हैया लाला, चौराहा पुन्नूलाल, मोहल्ला—गाड़ीपुरा, चिमयुनी, शाहजहाँपुर, पोस्ट—झींझक, रजि. नं. 157/17.2.72

281/17.2.72 श्री खुर्रमदास, एडवोकेट, हरदोई, 4 *धर्म परिवर्तन* + 4 *सच्ची रामायण* + 4 *सच्ची रामायण की चाभी* = 12, 30 - 7/- कमीशन + 2/- पोस्टेज (पोस्ट—झींझक, रजि. नं. 158/17.2.72)

282/17.2.72 श्री माधोराम जौहर, नेताजी, सिविल लाइन, हरदोई, 4 *धर्म परिवर्तन* + 4 *सच्ची रामायण* + 4 *सच्ची रामायण की चाभी* = 12, 30 - 7/- कमीशन + 2/- पोस्टेज (पोस्ट—झींझक, रजि. नं. 164/17.2.72)

283/17.2.72 श्री कुमारजीव आनन्द, 15 बनमाली सोसाइटी, असारया, अहमदाबाद-16, कुशल पत्र।

284/17.2.72 श्री परम पूज्य भन्ते सुगतानन्द जी, बुद्ध विहार, रंजीतपुर, वीपीओ—चिलबिला, प्रतापगढ़, 23.2.72 से 5.3.72 से कैम्प में केवल 4.3.72 व 5.3.72 तक ही रह सकूँगा।

285/18.2.72 श्री सेठ विश्वनाथ कटियार, वीपीओ—सिकन्दरा, कानपुर, किताबें 100/- की ले जावें।

286/18.2.72 श्री शम्भूदयाल, मकान नं. 341, निशातगंज, लखनऊ, 25/- की किताबें मँगावें।

287/18.2.72 श्री लक्ष्मीनारायण कुरील, 45 बाग, मुन्नू खसियारी मंडी, केशरबाग, लखनऊ, 12-ग, 25/- की किताबें मँगावें।

288/18.2.72 श्री सुबतालसिंह वर्मा, ख एज्यूकेशन मिनिस्टर ऑफिस, कुशल पत्र।

289/19.2.72 श्री श्रीराम हरिजन, बिंदाराम की बाड़ी, 4/4, लालाबाबू लेन, पोस्ट—बानीपुर, कलकत्ता-2 (बंगाल), 8 *धर्म परिवर्तन* + 2 *सच्ची रामायण* + 2 *सच्ची रामायण की चाभी* = 12, 30 - 7/- कमीशन + 2/- पोस्टेज (पोस्ट—झींझक, रजि. नं. 199/18.2.72)

290/19.2.72 श्री आर.डी. शिशुवाल जे. पी.पी./158, एसबोसटस लिमि. मुलुंड, एन.बी., बम्बई-80, 8 *धर्म परिवर्तन* + 2 *सच्ची रामायण* + 2 *सच्ची रामायण की चाभी* = 12, 30 - 7/- कमीशन + 2/- पोस्टेज (पोस्ट—झींझक, रजि. नं. 167/19.2.72)

291/19.2.72 श्री मुंशीलाल चमार, एम.एल.ए., एक्स.-मिनि., गाँव—बरमाहल, पोस्ट—करहल, मैनपुरी, 4 + 4 + 4 = 12, रवाना है, 25/- भेजें। (पोस्ट—झींझक, रजि. नं. 168/19.2.72)

292/19.2.72 श्री होतीलाल 'निम' डी.सी.-12 चौथी मंजिल, ए.जी.सी.आर. ऑफिस, क्वार्टर नं. 248-सी., नई दिल्ली, जो चाहे-सो 28 पुस्तकें श्री टी.एम. कुमार से ले लें। 14.4.72 को 32.50 + 5 = 37.50 दें।

293/19.2.72 श्री सोहन लाल बौद्ध, प्रेम नगर कॉलोनी, वीपीओ—रारेजा जंक्शन, शाहजहाँपुर, 5/- ओर भेजें। तभी 100/- किताबें भेजी जावेंगी।

294/19.2.72 श्री शिवनाथ दारु, वीपीओ—सुकृत, मिर्जापुर, डी. 2-ब, आर.

295/22.2.72 श्री बनवारी लाल यादव, एडवोकेट, 578, मम्फोर्टगंज, इलाहाबाद, 100 *सच्ची रामायण* + 100 *सच्ची रामायण की चाभी* + 100 *धर्म परिवर्तन* = 300 किताबें + 30 पिछला हिसाब = 330, पार्सल नं. 487124, दिनांक : 22.2.72 (पोस्ट—झींझक, रजि. नं. 35/22.2.72)

296/22.2.72 श्री रामपाल सिंह यादव, एम.एल.ए., वीपीओ—त्रिठमरा, कानपुर, (पोस्ट—झींझक, रजि. नं. 36/22.2.72)

305/28.2.72 श्री सलिकराम कुरील, प्राइवेट अस्पताल चौराहा, मुगल रोड, वीपीओ—*जसवन्तपुर*, इटावा, 8 *धर्म परिवर्तन* + 2 *सच्ची रामायण* + 2 *सच्ची रामायण की चाभी* = 12, 25/- = दिनांक : 1.5.72 को भेजें। (पोस्ट—झींझक, रजि. नं. 93/28.2.72)

306/28.2.72 श्री मनीराम वर्मा, गाँव—अहमदपुर, पोस्ट—पाली, हरदोई, 1 *धर्म परिवर्तन* + 6 *सच्ची रामायण* + 5 *सच्ची रामायण की चाभी*

= 12, 25/, दिनांक : 1.5.72 को भेजें। (पोस्ट—झींझक, 92/28.2.72)

307/28.2.72 श्री परम पूज्य भन्ते आनन्द देव, बौद्ध विहार, वीपीओ—कुकर गाँव, जालौन, 8 *धर्म परिवर्तन* + 2 *सच्ची रामायण* + 2 *सच्ची रामायण की चाभी* = 12, 25/- + 25/- तुरंत भेजें। (पोस्ट—झींझक, रजि. नं. 91/28.2.72)

308/28.2.72 श्री बाबूराम यादव, डी-8/ई.एस.आई.सी. कॉलोनी, सर्वोदय नगर, कानपुर, 6 *सच्ची रामायण* + 5 *सच्ची रामायण की चाभी* + 1 *धर्म परिवर्तन*, दिनांक : 1.5.72 को भेजें 25/- (पोस्ट—झींझक, रजि. नं. 86/28.2.72)

309/28.2.72 श्री चन्द्रिका प्रसाद 'जिज्ञासु' लखनऊ-3

310/28.2.72 श्री *राजेन्द्र प्रसाद* बौद्ध, गाँव—अल्लापुर, पोस्ट—पुखरायाँ, कानपुर, सूचना।

311/28.2.72 श्री गौरी शंकर सचान, गाँव—जलालपुर, पोस्ट—मोहम्मदपुर, कानपुर, 6 *सच्ची रामायण* + 5 *सच्ची रामायण की चाभी* + 1 *धर्म परिवर्तन* = 25/- + 25/- स्वत: जल्द दिनांक : 1.5.72 को भेजें। (पोस्ट—झींझक, रजि. नं. 28.2.72)

312/28.2.72 श्री गनपत दयाल 'प्रेमी', पटवन गली, वीपीओ—कायमगंज, फर्रुखाबाद, 8 *धर्म परिवर्तन* + 2 *सच्ची रामायण* + 2 *सच्ची रामायण की चाभी* के दाम 25/- = दिनांक : 1.5.72 को भेजें। चन्दा 25/- तुरंत भेजें। (पोस्ट—झींझक, रजि. नं. 88/28.2.72)

313/28.2.72 श्री रामबाबू, गाँव—बरवा, पोस्ट—बरौर, कानपुर, 8 *धर्म परिवर्तन* + 2 *सच्ची रामायण* + 2 *सच्ची रामायण की चाभी* = 25/- = दिनांक : 1.5.72 को भेजें। (पोस्ट—झींझक, रजि. नं. 83/28.2.72)

314/28.2.72 श्री बाबूलाल कुरील, 555-च/261, राम नगर, लखनऊ, 8 *धर्म परिवर्तन* + 4 *सच्ची रामायण* + 2 *सच्ची रामायण की चाभी* = 25/-तथा 10 जमा, 50/- शीघ्र भेजें। (पोस्ट—झींझक, रजि. नं. 89/28.2.72)

315/28.2.72 श्री रामकृष्णा, मास्टर प्राथमिक पाठशाला, मलिकपुर, पोस्ट—समधन, फर्रुखाबाद, 1 *धर्म परिवर्तन* 1.50/-, *सच्ची रामायण* 2.50/-, *सच्ची रामायण की चाभी* 2.50/-, *जीवनी* 6/-, *एक.श.* 1.50/-, 3 *कथा* 3.75/, *भविष्य* .75/-, *पूना* 4/-, *सच* 1/- =

34.50 + 3 *पोस्ट* = 37.20/- = 11.50/- लेने हैं। (17.50 की वी.पी. प्रेमी लिखें।

316/28.2.72 श्री नन्दलाल प्रसाद, गाँव—कोरी, पोस्ट—सदलुपर, वाराणसी, 5/- पेशगी भेजें।

317/28.2.72 श्री जगदीश सिंह 'केशर' गाँव—नरायणावाला, पोस्ट—कल्लूवाला, बिजनौर, 5/- पेशगी भेजें।

318/2.3.72 श्री राम बाबू, अध्यापक, गाँव—जलालपुर, पोस्ट—मोहाना, कानपुर, 8 *धर्म परिवर्तन* + 4 *सच्ची रामायण* + 4 *सच्ची रामायण की चाभी* = 25/- = दिनांक : 1.5.72 को शर्तिया भेजें। (पोस्ट—झींझक, रजि. नं. 111/2.3.72)

319/2.3.72 श्री कैलाश नाथ यादव, टिकट नं. 126, एम.एस.एस.डी., सी.ओ.डी., कानपुर, 1 *धर्म परिवर्तन* + 6 *सच्ची रामायण* + 5 *सच्ची रामायण की चाभी* = 25/- = दिनांक : 1.5.72 को शर्तिया भेजें। (पोस्ट—झींझक, रजि. नं. 110/2.3.72)

320/2.3.72 श्री विंगेलाल कटरा, कटरा टेलर्स, वीपीओ—निवाड़ी, हकीमगढ़, 8 *धर्म परिवर्तन* + 2 *सच्ची रामायण* + 2 *सच्ची रामायण की चाभी* = 25/- = दिनांक : 1.5.72 को शर्तिया भेजें। (पोस्ट—झींझक, रजि. नं. 108/2.3.72)

321/2.3.72 श्री कल्लूराम सन्त, गाँव—धूरी खेड़ा पोस्ट—पूरे पांडे, राय बरेली, 8 *धर्म परिवर्तन* + 2 *सच्ची रामायण* + 2 *सच्ची रामायण की चाभी* = 25/- = दिनांक : 1.5.72 को शर्तिया भेजें। (पोस्ट—झींझक, रजि. नं. 107/2.3.72)

322/2.3.72 श्री जगन्नाथ प्रसाद बौद्ध, मंत्री अखिल भारतीय डॉ. अम्बेडकर सेवा संघ, 25 अलीअहमद किदवई रोड, कलकत्ता-16, 8 *धर्म परिवर्तन* + 2 *सच्ची रामायण* + 2 *सच्ची रामायण की चाभी* = 25/- = दिनांक : 1.5.72 को शर्तिया भेजें। (पोस्ट—झींझक, रजि. नं. 106/2.3.72)

323/2.3.72 श्री जगजीवनराम, आर-64/65, गार्डेन रीच रोड, कलकत्ता-24 (गलति से 15.3.72), 8 *धर्म परिवर्तन* + 2 *सच्ची रामायण* + 2 *सच्ची रामायण की चाभी* = 25/- = दिनांक : 1.5.72 को शर्तिया भेजें। (पोस्ट—झींझक, रजि. नं. 128/2.3.72)

324/2.3.72 श्री सतीराम गौतम, डॉ. अम्बेडकर सेवा संघ, 6 विजयकुमार मुखर्जी रोड, सलकिया, 8 *धर्म परिवर्तन* + 2 *सच्ची रामायण* +

2 *सच्ची रामायण की चाभी* = 25/- = दिनांक : 1.5.72 को शर्तिया भेजें। (पोस्ट—झींझक, रजि. नं. 122/2.3.72)

325/2.3.72 श्री मुरली बौद्ध, नेशनल कम्पनी, लाइन नं. 15, क्वा.नं. 34, पोस्ट—बानीपुर, हावड़ा, 8 *धर्म परिवर्तन* + 2 *सच्ची रामायण* + 2 *सच्ची रामायण की चाभी* = 25/- = दिनांक : 1.5.72 को शर्तिया भेजें। (पोस्ट—झींझक, रजि. नं. 129/2.3.72)

326/2.3.72 श्री बैजूदास कुरील, गाँव—जमीपुर, पोस्ट—बैहार, उन्नाव, 8 *धर्म परिवर्तन* + 2 *सच्ची रामायण* + 2 *सच्ची रामायण की चाभी* = 25/- = दिनांक : 1.5.72 को शर्तिया भेजें। (पोस्ट—झींझक, रजि. नं. 125/2.3.72)

327/2.2.72 श्री डॉ. ए.आर. नाहर, अध्यक्ष भारतीय डॉ. अम्बेडकर संघ, 112, प्रेम नगर, अम्बेडकर मार्ग, झाँसी, 8 *धर्म परिवर्तन* + 2 *सच्ची रामायण* + 2 *सच्ची रामायण की चाभी* = 25/- = दिनांक : 1.5.72 को शर्तिया भेजें। (पोस्ट—झींझक, रजि. नं. 112/2.3.72)

328/2.3.72 श्री योगेन्द्र प्रसाद, एल-13/71, तेलियाबाग, वाराणसी, 8 *धर्म परिवर्तन* + 2 *सच्ची रामायण* + 2 *सच्ची रामायण की चाभी* = 25/- = दिनांक : 1.5.72 को शर्तिया भेजें। (पोस्ट—झींझक, रजि. नं. 124/2.3.72)

329/2.3.72 श्री राजाराम संखवार, आर.एम.एस. मेरठ कैश मेरठ, 8 *धर्म परिवर्तन* + 2 *सच्ची रामायण* + 2 *सच्ची रामायण की चाभी* = 25/- = दिनांक : 1.5.72 को शर्तिया भेजें। (पोस्ट—झींझक, रजि. नं. 131/2.3.72)

330/2.3.72 श्री चेतराम सिंह गौतम, क्वा. डी-242, गोविन्दपुरी कॉलोनी, वीपीओ—मोदी नगर, मेरठ, 8 *धर्म परिवर्तन* + 2 *सच्ची रामायण* + 2 *सच्ची रामायण की चाभी* = 25/- = दिनांक : 1.5.72 को शर्तिया भेजें। (पोस्ट—झींझक, रजि. नं. 118/2.3.72)

331/2.3.72 श्री सियाराम, एम.एल.ए., वीपीओ—अमापुर, एटा, 8 *धर्म परिवर्तन* + 2 *सच्ची रामायण* + 2 *सच्ची रामायण की चाभी* = 25/- = दिनांक : 1.5.72 को शर्तिया भेजें। (पोस्ट—झींझक, रजि. नं. 123/2.3.72)

332/2.3.72 श्री डॉ. डी.आर. दास, एच.एम.डी.एस., साकेत सहयोगी चिकित्सालय, नृसिंह मन्दिर, रामगंज, अयोध्या, फैजाबाद, 8 *धर्म परिवर्तन* + 2 *सच्ची रामायण* + 2 *सच्ची रामायण की चाभी*

= 25/- = दिनांक : 1.5.72 को शर्तिया भेजें। (पोस्ट—झींझक, रजि. नं. 117/2.2.72)

333/2.3.72 श्री रामआसरे बौद्ध, सी.एस.के., नई बस्ती, वीपीओ—मनौरी, 8 *धर्म परिवर्तन* + 2 *सच्ची रामायण* + 2 *सच्ची रामायण की चाभी* = 25/- = दिनांक : 1.5.72 को शर्तिया भेजें। (पोस्ट—झींझक, रजि. नं. 127/2.3.72)

334/2.3.72 श्री बेचूराम, मिलर चार्जमैन, क्वा. जे/3, लेबर कॉलोनी, वीपीओ—चुर्क, मिर्जापुर, 8 *धर्म परिवर्तन* + 2 *सच्ची रामायण* + 2 *सच्ची रामायण की चाभी* = 25/- = दिनांक : 1.5.72 को शर्तिया भेजें। (पोस्ट—झींझक, रजि. नं. 133/2.3.72)

335/2.3.72 श्री लाल सिंह 'प्रेमी' आर.पी.आई., डॉ. अम्बेडकर भवन, वीपीओ—गोला, खीरी, 8 *धर्म परिवर्तन* + 2 *सच्ची रामायण* + 2 *सच्ची रामायण की चाभी* = 25/- = दिनांक : 1.5.72 को शर्तिया भेजें। (पोस्ट—झींझक, रजि. नं. 133/2.3.72)

336/2.3.72 श्री रामआसरे कुरील, इंस्पेक्टर परिवार नियोजन, वीपीओ—खिरौ, राय बरेली, 8 *धर्म परिवर्तन* + 2 *सच्ची रामायण* + 2 *सच्ची रामायण की चाभी* = 25/- = दिनांक : 1.5.72 को शर्तिया भेजें। (पोस्ट—झींझक, रजि. नं. 121/2.3.72)

337/2.3.72 श्री शम्भू दयाल, मकान नं. 431, निशातगंज, लखनऊ, 8 *धर्म परिवर्तन* + 2 सच्ची रामायण + 2 *सच्ची रामायण की चाभी* = 25/- = दिनांक : 1.5.72 को शर्तिया भेजें। (पोस्ट—झींझक, रजि. नं. 126/2.3.72)

338/2.3.72 श्री लक्ष्मी नारायण कुरील, 45, बस मुन्नू, कैसर बाग, लखनऊ, 8 *धर्म परिवर्तन* + 2 *सच्ची रामायण* + 2 *सच्ची रामायण की चाभी* = 25/- = दिनांक : 1.5.72 को शर्तिया भेजें। (पोस्ट—झींझक, रजि. नं. 120/2.3.72)

339/2.3.72 श्री छेदी प्रसाद, एडवोकेट, 802 गजट पार्क, खेड़ई राय का मकान, देवरिया, 8 *धर्म परिवर्तन* + 2 *सच्ची रामायण* + 2 *सच्ची रामायण की चाभी* = 25/- = दिनांक : 1.5.72 को शर्तिया भेजें। (पोस्ट—झींझक, रजि. नं. 114/2.3.72)

340/2.3.72 श्री दीनदयाल 'विरागी', सभ्यतामूलक भारतीय जागरण, राजेन्द्र नगर, वीपीओ—उरई, जालैन, 8 *धर्म परिवर्तन* + 2 *सच्ची रामायण* + 2 *सच्ची रामायण की चाभी* = 25/- = दिनांक : 1.5.72 को शर्तिया भेजें। (पोस्ट—झींझक, रजि. नं. 132/2.3.72)

341/2.3.72 श्री कामता प्रसाद बौद्ध, 231/4, बाबू पूर्वा कॉलोनी, पोस्ट—किदवई नगर, कानपुर, 8 *धर्म परिवर्तन* + 2 *सच्ची रामायण* + 2 *सच्ची रामायण की चाभी* = 25/- = दिनांक : 1.5.72 को शर्तिया भेजें। (पोस्ट—झींझक, रजि. नं. 116/2.3.72)

342/2.3.72 श्री खलियान सिंह 'प्रेमी', बारदाना वाले, पोस्ट—सिदरुगंज, अलीगढ़, 8 *धर्म परिवर्तन* + 2 *सच्ची रामायण* + 2 *सच्ची रामायण की चाभी* = 25/- = दिनांक : 1.5.72 को शर्तिया भेजें। (पोस्ट—झींझक, रजि. नं. 115/2.3.72)

343/2.3.72 श्री आर.एन. माली, सेक्शन अकाउंट, रिजर्व बैंक ऑफ इंडिया, कानपुर, 8 *धर्म परिवर्तन* + 2 *सच्ची रामायण* + 2 *सच्ची रामायण की चाभी* = 25/- = दिनांक : 1.5.72 को शर्तिया भेजें। (पोस्ट—झींझक, रजि. नं. 130/2.3.72)

344/2.3.72 श्री बंसीलाल, ग्राम सेवक, हेड-क्वाटर, गाँव—पैगम्बरपुर बरी, पोस्ट—सेवरामऊ, फतेहपुर, 5 *धर्म परिवर्तन* + 3 *सच्ची रामायण* + 5 *सच्ची रामायण की चाभी* = 25/- = दिनांक : 1.5.72 को शर्तिया भेजें। (पोस्ट—झींझक, रजि. नं. 119/2.3.72)

345/2.3.72 श्री टी.एम. कुमारी, डी.सी.-3, चौथी मंजिल ए.जी.सी.आर. ऑफिस, नई दिल्ली, *दी रामायण* रवाना है। (पोस्ट—झींझक, रजि नं. 109/2.3.72)

346/2.3.72 श्री तुलाराम बौद्ध, बुक सेलर, ब्लॉक नं. 76 के सामने, लेबर कॉलोनी, नवाब गंज / पुराना कानपुर, कानपुर, श्री प्रताप सिंह यादव एम.ए.-84/146 श्री कृष्ण ज्ञान मन्दिर, कार वालो नगर से किताबें लें।

347/2.3.72 श्री ईश्वरी प्रसाद 'निर्भय', नया नगला, नियर स्टेशन, छोटी लाइन, मथुरा, सूची पत्र।

348/2.3.72 श्री जे.एच. डोंगरे, संस्थापक, डॉ. दुर्गा अम्बेडकर विचार प्रसार संघ, सेक्टर नं. 5, क्रॉस स्ट्रीट नं. 4, क्वा.-6, वीपीओ—भिलाई नगर, दुर्ग, सूची पत्र।

349/2.3.72 श्री बी.सी. मौर्य, नई दिल्ली, कुशल पत्र

350/2.3.72 श्री आर.डी. सोनकर, नई दिल्ली, कुशल पत्र।

351/2.3.72 श्री डॉ. काशी प्रसाद, वीपीओ—अजुहा, इलाहाबाद, कुशल पत्र

352/2.3.72 श्री असानन्द, गाँव—हीरापुर, पोस्ट—ईसापुर, सीतापुर, कुछ मदद करें।

353/2.3.72 श्री सी.पी. शैलानी, नई दिल्ली, कुशल पत्र

354/2.3.72	श्री डी.पी. जाटव, नई दिल्ली, कुशल पत्र
355/2.3.72	श्री ललई सिंह, 10 *जातिभेद* + 5 *जीवन चरित्र अम्बेडकर* + 4 *धम्म पद* + 5 *बुद्ध चरित्र* + 5...बिल? + 5 + 5 = 39 किताबें लेना रंजीतपुर किताबें रवाना हैं।
356/6.3.72	श्री रामखेलावन, ग्राम सेवक, लखीमपुर खीरी, कुछ भेजें।
357/6.3.72	श्री मोतीराम, एडवोकेट, कानपुर, कुछ भेजें।
358/6.3.72	श्री राम बालक, स्टूडेंट, रूम नं. 40, पंत छात्रावास, इलाहाबाद-2, दिनांक : 19.3.72 को मिलें।
359/6.3.72	श्री गुरुप्रसाद, इलाहाबाद, दिनांक : 19.3.72 को मिलें।
360/6.3.72	श्री श्रवण कुमार, 130 म्योर रोड, राजापुर, इलाहाबाद, दिनांक : 19.3.72 को मिलें।
361/6.3.72	श्री सुखदेव, एडवोकेट, इलाहाबाद, दिनांक : 19.3.72 को मिलें।
362/6.3.72	श्री राजाराम यादव, एडवोकेट, इलाहाबाद, दिनांक : 19.3.72 को मिलें।
363/6.3.72	श्री लखन पाल, एडवोकेट, इलाहाबाद, दिनांक : 19.3.72 को मिलें।
364/6.3.72	श्री बलराम, तार बाबू, इलाहाबाद, दिनांक : 19.3.72 को मिलें।
365/6.3.72	श्री महावीर प्रसाद राठौर, गाँव—मौजपुर, पोस्ट—पुरण पूर्वा, कानपुर, कुछ मदद करें।
366/6.3.72	श्री राम भरोसे, तार बाबू, नॉर्दर्न रेलवे, मुरादाबाद, कुछ मदद करें।
367/6.3.72	श्री राम लाल मौर्य, बुकिंग क्लर्क, वीपीओ—हल्द्वानी, नैनीताल, कुछ मदद करें।
368/6.3.72	श्री राजा राम होहरे, 57 हिम्मतगंज, इलाहाबाद, कुछ मदद करें।
369/6.3.72	श्री योगेन्द्र प्रसाद, एस.-13/71, तेलीनाका, वाराणसी, (पोस्ट—झींझक, रजि नं. 328/2.3.72)
370/10.3.72	श्री डॉ. यमुना प्रसाद वर्मा, वाराणसी, 15.3.72 को वी.पी. तथा पार्सल भेजी जावेगी। कल वोट पड़ेंगे।
371/10.3.72	श्री लल्लू राम, वीपीओ—पड़रीखुर्द, उन्नाव, 5/- पेशगी भेजें।
372/10.3.72	श्री ईश्वरी प्रसाद 'निर्भय' मथुरा, 20/- देवें। वी.पी. 15.3.72 को भेजी जावेंगी।
373/10.3.72	श्री सरदार सम्पत्ति दास, 9ग10 चीन कौड़ी, पोस्ट—सुन्दर चौक, बर्दवान, 5/- पेशगी भेजें।
374/10.3.72	श्री एल.एम.सी. गोपीचन्द सुमन (ओ.पी.सी.) बैरिक नं. 12, डबल स्टोरी, पुरानी पुलिस लाइन, दिल्ली-6, जी-14 नौरोजी नगर से टाइप लें।

375/10.3.72	श्री द्वारिका प्रसाद बौद्ध, राजपुर रोड, 258-सी, प्रेम नगर कॉलोनी, वीपीओ—रोजा, शाहजहाँपुर, अन्तरदेशीय में आकर ऑर्डर भेजें। लिस्ट रवाना हैं।
376/10.3.72	श्री परमेश्वर दास (महतो), गाँव—बरडीह, पोस्ट—सिकन्दरा, मुंगेर, 5/- पेशगी भेजें। लिस्ट रवाना है।
377/10.3.72	श्री गुरुदयाल सिंह बौद्ध, मोहल्ला—बुखारा, बिजनौर, 5/- पेशगी भेजें।
378/10.3.72	श्री माधोराम जौहर, श्री खुर्रमदास से भी मिलें। कुछ भेजें।
379/10.3.72	श्री गंगा शरण, मेरठ, इनकी 12 किताबें आप खुद ले लें। दस्ती श्री राजाराम मखना।
380/13.3.72	श्री बनवारी लाल, एन.जी. ऑफिसर म्युनि. बोर्ड, फतेहपुर, फर्रुखाबाद, कुछ मदद करें।
381/13.3.72	श्री आर.ए.एस. गौतम, ऑफिसर क्वार्टर, इनकमटैक्स कॉलोनी, आर्य नगर, कानपुर, कुछ मदद करें।
382/13.3.72	श्री आर.के. आदिम, असिस्टेंट कलेक्टर सेंट्रल एक्साइज, कानपुर, कुछ मदद करें। आर्य नगर से स्वरूप नगर जाते समय नियर चौराहा एलनगंज।
383/13.3.72	श्री रामस्वरूप वर्मा, लखनऊ, सन् 1974 की तैयारी करें।
384/13.3.72	श्री से. विश्वनाथ, वीपीओ—सिकन्दरा, कानपुर, सन! 1974 की तैयारी करें।
385/13.3.72	श्री रामनरेश, कलेक्ट्री, राय बरेली, कॉपी मँगावें।
386/13.3.72	श्री राम आसरे भास्कर, वीपीओ—भदोखर, राय बरेली, कॉपी मँगावें।
387/13.3.72	श्री फक्कड़ बाबा के चेला जी, गाँव—गढ़ियानी की कुटिया, गाँव—भदोखर, राय बरेली, कॉपी मँगावें।
388/13.3.72	श्री सूबेदार कटियार, कानपुर, सन् 1974 की तैयारी करें।
389/13.3.72	श्री गौरी शंकर, गाँव—जलालपुर, पोस्ट—मोहम्मदपुर, कानपुर, सन् 1974 की तैयारी करें।
390/13.3.72	श्री आर.डी. सोनकर, 34-ए, मन्दिर मार्ग, नई दिल्ली, श्री शैलानी से मिलें।
391/13.3.72	श्री शैलानी जी, नई दिल्ली, श्री सोनकर से मिलें।
392/13.3.72	श्री टी.एम. कुमार, नई दिल्ली, श्री शैलानी व श्री सोनकर जी से मिलें।
393/14.3.72	श्री डी.पी. सिंह जाटव, नई दिल्ली, श्री शैलानी से बात करें।

394/15.3.72 श्री बासुदेव सिंह व श्री हरिसिंह, गाँव—खुसरुपुर, पोस्ट—सतवरा, बुलन्द शहर, 5/- पेशगी भेजें।

395/15.3.72 श्री विक्रमा प्रसाद, गाँव—बड़ेचन्दापुर, पोस्ट—जक्खिनी, वाराणसी, 5/- पेशगी भेजें।

396/15.3.72 श्री तरदव रतन सिंह, F/1, P.A.C. (O.R.S.), आर्टिलरी, सपुरा, रसीद नं. 21 व 22 का चन्दा भिजवाएँ।

397/15.3.72 श्री अवध किशोर दास शास्त्री वैष्णव पन्थी/माधव नगर, अहमदाबाद, 5/- पेशगी भेजें। 25.6.69 के हवाले से।

398/15.3.72 श्री लोकनाथ बौद्ध, पोस्टल क्लर्क, पोस्ट—मुगरा बादशाहपुर, जौनपुर, 10 *धर्म परिवर्तन* 25/- + 5 *सच्ची रामायण* 12.50/- + 5 *सच्ची रामायण की चाभी* 12.50/- + 2 *लोक* 2.50/- + 4 *लेख* 2/- = 54.50/- - कमी. 18.50/- = शेष 36/- + पोस्टेज 2.95/- (लेना है 38.95/-), वजन 1.12 ग्राम + 1.75 ग्राम + 1.00 ग्राम + .75 ग्राम + .05 ग्राम = 2.95 ग्राम। (पोस्ट—झींझक, रजि. नं. 80/15.3.72)

399/15.3.72 श्री बच्ची लाल, अध्यापक, गाँव—बाँध, पोस्ट—बरीपाल, कानपुर, 8 *धर्म परिवर्तन* + 2 *सच्ची रामायण* + 2 *सच्ची रामायण की चाभी* = 30/- - कमी .07 X पोस्टेज 2 = 25/- भेजें। (पोस्ट—झींझक, रजि. नं. 79/15.3.72)

400/15.3.72 श्री रामचन्द्र संखवार, अध्यापक, गाँव—जरसेन, पोस्ट—मूसानगर, कानपुर, 8 *धर्म परिवर्तन* + 2 *सच्ची रामायण* + 2 *सच्ची रामायण की चाभी* = 30/- - कमी .07 X पोस्टेज 2 = 25/- भेजें। (पोस्ट—झींझक, रजि. नं. 78/15.3.72)

401/15.3.72 श्री डिस्ट्रिक्ट मजिस्ट्रेट एवं कलेक्टर, कानपुर, 2 *शम्बूक वध नाटक* मप फार्म जी.ओ.एन. 00466/9.11 दिनांक : 10.4.72 ई. (पोस्ट—झींझक, रजि. नं. 77/15.3.72)

402/15.3.72 श्री रामबाबू, गाँव—बरवा, पोस्ट—बरौर, कानपुर, 8 *धर्म परिवर्तन* + 2 *सच्ची रामायण* + 2 *सच्ची रामायण की चाभी* = 30-7 + 2 = 25/- दिनांक : 1.5.72 तक भेजें। (पोस्ट—झींझक, रजि. नं. 84/16.3.72)

403/15.3.72 श्री डॉ. प्रभू दयाल, ग्रामीण सेवा चिकित्सालय, दिबिवापुर रोड, वीपीओ—औरैया, इटावा, 8 *धर्म परिवर्तन* + 2 *सच्ची रामायण* + 2 *सच्ची रामायण की चाभी* = 30-7 + 2 = 25/- दिनांक : 1.5.72 तक भेजें। (पोस्ट—झींझक, रजि. नं. 85/16.3.72)

404/15.3.72 श्री फूलचन्द, कॉलोनी नं. 5, पोस्ट—चन्दिया हजार, पीलीभीत, 4 + 4 + 4 = 12 = 30-7 + 2 = 25/- दिनांक : 1.5.72 तक भेजें। (पोस्ट—झींझक, रजि. नं. 86/16.3.72)

405/15.3.72 श्री जगराम सिंह 'कुसुम', पी.ए.ओ. (ओ.आर.एस.) आर्टिलटी, मथुरा कैंट, मथुरा, पोस्ट—मनी ऑर्डर नं. 2435/7.12.72, का 10/- मुझे नहीं मिला।

406/15.3.72 श्री डाल सिंह बौद्ध, मैनपुरी, 25/- दिनांक : 7.3.72 को मिलें। धन्यवाद।

407/15.3.72 श्री नन्द लाल प्रसाद, गाँव—कोरी, पोस्ट—सदलपुर, वाराणसी, पुनः ऑर्डर भेजें। 5/- जमा दिनांक : 9.3.72

408/15.3.72 श्री मलखान सिंह बौद्ध, 102 तोप खाना, जालौन, 8.3.72 पे 10/- जमा। धन्यवाद।

409/16.3.72 श्री सरदार संपत्तिदास, 9×10 पिट्स, चीनाकुड़ी, पोस्ट—सुन्दरचक, वाराणसी, नकल बीजक नं. 26/16.3.72।

410/16.3.72 श्री देवीदयाल दुबे, संचालक *दैनिक देश धर्म*, साबितगंज, इटावा, पत्र नं. 444/72, दिनांक : 14.3.72 का उत्तर रवाना है। मैंने कभी कोई विज्ञापन 17.50/- का नहीं छपवाया।

411/16.3.72 श्री जगदीश सिंह केश्व, गाँव—नरायणावाला, पोस्ट—कल्लूवाला, बिजनौर, 5/- पेशगी भेजें। लिस्ट भेजें।

412/17.3.72 श्री ओम प्रकाश गौतम, गाँव—खुसरुपुर, पोस्ट—सतवरा, बुलन्दशहर, सूचना बीजक नं. 27/17.3.72

413/17.3.72 श्री एन.डी. सोनवाने, 127/423, नेहरू नगर, कुर्ला, बम्बई-24, दो कॉपी मँगावें।

414/17.3.72 श्री रामाश्चर्य यादव, गाँव—देवरामपुर, पोस्ट—घनश्यामपुर, जौनपुर, 25/- श्री बद्रीनाथ वाले पॉप। धन्यवाद।

415/17.3.72 श्री डॉ. बद्रीनाथ सिंह, जौनपुर, 25/- मार्फत श्री रामाश्चर्य यादव पावें।

416/17.3.72 श्री लोकनाथ, जौनपुर, 25/- कितावें पावें।

417/17.3.72 श्री लाल सिंह, रिपब्लिक लीडर, डॉ. अम्बेडकर भवन, वीपीओ—गोला, खीरी, 30/- पावें। धन्यवाद।

418/17.3.72 श्री जगराम सिंह 'कुसुम', पी.ए.ओ. (ओ.आर.एस.), अर्टिलटी, मथुरा कैंट, मथुरा, 25/- दिनांक : 16.3.72 को पावें। धन्यवाद।

419/17.3.72 श्री चन्द्रिका प्रसाद 'जिज्ञासु', 360/193, मातादीन रोड, सआदतगंज, लखनऊ, कितने *शम्बूक वध* भेजे जावें।

420/17.3.72 श्री वतन स्वरूप, अध्यापक हाई स्कूल, डॉ. अम्बेडकर भवन, रानी झाँसी रोड, नई दिल्ली, दिनांक : 11.4.72 को क्या चाहिए था?

421/17.3.72 श्री टी.एच. कुमार, मेरठ, लिखें श्री कृष्णलाल को कि कौन-कौन किताबें चाहिए?

422/17.3.72 श्री ललई सिंह, 2 *क्या किया?*, 1 *वर्ण-व्यवस्था*, 2 *पूना पैक्ट*, 2 *जीवन संहर्ष*, 2 *बुद्ध चरित्र*, 2 *धन्यवाद*, 2 *कौन-कैसे?*, 2 *पन्द्रह चापरन*, 2 *गुंडे*, 2 *विमुक्ति*, 2 *सभ्यता*, 2 *जिन्ना*, 2 *लोकशाही*, 2 *जातिभेद*, 2 *भविष्यवाद*, 2 *नारी*, 2 *भंडाफोड़*, 2 *मीमांसा*, 2 *विवाद*, 2 *कथा*, 2 *उपदेश पार्ट-1*, 2 *लंका*, 2 *पुजरोक्ष्य*

423/17.3.72 श्री चन्द्रकान्त अहिरवार, इटारसी, 15-ब

424/17.3.72 श्री राजाराम यादव, एडवोकेट (हंडिया वाला) कलेक्ट्रेट कोर्ट, *ब्राह्मणी महिला के रक्षक गिरि व इन्दिरा गांधी।*

425/25.3.72 श्री राजाराम याादव, एडवोकेट (हंडिया वाले) कलेक्ट्रट कोर्ट, इलाहाबाद, 1 घा.ङ, 1 रा ङरु 1 *राजा अशोक धार्मिक ग्रंथवाली संविधान का जातिवाद* + 1 *अश्पृश्य महिला के राक्षस गिरी व इन्दिरा गांधी = 4*

426/25.3.72 श्री श्रामणेर सुमंगल, अम्बेडकर धर्मशाला, वीपीओ—गोला, खीरी

427/25.3.72 श्री सूर्यनाथ प्रसाद सुपा, 9 श्याम पार्क, गाँव—साहिबाबाद, पोस्ट—मलिकनगर, मेरठ, जाब आयटम वाइज नहीं देते। क्या लोग खा कर पत्र लिखते हैं? और शराब के नशे में जवाब देते हो?

428/25.3.72 श्री डॉ. कन्हैया लाल, शाहजहाँपुर, दिनांक : 14.4.72 को नहीं आ सकता। मैं दिल्ली में होऊँगा।

429/25.3.72 श्री देवीदयाल, संचालक, *दैनिक देशधर्म*, साबितगंज, इटावा, पत्र नं. 456/72, दिनांक : 19.3.72 मिला। मैंने कभी कम्पोजीटरों का एडवरटाइजमेंट नहीं छपवाया।

430/25.3.72 श्री डॉ. डी.आर. दास, एच.एम.ओ.एस. साकेत सहयोगी, चिकित्सालय, मोहितरिम नगर, पोस्ट—दर्शन नगर, फैजाबाद, ठीक है आधा अप्रैल ही सही।

431/25.3.72 श्री मनीराम वर्मा, गाँव—अहमदपुर, पोस्ट—पाली, हरदोई, ठीक है। जब भेजें- तब सही 25/- किताबों वाले।

432/25.3.72 श्री बैजनाथ भारतीय बुद्धिस्ट, अध्यक्ष डॉ. अम्बेडकर शोषित सेवा समाज सुधार संघ, वीपीओ—बारौ, प्रतापगढ़, ब्रांच श्री बाबूलाला डेखा बाजार, गाँव—बारौ, पी.एस.-बाधातय,

तहसील—कुंडा, दिनांक : 23.4.72 को वहाँ पे नहीं आ सकता। सभा में।

433/25.3.72 श्री श्याम बिहारी त्रिपाठी, वीपीओ—झींझक, कानपुर, श्री जगमोहन सिंह ठाकुर से मिल लीजिए।

434/27.3.72 श्री परम पूज्य श्रामणेर सुमंगल, डॉ. अम्बेडकर धर्मशाला, वीपीओ—गोला, खीरी, पत्र नं. 426/25.1.72 गलत है। अब नकल बीजक नं. 21/27.3.72 रवाना है।

435/27.3.72 श्री लाल सिंह 'प्रेमी', आर.पी.आई, डॉ. अम्बेडकर भवन, वीपीओ—गोला, खीरी, उपरोक्त सूचना।

436/28.3.72 श्री जमुना प्रसाद, पी.ए.ओ. (ओ.आर.एस.) अर्टिलरी, मथुरा कैंट, मथुरा, 21-ब, 22-ब (रिया.)

437/28.3.72 श्री जगराम सिंह 'कुसुम' पी.एस.सी. (ओ.आर.एस.) अर्टिलरी, मथुरा कैंट, मथुरा

438/28.3.72 श्री रामस्वरूप वर्मा, बंगला नं. 3, दारुलशफा, लखनऊ, दिनांक : 14.4.72 की जयन्ती समारोह में अवश्य पधारें।

439/28.3.72 चौ. रामपाल सिंह, बंगला नं. 9, दारुलशफा, लखनऊ, दिनांक : 14.4.72 की जयन्ती समारोह में अवश्य पधारें।

440/28.3.72 श्री रामेश्वर दयाल 'निषाद', गाँव—अनन्तपुर, पोस्ट—दौलतपुर, इटावा, दिनांक : 14.4.72 की जयन्ती समारोह में अवश्य पधारें।

441/30.3.72 श्री अपर इंडिया प्रिंटर्स, मैदा बाजार, महल रोड, कानपुर-1, मैं दिनांक : 3.4.72 को आऊँगा। माल तैयार रखें। छापकर।

442/30.3.72 श्री डॉ. कन्हैया लाल, मुन्नू लाल का चौराहा, गाड़ीपुरा, चिमकुली, शाहजहाँपुर, 25/- किताबों वाले + 24/- चन्दा वाले = 49/- पावें। धन्यवाद।

443/30.3.72 श्री श्रीराम (हरिजन) बिंदाराम की बाड़ी, 4/4 लाला बाबू की लेन, पोस्ट—बानीपुर, कलकत्ता-2, 25/- किताबों वाले पावें। धन्यवाद।

444/31.3.72 श्री धनई सिंह यादव, एडवोकेट कलेक्ट्रेट, आजमगढ़, 6 *सच्ची रामायाण* + 5 *सच्ची रामायण की चाभी* + 1 *धर्म परिवर्तन* = 30.7 = 23 + 2.15 देखों = 25 लेना। (पोस्ट—झींझक, रजि. नं. 32/1.4.72)

445/31.3.72 श्री बिदेशी राम, एडवोकेट, कलेक्ट्रेट, आजमगढ़, 10 *धर्म परिवर्तन* + 1 *सच्ची रामायण* + 1 *सच्ची रामयण की चाभी* = 30.7 = 23 + 2.15 पोस्टेज = 25 लेना। (पोस्ट—झींझक, रजि. नं. 35/1.4.72)

446/31.3.72 श्री घमंडी लाल जाटव, मोहल्ला—कंसथान, वीपीओ—छिबरमऊ, फर्रुखाबाद, 10 *धर्म परिवर्तन* + 1 *सच्ची रामायण* + *सच्ची रामायण की चाभी*। 30-7 = 23 + 2.15 पोस्टेज = 25 लेना। (पोस्ट—झींझक, रजि. नं. 31/1.4.72)

447/31.3.72 श्री विद्याशंकर यादव, एडवोकेट, कलेक्ट्रेट, रायबरेली, 6 *सच्ची रामायण* + 5 *सच्ची रामायण की चाभी* + 1 *धर्म परिवर्तन* = 30-7 = 23 + 2.15 पोस्टेज = 25/- (पोस्ट—झींझक, रजि. नं. 33/1.4.72)

448/31.3.72 श्री भगवानदीन, एडवोकेट, कलेक्ट्रेट, उन्नाव, 10 *धर्म परिवर्तन* + 1 *सच्ची रामायण* + *सच्ची रामायण की चाभी*। 30-7 = 23 + 2.15 पोस्टेज = 25 लेना। (पोस्ट—झींझक, रजि. नं. 30/5.4.72)

449/31.3.72 श्री आँगन लाल, मोहल्ला—राधा किशन, वीपीओ—अलीगंज, एटा, 24.4.72 की अनुपस्थिति की क्षमा/ 1 *धर्म निरपेक्ष* + 1 *सच्ची रामायण* + 1 *सच्ची रामायण की चाभी* = 25/- भेजें। (26-ब सहित) (पोस्ट—झींझक, रजि. नं. 36/1.4.72)

450/31.3.72 श्री लाल सिंह, प्रेसीडेंट, आर.पी.आई, अम्बेडकर भवन, वीपीओ—गोला, खीरी, ठीक है। फोटो मिल नहीं रहे हैं।

451/31.3.72 श्री डॉ. मुंशीलाल शाक्य, प्राइवेट अस्पताल, वीपीओ—अलीगंज, एटा, 23.4.72 की अनुपस्थिति की क्षमा।

452/31.3.72 श्री दुर्गादत्त सिंह कुशवाहा, लीडर बैकवर्ड क्लास, कुशन भवन, बिजनौर, 6 *सच्ची रामायण* + 5 *सच्ची रामायण की चाभी* + 1 *धर्म परिवर्तन* को रवाना कर दें।

453/31.3.72 श्री राजेन्द्र सचान, एडवोकेट, नियर-मोल्जर बोर्ड कलेक्ट्रट, कानपुर, 29 *सच्ची रामायण* + 39 *सच्ची रामायण की चाभी* रवाना है। (पोस्ट—झींझक, रजि. नं. 37/1.4.72)

454/31.3.72 श्री बाबूराय प्रजापति, अर्जीनवीस, वीपीओ—बिधूना, इटावा, 4 *धर्म परिवर्तन* + 4 *सच्ची रामायण* + 4 *सच्ची रामायण की चाभी* = 30-7 = 23 + 2 पोस्टेज चार्ज = 25 शीघ्र भेजें।

455/1.4.72 श्री लल्लू प्रसाद संखवार, 83/10, सफेद कॉलोनी, अपर स्टोरी, जूही, कानपुर, श्री ओवरसियर का, श्री द्वारिका प्रसाद जी व 1 कॉपी और का रिमाइंडर करें।

456/1.4.72 श्री द्वारिका प्रसाद संखवार, 89/12, सफेद कॉलोनी, अपर स्टोरी, जूही, कानपुर, 50/- शीघ्र भेजें। 11-ब, 12 -ब

457/4.4.72 श्री रोहन लाल बौद्ध, वीपीओ—पिपरगाँव, फर्रुखाबाद, 4 *सच्ची रामायण* 10/- + 4 *धर्म परिवर्तन* 10/- + 1 *कौन कैसे?* 4/- + 1 *कौन थे?* 4/- + 1 *तीन पात* 1.25/- + 3 *सच्चा धर्म* 0.75/- = 31-7 कमीशन = 24 + 2 पोस्टेज = 26 भेजें। (पोस्ट—रजि नं. 65/4.4.72)

458/7.4.72 श्री एन.डी. सोनवाने, एल.आई.सी. एजेंट, 127/4239, कुर्ला, बम्बई-24, 2 *धर्म परिवर्तन* + 2 *सच्ची रामायण* + 2 *सच्ची रामायण की चाभी* + 2 *पोल प्रकाश* + 4 *धार्मिक डकैती* + 2 लाहौर = 22.90-4.72 = 18.18 + 2.20 तथा 20 लेना है। (पोस्ट—झींझक, रजि. नं. 95/7.4.72)

459/7.4.42 श्री किशन लाल बिसाती, वीपीओ—मिरहची, एटा, 20 पेशगी भेजिए। आपका ऑर्डर बड़ा है।

460/7.4.72 श्री सियाराम शरण मानव, गाँव—आकलपुर, पोस्ट—दोकेली, आगरा, आगरा, *धर्म परिवर्तन* + *सच्ची रामायण* + *सच्ची रामायण की चाभी* + *पोल प्रकाश* के लिए 5/- पेशगी भेजें।

461/7.4.72 श्री रामकृष्ण संखवार, वीपीओ—चिलौली, कानपुर, दशहरा को मिले।

462/7.4.72 श्री गंगाप्रसाद, गाँव—बहुअरबा, पोस्ट—धनौगा, वाया—फुल परास, दरभंगा (बिहार), = 10/-, *आगे बढ़ो* 0.67 + *भंडा फोड़* 1/- + *विवाद* 1/- + *शिव तत्त्व प्रकाश* 2/- + *धर्म परिवर्त* 2/- + *सच्ची रामायण* 2.25/- + *धार्मिक डकैती* .75/- + *माया बलिदान* 1/- + *शम्बूक वध* 1.50/- + *एकलव्य नाटक* 1.50 + *खोज* 2.50 + 10.2/- = 5/- पेशगी भेजें।

463/7.4.72 श्री गांगोदास महतो, गाँव—भूली बस्ती, पोस्ट—भूली नगर, धनबाद (बिहार), *धार्मिक डकैती* .75/- + *माया बलिदान* 1/- + *नाग यज्ञ* 2/- + *पोल प्रकाश* 2.50/- + *सच्ची रामायण* 2.50/- + *सच्ची रामायण की चाभी* 2.50/- *धर्म परिवर्तन* 2.50/- *खोज* 2.50/- + *रविदास* 4.50/- + *शिव तत्त्व* 2/- + 5/- पेशगी भेजें।

464/7.4.72 श्री अमलदत्त यादव, प्रबन्धक-यादव महासभा, गाँव—बरही, पोस्ट—फूलपरास, दरभंगा (बिहार), 22, 23, 24 की सभा में न आ सकूँगा, क्षमा।

465/8.4.72 श्री बी.एल. पथिक, बरुआ बाजार, पोस्ट—शाहाबाद, हरदोई, जंजाली की मतलब 420 नहीं।

466/8.4.72 श्री श्रामशोर धम्मपाल, वीपीओ—उफानी, बदायूँ, 15/- मिलें धन्यवाद।

467/8.4.72 श्री राजाराम यादव, एडवोकेट, हंडिया वाले, कलेक्ट्रेट, इलाहाबाद, धारा 80 को नोटिस किस तारीख में दिया है?

468/8.4.72 श्री रोहन लाल बौद्ध, वीपीओ—पिपरगाँव, फर्रुखाबाद, 25/- दिनांक...पाली किताबों के प्राप्त हुए। धन्यवाद।

469/9.4.72 श्री रामकरण चौधरी, सहायक स्टेब्लिशमेंट डी.ओ. भारतीय जीवन बीमा निगम, भेलूपुर, वाराणसी, 10/- चन्दा दें 16-ब वाले प्राप्त। धन्यवाद।

470/9.4.72 श्री मुंशीलाल निर्मल, हरवंशपुर, रविदास मन्दिर, पोस्ट—कठेसजा, कानपुर, 20/- प्राप्त। धन्यवाद।

471/9.4.72 श्री रामआसरे, इलाहाबाद, 1-4 को दिनांक : मिलें। मीनू भेजें 25/-

472/9.4.72 श्री शंकर लाल जित्ते, डॉ. अम्बेडकर साहित्य प्रचारक, 123/228, सिकलाइन गड़रियन पूर्वा, कानपुर-12, 4 *सच्ची रामायण* 10/ + 3 *धार्मिक डकैती* 2.25/- + 2 *राजनीतिक डकैती* 1.50/- + *पोल प्रकाश* 2.50/- + 1 *तीन पात* 1.25/- + 1 *माया बलिदान* 1/- + 2 *एकलव्य नाटक* 3/- + 2 *अँगुलिमाल नाटक* 2/- + 2 *धर्म परिवर्तन* 5/- + 1 *सच्ची रामायण की चाभी* 2.50/- = 31-7 = 24 + 2 पोस्टेज = 26 तथा 20 लेना है। (पोस्ट—झींझक, रजि. नं. 135/10.4.72)

473/10.4.72 श्री राजाराम यादव, एडवोकेट, 227, सोहबतिया बाग, इलाहाबाद

474/10.4.72 श्री *राजेन्द्र प्रसाद,* गाँव—अल्लापुर, पोस्ट—मुखरायाँ, कानपुर, 1 *निषाद* 1/-, 1 *भविष्यवाणी* .75/-, 9 *भीम गीतावली* .25/-, 1 *लाहौर का भाषण* .75/-, दस्ती

475/10.4.72 श्री ललई सिंह, कानपुर, 25 *नागपुर का भाषण,* 10 *बौद्ध धर्म का उदय अस्त,* 10 *भविष्य,* 5 *भंडा फोड़,* 10 *लाहौर का भाषण,* 5 *विवाद,* 10 *कांग्रेस,* 1 *बर्रा,* दस्ती

476/10.4.72 श्री ईश्वरी प्रसाद 'निर्भय' नया नगला, छोटी लाइन, पोल स्टेशन के पास, मथुरा कैंट, मथुरा, 10 *जीवन संघर्ष* 30/-, 2 *बुद्ध चरित्र* 6/-, 2 *धर्म परिवर्तन* 5/-, 2 *सच्ची रामायण* 5/-, *सच्ची रामायण की चाभी* 2.50/-, 2 *धार्मिक डकैती* 1.50/- = 19/50- 17.50 ग्राम = 32 लेना। 1.5.72।

477/10.4.72 श्री भीम प्रकाश, वीपीओ—अविरसा, इलाहाबाद, 8-बी रिमाइंडकर

478/10.4.72 श्री जानकी प्रसाद, गाँव—इंगुवारा, पोस्ट—कांजी, कानपुर, 9-ब, रिमाइंडर

479/10.4.72 श्री सोनेलाल, मास्टर, गाँव—इटैली, वीपीओ—मकरन्दपुर, कानपुर, 13-ब, रिमाइंडर

480/10.4.72 श्री रामेश्वर दयाल पर्वाहकर्ता, श्री श्याम लाल कुरील गुन्छैला, पोस्ट—ककवन, कानपुर, 14-ब, रिमाइंडर

481/10.4.72 श्री चन्द्रकान्त अहिरवार, सिगनल इंस्पेक्टर मध्य रेलवे, इटारसी, मध्य प्रदेश, 15-ब, रिमाइंडर

482/10.4.72 श्री रामईर्षा गोंड जनरल एंश्यूरेंस सोसाइटी लिमि., 232 दादाभाई नौरोजी रोड, पोस्ट बॉक्स नं. 616, बम्बई, 17-ब, रिमाइंडर

483/10.4.72 श्री रामकृष्णा बौद्ध, वीपीओ—ऊमरसेड़ा, इटावा, 18-ब, रिमाइंडर

484/10.4.72 श्री होरी लाल 'सुमन', गाँव—पैतखेड़ा, आगरा, पोस्ट—जमुनाब्रिज, 27-ब, रिमाइंडर

485/10.4.72 श्री असरानन्द, गाँव—हीरापुर, पोस्ट—ईसखारा, सीतापुर, 30-ब, रिमाइंडर

486/10.4.72 श्री राम लाल संखवार, सिग्नल इंस्पेक्टर, वीपीओ—शंकरगढ़, इलाहाबाद, 33-ब, रिमाइंडर

487/10.4.72 श्री मुंशी लाल चमार, मिनिस्टर, एक्स-मिनि., गाँव—बरनाहल, पोस्ट—करहल, मैनपुरी, 31-ब, रिमाइंडर

488/10.4.72 श्री ज्वाला प्रसाद अहिरवार, एक्स-एम.एल.ए., गांधी नगर, वीपीओ—कोंच, जालौन, 34-ब, रिमाइंडर

489/10.4.72 श्री चौधरी शम्भू दयाल, एडवोकेट, दक्षिण जहानाबाद, रायबरेली, 35-ब, रिमाइंडर

490/10.4.72 श्री नवल किशोर, अध्यापक, श्री भगवान दास इंटर कॉलेज, गाँव—रामगढ़, पोस्ट—हरचन्दपुर, 36-ग, 37-ब, रिमाइंडर

491/10.4.72 श्री गुमानी लाल संखवार, वीपीओ—भलेमऊ, कानपुर, डीआर. 31-क, रिमाइंडर

492/10.4.72 श्री बनवारी लाल, वीपीओ—नगीना, बिजनौर, डीआर. 33-क, रिमाइंडर

493/10.4.72 श्री सकरेलाल, गाँव—जिजपुरा, पोस्ट—रावपुर, फर्रुखाबाद, डीआर. 34-क, रिमाइंडर

494/10.4.72 श्री बाबू लाल बौद्ध, गाँव—लाल बादरा खुर्द, पोस्ट—मँझोला, एटा, डीआर. 36-क, रिमाइंडर

495/10.4.72 श्री ढेचरी बाबा, गाँव—ललई सिंह, पोस्ट—शिम्बूनगरा, फर्रुखाबाद, डीआर. 38-क, रिमाइंडर

496/10.4.72 श्री मन्नी लाल विशारद, गाँव—लोहे, पोस्ट—खन्देवरा, इलाहाबाद, डीआर. 39-क, रिमाइंडर

497/10.4.72 श्री राजाराम बौद्ध, गाँव—धमूपुर, पोस्ट—दरियाबाद, इलाहाबाद, डीआर. 18-ग, रिमाइंडर, 15/- जमा, धन्यवाद। 10/- भेजें।

498/10.4.72 श्री मलखान सिंह बौद्ध, गाँव—बाकराबाद, पोस्ट—बमरौली, इलाहाबाद, डीआर. 10-अ, रिमाइंडर

499/10.4.72 श्री गनपत लाल, रिपब्लिकन लीडर, परवान गली, वीपीओ—रायगंज, फर्रुखाबाद, डीआर. 34-ग, रिमाइंडर

500/10.4.72 श्री पुरुषोत्तम दास अम्बेदी, 8/218, आर्य नगर, श्री जगभामन सिंह का हाल, आर्य नगर, धर्मशाला के पास, कानपुर-2, डीआर. 36-ग, रिमाइंडर

501/11.4.72 श्री राजाराम यादव, एडवोकेट, 227, सोहबतिया बाग, कानपुर, 1 *वाल्मीकि*, 2 *बीस स्मृति* 1, 3- *बीस स्मृति* 2, 4 *मनु स्मृति*, 5. *मनु स्मृति*, 6. *अछूत कौन?*, 7. *जाति-भेद*, 8. *मानस मीमांसा*, 9. *पाराशर*, 10. चा..., 11 *तीन पात*, (पोस्ट—झींझक, रजि. नं. 84/11.4.72, दिल्ली) रजि नं. 90/11.4.72)

502/11.4.72 श्री रामसिंह, गाँव—पृथ्वीपुर, पोस्ट—बेला, इटावा, डी.आर. 38-ग, रिमाइंडर

503/11.4.72 श्री मास्टर रामध्वजा राय, श्री राजदेश, आदर्श हिन्दी विद्यालय, गोबिंद खटिक रोड, कलकत्ता-1, डीआर. 34-ख, रिमाइंडर

504/11.4.72 श्री रामबाबू यादव, जलालपुर, मोहबा, कानपुर, डीआर. 40-ख, रिमाइंडर

505/12.4.72 श्री बी. मयावान, 55/57, नार्थ एवेन्यू, नई दिल्ली, 14.4.72 के संसद के मेन हॉल में सुबह मिलें।

506/12.4.72 श्री सी.टी धन्दावानी, 67 नार्थ एवेन्यू, नई दिल्ली, 14.4.72 के संसद के मेन हॉल में सुबह मिलें।

507/12.4.72 श्री डी.आर. जाटव, प्रोफेसर, यूनिवर्सिटी, श्रीगंगानगर, श्रीगंगानगर, गवाही देनी है।...केस में। जवाब दें। देंगे या नहीं।

508/12.4.72 श्री सुन्दर लाल सागर, एम.ए., एल.एल.बी., मैनपुरी, गवाही देनी है।...केस में। जवाब दें। देंगे या नहीं?

509/14.4.72 श्री राजाराम यादव, इलाहाबाद, दोनों मुकदमे दायर हो सकते हैं। अपना-अपना मुकदमा दायर करें। मसौदा श्री बी.एल. मौर्य को भेजें। (पोस्ट—नौरोजी नगर, रजि. नं. 962/14.4.72)

510/14.4.72	श्री श्याम पेंढारकर, 7/54, डब्ल्यू.ई.ए., करौल बाग, नई दिल्ली
511/14.4.72	श्रीमती महोदय सोशल वेलफेयर, नई दिल्ली, पाँच हजार रुपये की याद दी, (पोस्ट—कानपुर, रजि. नं. 141/24.4.72)
512/22.4.72	श्री किशोरी लाल कश्यप पर्वाहकर्ता, श्री बसन्तराव, क्वा. नं. 160, ए.बी. गया कॉलोनी, वीपीओ—मंगलसराय, वाराणसी
513/22.4.72	श्री लोकनाथ बौद्ध, पोस्टल क्लर्क, पोस्ट—मुगराबाद शाहपुर, जौनपुर, पुनः आज्ञा दें। तब प्रतिज्ञा भेजेंगे।
514/22.4.72	श्री अम्बिका प्रसाद बौद्ध, वीपीओ—डुमरियागंज, बस्ती, 14.4.72 भुजा आदि क्षमा।
515/22.4.72	श्री बाबा राघवानन्द, वीपीओ—मसिकनवा, बस्ती, 14.4.72 भुजा आदि क्षमा।
516/22.4.72	श्री बैजनाथ कश्यप, गाँव—मगरदा खुर्द, पोस्ट—विंध्यांचल ब्रांच, पोस्ट—महुआरी कलां, मिर्जापुर, 5/- पेशगी भेजें।
517/22.4.72	श्री धर्मदास आत्मज श्री चोखेलाल, वीपीओ—रामगढ़, बुलन्दशहर, 5/- पेशगी भेजें।
518/22.4.72	श्री रामफल मंडली मलिक, वीपीओ—हेतापट्टी, इलाहाबाद, 5/- पेशगी भेजें।
519/22.4.72	श्री रोहनलाल बौद्ध, वीपीओ—पिपरगाँव, फर्रुखाबाद, 16.4.72 की क्षमा फर्रुखाबाद में डॉ. अम्बेडकर की जयन्ती की।
520/22.4.72	श्री घमंडी लाल जाटव, मोहल्ला—फस्साबान, वीपीओ—छिबरामऊ, फर्रुखाबाद, 30.4.72 को आऊँगा।
521/22.4.72	श्री अशोक कुमार, बीएससी., एल.टी., कटरा बलसिंह, इटावा, सुबह की ट्रेन से आऊँगा।
522/22.4.72	श्री प्रभुदयाल, एल.ए.ओ. (एस.), सी.ओ.डी., कानपुर, 5/- पेशगी भेजें।
523/22.4.72	श्री रामनन्दन जैसवार, गाँव—गूढ़ा-पट्टी, पोस्ट—भदोही, बारा झाँसी, 5/- पेशगी भेजें तथा सभा के लिए समय नहीं।
524/22.4.72	श्री डॉ. नीमगड़े, पूसा इंस्टीट्यूट, नई दिल्ली, क्वार्टर का पता भेजें।
525/22.4.72	श्री सलामंडल्ला, डायरेक्टर, जामिया मिलिया इस्लामिया इन्स्टीट्यूट, ओखला, नई दिल्ली, क्वार्टर का पता भेजें।
526/22.4.72	श्री श्यामसुन्दर लाल, 59/13, न्यू रोहतक रोड, करौल बाग, नई दिल्ली, 5/- भेजें।
527/22.4.72	श्री सुखदेव प्रसाद, ई.-56, लेबर कॉलोनी, राजघाट, नई दिल्ली, श्री सूर्यनाथ प्रसाद का पता भेजें।

528/22.4.72 श्री हरिश्चन्द्र, एडवोकेट, 213, थानसिंह नगर, आनन्द पर्वत, नई दिल्ली, तुच्छ मदद करें।

529/22.4.72 श्री श्रीराम हरिजन, शीशराम की बाड़ी, 4/4, लाला बाबू की लेन, बानीपुर, कलकत्ता-2, बीजक नं. 40/22.4.72 की रकम पेमेंट कर पे वी.पी. छुड़वा दें।

530/22.4.72 श्री सीताराम पर्वाहकर्ता, श्री गंगा चरन, 57/2, वी.टी. रोड, पोस्ट—काशीपुर, कलकत्ता-2, 19/- 50 वी.पी. बीजक नं. 40/22.4.72, रवाना है।

531/22.4.72 श्री ईश्वरदीन कुरील, गाँव—सेहुरामऊ, पोस्ट—एकोली, राय बरेली, खास जगह दिल्ली में नहीं मिला सकता।

532/22.4.72 श्री रामबाबू शिक्षक, गाँव—जलालपुर, पोस्ट—मोहाना, कानपुर, 25/- पावें। धन्यवाद।

533/22.4.72 श्री चौधरी शम्भू दयाल, रायबरेली, 30/- पावें। धन्यवाद।

534/22.4.72 श्री मुंशीलाल शाक्य, गाँव—अलीगंज, एटा, 30/- पावें। धन्यवाद।

535/22.4.72 श्री विद्याशंकर यादव, एडवोकेट, रायबरेली, 15/- पावें। धन्यवाद।

536/22.4.72 श्री शम्भू दास, रायबरेली, रिमाइंडर, 1-ख, बीएच.

537/22.4.72 श्री सुधर, रायबरेली, रिमाइंडर, 3-ख, बीएच.

540/22.4.72 श्री शिवलाल, रायबरेली, रिमाइंडर, 4-ख, बीएच.

541/22.4.72 श्री बैजू दास कुरील, उन्नाव, रिमाइंडर, 5-ख, बीएच.

542/22.4.72 श्री सुरेन्द्र, एडवोकेट, रायबरेली, रिमाइंडर, 6-ख, बीएच.

543/22.4.72 श्री मेवालाल, रायबरेली, रिमाइंडर, 20-ग, बीएच.

544/22.4.72 श्री बेचूराम कुरील, उन्नाव, रिमाइंडर, 27-ग, बीएच.

545/22.4.75 श्री राम रतन कुरील, गाँव—गुसाई खेड़ा, पो.—दौलतपुर, रायबरेली, 2.50/- भेजें।

546/22.4.72 श्री गुरुचरनदास कुरील, वीपीओ—छिप-लहा, रायबरेली, श्री 50/- पिछले जमा धन्यवाद। अगली 1.5.72 को रुपये 25/- भेजें।

547/24.4.72 श्री सोहन लाल बौद्ध पर्वाहकर्ता, श्री द्वारिका प्रसाद बौद्ध, 258-सी, प्रेम नगर कॉलोनी, वीपीओ—रौजा, शाहजहाँपुर, 1.75 की वी.पी. रवाना हैं। छुड़ा लें।

548/24.4.72 श्री भगवान दास कुरील, चमरहिया टोला, वीपीओ—बछरावाँ, रायबरेली, 7-ख, बीएच. रवाना है। 1.6.72 को हिसाब दें। (पोस्ट—झींझक, रजि. नं. 51/24.4.72)

549/24.4.72 श्री राधेश्याम मास्टर, गाँव—चक्के, पोस्ट—कुटीर चक्के, जौनपुर, दिनांक : 15 को पत्र डाला करें। 27 को किताबें भेजा करें।

550/24.4.72 श्री टी.एन. शेषन, नई दिल्ली, कुशल पत्र

551/25.4.72 श्री राजाराम यादव, एडवोकेट, 227, सोहबतिया बाग, रौजा के पास, इलाहाबाद, इरिडमेल्टी बाऊड द्वारा बिल्टी प्राप्त करें।

552/25.4.72 श्री आर.डी. सोनकर, नई दिल्ली, कुशल पत्र

553/25.4.72 श्री रघुबीर राम, वीपीओ—कोटवा, वाया—मछली शहर, जौनपुर, 5/- पेशगी भेजें।

554/25.4.72 श्री सोहन लाल बौद्ध, 258-सी, प्रेम नगर कॉलोनी, वीपीओ—रौजा, शाहजहाँपुर, बीजक नं. 41/24.4.72 के 8.75/- देकर छुड़ा लें।

555/28.4.72 श्री गंगाप्रसाद आर्य, गाँव—बहुअरबा, पोस्ट—धनौजा, वाया—फुलपरास, दरभंगा। बीजक नं. 43/28.4.72 की वी.पी. 24.10/- देकर छुड़ा लें।

556/1.5.72 श्री राम आसरे बौद्ध, इलाहाबाद, दिनांक : 14.5.72 को आना जरूरी है।

557/2.5.72 श्री ईश्वरी प्रसाद, मथुरा, 32.50/- जमा, दिनांक : 27.4.72 को धन्यवाद।

558/2.5.72 श्री शंकर लाल जिन, डॉ. अम्बेडकर साहित्य पत्राचार, 123/228, सिक लाइन गहरीपन पूर्वा, कानपुर-12, 26.35/- पाए, 26.4.72 को धन्यवाद।

559/2.5.72 श्री जगराम सिंह, मथुरा, श्री जमुना प्रसाद जी, ने कुछ नहीं भेजा।

560/2.5.72 श्री केशव देव बौद्ध, गाँव—राम नगर, पोस्ट—मूसेपुर जलाल, अलीगढ़, 5/- पेशगी भेजिए।

561/2.5.72 श्री रामसिंह, गाँव—पृथ्वीपुर, पोस्ट—बेला, इटावा

562/2.5.72 श्री लोक नाथ बौद्ध, पोस्ट—कार्य, वीपीओ—मुगरा बादशाहपुर, जौनपुर, पहले डिजाइन फिर ब्लॉक बनवा लें।

563/2.5.72 श्री छोटे लाल बौद्ध, प्रेम बूट हाउस, पोस्ट—चिकवाही मंडी, वीपीओ—लालगंज, रायबरेली, 5/- भेजें पेशगी।

564/2.5.72 श्री जुग्गा सिंह, वाई, गाँव—परसौरा, बारीथाना, पोस्ट—बारीथाना, उन्नाव, सूची पत्र रवाना है। 5/- पेशगी भेजें।

565/2.5.72 श्री दिल्लीपति, गाँव—भैसाई, पोस्ट—बमरारा, जिला—हमीरपुर, 5/- पेशगी भेजें। 29.35/- हैं कमीशन, 25/- भेजें।

566/3.5.72 श्री घमंडी लाल जाटव, वीपीओ—छिबरामऊ, फर्रुखाबाद, डी.सी. वीरेन्द्र, बी.एस.सी.ए., एजी.-128/78, डी-ब्लॉक, किदवई नगर, कानपुर, *डॉ. अम्बेडकर का व्यक्तित्व दर्शन बाई* धनंजय कीर, (पोस्ट—झींझक, रजि. नं. 3.5.72)

567/3.5.72 श्री अंगन लाल, मोहल्ला—राधाकिशन, वीपीओ—अलीगंज, एटा, 25/- पावें। धन्यवाद।

568/3.5.72 श्री अंगन लाल भभूली प्रसाद, ईंट का भट्ठा, वीपीओ—अलीगंज, एटा, 12 *सच्ची रामायण* रवाना हे। 25/- 1.7.72 तक भेज दें। (पोस्ट—झींझक, रजि. नं. 188/3.5.72)

569/3.5.72 श्री कैलाश नाथ यादव, टिकट नं. 126, एम.एस.एस.डी., सी.ओ.डी., कानपुर, किताबें फलाँ-फलाँ को दे दें।

570/3.5.72 श्री कृष्ण प्रसाद, गाँव—लक्ष्मीपुर कोतिया, पोस्ट—रुद्रपुर, देवरिया, सूची पत्र रवाना है।

571/3.5.72 श्री राजा राम यादव, एडवोकेट, इलाहाबाद, लिखें, नोटिस कब तक देंगे?

572/3.5.72 श्री चुन्नी लाल, इलाहाबाद, श्री आर.आर. यादव से मिल लें।

573/3.5.72 श्री एन.डी. सोनवाने, एल.आई.सी. एजेंट, 127/4239, नेहरू नगर, कुर्ला, बम्बई-24 आपके लोग क्या कहते हैं?

574/3.5.72 श्री रामकृष्णा बौद्ध, वीपीओ—ऊमरसेडा, इटावा, 20/- भेजें। धन्यवाद।

575/3.5.72 श्री आशराम 'रवि', गाँव—पिवारी, पोस्ट—मारेहरा, एटा, रिमाइंडर, कुछ भेजें।

576/3.5.72 श्री प्रताप जी पटैली, आम्रपाली प्रकाशन सिद्धार्थ बिहार, वाडाला, बम्बई-31, सूची पत्र भेजें।

577/3.5.72 श्री धनपत सिंह जाटव, जी/14, नौरोजी नगर, नई दिल्ली, 40 *सच्ची रामायण* लें। श्री टी.एम. कुमार से ले लें।

578/3.5.72 श्री रामदास राय पर्वाहकर्ता, श्री बनवारीलाल साइकिल की दुकान अलोपी देवी के मन्दिर के क्षेत्र पें। अलोपी बाग, इलाहाबाद-6, आप 25/- भेजें। श्री निरंजनलाल अमोदी, 25-बी पटियाला से 15/- पेशगी भेजें।

579/3.5.72 श्री श्रवण कुमार, 130 म्योर रोड, राजापुर, इलाहाबाद-6, 15/- पेशगी भेजें।

580/3.5.72 श्री रामध्वजा राय व श्री राजदेव दास, आदर्श हिन्दी विद्यालय, 8, गोविंद खटिक रोड, कलकत्ता-46, रिमाइंडर

581/4.5.72 श्री केकेन राम, अध्यक्ष-हटिया हरिजन कल्याण समिति, सी.डी. 98/2, राँची-4, डी. 31-अ, 32-ब, रिमाइंडर

582/4.5.72 श्री जैसराम, गाँव—तेंदुआ असनहरा, बहेरवा, पोस्ट—करमहिया, बस्ती, डी. 8-अ, 9-अ, रिमाइंडर

583/4.5.72 श्री परगन सिंह, गाँव—बाकराबाद, पोस्ट—बमरौली, इलाहाबाद, डी. 10-अ, रिमाइंडर

584/4.5.72 श्री बाबू लाल बौद्ध, गाँव—लालबादरा, पोस्ट—मझौला, एटा, डी-36-क, रिमाइंडर

585/4.5.72 श्री मोहन लाल, मोहल्ला—पकड़िया, पीलीभीत, डी. 17, 18, रिमाइंडर

586/4.5.72 श्री सरदार रतन सिंह, एफ/1, पी.ए.ओ. (ओ.आर.एस.) अर्टिलरी, मथुरा, श्री जमुना प्रसाद से 50/- भिजवाएँ।

587/4.5.72 श्री बाबू लाल संखवार, वीपीओ—बमरौली, तहसील—पुखरायाँ, कानपुर, बीजक नं. 9/6.4.71, 25/- भेजें।

588/4.5.72 श्री नत्थू सिंह बौद्ध आत्मज श्री दुर्जन सिंह, नई बस्ती, नानकवार्ड, वीपीओ—बीना, सागर, बीजक नं. 16/24.9.71, 25/- भेजें।

589/4.5.72 श्री राजाराम कुरील पर्वाहकर्ता, श्री ऐरोड्रम ऑफिसर, वीपीओ—पन्त नगर, नैनीताल, बिजक नं. 18/29.6.71, 25/- भेजें।

590/4.5.72 श्री रामदयाल संखवार व श्री सूबेदार संखवार, वीपीओ—इन्दरुख, कानपुर, बीजक नं. 8/26.12.70, 25/- भेजें।

591/4.5.72 श्री राम प्रसाद, गाँव—ढकपूर्वा, पोस्ट—जोत, कानपुर, बीजक नं. 14/23.6.72, 25/- भेजें।

592/4.5.72 श्री सुखबारी लाल, गाँव—उदोत का पूर्वा, गाँव—बिरदूनी, इटावा, बीजक नं. 17/25.6.71, 25/- भेजें।

593/5.5.72 श्री खुर्रमदास, एडवोकेट, हरदोई, 12 *सच्ची रामायण*, 30-7 कमीशन + 2 पोस्टेज = 25/-, दिनांक : 1.7.72 तक भेजें। शर्तिया 2/-

594/6.5.72 श्री रामखिलावन, ग्राम सेवक, दफ्तर हरिजन सुपरवाइजर, खीरी, 50/- भेजें।

595/6.5.72 श्री लखन लाल, टिकट कलेक्टर, क्वाटर नं. 4/2 नगर महापालिका कॉलोनी, नगर महापालिका वाले मार्केट के पीछे, लीडर रोड, इलाहाबाद, 50/- भेजें।

596/8.5.72 श्री मुन्ना लाल निषाद, टिकट नं. 380, सेक्शन एल.सी., लघु अस्त्र निर्माणी, काल्पी रोड, कानपुर, *एकलव्य* 1.50/-,

सच्ची रामायण 2.50/-, *लोक शाही* 1.25/-, पोस्टेज 1.75 = 7/- शीघ्र भेजें। वजन 300 ग्राम, (पोस्ट—झींझक, रजि. नं. 70/10.5.72)

597/9.5.72 श्री प्रेस क्लर्क, कलेक्ट्री दफ्तर, कानपुर, श्री मौजीलाल यादव की पोलिटिकल लिखा-पढ़ी करावें।

598/9.5.72 श्री आर.डी. सोनकर, 34-ए, नियर बिरला मन्दिर मार्ग, नई दिल्ली, आ रहा हूँ।

599/9.5.72 श्री ओम प्रकाश शास्त्री, प्रधान-अम्बेडउकर साहित्य सेवा समिति, 2601, मोहल्ला—नियारियान फराशखाना, श्रद्धानंद मार्ग, दिल्ली-6, सूची पत्र रवाना है।

600/9.5.72 श्री फूलचन्द नेताजी, कॉलोनी नं. 5, गाँव—चन्द्रनगर, पोस्ट—चन्द्रिका हजारा, 15/- पाए, दिनांक : 17.4.72 को 10/- भेजें।

601/10.5.72 श्री ओंकार सिंह, ग्राम सेवक, पर्वाहकर्ता, श्री पन्ना लाल हलवाई, पुराना मोटर स्टैंड, जालौन, नकल बीजक नं. 49/10.5.72 की वी.पी. रवाना है। छुड़ाने की कृपा करें।

602/10.5.72 श्री मलखान सिंह कल्याणी, 102, तोपखाना जालौन, किताबों के 25/- दिनांक : 1.6.72. तक भेजें।

603/10.5.72 श्री बुद्धिसागर लिपिक, पोस्ट—उरई, जालौन, होम एड्रेस लिखें। 30/- जमा दिनांक : 4.1.72 को धन्यवाद।

604/10.5.72 श्री बाँकेलाल एडिटर सेंक्शन-डी/ग्रुप-3/पी.ए.सी.(ओ.आर. एस.) आर्टिलरी, मथुरा, होम एड्रेस भेजें। 25/-

605/10.5.72 श्री बाबू राम प्रजापति, इटावा, के.बी. 25/- पावें। धन्यवाद। दिनांक : 9.5.72 को।

606/11.5.72 श्री जगराम सिंह कुसुम, पी.ए.ओ. (ओ.आर.एस.), आर्टिलरी, मथुरा कैंट, मथुरा, आज 57/- पावें। धन्यवाद।

607/11.5.72 श्री जमुना प्रसाद, पी.ए.ओ. (ओ.आर.एस.), आर्टिलरी, मथुरा कैंट, मथुरा, आज 57/- पावें। धन्यवाद।

608/11.5.72 श्री सरदार रतन सिंह, एफ/1, पी.ए.ओ. (ओ.आर.एस.), आर्टिलरी, मथुरा कैंट, मथुरा, आज 57/- पावें। धन्यवाद।

609/15.5.72 श्री जगराम सिंह कुसुम, वेतन लेखा कार्यालय, मथुरा, 2-*नागपुर*, 2-*भीम अभिनंदन*, 1 *धर्म परिवर्तन*, 1 *सच्ची रामायण*, 1 *सच्ची रामायण की चाभी* // 7 वजन, 1.01, 0.15, 0.05 (पोस्ट—झींझक, रजि. नं. 137/15.5.72)

610/15.5.72 श्री फेकनराव राही, गाँव—वैद्यनाथपुर उर्फ चरका, पोस्ट—अड्डा बाजार, गारेपखपुर, बीजक नं. ../15.5.72 की वी.पी.पी. छुड़वा लीजिएगा।

611/15.5.72 श्री दिल्लीपति, गाँव—भैसाई, पोस्ट—बमरारा, वाया—चरखारी, हमीरपुर, कुछ मदद करें।

612/15.5.72 श्री रामाश्चर्य यादव, गाँव—देवरायपुर, पोस्ट—घनश्यामपुर, जौनपुर, कुछ मदद करें।

613/18.5.72 श्री असरानन्द, गाँव—दीरापुर, पोस्ट—ईसखारा, सीतापुर, 30-ब/25 रसीद, 25-ब/19 रसीद, 27-ब/19 रसीद = 63 रसीद रवाना है। 150 ग्राम, 0.60, 1.00, .0.15, 0.05 = 1.80

614/19.5.72 श्री नरसिंह देव, गाँव—अजनपुर, पोस्ट—जोत, कानपुर, साधारण

615/26.5.72 श्री रामपाल सिंह यादव, एम.एल.ए., साधारण

616/26.5.72 श्री टी.एम. कुमार, की पंचिंग यूनिट, चौथी मंजिल, नई दिल्ली

737/12.6.72 श्री फूलचन्द, क्या रामनगर में श्री शीलो बीपन नहीं रहते? बतावें।

617/26.5.72 श्री धनपत सिंह, नई दिल्ली, कुशल पत्र

618/26.5.72 श्री पान सिंह बौद्ध, नई दिल्ली, 85/- श्री धनपत सिंह जाटव को देकर किताबें ले लें।

619/26.5.72 श्री जिज्ञासु जी, लखनऊ, 250/- के बजाय 500/- की लिस्ट भेजें।

620/31.5.72 श्री शीलोपात्र बीपन, क्वाटर नं. 1, मोहल्ला—राम नगर, गाँव—कबीरगंज, पोस्ट—मौर्निया, पीलीभीत, 4 *धर्म परिवर्तन* 10/-, 1 *सच्ची रामायण* 2.50/-, 1 *सच्ची रामायण की चाभी* 2.50/-, 1 *शम्बूक वध नाटक* 1.50/-, 1 *एकलव्य नाटक* 1.50/-, 1 *अँगुलिमाल नाटक* 1/-, 8 *भंडाफोड़* 8/-, 2 *चर्या विधि* 1.50/-, 6 *गाना* 1.50/-, 30-7 = 23 + 2 = 25, दिनांक : 15.7.72, को शर्तिया भेजें।

621/31.5.72 श्री फूलचन्द नेताजी, क्वा. नं. 5, गाँव—चन्द्र नगर, पोस्ट—चन्दिया हजारा, उपरोक्त माल का रुपया दिनांक : 1.8.72 को भिजवाएँ। (पोस्ट—झींझक, रजि. न. 31.5.72)

622/31.5.72 श्री हरिशचन्द्र, गाँव—जोपा, पोस्ट—फरीदनगर, मेरठ, 2/- जमा। पो.आ. का नाम सही-सही भेजें।

623/31.5.72 श्री हरिशचन्द्र, गाँव—जोपा, पोस्ट—फरीदनगर, मेरठ, कार्ड में फरीद नगर व मनीआर्डर की कूपन में फरीदपुर है।

624/31.5.72 श्री आशराम रवि, गाँव—पिवारी, पोस्ट—मारहरा, एटा, 50/- भेजें।

625/31.5.72 श्री मिनि. सा. शिक्षा तथा समाज कल्याण मंत्रालय, 'शिक्षा विभाग', नई दिल्ली, 'भारतीय भाषाओं की उन्नति के लिए स्वैच्छिक संगठनों को अनुदान' मैं अपनी शर्तें पूरी नहीं कर सकता?

626/31.5.72 श्री हरिदास उर्फ सच्चिदानन्द पुस्तकालय, गाँव—मनौढ़ी, पोस्ट—भाननपुर बाबू, बस्ती, 5/- पेशगी भेजें।

627/31.5.72 श्री गंगा प्रसाद आर्य, गाँव—बहुमरबा, पोस्ट—धनौजा, वाया—फुलपरास, दरभंगा, बिहार, पता नहीं पुराणे कहाँ मिलती हैं?

628/31.5.72 श्री टी. रतन लाल पर्वाहकर्ता, टी. लाल, क्वा. नं. 82, लोको, डी.ई.एफ., वीपीओ—ठाठा, मुंगेर, बिहार, 5/- पेशगी भेजें।

629/31.5.72 श्री बनवारी लाल, जाटव खि. लीडर, वीपीओ—नगीना, बिजनौर, दिनांक : 16.4.72 के अनुसार 25/- शीघ्र भेजें।

630/31.5.72 श्री बी.एल.वाई., इलाहाबाद

631/31.5.72 श्री डॉ. प्रकाशनारायण गुप्ता, एम.एल.ए., पुरानी बिजय नगर कॉलोनी, आगरा, दवा बतावें, श्री बिजय सिंह यादव के कान के बहने की।

632/31.5.72 श्री असरानन्द, गाँव—हीरापुर, पोस्ट—ईसखारा, सीतापुर, आने की फुरसत नहीं।

633/5.6.72 श्री अशर्फीलाल, ई-20/56, सिद्धार्थ बस्ती, नियर शालीमार सिनेमा, पोस्ट—पन्त नगर, नई दिल्ली-14, आने पर जरूर मिलूँगा।

634/5.6.72 श्री जीवन लाल, क्लर्क, 10-सी, बेली रोड, इलाहाबाद, आने पर जरूर मिलूँगा।

635/5.6.72 श्री शम्भू दयाल, 431, निशात गं, लखनऊ, दिनांक : 2.6.72, 30/- किताबें वाले पाए धन्यवाद।

636/9.6.72 श्री डॉ. अर्जून लाल, अखंड सतगरु दवाखाना, रेलवे स्टेशन, बजरिया, सवई माधोपुर, चन्दा के 55/- + किताबों के 25/- शीघ्र भेजें।

637/9.6.72 श्री परम पूज्य भन्ते आनन्ददेव बुद्धबिहार, वीपीओ—कुकरगाँव, जालौन, चन्दा के 55/- + किताबों के 25/- शीघ्र भेजें।

638/9.6.72 श्री डॉ. ए.आर. नाहर, 112, प्रेम नगर, डॉ. अम्बेडकर मार्ग, झाँसी, चन्दा के 55/- + किताबों के 25/- शीघ्र भेजें।

639/9.6.72 श्री कैलाश नाथ यादव, टिकट नं. 126, कानपुर, एम.एस. एस.डी., सी.ओ.डी., कानपुर, 25/- सहायतार्थ पाए, धन्यवाद। किताबों वाले 25/- भेजें।

640/9.6.72 श्री कल्लूदास सन्त, गाँव—धूरीखेड़ा, पोस्ट—पूरे पांडे, रायबरेली, 25/- सहायतार्थ पाए, धन्यवाद। किताबों वाले 25/- भेजें।

641/9.6.72 श्री कामता प्रसाद बौद्ध, 231/4, बाबूपूर्वा कॉलोनी, पोस्ट—किदवई नगर, कानपुर, 25/- सहायतार्थ पाए, धन्यवाद। किताबों वाले 25/- भेजें।

642/9.6.72 श्री कल्यान सिंह 'प्रेमी', बारदाना वाले, मोहल्ला—विदरुगंज, अलीगढ़, 25/- सहायतार्थ पाए, धन्यवाद। किताबों वाले 25/- भेजें।

643/9.6.72 श्री खुर्रमदास, एडवोकेट, कलेक्ट्रेट, हरदोई, 25/- चन्दा वाले + 25/- + -25/- दो बार की किताबों वाले कुल 50/- शीघ्र भेजें। 25/- रुपये दिनांक : 1.7.72 को भेजें।

644/9.6.72 श्री गंगाशरण, 58, पूर्वा शेखलाल, डॉ. अम्बेडकर रोड, मेरठ, 25/- जमा सहायतार्थ धन्यवाद। 25/- किताबों वाले। शीघ्र भेजें।

645/9.6.72 श्री गौरी शंकर सचान, गाँव—जलालपुर, पोस्ट—मोहम्मदपुर, कानपुर, 25/- जमा सहायतार्थ, धन्यवाद। 25/- रुपये किताबों वाले। शीघ्र भेजें।

646/9.6.72 श्री गनपत दयाल 'प्रेमी', रिपब्लिकन लीडर, पटवत गली, वीपीओ—कायमगंज, फर्रुखाबाद, 25/- कॉपी वाले + 25/- किताबों वाले + 10/- पिछले = 60/- शीघ्र भेजें।

647/9.6.72 श्री चेतराम सिंह गौतम, क्वा. डी-242, गोविन्दपुरी कॉलोनी, वीपीओ—मोदी नगर, 50/- रुपये दिनांक : 12.2.72 को प्राप्त, 25/- रुपये किताबों वाले भेजें।

648/9.6.72 श्री छिंगेलाल कटरा, कटरा टेलर्स, वीपीओ—निवाड़ी, टीकमगढ़, 30/- सहायतार्थ जमा, धन्यवाद, 25/- रुपये किताबों वाले भेजें।

649/9.6.72 श्री गुरुचरन दास कुरील, वीपीओ—छिवलहा, रायबरेली, 50/- जमा धन्यवाद। 25/- किताबों वाले भेजें।

650/9.6.72 श्री छेदीप्रसाद, एडवोकेट, 10 गुरुपार्क, बरमकान, श्री मेड़ईराम, देवरिया, 5/- जमा, 25/- किताबों वाले भेजें।

651/9.6.72 श्री ज्वाला प्रसाद अहिरवार, एक्स-एम.एल.ए., गांधी नगर, वीपीओ—कोंच, जालौन, 40/- सहायतार्थ जमा। धन्यवाद, 25/- किताबों वाले भेजें।

652/9.6.72 श्री जगन्नाथ प्रसाद बौद्ध, मंत्री अखिल भारतीय डॉ. अम्बेडकर सेवा संघ, कलकत्ता-16, 50/- सहायतार्थ जमा, धन्यवाद। 25/- किताबों वाले भेजें।

653/9.6.72 श्री डी.आर. दास, एच.एम.डी.एस., नरसिंह देव का मन्दिर, मोहल्ला—रामगंज, वीपीओ—अयोध्या, फैजाबाद, 25/- किताबों वाले भेजें।

654/9.6.72 श्री दीनदयाल 'विरागी', सम्पादक—*मूल भारतीय जागरण*, मोहल्ला—राजेन्द्र नगर, वीपीओ—उरई, जालौन, दो कॉपियों का चन्दा भेजें। 25/- किताबों वाले भेजें।

655/9.6.72 श्री परम पूज्य श्रामशोर धम्म पाल, बुद्ध विहार, वीपीओ—उझानी, बदायूँ, 27/- सहायतार्थ जमा। 15/- किताबों वाले जमा। 10/- किताबों वाले शेष भेजें।

656/9.6.72 श्री धनई सिंह यादव, एडवोकेट कलेक्ट्रेट, आजमगढ़, 5/- सहायतार्थ जमा। 25/- किताबों वाले भेजें।

657/9.6.72 श्री नवल किशोर, अध्यापक, श्री भगवान दास इंटर कॉलेज, गाँव—रामगढ़, पोस्ट—हरचन्दपुर, इटावा, दो कॉपी चन्दा की है। चन्दा भेजें। 25/- किताबों वाले भेजें।

658/9.6.72 श्री एन.डी. सोनवाने, एल.आई.सी. एजेंट, 127/4239, कुर्ला, बम्बई-24, 1 एक कॉपी चन्दे की है। चन्दा भेजें। 25/- किताबों वाले भेजें।

659/9.6.72 श्री डॉ. प्रभुदयाल, ग्रामीण सेवा चिकित्सालय, दिबयापुर रोड, वीपीओ—औरइया, इटावा, 25/- किताबों वाले भेजें।

660/9.6.72 श्री डॉ. बद्री प्रसाद सिंह यादव, शेखूपुरा, कचहरी रोड, जौनपुर, 25/- सहायतार्थ जमा। धन्यवाद। 25/- किताबों वाले जमा। धन्यवाद। क्या दिनांक : 1.9.72 के वायदे पर 12 *रामायण* भेजें?

661/9.6.72 श्री बदलू प्रसाद, गाँव—ईसापुर, पोस्ट—चमियानी, उन्नाव, 25/- सहायतार्थ पावें। धन्यवाद। 25/- किताबों वाले भेजें।

662/9.6.72 श्री बाबू राम यादव, डी/8/ई.एस.आई.सी. कॉलोनी, सर्वोदय नगर, कानपुर, 8/- सहायतार्थ जमा, धन्यवाद। 25/- किताबों वाले भेजें।

663/9.6.72 श्री बाबू लाल कुरील, 555-च/261, रामनगर, लखनऊ, 10/- जमा, किताबों के 25/- भेजें। कॉपियों के रुपये भेजें।

664/9.6.72 श्री बैजूदास कुरील, गाँव—जमीपुर, पोस्ट—बैहार, उन्नाव, 25/- जमा, धन्यवाद। 25/- किताबों वाले भेजें।

665/9.6.72 श्री बेचूराम, मिलर चार्जमैन, जे/3, लेबर कॉलोनी, वीपीओ—चुर्क, मिर्जापुर, 25/- सहायतार्थ जमा। धन्यवाद। 25/- किताबों वाले भेजें।

666/9.6.72 श्री बंशीलाल, ग्राम सेवक, गाँव—पैगम्बरपुर कबरी, पोस्ट—सेवरामऊ, फतेहपुर, 25/- सहायतार्थ जमा। धन्यवाद। 25/- किताबों वाले भेजें।

667/9.6.72 श्री बच्ची लाल मास्टर, गाँव—बाँध, पोस्ट—बरीपाल, कानपुर, 2/- पुरानी रसीद बुकों का क्या है? 25/- भेजें। किताबों वाले।

668/9.6.72 श्री बिदेशीराम, एडवोकेट कलेक्ट्रेट, आजमगढ़, 25/- किताबों वाले भेजें।

669/9.6.72 श्री भगवान दीन, एडवोकेट, उन्नाव, 25/- किताबों वाले भेजें।

670/9.6.72 श्री माधोराम जौहर नेता जी सिविल लाइन, हरदोई, 25/- चन्दा की कॉपी वाले व 25/- किताबों वाले भी भेजें। दिनांक : 14.9.72 का क्या भाँग खाकर लिखा था?

671/9.6.72 श्री मुंशीलाल चमार, एक्स-एम.एल.ए., गाँव—बरनाहल, पोस्ट—करहल, मैनपुरी, 100/- चन्दा द्वारा या व्यक्तिगत भेजें। 25/- किताबों वाले भेजें।

672/9.6.72 श्री मलखान सिंह कल्याणी, 102 तोपखाना, जालौन, 25/- किताबों वाले भेजें।

673/9.6.72 श्री मनराज यादव, एम.ए., पीएचडी, पर्वाहकर्ता, श्री वर्मा क्लाथ स्टोर, वीपीओ—ज्ञानपुर, वाराणसी, 25/- पाए धन्यवाद। 25/- किताबों वाले भेजें।

674/9.6.72 श्री मनीराम वर्मा, गाँव—अहमदपुर, पोस्ट—पाली, हरदोई, 25/- जमा-सहायतार्थ, धन्यवाद। 25/- किताबों वाले भेजें।

675/9.6.72 श्री मुरली बौद्ध नेशनल कम्पनी लाइन नं. 15, क्वा. नं. 34, पोस्ट—बानीपुर, हावड़ा, 25/- किताबों वाले भेजें।

676/9.6.72 श्री मुन्ना लाल निषाद, टिकट नं. 380, सेंक्शन एल.सी., काल्पी रोड, कानपुर, 7/- भेजें। किताबों वाले।

677/9.6.72 श्री योगेन्द्र प्रसाद, एस-13/71, तेलिया बाग, वाराणसी, 25/- जमा-सहायतार्थ, धन्यवाद। 25/- किताबों वाले भेजें।

678/9.6.72 श्री रघुनन्दन प्रसादा 'विद्यार्थी', भीम नगर (सहावर गेट), वीपीओ—कायमगंज, एटा, 30/- जमा-सहायतार्थ, धन्यवाद। 25/- किताबों वाले भेजें।

679/9.6.72 श्री आर.डी. शिशुपाल, जे.पी.पी.-158, एसबोसटस लिमि., मुलुंड, बम्बई-80-एन.बी., 25/- जमा-सहायतार्थ, धन्यवाद। 25/- किताबों वाले भेजें।

680/9.6.72 श्री रामबाबू, गाँव—बरवा, पोस्ट—पुखरायाँ, कानपुर, 25/- जमा-सहायतार्थ, धन्यवाद। 25/- किताबों वाले भेजें। 25/- की पुस्तकें किसी विश्वासी रिश्तेदार के द्वारा बिकवा दो।

681/9.6.72 श्री सटीकराम गौतम, इलाहाबाद वाले, डॉ. अम्बेडकर सेवा संघ, 6 विजय कुमार मुकर्जी रोड, एलकिया, हावड़ा, 30/- सहसयतार्थ जमा, धन्यवाद। 25/- किताबों वाले भेजें।

682/9.6.72 श्री राजाराम संखवार, आर.एम.एस. मेरठ कैंट, मेरठ, 25/- जमा-सहायतार्थ, धन्यवाद। 12 किताबें श्री गंगाशरण, 58 पूर्वा शेखलाल को दे दें।

683/9.6.72 श्री रामआसरे बौद्ध पर्वाहकर्ता, श्री बद्री प्रसाद संगमलाल मालिक मकान, नई बस्ती, वीपीओ—मनौरी, इलाहाबाद, 25/- जमा-सहायतार्थ, धन्यवाद। 25/- किताबों वाले भेजें।

684/9.6.72 श्री रामआसरे कुरील, इंस्पेक्टर-परिवर नियोजन, वीपीओ—खिरौं, रायबरेली, 25/- जमा-सहायतार्थ, धन्यवाद। 25/- किताबों वाले भेजें।

685/9.6.72 श्री आर.एन. माली, सेक्शन अकाऊंट-रिजर्व बैंक ऑफ इंडिया, कानपुर, 36/- जमा, धन्यवाद। 25/- किताबों वाले भेजें।

686/9.6.72 श्री रामचन्द्र संखवार, गाँव—जरसेन, पोस्ट—मूसानगर, कानपुर, 25/- किताबों वाले भेजें।

687/9.6.72 श्री लक्ष्मी नारायण कुरील, 45, बाग मुन्नू, घसियारी मंडी, कैसर बाग, लखनऊ, 20/- सहायतार्थ जमा, धन्यवाद। 25/- किताबों वाले भेजें।

688/9.6.72 श्री लक्ष्मी नारायण बौद्ध, 522-ब/2, ऊँचा गढ़ी, राजापुर, लखनऊ, 21/- शीघ्र भेजें किताबों वाले।

689/9.6.72 श्री विद्या शंकर यादव, एडवोकेट, रायबरेली, 25/- किताबों का मूल्य भेजें।

690/9.6.72 श्री जाटव एस.पी. आर्य, हाइडिल कॉलोनी, वीपीओ—चोपन, मिर्जापुर, 27/- सहायतार्थ जमा, धन्यवाद। 25/- किताबों वाले भेजें।

691/9.6.72 श्री सुन्दरलाल प्रजापति, 492, कालेशाह का तकिया, कासगराज, सिविल लाइन, बिहारीपुर, बरेली, 60/- सहायतार्थ जमा, धन्यवाद, 50/- किताबों वाले भेजें।

692/9.6.72 श्री सालिक राम कुरील, चौराहा, वीपीओ—जसवन्त नगर, इटावा, 25/- जमा-सहायतार्थ, धन्यवाद। 25/- किताबों वाले भेजें।

693/9.6.72 श्री सियाराम, एम.एल.ए., वीपीओ—अमांपुर, एटा, 51/- जमा, धन्यवाद। 25/- किताबों वाले भेजें।

694/9.6.72 श्री बलराम तार बाबू, तार घर नॉर्दर्न रेलवे, इलाहाबाद, दिनांक : 7.5.72 वाले 50/- क्यों नहीं भेजें। दुःख है।

695/9.6.72 श्री हीरा लाल सिसौदिया, 4/1644, अशोक नगर, फ्रीगंज, उज्जैन, 25/- जमा-सहायतार्थ, धन्यवाद। 25/- किताबों वाले भेजें।

696/9.6.72 श्री मोहन लाल, पकड़िया, पीलीभीत, 50/- की मदद करें।

697/9.6.72 श्री रामस्वरूप वर्मा, एक्स-मिनि., लखनऊ, श्री करुणानिधि कब आवेंगे? लिखें।

698/9.6.72 श्री केशव राम संखवार, गाँव—बहवलपुर, पोस्ट—लालपुर, कानपुर, दो कॉपी अपनी व 1 कॉपी में बनवरी लाल का हिसाब भेजें।

699/9.6.72 श्री बाबूलाल बौद्ध, गाँव—लाल बादरा, पोस्ट—मझोला, एटा, 25/- की मदद करें। चन्दा द्वारा।

700/9.6.72 श्री सन्तू राम कुरील, गाँव—पाठक खेड़ा, पोस्ट—भोजपुर, रायबरेली, 13-अ के 25/- भेजें। चन्दा द्वारा।

701/9.6.72 श्री परगन सिंह बौद्ध, गाँव—बाकराबाद, पोस्ट—बमरौली, इलाहाबाद, 25/ भेजें। चन्दा द्वारा।

702/9.6.72 श्री जैसराम, गाँव—तेंदुआ असनहरा अहरेवा, पोस्ट—करमहिया, बस्ती, 50/- भेजें। चन्दा द्वारा।

703/9.6.72 श्री सकटेलाल, गाँव—जिजपुरा, पोस्ट—रायपुर, हेड पोस्ट—कंचमजंग, फर्रुखाबाद, चन्दा द्वारा या व्यक्तिगत 25/- की मदद करें।

704/9.6.72 श्री फेकन राम मंत्री, डॉ. अम्बेडकर जीवन संघर्ष सर्वहारा किसान मजदूर एक्षनशोरी, एच.ई.सी. बोकारो स्टील प्रोजेक्ट कार्यालय, 928 डी.टी., राँची, बिहार, 31-अ व 35-ख द्वारा मदद करें।

705/9.6.72 श्री रामकृष्ण संखवार, वीपीओ—चिलौली, कानपुर, 2.50/- पेशगी भेजें व 2 *गाना* व *न्योतरी बहार* भेजी जावेंगी।

706/9.6.72 श्री बाबू फतेहसिंह शाक्य, स्वागताध्यक्ष व श्री होरीलाल शाक्य मंत्री, अशोक नगर, पुल बोगदा एच.ई.सी. रोड, भोपाल, 10, 11 जून की अनुपस्थिति की क्षमा।

707/9.6.72 श्री डी.पी. सिंह जाटव, जे/14, नौरोजी नगर, नई दिल्ली, मदद करें।

708/9.6.72	श्री लखन लाल, टिकट कलेक्टर, 4/2 नगर महापालिका कॉलोनी, नगर पालिक मार्केट के पीछे, लीडर रोड, इलाहाबाद, 50/- जमा, धन्यवाद। 56.25/- भेजें। 10 + 10 + 10 = 75-18.75 कमीशन किताबों वाले = 56.25/-
709/9.6.72	श्री रामदरस राम पर्वाहकर्ता, श्री बनवारी लाल साइकिल की दुकान, अलोपी देवी के मन्दिर के पास, अलोपी बाग, पोस्ट—दारागंज, इलाहाबाद-6, आप 32/- रुपये भेजें।
710/9.6.72	श्री कल्लूदास सन्त, गाँव—धूरी खेड़ा, पोस्ट—पूरे पांडे, रायबरेली, 6 *धर्म परिवर्तन*, 2 *सच्ची रामायण*, 2 *सच्ची रामायण की चाभी* = 10 किताबें = 25/- रुपये, 25-6.25 कमीशन = 18.75 लेना + 0.75, कुल = 19.50
711/9.6.72	श्री ईश्वरदीन, गाँव—ऐडुरामऊ, पोस्ट—एकौनी, 25/- + 5/- किताब = 30/- भेजें।
713/9.6.72	श्री गुप्ता, छीटीखेड़ा, पोस्ट—भोजपुर, रायबरेली, चन्दा द्वारा 25/- भेजें। ख बीएच.
714/9.6.72	श्री छोटनलाल, गाँव—सिंघौर, पोस्ट—बीजेमऊ खपुरा, रायबरेली, चन्दा द्वारा 25/- भेजें। ख बीएच.
715/9.6.72	श्री बैजूदास कुरील, वीपीओ—जमीपुर, रायबरेली, चन्दा द्वारा 25/- भेजें। ख बीएच.
716/9.6.72	श्री सुरेन्द्र प्रसाद, एडवोकेट, लालगंज रोड, रायबरेली
717/9.6.72	श्री भगवान दास कुरील, चमरहिया टोला, वीपीओ—बछरावाँ, रायबरेली
718/9.6.72	श्री फेरईदास साधु, गाँव—बनकटिया कुटी, पोस्ट—जोकहरा, आजमगढ़, नकल बीजक नं. 50/15.5.72 रवाना है। 1/- कमीशन दिया गया है।
719/9.6.72	श्री मेवालाल कुरील, गाँव—सब्जी, पोस्ट—सेमरी, रायबरेली, कॉपी द्वारा 25/- चन्दा भेजें। बीएच. ख
720/9.6.72	श्री कनौजीलाल, छोटे ठेकेदार, उग्रसेन व्यायाम शाला, कानपुर, किताबें जो श्री कैलाश नाथ यादव दीं, ले लें।
721/9.6.72	श्री मूलचन्द भारतीय, भीम नगर, जाटवपुरा, बरेली, दो कॉपी हैं। चन्दा भेजें दिनांक : 7.12.70 वाली।
722/9.6.72	श्री डॉ. आसकरन, गाँव—जाजपुर, पोस्ट—घाटमपुर, कानपुर, 25/- की मदद करें।

723/9.6.72	श्री राम सिंह, गाँव—पृथ्वीपुर, पोस्ट—बेला, इटावा, श्री सुखवानी लाल से 25/- चन्दा को भिजवाएँ।
724/9.6.72	श्री सोनेलाल मास्टर, गाँव—इटेली, पोस्ट—मकरन्दपुर, कानपुर, 25/- चन्दा भेजें।
725/9.6.72	श्री रामेश्वर दयाल, गाँव—गुन्दैला, पोस्ट—ककवन, कानपुर, 25/- + 2/- किताबों के भेजें।
726/9.6.72	श्री रामहर्ष गोंड, जन. इंश्योरेंस सोसाइटी लिमि., 232 दादा भाई नौरोजी रोड, पोस्ट बॉक्स नं. 616, फोर्ट बम्बई, 17-ब, रिमाइंडर
727/9.6.72	श्री भोलाराम रावत, वीपीओ—छिवलहा, रायबरेली, चन्दा द्वारा कुछ भेजें। 23-क बीएच.
728/9.6.72	श्री गुमानी लाल संखवार, वीपीओ—भन्देमऊ, कानपुर, 31-क, डी. वाला चन्दा भेजें।
729/9.6.72	श्री रूप चन्द अहिरवार, 407, राजापुर, इलाहाबाद, 6-ग डी. का चन्दा भेजें।
730/9.6.72	श्री जानकी प्रसाद, गाँव—इडगुवारा, पोस्ट—कांजी, कानपुर, चन्दा द्वारा कुछ भेजें।
731/9.6.72	श्री बेचेलाल प्रजापति, वीपीओ—कांजी, कानपुर, श्री रामचन्द कठेरिया से कुछ भिजवावें।
732/9.6.72	श्री हरीदास बौद्ध, लाइन नं. 59/13 एंगस जूट मिल, पोस्ट—एंगस, हुगली, 34-अ, कुछ भेजें।
733/9.6.72	श्री सुज्ञान राव महारजी, गाँव—हिस्बन खुर्द, पोस्ट—हिस्बन बुजुर्ग हेड पोस्ट—जालना, औरंगाबाद, 37-अ डी. का चन्दा भेजें।
734/9.6.72	श्री रामस्वरूप भारती, एडवोकेट कलेक्ट्रेट, प्रतापगढ़, 38-अ डी. का चन्दा भेजिए।
735/9.6.72	श्री धर्मराम पर्वाहकर्ता, श्री महाबल 4/5, सुचेतापुरी, पोस्ट—गोविन्दपुरी, मोदी नगर, मेरठ, 5/- पेशगी भेजें।
736/9.6.72	श्री राम बाबू दोहरे, 105/516, आनन्द बाग, कानपुर, दिनांक : 2.7.71 को कुछ रुपये भेते थे लिखा था- नहीं भेजें। अब भेजें।
737/12.6.72	श्री फूलचन्द नेताजी, क्वाटर नं.5, गाँव—चन्द्रनगर, पोस्ट—चन्दिया हजारा, पीलीभीत, पत्र नं. 620/31.5.72 की रजिस्ट्री वापस आई लिखा...

738/12.6.72 श्री रामजीलाल बैरवा, बी.एच.डब्ल्यू., वीपीओ—चान्दराना, जयपुर, बीजक नं. 55/16.5.72 की वी.पी. लौटी आप बाहर गए। पोस्टेज 1.65 भेजें।

739/12.6.72 श्री घमंडी लाल जाटव मोहल्ला—कस्साबान, वीपीओ—छिबरामऊ फर्रुखाबाद, बीजक नं. 48/4.5.72 को श्री बाबू राम ने वापस किया। 1.50 पोस्टेज भेजें।

740/12.6.72 श्री ओंकार सिंह, ग्राम सेवक पर्वाहकर्ता, श्री पन्ना लाल गुप्ता हलवाई पुराना मोटर स्टैंड, जालौन, बीजक नं. 49/10.5.72 को वापस किया। नोटिस तकसीम। आपने वी.पी. नहीं छुड़ाई।

741/12.6.72 श्री चमनदास यादव, 16-जी, एच. गंगा कॉलोनी, वीपीओ—मुगल सराय, वाराणसी, बीजक नं. 37/15.4.72 नहीं छुड़ाई। बताएँ।

742/13.6.72 श्री राम बाबू कंवर, गाँव—जलालपुर, पोस्ट—मोहाल, कानपुर, कमीशन आदि। राम कृष्ण गाँव—गौरी

742/14.6.72 श्री रामदरस राम पर्वाहकर्ता, बनवारी लाल साइकिल की दुकान, अलोपी देवी के मन्दिर की सीमा के भीतर, 149 अलोपी बाग, इलाहाबाद-6, 1 खोज, 1 *सामाजिक लेख* = 2, 1 *सच्ची रामायण* .75/-, 1 *माया* 1/-, 2 *शम्बूक* 3/-, 1 *एकलव्य* 1.50/-, 1 *नाग* 2/-, 1 *वर्ण* 5/-, 1 *सम्यक* 2.50/-, 1 *राम राज्य* .50/-, 1 *कथा* 1.25/- = 17.00 + पिछली 1.00 = 18.00 + 5.50 कमीशन 33: = 10.50, पेशगी 5/-, शेष 5.50, पोस्टेज 1.95, लेना 7.45 (वजन 7.50 ग्राम, .75 + 1.00 + .15 + .05 = 3.95) (पोस्ट—झींझक, रजि. नं. 104/16.6.72)

744/14.6.72 श्री असरानन्द, गाँव—हीरापुर, पोस्ट—ईसरवारा, बीजक नं. 6/29.1.72 वापस अनपेड मिली। अन्य श्री आशीर्वादी नामी, मु. जमरा का पूर्वा, पोस्ट—सकरन को किताबें भी भेजेंगे। 5/- पेशगी भिजवावें।

745/14.6.72 श्री आशीर्वादी नामी, गाँव—जमरा का पूर्वा, पोस्ट—सकरन, सीतापुर, *सच्ची रामायण* 2.50/- + डाक खाना खर्च 1.50 = 4/- भेजें।

746/14.6.72 श्री रामपाल सिंह यादव, एम.एल.ए., वीपीओ—सिठमरा, कानपुर, कुशल पत्र, हस्ते श्री गंगा चरन यादव।

747/15.6.72 श्री लक्ष्मी नारायण कुरील, 45, बाग मुन्नू घसियारी मंडी, कैसर बाग, लखनऊ, 12 *सच्ची रामायण* रवाना है। 25/- भेजने की तारीख लिखें। (पोस्ट—झींझक, रजि. नं. 004/15.6.72)

748/15.6.72 श्री रामआसरे बौद्ध, सी.एस.के. पर्वाहकर्ता, श्री बद्री नाथ प्रसाद, संगमलाल मालिक मकान, वीपीओ—मनौरी, इलाहाबाद, पत्र मिला। धन्यवाद।

749/15.6.72 श्री गनपत लाल, रिपब्लिकन लीडर, परवन मलिक, वीपीओ—कायमगंज, फर्रुखाबाद, 25 + 10 + 25 = 60 आपको देने थे, कब देंगे?

750/15.6.72 श्री हरचरण लाल प्रजापति, 288 बहादुरगंज, इलाहाबाद, प्रजापति परिचय भेजें। श्री खेमराम टेलर अरेल रोड, नैनी का मकान नम्बर।

751/15.6.72 श्री रामचन्द्र वर्मा, साहित्य रानमाला कार्यालय काशी, वाराणसी, *बौद्ध कालीन भारत* है या नहीं, लिखें।

752/15.6.72 श्री जगदीश प्रसाद, रेलवे कॉलोनी, टिकट नं. 95 क्वा. नं. 1, पोस्ट—नैनी, इलाहाबाद, कुछ मदद करें।

753/15.6.72 श्री कारु शिल्प केन्द्र, 23/61, पटकापुर, कानपुर, 1 *धर्म परिवर्तन* 2.50/-, 1 *सच्ची रामायण* 2.50/-, *सच्ची रामायण की चाभी* 2.50/-, 1 *अँगुलिमाल नाटक* 1/- = 8.50/-, कमीशन 8.90/-, 1.70/-, 0.80/-, शेष 8.80, पोस्टेज 1.20/- 8.70/-, शेष पोस्टेज 0.30, 1/-, 0.15, 0.06 = 1.50/-, लिखें माल कब मिलेगा?

754/15.6.72 श्री कुमारी देवमित्र, 7/90, दाई बाड़ा, अजमेरी गेट, दिल्ली, कुछ मदद करें।

755/15.6.72 श्री भल्लू राम प्रजापति, गाँव—नगिया पूर्वा, पोस्ट—जटवारा, प्रतापगढ़, कुछ मदद करें।

756/16.6.72 श्री लक्ष्मी नारायण कुरील, 45 बाग मुन्नू, घसियारी मंडी, कैसरबाग, लखनऊ, 10/- पावें। धन्यवाद। किताबों वाले।

757/17.6.72 श्री सोहन लाल बौद्ध, पर्वाहकर्ता, श्री द्वारिका प्रसाद बौद्ध, 248-सी, प्रेम नगर, कॉलोनी, वीपीओ—रोजा, शाहजहाँपुर, 2 *धर्म परिवर्तन*, 1 *सच्ची रामायण*, 1 *सच्ची रामायण की चाभी* रवाना है। बीजक नं. 8/26.4.72, के बदले में, (पोस्ट—झींझक, रजि. नं. 076/1.6.72)

758/17.6.72 श्री हरीराम यादव, गाँव—दिलवल, पोस्ट—खानपुर, कानपुर, रिमाइंडर, 35-ग, डी.

759/17.6.72 श्री आत्मा राम एंड संस, जालन्धर, पंजाब, हाउस नम्बर व मुहल्ला लिखें।

760/17.6.72 श्री आत्मा राम एंड संस, जयपुर, हाउस नम्बर व मुहल्ला लिखें।

761/17.6.72 श्री आत्मा राम एंड संस, जयपुर, दुकान हरियाणा में या पंजाब में हाउस नम्बर व मुहल्ला लिखें।

762/17.6.72 श्री बलराम मिर्जापुर वाले, असि. स्टे. माहार, रिफरेशर क्लास, वीपीओ—चन्दौसी, मुरादाबाद, 50/- नहीं 100/- दिनांक : 12.7.72 को भेजें।

763/17.6.72 श्री मौजीलाल, पोस्ट—ढकपूर्वा, पोस्ट—जोत, कानपुर, 10/- पावें। धन्यवाद।

764/17.6.72 श्री जिज्ञासु, लखनऊ, 500 की लिस्ट भेजें।

765/17.6.72 श्री मौजीलाल, गाँव—ढकपूर्वा, पोस्ट—जोत, कानपुर, 10/- (अ-16) के पावें। धन्यवाद।

766/17.6.72 श्री राजाराम यादव, 227 सोहबतिया बाग, निकट रोजा, इलाहाबाद, चेरिस दिया या नहीं, लिखें।

767/17.6.72 श्री रामध्वजा राय लबा, श्री राजदेवदास, आदर्श हिन्दी विद्यालय, 8 गोविन्द खटिक रोड, कलकत्ता-46, 34 ख, डी. के 25/- भेजें।

768/17.6.72 श्री बी.एल.वाई., इलाहाबाद, कब दिल्ली चलना है?

769/19.6.72 श्री लीलाधर जोशी, एडवोकेट, एक्स-मुख्य मंत्री, शाजापुर, मुझे राजनीतिक पीड़ित बनाने की तरकीब बतावें।

770/20.6.72 श्री रामप्रसाद, 19 बेली रोड, इलाहाबाद, चमोली महासभा का प्रॉरपेक्टस/ जवाबी लिफाफा भेजें।

771/24.6.72 श्री ए.आई. नाहर, 112, प्रेम नगर, अम्बेडकर मार्ग, झाँसी, दिनांक : 11.7.72 को 25/- भेजें।

772/24.6.72 श्री कोयल प्रसाद जाटव पर्वाहकर्ता, श्री शंकर लाल, वीपीओ—बहरवास, शिवपुरी, 5/- पेशगी भेजें।

773/24.6.72 श्री गुलाबचन्द डोंगरे बौद्ध 'उपासक' गाँव—निवारी, गाँव—बन्हनी (बरघाट), तहसील—सिवनी, सिवनी, सूची पत्र

774/29.6.72 श्री हीरालाल सिसौदिया, नर्मदा भवन, 48, अशोक नगर, उज्जैन, पत्र नं. 277/17.2.72 वाले 25/- पावें। धन्यवाद।

775/29.6.72 श्री लोकनाथ बौद्ध, पोस्टल क्लर्क, पोस्ट—मुगरा बादशाहपुर, जौनपुर, पत्र नं. 398/15.3.72 वाले 39/- पावें। धन्यवाद।

776/29.6.72 श्री खुर्रमदास, एडवोकेट, हरदोई, पत्र सं. 281/17.2.72 व पत्र सं. 596/5.5.72 वाले 25/-, 25/- रुपये किताबों वाले शीघ्र भेजें।

777/30.6.72 श्री राजाराम यादव, 227 सोहबतिया बाग, इलाहाबाद, मैं कब आऊँ?

778/3.7.72 श्री बुद्धि सागर, लिपिक, पोस्ट—उरई, जालौन, 1 *जीवनी* 3/-, 1 *रवि-I* 1/-, 1 *रवि-II* 3.50/-, 1 *पन्द्रह* 3/-, 2 *धर्म परिवर्तन* 5/-,

2 *सच्ची रामायण* 5/-, 2 *सच्ची रामायण की चाभी* 5/-, 4 गाना 1/-, 1 *आर्य नीति* 1/-, 1 *आगे बढ़ो* 0.60/-, *चर्या विधि* 0.75/-, 1 *सच्चा धर्म* 0.25/-, 1 *लाहौर* 0.75/- , *पोल प्रकाश* 2.50/-, 1 *बेनिशमेंट* 1/- = 20 पुस्तकें, 30.85/- की, कमीशन 7.85/-, 2 शेष 23/-, 1/पोस्टेजें 2/-, 25/- लेना है। वायदा दिनांक : 1.11.72/

779/3.7.72 श्री रामफल मालिक मंडली, वीपीओ—हेतापट्टी, इलाहाबाद, मेरा हिसाब ठीक है। बीजक नं. 45/3.5.72 की नकल रवाना है।

780/3.7.72 श्री रामस्वरूप वर्मा, बंगला नं. 3, दारुलशफा, लखनऊ, 40/- भेजें, किताबों वाले।

781/3.7.72 श्री डिस्ट्रिक्ट—मजि. एवं कलेक्टर, कानपुर, 2 *सच्ची रामायण,* थर्ड कमीशन प्रेषित हैं। कृपया रसीदें भेजने की कृपा करें। (पोस्ट—झींझक, रजि. नं. 056/3.7.72)

782/3.7.72 डॉ. बद्री प्रसाद सिंह यादव, प्राइवेट अस्पताल, शेखपुर, कचहरी रोड, जौनपुर, 907316/7.7.71 कृपया पहुँच भेजने की कृपा करें। भजन 500 ग्राम पोस्टेज 1.70/-, (पोस्ट—झींझक, रजि. नं. 110/7.7.72)

783/5.7.72 श्री ऊदल प्रसाद पाल, ए.डी.सी. क्लर्क, 12, इस्टेब्लिशमेंट ऑफिस, सी.ओ.डी. छिबकी, इलाहाबाद, 1 *तीन पात* 1.25/-, 1 *धार्मिक डकैती* 0.75/-, 1. *राजनीतिक डकैती* 0.75/-, *भांडाफोड़* 1/-, 1 *सच्ची रामायण* 2/-, 1 *पोल प्रकाश* 2.50/-, *सच्ची रामायण की चाभी* 2.50/-, 1 तांडव 0.25/-, 1 *श्री.म.* 0.25/- = वजन 500 ग्राम, पोस्टेज 1.70/- = 7 पुस्तकें = 9.57/-, 10.75/-, कमीशन 1.10/-, शेष 9.65/-, पोस्टेज 1.70/-, लेना 11.35/-, दिनांक : 1.8.72 को भजें। (पोस्ट—झींझक, रजि. नं. 106/7.7.72)

784/7.7.72 श्री टी.एम. कुमार, नई दिल्ली, कुछ भेजें। नया पता लिखें।

785/7.7.72 श्री हलीमुद्दीन राहत मौलाई, एम.एल.ए., मोहल्ला—डहरिया, मुरादाबाद, कुछ मदद करें।

786/9.7.72 श्री छेदी प्रसाद, एडवोकेट, 102-श्री मेड़इराम का मकान, गरूड़ पार्क, देवरिया, 1.12.72, 1.5.73, 1.10.73, 1.3.74, 1.8.74, 1.1.75 को 25/-::25/- भेजो।

787/10.7.72 श्री सब पी.एम. साहब, पोस्ट—झींझक, कानपुर, डिस्पेच नं. 781/3.7.72, इक्नॉलिज पर पाने वाले के दस्तखत नहीं, मँगावें जावें। दस्ती

788/11.7.72 श्री गौरी शंकर, 16, हॉलेंड हॉल छात्रावास, इलाहाबाद, वजीफा व छात्रावास अलाउंस बढ़ाने की पूरी-पूरी कोशिश शान्तिपूर्वक करें।

789/11.7.72 श्री प्रेम नारायण, 45, ईश्वर शरण यूनिवर्सिटी छात्रावास, इलाहाबाद, वजीफा व छात्रावास अलाउंस बढ़ाने की पूरी-पूरी कोशिश शान्तिपूर्वक करें।

790/13.7.72 श्री रामसिंह, वीपीओ—पृथ्वीपुर, पोस्ट—बेला, इटावा, कुंवार में कॉपी काटें। मत लौटावें।

791/17.7.72 श्री डॉ. श्रीकृष्णा वर्मा अध्यक्ष युवक मंगल दल, वीपीओ—ऊगू, यूजीयू, उन्नाव, 2 *सच्ची रामायण* 4/-, 1 *सच्ची रामायण चाभी* 2.50/-, 1 *पोल प्रकाश* 2.50/- = 9.00, 1.50 = 10.00 शीघ्र भेजें। वजन 400 ग्राम, 0.40 + 1.00 + 0.15 + 0.05 = 1.60/-

792/17.7.72 श्री एस.एन.न सिंह, जी-46-47, लाजपत नगर, पार्ट-1, नई दिल्ली-24

793/17.7.72 श्री बनवारी लाल यादव, एडवोकेट हाई कोर्ट, 578, मम्फोर्डगंज, इलाहाबाद

794/17.7.72 श्री बी.एल. मौर्य, 762, सेक्टर-एल-3, आर.के.पुरम, नई दिल्ली

795/24.7.72 श्री गेंदालाल स्थान प्यारे लाल की धर्मशाला, मोहल्ला—लोहाई, मैनपुरी, 2 *सच्ची रामायण* 4/-, *सच्ची रामायण की चाभी* 2.50/-, 1 *पोल प्रकाश* 2.50/- + पोस्टेज-कमीशन = 10/- शीघ्र भेजें।

796/24.7.72 श्री सब-पोस्ट मास्टर साहब, पोस्ट—झींझक, कानपुर, बीजक नं. 41/24.5.72, वी.पी. नं. 19/22.4.72 का रुपया मँगाया जावे। श्री सोहन लाल बौद्ध वाला।

797/24.7.72 श्री सब-पोस्ट मास्टर साहब, पोस्ट—झींझक, कानपुर, बीजक नं. 45/3.5.72, वी.पी. नं. 26/3.5.72 का रुपया मँगाया जावे। श्री रामफल मालिक मंडली वाला।

798/24.7.72 श्री सब पोस्ट मास्टर साहब, पोस्ट—झींझक, कानपुर, बीजक नं. 57/12.6.72, वी.पी. नं. 57/12.6.72 का रुपया मँगाया जावे। श्री हरिश्चन्द्र वाला।

799/24.7.72 श्रीमान बी.एल. मौर्य, क्वा. नं. 762, सेक्टर-3, आर.के. पुरम, नई दिल्ली, कुशल पत्र

800/24.7.72 श्री गनपत सिंह जाटव, जी-14 नौरोजी नगर, नई दिल्ली, कुशल पत्र

801/24.7.72 श्री आर.डी. सोनकर, 34-ए, मन्दिर मार्ग, नई दिल्ली, कुशल पत्र

802/24.7.72 श्री शंकर लाल जित्ते, 123/228, सिकलाइन गड़रियन पूर्वा, कानपुर-12, कुशल पत्र

803/24.7.72 श्री मुन्ना लाल निषाद, टिकट नं. 380 सेक्शन एल.सी. एवेन्यू अस्त्र निर्माणी काल्की रोड, कानपुर, पत्र नं. 596/8.5.72 के 7/- भेजें।

804/28.7.72 श्री बलराम तारबाबू, इलाहाबाद, 10 *आदि वंश कथा*, 600 ग्राम वजन, 0.60 + 1 + 0.15 + 0.05 = 1.80/-

805/28.7.72 श्री बदलू प्रसाद, गाँव—ईसापुर, पोस्ट—चमरियारी, उन्नाव, 20/- दिनांक : 25.7.72 को पावें। धन्यवाद।

806/28.7.72 श्री ऊदल प्रसाद पाल, एल.डी.सी., स्टेब्लिशमेंट ऑफिस सी.ओ.डी. छिवकी, इलाहाबाद, रुपये 11.50/- पावें। धन्यवाद। श्री बलराम तार बाबू से मिलें।

807/28.7.72 श्री रामस्वरूप वर्मा, लखनऊ, कुशल पत्र।

808/28.7.72 श्री डॉ. बद्री प्रसाद, जौनपुर, कुशल पत्र

809/28.7.72 श्री स्पेशल हाथो-हाथ, 1 *माया बलिदान* 1.25/-, 1 *विवाद* 1/-, 2 *गाना* 0.50/-

810/28.7.72 श्री डॉ. राजलाल भगवन्तपुर, पोस्ट—कहिजरी, कानपुर, कुशल पत्र

811/29.7.72 श्री गुलाब चन्द डोगरे, गाँव—तिवारी, पोस्ट—बम्हनी, बरघाट, शिवनी, 31.40/- की वी.पी श्री परवतलाल मेश्राम के नाम भेजी है। छुड़ाने की कृपा करें।

812/29.7.72 श्री टी.एम. कुमार, श्याम पार्क पर्वाहकर्ता, श्री सुमेर सिंह, गाँव—साहिबाबाद, पोस्ट—मलिक नगर, मेरठ, 1. दोनों बहनें किस-किस क्लास में है?, 2. कुछ भेजें। 3. श्री एस.एन. सिंह से कांटैक्ट/सम्पर्क करें।

813/4.8.72 श्री चौधरी शम्भू दयाल, एडवोकेट, दक्षिण जहानाबाद, रायबरेली, 200 *सच्ची रामायण* + 50 *सच्ची रामायण की चाभी* = 250 = बिल्टी नं. 907339/7.8.72, (पोस्ट—झींझक, रजि. नं. 75/7.8.72)

814/4.8.72 श्री चौधरी शम्भू दयाल, एडवोकेट, दक्षिण जहानाबाद, रायबरेली, सूचना उपरोक्त

815/7.8.72 श्री शिववचन राज, टी.बी. अस्पताल, पोस्ट—आर्गेस (Arges), हुगनर? मैं 'राजभट' का इतिहास लिखने में असमर्थ हूँ।

816/7.8.72 श्री राजाराम यादव, एडवोकेट, 227, सोहबतिया बाग, रोजा के पीछे, इलाहाबाद, शीघ्र मँगावें। नोटिस दिया या नहीं। यदि दिया तो दावा दायर करो। मैं कब आऊँ?

817/7.8.72 श्री खुर्रमदास, एडवोकेट, हरदोई, 50/- शीघ्र भेजें।

818/7.8.72 श्री नवल किशोर, इटावा, 50/- शीघ्र भेजें।

819/7.8.72 श्री एन.के. चुदस्समा, भावनगर, 50/- शीघ्र भेजें।

820/7.8.72 श्री मुंशी लाल, एम.एल.ए., एक्स-मिनि., मैनपुरी, 125/- शीघ्र भेजें।

821/7.8.72 श्री बलराम, इलाहाबाद, 50/- ही भजें—यदि 100/- न हों।

822/8.8.72 श्री मोहन लाल संखवार, गाँव—गौरीपुर, पोस्ट—अकबरपुर, कानपुर, श्री वर्मा जी से मिलें।

823/10.8.72 श्री जयदेव लक्ष्मण टेम्मूर्णों, वीपीओ—सीरपुर कॉलोनी, तहसील—साकोली, भंडारा, महाराष्ट्र, वी.पी दिनांक : 14.8.72 को भेजी जावेगी।

824/11.8.72 श्रीमती नम्बरदारिनी साहब, गाँव—कठारा, पोस्ट—रसूलाबाद, कानपुर, श्री ओंकार नाथ दुबे जी से परामर्श लें, ठीक है। (पोस्ट—झींझक, रजि. नं. 137/11.8.72)

825/11.8.72 श्री धर्मरत्न बौद्ध, झाँसी, 2/- पावें, धन्यवाद, दिनांक : 1.8.72 को पुनः 5/- भेजें।

826/11.8.72 श्री अंगनलाल-भूपति प्रसाद, ईंट का भट्‌ठा, वीपीओ—अलीगंज, एटा, शीघ्र 25/- भेजें किताबों वाले।

827/11.8.72 श्री कल्लू दास सन्त, वीपीओ—घूरीखेड़ा, पोस्ट—पूरे पांडे, रायबरेली, शीघ्र 25/- भेजें किताबों वाले।

828/11.8.72 श्री कामता प्रसाद, 231/4, बाबू पूर्वा कॉलोनी, पोस्ट—किदवई नगर, कानपुर, शीघ्र 25/- भेजें किताबों वाले।

829/11.8.72 श्री कल्ययान सिंह 'प्रेमी', बारदाना वाले, पिदरुगंज, अलीगढ़, शीघ्र 25/- भेजें किताबों वाले।

830/11.8.72 श्री गुरुचरन दास कुरील, वीपीओ—छिवलहा, रायबरेली, शीघ्र 25/- भेजें किताबों वाले।

831/11.8.72 श्री गंगाशरण, 58, पूर्वा शेखलाल, डॉ. अम्बेडकर रोड, मेरठ, शीघ्र 25/- भेजें किताबों वाले।

832/11.8.72 श्री डॉ. गौरी शंकर सचान, गाँव—जलालपुर, पोस्ट—मोहम्मदपुर, कानपुर, शीघ्र 25/- भेजें किताबों वाले।

833/11.8.72 श्री घमंडी लाल जाटव, कस्साबान, वीपीओ—छिबरामऊ, फर्रुखाबाद, 15/- किताबों वाले भेजें।

834/11.8.72 श्री चेतराम गौतम, क्वा.डी./242, गोविंदपुरी कॉलोनी, वीपीओ—मोदीनगर, मेरठ, 25/- किताबों वाले भेजें।

835/11.8.72 श्री छिंगेलाल कटरा, कटरा टेलर्स, वीपीओ—तिवाड़ी, टीकमगढ़, 25/- किताबों वाले भेजें।

836/11.8.72 श्री ज्वाला प्रसाद, अहिरवार बौद्ध, एक्स-एम.एल.ए., गांधी नगर, वीपीओ—कोंच, 25/- किताबों वाले भेजें।

837/11.8.72 श्री जगन्नाथ प्रसाद बौद्ध, 25, रफी अहमद किदवई रोड, कलकत्ता-16, 25/- किताबों वाले भेजें।

838/11.8.72 श्री डी.आर. दास, एच.एम.डी.एस. नृसिंह देव का मन्दिर, मो. रामगंज, वीपीओ—अयोध्या, फैजाबाद, 25/- किताबों वाले भेजें।

839/11.8.72 श्री दीनदयाल विरागी, राजेन्द्र नगर, वीपीओ—उरई, जालौन, 25/- किताबों वाले भेजें।

840/11.8.72 श्री परम पूज्य श्रामशोर धम्मपाल, बुद्धपाल, बुद्धविहार, वीपीओ—उझानी, बदायूँ, 10/- किताबों वाले भेजें।

841/11.8.72 श्री धनई सिंह यादव, एडवोकेट, कलेक्ट्रेट, 25/- किताबों वाले भेजें। 5/- चन्दा के दिनांक : 6.11.71 को जमा, 20/- भी भेजें।

842/11.8.72 श्री एन.डी. सोनवाने, एल.आई.सी. एजेंट, 127/4239, नेहरू नगर, कुर्ला, बंबई-24, 20/- किताबों वाले भेजें।

843/11.8.72 श्री डॉ. प्रभुदयाल ग्रामीण सेवाचिकित्सालय दिबियापुर रोड, वीपीओ—औरइया, इटावा, 25/- किताबों वाले भेजें।

844/11.8.72 श्री फूलचन्द, कॉलोनी नं. 5, गाँव—चन्द्र नगर, पोस्ट—चन्दिया हजारा, पीलीभीत, 10/- शेष किताबों वाले भेजें।

845/11.8.72 श्री बाबूराम यादव, डी/8, ई.एस.आई.सी. कॉलोनी, सर्वोदय नगर, कानपुर, 25/- किताबों वाले भेजें।

846/11.8.72 श्री बाबूलाल कुरील, 555-च/261, रामनगर, लखनऊ, 25/- किताबों वाले भेजें।

847/11.8.72 श्री बैजूदास कुरील, गाँव—जमीपुर, पोस्ट—बैहार, उन्नाव, 25/- किताबों वाले भेजें।

848/11.8.72 श्री बेचूराम मिलर चार्जमैन, जे/3, लेबर कॉलोनी, वीपीओ—चुर्क, मिर्जापुर, 25/- किताबों वाले भेजें।

849/11.8.72 श्री बंशीलाल, ग्राम सेवक, गाँव—पैगम्बर पुर बकरी, पोस्ट—सेवरामऊ, फतेहपुर, 25/- किताबों वाले भेजें।

850/11.8.72 श्री बच्ची लाल मास्टर, गाँव—बाँध, पोस्ट—बरीपाल, कानपुर, 25/- किताबों वाले भेजें।

851/11.8.72 श्री विदेशी राम, एडवोकेट कलेक्ट्रेट, आजमगढ़, 25/- किताबों वाले भेजें।

852/11.8.72 श्री भगवानदीन, एडवोकेट कलेक्ट्रेट, उन्नाव, 25/- किताबों वाले भेजें।

853/11.8.72 श्री डॉ. मुंशीलाल शाक्य, प्राइवेट अस्पताल, वीपीओ—अलीगंज, एटा, क्या भेजें?, कीमत 69/-, कमीशन 23/-, शेष-46, पोस्टेज 4/-, लेना 50/- दिनांक : 30.6.73

854/11.8.72 श्री माधोराम जौहर, हरदोई, 25/- किताबों वाले भेजें।

855/11.8.72 श्री मलखान सिंह कल्याणी, 102, तोपखाना, जालौन, 15/- किताबों वाले भेजें।

856/11.8.72 श्री सतराज यादव, एम.ए., पी.एच.डी. पर्वाहकर्ता, श्री वर्मा क्लॉथ स्टोर, वीपीओ—ज्ञानपुर, वाराणसी, 25/- किताबों वाले भेजें।

857/11.8.72 श्री मनीराम वर्मा, गाँव—अहमदपुर, पोस्ट—पाली, हरदोई, 25/- किताबों वाले भेजें।

858/11.8.72 श्री मुरली बौद्ध, नेशनल कम्पनी, लाइन नं. 15, क्वा. नं. 34, पोस्ट—बानीपुर, 25/- किताबों वाले भेजें।

859/11.8.72 श्री मुन्ना लाल निषाद, टिकट नं. 380, सेक्शन एल.सी. लघु अस्त्र निर्माणी, कालवी रोड, कानपुर, 7/- किताबों वाले भेजें।

860/11.8.72 श्री विश्वनाथ प्रसाद, एस-13/71, तेलियाबाग, वाराणसी, 5/- किताबों वाले भेजें।

861/11.8.72 श्री रघुनन्दन प्रसाद, विद्यार्थी, भीम नगर, (सहावर गेट), वीपीओ—कासगंज, एटा, 25/- किताबों वाले भेजें।

862/11.8.72 श्री आर.डी. शिशुपाल जे.पी.पी., 158, एसबोसटस लिमि., मुलुंड, बम्बई-80 एन.बी., 25/- किताबों वाले भेजें।

863/11.8.72 श्री रामबाबू, गाँव—बरवा, पोस्ट—पुखरायाँ, कानपुर, 25/- किताबों वाले भेजें।

864/11.8.72 श्री रामबाबू अध्यापक, गाँव—जलालपुर, पोस्ट—मोहाना, कानपुर, 25/- पावें। धन्यवाद।

865/11.8.72 श्री रुटीराम गौतम, इलाहाबाद वाले, 6, विजय कुमार मुकर्जी रोड, सलकिया, हावड़ा, 25/- किताबों वाले भेजें।

866/11.8.72 श्री रामआसरे बौद्ध पर्वाहकर्ता, श्री बद्रीप्रसाद संगमलाल मालिक मकान, नई बस्ती, वीपीओ—मनौरी, इलाहाबाद, 25/- किताबों वाले भेजें।

867/11.8.72 श्री रामआसरे कुरील, इंस्पेक्टर परिवार नियोजन, वीपीओ—खिरौं, रायबरेली, 25/- किताबों वाले भेजें।

868/11.8.72 श्री आर.एन. माली, सेक्शन अकाउंट रिजर्व बैंक ऑफ इंडिया, कानपुर, 25/- किताबों वाले भेजें।

869/11.8.72 श्री रामचन्द्र संखवार, गाँव—जरसेन, पोस्ट—मूसानगर, कानपुर, 25/- किताबों वाले भेजें।

870/11.8.72 श्री विद्या शंकर यादव, एडवोकेट कलेक्ट्रेट, रायबरेली, 25/- किताबों वाले भेजें।

871/11.8.72 श्री सियाराम, एम.एल.ए., वीपीओ—उदयपुर, एटा, 25/- किताबों वाले भेजें।

872/11.8.72 श्री हीरालाल सिसौदिया, नर्मदा भवन, 78, अशोक नगर, उज्जैन, क्या भेजें?

873/11.8.72 श्री शंकरानन्द, नई दिल्ली लिखें। सन् 1952 की कानूनी कॉन्फ्रेंस कहाँ हुई?

874/11.8.72 श्री मौजीलाल, मैनपुरी, लिखें। सन् 1952 की कानूनी कॉन्फ्रेंस कहाँ हुई?

875/11.8.72 श्री खुर्रमदास, हरदोई लिखें। सन् 1952 की कानूनी कॉन्फ्रेंस कहाँ हुई?

876/14.8.72 श्री ओंकार सिंह बुन्देला, ग्राम सेवक, बंगला नं. 6, सरद बाजार, बीजक नं. 64/14.8.72 की नकल रवाना है।

877/17.8.72 श्री जाटव, एस.पी. आर्या हाइडिल कॉलोनी, वीपीओ—चोपन, मिर्जापुर, 25/- किताबों वाले भेजें।

878/17.8.72 श्री सुन्दरलाला प्रजापति, 492, काले शाह का तकिया, कसगरान, सिविल लाइन, बिहारी पुर, बरेली, 25/- किताबों वाले भेजें।

879/17.8.72 श्री डॉ. सालिकराम कुरील, चौराह, वीपीओ—जसवन्त नगर, इटावा, 25/- किताबों वाले भेजें।

880/17.8.72 श्री अर्जुनलाल अखंड सतगुरु दवाखाना, वीपीओ—आर.एस. बजरिया, सवाई माधोपुर, राजस्थान, 25/- किताबों वाले भेजें।

881/17.8.72 श्री परम पूज्य भन्ते आनन्ददेव, बुद्ध विहार, गाँव—कुकरगाँव, जालौन, 25/- किताबों वाले भेजें।

882/17.8.72 श्री कैलाश नाथ यादव, टिकट नं. 126, एम.एस.एस.डी., सी.ओ.डी., कानपुर, 25/- किताबों वाले भेजें।

883/17.8.72 श्री लक्ष्मी नारायण कुरील, 45, बाग मुन्नू, घसियारी मंडी, कैररबाग, लखनऊ, 15/- किताबों वाले भेजें।

884/17.8.72 श्री लक्ष्मी नारायण बौद्ध, 422/1-बी, ऊँचागढ़ी, राजापुर, इलाहाबाद, 21/- किताबों वाले भेजें।

885/17.8.72 श्री लखनलाल, टिकट कलेक्टर, क्वा. नं. 4, कॉलोनी नगर महापालिका, इलाहाबाद, 75/- किताबों वाले भेजें व तीन पुस्तकें।

886/17.8.72 श्री रामखिलावन सुपरवाइजर, 23 ऊँट खाना, इलाहाबाद, 25/- किताबों वाले भेजें।

887/17.8.72 श्री निरंजनलाल कुरील, 25-बी मटियारा, इलाहाबादा, 19.50/- किताबों वाले भेजें।

888/17.8.72 श्री श्रवणकुमार, 130, म्योर रोड, राजापुर, इलाहाबाद, 15/- किताबों वाले भेजें।

889/17.8.72 श्री बाबू लाल सुमन, 41, म्योर रोड, राजापुर, इलाहाबाद, 3 *धर्म परिवर्तन* + 1 *फॉर कांग्रेस* के रुपये भेजें।

890/17.8.72 श्री रामदेव प्रसाद, चिकित्सक, गाँव—भवनाथपुर, पोस्ट—मऊनाथ भंजन, आजमगढ़, सूचीपत्र

891/17.8.72 श्री संकटे लाल नेताजी, गाँव—जिजपुरा, पोस्ट—रायपुर, हेड पोस्ट—कायमगंज, फर्रुखाबाद, 25/- चन्दा द्वारा या व्यक्तिगत भेजें।

892/17.8.72 श्री बसन्त लाल संखवार, गाँव—कुढ़ावल, पोस्ट—डेरापुर, कानपुर, कभी मिलें। काम है।

893/17.8.72 श्री प्यारे लाल लोखंडे, टिकरापारा, रायपुर, पता ठीक-ठीक लिखें। ग्राम व डाकखाना क्या है?

894/17.8.72 श्री गया प्रसाद प्रशान्त, 552/2, राजेन्द्र नगर, लखनऊ, दिनांक : 10.8.72 वाला पत्र मिला। धन्यवाद।

895/17.8.72 श्री रामस्वरूप वर्मा, एक्स-मिनि., बंगला नं. 3, दारुल शफा, लखनऊ, रुपये 20/- मत भेजिए। 12.88 श्री मुंशीलाल वर्मा के काट लीजिएगा।

896/21.8.72 श्री एस.एस. बेनसडे पर्वाहकर्ता, सोयान राव, बेनसडे अध्यक्ष आर.पी.आई., गाँव—भीम नगर, पी.टी.टी. अहमदपुर, उस्मानाबाद, महाराष्ट्र, किताबों की सूची पत्र

897/21.8.72 श्री परवत लाल मेश्राम, भूतपूर्व अध्यक्ष बौद्ध महासभा, गाँव—तिवारी, पोस्ट—बम्हनी, बरघाट, सिवनी, 1. *सच्ची रामायण की चाभी* 2.50/-, 1 *पोल प्रकाश* 2.50/-, 1 *सम्वंत* 1.50/-, 1 *धार्मिक डकैती* 0.75/-, 1 *राजनीतिक डकैती* 0.75/-, 1 *सत्य धर्म* 0.25/-, 1 *गाना* 0.25/-// 7/-, वजन 450 ग्राम, 0.40 + 1.00 + 0.15 + 0.05 = 1.65, योग- 8.50, पोस्टेज-1.60, (पोस्ट—झींझक, रजि. नं. 038/21.8.72)

898/21.8.72 श्री गुलाबचन्द डोंगरे, बौद्ध उपासक), कक्षा-11, शासकीय उच्चतम माध्यमिक पाठशाला, गाँव—अरी, सिवनी, उपरोक्त सूचना

899/21.8.72 श्री छिंगे लाल कटरा, कटरा टेलर्स, वीपीओ—निवाड़ी, टीकमगढ़, 25/- किताबों वाले। दिनांक : 31.12.72 तक भेजें।

900/24.8.72 श्री हाकिमसिंह नरवरिया, गाँव—दवटा, पोस्ट—शाहपुर, ब्राह्मण, आगरा, 18.20 वी.पी.पी. छुड़ावें, बीजक नं. 66/28.8.72

901/24.8.72 श्री विजय सिंह नरवरिया, गाँव—लाल का पुरा, पोस्ट—शाहपुर, ब्राह्मण, आगरा, 10/- की वी.पी. छुड़ावें, बीजक नं. 67/28.8.72

902/24.8.72 श्री मुंशी राम प्रसाद, 19, बेली रोड, इलाहाबाद, जवाब दें। मैं कल आऊँ?

903/24.8.72 श्री तुलसी राम श्रीवास, गाँव—पत्रोत्रटा, पोस्ट—मछंड, भिंड, की पी.पी. छुड़ावें। बीजक नं. 68/28.8.72

904/24.8.72 श्री चंडी प्रसाद संखवार, गाँव—मुड़ेरा किन्नर सिंह, पोस्ट—झींझक, कानपुर, उत्तर प्रदेश

905/27.8.72 श्री हीरा लाल सिसौदिया, नर्मदा भवन, 78, अशोक नगर, डॉ. अम्बेडकर साहित्य सदन, उज्जैन, लिखें। माल रेलवे द्वारा भेजें या डाक द्वारा?

906/27.8.72 श्री व्यवस्थापक महोदय, पं. बख्शीदास बनारसीदास, प्रबन्धक, स्मा. हा.से. स्कूल, वीपीओ—जगदेहनगर, मेरठ, सूचना बीजक नं. 69/28.8.72 की सूचना

907/27.8.732 श्री प्यारे लाल लोखंडे, मकान नं. 109, वार्ड नं. 1, मोहल्ला—टिकरापारा, रायपुर, एम.बीएच., सूचना बीजक नं. 70/28.8.72 की सूचना

908/27.8.72 श्री मौजीलाल मौर्य, 641 छपट्टी, मैनपुरी, कुशल पत्र

909/29.8.72 श्री लोकनाथ बौद्ध, नेता नगर, वीपीओ—मछली शहर, जौनपुर, 5 *धर्म परिवर्तन* 12.50/-, 5 *सच्ची रामायण* 12.50/-, 5 *सच्ची रामायण की चाभी* 12.50/-, 5 *बु.ले.* 2.50/-, 10 *नि...*1/-, *सच्चा धर्म* 1 = 34/-, पाए 42/- - कमीशन 13/- = शेष 29 + पोस्ट—2.60/- = लेना 31/-, 65.19 वजन 5.450 ग्राम/ 1.45 + 1.00 + 0.15 + 0.05 = 2.65/-, दिनांक : 31.12.72 जमा है। 31.23 भेजें। (पोस्ट—झींझक, रजि. नं. 150/30.8.72)

910/29.8.72	श्री परबत लाल मेश्राम, एक्स-अध्यक्ष बौद्ध महासभा, गाँव—तिवारी, पोस्ट—बम्हनी, सिवनी, एम.बीएच., पत्र मिला। धन्यवाद। 6/- चन्दा *भीम पत्रिका* का है।
911/29.8.72	श्री नन्दगोपाल शुक्ला, भिंड, कुशल पत्र
912/29.8.72	श्री राम निवास, युवा क्लर्क, बोर्ड ऑफ रेवेन्यू, मोती महल एवेन्यू, ग्वालियर, कुशल पत्र
913/29.8.72	श्रीमती विजया राजे सिन्धिया, जय विलास पैलेस, ग्वालियर, कुशल पत्र
914/29.8.72	श्री अटल बिहारी बाजपेयी, 1 फिरोजशाह रोड, नई दिल्ली-1
915/31.8.72	श्री कमल कुमार करवदे, गाँव—आलीवारा, पोस्ट—गैंदाटोला, तहसील—राजनादगाँव, दुर्ग, एम.बीएच., सूचना बीजक नं. ......।
916/1.9.72	श्री मुंशी राम प्रसाद, इलाहाबाद, कुशल पत्र
917/1.9.72	श्री शंकरानन्द शास्त्री, 53, भारती नगर, नई दिल्ली-3
918/1.9.72	श्री माधोराम जौहर, सिविल लाइन, हरदोई
919/2.9.72	श्री चन्द्रजीत यादव, 14, डॉ. *राजेन्द्र प्रसाद* रोड, नई दिल्ली-1
920/2.9.72	श्री मौजीलाल मौर्य, 641, छबही, मैनपुरी
921/4.9.72	श्री रामफल मालिक मंडली, वीपीओ—हेतापट्टी, इलाहाबाद, वजन 500 ग्राम, 0.1 + 1 + 0.1 + 0.05 = 1.7/-, 1 *न्याय नाटक* 0.50/-, 1 *धर्म परिवर्तन* 2.50/-, 1 *सच्ची रामायण* 2.50/-, 1 *सच्ची रामायण की चाभी* 2.50/-, 1 *लंका* 1.25/-, 1 *विवाद* 1/-, 1 *मीमांसा* 1/-, 1 *बौद्ध धर्म* 0.50/-, 1 *चर्या विधि* 0.75/- = 9 पुस्तके, कुल 12.50 - कमीशन 1.20 = 11.30, पिछला हिसाब 3.00 = शेष 8.30 + पोस्टेज 1.70 = योग 10/-, (पोस्ट—झींझक, रजि. नं. 189/4.9.72)
922/4.9.72	श्री पोस्ट मास्टर जनरल पर्वाहकर्ता, सब-पोस्ट मास्टर, झींझक, लखनऊ, बीजक नं. ....../ वी.पी. नं. ......का रुपया 9.25/- के बजाय 10/- वसूल किया। दस्ती
923/5.9.72	श्री पी.एम., झींझक, कानपुर, शिकायत डाकखाना, बीजक नं. 781/3.7.72, इकनॉलिजमेंट दस्तरसी पैलश मुताबित मँगाया जावे।
924/5.9.72	श्री पी.एम, सा., लखनऊ, बशरह नं. 922/4.9.72, (पोस्टिंग सर्टिफिकेट)
925/5.9.72	श्री पी.एम. सा. लखनऊ, वी.पी. नं. 19/22.4.72 का रुपया मँगाया जावे।

926/5.9.72 श्री पी.एम. सा., लखनऊ, बीजक नं. 45/3.5.72

927/5.9.72 श्री वरिष्ठ, पी.ए. श्री चन्द्रजीत यादव, 14, डॉ. *राजेन्द्र प्रसाद* रोड, नई दिल्ली-1

928/6.9.72 श्री गूगनराम, गाँव—गागड़बास, पोस्ट—राधा छोटी, चुरु, राजास्थान, का मिडिल स्कूल राधा छोटी के नाम वी.पी. भेजें। लिखें।

929/6.9.72 श्री संकटे लाल, गाँव—जिजपुरा, पोस्ट—रायपुर, फर्रुखाबाद, 20/- धन्यवाद। 5/- दिनांक : 30.6.72 को भेजें।

930/7.9.72 श्री राजाराम यादव, एडवोकेट, 227, सोहबतिया बाग, रौजा के पीछे, इलाहाबाद, शीघ्र केस दायर करें।

931/7.9.72 श्री बनवारी लाल यादव, 578, मम्फोर्डगंज, नियर डॉ. निगम साहब का चौराहा, इलाहाबाद, शीघ्र दायर करावें।

932/7.9.72 श्री जयपाल सिंह कश्यप, 1 महात्मा गांधी मार्ग, इलाहाबाद, शीघ्र दायर करें।

933/7.9.72 श्री लक्ष्मी नारायण कुरील, 45 बाग मुन्नू घसियारी मंडी, कैसरबाग, लखनऊ, रसीद भेजें।

934/7.9.72 श्री किशन लाल घड़ीसाज, घीयामंडी, मथुरा, 25/- की किताबें भेजें।

935/7.9.72 श्री लक्ष्मी नारायण बौद्ध, 522-ब/1, ऊँचा गढ़ी, राजापुर, इलाहाबाद, 17.50 पाए। धन्यवाद।

936/7.9.72 श्री बनवारी लाल, बिजनौर, 25/- शीघ्र भेजें।

937/7.9.72 श्री इन्द्रपाल गौतम, कानपुर, 25/- भेजें।

938/7.9.72 श्री डॉ. कन्हैया लाल, शाहजहाँपुर, क्या किताबें भेजें?

939/7.9.72 श्री भूधर लाल पथिक, बसआ बाजार, पोस्ट—शाहाबाद, हरदोई, 25/- भेजें।

940/7.9.72 श्री दुर्गेश नारायण श्रीवास्तव सहायक एक. यू.पी. कोऑपरेटिव फैडरेशन लिमि., रायबरेली

941/12.9.72 श्री जगन्नाथ बौद्ध, गनेश भवन, नियर लक्ष्मी होटल, 25, रफी अहमद किदवई रोड, कलकत्ता-16, 25/- किताबों वाले पाए। धन्यवाद।

942/18.9.72 श्री प्यारे लाल लोखंडे, टिकरापारा, रायपुरा, एम.बीएच., पुनः ऑडर भेजें। दामों की बढ़ोतरी हो गई है।

943/18.9.72 श्री रामदेव प्रसाद वैद्य, गाँव—भवनाथपुर, पोस्ट—मऊनाथभंजन, आजमगढ़, श्री चौधरी जगन्नाथ प्रसाद बलिया को माल भेजा गया...।

944/18.9.72 श्री बनवारी लाल, इलाहाबाद, श्री राजाराम यादव से मिलें।

945/18.9.72 श्री जी.सी. साहू, 6/24, पार्वती बाग्यचा रोड, कानपुर, पता बैकवर्ड

946/20.9.72 श्री रामफल मंडली वाले, इलाहाबाद, 10/- शीघ्र भेजें।

947/20.9.72 श्री राम प्रसाद वर्मा, लखनऊ, मेरा ग्राहक नं. 129 व श्री मुंशी लाल का ग्राहक नं. 315 है। 5/- पेशगी भेजें।

948/25.9.72 श्री श्याम लाल यादव, वीपीओ—ओरन, बाँदा, 1 *धर्म परिवर्तन* 2.50/-, 1 *धम्मपद* 3/-, 1 *लेख* 4/-, 1 *लेख* 0.50/-, 1 *सच्ची रामायण* 2.50/-, 1 *सच्ची रामायण की चाभी* 2.50/-, 1 *वर्ण* 5/-, 1 *वर्ण* 5/-, 1 *पोल प्रकाश* 2.50/-, 1 रवि 4.50/-, = 9 पुस्तकें मूल्य 21.00/- + कमीशन 6/- शेष 21/- डाक खर्च 2.25/-, लेने 23.25 हैं।

949/27.9.72 श्री नरेन्द्र सिंह, एडवोकेट, कानपुर, लिखें। आप सचान हैं या कटियार?

950/27.9.72 श्री रामभजन शिक्षक, प्राथमिक विद्यालय खलीलनगर, पोस्ट—मुस्तफाबाद, उन्नाव, सूची पत्र

951/27.9.72 श्री युद्दवराम प्रहरी, रंग सिवाही नं. 06402144, डी कम्पनी फोर्स, 1104-ए.एस.सी. बटालियन, मार्फत 99, ए.पी.ओ., ए.पी.ओ., सूची पत्र।

952/27.9.72 श्री चन्द्रिका प्रसाद 'जिज्ञासु', 360/193, मातादीन रोड, लखनऊ-3, 15/- धन्यवाद से भूल है। 15/- गुना 2 = 30 होना चाहिए, 15 गुना 3 = 45 गलत है।

953/27.9.72 श्री रामनिवास गुप्ता क्लर्क रेवेन्यू ऑफिस, मोती महल, लखनऊ, गायत्री नगर का मकान नम्बर लिखें।

954/27.9.72 श्री श्रीकृष्णा वर्मा, वीपीओ—ऊगू, उन्नाव, पत्र नं. 791/17.7.72 वाले 10/- शीघ्र भेजें।

955/27.9.72 श्री गन्दालाल प्यारे लाल की धर्मशाला, पोस्ट—लोहाई, मैनपुरी, पत्र नं. 795/24.7.72, वाले शीघ्र भेजें।

956/27.9.72 श्री बलराम तारबाबू, इलाहाबाद, 100/- भेजें, किताबों वाले।

957/27.9.72 श्री परबतलाल मेश्राम, सिवनी, 10/- भेजें, किताबों वाले।

958/2.10.72 श्री रामस्वरूप वर्मा, लखनऊ, अर्जक आता दे दें। चन्दा दू...

959/2.10.72 श्री खुर्रमदास, एडवोकेट, हरदोई, 15/- शीघ्र भेजें।

960/4.10.72 श्री सी.वी. शैलानी, अलीगढ़, कुशल पत्र

961/5.10.72 श्री पी.एम. जी साहब, लखनऊ, 925/926 की शिकायत के अपायमेंट सी.आर. वी.पी. दिनांक : 26.9.72 की तामोल में एल. 49.50-72.

962/5.10.72	श्री सम्पादक *भीम सैनिक*, गौरीपुर, मेरठ-2, श्री गंगा प्रसाद से 12.50/- की किताबें भेजें।
963/6.10.72	श्री तुलसा बाई बुक स्टॉल एवं सुधर्म फिरने वाचनालय/स्टेशन चौक, अकोला, महाराष्ट्र, सूची पत्र
964/9.10.72	श्री ईश्वरी प्रसाद निर्भय नया नगला, छोटी रेलवे लाइन के स्टेशन के पास, मथुरा कैंट, मथुरा, किताबें मँगावें।
965/11.10.72	श्री हलीमुद्दीन राहत मौलाई, एडवोकेट, एम.एल.ए., मुरादाबाद, 25 रु 2 एन.सी. = 4 एस एंड एन.सी. (रजि. नं. 33/11.10.72)
966/11.10.72	श्री शमीम आलम, एडवोकेट, एम.एल.ए., बुलन्द शहर, 4 एस. (रजि. नं. 34/11.10.72)
967/11.10.72	श्री शमन सिंह यादव, जीन्द, 2 एन.सी. + 2 एन.सी. = 4 एन.सी. (रजि. नं. 35/11.10.72)
968/11.10.72	श्री राम करण चौधरी सहायक स्टब्लिशमेंट डी.ओ. भारतीय जीवन बीमा निगम, मोहम्मद-भेलूपुर, (रजि. नं. 36/ 11.10.72)
969/11.10.72	श्री हलीमुद्दीन राहत मौलाई, मुरादाबाद, सूचना पत्र नं. 965/11.10.72 (29 किला 2.50) (907372/11.10.72)
970/11.10.72	श्री शमीम आलम, बुलन्द शहर, 2.00, 966/11.10.72, 30 किलो, (907371/11.10.72)
971/11.10.72	श्री शमन सिंह यादव, जीन्द, 4.85, 967/11.10.72 53 किलो, (907373/11.10.72)
972/11.10.72	श्री राम करण चौधरी, वाराणसी, 1.60, 968/11.10.72 13 किलो, (907374/11.10.72)
973/11.10.72	श्री हीरालाल, उज्जैन, कुछ मदद करें।
974/11.10.72	श्री एन.के. चुदस्समा, भावनगर, किताबों वाले 50/- भेजें।
975/11.10.72	श्री नवल किशोर, इटावा, किताबों के 25/- + 25/- व्यक्तिगत = 50/- भेजें।
976/11.10.72	श्री ए.डी. सोनवाने, बम्बई-24, 20/- भेजें किताबों वाले।
977/11.10.72	श्री रामफल मंडली मालिक, वीपीओ—हेतापट्टी, इलाहाबाद, 10/- किताबों वाले पाए। धन्यवाद।
978/11.10.72	श्री लक्ष्मी नारायाण कुरील, 45 बाग मुन्नू घसियारी मंडी, लखनऊ, 10/- किताबों वाले पाए। धन्यवाद।
979/11.10.72	श्री अंगन लाल भभूती प्रसाद, ईंट का भट्टा, वीपीओ—अलीगंज, एटा, पत्र नं. 568/3.5.72 वाली किताबों के 25/- भेजें।

980/11.10.72 श्री श्रीकृष्णा वर्मा, वीपीओ—ऊगू, उन्नाव, 10/- पाए, किताबों वाले। धन्यवाद।

981/11.10.72 श्री शिवनारायण सिंह, मकान नं. 46-47-जी, पार्ट-1, लाजपत नगर, नई दिल्ली-110024, पुनः लिस्ट का पता लगाएँ।

982/11.10.72 श्री सन्तराम भास्कर, गांधी हरिजन छात्रावास नं. 1, मन्ना पूर्वा, लखनऊ रोड, हरदोई, सूची पत्र रवाना है।

983/11.10.72 श्री यू.ए. खान, सजि., फैजाबाद, किताब की जरूरत है। *दी रामायण ए ट्रू रीडिंग* की।

984/11.10.72 श्री किशोरी लाल कश्यप पर्वाहकर्ता, बसन्त राव, क्वा. नं. 160, ए.बी. गया कॉलोनी, यू.पी. मुगलसराय, वाराणसी, उत्तर प्रदेश, 5/-, दिनांक : 17.4.72 से जमा हैं। क्या करें? जवाब दें।

985/11.10.72 श्री ज्वाला प्रसाद अहिवार, एक्स-एम.एल.ए., गांधी नगर, यू.पी. कोंच, जालौन, दिनाकं 16.11.72 की क्या, कवि बलूराम बौद्ध भाष्य, गाँव—फिलौर, पोस्ट—नदीगाँव, जिला—जालौन।

986/11.10.72 श्री कवि बलू राम बौद्ध भाष्य, गाँव—फिलौर, पोस्ट—नदीगाँव, जालौन, मीटिंग की क्षमा।

987/11.10.72 श्री रामलाल प्रधानाध्यापक प्राइमरी पाठशाला-मधुकरपुर, नवीन, पोस्ट—मुराई का बाग, रायबरेली, सूची पत्र

988/11.10.72 श्री फेकन राम, मंत्री डॉ. अम्बेडकर जीवन संघर्ष सर्वहारा किसान मजदूर सेक्शन कमेटी, एम.ई.सी. बोकारो स्टील प्रोजेक्ट कार्यालय, 928, डी.टी. राँची, 31-अ व 32-अ/ डी. द्वारा कुछ मदद करें।

989/11.10.72 श्री अर्जुनलाल अखंड सतगुरु दवाखाना, आर.एस. बजरिया, सवाई माधोपुर, किताबों वाले 25/- भेजें।

990/11.10.72 श्री परम पूज्य भन्ते आनन्ददेव बुद्ध बिहार, यू.पी. कुकरगाँव, जालौन, किताबों वाले 25/- भेजें।

991/11.10.72 श्री डिस्ट्रिक्ट—मजि. एवं कलेक्टर, कानपुर, दो *सच्ची रामायण की चाभी* रवाना है। तारीख इशू दिनांक : 11.10.72 है (पोस्ट—झींझक, रजि. नं. 54/12.10.72)

992/11.10.72 श्री कल्लू दास सन्त, गाँव—धूरी खेडा, पोस्ट—पूरे पांडे, रायबरेली, किताबों वाले 25/- भेजें।

993/11.10.72 श्री कामता प्रसाद बौद्ध, 231/4, बाबू पूर्वा कॉलोनी, पोस्ट—किदवई नगर, कानपुर, किताबों वाले 25/- भेजें।

994/11.10.72 श्री कल्यान सिंह 'प्रेमी', वारदाना वाले, पिदरुगंज, अलीगढ़, किताबों वाले 25/- भेजें।

995/11.10.72 श्री गुरुचरन दास कुरील, वीपीओ—छिवलहा, रायबरेली, किताबों वाले 25/- भेजें।

996/11.10.72 श्री गंगा शरण, 58, पूर्वा शेखलाल, डॉ. अम्बेडकर रोड, मेरठ, किताबों वाले 25/- भेजें।

997/11.10.72 श्री डॉ. गौरी शंकर सचान, गाँव—जलालपुर, पोस्ट—मोहम्मदपुर, कानपुर, किताबों वाले 25/- भेजें।

998/11.10.72 श्री गनपत दयाल 'प्रेमी', वीपीओ—कायमगंज, फर्रुखाबाद, किताबों वाले 25/- भेजें।

999/11.10.72 श्री मेवा लाल, प्यारे लाल की धर्मशाला, पोस्ट—लोहाई, मैनपुरी, 12/- किताबों वाले भेजें।

1000/11.10.72 श्री घमंडी लाल जाटव, पोस्ट—कस्साबज, वीपीओ—छिबरामऊ, 15/- किताबों वाले भेजें।

1001/11.10.72 श्री चेतराम बौद्ध, जे/242, गोविन्दपुरी कॉलोनी, वीपीओ—मोदी नगर, मेरठ, 25/- किताबों वाले भेजें।

1002/11.10.72 श्री डी.आर. दास, एच.एम.डी.एस., नृसिंह देव मन्दिर, रामगंज, वीपीओ—अयोध्या, फैजाबाद, 25/- किताबों वाले भेजें।

1003/11.10.72 श्री दीनदयाल विरणी, राजेन्द्र नगर, वीपीओ—उरई, जालौन, 25/- किताबों वाले भेजें।

1004/11.10.72 श्री धनई सिंह यादव, एडवोकेट, आजमगढ़, 25/- किताबों वाले भेजें।

1005/11.10.72 श्री प्रभु दयाल, ग्रामीण सेवा चिकित्सालय सेबियसुर रोड, वीपीओ—औरइया, इटावा, 25/- किताबों वाले भेजें।

1006/11.10.72 श्री बाबूराम यादव, डी-8/ई.एस.आई.सी. कॉलोनी, सर्वोदय नगर, कानपुर, 25/- किताबों वाले भेजें।

1007/11.10.72 श्री बाबूलाल कुरील, 555-च/261, राम नगर, लखनऊ, 25/- किताबों वाले भेजें।

1008/11.10.72 श्री बैजू दास कुरील, गाँव—जमीपुर, पोस्ट—बैहार, उन्नाव, 25/- किताबों वाले भेजें।

1009/11.10.72 श्री बेचूराम मिलर चार्जमैन, जे:3, लेबर कॉलोनी, वीपीओ—चुर्क, मिर्जापुर, 25/- किताबों वाले भेजें।

1010/11.10.72 श्री बंशी लाल, ग्राम सेवक, गाँव—पैगम्बरपुर बकरी, पोस्ट—सेवरामऊ, फतेहपुर, 25/- किताबों वाले भेजें।

1011/11.10.72 श्री बच्चीलाल मास्टर, गाँव—बाँध, पोस्ट—बरीपाल, कानपुर, 25/- किताबों वाले भेजें।

1012/11.10.72 श्री बिदेशीराम, एडवोकेट, आजमगढ़, 25/- किताबों वाले भेजें।

1013/11.10.72 श्री बलराम, तार बाबू, इलाहाबाद, 25/- किताबों वाले भेजें।

1014/11.10.72 श्री बाबू राम प्रजापति, वीपीओ—बिधूना, इटावा, कुशल पत्र

1015/11.10.72 श्री भगवान दीन, एडवोकेट, उन्नाव, 25/- किताबों वाले भेजें।

1016/11.10.72 श्री मुंशीलाल लशातव, वीपीओ—अलीगंज, तक भेजें।

1017/11.10.72 श्री माधोराम जौहर, सिविल लाइन, हरदोई, 25/- किताबों वाले भेजें।

1018/11.10.72 श्री मुंशीराम चमार, गाँव—बरनाहल, पोस्ट—करहल, मैनपुरी, 25/- किताबों वाले भेजें।

1019/11.10.72 श्री मलखान सिंह कल्याणी, 102, तोपखाना, जालौन, 15/- किताबों वाले भेजें।

1020/11.10.72 श्री डॉ. मनराज यादव पर्वाहकर्ता, श्री वर्मा क्लॉथ स्टोर, वीपीओ—ज्ञानपुर, वाराणसी, 25/- किताबों वाले भेजें।

1021/11.10.72 श्री मनीराम वर्मा, गाँव—अहमदपुर, पोस्ट—पाली, हरदोई, 25/- किताबों वाले भेजें।

1022/11.10.72 श्री मुरली बौद्ध, नेशनल कम्पनी लाइन नं. 15, क्वा. नं. 34, पोस्ट—बानीपुर, हावड़ा, 25/- किताबों वाले भेजें।

1023/11.10.72 श्री मुन्नालाल निषाद, टिकट नं. 380, सेक्शन एल.सी. लघु अस्त्र निर्माणी काल्पी रोड, कानपुर, 7/- किताबों वाले भेजें।

1024/11.10.72 श्री रघुनन्दन प्रसाद विद्यार्थी, मोहल्ला—भीमनगर, सहाव गेट, कासगंज, यू.पी., एटा, उत्तर प्रदेश, 25/- किताबों वाले भेजें।

1025/11.10.72 श्री ई. शिशुपाल जे.पी.पी., 158, एसबोसटस लिमि. मुलुंड, बम्बई-80, 25/- किताबों वाले भेजें।

1026/11.10.72 श्री राम बाबू, गाँव—बरवा, पोस्ट—पुखराया, कानपुर, 25/- + 25/- किताबों वाले भेजें।

1027/11.10.72 श्री राम बाबू अध्यापक, गाँव—जलालपुर, पोस्ट—मोहानो, कानपुर, कुशल पत्र

1028/11.10.72 श्री रुटीराम गौतम, इलाहाबाद वाले, डॉ. अम्बेडकर सेवा संघ, 6, विजय कुमार, मुकर्जी रोड, सलकिया हावड़ा, हावड़ा, 25/- किताबों वाले भेजें।

1029/11.10.72 श्री राम आसरे बौद्ध, सी.एस.के. पर्वाहकर्ता, श्री बद्रीनाथ संगमलाल मालिक मकान, नई बस्ती, वीपीओ—मनौरी, इलाहाबाद, 25/- किताबों वाले भेजें।

1030/11.10.72 श्री राम आसरे बौद्ध, इन्स. परिवार नियोजन, वीपीओ—खिरौ, 25/- किताबों वाले भेजें।

1031/11.10.72 श्री आर.एन. माली, सेक्शन अकाउंट रिजर्वबैंक ऑफ इंडिया, कानपुर, 25/- किताबों वाले भेजें।

1032/11.10.72 श्री रामचन्द्र संखवार, गाँव—जरसेन, पोस्ट—मूसा नगर, कानपुर, 25/- किताबों वाले भेजें।

1033/11.10.72 श्री विद्या शंकर, एडवोकेट, रायबरेली, 25/- किताबों वाले भेजें।

1034/11.10.72 श्री जाटव, एस.पी. आर्या हाइडिल कॉलोनी, वीपीओ—चोवन, मिर्जापुर, 25/- किताबों वाले भेजें।

1035/11.10.72 श्री सुन्दरलाल प्रजापति पर्वाहकर्ता, मूलचन्द भारतीय भीमनगर, जाटवपुरा, बरेली, 50/- किताबों वाले भेजें।

1036/11.10.72 श्री डॉ. सलक राम कुरील प्राइवेट अस्पताल, ताला चौराहा मुगल रोड, वीपीओ—यशवन्त नगर, 25/- किताबों वाले भेजें।

1037/11.10.72 श्री सिया राम, एम.एल.ए., वीपीओ—अयापुर, एटा, 25/- किताबों वाले भेजें।

1038/11.10.72 श्री लखन लाल, टिकट कलेक्टर, क्वा. नं. 4, नगर महापालिका कॉलोनी, नगर महापालिका के पीछे, लीडर रोड, इलाहाबाद, 75/- किताबों वाले भेजें।

1039/11.10.72 श्री धनपत सिंह जाटव, 14-जी, नौरोजी नगर, नई दिल्ली, कुछ भेजें।

1040/11.10.72 श्री टी.एम. कुमार, 97, श्याम पार्क, गाँव—साहिबाबाद, पोस्ट—मलिक नगर, मेरठ, कुछ भेजें।

1041/11.10.72 श्री राम खिलावन सुपरवाइजर, 23 ऊँटखाना, इलाहाबाद, 25/- किताबों वाले भेजें।

1042/11.10.72 श्री निरंजन लाल कुरील, 25-बी, मटियारा, पोस्ट—दारागंज, इलाहाबाद, 19.50 भेजें।

1043/11.10.72 श्री श्रवण कुमार, 130 म्योर रोड, राजापुर, इलाहाबाद, 15/- भेजें।

1044/11.10.72 श्री जी.एल. साहू, 6/24, पार्वती बंगला रोड, कानपुर, दिनांक : 15.10.72 की बैठक में गैरहाजिरी की क्षमा।

1045/11.10.72 श्री परम पूज्य भन्ते शीलभद्र, अशोक मिशन बौद्ध बिहार, महरौली, नई दिल्ली-10, दिनांक : 22.10.72 सभा की गैरहाजिरी की क्षमा।

1046/11.10.72 श्री भीखूलाल, वीपीओ—अजुहा, इलाहाबाद, कुछ भेजें।

1047/11.10.72 श्री मुंशी लाल निर्मल, रविदास मन्दिर, गाँव—हरबंसपुर, पोस्ट—बिधवू, कानपुर, 10 + 20-छ 30/- जमा, पुनः कुछ भेजें।

1048/11.10.72 श्री मोहन लाल वकड़िया, पीलीभीत, 2 कॉपी, कुछ भेजें।

1049/11.10.72 श्री भोलाराम रावत, रायबरेली, 25/- चन्दा द्वारा भेजें।

1050/11.10.72 श्री बाबू लाल बौद्ध, गाँव—लाल बादरा, पोस्ट—मझोला, एटा, 25/- चन्दा द्वारा भेजें।

1051/11.10.72 श्री राजा राम बौद्ध, गाँव—दामूपुर, पोस्ट—दरियापुर, इलाहाबाद, 10/- भेजें चन्दा द्वारा।

1052/11.10.72 श्री परगन सिंह बौद्ध बाकराबाद, पोस्ट—बमरौली, इलाहाबाद, 25/- भेजें चन्दा द्वारा

1053/11.10.72 श्री बाबूलाल कुरी, वीपीओ—धनुही खेड़ा, उन्नाव, 25/- भेजें। 26-ग

1054/11.10.72 श्री डालसिंह बौद्ध, गाँव—विजयाबाद, पोस्ट—छाछा, मैनपुरी, 3-ब, डी. भेजें।

1055/11.10.72 श्री जानकी प्रसाद, गाँव—इंगुवारा, पोस्ट—काल्पी, कानपुर, 9-ब, डी.

1056/11.10.72 श्री द्वारिका प्रसाद संखवार, 84/12, जूही, सफेद कॉलोनी, कानपुर, 11-ब, 12-ब

1057/11.10.72 श्री सोनेलाल मास्टर, गाँव—इटैली, पोस्ट—करन्दपुर, कानपुर, दिनांक : 22.12.71, 188/3.2.72, ज./479/10.4.72, 024/9.6.72, 13-ब, डी.

1058/11.10.72 श्री रामेश्वर दयाल, गाँव—गुन्दैला, पोस्ट—कक्यन, कानपुर, 14-ब, डी.

1059/11.10.72 श्री राय हर्ष गौंड जन. एश्योरेंस सोसाइटी कोर्ट लिमि., 232 दादा भाई नौरोजी रोड, बम्बई, 17-ब, डी.

1060/11.10.72 श्री प्रताप सिंह, वीपीओ—ऐखा, मैनपुरी, 23-ब, 24-ब, डी.

1061/11.10.72 श्री राधेश्याम पाठक, गाँव—चक्के, पोस्ट—कुटी, चक्के, मिर्जापुर, 29-ब, डी.

1062/11.10.72 श्री नन्दलाला प्रसाद हरिजन कोरी, वीपीओ—सदलपुर, वाराणसी, 30-ब, डी.

1063/11.10.72 श्री लाल सिंह, प्रेसीडेंट-आर.पी.आई, डॉ. अम्बेडकर भवन, वीपीओ—गोला, खीरी, 39-ब, डी.

1064/11.10.72 श्री असरानन्द, गाँव—हीरापुर, डी-ईस्ट खारा, सीतापुर, 40-ब, डी.

1065/11.10.72 श्री राम प्रसाद मास्टर, दयाल ताला, गाँव—रायरामापुर, पोस्ट—बरौर, कानपुर, 40-ख, डी.

1066/11.10.72 श्री राम सिंह, गाँव—पृथ्वीपुर, पोस्ट—बेला, इटावा, बस्ती, मल्हौसी वाले कॉपी का पता लगावे।

1067/11.10.72 श्री महावीर प्रसाद, गाँव—कंचनपुर, पोस्ट—कादिराबाद

1068/11.10.72 श्री सेक्रेट्री अखिल भारतीय डॉ. अम्बेडकर सेवा संघ, शाखा 18 बाबान लेन, घुसुडी, हावड़ा, 29-ड., डी.

1069/11.10.72 श्री जैसराम, गाँव—तेदुआ असनहरा, बेहरवा, पोस्ट—करमहिया, बस्ती, 8-अ, 9-अ, डी.

1070/11.10.72 श्री सन्तूराम कुरील, गाँव—पाठक खेड़ा, पोस्ट—भोजपुर, रायबरेली, 13-अ, डी.

1071/11.10.72 श्री सुज्ञानराव महाद जी, गाँव—हिस्बन खुर्द, पोस्ट—हिस्बन बुजुर्ग, तहसील—जालना, औरंगाबाद, महाराष्ट्र, 37-अ, डी.

1072/11.10.72 श्री इन्द्रपाल गौतम, 85/131, लक्ष्मी खुर्द, कानपुर-3, 30-ए, डी.

1073/11.10.72 श्री 19.10.72, श्री खूब सिंह सुपुत्र श्री लाल जी जाटव, वीपीओ—गड़राना, अलीगढ़, 17-, (*जय भीम*) रवाना है। दिनांक : 31.12.72 तक भेजें 25/-, 25/- किताबों वाले पाए, धन्यवाद। (पोस्ट—झींझक, रजि. नं. 97/18.10.72)

1074/11.10.72 श्री अंगनलाल भभूती प्रसाद, ईंटभट्ठा, वीपीओ—अलीगंज, एटा, 25/- किताबों वाले पाए। धन्यवाद।

1075/11.10.72 श्री हरिनाथ फेहर्ति पर्वाहकर्ता, श्री सरजू प्रसाद सरोज, एडवोकेट, प्रतापगढ़, श्री रामआधार सरोज, अध्यापक प्राथमिक पाठशाला, मगरौग, पोस्ट—दरघुट, 1 *सच्ची रामायण*, 1 *सच्ची रामायण की चाभी*, 1 रामायण नहीं भेजिए पता ठीक है।

1076/11.10.72 श्री कृष्णाचन्द्र, सो. गिरधारीपुर, आजाद रोड, वीपीओ—अरबन, इटावा, 25/- सहायतार्थ पाए। धन्यवाद।

1077/11.10.72 अभिव्यक्ति प्रकाशन यूनिवर्सिटी रोड, इलाहाबाद, लोक जगत की सीता भेजें 5/-

1078/11.10.72 श्री रामकरण चौधरी, सहायक स्टब्लिशमेंट डी.ओ. भारतीय जीवन बीमा निगम, भेलूपुर, वाराणसी, 25 *धार्मिक डकैती* 18.75/-, 25 *राजनीतिक डकैती* 18.75/-, 25 *धर्म परितर्वन*

62.50/- = 100-33, 8.67 पोस्टेज, 1.50/- रेल भाड़ा + रजिस्ट्री 1.40/-, खर्च रेलवे पार्सल 69.90 लेना, दिनांक : 26.11.72 के बाद तुरन्त रुपये भेजें। (रजि. नं. 182/26.10.72, बिल्टी नं. 907390/26.10.72)

1079/11.10.72 श्री राधेश्याम मास्टर, गाँव—चवके, पोस्ट—कुटीर चक्के, जौनपुर, 29-ब

1080/11.10.72 श्री शमन सिंह, जीन्द, राजी-खुशी।

1081/27.10.72 श्री हलीमुद्दीन राहत मौलाई, एम.एल.ए., मुरादाबाद, कुशल पत्र

1082/27.10.72 श्री लालाराम सुमन, श्री जयपाल सिंह सुमन, श्री हरीशंकर सुमन, श्री होतीलाल, एटा, गाँव—मिर्लाली, पोस्ट—सहावर (सूची पत्र), *जीवनी* 3/-, *खोज* 3/-, 15 *भाषण* 3.75/-/ 9.75

1083/27.10.72 श्री रामतिहोर मास्टर, गाँव—पियारे-जासवाद कोलियारी, पोस्ट—बहुला, वर्धवान, सूची पत्र

1084/28.10.72 श्री बलदेव प्रसाद कुरील, टिक नं. 9, न्यू सैल फोर्स आयुध निर्वाणी, कानपुर, कुशल पत्र

1085/28.10.72 श्री बलराम असि. स्टे. मास्टर, वीपीओ—मंजूरगढ़ी, अलीगढ़, 100/- भेजें।

1086/31.10.72 श्री रामफल मालिक मंडली, वीपीओ—हेतापट्टी, इलाहाबाद, शीघ्र श्री शिव दरसन को किताबें भेजी जा रही है।

1087/31.10.72 श्री शिवदरसन, गाँव—अड्डा, पोस्ट—सरावइनायरा, इलाहाबाद, कल किताबें भेजें।

1088/31.10.72 श्री टी.एम. कुमार, मेरठ, दुःख है आप जवाब नहीं देते।

1089/1.11.72 श्री डिस्ट्रिक्ट—मजि. एवं कलेक्टर, कानपुर, समुचित फार्म सहित 2 *आर्यों का नैतिक पोल प्रकाश* रवाना है। रसीद भेजें। (पोस्ट—झींझक, रजि. नं. 68/1.11.72)

1090/2.11.72 श्री शमीमआलम, एम.एल.ए., बुलन्दशहर, बीजक नं. 966/ 11.10.72 का माल पहुँचा या नहीं।

1091/3.11.72 श्री लाल सिंह, खीरी, 25/- पाए। धन्यवाद।

1092/3.11.72 श्री *भीम सैनिक*, मेरठ, 5/- पुस्तकें श्री गंगा शरण से ले लें।

1093/3.11.72 श्री लक्ष्मी नारायण कुरील, 45, बाग मुन्नू, घसियारी मंडी, कैसर बाग, लखनऊ, 26 पुस्तकें 32/- - कमीशन 7/- = 25/-, दिनांक : 1.1.73 को। यह 25/- भेजें 1.6.73 को। हस्ते श्री हीरालाल करियाझाला

1094/3.11.72 श्री अशोक कुमार, जी.डी.सी. सेक्शन/ए.जी. ऑफिस, इलाहाबाद, *सच्ची रामायण* व *सच्ची रामायण की चाभी* श्री बनवारी लाल यादव से ले लें। *विवाद* व *पोल प्रकाश* मैं दूँगा।

1095/4.11.72 श्री असरानन्द, गाँव—हीरापुर, पोस्ट—ईसरपारा, सीतापुर, लंका का पता नहीं मालूम।

1096/4.11.72 श्री परबतलाल मेश्राम, गाँव—तिवारी, पोस्ट—बम्हनी (बरघाट), सिवनी, श्री गुलाबचन्द डोंगरे का लेख रवाना है।

1097/4.11.72 श्री मौलाई साहब, एम.एल.ए., मुरादाबाद, ईद मुबारक।

1098/4.11.72 श्री शमीम आलम, एम.एल.ए., बुलन्दशहर, ईद मुबारक।

1099/4.11.72 श्री ओंकार सिंह बुन्देला, बंगला नं. 6, सदर बाजार, झाँसी, दिनांक : 19.11.72 को श्री राम स्वरूप शर्मा के विचार कोंच में सुनें।

1100/4.11.72 श्री बलराम ए.एस.एम.वी. मंजूरगढ़ी, पोस्ट—छेरत, अलीगढ़, कुशल पत्र

1101/4.11.72 श्री रामशरन दास, भोज मन्दिर, बड़ी छावनी, वीपीओ—अयोध्या, फैजाबाद, कुछ मदद करें।

1102/4.11.72 श्री भगवान दास, गाँव—कोसड़ा, पोस्ट—तिलखरा, आजमगढ़, कुशल पत्र, दिनांक : 26.11.72 को सारनाथ में मिलें।

1103/4.11.72 श्री रामकरण चौधरी, वाराणसी, कुशल पत्र, दिनांक : 26.11.72 को सारनाथ में मिलें।

1104/4.11.72 श्री अवध प्रसाद, गाँव—भेलया, पोस्ट—चन्द्रौरा, देवरिया, कुशल पत्र, दिनांक : 26.11.72 को सारनाथ में मिलें।

1105/15.11.72 श्री ब्रह्मादीन बढ़ई, 15-ए, लोको कॉलोनी, सुल्तानपुर, दिनांक : 26.11.72 को सारनाथ में मिलें।

1106/15.11.72 श्री रामफल मंडली वाले, वीपीओ—हेतापट्टी, इलाहाबाद, पी.पी. श्री...को चली थी, लौटी, डाक खर्च भी।

1107/15.11.72 श्री बुद्धिसागर लिपिक, हेड पोस्ट ऑफिस-उरई, जालौन, दिनांक : 19.11.72 को मिलें, कोंच में।

1108/15.11.72 श्री टी.एम. कुमार, क्वा. नं. 20, तीनमूर्ति हाउस के पीछे तीनमूर्ति मार्ग, नई दिल्ली-110011, सकुशल आ गया दिनांक : 14.11.72 की जनता से/ 52× 2½ = 130, 23×¼ = 5.75, कुल 135.75 + कमीशन 54.30 = लेना है = शेष 1.45/-

1109/15.11.72 श्री सूर्य नारायण प्रसाद, गाँव—साहिबाबाद, पोस्ट—मलिक नगर, मेरठ

1110/15.11.72 श्री रती राम अध्यक्ष, जो जोआल बस्ती

1111/15.11.72 श्री गंगा शरण, मोहल्ला—मोहनपुरी, मेरठ, लुधियाना, पंजाब, 50/- भेजें। श्री पूरन सिंह को जय भीम।

1112/15.11.72 श्री शिवचरन सिंह भास्कर पुत्र श्री खचेरु सिंह, गाँव—खरिकवारी, पोस्ट—धर्मपुर, बुलन्दशहर, सूची पत्र

1113/16.11.72 श्री गुलाब चन्द डोंगरे, कक्षा 11वीं, शास.उ.माध्य.शाला., वीपीओ—अरी, सिवनी, बीएच, मौल 2.550 किलो, 2.50, 1.00, 0.15, 0.05 = 3.75/-, रजि. नं. 1096/4.11.72 कॉपी जो मेश्राम को वापस की गई।

1114/16.11.72 श्री चन्द्रिका प्रसाद 'जिज्ञासु', 360/183, मातादीन रोड, सआदतगंज, लखनऊ-3, पुस्तकें मँगावें

1115/17.11.72 श्री राधेश्याम मास्टर, गाँव—चक्के, पोस्ट—कुटीर चक्के, जौनपुर, 1 *जीवन संघर्ष* 3/-, 2 *भंडाफोड़* 2/-, *ब्राह्मण*...2.50/-, 1 *लंका* 1.25/-, 3 *कथा*...3.75/-, 2 *धार्मिक डकैती* 1.50/-, 2 *राजनीतिक डकैती* 1.50/-, 1 *अछूतानन्द* 2/-, 1 *पिछड़ा वर्ग,* 1.50/-, 6 *धर्म परिवर्तन* 15/-, 6 *सच्ची रामायण* 15/-, 6 *सच्ची रामायण की चाभी* 15/-, 2 *पोल प्रकाश* 6/- = 35 पुस्तकें, मूल्य 70/- रुपये + कमीशन 24/- = 46 , पोस्टेज 4/- = लेना 50/-, दिनांक : 4.12.72 को भेजें।

1116/17.11.72 श्री राधेश्याम मास्टर, गाँव—चक्के, पोस्ट—कुटीर चक्के, जौनपुर, सूचना

1117/17.11.72 श्री राजाराम मास्टर, गाँव—निहालपुर, पोस्ट—सोहनी, जौनपुर, बीजक नं. 97/17.11.72 की सूचना

1118/17.11.72 श्री डॉ. योगेशचन्द्र यादव, सेक्शन कान, नाक व गला, मेडिकल कॉलेज, झाँसी, बहने कान की दवा लिखें

1119/22.11.72 श्री पन्ना लाल जैसवारा, गाँव—हमीरापुर, पोस्ट—कुआर, वाराणसी, सूची पत्र

1120/22.11.72 श्री हेमराज अग्रवाल, हिन्दी संस्कृत टीचर गवर्न. हाई स्कूल SHAINA, VIA BARNALA, बरनाला, संगरूर, पंजाब, 1 *सच्ची रामायण* 2.50/-, 1 *सच्ची रामायण की चाभी* 2.50/-, 1 *पोल प्रकाश* 3/-, के लिए 5/- पेशगी भेजिए।

1129/25.11.72 श्री डॉ. गौरी शंकर सचान, गाँव—जलालपुर, पोस्ट—मोहम्मदपुर, कानपुर, 25/- किताबों वाले भेजें।

1130/25.11.72 श्री गनपत दयाल 'प्रेमी', टीम लीडर, पदवन गली, वीपीओ—कायमगंज, फर्रुखाबाद, 25/- किताबों वाले भेजें।

1131/25.11.72 श्री गेंदा लाल, प्यारे लाल की धर्मशाला पर्वाहकर्ता, श्री सुन्दरलाल, एडवोकेट, मैनपुरी 10/- किताबों वाले भेजें।

1132/25.11.72 श्री घमंडी लाल जाटव, मोहल्ला—कस्साबान, फर्रुखाबाद, 15/- किताबों वाले भेजें।

1133/25.11.72 श्री चेतराम गौतम, डी-242, गोविन्दपुरी कॉलोनी, वीपीओ—मोदी नगर, 25/- किताबों वाले भेजें।

1134/25.11.72 श्री ज्वाला प्रसाद अहिरवार, एक्स-एम.एल.ए., मोहल्ला—गांधी नगर, वीपीओ—कोंच, जालौन, 25/- किताबों वाले भेजें।

1135/25.11.72 श्री डी.आर. दास, एच.एम.डी.एस. प्राइवेट अस्पताल, नरसिंह देव का मन्दिर, रायगंज, वीपीओ—अयोध्या, फैजाबाद, 25/- किताबों वाले भेजें।

1136/25.11.72 श्री दीनदयाल विरागी, राजेन्द्र नगर, वीपीओ—उरई, जालौन, 25/- किताबों वाले भेजें।

1137/1.12.72 श्री जगनन्दन बौद्ध, नया पूर्वा, मथुरा प्रसाद गडरिया का हाना, बाबा की बुटिया के दक्षिणा में, कानपुर, कुशल पत्र

1138/1.12.72 श्री अखिल, एच-राष्ट्रपाल पर्वाहकर्ता, नागसेन बुद्ध विहार, ज्वालापुर, अकोला-2, कुशल पत्र

1139/4.12.72 श्री रोहन लाल बौद्ध, यू.पी. पिपरगाँव, फर्रुखाबाद, वजन 350 ग्राम, 3 *धर्म परिवर्तन* 7.50/-, 1 *पोल प्रकाश* 3/- = 0.35 + 1 + 0.15 + 0.05 = 1.55 (पोस्ट—झींझक, रजि. नं. 47/4.12.72)

1140/4.12.72 श्रीमान सिंह, एक्स-एम.एल.ए., नगला, लटूरी सिंह, आगरा, (1) *क्या मुझे भी चलना पड़ेगा?* (2) 15 वरिष्ठ नेताओं के लिए लाटी या हॉफ टन लाटी ठीक रहेगी। (3) साथ में साहित्य को लेना जो पेटी जान है।

1141/4.12.72 श्री संघप्रिय गौतम, एडवोकेट, 614, सिविल लाइंस, बुलन्दशहर

1142/4.12.72 श्री बनवारी लाल यादव, एडवोकेट हाइडिल चौराहा, नियर कोर्ट, 578 मम्फोर्टगंज, इलाहाबाद, डिगरी हजार मत करें।

1143/4.12.72 श्री राजदेवगार्ड पर्वाहकर्ता, श्री स्टेशन मास्टर, आर.एस., वी., पोस्ट—कान्ताबंजी, बालानगीर, 10/- जमा क्या भेजें?

1144/4.12.72 श्री एस.बी.पी. कुर्रे, मस्तूरी, बिलासपुर, कुशल पत्र

1145/7.12.72 श्री जेलर साहब, जिला—जेल, शिवपुरी, जेल दाखिला रजिस्ट्रार और जेल डिस्चार्ज रजिस्ट्रार की प्रमाणित प्रतिलिपियाँ दिए जाने बाबत। (पोस्ट—झींझक, रजि. नं. 81/7.12.72)

1146/7.12.72 श्री जेलर साहब, सेंट्रल जेल, लश्कर, ग्वालियर, प्रमाणित प्रतिलिपियाँ दिए जाने बाबत (पोस्ट—झींझक, रजि. नं. 78/7.12.72)

1147/7.12.72 श्री जेलर साहब, जिला—जेल, धार, मध्य प्रदेश (पोस्ट—झींझक, रजि. नं. 80/7.12.72)

1148/7.12.72 श्री चेतराम गौतम, डी-242, गोविन्दपुरी कॉलोनी, वीपीओ—मोदीनगर, मेरठ, 25 किताबों वाले भेजें।

1149/7.12.72 श्री राम प्रसाद, संरक्षक कार्यालय मानवोत्थान अम्बेडकर मिशन, मोहल्ला—नवादा शेखावत, बरेली, दिनांक : 6.12.72 की सभा की अनुपस्थिति की क्षमा।

1150/7.12.72 श्री छेदीप्रसाद, एडवोकेट, 102, गरुड़ पार्क, मेड़ई राम का मकान, देवरिया, 25/- किताबों वाले भेजें।

1151/7.12.72 श्री पुरुषोत्तम दास टंडन, गाँव—बरौली, पोस्ट—घोसी, आजमगढ़, दिनांक : 13.11.72 वाले 10/- अभी तक नहीं मिले। लिखें, क्या बात है।

1152/7.12.72 श्री जगजीवन, 64/55 गार्डेन रीच, कलकत्ता-24, कुशल पत्र

1153/7.12.72 श्री हीरालाल सिसौदिया, 78 अशोक नगर, उज्जैन, पत्रोत्तर अम्बेडकर वाचनालय

1154/7.12.72 श्री डॉ. डी.आर. दास, एच.एम.डी.एस., नरसिंह देव का मन्दिर, रामगंज, वीपीओ—अयोध्या, फैजाबाद, 25/- किताबों वाले भेजें।

1155/7.12.72 श्री परम पूज्य श्रामशोर धम्मपाल, बुद्ध बिहार, वीपीओ—उझानी, बदायूँ, 5/- दिनांक : 14.11.72। शेष भेजे किताबों वाले।

1156/7.12.72 श्री धनई सिंह यादव, एडवोकेट, कलेक्ट्रेट, आजमगढ़, 25/- भेजें, किताबों वाले।

1157/7.12.72 श्री नवलकिशोर अध्यापक, श्री भगवानदास इंटर कॉलेज, गाँव—रामगढ़, पोस्ट—हरचन्दपुर, इटावा, 25/- भेजें, किताबों वाले।

1158/7.12.72 श्री एन.के. चुदसम्मा, एम.एससी., एल.एल.बी., प्लॉट नं. 30, गांधी कॉलोनी, कैलाश रोड, विद्यानगर, भावनगर, 50/- भेजें, किताबों वाले।

1159/7.12.72 श्री एन.डी. सोनवाने, एल.आई.सी. एजेंट, 127/4239, नेहरू नगर, कुर्ला, बम्बई-24, 20/- भेजें, किताबों वाले।

1160/7.12.72 श्री डॉ. प्रभू दयाल पर्वाहकर्ता, श्री गोरेलाल कटियार, प्रोफेसर, डिग्री कॉलेज, वीपीओ—खैर, इटावा, 25/- भेजें, किताबों वाले।

1161/7.12.72 श्री बाबूराम यादव, डी-8, ई.एस.आई.सी. कॉलोनी, सर्वोदय नगर, कानपुर, 25/- भेजें, किताबों वाले।

1162/7.12.72 श्री ओंकार सिंह बुन्देला, बंगला नं. 6, सदर बाजार, झाँसी, रुपया 5/- पेशगी भेजें।

1163/7.12.72 श्री बाबूलाल कुरील, 555-च/261, रामनगर, लखनऊ, 25/- भेजें, किताबों वाले।

1164/7.12.72 श्री जयपाल सिंह कश्यप, एडवोकेट हाई कोर्ट, नए हाई कोर्ट के सामने, 1 महात्मा गांधी रोड, इलाहाबाद, वजन 100 ग्राम, *सच्ची रामायण* भाग-1, एडिशन रवाना है। 0.10 + 1.00 + 0.15 + 0.05 = 1.30/- (पोस्ट—झींझक, रजि. नं. 82/7.12.72)

1165/7.12.72 श्री लेमदेव विट्ठल बनकर, वीपीओ—पोभुर्णा, पोस्ट—चन्द्रपुर, चन्द्रपुर, महाराष्ट्र, पुनः ऑर्डर भेजें। 1 *सभ्यता* 1.50/-, 1 *राजनीतिक पोल प्रकाश* 3/-, 1 *दीक्षा* 0.10/-, 1 *गुंडे* 1.25/-, 1 *धार्मिक डकैती* 0.75/-, *राजनीतिक डकैती* 0.75/-, 1 *शम्बूक वध* 1.50/-, 1 *एकलव्य* 1.50/-, 1 *अँगुलिमाल नाटक* 1/-, 1 *तीन पात* 1.25/-, 1 *सच्चा धर्म* 0.25/- = 14.10/- + कमीशन 7.60 = 12.50

1166/7.12.72 श्री बैजूदास कुरील, गाँव—जमीपुर, पोस्ट—बैहार, उन्नाव, 25/- भेजें, किताबों वाले।

1167/7.12.72 श्री बेचूराम मिलर चार्जमैन, जे/3, लेबर कॉलोनी, वीपीओ—चुर्क, मिर्जापुर, 25/- भेजें, किताबों वाले।

1168/7.12.72 श्री बंशी लाल, ग्राम सेवक, गाँव—पैगम्बरपुर बकरी, पोस्ट—सेवारामऊ, फतेहपुर, 25/- भेजें, किताबों वाले।

1169/7.12.72 श्री बच्ची लाल मास्टर, गाँव—बाँध, पोस्ट—बरीपाल, कानपुर, 25/- भेजें, किताबों वाले।

1170/7.12.72 श्री बिदेशीराम, एडवोकेट कलेक्ट्रेट, आजमगढ़, 25/- भेजें, किताबों वाले।

1171/7.12.72 श्री भगवान दीन, एडवोकेट कलेक्ट्रेट, उन्नाव, 25/- भेजें, किताबों वाले।

1172/7.12.72 श्री माधोराम जौहर, सिविल लाइन, हरदोई, 25/- भेजें, किताबों वाले।

1173/7.12.72 श्री मुंशी लाल चमार, एक्स. मिनिस्टर, गाँव—बरनाहल, पोस्ट—कहल, मैनपुरी, 25/- भेजें, किताबों वाले।

1174/7.12.72 श्री डॉ. मनराज यादव, एम.ए., पी.एचडी., पर्वाहकर्ता, श्री वर्मा क्लॉथ स्टोर, वीपीओ—ज्ञानपुर, वाराणसी, 25/- भेजें, किताबों वाले।

1175/7.12.72 श्री मनीराम वर्मा, गाँव—अहमदपुर, पोस्ट—पालई, हरदोई, 25/- भेजें, किताबों वाले।

1176/7.12.72 श्री मुरली बौद्ध, नेश्नल कम्पनी लाइन नं. 15, क्वा. नं. 34, पोस्ट—बालीपुर, हावड़ा, 25/- भेजें, किताबों वाले।

1177/7.12.72 श्री रघुनन्दन प्रसाद विद्यार्थी, भीमनगर, सहायर गेट, वीपीओ—कायमगंज, एटा, 25/- भेजें, किताबों वाले।

1178/7.12.72 श्री आर.डी. शिशुपाल, जे.वी.पी., 158, एस. बोसटस लिमि., मुलुंड, बम्बई-80 एन.बी., 25/- भेजें, किताबों वाले।

1179/7.12.72 श्री रुटीराम गौतम (इलाहाबाद वाले), 6, विजय नगर, मुकर्जी रोड, सलकिया, हावड़ा, 25/- भेजें, किताबों वाले।

1180/7.12.72 श्री राम आसरे कुरील, इंस्पेक्टर परिवार नियोजन, वीपीओ—खिरौ, रायबरेली, 25/- भेजें, किताबों वाले।

1181/7.12.72 श्री आर.एन. पाल, सेक्शन अकाउंट रिजर्व बैंक ऑफ इंडिया, कानपुर, 25/- भेजें, किताबों वाले।

1182/7.12.72 श्री रामचन्द्र संखवार, गाँव—जरसेन, पोस्ट—मूसानगर, कानपुर, 25/- भेजें, किताबों वाले।

1183/7.12.72 श्री विद्या शंकर, एडवोकेट कलेक्ट्रेट, रायबरेली, 25/- भेजें, किताबों वाले।

1184/7.12.72 श्री जाटव एस.पी. आर्या, हाइड्रिल कॉलोनी, वीपीओ—छेपन, मिर्जापुर, 25/- भेजें, किताबों वाले।

1185/7.12.72 श्री कल्ययान सिंह (बारदाना वाले), पिदरुगंज, अलीगढ़, 25/- भेजें, किताबों वाले पावें। धन्यवाद।

1186/7.12.72 श्री छिंगेलाल कटरा, कटरा टेलर्स, वीपीओ—निवाड़ी, टीकमगढ़, कुशल पत्र जवाब।

1187/7.12.72 श्रीमान मिनि. महोदय शिक्षा एवं समाज कल्याण विभाग, भारत सरकार, नई दिल्ली, पत्र संख्या-F-48-57/A/II/12मय चेक नं. ए 560793/27.11.72 दस्ताजनी सेक्रेटरी साहब एक हजार रिजर्व बैंक ऑफ इंडिया, नई दिल्ली मिला।

1188/7.12.72 श्री सम्पादक अर्जक, बंगला नं. 3, दारुलशफा, लखनपुर, आज मंगली मेदनर का काला पंखा बनाया। अपने राद पर बैठता।

1189/7.12.72 श्री सम्पादक, *भीम पत्रिका*, जालन्धर, पंजाब

1190/7.12.72 श्री सम्पादक *दैनिक जागरण*, कानपुर, उत्तर प्रदेश

1191/7.12.72 श्री राम आसरे बौद्ध, बामकान सेठ मंगल लाल नई बस्ती, इलाहाबाद, 20/- पाए - धन्यवाद 5/- पेशगी भी भेजें।

1192/7.12.72 श्री बाल कृष्णा गोंड, कृष्णा प्रसाद एंड फोर्ट कम्पनी लिमि., रेहबलीन स्ट्रीट नं. 15, बम्बई-1, 25/- पाए। धन्यवाद।

1193/13.12.72 श्री छक्कन राम 'परेशान', एम.एस.सी., एल.एल.बी., 320/5, जूही लाल कॉलोनी, जूही कलाँ, कानपुर-14, किताबों वाले रुपये भेजें।

1194/15.12.72 श्री राम आसरे वर्मा, सहायक अध्यापक, नरेन्द्र देव इंटर कॉलेज, वीपीओ—जलालपुर, फैजाबाद, वजन 1 किलो, 5 *सच्ची रामायण* 12.50/-, 4 *सच्ची रामायण की चाभी* 10/-, 1 *धर्म परिवर्तन* 2.50/-, 1 *शम्बूक वध* 1.50/-, 1 *एकलव्य नाटक* 1.50/-, 1 *राम राज्य* 0.50/-, 6 *माया* 1.50/- = 19 पुस्तकें, 30 रुपये, - कमीशन 7/- = शेष 23/- + पोस्टेज 2/- = 25/-, लेना है 25/-, वायदा दिनांक : 31.1.73, तौल 1 + 1 + 0.15 + 0.05 = 2.27 ग्राम (पोस्ट—झींझक, रजि. नं. 207/15.12.72)

1195/16.12.72 श्री राजाराम मास्टर, गाँव—निहालापुर, पोस्ट—सोहनी, जौनपुर, पत्रोत्तर

1196/16.12.72 श्री श्रवणकुमार, इंस्पेक्टर एक्साइज, मथुरा, कुशल पत्र

1197/16.12.72 श्री परम पूज्य भन्ते शीलभद्र अशोक, मिशन बुद्ध बिहार, मोहल्ला—महरौली, नई दिल्ली, पत्रोत्तर

1198/16.12.72 श्री डी.पी. सिंह जाटव, पे. एंड अकाउंट ऑफिस सप्लाई, नई दिल्ली, पत्रोत्तर

1199/16.12.72 श्री टी.एम. कुमार, नई दिल्ली, पत्रोत्तर

1200/17.12.72 श्री सेक्रेटरी साहब महाबोधि सोसाइटी, वीपीओ—सारनाथ, वाराणसी, पत्रोत्तर

1201/17.12.72 श्री परम पूज्य भन्ते शीलभद्र बुद्ध बिहार, मोतीगंज, नियर पावर हाउस, इटावा, पत्रोत्तर

1202/18.12.72 श्री जैसराम, गाँव—तेंदुआ असनहरु (बहरेवा), पोस्ट—कसमहिया, बस्ती, 8-अ, 9-अ मदद करें।

1203/18.12.72 श्री छेदी प्रसाद एडवोकेट, 120, गरुड़ पार्क, मेड़ई राय का मकान, देवरिया, 25/- भेजें।

1204/18.12.72 श्री नवल किशोर, अध्यापक श्री भगवानदास इंटर कॉलेज, गाँव—राणा, पोस्ट—हरचन्दपुर, इटावा, 50/- की मदद करें।

1205/18.12.72 श्री राय हर्ष गोंड जन. एश्यो. सोसा. लिमि., 232 दादा भाई नौरोजी रोड, बम्बई कोर्ट-1, बतावें सीरियल नं. 217 का रुपया 25/- क्वां अपने श्री बाल कृष्ण गौड़ के नाम से भेजा है।

1206/18.12.72 श्री बाल कृष्ण गौड़, पोस्ट बॉक्स नं. 616, कृष्ण प्रसाद एंड कम्पनी लिमि., रेहव्वलीन स्ट्रीट नं. 15, बम्बई कोर्ट-1, बतावें रसीद नम्बर क्या है? 25/- पाए। धन्यवाद।

1207/18.12.72 श्री जेलर साहब, जेल सरदारपुर, धार, बशरह पत्र नं. 1140/ 7.12.72, नकल दी जावे।

1208/18.12.72 श्री राम निवास पुरता रेवेन्यू बोर्ड, मोती महल, लश्कर, ग्वालियर, पत्रोत्तर

1209/23.12.72 श्री सुखलाल आर्य, काठ का पुल, पटना-8, 1 *सच्ची रामायण* 2.50/-, 1 *सच्ची रामायण की चाभी* 2.50/-, 1 *रामायण पोल प्रकाश* 3/-, 1 *शोषितों पर धार्मिक डकैती* .75/-, 1 *सच्चा धर्म* 0.25/- = 5 पुस्तकें, 9 रुपये + 1.55 = 10.55 + कमीशन 7.55 = 10 लेना है। = 9 रुपये शीघ्र भेजें। (पोस्ट—झींझक, रजि. नं. 325/23.12.72)

1210/24.12.72 श्री मलसिंह बौद्ध, एक्स एम.एम.ए., नंगला लूटरी सिंह, पोस्ट—सदर बाजार, आगरा, पत्रोत्तर

1211/24.12.72 श्री संघप्रिय गौतम, एडवोकेट, बुलन्दशहर, पत्रोत्तर

1212/24.12.72 श्री गया प्रसाद, 552/2, राजेन्द्र नगर, लखनऊ, पत्रोत्तर

1213/24.12.72 श्री राजाराम यादव, 227, सोहबतिया बाग, रौजा के पीछे, इलाहाबाद, पत्रोत्तर

1214/24.12.72 श्री बनवारी लाल यादव, 278, सोहबतिया बाग, रौजा के पीछे, इलाहाबाद, पत्रोत्तर

1215/25.12.72 श्री विश्वनाथ जी, सम्पादक, *सरिता पाक्षिक*, एम/12, कनाट सर्कस, नई दिल्ली, कुछ मदद करें। (पोस्ट—झींझक, रजि. नं. 07/29.12.72)

1216/25.12.72 श्री एल..., बी.ए., होशियारपुर, हमारा समाज भेजें।

1217/25.12.72 श्री राम स्वरूप वर्मा, लखनऊ, A. *ब्राह्मणों से कभी छहवाई,* B. *दोनों की कुरीतियों,* C. *छुआछूत कैसे मिटे,* D. *अछूतों के उठने से सरकार खुद क्या करें,* E. *शिक्षा में...*व खुद।

1218/25.12.72 श्री डी.आर. जाटव, श्रीगंगाधर

1219/25.12.72 श्री बाली, जालन्धार

1220/25.12.72 श्री साबी, 9, लखनऊ

1221/25.12.72 श्री बी.पी. मौर्या, नई दिल्ली

1222/25.12.72 श्री कैलवी, नई दिल्ली

1223/25.12.72 श्री विमोजी हरि, एफ-13/2, मॉडल टाउन, किंसवे कैंप, वाया—कश्मीरी गेट, दिल्ली-8, हरिजन सेवक संघ, पत्रोत्तर।

1224/25.12.72 श्री बलराम, असि. स्टेशन मास्टर, वीपीओ—मजूर गढ़ी, 100 भेजें।

कुल खर्च 243.20/- रुपये, सालाना रजि. बन्द किया जाता है। दिनांक : 31.12.72 हस्ताक्षर, ललई सिंह यादव, अध्यक्ष अशोक पुस्तकालय (रजिस्टर्ड), झींझक, जिला—कानपुर, उत्तर प्रदेश

863/5.11.73 श्री दुर्गा प्रसाद पोहटेल, 31/4, शक्ति नगर, खसरिया, जबलपुर, मध्य प्रदेश, रजि. नं. 926/5.1173, 10/- जमा, दिनांक : 28.11.72।

867/6.11.73 श्री ओम प्रकाश, कक्षा-10, वी.वी.ए.एस. इंटर कॉलेज, जहाँगीराबाद, बुलन्दशहर, रजि. नं. 935/6.11.73, लापता। 10/- जमा नहीं।

870/9.11.73 श्री धर्म सिंह, बी.एड क्लास, एस.पी. कॉलेज ऑफ एजुकेशन, वीपीओ—रेवाड़ी, गुड़गाँव, रजि. नं. 002/9.11.72, लापता। 10/- जमा नहीं।

मोबाइल से खींचा गया पेज नं. IMG_20170916_171434 बहुत धुँधला है पढ़ने में नहीं आ रहा।

172/1.3.73 श्री श्याम मुरारी दिनकर, बी.एस.सी.-1, वीपीओ—सझगवाँकलाँ, जौनपुर, रजि. नं. 26/1.3.73, धन्यवाद। 9.55/-

174/1.3.73 श्री राधेश्याम विश्वकर्मा, प्रजा प्रेस, बराबंकी, रजि. नं. 25/1.3.73, 596/5.7.73, 765/14.9.73, 945/10.12.73, 6/1.1.74

194/8.3.73 श्री सोमारुराम वार्ड सर्वेंट बाल रोग विशेषज्ञ सदर अस्पताल, जौनपुर, रजि. नं. 200/8.3.73, बड़ा लड़का कक्षा-2/15.3.73, जमा दिनांक : 27.3.73, रजि. नं. 103/5.3.73। मिले नहीं, अनपेड वापस दिनांक : 15.3.73

204/15.3.73	श्री राधेलाल अध्यापक, जी.सी.एफ. प्राथमिक स्कूल धुर्म, पोस्ट—धुर्मा मारकुंडी, मिर्जापुर, रजि. नं. 158/15.3.73, जमा दिनांक : 27.3.73
205/15.3.73	श्री फूलचन्द, कॉलांनी नं. 5, पोस्ट—चन्दिया हजारा, पीलीभीत, रजि. नं. 159/15.3.73, 565/3.7.73
220/23.3.73	श्री भाषती चरण सिंह, गाँव—मीनापुर, पोस्ट—हाजीपुर, वैशाली, अनुत्तर, रजि. नं. 77/23.3.73, 595/5.7.73, 765/14.9.73, 946/10.12.73, 5/1.1.75
541/2.7.73	श्री फूलचन्द, कॉलोनी नं.इ 5, गाँव—चन्द्र नगर, पोस्ट—चन्दिया हजारा, पीलीभीत, 330/24.4.73, रजि. नं. 83/2.7.73, लाही बिकने पर देंगे, सन् 1974 में, धन्यवाद 330/ दिनांक : 24.4.73
273/3.4.73	श्री डॉ. चन्द्रबली पाल, गाँव—खर्गसेनपुर, पोस्ट—गद्दी, जौनपुर, अनुत्तर, रजि. नं. 171/5.4.73, 603/3.4.73, 763/14.9.73, 947/10.12.73
621/10.7.73	श्री सुखराम गजीमये बिबेन, वीपीओ—बैहरई, पोस्ट—सिवनी, सिवनी, रजि. नं. 166/10.7.73, 766/14.9.73, धन्यवाद नं. 824/16.10.73
633/14.7.73	श्री सम्पतदास हरिजन, सीदपुर वर्धवान, 9/10, पिट्स कॉलोनी, पोस्ट—सुन्दरचक, रजि. नं. 257/16.7.73, 1.8.73/ 7 को भेजूँगा, जमा 23.8.73, 23.20/-
51/25.1.73	श्री ऋषि कुमार नेता जी पर्वाहकर्ता, श्री गेंदा सिंह, मोहल्ला—चाहशीरी, बिजनौर, दुबारा दर्ज हुआ।
57/27.1.73	श्री रवीकुमार 'कवि', 105/503, आनन्द बाग, रजि. नं. 129/27.1.73, रजि. नं. 24/5.2.73, 599/5.7.73, 723/3.9.73, रजि. नं. 2/2.2.73, 10/- प्राप्त दिनांक : 22.2.73, 767/14.9.73
61/2.2.73	श्री राम आसरे बौद्ध, सी.एस.के., पर्वाहकर्ता, मकान श्री बद्री प्रसाद, संगम, नई बस्ती, वीपीओ—मनौरी, इलाहाबाद, रजि. नं. 1/2.2.73, 100/- दिनांक : 13.6.73, रजि. नं. 518/30.6.73
62/2.2.73	श्री पहलवान सिंह बौद्ध, गाँव—लक्ष्मण पुर खालसा, पोस्ट—लक्ष्मण पुर, शाहजहाँपुर, दिनांक : 7.2.73, रजि. नं. 180/2.2.73, 229/23.3.73, 598/5.7.73, 10/- जमा दिनांक : 2.8.13

64/2.2.73	श्री अमर सिंह निमेश भोला, पोस्ट—रती का नगला, अलीगढ़, रजि. नं. 179/2.2.73, 10/- प्राप्त दिनांक : 20.2.73
147/9.2.73	श्री राजये बगई पर्वाहकर्ता, श्री सूबेदार सिंह, मेन रोड, वीपीओ—कालाबाजी, बलानजीर, उड़ीसा, रजि. नं. 83/8.2.73, 230/23.3.73
155/12.2.73	श्री तिलक चन्द दिनकर पर्वाहकर्ता, श्री रतन कारीगर, 108, राजेन्द्र नगर, वीपीओ—उरई, जालौन, रजि. नं. 110/12.2.73, 231/23.3.73 द्वारा श्री बुद्धि साहब, लिपिक, 10/- जमा दिनांक : 9.4.73
157/12.2.73	श्री फूलचन्द वर्मा, प्रधान प्राथमिक विद्यालय, गाँव—कैथोड़ा, पोस्ट—छापोल, कोटा, राजस्थान, रजि. नं. 111/12.2.73, प्राप्त 16.3.72
165/15.2.73	श्री लाला राम अहिरवार, मंत्री सेवा ग्राम क्रान्तिकारी परिषद् (रजि.), गाँव—हीरा नगर, पोस्ट—हमदर्द, दुमराई, झाँसी, रजि. नं. 133/15.2.73, 232/23.3.73, 597/5.7.73, 747/6.9.73, 949/10.12.73
621/4.9.72	श्री रामफल मंडली वाले, वीपीओ—हेतापट्टी, इलाहाबाद, 10/- वापस शीघ्र, धन्यवाद नं. 977/11.10.72
1078/26.10.72	श्री रामकरण चौधरी साहयक स्टब्लिशमेंट डी.ओ. भारतीय जीवन निगम, भेलपुर, वाराणसी, 70/- धन्यवाद नं. 10/17.12.72
1115/17.11.72	श्री राधेश्याम मास्टर, गाँव—चक्के, पोस्ट—कुटीर चुक्के, जौनपुर, अनुत्तर, 228, 23.3.73, रिमाइंडर, 593/5.7.73, 74/2.2.73, 386/17.4.73, 746/6.9.73, 950/10.12.73
1139/4.12.72	श्री रोहनलाल बौद्ध, वीपीओ—पिपरगाँव, फर्रुखाबाद, 11/- जमा, दिनांक : 19.12.72, 1023/30.10.73, 8/1.1.75
1194/15.12.72	श्री राम आसरे वर्मा, अध्यापक नरेन्द्र देव इंटर कॉलेज, वीपीओ—बुलालपुर, फैजाबाद, 25/- जमा, दिनांक : 29.12.72
1209/23.12.72	श्री सुखलाल आर्य, काठ का पुल, पटना-4, 10/- जमा, दिनांक : 2.1.73
1/2.1.73	श्री प्रहलाद वर्मा, अध्यापक राजकीय जूनियर हाई स्कूल, गाँव—हड़वार, पोस्ट—धुरीपुर, तहसील—हुकुमचन्द जूट मिल, जौनपुर, 10/- जमा, दिनांक : 25.1.73

31/10.1.73 श्री रामध्यान यादव, मोहल्ला—हुकुमचन्द जूट मिल, कच्चा लाइन नं. 1, फूल कोठी के पास, पोस्ट—हाजीपुर, चौबीस परगना (बंगाल), 10/- जमा, धन्यवाद नं. 129/5.2.73

51/25.1.73 श्री ऋषि कुमार नेता जी, मकान श्री गेंदा सिंह, चाहशीरी, बिजनौर, 10 जमा, दिनांक : 2.5.73

747/15.6.72 श्री लक्ष्मी नारायण कुरील, 45 बाग, मुन्नू घसियारी मंडी, कैसरबाग, लखनऊ, 20/-, 883/17.8.72, 20 जमा, धन्यवाद नं. 978/11.10.72, 600/5.7.73, 9. 1.1.75

778/3.7.72 श्री बुद्धि सागर, लिपिक हेड पोस्ट—उरई, जिला—जालौन, 25/- वायदा, दिनांक : 1.11.72, 25/- जमा दिनांक : 8.11.72

783/5.7.72 श्री ऊदल प्रसाद पाल, ए.डी.सी. क्लर्क स्टब्लिशमेंट ऑफिस, सी.ओ.डी. छिवकी, इलाहाबाद, 11.50/- धन्यवाद नं. 806/28.7.72, हालाँकि वायदा दिनांक : 1.8.72 का - पहले भेजें।

791/17.7.72 श्री डॉ. श्री कृष्णा वर्मा, अध्यक्ष युवक मंगल दल, वीपीओ—ऊगू, उन्नाव, 10/- वायदा शीघ्र भेजें। रिमाइंडर 954/27.9.72, 950/11.20.72 धन्यवाद।

795/24.7.72 श्री गेंदा लाल, प्यारे लाल की धर्मशाला, मोहल्ला, लोहाई, मैनपुरी, 10/- वायदा शीघ्र, 955/27.9.72, लापता, दिवालिया।

897/21.8.72 श्री परवत लाल मेश्राम, भूतपूर्व अध्यक्ष बौद्ध महासभा, गाँव—विवारी, पोस्ट—मम्हनी, सिवनी, 10/- पत्र नं. 957/27.8.72, 10/- जमा, दिनांक : 25.10.73

909/29.8.72 श्री लोकनाथ बौद्ध, क्लर्क, पोस्ट—मछली शहर, जौनपुर, 31.50/-, वायदा, दिनांक : 31.12.72, प्राप्त दिनांक : 15 .3.73, धन्यवाद नं. 5/15.3.73 2905/- दिनांक : 31.3.72 पिछला योग

449/31.3.72 श्री आंगन लाल, मोहल्ला—रामकिशन, वीपीओ—अलीगंज, एटा, 25/-, दिनांक : 2.5.72, धन्यवाद नं. 567/3.5.72

454/31.3.72 श्री बाबूराम प्रजापति अजर्निवीस, वीपीओ—विधूना, इटावा, 24/-, दिनांक : 9.5.71, धन्यवाद नं. 605/10.5.72

457/4.4.72 श्री रोहन लाल बौद्ध, वीपीओ—पिपरगाँव + 1 = 26/-, फर्रुखाबाद, 26/-, दिनांक : 30.4.72, दस्ती सभा छिबरामऊ

458/4.4.72 श्री एन.डी. सोनवाने, सी.ए.सी. एजेंट, नेहरू नगर, 127/4239, कुर्ला, बम्बई-400024, नहीं दिए, 564/3.7.73

472/8.4.72	श्री खिरी प्रसाद, निर्भय, छोटी रेलवे जंक्शन के स्टेशन के पास, मथुरा कैंट + 2.50 = 32.50, मथुरा, 32.50/- दिनांक : 27.4.72, धन्यवाद 557/2.5.72
476/10.4.72	श्री आंगन लाल भभूती प्रसाद, ईंट का भट्ठा, वीपीओ—अलीगंज, एटा, 25/-, धन्यवाद नं. 1074/19.10.72।
568/3.5.72	
281/17.2.72	श्री खुर्रमदास, एडवोकेट कलेक्ट्रेट, हरदोई, नहीं दिए, ठीक नहीं, 15/1.1.75
596/8.5.72	श्री मुन्नालाल निषाद, टिकट नं. 380, सेक्शन, एल.सी. काल्पी रोड, कानपुर, 7/-, धन्यवाद दिनांक : 23.10.72
620/31.5.72	श्री शीलोयान वीपन क्वा.-1, राम नगर, गाँव—कबीर गंज, पोस्ट—मोर्नियाँ, गांधी नगर, पीलीभीत, वापस मिली।
19.3.72	श्री बलराम तार बाबू, तार घर नॉर्दर्न रेलवे, इलाहाबाद, 50/-, धन्यवाद नं. 24/28.7.72, 956/27.9.72, 50/- धन्यवाद नं. 519/30.6.73
204/28.7.72	श्री अस्सिटेंट स्टेशन मंजूरगढ़ी, अलीगढ़, 50/-, धन्यवाद 952/10.12.73, दिनांक : 9.2.74, 150/- खाता समाप्त 1515 पिछला योग
341/2.3.72	श्री कामता प्रसाद बौद्ध, 231/4, पूर्वा कॉलोनी, पोस्ट—किदवई नगर, कानपुर, 25/-, दिनांक : 9.9.73 को जमा, धन्यवाद नं. 757/12.9.73
342/2.3.72	श्री कल्यान सिंह 'प्रेमी' बारदाना वाले, पिदरुगंज, अलीगढ़, 25/-, धन्यवाद नं. 1185/8.12.72
343/2.3.72	श्री आर.एन. साथी, सेक्शन अकाउंट, रिजर्व बैंक ऑफ इंडिया, कानपुर, 25/-, धन्यवाद नं. 128/5.2.73
344/2.3.72	श्री बंशीलाल, ग्राम सेवक, गाँव—पैगम्बरपुर बकरी, पोस्ट—सेवरामऊ, फतेहपुर, 15/- जमा, 10/1.1.75
398/15.3.72	श्री लोकनाथ बौद्ध, पोस्टल क्लई, पोस्ट—मुगराबाद शाहपुर, जौनपुर, 39/- धन्यवाद नं. 775/29.6.72, 19/1.1.75
399/15.3.72	श्री बच्ची लाल मास्टर, गाँव—बाँध, पोस्ट—बरीपाल, कानपुर, नहीं दिए।
400/15.3.72	श्री रामचन्द्र संखवार मास्टर, गाँव—जरसेन, पोस्ट—भूसा नगर, कानपुर, नहीं दिए। 43/1.1.74, 18/1.1.75, मार्फत श्री रामबाबू मास्टर, गाँव—जसपुर, पोस्ट—मोहना

402/16.3.72 श्री राम बाबू, गाँव—बरवा, पोस्ट—बरौर, नहीं दिए, 313/28.2.72

403/16.3.72 श्री डॉ. प्रभु दयाल, ग्रामीण सेवा चिकित्सालय, दिबियापुर रोड, वीपीओ—औरइया, इटावा, नहीं दिए। 18, 1.2.75, मार्फत राम बाबू मास्टर, उपरोक्त, 40/1.1.75

404/16.3.72 श्री मूलचंद, कॉलोनी नं. 5, गाँव—चन्द्रपुर, पोस्ट—चन्दिया हजारा, पीलीभीत, 25/-, दिनांक : 15/17.4.72, धन्यवाद 535/22.4.72

444/31.3.72 श्री धनई सिंह यादव, एडवोकेट कलेक्ट्रेट, आजमगढ़, बहे खाने, चालाक है, 43/1.1.75

445/31.3.72 श्री विदेशी राम यादव, एडवोकेट कलेक्ट्रेट, आजमगढ़

446/31.3.72 श्री घमंडी लाल जाटव, मोहल्ला—कस्साबान, वीपीओ—छिबरामऊ, फर्रुखाबाद, 15/- नहीं दिए, 10/- दिनांक : 30.4.72, दस्ती हेंड टू हेंड, 17/1.1.75

447/31.3.72 श्री विद्या शंकर यादव, एडवोकेट कलेक्ट्रेट, रायबरेली, मगरुर हैं। रुपये हजम इन किताबों के 1 चन्दा की कॉपी का चन्दा खा गए।

448/31.3.72 श्री भगवान दीन यादव, एडवोकेट कलेक्ट्रेट, उन्नाव, 25/- जमा, धन्यवाद नं. 160/12.2.73

326/2.3.72 श्री बैजूदास कुरील, जमीपुर, पोस्ट—बेहार, उन्नाव, 24/2.1.75

327/2.3.72 श्री डॉ. एन.आर. नाहर, 112, प्रेम नगर, अम्बेडकर मार्ग, झाँसी, 20/- जमा, धन्यवाद 825/11.872, 5/- भेजें। 5/- बहे खाने

328/2.3.72 श्री योगेन्द्र प्रसाद, एस-3/71, तेलिया बाग, वाराणसी, 20/- आमने-सामने धन्यवाद। 860/11.8.72, 5/- शेष भेजें। 5/- पाए

329/2.3.72 श्री राजाराम संखवार, आर.एम.एस. मेरठ कैंट, मेरठ, 25/- जमा

330/2.3.72 श्री चेतराम सिंह गौतम, क्वा. डी/142, गोविन्दपुरी कॉलोनी, वीपीओ—मोदी नगर, मेरठ

331/2.3.72 श्री सियाराम, एम.एल.ए., वीपीओ—अमापुर, एटा, 25/-, 20/- + 5/- जमा

332/2.3.72 श्री डॉ. डी.आर. दास, एम.डी.एस. नरसिंह देव का मन्दिर, रामगंज, वीपीओ—अयोध्या, फैजाबाद, लापता

333/2.3.72 श्री राम आसरे बौद्ध, सी.एस.के., श्री बद्री प्रसाद, वीपीओ—मतौरी, इलाहाबाद, 20 + 5 जमा

334/2.3.72 श्री बेचू राम, मिलर चार्जमैन, जे/3, लेबर कॉलोनी, वीपीओ—चुर्क, मिर्जापुर, 23/1.1.75, नहीं दिए।

335/2.3.72 श्री लाल सिंह, अम्बेडकर भवन, वीपीओ—गो..., खीरी, 30/- दिनांक : 21.3.72, धन्यवाद 450/21.3.72

336/2.3.72 श्री राम आसरे कुरील, इंसपेक्टर परिवार नियोजन, वीपीओ—खीरी, रायबरेली, 42/1.1.74, 22/1.1.75

337/2.3.72 श्री शम्भू दयाल, 431, निशातगंज, लखनऊ, 30/- दिनांक : 2.6.72, धन्यवाद। 635/5.6.72

338/2.3.72 श्री लक्ष्मी नारायण कुरील, 45 बाग मुन्नू, घसियारी मंडी, कैसर बाग, लखनऊ, 10/-, धन्यवाद। 756/16.6.72, 9/1.1.75, 15/- नहीं दिए।

339/2.3.72 श्री बेदी प्रसाद, एडवोकेट, 102, गरुड़ पार्क, मकार मडई राम का मकान, देवरिया

340/2.3.72 श्री दीन दयाल बिहारी, राजेन्द्र नगर, वीपीओ—उरई, जालौन, नहीं दिए, रिमाइंडर द्वारा श्री बुद्धिमता, लिपिक नं. 289/9.4.74, 1115 योग, 171528

1. असम

1. सेक्रेटरी बलीपथर बुद्धिस्ट टेम्पल, पोस्ट—बलीपथर, राज्य-करबीयालोंग (असम)
2. सेक्रेटरी नारंगी बुद्धिस्ट टेम्पल, पोस्ट—नारंगी, गंहोटी (असम)
3. राजापुकरी बुद्धिस्ट टेम्पल, पोस्ट—उल्लीयांगर, राज्य-गोलाघाट (असम)
4. अशोक बुद्धिस्ट टेम्पल, गाँव—त्रंुगन, पोस्ट—उलीयांगर, राज्य-गोलाघाट (असम)
5. न्यू गोहाटी बुद्धिस्ट टेम्पल, ब्राह्मणी मैदान, राज्य-गौहाटी (असम)

5. दरांग

1. श्री मोनी लाल प्रसाद, वि-गरी मरी, छपरी, पोस्ट—मंगलालोइ, पिनकोड-784125
2. रेन बिमलांकुर भीमखु (चीफ हाई प्रीस्ट-बुद्धिस्ट टेम्पल), छीमनामरा-785008, राज्य-जोरहट (असम)
3. आगरा बंगा भीखु, बंरलोंगफर, बुद्धिस्ट टेम्पल, पोस्ट—बरलोंगफर, राज्य-करबीयालोंग (असम)

4. अगरा बंगा भीखु, जगत ज्योति बुद्धिस्ट टेम्पल, पोस्ट—मनीयारखल, राज्य-अचार (असम)
सेक्रेटरी प्रवाहकर्ता मोंझा बुद्धिस्ट टेम्पल, पोस्ट—भीखु, राज्य-करबीयालोंग (असम)

2. आन्ध्र प्रदेश

01.01.1965 श्री एस.एल. कामले, बुद्ध मन्दिर मिरजालगेडा नॉर्थ, सिकन्दराबाद, हैदराबाद, आन्ध्र प्रदेश

11.05.1970 श्री पी.एच. डाटला बार-एट-लॉ, विशाखापट्टनम, आन्ध्र प्रदेश, - 530002 इन्होंने अंग्रेजी में *माई स्टडी इन दी रामायण* लिखी है। अपनी *माई स्टडी इन रामायण* अशोक पुस्तकालय, झींझक, कानपुर, यूपी पिन-209302 पर भेजिए।
20. (1) श्रद्धेय मोहन लाल गुजराती, मकान नं. 3-4-25/8बी, भारत बिल्डिंग, काचीगुडा, स्टेशन

3. उड़ीसा (कालाहांडी)

2. कालाहांडी 1-

07.01.1970 श्री एम.डी. मर्डन सिंह योगी P.O. - Dharam Bandha Via N.P.—Tarwat, Dist & Kalahandi, Orisha.

79/13.05.1974 9. बोलानगीर 1-श्रद्धेय राजदेव गार्ड प्रवाहकर्ता स्टेशन मास्टर (एस.ई) रेलवे (के.बी.जे.) पोस्ट—कान्ताबाजी-767039

3. उड़ीसा (11-मयूरभंज)

41/24.09.2083 11. मयूरभंज श्री रामदास मुर्मू जर्नलिस्ट, वि-पात्रा, मोहूल पानी, पोस्ट—बहल्डा-757045 (उड़ीसा)

95/04.08.1983 12. सम्बलपुर - श्रद्धेय रामानन्द खांडे, वीपीओ—रामपुर कोलियरी

119/29.11.1988 1. श्रद्धेय खिलारीराम यादव, ए-183, बालको टाउनशिप, पोस्ट—बालकोनगर-759195

4 उत्तर प्रदेश (1. अलीगढ़)

01.04.1970 श्री चन्द्रपाल शैलानी, सम्पादक—*स्वाधीन भारत,* V.P.—सिकन्दराराऊ, अलीगढ़, यूपी (अलीगढ़ कोल) - हाथरस-सिकन्दराराऊ-खैर

16/9.3.73	1. श्रद्धेय श्यौराज सिंह अम्बेडकर, सी-2 अस्पताल कम्पाउंड, कई बार = कासिमपुर पावर हाउस, वीपीओ—कासिमपुर-202127
43/14.7.77	2. श्रद्धेय धम्मधारों जी, करुणाबुद्ध बिहार, वीपीओ—पचों
73/21.11.77	3. श्रद्धेय श्याम सुन्दरलाल शर्मा, वीपीओ—रती का नगला, वाया—हसायन-204212
78/10.10.79	4. श्रद्धेय भवानी सिंह, गाँव—हाजीपुर, पोस्ट—हाथरस जंक्शन-204102
33/28.3.80	5. श्रद्धेय बाबूलाल, गाँव—औरिहा, पोस्ट—सुमेरा
44/9.4.80	6. श्रद्धेय राजेन्द्र कुमार सिद्धार्थ सुपुत्र श्री श्रद्धेय नारायण सिंह ठेकेदार, वार्ड नं. 1, मकान नं. 42, नगला ताड़, गुरुद्धारा रोड, अलीगढ़-202001
79/16.3.81	7. श्रद्धेय इन्द्रपाल सुपुत्र श्री श्रद्धेय चोखेलाल, वीपीओ—रुखाला
2/12.1.81	8. श्रद्धेय तीर्थपाल सिंह पर्वाहकर्ता, श्रद्धेय सरदार, करछ श्याम नगर
31/11.3.81	9. श्रद्धेय ब्ल्यू स्टार टेलर, गाँव—ताराचन्द, पोस्ट—बरौलीराव
101/14.8.81	10. श्रद्धेय अन्तराम अकेला, गाँव—पहाड़ीपुर, पोस्ट—पहाड़ीपुर, (कोड़ियागंज), आनन्द साहित्य सदन, सिद्धार्थ मार्ग छावनी, अलीगढ़-20
148/6.11.81	11. श्रद्धेय प्रेम लाल बौद्ध पर्वाहकर्ता, श्रद्धेय यादराम बौद्ध, गाँव—खेड़ा, पोस्ट—अतरौली-202280
168/30.11.81	12. श्रद्धेय राम प्रकाश सींचपाल, नरौरा डिविजन, निचली गंगा नहर (लाल डिग्गी)
3/9.1.82	13. श्रद्धेय नवाब सिंह पर्वाहकर्ता, श्रद्धेय श्रीराम प्रधान, गाँव—सुमृत घड़ी, पोस्ट—छौड़ा
88/14.6.82	14. श्रद्धेय धुन्धी सिंह गौतम, अध्यापक, गाँव—बसेली, पोस्ट—करास
20/12.3.83	15. श्रद्धेय बलवन्त सिंह, गाँव—जरेश, पोस्ट—भैंकुरी, वाया—पुरदिलपुर-204214
34/18.3.83	16. श्रद्धेय अनन्तराम जिज्ञासु, गाँव—नगला शीशनगर, पोस्ट—सिकन्दराराऊ-204215
118/6.4.84	17. श्रद्धेय राम चरण लाल, नलकूप खंड प्रथम, अलीगढ़, नलकूप कालोनी

100/31.4.85	18. श्रद्धेय ओम प्रकाश सुपुत्र श्री श्रद्धेय मोतीराम, वीपीओ—कठैरा, अलीगढ़-202001
23/22.2.86	19. श्रद्धेय गोकुल प्रसाद सन्त, वीपीओ—वाईकलाँ, वाया—छूर्रा-202130
8/1.4.86	20. श्रद्धेय डोरी लाल गौतम, गाँव—सवेरा भालपुर, पोस्ट—हरदुआगंज-202125
13/19.4.86	21. श्रद्धेय गिरधारी लाल, वीपीओ—उटवारा
15/4.5.87	22. श्रद्धेय गुरुचरन सिंह मिस्त्री, वीपीओ—नहल-202131
	23. श्रद्धेय नत्थीमल मालिया, बिहारी इंटर कालेज
	24. श्रद्धेय अनन्तराम अकेला आनन्द साहित्य सदन, सिद्धार्थ मार्ग, 20 छावनी, अलीगढ़-202001
	25. श्रद्धेय गनेश सिंह दास
31/22.5.88	26. श्रद्धेय राम गोपाल सिंह सुमन, गाँव—भोजगढ़ी, पोस्ट—सासनी-204206
169/5.2.88	27. श्रद्धेय जय किशोर आत्मज श्रद्धेय बाबूलाल सुमन किराना स्टोर, ज्वाहर चौक, वीपीओ—जलाली-202128
1/9.4.88	28. श्रद्धेय हरि प्रसाद गौतम द्वारा श्रद्धेय चरन सिंह नागर, भीमनगर, वीपीओ—हरदुआगंज-202125
113/15.11.88	29. श्रद्धेय रूपचन्द गौतम, शेरगढ़, पोस्ट—हरदुआगंज-202125 (22-19 बीजक के लिए इमेज पेज:180020)

4. उत्तर प्रदेश (2 अलमोड़ा)

169/19.4.86	1. श्रद्धेय करन सिंह, भारतीय स्टेट बैंक, वीपीओ—मौलेखाल, वाया—रामनगर-244711

4 उत्तर प्रदेश (3. आगरा)

03.10.1970	श्री मनचन्द सेल टेक्स ऑफिसर, बंगला न. 12 खन्धारी रोड, आगरा
66/4.1.76	1. श्रद्धेय महराज सिंह, 17/58, रामनगर, लोहामंड़ी
14/2.80	2. श्रद्धेय हरीबाबू, 274, सुलतानपुरा बड़ी बस्ती, पोस्ट—प्रतापपुरा (आगरा कैंट)
97/17.8.81	3. श्रद्धेय मुन्नालाल बौद्ध, गाँव—नगला सिंगी, पोस्ट—कीरपुरा
115/17/8/82	4. श्रद्धेय राम सहाय सुपुत्र श्रद्धेय सुम्मेरा राम, गाँव—सेंरकी (खेरा) पोस्ट—सरेंधी-एक, खैरागढ़

9/4.5.84	5. श्रद्धेय मानिक चन्द, सेके. ग्राम पंचायत अधिकारी, वीपीओ—सराय जाजौ
108/16.8.84	6. श्रद्धेय धनीराम प्रेमचन्द शामियाना वाले बिन्दू कटरा
117/5.9.84	7. श्रद्धेय शैलेंद्र प्रताप सिंह बौद्ध सुपुत्र श्री बाबूलाल प्रधान, नगला बढ़ी, पोस्ट—दयाल बाग, आगरा-282005
130/15.12.86	8. श्रद्धेय पदम कुमार सुपुत्र श्रद्धेय सूरजभान, टीला हुसेन खाँ स्वरूप नगर (सब्जी मंडी के पास) मकान नं. 28/84 रिश्तेदार श्रद्धेय आदित्य जी
9.154/15.1.88	श्रद्धेय रामप्यारे श्रद्धेय राम सेवक राठौर (बजरंग के सामने) वीपीओ—जैतपुर कलाँ-283115

4 उत्तर प्रदेश (4 आजमगढ़), 30

आजमगढ़-अतरौलिया

01.01.1965	श्री विदेशी राम एडवोकेट मंत्री RPI कलेक्ट्रेट (हरैया चुंगी) आजमगढ़, उ.प्र.
21.08.1970	श्री धनई यादव एडवोकेट, कलेक्ट्रेट जिला—अजमगढ़
02/01/1973	ई. श्री पुरुषोत्तम दास टंडन, वी.-वलौली पो.—घोसी, आजमगढ़, उ.प्र.
11.04.1970	श्री बिन्देश्वरी प्रसाद, एडवोकेट, मंत्री आर.पी.आई. कलेक्ट्रेट, आजमगढ़, यूपी
02/01/1973	ई. श्री पुरुषोत्तम दास टंडन, वी.-वलौली पो.—घोसी, आजमगढ़, उ.प्र.
43/05.04.1979	1. श्रद्धेय राम प्रकाश, क्रीडाध्यक्ष, डॉ. अम्बेडकर क्लब, इब्राहिमाबाद, पोस्ट—दोहरीघाट-274303
149/13.12.1970	2. श्रद्धेय मिठाईलाल, मोह.—मुंशीपुरा, (बेचन पान वाले का पुराना मकान) वीपीओ—मऊनाथ भंजन-274101
30/11.03.1981	3. श्रद्धेय यमुनाराम सहायक अध्यापक जूनियर हाई स्कूल, वीपीओ—रैकवार डीह
44/27.03.1981	4. श्रद्धेय श्रीनाथ सुपुत्र श्री श्रद्धेय भुसई, कैथी शंकरपुर, पोस्ट—खतियाए, वाया लालगंज-273202
123/23.09.1981	5. श्रद्धेय राम सेवक, वीपीओ—कोइरियापार, वाया भोपौरा-273302
73/07.04.1982	6. श्रद्धेय रमाकान्त, जिगना, पो.—मेहमानी

3/15.01.1983	7. श्रद्धेय रुदल प्रसाद,वीपीओ—कोइरियापार वाया—भोपौरा-274302
26/17.02.1984	8. श्रद्धेय सीताराम, अनन्तपुर, पोस्ट—बढ़या
114/25.08.1984	9. श्रद्धेय वंशीधर राम सुपुत्र श्रद्धेय खायानराम, चक भुवना, पो.—भुवनाबुजुर्ग
115/21.12.1985	10. श्रद्धेय ओमप्रकाश विमल प्रबन्धक डॉ. बी.आर. अम्बेडकर विद्यालय, गाँव-भैंसकुर, पोस्ट—नरहन-274303
57/25.08.1986	11. श्रद्धेय रामसरन प्रसाद (डाकखाना के सामने), वीपीओ—दुबारी-221301
179/07.03.1987	12. श्रद्धेय रामप्रसाद, गाँव—अलनापुर, पोस्ट—कन्धरापुर-276135
69/21.08.1987	13. श्रद्धेय वशिष्ठ राव मिस्त्री पर्वाहकर्ता, मास्टर इशारा फर्नीचर एंड वुड वर्क्स (बस स्टैंड के पास), वीपीओ—घोसी-274305
102/19.10.1987	14. श्रद्धेय श्याम बलीराम, वीपीओ—आँखीपुर, वाया—कन्धरापुरा- 276135
106/19.01.1987	15. श्रद्धेय एम.आसिफ लोहिया, वि-कैड़िया, पो.—असीलेह, मुबारकपुर-276401
143/26.11.1987	16. श्रद्धेय रामभरोसे द्वारा श्रीमती बच्ची देवी, वीपीओ—नर्वे
117/21.03.1984	17. श्रद्धेय जयप्रकाश राव, गाँव—देवकली विशुलपुटख, पोस्ट—कोपागंज-274305

4. उत्तर प्रदेश (5. इटावा)

(इटावा-भरथूना-बिछूना-औरैया)

43/2.8.76	1. श्रद्धेय जगन्नाथ सिंह यादव सुपुत्र श्रद्धेय दुर्जन लाल यादव, नगला डुदहा, गाँव—बनीहरद्व, पोस्ट—पुंजा
75/16.6.76	2. श्रद्धेय अशोक कुमार पर्वाहकर्ता, श्रद्धेय राकेश कुमार, गाँव—बने का ताड़, पोस्ट—लबेदी, वाया—लखना-206127
91/23.8.76	3. श्रद्धेय बुद्ध ज्योति, गाँव—ककरहिया, पोस्ट—इकदिल-206126
48/25.4.80	4. श्रद्धेय कृपाशंकर गोयल, वीपीओ—मानिकपुर विष्ट
24/6.2.82	5. श्रद्धेय पद्‌म सिंह जाटव एड्वोकट, कलेक्ट्रेट
88/24.9.27	6. श्रद्धेय सौखी लाल भारती, वीपीओ—जुआ-206247
63/10.10.87	9. श्रद्धेय

4. उत्तर प्रदेश (6. इलाहाबाद)

(इलाहाबाद - सिराथू - फूलपुर - मंझनपुर - मेजा)

05.03.1970	श्री जयपाल सिंह कश्यप, न्यू हाई कोर्ट के सामने वाली गली, 1 महात्मा गांधी मार्ग, इलाहाबाद, UP
10/2.2.76	1. श्रद्धेय श्याम लाल केशरवानी, 122 चक रघुनाथ, नीम के पेड़ के नीचे, सब्जी मंडी, वीपीओ—नैनी-211008
25/26.2.76	2. श्रद्धेय राम बहादुर सरोज, गाँव—लोढ़वा, पोस्ट—हनुमानगंज-221505
30/24.4.76	3. श्रद्धेय जगरूप मिस्त्री, लेबर कॉलोनी, 41/8 नैनी, पोस्ट—नैनी-211008
53/30.8.77	4. श्रद्धेय रामफल मालिक मंडली, वीपीओ—हेतापट्टी (कई बार)
43/6.9.78	5. श्रद्धेय विशुन दयाल साहू (किराना की दुकान), वीपीओ—सेवाइथ-212503 (कई बार)
79/30.6.79	6. श्रद्धेय अमृतलाल प्रजापति, वीपीओ—कनैली
76/24.6.80	7. श्रद्धेय बिन्देश्वरी प्रसाद चौकीदार, गाँव—मौलवीगंज, पोस्ट—सराय अकिल-212216
158/24.12.80	8. श्रद्धेय राम लखन, 104 नयागाँव, पोस्ट—अल्लापुर, इलाहाबाद-211 (कई बार-इन्होंने वस्त्र भेंट किए)
29/11.4.81	9. श्रद्धेय अशोक कुमार प्रवच भंडार, राजकीय मुद्रालय, इलाहाबाद-211
90/30.6.81	10. श्रद्धेय संत राम वर्मा, 28-बी/121, अल्लापुर, रामचन्द नगर, इलाहाबाद-211006
147/6.11.81	11. श्रद्धेय बसन्त कुमार तिवारी, 7, कानपुर रोड, इलाहाबाद
24/11.2.84	12. श्रद्धेय अयोध्या दास पर्वाहकर्ता, श्रद्धेय जी.वी. धुरिया, 42-ए/2, बारीबाग, पोस्ट—तेलियरगंज
67/2.7.85	13. श्रद्धेय छोटेलाल, वीपीओ—बरेठी, वाया—हनुमानगंज- 221505
97/13.9.85	14. श्रद्धेय सुरेशचन्द्र रैदास, गाँव—सादीपुर, पोस्ट—दारागंज-
32/28.2.86	15. श्रद्धेय मिठाईलाल, गाँव—बड़ी मदारी, पोस्ट—मऊ अइमा-212501
70/23.09.1978	1. श्रद्धेय प्रहलाद वर्मा वीपीओ—सुइथा कलाँ
71/12.09.1980	2. श्रद्धेय सभाजीत, वि-महड़ौरा, पो.—किल्लई
70/04.09.1980	3. श्रद्धेय शिव गोविन्द, वृक्षारोपण लिपिक रेंज, वन विभाग, वीपीओ—केराकत-222142

67/06.05.1983 4. श्रद्धेय धर्म देव राम, सह.अध्या. आदर्श इंटर कॉलेज, रोहारी, पो.—पतरही।

98/04.08.1983 5. श्रद्धेय गोपाल जी निराला, वि-बलवा (टाउन एरिया व पोस्ट—मड़ियाहूँ-222161)

43/22.03.1978 6. श्रद्धेय नथुनी प्रसाद बौद्ध ग्राम विकास अधिकारी, वीपीओ—खुटहन-223104

143/08.11.1984 7. श्रद्धेय मुंशीलाल बौद्ध, तारहोबिलवार, पोस्ट—बिलवार, बालबरगंज-222201

6/19.01.1985 8. श्रद्धेय लाल जी आर्य सहायक अध्यापक प्राथमिक पाठशाला पोखरियापुर, पोस्ट—मसीदा (फतेहगंज)

1/03.04.1987 9. श्रद्धेय लहुरीराम शिक्षक, वि-अनुपुर (पनियरिया), पोस्ट—गड़ैला-222001

4/08.04.1987 10. श्रद्धेय भैयालाल प्रवाहकर्ता श्रद्धेय रामराज पोस्ट—मेन पोस्ट मड़ियाहूँ-222161।

—एस.राव. सजीवन, बौद्धाचार्य मिलन निकेतन सदर बाजार, कैंट, इलाहाबाद-211001

—श्रद्धेय प्रेम प्रकाश चौधरी एडवोकेट, 37, एचआईजी कॉलोनी, लाजपत राय रोड, मम्फोर्डगंज इलाहाबाद (हाई कोर्ट कमरा नं. 30)

—श्रद्धेय सखाराम यादव एडवोकेट हाई कोर्ट कमरा नं. 104, निवास 20 हाशिमपुर रोड, इलाहाबाद

—श्रद्धेय जगदीश नारायाण एडवोकेट हाई कोर्ट कमरा नं. 1, ऊपर मंजिल/घर का पता—190/11, लवकुश कालोनी, हिम्मतगंज, इलाहाबाद

4. उत्तर प्रदेश (7. उत्तरकाशी)

161/19.1.881. श्रद्धेय जी.पी. गौतम, प्रान्तीय खंड सार्वजनिक निर्माण विभाग, वीपीओ—भटवाड़ी-249335

4. उत्तर प्रदेश (8. उन्नाव)

(उन्नाव - सफीपुर)

42/8.8.77 1. श्रद्धेय छोटे लाल, पंचायत उद्योग एवं बक्सों की दुकान, (तहसील के सामने), वीपीओ—सफीपुर-241505

99/24.9.79 2. श्रद्धेय सुन्दरलाल कुरील, गाँव—नानभऊ, पोस्ट—नारायण खेड़ा (कई बार)

136/19.10.81 3. श्रद्धेय जगदीश प्रसाद मौर्य, गाँव—सिरकिहन खेड़ा, (चन्द्रिका बखरा खेड़ा), पो.—हिलौली

27/17.2.84 4. श्रद्धेय महारानीदीन वर्मा, गाँव—मेहरवान खेड़ा, पोस्ट—आँव, वाया—बीधापुर-229503

81/15.6.84 5. श्रद्धेय श्याम बिहारी टेलर्स, बस स्टॉप तकिया, पोस्ट—पाटन-229506

98/4.10.88 6. श्रद्धेय गंगासागर भारती, गाँव—श्रीपतिपुर, पोस्ट—दबेपुर, वाया—पूर्वा-209825 (चमीयानी)

4. उत्तर प्रदेश (9. एटा)

(एटा - कासगंज - अलीगंज - जलेसर)

18/6.3.78 1. श्रद्धेय खेमकरन सिंह, गाँव—रमपुरा, पोस्ट—चिरगवाँ, वाया—जलेसर टाउन-207302

19/11.2.81 2. श्रद्धेय राम सेवक शाक्य, गाँव—बाहरपुर, पोस्ट—गंजडुड़वारा

61/11.5.81 3. श्रद्धेय सी.ओ. (एम.) सहकारी क्रय-विक्रय समिति (केमि.), ठंडी सड़क, वीपीओ—कासगंज

94/24.7.81 4. श्रद्धेय गंगावासी, मोह.,सो-207403

162/23.12.83 5. श्रद्धेय मोहन सिंह शाक्य (एक्स एम.एल.ए.), वीपीओ—राजा का रामपुर दूसरा पता—श्रद्धेय मोहन सिंह (एक्स एम.एल.ए.), 23, प्रेम नगर, एटा-207001

13/3.1.85 6. श्रद्धेय खुशीलाल, वीपीओ—जीसुखपुर

290/23.3.88 7. श्रद्धेय राम प्रकाश रोकड़िया (सहलिपिक) चार. स्टेट बैंक, वीपीओ—सराय अगहत-205301

130/26.12.88 8. श्रद्धेय जोगरा सिंह (प्राथमिक अध्यापक) वीपीओ—अचलपुर

4. उत्तर प्रदेश (10. कानपुर)

05.01.1970 श्री श्रीराम सभापति, ग्राम—भौंसाया, पोस्ट—रसूलाबाद, कानपुर, आपको कुछ किताबें भेजूँगा। कुछ किताबें नहीं हैं। मैं अभी उलझन में हूँ। *रामायण* पर लड़ाई जारी है।

22.07.1989	हिन्दुस्तान स्टूडियो-ऑर्डर दिनांक : 22 जुलाई, 1989/ डिपो दिनांक : 27.07.1989, रील नं. 1908-89/ऑर्डर 60/- जमा 40, = 20 नवरंग सिनेमा बिहाइंट स्ट्रीट, बिरहाना रोड, कानपुर फोन-212189
102/2.10.79	1. श्रद्धेय धनीराम कुरील सुपुत्र श्रद्धेय श्याम लाल कुरील, बाहिरी-भीतरी गाँव मोह.—चौधरियान, वीपीओ—रावतपुर-208019
114/19.10.79	2. श्रद्धेय रामसिंह संखवार, गाँव—बांथ, पोस्ट—बरीपाल
18/4.2.81	3. डॉ. गौरी शंकर सचान, गाँव—जलालपुर, पोस्ट—मोहम्मदपुर, वाया—पुखरायाँ-209111 (होम्यो. डॉक्टर है)
39/24.2.82	4. श्रद्धेय रामरतन सुपुत्र श्रद्धेय जोधा प्रसाद, गाँव—पातेपुर, पोस्ट—लालपुर (मध्य रेलवे)
85/26.5.82	5. श्रद्धेय प्रकाश राही, वीपीओ—भीमसेन
157/24.1.87	6. श्रद्धेय बाबा मुरारी दास, वीपीओ—ओरौ ताहरपुर-209202
	7. अमरनाथ, गाँव—अवेई, पोस्ट—ककवन, सुनार हैं।
158/24.1.87	8. श्रद्धेय सुभाष चन्द्र वर्मा, सुरेश गैरिज ट्रांसपोर्ट नगर शीशे की दुकान
1/31.1.89	9. श्रद्धेय रमाशंकर कुरील आत्मज सोनेलाल कुरील, गाँव—इन्द्रमसिलेवादा, पोस्ट—सकरवाँ, पोस्ट—सवली-209204
143/31.1.89	9. कृपया मनी ऑर्डर द्वारा भेजा गया दान निम्नलिखित पते पर भेजें। महर्षि रविदास आश्रम निर्माण समिति, द्वारा—सम्पादक, *निर्णायक-भीम*, 21/8, संत कबीर नगर, डॉ. अम्बेडकर मार्ग, कानपुर 208012
160/31.1.89	9. श्री दिनेश कुमार, 37/3, लेबर कॉलोनी, पोस्ट—किदवई नगर, कानपुर, उ. प्र.
149/31.1.89	9. श्री राम प्रसाद प्रजापति, 1/336, नवाबगंज, कानपुर-2, उत्तर प्रदेश
162/31.1.89	9. श्री श्याम सुन्दर कुरील, 44/3, लेबर कॉलोनी, पुखरायाँ, कानपुर-2, उत्तर प्रदेश
163/31.1.89	9. मूलचन्द विद्यार्थी, मकान नं. 107/97, चन्द्र नगर, कानपुर, उत्तर प्रदेश
164/31.1.89	9. डॉ. सूबेदार कटियार, राजपुरा, कानपुर, उत्तर प्रदेश
166/31.1.89	9. श्री प्यारे लाल कटियार, ग्राम—गौरीकरन, पोस्ट—सिकन्दरा, जिला—कानपुर, उत्तर प्रदेश

168/31.1.89	9. श्री चोखे लाल यादव, ग्राम—उमरहट, पोस्ट—सिकन्दरा, जिला—कानपुर, उत्तर प्रदेश
172/31.1.89	9. श्री मुन्नीलाल सचान, पुखरायाँ, कानपुर, उत्तर प्रदेश
177/31.4.89	10. श्री बाबूराम यादव (D&E.S.I.C.) कॉलोनी सर्वोदय नगर, कानपुर, उ.प्र.
178/31.6.89	11. श्री राम चरण, ग्राम—सुखा पूर्वा, पोस्ट—किदवई नगर, कानपुर, उत्तर प्रदेश
180/1.1.90	12. श्री रामबाबू कनोजिया अध्यापक, ग्राम—जलालपुर, पोस्ट—मोहना, कानपुर, उत्तर प्रदेश

4. उत्तर प्रदेश (10. कानपुर)

त्रिपिटक

1. *विनय पिटक-(पाराजिक पाचित्यु चुल्लबग्ग, महानग्ग,* परिवार)
2. *सूत्र पिटक-(दीर्घनिकाय, मंझिमनिकाय, संयुक्त निकाय, अगुंतर निकाय, खुद्दकनिकाय)*
3. अभिधम्मपिटक-(धम्म संगति, चातुकथा, पुग्गल पंजति, कथावस्तु, यमक, पट्ठान)

नोट—खुद्दक निकाय - (*खुद्दक पाठ, धकपढ़, उदान, रतिवुत्तक, सुतनिपात, विमानवत्थु, पेतवत्थु, केरगाथा, थेरीगाथा, जातक, निद्दस, पटियाम्मिदा सग्ग, अवदान, बुद्ध वंस, चरिपपिटक*

मोतीलाल चौक वाराणसी - भन्ते गलगेदर प्रसानन्द, रिसालदार पार्क लखनऊ - मले डी. रेवत धम्म महाबोधि सोसा. सारनाथ-वाराणसी)

4. उत्तर प्रदेश (10. कानपुर)

रिश्तेदार श्रद्धेय चेतराम यादव, 7/19, नगर महाध्यापिका कालोनी, दादानगर, कानपुर

= 1. श्रद्धेय सरला यादव पति का नाम श्री राम चन्द्र यादव, 2, प्लाटून-ए, यूनिट,5133,एएससी.डीएन/99ए

श्रद्धेय रघुवीर यादव, भैंसों का चहा (मालिक मकान श्री मुर्जी साहब हैं) सन्नेश्वर काम मन्दिर के पास, नया बस स्टैंड के सामने, एलेन फोरेस्ट कार्यशाला रोडवेज के सामने, चिड़ियाघर रोड, कानपुर-208

दोस्त—श्रद्धेय जयशंकर प्रसाद, पर्वाहकर्ता, श्रद्धेय राम प्रसाद प्रजापति मकान नं. 1/236, नवाबगंज-ब्रह्मपुरी/कानपुर

भतीजा—श्रद्धेय सुरेन्द्र सिंह यादव, श्रद्धेय अरविन्द द्विवेदी, मकान नं. 8, वार्ड नं. 4, मोती घाट, आजाद नगर-208002

श्रद्धेय राकेश कुमार, 418, वार्ड नं.1 किदवई नगर, घर 43328/ ऑफिस 218292

(1) श्री रमेशचन्द्र जानोकर, टेलीफोन ऑपरेटर, सेंट्रल टेलीफोन ऑफिस, कानपुर

(2) श्री उमेशचन्द्र जानोकर, कानपुर

(3) रामरतन जानोकर, एक्स-मेयर, कानपुर

4 उत्तर प्रदेश (11. खीरी लखीमपुर)

74/9.10.78 1. श्रद्धेय जय राखनलाल अध्यापक, गाँव—कुकुरगोती, पोस्ट—औरंगाबाद

34/28.3.80 2. श्रद्धेय लाल सिंह प्रेसीडेंट आरपीआई, गाँव—पिपरा फार्मा नं. 2, पोस्ट—पीपरा

43/5.4.80 3. श्रद्धेय चेतराम, गाँव—छोलाबारी, पोस्ट—पसगवाँ

164/30.12.80 4. श्रद्धेय जगदीश प्रसाद शुक्ल, गाँव—मरुआ पश्चिम (बोझवा) पोस्ट—बिजौरिया (पलिया कलाँ)

60/2.5.81 5. श्रद्धेय चेतराम बौद्ध सुपुत्र श्रद्धेय रघुबर दयाल, गाँव—गोला, पोस्ट—नया गाँव जाट-261505 (कई बार)

40/25.2.82 6. श्रद्धेय रामशोर मुदितानन्द पर्वाहकर्ता, भिक्षु शीलरतन, महामाया बुद्ध बिहार, वीपीओ—बरखेरवा, राजगढ़ (कई बार)

112/2.8.82 7. श्रद्धेय दीनदयाल गौतम सुपुत्र श्रद्धेय रामलाल, गाँव—वरैंचा, पोस्ट—मछेछा

104/6.8.84 8. श्रद्धेय हीरा लाल चौधरी, वीपीओ—ऐरा स्टेट

52/1.8.86 9. श्रद्धेय राम प्रसाद उप-डाकपाल, गाँव—गोला टाउन, पोस्ट—गोला गोकरननाथ-262802

(13. ग़ाजियाबाद)

68/5.10.76 1. श्रद्धेय सत्यपाल सहेरा, 19 आनगढ़ी

23/113.78 2. श्रद्धेय खूबीसिंह बौद्ध, वी.के.प्लास्टिक (प्राइ. लिमि.), मेरठ रोड

26/3.4.78

32/23.3.79 3. श्रद्धेय चेतराम सिंह, डी-242, गोविन्द पुरी, पोस्ट—मोदीनगर

20/21.4.79 4. श्रद्धेय के.एल. केन, 106, जटवारा

80/2.6.83 5. श्रद्धेय कंछिदराम ठेकेदार सुपुत्र आशाराम, मीह. दानशाही, वीपीओ—बझौडा कलाँ, टी-हापुड़

20/8.5.87 6. श्रद्धेय डॉ. रामचन्द्र, वीपीओ—अठसनी-245205

7. श्रद्धेय रतीराम सूर्य, गाँव—इन्द्रगढ़ी, पोस्ट—आध्यामिक नगर

8. श्रद्धेय रामदास 80 ई. सेक्टर-4 (डी.आई.जेड. सरिया) किताब महल के पीछे, बाबा खड़ग सिंह मार्ग, नई दिल्ली-1

4. उत्तर प्रदेश (14. गाजीपुर)

22/30.4.76 1. श्रद्धेय अच्छेलाल हरिजन (चमार), गाँव—खारा, पोस्ट—भाटा

71/8.10.76 2. श्रद्धेय *राजेन्द्र प्रसाद,* गाँव—सलेमपुर, पोस्ट—सम्मनपुर दूसरा पता—नन्दराज, गाजीपुर-233302 (कई बार)

36/3.4.80 3. श्रद्धेय *राजेन्द्र प्रसाद* रावता, गाँव—सलेमपुर, पोस्ट—सम्मनपुर

51/8.4.81 4. श्रद्धेय ब्रह्मदेव वर्मन, गाँव—दिलदार नगर, पोस्ट—दिलदार नगर-2323026

74/22.5.83

34/24.5.88 5. श्रद्धेय सुरेश राम सुपुत्र श्रद्धेय विश्वनाथ राम, वीपीओ—बरुइल खास, वाया—जमनियाँ (आरएस)-232331

138/12.12.87 6. श्रद्धेय विश्वराम द्वारा श्रद्धेय हवलदार, गाँव—जोगियापार, पोस्ट—नरियावँ (जमनिया)-232329

190/4.3.88 7. श्रद्धेय सूबेदार राम आयकर अधिकारी

(15. गोंडा)

122/23.9.81 1. श्रद्धेय भवनाथ प्रसाद, वीपीओ—फत्तेपुर

154/3.12.84 2. श्रद्धेय मुरलीधर कांस्टिबल, पुलिस लाइन, कई बार

45/17.5.85 3. श्रद्धेय नकटू प्रसाद अध्यापक, वीपीओ—माल्दा (पचपेड़वा)

101/26.9.85 4. श्रद्धेय बेलाप्रताप वर्मा, 28, पटेल नगर, बाई पास कोसियाना)

73/3.2.86 5. श्रद्धेय रामचन्द्र सींचपाल सरयू नहर खंड-3, वीपीओ—बलरामपुर

74/3.2.87 6. ठाकुर प्रसाद वर्मा, ग्राम—सैढ़ापुर, पोस्ट—मछौबाजार, जनपद-गोंडा, उ.प्र.

4. उत्तर प्रदेश (16. गोरखपुर)

01.01.1969	श्री देवी लाल डिप्टी कलेक्टर, गोरखपुर
01.01.1969	श्री श्याम सुन्दर लाल एडवोकेट कचहरी, गोरखपुर
33/14.5.76	1. श्रद्धेय अभिराज प्रसाद, गाँव—परसा खुर्द, पोस्ट—तरकुलरा तिवारी, (यह सेनरलेलुटुर की बाड़ी, पोस्ट—कन्यापुर बिडीहा, वाया—आसनसोल, 713-301, जिला बर्धवान में नौकर है।)
56/30.8.77	2. श्रद्धेय राम सुमेर, गाँव—करारी, पोस्ट—बरहलगंज
141/17.12.79	3. श्रद्धेय रामशेष, वीपीओ—पनेवायनेई
38/11.7.80	3. श्रद्धेय कैलाशनाथ गुप्त पर्वाहकर्ता, एन.ई.रेलवे बुक स्टॉल, पोस्ट—आनन्दनगर
86/11.7.80	4. श्रद्धेय गुसाईं प्रसाद सहा. अध्या.वे.प्रा.न्या., वीपीओ—लखनापार, वाया—सहजनवाँ-272209
55/26.3.82	5. श्रद्धेय रामचरन प्रसाद बौद्ध, वीपीओ—बलवाबाव, वाया—सरदार नगर-273202
64/27.3.82	6. श्रद्धेय जयप्रकाश टंडन सुपुत्र गणेश प्रसाद, वीपीओ—डीहघाट
65/27.3.82	7. श्रद्धेय हरीलाल गौतम, नियर श्रद्धेय महेन्द्र प्रताप सिंह (एडवोकेट), दीवानी कचहरी
56/12.6.85	8. श्रद्धेय सिपई प्रसाद पशु कम्पाउंडर, पशु-चिकित्सालय पारावल

4. उत्तर प्रदेश (17. चमोली)

4. उत्तर प्रदेश (18. जालौन)

21/27.8.76	1. श्रद्धेय मुन्ना लाल कर्णा, तिलक नगर, वीपीओ—कोंच-225205
58/3.6.77	2. श्रद्धेय तुलाराम बौद्ध, वीपीओ—285001
92/11.7.81	3. श्रद्धेय जुगल किशोर बौद्ध, वीपीओ—नारी
105/29.7.82	4. श्रद्धेय बुद्धिसागर डाक सहायक, 134, राजेन्द्र नगर, उरई-285001
152/3.12.84	5. श्रद्धेय हरीश कुमार भारतीय, 34, तुलसी नगर, पोस्ट—उरई-285001 (कई बार)
86/20.10.86	6. श्रद्धेय क्षमाधर पोस्ट मास्टर, पोस्ट—टूमरा, वाया—कोंच-285205
243/9.10.87	7. श्रद्धेय बौद्ध भाष्य, घिलोर, पोस्ट—लछीगाँव

4. उत्तर प्रदेश (16. गोरखपुर)

58/12.6.85	9. श्रद्धेय रामकेवल बौद्ध, गाँव—गोड़ धोवाँ, पोस्ट—बड़ा परनावल बाजार, नेबुइया
10/12.4.86	10. श्रद्धेय छेदीलाल, सुपुत्र श्रद्धेय जौहर, वीपीओ—जटेपुर उत्तरी (काली-स्थान)
18/30.4.86	11. श्रद्धेय प्रीतम प्रसाद, अध्यापक बेसिक प्राथ.पाठ., रामनगर (करनहाँ), पोस्ट—भैसहासरदार
84/20.10.86	12. श्रद्धेय नाथूराम एंड संस, आर्टिफिशियल लिम्बस सेंटर, भोमलांह, पोस्ट—झूगियाँ बाजार
114/5.11.87	13. श्रद्धेय रामनाथ, आत्मज श्रद्धेय मोतीराज, गाँव—गोड़ धोवा, पोस्ट—नेबुइयाँ
122/6.11.87	14. श्रद्धेय नीबर प्रसाद कर्दम, गाँव—विस्टौली, पोस्ट—टिकरिया-जंगल, वाया—पीपीगंज-276165
24/7.5.86	15. श्रद्धेय आर.एन. प्रसाद, प्रधानाध्यापक, मोहल्ला—छोटा टोला, वीपीओ—परशुरामपुर, वाया—पिपराईच-273152
50/6.6.88	16. श्रद्धेय राम वदन प्रसाद (उपरोक्त) —राम नरेश चौधरी ओके.

4. उत्तर प्रदेश (19. जौनपुर)

05.12.1970	श्री डॉ. बद्री प्रसाद सिंह यादव, प्राइवेट अस्पताल, मुहल्ला—शेखपुर, कचहरी रोड, जौनपुर यूपी, पत्र नम्बर- 849 के अनुसार आपको किताबें दी थीं, मित्रों को दिए और लोगों ने खो दिया। आदमी ठीक हैं लेकिन यह उनकी लापरवाही है।
02/01/1973	ई. श्री प्रहलाद वर्मा सहायक अध्यापक, रा.ह.ई.हजवार, घुरीपुर, जौनपुर (मछली शहर) उत्तर प्रदेश
02/01/1973	ई. श्री प्रहलाद वर्मा, सहायक अध्यापक, रा.ह.ई. हजवार, घुरीपुर, जौनपुर (मछली शहर) उत्तर प्रदेश
70/23.9.78	1. श्रद्धेय प्रहलाद वर्मा, वीपीओ—सुइयाकलां
71/12.6.80	2. श्रद्धेय समाजति, गाँव—महड़ौरा, पोस्ट—किल्लई
70/4.6.80	3. श्रद्धेय शिव गोविन्द, वृक्षारोपण लिपिक, रेंज-बन विभाग, वीपीओ—करोकत-222142
87/6.5.83	4. श्रद्धेय धर्मदेवराम, सहा. अध्यापक, आदर्श इंटर कॉलेज, रोहारी, पोस्ट—पतरही

98/4.8.83	5. श्रद्धेय गोपाल जी निराला, गाँव—बलवा (टाउन ऐरिया) व पोस्ट—मड़ियाहूँ-222161
43/22.3.84	6. श्रद्धेय नथुनी प्रसाद बौद्ध, ग्राम विकास अधिकारी, वीपीओ—खुटहन-223104
143/9.11.84	7. श्रद्धेय मुंशीलाल बौद्ध, पोस्ट—बिलवार, वाया—बालबरगंज-222201
6/19.1.85	8. श्रद्धेय लालजी आर्य, सहा. अध्या. प्रा.पाठ, गाँव—पोखरियापुर, पोस्ट—मसीदा (फतेहगंज)
1/3.4.87	9. श्रद्धेय लहुरी राम, शिक्षक, गाँव—सबायु स्यनियरिया, पोस्ट—गड़ैला-222001 (कई बार)
4/9.4.87	10. श्रद्धेय भैयालाल, पर्वाहकर्ता, श्रद्धेय रामराज पोस्ट मैन, पोस्ट—मड़ियाहूँ-222161

—होशीलाल बौद्ध, अध्यक्ष, भा.बौ.म.स., जौनपुर

पता-1 : ग्राम—अहमदपुर, पोस्ट—अहमदपुर, जौनपुर, 'जनपदीय कार्यालय'

पता-2 : बौद्ध विहार खलीलपुर, पोस्ट—रामदयालगंज, जौनपुर, उत्तर प्रदेश

4. उत्तर प्रदेश (20. झाँसी)

25.01.1970	श्री धम्मरत्न बौद्ध, संस्थापक—भारतीय अम्बेडकर संघ, मकान न. 6, मुहल्ला—बिहारीपुरा, प्रेम नगर, झाँसी, यूपी
03.10.1970	श्री कुँवर बहादुर आदिम, मंत्री RPI, 258 तालपुरा, अम्बेडकर नगर, DIST- झाँसी, उ.प्र.
2/15.1.76	1. श्रद्धेय राजपाल हृदयेश, स्टोर कीपर विकास खंड, वीपीओ—बंगरा, वाया—रानीपुर-284205 । 67/5.10.76 ।
1/2.1.79	2. श्रद्धेय ब्रजलाल गुप्ता, ईदगाह रोड, आटा चक्की, ईसाई टोला, प्रेम नगर
90/21.8.79	3. श्रद्धेय नारायण दास, गाँव—ककवारा, पोस्ट—मऊरानीपुर
88/19.9.80	4. श्रद्धेय कालीचरन, यात्रीकर निरीक्षक, 345 बाहर सैंयर गेट (बी.बी. कॉलेज के पास)
97/11.8.80	5. श्रद्धेय शालिगराम पर्वाहकर्ता, श्रद्धेय गोकुल प्रसाद सुमन, बौद्ध-संघ समिति, वीपीओ—इसीकल-284305
106/12.9.80	6. श्रद्धेय नन्दलाल, महामंत्री मेधावी अनु. जाति छात्र अभिनन्दन समारोह समिति, कार्यालय-274/1, बाहर सैंयर गेट, झाँसी-284001

133/1.11.80	7. श्रद्धेय धर्मरत्न बौद्ध, आर.बी.आई, एस.एस. 841/एफ. रानी झाँसी नगर, (स्वास्थ्य केन्द्र के पीछे) सीपरी बाजार, झाँसी-264003 (मगरूर हैं—धर्मपत्नी कर्कशा हैं। विश्व बौद्ध परिषद् आर्गनाइज करने का स्वप्न देखते हैं। मेरे ग्राहक हैं।
165/6.11.62	8. श्रद्धेय भगवान दास अहिरवार, वीपीओ—आस्ता, वाया—गारौठा-284203 (गुर सराय)
108/18.12.82	9. श्रद्धेय भगवत नारायण, वीपीओ—ककरवई, वाया—गरौठा-284203
34/18.3.83	10. श्रद्धेय आर.डी. अहिरवार, 205, नयनागढ़-नगरा, प्रेम नगर, झाँसी-284001
153/5.12.83	11. श्रद्धेय पूज्य भिक्षु सुगतानन्द, पर्वाहकर्ता, श्रद्धेय किशन लाल गौतम, वीपीओ—पहाड़ी बुजुर्ग, वाया— दूसरा पता—श्रद्धेय पूज्य भिक्षु सुगतानन्द, पुलिस चौकी नयनागढ़ के पास, (32/43 के साइड में)
30/6.4.85	12. श्रद्धेय श्याम लाल श्रीवास्तव, सहा. अध्या., वीपीओ—दुरबई
12/3.2.86	13. श्रद्धेय गंगाप्रसाद मुंशी पर्वाहकर्ता, प्रेम नारायण वकील का बाड़ा, मोह.—गांधी गंज, वीपीओ—मऊरानीपुर-284202
86/23.9.80	14. श्रद्धेय खुन्नेलाल मुड़ारा वालेस, मोह.—टोरोलयापुरा, पोस्ट—रानीपुर-284205
115/22.11.88	15. श्रद्धेय काशीराम राहुल, गाँव—खिल्लावारी, पोस्ट—बघैरा-251306
2/10.4.89	16. श्रद्धेय रामशंकर दोहरे, वीपीओ—बैदोरा, वाया—बबीना केंट-284401 राजेन्द्र कुमार खटिक, 80, दरीगरान

4. उत्तर प्रदेश (21. टिहरी गढ़वाल)

7/21.1.76	1. श्रद्धेय स्वामी मोहन बियन्ने, सच्चिदानन्द सेवाश्रम, वीपीओ—कप्तानगंज-274301
122/28.8.82	2. श्रद्धेय राधेरमन मसीह (सीएआरडब्ल्यूई) कोड़िया कोटद्वार

4. उत्तर प्रदेश (22. देवरिया)

11.04.1970	श्री रामबचन मौर्य, एडवोकेट कचहरी, V.P.—कसिया, जिला—देवरिया, उ.प्र.

01.01.1971	श्री बन्धु प्रसाद, नेता RPI पुराना सिनेमा हॉल, (अमर ज्योति टाकीज) देवरिया
146/21.12.	1. श्रद्धेय त्रिगुणानन्द, गाँव—शंकरपुरा, पोस्ट—भेड़ावाकड़ (मझौलीराल)-264702
23/4.3.80	2. श्रद्धेय जय बिहारी सिंह, एडवोकेट कलेक्ट्रेट कोर्ट
13/9.2.83	3. श्रद्धेय रामचन्द्र यादव, वीपीओ—विशनपुर, दुधई बाजार
82/9.6.23	4. श्रद्धेय रामदवन प्रसाद, गाँव—सिरवनियाँ, पोस्ट—कंचनपुर
168/31.12.83	5. श्रद्धेय अमलाप्रसाद, गाँव—हरपुर, पोस्ट—गोविन्दपुर
152/21.1.87	6. श्रद्धेय सुरेन्द्र प्रसाद, गाँव—इंगरुआ, पोस्ट—प्रतापुर
187/21.3.87	7. श्रद्धेय नारायण प्रसाद, गाँव—दुलारपट्टी, पोस्ट—विशनपुरा बाजार, वाया—पथरदेना बाजार-274404
24/15.5.87	8. श्रद्धेय रामायण प्रसाद, गाँव—मुड़ेरा जगदीश, पोस्ट—पथरदेवा बाजार
37/1.6.87	9. श्रद्धेय सिंहानियाँ, भारतीय स्टेट बैंक, हाटा-2474203
46/27.06.87	10. श्रद्धेय ब्रजानन्द कुशवाहा, गाँव—कोसाछपुरा, पोस्ट—नौरंगिया (रामकोला)
144/28.12.87	11. श्रद्धेय गणेश प्रसाद, व्यवस्थापक—डॉ. बी.आर. अम्बेडकर पुस्तकालय, गाँव—तुरपही महुअवा (पकड़ी), पोस्ट—महुअवा (बुजुर्ग), पिनकोड-274302
3/9.4.88	12. श्रद्धेय आर.एन. प्रसाद, प्रधानाध्यापक, बेसिक हरिजन प्राथमिक पाठशाला, गाँव—मदरहा, पोस्ट—नौका छपरा
47/27.8.88	13. श्रद्धेय आर.एस. गौतम, गाँव—मुडेरा जगदीश (पूर्व टोला), पोस्ट—पथर देवा
128/17.12.88	14. श्रद्धेय सद्गुरु प्रसाद, अन्वेषक सह-संगठन, जिला उद्योग केन्द्र, देवरिया-274001
155/14.2.88	15. श्रद्धेय एस.आर. यादव, अन्वेषक जिला उद्योग केन्द्र, देवरिया-274001
565/10.3.88	16. श्रद्धेय शारदा प्रसाद आचार्य, अम्बेडकर मार्केट-खड्डा, पोस्ट—राजा बाजार, खड्डा-274802

4. उत्तर प्रदेश (23. देहरादून)

174/7.12.81	1. श्रद्धेय भंवरलाल बौद्ध, ब्लॉक नं. ए-29/6, ओ.एन.जी.सी. कॉलोनी, कौलागढ़ रोड, देहरादून-248195

123/29.11.85	2. श्रद्धेय शिव शंकर भारती, टी-2, सी. रेलवे कॉलोनी, पोस्ट—ऋषिकेश-249201

4. उत्तर प्रदेश (24. नैनीताल)

02.04.1970	श्री रमेश विद्यार्थी, मंत्री-कुमाऊँ भूमिहीन समिति, कुमाऊँ क्षेत्र, V.—पापड़ी खत्ता, P.—रामनगर, नैनीताल
33/14.5.77	1. श्रद्धेय एस.आर. गौतम, वीपीओ—खटीमा-262308
63/7.9.78	2. श्रद्धेय योगेन्द्र प्रसाद, संरक्षक डॉ. अम्बेडकर पुस्तकालय, गाँव—कैलाशपुरी, पोस्ट—सितारगंज-262405
76.23.10.78	3. श्रद्धेय विपिन चन्द बिहारी, वीपीओ—हरीपुरा, हरसान—बाजपुर-262401
116/24.9.70	4. श्रद्धेय पूर्ण ऋषि, प्रान्तीय संगठन कर्ता अखिल भारतीय हरिजन तथा शोषित वर्ग उत्थान समिति, वीपीओ—बाजपुर-262401
88/29.4.84	5. श्रद्धेय राजबली प्रसाद, हैडफिटर, दि किसान सहकारी चीनी मिल्स लिमिटेड, वीपीओ—नदेही-244712

4. उत्तर प्रदेश (25. पिथौरागढ़)

4. उत्तर प्रदेश (26. पीलीभीत)

28/4.4.78	1. श्रद्धेय गोपाल राव आर्य, सुपुत्र श्रद्धेय राम स्वरूप मुंशी, मोहल्ला—सरफराज खाँ (इंडिया होटल के पास) गंदावाला
143/17.12.79,	2. श्रद्धेय राजसिंह, गाँव—सैदपुर, पोस्ट—पिपरिया, आगरु-262001
59/8.5.80	3. श्रद्धेय नत्थुराम, पुत्र श्रद्धेय बेनी राम गंगवार, वीपीओ—अमरा करोड (बीसलपुर)
90/14.6.72	4. श्रद्धेय लालताप्रसाद, सुपुत्र श्रद्धेय दोदराम, गाँव—ईटगाँव, पोस्ट—बीसलपुर
40/25.3.83	5. श्रद्धेय जगलाल कनौजिया, भारतीय स्टेट बैंक, पीलीभीत-262001
79/9.6.84	6. श्रद्धेय रामचरन जाटव, गाँव—मल्हपुर (खजुरिया), पोस्ट—पिरिया सन्तोष
3/10.1.86	7. श्रद्धेय गंगाराम गौतम, गाँव—चान्दूपुर, पोस्ट—कलीनगर, वाया—पूरनपुर-262122

135/27.12.86,	8. श्रद्धेय विशन लाल, सुपुत्र श्रद्धेय रामचरनलाल, गाँव—चहलौरा, पोस्ट—यूरिया
159/31.1.87	9. श्रद्धेय रामचन्द्र, प्राथ. पाठ. टांडा क्षत्रपति, पोस्ट—भगवन्तपुर, वाया—पुरनपुर-262122
164/7.2.87	10. मास्टर तिलकराम, गाँव—हिरसा सरदहा, पोस्ट—दिशैला-262001
22/7.5.88	11. श्रद्धेय जोधेलाल उर्फ कमाऊ, गाँव—चाँदपुर, पोस्ट—कलीनगर, वाया—पुरनपुर-262122

4. उत्तर प्रदेश (27 प्रतापगढ़)

2/12.2.79	1. श्रद्धेय राम अभिलाष सरोज,गाँव—सरैया, पोस्ट—किशनगंज (कई बार)
47/15.4.80	2. श्रद्धेय रामकरन यादव, गाँव—रामपुर रवागल, पोस्ट—पृथ्वीगंज बाजार, वाया—पट्टी-230135
72/12.6.80 83/13.7.79	3. श्रद्धेय रामलाल, 57 उत्तर प्रदेश जूनि. बेसिक विद्या. हैंसी बरजी मोड़, गाँव—सराय चेदीराम, पोस्ट—हैंसी बरजी
36/24.3.81	4. श्रद्धेय दूधनाथ भारती, गाँव—करनपुरखझी, पोस्ट—शीतलागंज
135/19.10.81	5. श्रद्धेय पन्नालाल गुप्ता, वीपीओ—हरिहरगंज
66/2.5.83	6. श्रद्धेय रमेशचन्द यादव एडवोकेट, 20 दहिलामऊ, (पद—डॉ. अम्बेडकर पुस्तकालय के व्यस्थापक है), प्रतापगढ़।
74/20.7.85	7. श्रद्धेय के.एल. राजवंशी, भारतीय स्टेट बैंक, मानधाना, 230402
82/20.7.88	8. श्री हरि नाथ यादव, एडवोकेट, प्रतापगढ़, उत्तर प्रदेश

4. उत्तर प्रदेश (28. फतेहपुर)

28/17.4.76	119. श्रद्धेय नारायण वर्मा, गाँव—सोनीपुर, पोस्ट—मनगाँव
214/13.8.83	2. श्रद्धेय देवीदयाल, सुपुत्र श्रद्धेय शोभालाल, गाँव—सरदारपुर, पोस्ट—जोनिहाँ
162/7.2.87	3. श्रद्धेय देवचरन विश्वकर्ण, गाँव—नरवा धरमंगदपुर, पोस्ट—मेलरहा (बहराम्हपुर)

4. उत्तर प्रदेश (29. फर्रुखाबाद)

25/23.3.78	1. श्रद्धेय रामकृष्णा मास्टर, प्राथ. पाठ. मलिकपुर, पोस्ट—समधन, वाया—गुरसहायगंज-209722
124/14.10.80	2. श्रद्धेय रामवीर सिंह, डी-55, तिर्वाफूल हाउसिंग कॉलोनी, पोस्ट—फतेहगढ़-209601 (कई बार)

151/13.12.80	3. श्रद्धेय अरुण कुमार, अम्बेडकर पर्वाहकर्ता, श्रद्धेय कालीचरन जयन्त, प्रभात मार्केट, वीपीओ—छिबरामऊ-209721
114/9.9.81	4. श्रद्धेय परशुराम, बीड़ी फैक्ट्री नं. 500, वीपीओ—गुरसहायगंज-209722
127/25.9.81	5. श्रद्धेय नरेन्द्र पाल सिंह, गाँव—लेलेपुर, पोस्ट—भगवन्तपुर, वाया—इन्द्रपुर-209723
180/17.12.82	6. श्रद्धेय राकेश कुमार, नगला फार्म, गाँव—हंसापुर-गौराईपुर, पोस्ट—अताईपुर
57/22.4.83	7. श्रद्धेय रोहनलाल बौद्ध, वीपीओ-पिपरगाँव
78/1.6.83	8. श्रद्धेय नारायण गिरि सन्त, गाँव—रामपुर, पोस्ट—हठिया-20973
48/17.5.85	9. श्रद्धेय दयाराम बाबा, गाँव—पुरौरी, पोस्ट—सिकन्दरपुर खास
नेता जी	10. श्रद्धेय कनौजीलाल बौद्ध, हाथीखाना, फतेहगढ़ के लड़के श्रद्धेय जगमोहन कुमार को श्रद्धेय जे.एन. आदित्य की लड़की ब्याही है।
दानी	11. श्रद्धेय वीरसिंह एडवोकेट कलेक्ट्रेट (ने 100 रुपये बुद्ध विहार साधना केन्द्र कानपुर को दान दिए)
85/25.10.88	12. श्रद्धेय महादेव, अध्यापक, वीपीओ—बेलामऊ सरैया-209723
आरपीआई	13. श्रद्धेय गनपत दयाल, प्रेसी. नेताजी, पटवन गली, वीपीओ—कायमगंज
आरपीआई	14. संकटेलाल, वीपीओ—जिजपुरा
	15. श्रद्धेय श्री व्यवस्थापक, अम्बेडकर रेडियो, ट्रांजिस्टर सेल सर्विसेज, ग्राम एवं पोस्ट—कासगंज, फर्रुखाबाद, उत्तर प्रदेश

4. उत्तर प्रदेश (30 फैजाबाद)

52/27.8.76	1. श्रद्धेय रामचन्द्र अम्बेश, वीपीओ—महबूबगंज
57/27.8.76	2. श्रद्धेय मिश्रीलाल, मोह.—सकरावल (पूर्व) वीपीओ—टांडा-224190
60/10.9.76	3. श्रद्धेय जगलाल प्रसाद, सहा. अध्या. प्रा. पाठ., वीपीओ—रसूलाबाद-224172
85/11.12.76	4. श्रद्धेय मंसाराम इलेक्ट्रिक कार्यालय-खंड, अकबरपुर-224122
88/28.12.76	5. श्रद्धेय गनेशराम पर्वाहकर्ता, श्रद्धेय रविकुमार गौतम, हनुमानकंड (संत रविदास मन्दिर, वीपीओ—अयोध्या से

		270 किलोमीटर रेलवे मार्केट ए.वाई-224123 (श्रद्धेय गनेशराम जी की मृत्यु हो गई) कई बार
12/4.3.77	6.	श्रद्धेय गनपत सहाय गौतम, गाँव—पारकी-मझगवाँ, पोस्ट—पारकी
33/1.8.78	7.	श्रद्धेय रामदेव वर्मा, मंत्री अखिल भारतीय कुर्मी मन्दिर व धर्मशाला, 353, रामगंज, पोस्ट—अयोध्या-224123
15/1.8.78	8.	श्रद्धेय रामवरन वर्मा, वीपीओ—सिकन्दरपुर-224146
4/2.1.79	9.	श्रद्धेय छलराज मास्टर, वीपीओ—खजावाँ
22/14.2.76	10.	श्रद्धेय जियालाल, गाँव—लालपुर, पोस्ट—ममरेजपुर
44/5.4.79	11.	श्रद्धेय ओमप्रकाश वर्मा, गाँव—कनरुपट्टी (दसमड़े), पोस्ट—बहोरिकपुर (पहितीपुरा)
51/21.4.79	12.	श्रद्धेय रामचेत अम्बेश, गाँव—रेवई (टड़वा मौलाई) पोस्ट—किछौछा-224155
121/2.11.79	13.	श्रद्धेय रामयज्ञ मौर्य, अशोक नगर, जमपिश्सबाग
18/22.2.80	14.	श्रद्धेय सन्तराम गौतम, सहा.अध्या.जनता जूनि. हाई स्कूल, वीपीओ—उत्तरेथू, वाया—गुसाईगंज-224141
101/20.8.80	15.	श्रद्धेय साधुशरण चंचल, पर्वाहकर्ता, श्रद्धेय जवाहरलाल, टेलर मास्टर, वीपीओ—केदारनगर-224214
138/10.11.80,	16.	श्रद्धेय रामदास प्रबला (नागरिक शाक्य), सरदार पटेल स्मारक, इंटर कॉलेज, चाहपुर (सिकन्दरपुर)-224186
82/11.5.81	17.	श्रद्धेय कन्हैयालाल नीरज, गाँव—प्रतापपुर, पोस्ट—कटहरी
61/27.3.82	18.	श्रद्धेय विशुनदेव, शाखा डाकपाल, टंडवा जलाल, ए/ओ देवरिया-224137
78/26.4.82	19.	श्रद्धेय रामभरोसे हरिजन, गाँव—माया भीखी, पोस्ट—माया बाजार-224161
93/21.6.82	20.	श्रद्धेय अशोक कुमार, गाँव—चन्दनपुर, पोस्ट—जाहरगंज

4. उत्तर प्रदेश (30 फैजाबाद)

94/21.7.82	20.	श्रद्धेय मनीराम, गाँव—मजगवी, पोस्ट—परकी
104/24.9.82	21.	श्रद्धेय मनीराम, अध्यापक, प्राथ.पाठ., वीपीओ—कुर्चा
133/25.9.82	22.	श्रद्धेय राम बहादुर यादव, गाँव—मीरापुर (भिटौरा) पोस्ट—महबूबगंज
143/4.10.80	23.	श्रद्धेय रामजनम सुमन, गाँव—रज्जूपुर, पोस्ट—खेमापुर-224157

25/18.3.83	24. श्रद्धेय नन्दलाल यादव, गाँव—जमालपुर, पोस्ट—बरामदपुर-जरियारी
110/22.8.83	25. श्रद्धेय बुद्धिराम, वीपीओ—सहिमऊ कारीरात
20/20.1.84	26. श्रद्धेय रामसहाय, गाँव—बड़गइया, पोस्ट—असगवाँ, वाया—गुसाईगंज-224141
48/24.3.84	27. श्रद्धेय धनीराम पटवारी का पूर्वा दर्शन नगर
50/2.4.84	28. श्रद्धेय रामअचल पर्वाहकर्ता, श्रद्धेय मेवालाल डाक सहायक, वीपीओ—गुसाईगंज-224141
20/25.2.85	29. श्रद्धेय रामकलप, गाँव—अटली ऐमा, पोस्ट—अटवई, वाया—खेमपुर-224157
79/9.8.85 27/7.5.88	30. श्रद्धेय बालमुकुन्द व्यवस्थापक *बहुजन संगठन* साप्ताहिक वीपीओ—मखदुमपुर, वाया—अकबरपुर-224112
120/29.11.85	31. श्रद्धेय अभयराज, वीपीओ—खेमपुर

4. उत्तर प्रदेश (31. बदायूँ)

17/10.3.76	1. श्रद्धेय नाथूलाल, मोह.—सोवरनपुर
25/22.2.79	2. श्रद्धेय कन्हैयालाल मौर्य, वीपीओ—उसावाँ-243621
157/5.12.83	3. श्रद्धेय रामलाल बौद्ध, गाँव—सोवरनपुर, पोस्ट—लखनपुर
11/13.1.84	4. श्रद्धेय सोहनलाल अध्यापक प्राथ.पाठ., वीपीओ—खितौरा
67/4.5.84	5. श्रद्धेय मानसिंह मास्टर, वीपीओ—अब्दुल्लागंज-243601
93/20.7.84	6. श्रद्धेय शंकरलाल, गाँव—मंझौली, पोस्ट—रहमा
30/1.4.85	7. श्रद्धेय फूलसिंह सुपुत्र श्रद्धेय पर्वतलाल, वीपीओ—मुहम्मदपुर सुलहरा
46/10.5.85	8. श्रद्धेय ओमकारसिंह, गाँव—दबरई, पोस्ट—गौरामई-243601 (सह अध्यापक जूनि. हाई. स्कूल) कई बार
4/20.1.86	9. श्रद्धेय रामलाल, गाँव—गढ़ा (राठ), पोस्ट—मझारा
71/27.9.86	10. श्रद्धेय करन सिंह सुपुत्र श्रद्धेय बालेराम, वीपीओ—लहरा लाडपुर राव, वाया—वजीरगंज-202526
23/27.5.80	11. श्रद्धेय मुरली मनोहर, वीपीओ—सकरी कासिमपुर-243601

4. उत्तर प्रदेश (32. बरेली)

34/4.6.76	1. मुन्नी लाल रामदास जाटव, गाँव—दिगोई, पोस्ट—भरवर, वाया—आँवला
	2. नेताजी—श्रद्धेय मूलचन्द, भारतीय शूमेकर (कुआँ के पास, भीम नगर, जाखपुरा, बरेली-243005

61/10.4.76	3.	श्रद्धेय बिजरावती पति का नाम श्रद्धेय रामस्वरूप, गाँव—रजक, पोस्ट—फरीदपुर
34/3.6.77	4.	श्रद्धेय महेंद्र पाल सिंह बौद्ध, अम्बेडकर पुस्तकालय, वीपीओ—एम.ए.नगर-पुड़िया अहमद नगर-203122
98/18.9.79	5.	श्रद्धेय नन्हेमल, सहा. अध्यापक, गाँव—नकरपुर, पोस्ट—देवचरा।
109/11.10.79	6.	श्रद्धेय ओम प्रकाश बौद्ध, मकान नं. 87 (कुआँ के पास नीम के पेड़ के सामने) भीम नगर (जाखपुरा), बरेली-243005 (4 वर्ष की उधारी 125, दिनांक : 31.5.89 तक बकाया है—पता नहीं कब देंगे।
30/12.2.82	7.	श्रद्धेय कघई लाल, गाँव—ठिरिया सैदपुर, पोस्ट—बबूरा, नवाबगंज-262406
56/27.3.82	8.	श्रद्धेय श्रीराम मौर्य, रेलवे स्टेशन राम गंगा ब्रिज, पोस्ट—चौबारी (कैंट) कई बार
47/6.4.83	9.	श्रद्धेय जोगराज सुपुत्र श्रद्धेय खंजनलाल मोह.—लाल कटोरा (बीच का) पोस्ट—विशायलगंज-243302
77/30.5.83	10.	श्रद्धेय शिवभान गौतम, श्रद्धेय महेन्द्र पाल बौद्ध, करमापुर, उर्फ पुल्लापुर, पोस्ट—नदेली-243201
84/22.3.84	11.	श्रद्धेय चन्द्रसेन सागर कैशियर कम क्लर्क, स्टेट बैंक ऑफ इंडिया, शाखा-एयरफोर्स स्टेशन, वीपीओ—आइजटनगर-243002
95/13.6.85	12.	श्रद्धेय अनोखेलाल बौद्ध सुपुत्र श्रद्धेय लोकीराम, गाँव—धारमपुर गोटिया, पोस्ट—फरीदपुर
150/21.1.87	13.	श्रद्धेय यशपाल सिंह बौद्ध, गाँव—बीरपुर, पोस्ट—बुधौली
80/21.9.87	14.	श्रद्धेय भूपनाथ उर्फ नागदीप बौद्ध, वीपीओ—सूदनपुर, निशातगंज-243302
87/23.6.87	15.	श्रद्धेय यशपाल बौद्ध, गाँव—धीरपुर,पोस्ट—बुधौली
161/28.2.84	16.	श्रद्धेय कल्यानराय स.अध्या.जूनि. हाई स्कूल, वीपीओ—कुसारी, वाया—भमोरा-243401

4. उत्तर प्रदेश (33. बलिया)

76/10.9.87	1.	श्रद्धेय बनवारी लाल निराला, गाँव—सरकंडा, पोस्ट—काजीपुर-277303
103/19.10.87,	2.	श्रद्धेय हृदय नारायण, गाँव—बिजलीपुर, पोस्ट—भाजीपुर-277303

118/5.11.87, 3. श्रद्धेय छोटेलाल द्वारा श्रद्धेय राजबंशी राम, गाँव—भाटी, पोस्ट—बनहरा (सिकन्दरपुर)-277303

4. उत्तर प्रदेश (34. नैनीताल)

113/25.8.84 6. श्रद्धेय रामदास दोहरे, वरिष्ठ सहायक दी किसान सहकारी चीनी मिल्स लिमिटेड, वीपीओ—भदेही-244712

129/15.10.84 7. श्रद्धेय उदयराज, दी किसान सहकारी चीनी मिल्स लिमिटेड, वीपीओ—भदेही चीनी मिल।

64/13.9.86 8. श्रद्धेय जयसिंह, लिपिक विभाग, किसान सहकारी चीनी मिल्स लिमिटेड, गाँव—राजपुर-पूरनपुर, पोस्ट—भदेही-244712

78/25.8.89 9. श्रद्धेय के.सी. यादव, एच.एस.सी.एल., वीपीओ—टनकपुर-262309

10. श्रद्धेय नंदराम, एडवोकेट हीरा कॉटेज कंटूरमेंट

4. उत्तर प्रदेश (34. बरेली)

15.08.1970 श्री मदन लाल प्रजापति, पुराना कब्रिस्तान, कालेशाद, बिहारीपुर, बरेली, उ.प्र.

86/13.12.79 1. श्रद्धेय रामदुलारे विद्यार्थी, सहा.अध्या., आदर्श बेसिक प्राथ. पाठ. ओड़वारा-272001

1/8.8.77, 2. श्रद्धेय रामनारायण, लिपिक, सार्व.निर्माण विभाग, विभागीय निर्माण इकाई।

50/12.8.77 3. श्रद्धेय रामभरोसे त्रिशरण, नया नाम श्रद्धेय रत्नाकर बन्धु त्रिशरण, गाँव—सकरदहा, पोस्ट—हरैया-272135 (राइटर है) पता—प्रवर लिपिक, वि.नि.ई.-1, सार्व. निर्माण विभाग, बरेली-272001

72/29.9.78 4. श्रद्धेय धम्मप्रीत, सुपुत्र श्रद्धेय भुल्लर, गाँव—मझौरा, पोस्ट—घनघटा-202001

96/30.7.81 5. श्रद्धेय पूर्णमासी, गाँव—सेभरा, पोस्ट—नन्देकुवाँ

172/25.11.82 6. श्रद्धेय सन्तराम, गाँव—विजहरडूहा, पोस्ट—सुखार

133/19.10.83 7. श्रद्धेय शत्रुघ्न सिंह चौधरी, एडवोकेट सिविल कोर्ट, वीपीओ—नौगढ़-272203

153/5.12.83 8. श्रद्धेय राम लखन गौतम, उपड़ा कपाल, कुलवारी, बस्ती-272301

59/18.4.84 9. श्रद्धेय रामयज्ञ, सुपुत्र श्रद्धेय रमईदास, गाँव—बेलवाडीड, पोस्ट—लखनहट (नगर बाजार) बस्ती-272302

111/22.8.84 10. श्रद्धेय बालेश्वर सिंहानिया, भारतीय स्टेट बैंक शाखा, डुमरियागंज-272189

5/10.1.85 11. श्रद्धेय सूर्यबली, मोह.—शाहपुर, वीपीओ—शाहपुर, वाया—डुमरियागंज-272189

127/29.11.85 12. श्रद्धेय रामसुन्दर रावत, स्टेनो, प्रोजेक्ट आफिसर, इंडिया पॉपुलेशन प्रोजेक्ट-II, अपोजिट डिस्ट्रिक्ट—हॉस्पिटल

39/5.7.86 13. श्रद्धेय मातादीन, (उप-डाकपाल), पोस्ट—उसका बाजार-272208

104/17.11.86

14/20.4.88 14. श्रद्धेय हरिनाथ हरिजन, गाँव—सारंवी, पोस्ट—खेटा-272105

81/2.9.89 15. श्रद्धेय सूर्यबाली, पोस्ट—दुलहखुर्द, पोस्ट—दुलहनार्थ-272206

21/23.5.89 16. श्रद्धेय राम मिलन, आदर्श टेंट हाउस, वीपीओ—सेमरियावाँ बाजार-272002

आर.बी. त्रिशरण ने ट्टहमारा सुधार कैसे होगा? लखनऊ में छपवाया, पेज एक हजार की छपाई 4650/- + सफर खर्च 200/- कीमत 12/-

4. उत्तर प्रदेश (35. बहराइच)

13.03.1970 1. श्री रामफेरन, बुक सेलर c/o मास्टर सूरज लाल, V.—भूपगंज, P.O.—यचानपुर, बहराइच, उ.प्र.

63/20.10.86 2. श्रद्धेय जगेश्वर प्रसाद राजपूत, बस स्टैंड, पोस्ट—विशेश्वरगंज-271821

23/2.5.87 3. श्रद्धेय गोलू राम, भारत यात्रा केन्द्र, आचार्य नरेन्द्रदेव, वीपीओ—ऐलो (प्रयागपुर)

33/25.5.87 4. श्रद्धेय भोलहूराम, भारत यात्रा केन्द्र, आचार्य नरेन्द्रदेव, वीपीओ—ऐलो, प्रयागपुर-271871

4. उत्तर प्रदेश (36. बाँदा)

145/21.12.79 1. श्रद्धेय रामस्वरूप अम्बेडकर, हेमवतीनन्दन बहुगुणा हरिजन छात्रावास, वीपीओ—बवेरू-210121

168/23.11.81	2. श्रद्धेय सौरवीलाल लोहिया, छोटी बाजार, कैलाशपुरी गृहतरे-बाँदा-280001
166/30.11.81	3. श्रद्धेय सी.पी. बियोगी, कम्पाउंडर, वीपीओ—करतल, वाया—
73/21.5.84	4. श्रद्धेय रामसजीवन, गाँव—नौगवां (मुखिया का पूर्वा), पोस्ट—बरौना, नरैनी-210129
106/10.8.84	5. श्रद्धेय सुरेश कुमार, गाँव—कौहारा, पोस्ट—पबइया
126/21.9.84	6. श्रद्धेय मातादीन, सहा.अध्या. प्राथ.पाठ., वीपीओ—मिमौनी
29/22.3.85	7. श्रद्धेय वैद्य रामशरण आर्य, अध्या., डॉ. अम्बेडकर नगर, वीपीओ—बबेरू-210121
32/22.3.85	8. श्रद्धेय बाबादीन वर्मा, अथाई गढ़ी रोज (नरैनी), पोस्ट—नरैनी-210129/ तत्पश्चात् बीजक नं. 58/20.7.87 पर्वाहकर्ता, महमूद बुक डिपो, वीपीओ—नरैनी-210129
64/01.08.87	9. श्रद्धेय देवीदीन अर्दली, निरीक्षक, पोस्ट—कर्वी-210205

4. उत्तर प्रदेश (37. बाराबंकी)

78/24.6.80	1. श्रद्धेय रामेश्वर गौतम, गाँव—महराजगंज, पोस्ट—रामसनेही घाट-225409
59.22.4.83	2. श्रद्धेय जे.आर. प्रदीप, यूपी राज्य सहकारी भूमि विकास बैंक (लिमिटेड शाखा), वीपीओ—रामसनेहीघाट-225409
64/29.7.83	3. श्रद्धेय बच्छराम, गाँव—समजाबाद, पोस्ट—ज्योला करसना
72/11.7.85	4. श्रद्धेय प्रेम नारायण, सुपुत्र श्रद्धेय पाटनदीप रावत, वीपीओ—सैदनपुर, वाया—सआदतगंज-225206

4. उत्तर प्रदेश (38. बिजनौर)

08.01.1970	श्री दुर्गा दत्त सिंह 'कथन' कुशन भवन, बिजनौर, आप स्वयं श्री छेदीलाल साथी और श्री शिवदयाल चौरसिया को सूचित करें, साथ में मुझे भी।
76/2.12.77	1. श्रद्धेय भूदेव, (महल वालों में), वीपीओ—स्याऊ
53/29.7.78	2. श्रद्धेय मोहर सिंह भास्कर, गाँव—रामपुर, पोस्ट—अकराबाद
111/20.9.80	3. श्रद्धेय उदय सिंह, एस.आई प्राथमिक स्वास्थ्य केन्द्र, जलीलपुर (कई बार)
72/1.6.81	4. श्रद्धेय श्रीराम बौद्ध, सुपुत्र श्रद्धेय हरबंस सिंह बौद्ध, गाँव—रोशनपुर-जागीर, पोस्ट—हस्सुपुरा-246727

35/5.3.84 5. श्रद्धेय आर.बी. कुशवाहा, जूनि. इंजी. सुपुत्र श्रद्धेय प्रेम कुमार वर्मा, कमलेश भवन, रत्नपुरी कॉलोनी, आदर्श नगर, वीपीओ—नजीबाबाद-246763

139/21.12.85 6. श्रद्धेय विजय कुमार गौतम, गाँव—श्यामीवाला, पोस्ट—नागलसोती-246732

180/22.2.88 7. श्रद्धेय चन्द्रपाल सिंह, आत्मज जगराम सिंह, गाँव—लखपत नगर, पोस्ट—बिदुरकुटी, जिला—बिजनौर-246701

4. उत्तर प्रदेश (फिरोजाबाद)

'पूजा कैसेट' रतन रेडियो इलेक्ट्रॉनिक्स वर्क्स, मोह.—गंज, फिरोजाबाद-283203

100/11.10.88 1. श्रद्धेय पकोड़ी लाल कुशवाहा, मुख्य डाकघर, फिरोजाबाद-283203

164/10.3.89 2. श्रद्धेय निसार अहमद, मकान नं. 686, मैनपुरी रोड, वीपीओ—फिरोजाबाद-205135

166/10.4.90 3. श्रद्धेय श्री वीर सिंह (एडवोकेट), फतेहपुर, उत्तर प्रदेश

4. उत्तर प्रदेश (30. फैजाबाद)

149/31.12.85, 32. श्रद्धेय इन्द्रजीत, सुपुत्र श्रद्धेय राम कुमार, गाँव—प्रतापपुर, पोस्ट—कटहरी-224151

114/1.12.86 33. श्रद्धेय कैलाश सोनकर, पुस्तकालय, बस स्टेशन, वीपीओ—बसखारी-224129

169/10.2.87 34. श्रद्धेय कमला प्रसाद, गाँव—रज्जूपुर, पोस्ट—खमापुर-224157

40/27.5.88 35. श्रद्धेय धर्मराज, आत्मज श्रद्धेय सजन, गाँव—समन्था, पोस्ट—सराय सागर (भया)

90/27.9.88 36. श्रद्धेय सभापति जी (चमार), वीपीओ—महुवारी-224234

4. उत्तर प्रदेश (39. बुलन्दशहर)

91/6.7.81 1. श्रद्धेय लेखराज सिंह, सुपुत्र श्रद्धेय डोरीलाल, गाँव—खिरक-बारी, पोस्ट—धर्मपुर

102/14.8.81 2. श्रद्धेय प्यारे लाल निर्मल, गाँव—छतुरिया, पोस्ट—जिरौली

71/30.3.82 3. श्रद्धेय हरी सिंह निर्मल बौद्ध, गाँव—छतुरिया, पोस्ट—जिरौली

28/23.3.85	4.	श्रद्धेय प्रेमपाल सिंह, सुपुत्र श्रद्धेय सुखराम सिंह जाटव, गाँव—खरिकवारी, पोस्ट—धर्मपुर
97/17.10.80	5.	श्रद्धेय वीरपाल सिंह, आत्मज श्रद्धेय राम प्रसाद सिंह, गाँव—मुक्तेश्वरा-दलपतपुर, पोस्ट—बीहरा, वाया—लखावटी-245407
191/9.3.88	6.	श्रद्धेय सत्यपाल सिंह, वीपीओ—बीहरा, वाया—लखावटी-245407
18/18.8.89	7.	श्रद्धेय हरप्रसाद बौद्ध, सुपुत्र श्रद्धेय रामसिंह बौद्ध, गाँव—नेहरूपुर, पोस्ट—धर्मा, वाया—खुर्जा-203131
	8.	श्रद्धेय मानसिंह गौतम, बी-6, मध्य गंगा नहर कॉलोनी बाई पास रोड, बुलन्दशहर-203001

4. उत्तर प्रदेश (40. मथुरा)

47/26.6.78	1.	श्रद्धेय बिजेन्द्र सिंह बौद्ध पर्वाहकर्ता, श्रद्धेय किशन सिंह बौद्ध, गाँव—बलीपुर, पोस्ट—शल्ल
105/9.10.79	2.	श्रद्धेय सुरेशचन्द कदम, डॉ.बी.आर. अम्बेडकर पुस्तकालय, नया नगला
116/25.10.79,	3.	श्रद्धेय मानसिंह बौद्ध, गाँव—काजरौठ, पोस्ट—शेरगढ़-281404 (कई बार)
जनवादी लेखक-	4.	श्रद्धेय डॉ. सव्यसाची, डेम्पियर प्रकाशन, 2164-डेम्पियर नगर, मथुरा-221008
72/12.6.80	5.	श्रद्धेय गयासीराम सगर, गाँव—झगरार, पोस्ट—बरामई
129/25.10.80,	6.	श्रद्धेय किशन लाल घड़ीसाज, घीया मंडी
150/6.11.81,	7.	श्रद्धेय रामवीर सिंह (HUM) जिला—नियंत्रण कक्ष, पुलिस लाइन
90/4.7.84,	8.	श्रद्धेय अमर सिंह सुगल, गाँव—माँगरू, पोस्ट—हसनपुर वारू
91/20.10.86	9.	श्रद्धेय रंगलाल सिंह जाटव, गाँव—नरका, पोस्ट—बुखरारी
91/20.10.86	10.	श्रद्धेय मानसिंह खामनी वाले, अम्बेडकर प्रेस, अम्बेडकर कॉलोनी, कृष्णा नगर, भारती प्रकाशन अम्बेडकर प्रिंटिंग प्रेस, 5 आर्मी लाइन, (*भीमचरित मानस* के प्रकाशक हैं)
91/20.10.86	11.	श्री किसन लाल घड़ी साज, छिपापंडी, मथुरा, उत्तर प्रदेश
91/20.10.86	12.	श्री गंगाराम कर्दम, नया नगर, मथुरा, उत्तर प्रदेश
91/20.10.86	13.	हिन्दी पुस्तकालय मथुरा (प्रकाशक *विदास रामायण*)

4. उत्तर प्रदेश (41. मिर्जापुर)

01.01.1965	श्री प्रेमचन्द विकल, अध्यक्ष RPI मुहल्ला—घूरऊपट्टी, मिर्जापुर, उ.प्र.
01.01.1965	श्री विदेशी राम एडवोकेट, मंत्री RPI कलेक्ट्रेट (हरैया चुंगी) आजमगढ़, उ.प्र.
7/10.2.87	1. श्रद्धेय बाबूनन्दन जयसवार, गाँव—अघवार, पोस्ट—देवरी
11/4.2.80	2. श्रद्धेय हरीराम गुप्ता, 3-ए.ई-60, ओबरा कॉलोनी, वीपीओ—ओबरा-231219
147/4.12.80	3. श्रद्धेय मोतीलाल सुपुत्र श्रद्धेय सरजू प्रसाद, गाँव—नुनौटी, पोस्ट—तेंदुआ कलाँ-231001 (कई बार)
3/12.1.81	4. श्रद्धेय विनय कुमार गौतम, अनुदेशक, ओबराताप विस्तार मंडल यूपी, राज्य विद्युत परिषद्, वीपीओ—ओबरा-231219
33/12.2.82	5. श्रद्धेय रोखई हरिजन, गाँव—रेक्साकलाँ, पोस्ट—दाढ़ीराम
87/27.3.82	6. श्रद्धेय नंहकू प्रसाद, गाँत्र—रेक्साकलाँ, पोस्ट—दाढ़ीराम
106/24.7.82	7. श्रद्धेय रामलाल टेलर, गाँव—पिपरवार, पोस्ट—धोरावल
186/13.12.82	8. श्रद्धेय विश्राम सिंह, गाँव—सोनवर्षा, राजगढ़
166/23.12.83	9. श्रद्धेय बहादुरसिंह, भारतीय आरोग्य सदन, वीपीओ—शाहगंज-231215
124/21.9.84	10. श्रद्धेय रामलाल टेलर मास्टर, घोरावल बाजार, कॉलोनी नं. 11, वीपीओ—शाहगंज-231215
80/22.4.85	11. श्रद्धेय दयानन्द सहायक अध्यापक, प्राथमिक पाठशाला, गाँव—लीलादेवा, पोस्ट—लिलासी, वाया—दुद्धी-231208 (कई बार)
432/11.12.85	12. श्रद्धेय शंकर यादव, चाय पान की दुकान (पुराने बाड़ा), वीपीओ—चिल्ला
38/28.6.86	13. श्रद्धेय बद्री प्रसाद स्वर्णकार, मोह.अनगढ़ महावीर, पोस्ट—डंकीनगंज
121/6.12.86	14. श्रद्धेय परशुराम खरे, वीना परियोजना, माइल्स क्वार्टर
48/29.3.87	- 96/17.10.87 नं. एम-261/पोस्ट—बीना-231220
30/18.5.87	15. श्रद्धेय शिव सागर गौतम, वीपीओ—भोगाँव—231313
60/27.7.87	16. श्रद्धेय *राजेन्द्र प्रसाद*, वीपीओ—लालगंज
68/6.8.88	17. श्रद्धेय आर.सी. दास (प्रवक्ता हिन्दी), ई-29/14, सेक्टर-बी, सीमेंट कारखाना, डाला-231207

104/25.10.88	18. श्रद्धेय प्यारे लाल गौतम सुपुत्र श्रद्धेय मोहन लाल, गाँव—वीरपुर, पोस्ट—अमोई
129/26.12.88	19. श्रद्धेय रामलखन, वीपीओ—सेमरा बरहो, मिर्जापुर-235001

4. उत्तर प्रदेश (42. मुजफ्फरनगर)

17/25.3.77	1. श्रद्धेय जगदीश प्रसाद बौद्ध, वीपीओ—कुटेसरा (कई बार)
163/30.12.80	2. श्रद्धेय पलटूराम कश्यप, गाँव—मंटी हसनपुर, पोस्ट—थाना मका
111/22.8.83	3. श्रद्धेय छज्जूराम, प्राथ. अध्या. जूनि. हाई स्कूल, वीपीओ—हिरनवाड़ा
48/2.4.84	4. श्रद्धेय पूरनदास रविदास मन्दिर, वीपीओ—ऊन-247778
35/30.5.87 और 49/3.7.87	5. श्रद्धेय जयबीर सिंह, सुपुत्र श्रद्धेय रामचन्द्र प्रजापत, गाँव—लाखिया, पोस्ट—ऊन-247778
81/21.9.87 और 115/5.11.87	6. श्रद्धेय पतराम गेटमैन पर्वाहकर्ता, रेलवे स्टेशन मास्टर, रोहाना कलाँ, पोस्ट—रोहाना मिल्स-251202
12/6.5.89	7. श्रद्धेय बून्दीलाल आर्य, वीपीओ—बहादुरपुर-251203
25/23.6.89	8. श्रद्धेय जिले सिंह, सुपुत्र श्रद्धेय अमर सिंह, वीपीओ—बहादुरपुर, वाया—मंसूरपुर-251202

उत्तर प्रदेश (43. मुरादाबाद)

बीजक नं.	1. श्रद्धेय भूपसिंह सुपुत्र श्रद्धेय रामपाल सिंह, कैथलगेट, (राज मोहल्ला), सिद्धार्थ पार्क के पास, वीपीओ—चन्दौसी-202412
138/12.12.	2. श्रद्धेय शिवचरन सिंह वरिष्ठ लिपिक, ई.वी.-II, मंडल रेलवे प्रबन्धक कार्यालय
4/9.1.82	3. श्रद्धेय रामगुलाम, गाँव—डरानी, पोस्ट—कुढ फतेहगढ़
17/22.1.82	4. श्रद्धेय दुर्जनराम पर्वाहकर्ता, इलाहाबाद बैंक, वीपीओ—चन्दौसी-202412
143/11.11.83	5. श्रद्धेय खालिद हुसैन पर्वाहकर्ता, श्रद्धेय जाकिर मुस्तफा एडवोकेट, सिविल कोर्ट
76/28.5.84	6. श्रद्धेय चरन सिंह, वीपीओ—मोहम्मदपुर बाबई, वाया—चन्दौसी-202412

21/4.3.85	7. श्रद्धेय जयलाल सैनी, पुलिस थाना व पोस्ट—मुंडा पांडे
45/19.7.86	8. श्रद्धेय उत्तम सिंह गौतम, एस आई, मोह.—कोट पूर्वी (रहट मन्दिर के पीछे), वीपीओ—सम्भल-244302
106/17.11.86	9. श्रद्धेय मोहन लाल कश्यप, श्रीराम कॉलोनी, सीतारोड, वीपीओ—चन्दौसी-202412
	10. श्रद्धेय नन्द किशोर गौतम, सुपुत्र श्रद्धेय लाला राम गौतम, गाँव—बथुवा खेड़ा, पोस्ट—नन्हवाला-244601
5/9.4.89	11. श्रद्धेय भगत सिंह (पप्पू पान भंडार), रेलवे फाटक के पास बाजार, पोस्ट—राजा का सहसपुर-202415
176/21.3.84	12. श्रद्धेय मंगली सिंह गौतम, गाँव—मधुपुरी, पोस्ट—नूखुर मुम्मदपुर बस्तौर, वाया—मुरादाबाद-244001
181/31.3.89	13. श्रद्धेय नरेश कुमार गौतम, रविदास नगर, वीपीओ—चुचैला कलाँ-244231

4. उत्तर प्रदेश (44. मेरठ)

09.01.1970	श्री सम्पादक बौद्ध नगीना, V.—शाहमुहीद्दीनपुर, p.—हापुड़, मेरठ, UP
74/16.10.86	1. श्रद्धेय मुरारीलाल खैरालिया द्रविड़ (आदिवासी), वीपीओ—बझौड़ा कलाँ
80/30.10.78	2. श्रद्धेय गोपीचन्द, सुपुत्र श्रद्धेय छोटन, गाँव—बोन्देरा, पोस्ट—ललियाना, वाया—किठौर-250104
20/25.4.80	3. श्रद्धेय जगराम सिंह कुसुम, एफ.ए.-5, रक्षा लेखा नियंत्रण, पश्चिमी कमांड, मेरठ कैंट
75/12.6.80	4. श्रद्धेय सुरेशपाल, पर्वाहकर्ता, हुकमचन्द (वाल्मीकि मन्दिर के पास), वीपीओ—छपरौली
142/1.12.80	5. श्रद्धेय ज्ञानसिंह, सुपुत्र श्रद्धेय रामफल सिंह, गाँव—नंगली, पोस्ट—नंगली किठौर
144/1.12.80	6. श्रद्धेय वी.आर. गौतम (पीए), पोस्ट—सदर बाजार, मेरठ-250001
8/14.1.81	7. श्रद्धेय रामपाल सिंह गौतम, हेड कांस्टिबल., कमरा नं. 6, ब्लॉक नं. डी, पुलिस लाइन
49/2.4.84	8. श्रद्धेय जे.एस. कुसुम सीडीए/सी.सी.एस./ए.टी.-II, मेरठ कैंट
41/24.4.85	9. श्रद्धेय महेन्द्र सिंह गुर्जर एडवोकेट, 291, रामलीला मैदान, हस्तिनापुर

25/15.5.87	10.	श्रद्धेय सुभाष चन्द, सुपुत्र श्रद्धेय श्रीचन्द, गाँव—नारंगपुर, पोस्ट—रोहटा-250502
90/17.10.87	11.	श्रद्धेय सतीशचन्द पर्वाहकर्ता, श्रद्धेय रामदास, वीपीओ—अकबरपुर सादात
151/24.12.73	12.	श्री फूलसिंह टेलर मास्टर, कोषाध्यक्ष डॉ. अम्बेडकर पुस्तकालय, गाँव—हाजीपुर, पोस्ट—सिम्भावली, तहसील—हापुड़, मेरठ वी.पी. नम्बर 176/24.12.73, प्राप्त 151/14.01.74 हस्ताक्षर- ललई सिंह यादव

4. उत्तर प्रदेश (45. मैनपुरी)

31/26.4.78	1.	श्रद्धेय रामनरेश भास्कर, गाँव—जगदीशपुर, पोस्ट—कुम्हौल
42/3.4.80	2.	श्रद्धेय डालासिंह बौद्ध, सहा. अध्या. प्राथ.पाठ., वीपीओ—भोगाँव-205262
159/27.12.80	3.	श्रद्धेय मेघनाथ ज्ञानेमन, डॉ. अम्बेडकर पुस्तकालय, नगला मूल, अगरूपपुर, गोला बाजार —श्रद्धेय सुन्दर लाल सागर एडवोकेट 223, दरीबा
72/2.4.82	4.	श्रद्धेय रामचरन, गाँव—सिरसा, पोस्ट—नानामऊ
91/21.6.82	5.	श्रद्धेय श्रीपाल आजाद, गाँव—नगला रामसिंह, पोस्ट—ज्योति
56/22.4.83	6.	श्रद्धेय रामखिलावन कुरील, किसान ईंट उद्योग, सैद का नगला, पोस्ट—उर्मुरा किरार, वाया—शिकोहाबाद-205135
	7.	श्रद्धेय मौजील
118/29.11.88	8.	श्रद्धेय रामदुलारे शाक्य, गाँव—मधपुर, मघन-205263

4. उत्तर प्रदेश (46. रामपुर)

58/18.4.84	1.	श्रद्धेय सोनपाल सिंह, लिपिक बिक्री कर कार्यालय, खंड-2 (कई बार)
59/12.6.85	2.	श्रद्धेय मोहन लाल, सुपुत्र श्रद्धेय नन्हें राम, वीपीओ—ढकिया, वाया—शाहाबाद-244922
84/22.5.85	3.	श्रद्धेय सुरेश कुमार, वीपीओ—ढकिया, वाया—शाहाबाद-244922
2/10.1.86	4.	श्रद्धेय मूंगालाल विमल, सेंट्रल वेयर हाउस, सीआरपी रोड, आगापुर

4. उत्तर प्रदेश (47. रायबरेली)

(रायबरेली-सलबन-डलमऊ-लालगंज)

56/5.5.80	1. श्रद्धेय चेतराम पुरन्दर, सहा. अध्या. राज्य.दीक्षा विद्या.
109/20.9.80	2. श्रद्धेय शिवनाथ यादव, ऑपरेटर, वायरिंग विभाग, इंडिया टेलीफोन इंडस्ट्रीज (लिमि.)
80/16.6.81	3. श्रद्धेय छोटेलाल, गाँव—सीतापुर, पोस्ट—शिवगढ़
93/24.7.81	4. श्रद्धेय गयाद्दीन चौधरी, गाँव—सुर्वापुर, पोस्ट—बथुआ
187/29.8.81	5. श्रद्धेय बाबा मौजीराम, गाँव—रामपुर सीवन, पोस्ट—बसन्तपुर चौड़िया
142/29.10.81	6. श्रद्धेय गोकुल प्रसाद, एच.-16, दूरभाष नगर, रायबरेली-229010
134/25.9.82	7. श्रद्धेय राजकुमार, सहायक अध्या. राज्य. जूनि. बेसिक प्राथ. विद्यालय, तिलोई
49/7.4.83	8. श्रद्धेय हीरालाल, ए-32, दूरभाष नगर, रायबरेली-228010
158/10.12.84	अन्य पता बी-116
123/6.10.83	9. श्रद्धेय रामनारायण मास्टर, गाँव—रामपुर ढ़ड़ेई, रामपुर तरई, पोस्ट—सातनपूर्वा
71/12.5.84	10. श्रद्धेय परमेश्वर चौधरी अध्यापक प्राथ.पाठ., वीपीओ—बथुआ खास-229001
5/9.4.87	11. श्रद्धेय सुरेन्द्र प्रताप एडवोकेट, (विजय की चक्की के पास), दौलताबाद, लालगंज, कानपुर रोड, रायबरेली-229001
101/11.10.88	12. श्रद्धेय सुरेश कुमार, सुरेश पान भंडार (निअर पेट्रोल पम्प) वीपीओ—ऊँचाहार
106/11.12.88	13. चौधरी शम्भू दयाल एडवोकेट, दक्षिण, जहानाबाद, रायबरेली, उ.प्र.
101/11.10.88	14. श्री विघा शंकर यादव (एडवोकेट), रायबरेली, उत्तर प्रदेश

4. उत्तर प्रदेश (48. लखनऊ)

08.01.1970	श्री चन्द्रिका प्रसाद 'जिज्ञासु' 360/193 मातादीन रोड, सादतगंज आलमनगर, लखनऊ, आपके लिए 100 प्रति *एकलव्य* नाटक रवाना है। उसका बिल्टी नम्बर है—929435
12.01.1971	श्री अच्छे लाल वाल्मीकि, उत्तर प्रदेश मजदूर संघ घसियारा मंडी, लखनऊ, पत्रों, जवाबी-पत्रों का उत्तर नहीं देते हैं। व्यक्ति अच्छे हैं लेकिन आलसी हैं।

21/16.3.76 1. श्रद्धेय मोहन लाल, गाँव—गौतमपुरी, पोस्ट—उजरियाँव

132/29.11.79 2. श्रद्धेय गया प्रसाद नन्हेट, सी स. 4 ए. लंगड़ा फाटक, आलम बाग, लखनऊ-226005

3. श्रद्धेय व्यवस्थापक *बहुजन कल्याण* प्रकाशन, 360/193, मातादीन रोड, सआदतगंज, लखनऊ-226003

4. श्रद्धेय मुकराल सिंह वर्मा, स्व. संग्राम सेनानी, करीम बक्स की बिल्डिंग, 10 गौतम बुद्ध मार्ग, लखनऊ-2260

6/28.1.80 5. श्रद्धेय रामदेव आर्य लिपिक विधि, उप-विभाग, कार्यालय परिवहन आयुक्त, लखनऊ-226001

6. श्रद्धेय रामस्वरूप वर्मा (एक्स-मिनिस्टर, 4-ए, विशम्भर बिल्डिंग (नियर बड़ौदा बैंक महिला शाखा) मोह.—नरही, डॉ. अम्बेडकर मार्ग, पार्क रोड, लखनऊ 226

—श्रद्धेय रामकुमार वर्मा, नेत्रहीन स्वास्थ्य भवन, कमरा नं. 13, कैसर बाग व्यापारी—श्रद्धेय व्यवस्थापक, सपना प्रेस, नयागाँव पश्चिम, सब्जी मंडी केसर बाग वाली गली के पास

—श्रद्धेय राजेश्वर सुपुत्र श्रद्धेय चतुरीलाल, 551/76-घ, नटखेड़ा आलम बाग, परम हंस अद्वैत

7. डॉ. शृरगो लाल, आर-25, सिद्धार्थ, संजय पुरम, फैजाबाद रोड, लखनऊ-226016

—श्रद्धेय छेदीलाल माथी एडवोकेट, 48, कन्धारी बाजार रोड-40983

—श्रद्धेय छेदीलाल माथी एडवोकेट, ए-159, इन्दिरा नगर, फोन-2633

—डॉ. अंगने लाल, डॉ. अम्बेडकर लायब्रेरी (आर्य कन्या पाठ. के पास) (सिद्धार्थ पार्क के पास), 512/432, निशातगंज

—डॉ. माता प्रसाद, डी-1, तकिया राजेन्द्र नगर

—डॉ. गया प्रसाद प्रशांत, 552/2, राजेन्द्र नगर

—कलचर्स पब्लिशर्स, 46, गुईन रोड, (खाट कल्लन लैन), राजमियाँ मार्ग, अमिनाबाद, लखनऊ-226018

—श्रद्धेय हीरालाल, 554/168-घ, भीम नगर, स्ट्रीट नं. 2, छोटा बरहा

4/26.4.89 —श्रद्धेय के.एल. राजवंशी, भारती स्टेट बैंक, ऐश बाग, लखनऊ-226004

4. उत्तर प्रदेश (49. ललितपुर)

103/3.8.84	1. श्रद्धेय राम प्रसाद, सहा. अध्या. जूनि. हाई स्कूल, वीपीओ—बिजरौठा
11/3.2.86	2. श्रद्धेय डॉ. एच.एस. अहिरवार, तुलसा क्लीनिक, वीपीओ—महरौली-284405
33/21.6.86	3. श्रद्धेय नवल किशोर भास्कर, डॉ. बी.आर. अम्बेडकर समिति, वीपीओ—बिरधा-284403
74/27.9.86	4. श्रद्धेय...
117/4.12.86	5. श्रद्धेय मेवालाल दोहरे, आर लिला सहायक अधिकारी, स्टेशन रोड
151/7.1.88	6. श्रद्धेय लाला राम गौतम, आचार्य सरस्वती बाल मन्दिर, वीपीओ—मंडावरा-284404
153/14.1.88	7. श्रद्धेय हरिकृष्णा चौहान, वीपीओ—बानपुर
177/22.2.88	8. श्रद्धेय पवन कुमार शास्त्री, जैन दर्शनाचार्य, जैन स्टोर (श्री दिगम्बर जैन अटा मन्दिर के सामने) सावरकर चौक —श्रद्धेय दिमान रघुनाथ सिंह लोधी, गाँव—नन्दनपुर, पोस्ट—टुढ़ौनियाँ, वाया—मंडावरा-284404

4. उत्तर प्रदेश (50. वाराणसी)

22.07.1970	श्री दिनेश सिंह लेक्चरर फैकल्टी ऑफ एजुकेशन, कमछा, हिन्दू विश्वविद्यालय, वाराणसी
11.10.1970	श्री मोतीलाल कश्यप, सी 33/52 छित्तुपुर चन्दुआसही, वाराणसी, संस्थापक—प्रबुद्ध अम्बेडकर विद्यालय, V.P.—खमरिया, वाराणसी
10.11.1970	श्री मोती लाल कश्यप, संस्थापक—प्रबुद्ध अम्बेडकर विद्यालय, वाराणसी, उ.प्र.
56/27.8.76	1. श्रद्धेय रामकुमार सिंह, प्रधान गाँव—प्रानपुरा कलाँ, पोस्ट—बबुरी, चन्दौली
3/10.1.77	2. श्रद्धेय राम नाथ प्रसाद बिन्द, वेद प्रकश चिकित्सालय स्टेशन, वीपीओ—सकलडीहा-232108
15/16.3.77	3. श्रद्धेय दुर्गाप्रसाद गौंड, वीपीओ—बबुरी बाजार
89/21.8.79	4. श्रद्धेय शिवराम, गाँव—नदोय, पोस्ट—हीरामनपुर
51/25.4.80	5. श्रद्धेय प्यारेलाल निराला, वीपीओ—बस्ती (ठाकुरपुर)

1/12.1.81	6. श्रद्धेय सुधिराम, गाँव—अमौत (जेंगर), पोस्ट—बावतपुर आर.एस.-221202
81/14.5.82	7. श्रद्धेय रामकृष्णा पर्वाहकर्ता, श्रद्धेय शंकर लाल गुप्ता, गाँव—चौरी बाजार, बर्तन की दुकान, पोस्ट—परसीपुर
158/12..12.83	8. श्रद्धेय यशवन्त राव अम्बेडकर, गाँव—कुल्हुआ, पोस्ट—मोढ़
146/9.11.84	9. श्रद्धेय सुधिराम, गाँव—अमौत, पोस्ट—मंगारी बाजार, (ग्राम—अमौत जेंगर)
127/26.11.87	10. श्रद्धेय पन्तराम यादव, महा. अध्या. पाठ., त्यागी जनरल स्टोर, लहरतारा बालिया
7/9.4.88	11. श्रद्धेय श्रीराम, टीकापुर, पोस्ट—आवाजापुर, वाया सकलडीहा-232108
57/28.6.88	12. श्री पारस खिलाड़ी प्रसाद, संकटाप्रसाद चौक, वाराणसी
70/9.8.89	12. श्रद्धेय किशोरीलाल सा.-17/215, पहाड़िया पोस्ट—नक्खी घाट, वाया—सारनाथ-221007
83/9.9.88	13. श्रद्धेय कमला प्रसाद वर्मा, कमला प्रिंटिंग प्रेस, वीपीओ—चन्दौली-232108
131/26.12.88	14. श्रद्धेय राममूरत राम, गाँव—विपराही, पोस्ट—रामेश्वरपुर-1, चकिया
14/13.5.89	15. श्रद्धेय सूर्यबली प्रसाद, गाँव—शिवरामपुर, पोस्ट—जानपुर-221304

4. उत्तर प्रदेश (51. शाहजहाँपुर)

(शाहजहाँपुर-जलालाबाद-तिलहर-युवायाँ)

54/24.8.76	1. श्रद्धेय क्लर्क बाबूराम, दफ्तर डिप्टी इन्स. ऑफ स्कूल
91/18.12.78	2. श्रद्धेय नत्थूलाल, मोह.—मंझा, वीपीओ—खेड़ा बझेड़ा-243506
19/22.1.82	3. श्रद्धेय लाला बचन सिंह, एस.एफ. ऑपरेटर, के.एस. सी.एम., वीपीओ—तिलहर-242307
11/4.2.83	4. श्रद्धेय भोलानाथ यादव, मैनेजर पब्लिक वेलफेयर, कम्पनी रजि., वीपीओ—युवायाँ
27/12.3.83	5. श्रद्धेय विश्राम सिंह बौद्ध सुपुत्र श्रद्धेय निरंजन लाल बौद्ध, वीपीओ—रौतापुरकलाँ, वाया—युवायाँ
98/13.9.85	6. श्रद्धेय बुद्धरतन पर्वाहकर्ता, श्रद्धेय मेवालाल, पोस्ट—मैन वीपीओ—सरेना, वाया—खेड़ाबझेड़ा

23/12.5.86	7. श्रद्धेय मेवाराम पोस्टमैन, वीपीओ—मरेना, वाया—खेड़ाबझेड़ा-242303
139/19.12.87	8. श्रद्धेय जगदीश गौतम, गाँव—जगतपुर, पोस्ट—जोहराजपुर-262123
142/24.12.87	9. श्रद्धेय एन.एल. सिंह, निम्न श्रेणी लिपिक, श्रम कल्याण कार्यालय, आयुध वस्त्र निर्माणी, शाहजहाँपुर-242001 —श्रद्धेय जय कुमार टिकट नं. 13197/पी-6-II-बी, दरी सन्तन/आर्डिनेंस, शाहजहाँपुर-242001

4. उत्तर प्रदेश (52. सहारनपुर)

(सहारनपुर-देवबन्द-रुड़की-नकुड़-लकुआ)

17/9.2.81	1. श्रद्धेय नौबतसिंह, मोह.अहमदपुर कराकू, प्लोट नं. 2, (फूड साइड ऑफ स्कूल नं. 3), पोस्ट—जगतपुर-249407
20/11.2.81	2. श्रद्धेय रामाधार गौतम, क्वा.नं. 494/II/III भेल, गाँव—रानीपुर, पोस्ट—हरिद्वार-249403
46/6.4.83	3. श्रद्धेय बलवन्त सिंह सुपुत्र श्रद्धेय घासीराम, वीपीओ—अम्बेहटा शेरवाँ, वाया—देवबन्द-247254
165/23.12.83	4. श्रद्धेय रघुनाथ सिंह मास्टर, वीपीओ—कुलसठ
64/24.4.85	5. श्रद्धेय आर.गौतम, 494/II, बी.एच.ई.एल., गाँव—रानीपुर, पोस्ट—हरिद्वार-249403
34/12.4.85	6. श्रद्धेय सेवाराम II लेजर ब्रांच (S.B.C.O.) HPO रुड़की-247667
62/19.6.85	7. श्रद्धेय सुरेशचन्द, ग्राम विकास अधिकारी सुपुत्र श्रद्धेय श्यामलाल, वीपीओ—अम्बेहटा शेरवाँ, पट्टी डाडू-247554
112/10.10.85	8. श्रद्धेय दयाराम, पी.ए. हेड पोस्ट ऑफिस, रुड़की-247667
54/14.6.88	9. श्रद्धेय लोधी कुमार कोषाध्यक्ष डॉ. अम्बेडकर प्रगतिशील युवा मंच (रजि.) जाटव नगर, सहारनपुर-247001
102/25.10.88	10. श्रद्धेय सेवाराम सब-पोस्ट मास्टर, पोस्ट—लक्खी गेट, सहारनपुर-247001
	9. बुद्ध सिंह प्रेमी बौद्ध, डॉ. अम्बेडकर, पोस्ट—नागराजपुर-
	10. अथर्व बेदीय पंच विद्या, लेखक—प्रिय रत्न आर्या, प्रकाशन विश्वविद्यालय गुरुकुल, सागड़ा, सहासपुर, 31 दिसम्बर, 1968 ई.

4. उत्तर प्रदेश (53. सीतापुर)

(सीतापुर-सिघौली-सिसरिरव-बसवा)

03.10.1970 — श्री बाबा रामाश्रेय दास जी, V.—हीरापुर, P.O.—इसरवारा, सीतापुर UP

3/12.1.80 — 1. श्रद्धेय बृजेश कुमार पुरन्दर सुपुत्र श्रद्धेय चेतराम पुरन्दर, पुरन्दर साइकिल स्टैंड, लालबाग (कई बार)

51/11.3.82 — 2. श्रद्धेय चेतराम सहा. अध्या. राष्ट्रीय दीक्षा विद्यालय, वीपीओ—विसवां-261201

36/18.3.83 — 3. श्रद्धेय रघुबर दयाल सुपुत्र श्रद्धेय सुर्जनलाल, गाँव—सन्दपूर्वा, पोस्ट—बम्हौरा

63/26.6.85 — 4. श्रद्धेय बनवारी लाल भारती, गाँव—चितरेहटा पूर्वा, पोस्ट—परसदा-265001

89/17.10.87 — 5. श्रद्धेय राजबीरसिंह यादव, गाँव—बाराभारी, पोस्ट—खैरागढ़- 261131

101/17.10.87 — 6. श्रद्धेय रामेश्वर दयाल गेटमैन रेलवे स्टेशन, वीपीओ—खैराबाद-261131

123/6.11.87 — 7. श्रद्धेय यदुनन्दन प्रसाद वर्मा, मोहल्ला—बाजदारी (खत्री धर्मशाला के पास) वीपीओ—खैराबाद-261131

131/5.12.87 — 8. श्रद्धेय घासी राम, फाजीकमालपुर, पोस्ट—जार-265001

4. उत्तर प्रदेश (54. सुल्तानपुर)

(सुल्तानपुर-असेठी)

10/4.2.83 — 1. श्रद्धेय हौसिलाप्रसाद सहा. अध्या.प्राथ.पाठ., गाँव—बूबूपुर, पोस्ट—डोमाडीह

53/13.4.83 — 2. श्रद्धेय शान्ति स्वरूप पर्वाहर्ता श्रद्धेय बलराम प्रसाद, जिला उद्यान अधिकारी (मत्स्य कार्यालय के पीछे श्यामभवन) (70. धर्म परिवर्तन कमाई की)

54/13.4.83

120/20.9.84 — 3. श्रद्धेय अर्जुन प्रसाद, भीम पुस्कालय, प्रमुख होटल, वीपीओ—अलीगंज बाजार

116/5.11.87 — 4. श्रद्धेय रामराज वरिष्ठ लिपिक श्रम अधिकारी कार्यालय (सीरि. नं. शूद्रों-8/उच्छेद-8/वैदिक-8/नमा-850/सच्ची-8/शेष-

117/5.11.87 5. श्रद्धेय बोधिराम लिपिक जिला पूर्ति कार्या. सुल्तानपुर - रामखिलावन भीम स.अ. जूनियर हाई स्कूल, मुसाफिर खाना, सुल्तानपुर 227813

4. उत्तर प्रदेश (55. हमीरपुर)

(हमीरपुर-राठ-महोबा)

03.10.1970 श्री बैरागी लाल V.—ऊपर कला, P.—मंगलपुर, जिला—हमीरपुर, RPI

07.12.1970 श्री राम मुरलीधर अहिरवार, डॉ. भीमराव अम्बेडकर पुस्तकालय, खरेल, हमीरपुर, यू.पी.

23/9.4.77 1. श्रद्धेय मुरलीधर अध्यापक, वीपीओ—खेरला-210425

38/29.6.77 2. श्रद्धेय प्रसाद वर्मा, प्राथ.अध्या. पनबाड़ी, मोह.—राजगंज, वीपीओ—पनबाड़ी

94/26.12.78 3. श्रद्धेय रामगोपाल, ग्राम सेवक, गाँव—7 धोहलबुजुर्ग, पोस्ट—वाधुर खुर्द

30/22.2.84 4. श्रद्धेय सी.वी. त्यागी, कम्पाउंडर राजकीय आयुर्वेदिक चिकित्सालय, वीपीओ—कहटा

16/10.2.86 5. श्रद्धेय रामदीन अहिरवार, वीपीओ—रिवई, सुनैचा, पोस्ट—कबरई-210424

190/30.3.87 6. श्रद्धेय बाबूलाल निराला, अध्या., पर्वाहकर्ता, श्रद्धेय प्रभूदयाल असीन, गाँव—कुर्रा, पोस्ट—राठ-210431

82/21.9.87

69/9.8.88 7. श्रद्धेय गरीबदास बौद्ध, संयोजक भारतीय बौद्ध महासभा, शाखा—हमीरपुर, मोहल्ला—वासुदेव मन्दिर के पास पार्क, वीपीओ—चरखारी स्टेट-210401

27/11.5.88 8. श्रद्धेय मिलाप राय, नियर बी.डी. लखनपाल बिल्डिंग, देवलाल चौक (हमीरपुर-166001)

उत्तर प्रदेश (56. हरदोई)

(हरदोई-शाहाबाद-बिलग्राम—संडीला)

46/17.8.76 1. श्रद्धेय पुरुषोत्तम लाल, वीपीओ—सआदतनगर (उत्तरी)-241407

26/19.4.77 2. श्रद्धेय शिवनाथ, 34, रफेकतगंज, पोस्ट—बिलग्राम-241301

27/3.4.88 3. श्रद्धेय रामेश्वरदयाल यादव, डगरहा पूर्वा (शाहपुर), पोस्ट—हरियावाँ

69/23.9.78	4. श्रद्धेय गुलजारीलाल, वीपीओ—बनजरिया
86/18.11.78	5. श्रद्धेय मानसिंह यादव, गाँव—नई बस्ती, पोस्ट—अनंगपुर
23/24.3.81	6. श्रद्धेय सुखलाल, गाँव—ककराहा, पोस्ट—हरिहरपुर
95/27.7.81	7. श्रद्धेय रामपाल गौतम, गाँव—अलीगढ़, पोस्ट—बिलग्राम-241301
36/16.2.82	8. श्रद्धेय छोटेलाल बौद्ध, गाँव—कूची खेड़ा, पोस्ट—बन्दरहा-241407
43/2.3.82	9. श्रद्धेय रामभजन प्रधानाध्यापक प्राथ.पाठ., गाँव—बेलहिया, शाहपुर, पोस्ट—हरियावाँ (कई बार)
89/14.6.82	10. श्रद्धेय चन्द्रसेन, गाँव—मेंडुआ, पोस्ट—पूरा बहादुर
83/29.7.83	11. श्रद्धेय सरदार सिंह बौद्ध, वीपीओ—कुरसेली
101/11.8.83	12. श्रद्धेय सुरेन्द्रपाल बौद्ध, गाँव—कंडौहुआ, पोस्ट—नयागाँव मुबारक
19/20.1.84	13. श्रद्धेय यशोबिमलानन्द, 138, न्यू सिविल लाइन, पोस्ट—अम्बेडकर नगर
82/20.7.84	14. श्रद्धेय चतुरीलाल कश्यप, पेंशनर, नवी पूर्वा, धर्मशाला रोड
115/27.8.84	15. श्रद्धेय ब्रह्मादीन, गाँव—गुटकामऊ, पोस्ट—पाली-241123
112/1.12.86	16. श्रद्धेय जागेश्वरलाल बौद्ध आत्मज श्रद्धेय हेतमलाल बौद्ध, वीपीओ—चैना (सआदत नगर)-241407
176/24.2.87	17. श्रद्धेय भोलानाथ, ग्राम विकास अधिकारी, वीपीओ—पाली-241123
पेंशनर ग्वालियर मित्र	18. श्रद्धेय प्याला प्रसाद अस्थाना सुपुत्र श्रद्धेय शंकर सरन अस्थाना (घनश्याम), मंगल बाजार, संडीला-241204 (दामाद श्रद्धेय राम प्रताप अस्थाना, इंजी. एच.ए.एल.-241, ब्रह्मपुरी कॉलोनी
7/26.4.89	19. श्रद्धेय ओमप्रकाश वर्मा पर्वाहकर्ता, श्रद्धेय डॉ. बी.आर. एस., वीपीओ—चचरापुर-241001

(57. हरियाणा)

10.07.1970	श्री श्रीमन्त राव वीरेन्द्र सिंह Ex. मुख्यमंत्री हरियाणा, रामपुर पैलेस, V.P.—रेवाड़ी, गुड़गाँव, हरियाणा

कर्नाटक, मैसूर-(6. कुर्ग)

01.01.1965 श्री डी. बसलिंगप्पा, गांधी टावर सेक्रेटरी, स्कूल के सामने एक्सचेंज हाउस, बंगलौर

13.12.1975 श्री श्याम राव सवर्णो, डीबी ब्रांच, V.P.—जयगाँव, तहसील—भालकी, जिला—बीहर, कर्नाटक। आपको किताबों की वीपी पहुँच गई है।

117/25.10.79 1. श्रद्धेय सदाशिव ड्राइवर, यू.पी.के.—कनल सब-डिविजन, नं. 2, कैम्प नारायनपुर, तालुका शोरापुर-585224

139/12.12.79 2. श्रद्धेय पांडुरंग मिस्त्री, बौद्ध मन्दिर, तारफैल

66/24.5.88 3. श्रद्धेय जी.के. गोंगन, वीपीओ—येल्संगी, वाया—निम्बल

कर्नाटक, (12. बीदर)

87/20.10.86 1. श्रद्धेय धरंजी खरने, एस.डी.सी. सब-ट्रेजरार ऑफिसर बस्वा, कल्यान-585327

152/27.2.87 2. श्रद्धेय विट्ठल गायकवाड, पर्वाहकर्ता, श्रद्धेय एम.डी. यूसुफ महल फैजपुरा, पता—10-3-63/1, बीदर-585401

6. गुजरात (1. अहमदाबाद)

59/27.3.82 1. श्रद्धेय एम.डी. गोहिल, पोस्टल सिग्नेचर बैच-29, ब्लॉक-0/7 सी.टी.सी., न्यू मेंटल कम्पाउंड, अहमदाबाद-320016

102/3.8.84 2. श्रद्धेय बाबूराम बौद्ध, बी.संस टेक्सटाइल, गुजरात वेस्ट लिग के पीछे, अनुपम स्टेट के बाजू में, रखयाल रोड, अहमदाबाद- 38002376

118/15.11.85 3. श्रद्धेय विद्याराम यादव, बोरा की चाली, जुपिटर मिल के सामने, पोस्ट—बगलूपुर

39/24.3.86 4. श्रद्धेय सियाराम भारतीय, विजय मिल के पीछे, नरोड़ा रोड, रूम नं. 31, घाची की चाली, अनिल रोड, अहमदाबाद-380025

72/27.8.87 5. श्रद्धेय ई.एफ. परमार, छापरा ऑफ डॉ. अम्बेडकर एजुकेशनल ट्रस्ट, कोम नगर सोसाइटी, अहमदाबाद-380016

154/15.1.88 6. श्रद्धेय हरीश वर्मा, महामंत्री अखिल भारतीय मोरी कांग्रेस (रजि.) द्वारा 7/177 भक्ति नगर, नया बाबू नगर, अहमदाबाद-380024

18/23.4.88	7. श्रद्धेय व्यवस्थापक गुजरात बुद्धिस्ट पब्लिकेशन, 1603/1, जवाहर चौक (अहमदाबाद-380001)

6. गुजरात (4. खेड़ा)

88/31.8.85	1. श्रद्धेय जयन्तीलाल आर. राठोड़, 2828, उदय पार्क, एच.एस.जी. सोसाइटी, वीपीओ—मेतपुर, वाया—खम्भात-388620

6. गुजरात(10. बड़ौदा)

147/21.12.88	1. श्रद्धेय रामकिशोर, डॉ. अम्बेडकर
25/24.4.81	2. श्रद्धेय एस.डी. मोहिल, पी.ए. पादरा, पोस्ट—पादरा-391441
113/7.9.83	3. श्रद्धेय आर.बी. बेरी पर्वाहकर्ता, श्रद्धेय साराभाई एस. ओम केमिकल्स डिपार्ट, जी.पी. स्टोर, शोखा रो बड़ौदा-390007 —श्रद्धेय मन्नूभाई, गौम चौक, पादरा-391440

6. गुजरात (11. इस पेज का लेख धुँधला है, मैंने छोड़ दिया है)

6. गुजरात (13. भावनगर)

23.02.1970	Shri N.K. Chudarawa M.Sc. Plot N-30, Gandhi Coloni, Vidya Nagar, Bhavnagar, Gujarat
110/4.11.88	1. श्रद्धेय बैजनाथ प्रसाद गौतम, माधव स्टील रोलिंग मिल्स, जी.आई.डी.सी. नं. 1, वीपीओ—सीहोर-364240
178/31.3.88	2. श्रद्धेय हरिश्चन्द प्रसाद माधव स्टील रोलिंग मिल्स, जी.आई. डी.सी. नं. 1, वीपीओ—364240

6. गुजरात (14. राजकोट)

99/4.8.83	1. श्रद्धेय किशोर के. सोरठिया, 10 सोरठिया प्लाट, राजकोट-360001
111/1.12.86	2. श्रद्धेय परमारखी भाई साजन भाई, सर्वोदय सोसाइटी, श्री रामकृष्ण भवन

6. गुजरात (20. बड़ौदरा)

141/30.10.84	1. श्रद्धेय मनूभाई डी. गोहीन पोस्टल ऑफिस, वीपीओ—पाडरा-391440

6. गुजरात (17. महसाना)

92/18.12.78 1. श्रद्धेय राजेन्द्र कुमार करसन भाई सोलंकी, मीरा गेट, वराकरवास, वीपीओ—पाटण-384265

44/3.6.88 2. श्रद्धेय पी.वी. चावड़ा सेल्स टेक्स ऑफिसर, वीपीओ—बिसनगर प्रमुख ऑफिस-384315

6. गुजरात (19. सूरत)

116/16.9.83 1. श्रद्धेय बाबूनन्दन करीमन दास, वीपीओ—सुगर मिल, बारडोली

6. गुजरात (7. जामनगर)

156/21.1.87 1. श्रद्धेय मकवाना शंकर भाई पी., गाँव—मोटा कालावड, पोस्ट—वेराड, वाया—भानवड-360515

87/29.6.87 2. श्रद्धेय खेराभाई जीवाभाई, गणेश साइकिल स्टोर, चार रास्ता पास, (ऑफिस विजय सिनेमा), जामखम्भालिया, जामनगर-361305

134/12.12.87 3. श्रद्धेय राम सिंह जे. गोहिल द्वारा श्रद्धेय जितेन्द्र सिंह डी. राठौर (अपोजिट कमाल कुंज), गांधी नगर-42/43, शंकर टेकरी, जामनगर-361005

170/14.3.89 4. श्रद्धेय जयन्त पधरेसा, एम.बी.बी.एस. मेडिकल ऑफिसर प्राइमरी हैल्थ सेंटर, वीपीओ—बड़ौदा-360515

5/26.4.89 और
20/23.5.90 5. श्रद्धेय राठौर जितेन्द्र सिंह डी., रूम नं. 42/43, कमलकुंज, गांधी नगर, शंकर टेकरी, जामनगर-361005

10.06.1970 श्री श्रीरविशंकर महाराज, गुजरात, इन्होंने जरायम पेशा जाति 'बरैया' के उद्धार के लिए काम किया।

10.06.1970 श्री अकबर भाई गुजरात ये इलाका बनाम (गुजरात) की कोली व ठाकुर जाति के सुधारक थे।

7. जम्मू और कश्मीर

115/28.10.85 1. श्रद्धेय जयपाल सिंह आर्य महा. विकास अधिकारी, राष्ट्रीय कृषि एवं ग्रामीण बैंक, अपोजिट आई.जी. पुलिस ऑफिस, ईरम चेम्बर, करननगर, श्रीनगर-190010
—श्री राजेन्द्र सिंह डेवलपमेंट ऑफिसर खादी एंड विलिज इंटरडीज करननगर, श्रीनगर-190010

8. नगालैंड

1. श्री हीरा लाल धरकर (सप-1) खादी एंड वि.आई. कमीशन, डंकन रोड, दीमापुर-79702, लखनऊ ट्रांसफर, दीमापुर से 120 किलामीटर जारहट (असम पुराना) बुद्ध विहार
2. श्री बी. गोगोई, मेम्बर ई.सी. इंडिया, बुद्धिस्ट काउंसिल सेक्रेटरी, कोहिमा
3. रेवती रंगन बरुआ, साउथ इंडिया डिनर, रेलवे स्टेशन, दीमापुर, नगालैंड स्टेट
4. श्री राजेश कुमार, आर्टीगन खादी ग्राम उद्योग विद्यालय, इंडस्ट्रियल स्टेट, दीमापुर-797112 (नं.1 के मित्र सामाजिक वर्कर हैं)

9. पंजाब (3. जालन्धर)

80/15.11.76 1. श्रद्धेय डॉ. सुरेन्द्र अज्ञात प्रोफेसर, डब्ल्यू-3/57, अज्ञातवास, वीपीओ—बंगा-144505

103/21.8.81 2. श्रद्धेय दयाराम पर्वाहकर्ता, श्रद्धेय माणिकराज 'नास्तिक' बर्याम नगर, कोठी नं. 48, जालन्धर सिटी-144001

100/11.8.83 3. श्रद्धेय मनजीत सिंह साही, पर्वाहकर्ता, स्टेट बैंक ऑफ इंडिया, आई.ए.एफ. स्टेशन, वीपीओ—आदमपुर डोबा-144102

4. श्रद्धेय हसन लाल सम्पादक *धम्मकीर्ति*, बुद्ध विहार, सिद्धार्थ नगर, मॉडल टाउन, जालन्धर-144003

41/30.5.88 5. श्रद्धेय हरमेशलाल द्वारा श्रद्धेय हंसा देवी, 1255, लम्बा पिंड (नियर बाबा जी), जालन्धर-144009

9. पंजाब (4. पटियाला)

162/24.12.84 1. श्रद्धेय रामनेवाज बौद्ध बी.सी. एंड आई. धागा मिल, क्वा. नं. 126, पुरानी कॉलोनी, राजपुरा-140401 (कई बार)

27/23.3.85 2. श्रद्धेय जीरबली बौद्ध बी.सी. एंड आई., ए/95, नई कॉलोनी, वीपीओ—राजपुरा-140401

24/22.2.86 3. श्रद्धेय गंगा प्रसाद सुपुत्र श्रद्धेय दीपन प्रसाद, बी.सी. एंड आई. धागा मिल (लिमि.), बंउलिंग विभाग बी., कार्ड नं. 658, क्वा. नं. 78, पोस्ट—राजपुरा-140401

4. श्रद्धेय खेडूप्रसाद श्रद्धेय साधुरी, बी.सी. एंड आई (लिमि.) 137, लेबर कॉलोनी, वीपीओ—राजपुरा-1240401

9. पंजाब (7. भटिंडा)

15/4.2.85 1. श्रद्धेय अवतार सिंह एम.ए., पर्वाहकर्ता, श्रद्धेय डिवीजनल इंजीनियर (सी.), पी. 6 हाउसिंग डेवलपमेंट बोर्ड, 367, अरबन स्टेट

32/11.5.88 2. श्रद्धेय रामप्रीतराम, सी.आई.एस.एस. यूनिट, फायरविंग, एन.एफ.एल., भटिंडा-151003

9. पंजाब (11. हाशियारपुर)

25/26.3.81 1. श्रद्धेय प्रोफेसर ज्ञानसिंह गवर्न. कॉलेज

176/11.12.82 2. श्रद्धेय अशोक मामन, डॉ. अम्बेडकर सोसाइटी, डॉ. अम्बेडकर मार्ग, मोहल्ला—बजवाड़ा कलाँ, होशियारपुर-146023

9. पंजाब (12. फरीदकोट)

60/8.5.80 1. श्रद्धेय हरदयाल सिंह सुपुत्र श्रद्धेय ठेकेदार, वीपीओ—तरखानवाला, भगवानपुर, वाया—रामनगर-152112

27/15.5.86 2. श्रद्धेय डॉ. जोगिन्दर पौली, पी.एच.सी., वीपीओ—लम्बी-152113

9. पंजाब (14. मुक्तसर)

45/25.6.87 1. श्रद्धेय राजकुमार, सुपुत्र श्रद्धेय रतनलाल, सिंहानिया बूट हाउस, मुक्तसर-152026

9. पंजाब (15. कपूरथला)

74/11.8.9 1. श्रद्धेय अस्सा सिंह, मधर्त गर्ल्स हाई स्कूल, वीपीओ—ढिलवान-144804

10 बंगाल (1. कलकत्ता)

07.01.1970 श्री सुरेश चन्द बौद्ध B.Sc., D.M.S. II, 83 मुगल बागान P.O. नारकेल डंगा, शिमला, कलकत्ता-II, आपके लिए पुस्तकें रवाना हैं।

06.02.1970 श्री विप्लव कुमार 'विद्रोही', 15-दलीम तल्ला लेन, DISTE-कलकत्ता-6 (बंगाल)

23.04.1970 श्री किसुन राम, 15 दलीम तल्ला लेन, पो.—शिमला, कलकत्ता-6

23.04.1970 श्री बलिराम छविलाल साउ को, बाड़ी नम्बर 41, P.O.—टेगरा रोड, कलकत्ता-15

05.02.1970	श्री किशुनराम, 15 दलित तल्ला लेन, P.O.—शिमला, कलकत्ता-06
03.07.1970	श्री श्रीराम, लाल बाबू लेन, बधव श्री विश्राम, P.O.—काशीपुर, कलकत्ता
03.10.1970	श्री राम हरिजन, लाल बालू लेन, c/o श्री बिन्दाराम, P.O.—काशीपुर, कलकत्ता-2, आप अपने नाम के साथ हरिजन शब्द हटा दें। हरिजन का अर्थ होता है—रखैल की सन्तान। यह हिन्दू मन्दिरों से शुरू हुआ।
07.12.1970	श्री राधिका मोहन, 33/1 सुवारवान, स्कूल रोड, भवानीपुर, कलकत्ता-25
07.12.1970	श्री गुणाधार वर्मन, 155/1000 आचार्य प्रफुल्लचन्द रोड, कलकत्ता-6, फोन- 555029
07.12.1970	श्री ब्रह्म (बुद्धाचार्य), हिंडल हॉस्पिटल रोड, कलकत्ता-12
07.12.1970	श्री भिक्षु शान्त, रक्षक ब/व पूज्य धम्मपद महास्थविर धर्मांकुर बुद्ध विहार, बुद्धिस्ट टेम्पल, स्ट्रीट 1, बहुबाजार, कलकत्ता
07.12.1970	श्री रामनाथ जी, डी16/56 इस्तम रोड, कलकत्ता
06/01/1973	ई.श्री जगन्नाथ प्रकाश, ऑफिस सेक्रेटरी, अखिल भारतीय डॉ. अम्बेडकर समाज समता संघ, कलकत्ता-16
07/01/1973	ई. राम सनेही, स्टूडेंट B.Sc. फाइनल इयर, छात्रावास कॉलेज, कलकत्ता-16
10/01/1973	ई. राम ध्यान यादव/हुकुमचन्द, जूट मिल, कच्ची लाइन न. 1, सूत कोठी के पास प्रो. हजीनगर, बंगाल
06/01/1973	ई.श्री जगन्नाथ प्रकाश, ऑफिस सेक्रेटरी, अखिल भारतीय डॉ. अम्बेडकर समाज समता संघ, कलकत्ता-16
07/01/1973	ई. राम सनेही, स्टूडेंट B.Sc. फाइनल इयर, छात्रावास कॉलेज, कलकत्ता-16
83/4.11.78	1. श्रद्धेय श्रीराम, 4/3, लाला बाबू की लैक पर्वाहकर्ता, श्रद्धेय बिन्दाराम, पोस्ट—काशीपुर-700002 (कई बार)
87/7.4.79	2. श्रद्धेय जगजीवन राम, बौद्ध पर्वाहकर्ता, श्रद्धेय बाबू लाल, 64/65, गार्डन बीच रोड, कलकत्ता-700024 (कई बार)
75/25.5.83	3. श्रद्धेय श्रीकान्त महतो, टी.नं. 79487, ए/डी रोड, प्लाट एम/एस, ईसप एंड कम्पनी (लिमि.), वीपीओ—दमदम-700028
115/10.9.83	4. श्रद्धेय कमल प्रसाद, टिकट नं. 64, लिप्टन इंडिया लिमि., 1. ट्रांसपोर्ट डिमार्ट रोड, कलकत्ता-700088

85/25.6.84 5. श्रद्धेय उदयनारायण प्रसाद, ट्रेसर, डाइंग ऑफिस, मन एंड सेल फैक्ट्री, वीपीओ—काशीपुर-700002

159/10.12.84 6. श्रद्धेय जमुना कुमार बौद्ध, चापल कारखाना, 11 बेचू चटर्जी स्ट्रीट (दुर्गा भवन के.वी.) कलकत्ता-700086

70/6.7.85 7. श्रद्धेय श्याम प्रसाद दिमान, ट्राइविंग ऑफिस गन एंड शैल फैक्ट्री, वीपीओ—काशीपुर-700002

124/29.11.85 8. श्रद्धेय कुन्दन प्रसाद, 22/2/एच/13, के.सी. रोड, पोस्ट—काशीपुर-700002

142/9.2.87 9. श्रद्धेय दसईराम काट्स ऑफ इंडिया (लिमि.), इंसोट डिपाट रोड (टी.डी. रोड), कलकत्ता-700088; लोकनाथ पुस्तकालय, 173, महात्मा गांधी रोड, कलकत्ता-700007

10. श्रद्धेय जगन्नाथ प्रसाद, मंत्री, अखिल भारतीय डॉ. अम्बेडकर सेवा संघ, 25, रफी अहमद किदवई रोड, कलकत्ता-700016 (50 दिन में)

181-बी/11.12.82 11. श्रद्धेय जेठू प्रसाद, कमरा नं. 88, पुरानी लाइन, मु.-बाली जूट मिल नं. 2, मिल रोड, पोस्ट—नरकुलडांगा, कलकत्ता-700054

173/12.2.88 12. श्रद्धेय रमाकान्त, 29/7, महेश ग्वाला की बाड़ी, झील रोड, पोस्ट—काशीपुर-700002

23/7.5.88 13. श्रद्धेय पन्नालाल, बी-35, प्रिंसिपल दिलावर जॉन लेन, 28, गार्डन रीच रोड, कलकत्ता-700024

174/17.3.89 14. श्रद्धेय रोरी साहब, बी-5, प्रिंस दिलावर जान लेन, पोस्ट—28, गार्डन रीच रोड, मटिया बुर्ज, कलकत्ता-700024

10. बंगाल (3. चौबीस परगना)

13.04.1970 श्री शिवचरण दास, 72/ग्रे स्ट्रीट कार्पोरेशन वर्क्स शॉप, पो.—शिमला, कलकत्ता-06

62/13.9.76 1. श्रद्धेय रामचन्द्र प्रसाद, श्रद्धेय महेन्द्र बाबू की लेन, दुखी साव की बाड़ी, ए.पी. देवी रोड, पोस्ट—टीटागढ़-743188

60/19.9.77 2. श्रद्धेय शिव पूजन महतो, कालबिन लाइन नं. 4/3, रूम नं. 56, पोस्ट—तलपुकुर-743187

114/20.39.80 3. श्रद्धेय पंचमकुमार दास, जन. सेक्रे., डॉ. भीमराव अम्बेडकर संघ, बी.एल. नं. 2, थाना रोड, वीपीओ—जगतदल-743125 (कई बार)

83/16.6.81 और 135/25.10.83	4. श्रद्धेय हरीनारायण राम, 4 नम्बर मिल्स लाइन, 9 गरम तालाब, कमल चौधरी की खटाल, पोस्ट—बेलाबगान, वाया—जगतदल-743125
118/21.8.82	5. श्रद्धेय शीलरक्षक बौद्ध, 31/624, बिरला लाइन, पोस्ट—बिरलापुर-743318 (कई बार)
32/12.3.83	6. श्रद्धेय इन्द्रदेव बौद्ध, 31/624, बिरला लाइन, पोस्ट—बिरलापुर-743318 (कई बार)
169/31.12.85	7. तेजूहेला, Y.D./T.E. 399, रायफल फैक्ट्री, इच्छापुर, पोस्ट—नवाबगंज
71/6.7.85	8. श्रद्धेय जवाहरलाल प्रसाद, लाइन नं. 3/97, केला बागान, पोस्ट—743125
104/3.10.85	9. श्रद्धेय शिवराम बौद्ध, 22/430, बिरला लाइन, पोस्ट—बिरलापुर-743318

10. बंगाल (3. चौबीस परगना)

122/29.11.85	10. श्रद्धेय सीताराम, 29/586, बिरला लाइन, पोस्ट—बिरलापुर-743318
2/1.4.86	11. श्रद्धेय शंकार प्रसाद, डॉ. अम्बेडकर संघ (रजि.), ब्लॉक नं. 2, गली नं.—, थाना रोड, पोस्ट—जगतदल-743105
152/25.12.86	12. श्रद्धेय रामचन्द्र दास, 51/1, किशोरी दास की बाड़ी, गली नं-22, सुगिया पाड़ा, पोस्ट—काँकीपाड़ा-743126
174/21.2.87	13. श्रद्धेय हरीनारायण बौद्ध, 1/78, तिनसुकिया लाइन, वीपीओ—जगतदल-743125
	14. श्रद्धेय भोलानाथ, एंग्लो-इंडिया लोक मिल, लाइन नं. 2/39, वीपीओ—जगतदल-743125
	15. श्रद्धेय विश्वनाथ, मोह.—बाई, वेली लाइन नं. 10/302, सामनपार
77/1.9.75	16. श्रद्धेय प्यारे लाल बौद्ध, पर्वाहकर्ता, परमा चौधरी, बी.एल. नं. 10, पोस्ट—कांकीपाड़ा-743126
95/18.12.75	17. श्रद्धेय रामलखन दास, मोह.—बरतल्ली मियाँ की बाड़ी, बाँस बाजार, पोस्ट—टीटागढ़-743188
28/18.5.87	18. श्रद्धेय रामलखन बौद्ध, केला बागान, लाइन नं. 2/39. पोस्ट—जगतदल-743125

	श्रद्धेय परदेसी राम बौद्ध, लाइन नं. 2/39., पोस्ट—जगतदल-743125

10. बंगाल (6. वर्धमान)

13.04.1970	श्री चन्द्रिका दास, V.—ईस्ट शीतलपुर चनचनी, P.—उखड़ा, जिला—वर्धमान, बंगला
16/25.3.77	1. श्रद्धेय अभिराज प्रसाद, गाँव—भदीहा लोटू केवटी, पोस्ट—कन्यापुर-713341
55/30.8.77	2. श्रद्धेय धर्मराज सिंह बौद्ध, लोको क्वा. एच-175, रूम नं. बी.
75/21.11.77	3. श्रद्धेय राम सोच गौतम, फ्री प्राथ. स्कूल, छोटा कोलियरी-7109, पीआईटी, बहुला-713322
51/10.7.78	4. श्रद्धेय कालीचरन, ड्राइवर, लोको क्वा. नं. 336 ए-बी.
107/22.8.83	5. श्रद्धेय गोवर्धनराम, 4/1, विद्यामति रोड, वीपीओ—दुर्गापुर-713205
145/9.11.84	6. श्रद्धेय मनोहर लाल, नरसिंह बाघ, दुबेपाडा, श्री रघुबीर हेला की बाड़ी, पोस्ट—बर्नपुर-713325
15/6.2.86	7. श्रद्धेय रामनाथ प्रसाद, नया बस्ती, सेनरेले साइकिल फैक्ट्री, वीपीओ—कन्यापुर, आसनसोल-713341
115-बी/ 19.12.79	8. श्रद्धेय रामसबद प्रधान, छोटा कोलियरी, 7.9 फुट, पी.आई.टी. (बी टाइप हरीपुर-शिवपुर मन्दिर के पास), पोस्ट—बहुला-713322
150/31.1.89	9. श्रद्धेय कन्हैयालाल द्वारा श्रद्धेय धरमूराम, घेमो साइन कोलियरी (छह दो तल्ला), पोस्ट—बड़ा घेमो (सीलरामपुर)-7133359
168/10.3.89	10. श्रद्धेय रामचूक बाल हरिजन, गाँव—कजरा जामवाद कोलियरी, उखड़ा (खन्द्रा)

10. बंगाल (10. हावड़ा)

10/01/1973	ई. राम ध्यान यादव, हुकुमचन्द जूट मिल, कच्ची लाइन न.1, सूत कोठी के पास प्रो. हजीनगर, बंगाल
45/17.8.76	1. श्रद्धेय हवलदार यादव, नेहरू आदर्श विद्यालय, 68/1, माधव बाबू की लेन, पोस्ट—घुसुंडी-711107
108/22.8.83	2. श्रद्धेय सुरेन्द्र कुमार दास, 14/3, धर्मदास गांगुली लेन, पोस्ट—शिवपुर-711102

7/9.4.86	3. श्रद्धेय जे.एन. जयसवारा, ए-3/12, एस.ई. रेलवे कॉलोनी, टिकिया पाड़ा, हावड़ा-711001
	4. श्रद्धेय रूटीराम गौतम (इलाहाबाद वाले), डॉ. अम्बेडकर सेवा संघ, 6 विजय कुमार मुकर्जी रोड, मलकिया/30 दिन थे।
	5. श्रद्धेय मुरली बौद्ध, नेशनल कम्पनी लाइन नं. 15, क्वा. सं.-34, पोस्ट—बानीपुर/ 25 दिन थे।
	6. श्रद्धेय सुखदेव राम, पोस्टमैन, पोस्ट—शिवपुर हावड़ा-2
30/10.7.89	7. श्रद्धेय के.आर. दास असि.टीचर, ई.रेलवे, हिन्दी हाई स्कूल, वीपीओ—लिलुआ-711204

10 बंगाल (11. हुगली)

22/29.1.82	1. श्रद्धेय रामेश्वर दास पर्वाहकर्ता, श्रद्धेय किशुन मिस्त्री, मालपाडा, पोस्ट—गोंदलपाडा-712137 (कई बार)
137/27.9.82	2. श्रद्धेय सुरेशदास, डॉ. बी.आर. अम्बेडकर सेवा संघ, राधानाथ सिकन्दरा रोड, वीपीओ—गान्दलपाड़ा-712137
177/11.12.82	3. श्रद्धेय सुरेश कुमार भारती, बसुलाला की बाड़ी, पाइक पाड़ा, पोस्ट—तेलनी पाड़ा-712125
	4. श्रद्धेय भिखारी प्रसाद पर्वाहकर्ता, बजरंगी शाह एन.एस. रोड, रिशरा/19 दिए थे।
	5. श्रद्धेय राजकिशोर राम पर्वाहकर्ता, शॉप इंस्पेक्शन रेल बिल्डिंग डिपार्ट, पोस्ट—बंडेल जंक.-712123
4/11.1.85	6. श्रद्धेय रामजन्म प्रसाद, मंत्री परिबल भारतीय हरिजन सेवा समिति, बासा नं. 32, लाइन नं. 9, पोस्ट—गान्दलपाड़ा-712137
15/7.2.85	7. श्रद्धेय देवनन्दन प्रसाद सिन्हा, मस्जिद बेगन, दिन मोहंगा, माला पाड़ा, खासपानी, पोस्ट—गान्दलपाड़ा-712137
112/15.11.87	8. श्रद्धेय भूपेन्द्र राव, बेलिमटन जूट मिल, लाइन नं. एफ/1, पोस्ट—रिशरा-712248

11. बिहार (1. औरंगाबाद)

39/21.4.76	1. श्रद्धेय रघुवंश कुमार, गाँव—बहुगाँव, पोस्ट—भोवरा-824124
42/19.8.78	2. श्रद्धेय भागीरथ प्रसाद मेहता, गाँव—हमीरपुर, पोस्ट—बधोई, वाया—हसपुरा-834128

21/13.2.79	3. श्रद्धेय मथुरा प्रसाद, छोटा-गाँव—तैयाल मोदीपुर, पोस्ट—डुडुवाँ, वाया—मोह.—824203
57/23.4.79	4. श्रद्धेय तेजेन्द्र पुस्तकालय पर्वाहकर्ता, श्रद्धेय राम नरेश प्रसाद, मोह.—इतवारी, पोस्ट—हसपुरा-824120
134/13.12.79	5. श्रद्धेय हलखोरी प्रसाद, वीपीओ—दघपी, वाया—वार
52/24.4.80 और	
100/31.10.86	6. श्रद्धेय एस.के. बुद्ध, गाँव—राजपुर, पोस्ट—रुकुंडी

11. बिहार (2. कटिहार)

1/5.1.84	1. श्रद्धेय वासुदेव मंडल, गाँव—तिनघारिया, पोस्ट—अयोध्यागंज बाजार-854501

11. बिहार (3. गिरडीह)

7/4.1.79	1. श्रद्धेय बीरबल गोप, गाँव—समारन फैल, पोस्ट—गिरडीह बाजार, वाया—बेरमो-829104
105/26.8.81	2. श्रद्धेय कन्हैया लाल पर्वाहकर्ता, श्रद्धेय अजय पाल भारद्धाज, घौड़ा नं. 3, कारगली, पोस्ट—बेरमो-829104
115/14.9.81	3. श्रद्धेय मिसिर महतो पर्वाहकर्ता, श्रद्धेय अजयपाल भारद्धाज, घौड़ा नं. 3, कारगली, पोस्ट—बेरमो-829104
169/30.11.81	4. श्रद्धेय फिरतराम, टो.नं. 471, डी.भी.सी. बेरमो माइंस, 1 नम्बर माइंस क्वार्टर, वाल्ड कॉलोनी, वीपीओ—बेरमो-829104
5/9.1.82	5. श्रद्धेय झरोखा, टो.नं. 1054, डी.भी.सी. बेरमो माइंस, पुराना चीय हाउस, वीपीओ—बेरमो-829104
125/21.9.84	6. श्रद्धेय जुग्गूलाल, 105-के. जवाहरनगर, वीपीओ—बेरमो-829104
45/3.6.88	7. श्रद्धेय डिल्ली रविदास, वीपीओ—बंगराकलाँ वाया—पलौंजिया-825318

11. बिहार (4. धनबाद)

22/19.3.76	1. श्रद्धेय भोलानाथ सिंह, कोषाध्यक्ष स्टोर कैम्प नं. 1 भाटाफरी, वीपीओ—बोकारो स्टील सिटी-827111 (नया पता—मोहल्ला—भोजपुर (राशन दुकान एंड होटल) बाईपास रोड, वीपीओ—चास-827013

78/4.11.76	2. श्रद्धेय लाल जी प्रसाद पर्वाहकर्ता, श्रद्धेय ललिताराम, क्वा. नं. 82, स्ट्रीट नं. 10, बी.एस.एल.एल.एच. लकड़खन्दा, पोस्ट—बोकारो स्टील सिटी-827011
84/30.11.76	3. श्रद्धेय राधा प्रसाद, सेक्टर-9, स्ट्रीट-38, क्वा.नं. 1506, पोस्ट—बोकारो स्टील सिटी-827011
4/25.1.77	4. श्रद्धेय हनुमान राम पर्वाहकर्ता, श्रद्धेय लाल जी राम, क्वा. नं. 82, स्ट्रीट नं. 10, बी.एस.एल.एल. लकड़खन्दा, पोस्ट—बोकारो स्टील सिटी-827011 (बी.एस.सी. की झोंपड़ी)
49/12.8.77	5. श्रद्धेय रामअधार राम (छोटा केदारनाथ) गाँव—खास-मेहतावाडीह कोलियरी, (भटमुरना मोड), पोस्ट—कतरासगढ़-828113
13/20.2.78	6. श्रद्धेय सीतापति राम, अनुदेशक आई.टी.आई.
50/18.7.78	7. श्रद्धेय हरगोबिंद राम, प्लाट नं. 415, वीपीओ—बोकारो स्टील सिटी-827011 (917 किलोमीटर झांझक से)
62/7.9.78	8. श्रद्धेय रामेश्वर प्रसाद सिंह रेलवे माकी बी.के.एस.सी., पुस्तकालय कक्ष, डॉ. अम्बेडकर पुस्तकालय, प्लाट नं. 32-बी-पर्वाहकर्ता, झा पान की दुकान, बी.एस.एल. झोंपड़ी कॉलोनी, फेबरीकेशन वार्ड, पोस्ट—माराफरी, बोकारो स्टील सिटी-827011
77/30.6.79	9. श्रद्धेय आर.पी. बिबोसी, एल.एच.-41/एच.एस.सी.एल. न्यू कॉलोनी (श्रम कल्याण केन्द्र के सामने) बोकारो स्टील सिटी-827011
88/18.8.79	10. श्रद्धेय चन्द्रेश्वर प्रसाद पर्वाहकर्ता, निजाम पान दुकान, मोह.—आजाद नगर, पोस्ट—बोकारो स्टील सिटी-827011

11. बिहार (5. पलामू)

25.06.1970	श्री कृष्ण कुमार वर्मा, BA, BSc. डिप्टी इंस्पेक्टर, (नियर स्टोन फैक्ट्री) न्यू आरिया, हमीदगंज, P.O.—डाल्टनगंज, जिला—पलामू, बिहार
14/4.2.81	1. श्रद्धेय सुमंगल राम, मध्य विद्यालय, वीपीओ—द्वारिका, वाया—पाँकी-822122
80/10.5.82	2. श्रद्धेय ललकू बड़ाइक, रा.प्रा.वि. चेरोडीह, पोस्ट—गारू

138/26.10.84	3. श्रद्धेय रामदयाल सिंह विज्ञान शिक्षक राज्य महाविद्यालय, वीपीओ—द्वारिका, वाया—पाँकी-822122
4/18.1.80	11. श्रद्धेय रामचन्द्र साह, क्वा.नं. 2348, स्ट्रीट नं. 13, सेक्टर-8-ए, बोकारो स्टील सिटी-827011
50/3.4.80	12. श्रद्धेय आर.सी. राना, वर्क असि., सेक्टर-9-9 टी.ए. मेंटिनेंस (सिविल), पोस्ट—बोकारो स्टील सिटी-827011
77/4.9.81	13. श्रद्धेय रघुबीर साह, आजाद नगर, मिलाप शरण होटल सराय, वीपीओ—बोकारो स्टील सिटी-827011
117/15.9.81	14. श्रद्धेय हरीप्रसाद, गाँव—अलकुशा, कोलियारी नं. 6, ग्वाला पट्टी, पीपल छबड़ा-5, पोस्ट—कुसुंडा-828116
159/23.11.81	15. श्रद्धेय शिव शंकर राम, मेसवासा-2 (पोस्ट ऑफिस के पीछे), वीपीओ—कुसुंडा-828116 (कई बार)
159/2.11.82	16. श्रद्धेय बी.सी. यादव, एस.एम.एस. पर्सनल डिपार्टमेंट, एम.एस.सी.एल., वीपीओ—बोकारो स्टील सिटी-827011
146/31.12.85	17. श्रद्धेय भगवान विश्वकार्मा, मोहल्ला—छाताबाद-10 नम्बर, पोस्ट—कतरासगढ़-828113
8/9.4.86	18. श्रद्धेय भल्लूदास लकड़का, कोलियारी पी.टी. ऐंटर, वीपीओ—कतरासगढ़-828113 (कई बार)
39/8.6.87	19. श्रद्धेय चन्द्रेश्वर चौधरी, मोह.—पाथरडीह (दुर्गा मन्दिर), कोलियारी, पोस्ट—पाथरडीह
59/8.7.88	20. श्रद्धेय गणेश मंडल, क्वा.नं. 1147, सेक्टर-6-सी. पोस्ट—बोकारो स्टील सिटी-827006
138/14.1.89	21. श्रद्धेय नकुल सिंह, पी.पी.सी. बिल्डिंग, फोर्थ फ्लोर, (क्जोरा रूम), पोस्ट—बोकारो स्टील सिटी-827001
10/6.5.89	22. श्रद्धेय नरेश कुमार सिंह, पोस्ट—पाथर बंगला, पोस्ट—भागा-828301

11. बिहार (6. पूर्णिया)

07.12.1970	श्री मुसाफिर राय, क्वार्टर न. 316 एफ न्यू कॉलोनी, गड़हारा, पोस्ट—गड़हारा, जिला—मुंगेर (बिहार)
68/25.5.81	1. श्रद्धेय दरबारी लाल भरंडी, गाँव—ईकड़ा, पोस्ट—खोखा-854301
2/5.1.85	2. श्रद्धेय भोलादास, वीपीओ—डेहटी
81/22.2.85	3. श्रद्धेय बलिरामप्रसाद, अंचल अधिकारी, वीपीओ—सिकरी

11. बिहार (7. पटना)

69/5.10.76	1. श्रद्धेय रामकृति सिंह, वीपीओ—पोआवाँ, वाया—मसौढ़ी-804452
76/4.11.76	2. श्रद्धेय राम बालक प्रसाद चौरसिया, चौरा सियामधुमक्खी पालन बटी, आर-ब्लॉक-सी-10, रोड नं. 1, पटना-800001
87/13.12.76	3. श्रद्धेय भगवतप्रसाद, धोबी टोला, वीपीओ—दीनापुर कैंट-801503
7/15.1.78 और 35/13.5.87	4. श्रद्धेय किशन चन्द वर्मा, गाँव—भगवानपुर, पोस्ट—सरासत, वाया—नौबतपुर-812006
66/16.9.78	5. श्रद्धेय राजेश्वर प्रसाद बाटा इंडिया लिमि., वीपीओ—हाथीदाह-803301 (कई बार)
30/20.3.79	6. श्रद्धेय बाँके बिहारी वर्मा, अध्यक्ष डॉ. अम्बेडकर पुस्तकालय, वीपीओ—अराय, वाया—8011.4
82/7.7.80	7. श्रद्धेय सुरखलाल आर्य, पर्वाहकर्ता, श्रद्धेय हिंगूमियाँ की बाड़ी (बीड़ी की दुकान), पदरी की हेवली
29/11.3.81	8. श्रद्धेय रवीन्द्र पटवारी, कमरा नं. 12, राम निवास भवन, चक मुसल्लहपुर, पोस्ट—महेन्द्र-800006
71/25.5.81	9. व्यवस्थापक के विभागी प्रकाशन, बिक्री केन्द्र, अतिथि कार्यालय, नया सचिवालय
153/25.4.84	10. श्रद्धेय रामसेवक शिक्षक, प्राथ. विद्यालय, बीबीपुर, (इटावा), मसौढ़ी-804452
65/24.4.84	11. श्रद्धेय गोधराज कल्पील, महामंत्री बिहार राज्य ओरिया हरिजन परिषद, मंडल, हरिजन जिज्ञास पटना-600008 (नोट—पटना से 50 किलोमीटर 68 पूर्व में पटना साहेब रेलवे स्टेशन के राम मंगल तालाब है।)
99/20.7.84	12. श्रद्धेय बटोरन पासवान, मैसर्स बाटा इंडिया लिमि., वीपीओ—हाथीदाह-803301
60/19.6.85	13. श्रद्धेय डॉ. बी.एन. करुणाकर, पंचशील नरसिंह, पुराना जक्कनपुर, पटना-800001
61/4.9.86	14. श्रद्धेय रामबालक प्रसाद एडवोकेट (नेशनल इंडिया एकेडमी), भूतपूर्व निबन्धक, कार्तिक विभाग-बिहार), न्यू पुरन्दरपुर, जी.बी.ओ. साउथ, पटना-800001

नेता क्लर्क	15. श्रद्धेय जयराम प्रसाद सिंह, शिवाजी पल, पलपुर, पटना-800001
204/21.3.88	16. श्रद्धेय सुरेन्द्र बिस्मिल, गाँव—तालीमपुर, पोस्ट—बाढ़-803213

11. बिहार (8. भागलपुर)

85/27.6.83	1. श्रद्धेय सखीचन्द पासवान, लाइनमैन टेलीफोन एक्सचेंज, पोस्ट—सुल्तानगंज-813203

11. बिहार (9. मुंगेर)

40/23.5.78	1. श्रद्धेय जगदीश प्रसाद बैढा, ला.मै.टी., वीपीओ—सीमुलतला
28/10.3.79	2. श्रद्धेय विद्यासागर सिन्हा, इंस्पेक्टर आई.टी.आई. मुंगेर, पोस्ट—पूरब सराय
93/26.7.80	3. श्रद्धेय महावीर प्रसाद यादव, गाँव—महराना, पोस्ट—बरहरा- 811212
28/12.3.83	4. श्रद्धेय सुखदेव पासवान, गाँव—सिमरा, पोस्ट—बामदह, वाया—झाझा

11. बिहार (10.मुजफ्फरपुर)

95/23.6.82	1. श्रद्धेय खेदीराम, सहायक जिला कल्याण कार्यालय
77/28.5.84	2. श्रद्धेय दयाशरणदास पर्वाहकर्ता, श्रद्धेय अचिन्त्यदास, बिजली विभाग, (कई बार)
54/5.2.85	3. श्रद्धेय राजीवनन्दन मौर्य पर्वाहकर्ता, श्रद्धेय ठाकुर प्रसाद, महा. अभियन्ता, एन.ई. रेलवे मुजफ्फरपुर, बंगला नं. 17

11. बिहार (11. राँची)

69/31.10.77	1. श्रद्धेय लक्ष्मीनारायण सिन्हा, क्वा.नं. बी-डी.एस.-1/30-के, पोस्ट—हटिया रेलवे कॉलोनी-8340112
10/20.2.87 और 79/25.10.78	2. श्रद्धेय जनेश्वर मेहता, क्वा.नं. बी-2076/2, पोस्ट—धूर्वी-834004
97/27.7.84	3. श्रद्धेय रामेश्वर यादव, फिटर, एक्सकावेशन, वर्कशाप, के.डी. हेसालांग प्रॉजेक्ट, पोस्ट—डाकरा-829210

11. बिहार (12. मधुबनी)
11. बिहार (13. संथाल परगना)
11. बिहार (14. गया)

09.07.1975	श्री मोहम्मद हदीश, पोस्ट ऑफिस—बोकसी स्ट्रीट, प्रोजेक्ट, जिला—गया, बिहार
53/30.8.76	2. श्रद्धेय सूरजदेव, महा. शिक्षक, उच्च विद्या. बंसी कल्यानपुर, पोस्ट—सोनभद्र, वाया—करपी-804419
81/18.11.76	3. श्रद्धेय दि.ला. चौधरी, 'कमल भवन' (इनकमटैक्स ऑफिस के सामने), बिसार तालाब, गया-823001
82/29ध11.76	4. श्रद्धेय सुभाषचन्द, वीपीओ—माली, वाया—करपी-804419
11/1.3.77	5. श्रद्धेय कृपलानी पिंडा, (पंडित सेवक), गाँव—नरेचुआ, पोस्ट—पिंजोर
9/25.2.78	6. श्रद्धेय बसन्त राव अम्बेडकर, गाँव—अनुआँ, पोस्ट—करपी- 804419
84/4.11.78	7. श्रद्धेय बिन्देश्वरी पासवान, कोऑपरेटिव सुपरवाइजर, वीपीओ—खिजरसराय-824233
6/4.1.79	8. श्रद्धेय गया कुमार, गाँव—घोसी, पोस्ट—शकुराबाद-804425
111/19.10.79	9. श्रद्धेय मंत्री सार्वजनिक पुस्तकालय, गाँव—तेतरिया खुर्द, पोस्ट—बाराचही-824001
100/20.8.80	10. श्रद्धेय शिवदासी रजक, प्रबन्धक व्यापार मंडल सहयोग समिति (रजि.), वीपीओ—मखदूमपुर-804422
127/21.10.80	11. श्रद्धेय रामटहल प्रसाद, गाँव—सूर्य्यपुरा, पोस्ट—अमवाँ, वाया—बोधगया-824231
23/26.2.81	12. श्रद्धेय रामजन्म सिंह, पोस्टल ऑफिशियल, पोस्ट—करपी-804419
165/30.11.81 और 137/18.1.86	13. श्रद्धेय ब्रजकिशोर सिंह, संचालक मानव विकास समिति, गाँव—आरीपुर, पोसट-धराउत-804405 (कई बार)
14/18.1.84	14. श्रद्धेय उपेन्द्र कुमार, पत्रकार, नई बाजार, पोस्ट—वजीरगंज-805131
81/4.10.86 और 2/4.4.88	15. श्रद्धेय यदुगीर मोची, सहा. शिक्षक प्राथमिक विद्यालय, वीपीओ—डोभी, वाया—बाराचही-824201

94/25.10.86 16. श्रद्धेय रामलखन शर्मा पर्वाहकर्ता, श्रद्धेय शिव कुमार प्रसाद, अर्जक कार्यालय, कोयरी वारी (ठाकुरवारी के पास) गया

23/19.3.89 1. श्रद्धेय रामलगन सिंह, गाँव—रानापुर, पोस्ट—रामपुर चौरम

11. बिहार (15. सारन)

55/18.7.87 1. श्रद्धेय बालकृष्ण राना, सहा. शिक्षक (श्रीरामावतार स्कूल), वीपीओ—गोराईपुर

11. बिहार (16. सिंहभूमि)

20/31.3.77 1. श्रद्धेय मिर्जावास्के, गाँव—बालिया डिपो, पोस्ट—कोवाली, वाया—टाटानगर-831002

12/23.1.79 2. श्रद्धेय कस्तूरीचन्द मार्डी, वीपीओ—करनडीह, वाया—टाटानगर- 831001

110/12.10.79 3. श्रद्धेय समाज कल्याण समिति, जोजोसाई, पोस्ट—गोबिन्दपुर, वाया टाटानगर-831002

142/17.12.79 4. श्रद्धेय दुबराज मुर्मू, गाँव—बाँध डीह, पोस्ट—गोबिन्दपुर, वाया—टाटानगर-831001

102/29.8.80 5. श्रद्धेय पुरमल किसकू, वाया—सरजम टोला, वीपीओ—करमडीह, पोस्ट—टाटानगर-831001

67/25.5.81 6. श्रद्धेय एस.एम. सिंकू, वर्मा माइल्स, स्टेशन रोड, क्वा. नं. एल-414, वीपीओ—जमशेदपुर-831007

120/21.9.81 7. श्रद्धेय विदु हेम्ब्रोम, गाँव—सोभाय झोपड़ी, पोस्ट—सुन्दर नगर-831002

144/29.10.81 8. श्रद्धेय मंगू पैरिया, वीपीओ—बरमेनियस, एल-4/73, माना रोड, वाया—पोस्ट—जमशेदपुर-831007

154/15.10.82 9. श्रद्धेय एम. परिया, 73, जे.एस.आर. मोना रोड, जमशेदपुर-831007

8/15.1.83 10. श्रद्धेय एम.एस. बास्बे, गाँव—खुकड़ाडीह, पोस्ट—नर्वा पहाड, वाया—सुन्दर नगर-832107

26/23.3.85 10. श्रद्धेय जी.सी. साम्भी, 386-बी.डब्ल्यू एफ. बरीडीह, वीपीओ—जमशेदपुर-831017

77/5.8.85 11. श्रद्धेय के.डी. राम, आर.पी.एफ. गाँव—सिनी, पोस्ट—चाईबासा-833201

153/21.1.87 12. श्रद्धेय तुलसीराम माझी, शाशाडीह, पोस्ट—बड़ाम, वाया—पोटामदा-851216

11. बिहार (17. हजारी बाग)

17/1.2.79	1. श्रद्धेय जनकदेव दास, उप-डाकपाल, पोस्ट—मिट्टी कॉलोनी-829109
8/24.1.83	2. श्रद्धेय भजन दास, साधू सतनामी कबीरपंथी, पर्वाहकर्ता, श्रद्धेय मुन्नी लाल कमानदार, वीपीओ—भुरकुंडा-829106
108/15.10.85	3. श्रद्धेय रामानन्द प्रसाद, अंचल अधिकारी, वीपीओ—बरही-825405 (कई बार)
141/21.12.85	4. श्रद्धेय गिरधारी लाल यादव, प्रमुख, बरही, वीपीओ—गौरिया करम्स
79/4.1.86	5. श्रद्धेय भजन दास सतनामी, नीचे घौडा (बतीचर के पास) माइन नं. 1, गाँव—भुरकुंडा बाजार, पोस्ट—भुरकुंडा-829106
160/31.1.87 और 50/3.7.87	6. श्रद्धेय बाबूलाल पर्वाहकर्ता, मुन्नीलाल राशन की दुकान, नीचे घोड़ा (बतीचर के पास), भुरकुंडा-829106
111/5.11.87	7. श्रद्धेय राम प्यारे पर्वाहकर्ता, मुन्नीलाल राशन की दुकान, नीचे घोड़ा (बतीचर के पास), भुरकुंडा-829106
135/12.12.87	8. श्रद्धेय मोहन सतनामी पर्वाहकर्ता, मुन्नीलाल राशन की दुकान, नीचे घोड़ा (बतीचर के पास), भुरकुंडा-829106
77/22.8.89	9. श्रद्धेय केशव पासवान पर्वाहकर्ता, मुन्नीलाल राशन की दुकान, नीचे घोड़ा (बतीचर के पास), भुरकुंडा-829106

11. बिहार (18. गोपाल गंज)

11. बिहार (19. दरभंगा)

11. बिहार (20. बेगूसराय)

9/4.4.86	1. श्रद्धेय बोधी किशोरी लाल चौधरी, तकनीकी सेवा (प्रक्रिया), बरौनी रिफाइनरी, पोस्ट—बरौनी ऑयल रिफाइनरी-851114
62/15.7.88	2. श्रद्धेय प्रकाश गौतम, ई-202, साइट कॉलोनी, बरौनी ऑयल रिफाइनरी-851114
	3. श्रद्धेय विधान सू शेखर द्वारा श्रद्धेय रामचन्द्र पासवान, प्रमुख क्लर्क, लेंड रिकार्ड ऑफिस, बेगूसराय-851101
126/13.12.88	4. श्रद्धेय सुनील प्रसाद द्वारा श्रद्धेय प्रकाश गौतम, ई-222, साइट कॉलोनी, वीपीओ—बरौनी ऑयल रिफाइनरी-851302

11. बिहारी (21. नवादा)

27/16.7.76	1. श्रद्धेय दयानन्द आनन्द, अपर निपंचक, वीपीओ—बड़हरिया- 841232
20/15.3.78 और 58/1.9.78	2. श्रद्धेय रामराज राय, जिला शिक्षा पदाअधिकारी, जिला शिक्षा, गाँव—भाड़रकलाँ, पोस्ट—चोरया बसन्तपुर
34/5.5.78	3. श्रद्धेय संजय कुमार पुस्तकालय, वीपीओ—सिकरिया, वाया—ककीपुर-841244
113/19.10.79	4. श्रद्धेय विश्वामित्र सिंह कुशवाहा, वीपीओ—बलऊँ (दयालपुर)
39/3.4.80	5. श्रद्धेय रामप्रति प्रसाद, शिक्षक, वीपीओ—मड़बनियाँ, वाया—कोरा

11. बिहार (23. पूर्वी चम्पारन)

3/2.1.79	1. श्रद्धेय हरदेव सिंह, वीपीओ—तुरकौलिया-845437
53/26.4.80	2. श्रद्धेय गिरधारी लाल मंडल, प्रमुख टिकट कलेक्टर, पूर्वोत्तर रेलवे, वीपीओ—रक्सोल-845305 (कई बार)
64/15.5.80 और 153/19.12.80	3. श्रद्धेय गयाराम बोधी, गाँव—सुवैयाँ विद्यालय, पोस्ट—रघुनाथपुर, वाया—राजपुर-845432 (कई बार)
63/2.5.83	4. श्रद्धेय गयाराम बोधी, बुद्ध आश्रम, वीपीओ—दिलावरपुर (महेशी)
119/15.11.85	5. श्रद्धेय बनवारी लाल, रेलपथ निरीक्षक, पूर्वोत्तर रेलवे, वीपीओ—सगौली-845456
76/27.9.86	6. श्रद्धेय शम्भू शाह पर्वाहकर्ता, श्रद्धेय बंगाली शाह, गाँव—पचपकड़ी बाजार, पोस्ट—पचपकड़ी-845427
23/8.5.87	7. श्रद्धेय जनार्दन दास, कबर धर्म प्रचारक, गाँव—महई, पोस्ट—लौखाना, वाया—ढाका-845418

11. बिहार (24. पश्चिमी चम्पारन)

20/9.2.79	1. श्रद्धेय गौरी शंकर प्रसाद, अध्यापक, डॉ. अम्बेडकर विद्यालय, गाँव—सिकटा बाजार, पोस्ट—सिकटा-845307 (कई बार)
43/5.4.79	2. श्रद्धेय ओम प्रकाश अग्रवाल, वीपीओ—सिकटा-845307

88/26.6.81 ऑर

143/29.10.81 — 3. श्रद्धेय बनवारी लाल, रेलपथ निरीक्षक, पूर्वोत्तर रेलवे, पोस्ट—सिकटा-845307 (कई बार)

1120/24.7.82 — 4. श्रद्धेय रामप्रतिराम निराला, वीपीओ—बेहरा, वाया—सिकटा- 845307

146/9.10.82 — 5. श्रद्धेय शिववचन पासवान, एफ.सी.आई., वीपीओ—चनपटिया- 845449

14/4.2.85 — 6. श्रद्धेय नन्द लाल राम, सुपुत्र श्रद्धेय ब्रमनराम, गाँव—रामपुर, पोस्ट—मुरली, वाया—नरकटियागंज-845455

57/12.6.85 — 7. श्रद्धेय रघुनाथ पासवान ब्रांच मैनेजर, सी.के.जी. बैंक, पखनाने, वाया—बेटिआह-845438 (कई बार)

11. बिहार (25. वैशाली)

45/2.3.82 — 1. श्रद्धेय शिव शंकर दास, डॉ. भीमराव अम्बेडकर पुस्तकालय, वीपीओ—मिर्जानगर

166/24.12.84 — 2. श्रद्धेय सुखीनारायण साहनी, शिक्षक, वीपीओ—इनायतपुर (पूर्व), वाया—महनार-844506

89/20.10.86 — 3. श्रद्धेय बिन्देश्वरी प्रसाद सिंह, गाँव—तेजपूर्वा, पोस्ट—शहबाजपुर-परैना, वाया—बड़ियापुर

50/1.8.86 — 6. श्रद्धेय किशोरी लाल पासवान, शिक्षक, वीपीओ—भोरौत-843319

82/4.10.86 — 7. श्रद्धेय सुरेश प्रसाद पर्वाहकर्ता, जानकी चूना भंडार, फोर्ट बाजार, सीतामढ़ी-843301

11. बिहार (26. सीतामढ़ी)

22/9.4.87 और

70/3.11.77 — 1. श्रद्धेय विजय दास तेलियाही टोला (विष्णुपुर), पोस्ट—विष्णुपुर, वाया—परिहार-843324

19/6.3.78 — 2. श्रद्धेय रामानन्द साह, गाँव—डम्हारपही, पोस्ट—मिट्टा धरमपुर, वाया—जनकपुर रोड-843320

110/12.8.84 — 3. श्रद्धेय कृष्णाचन्द्र मंडल, आयुक्त नगर पालिका, सीतामढ़ी-843301

35/21.6.86 — 4. श्रद्धेय रमेशचन्द्र प्रिय दर्शन, वैदिक साहित्य लोक, वीपीओ—बैरगनियाँ-843313

49/1.8.86 5. श्रद्धेय श्रीकृष्णा प्रसाद पर्वाहकर्ता, श्रद्धेय योगेन्द्र साह, वीपीओ—भोरौत-843319

11. बिहार (27. समस्तीपुर)

29/17.3.80 1. श्रद्धेय देव भूषण कुमार यादव उर्फ श्रद्धेय देवेन्द्र कुमार यादव पर्वाहकर्ता, श्रद्धेय महन्त विद्यानन्द दास, कबीर आश्रम, महादेव मठ, वीपीओ—रोसड़ा

31/23.2.84 2. श्रद्धेय रामदेव उप-महाप्रबन्धक पूर्वोत्तर रेलवे, समस्तीपुर-848101

11. बिहार (28. सहरसा-मधेपुरा)

108/17.9.80 1. श्रद्धेय यमुनादास, वीपीओ—सोनपुरा, वाया—सिमरी बख्तियारपुर-852127

97/25.6.82 2. श्रद्धेय फूलेश्वर कामती, पंत्रा. सेवाक, गाँव—लालपुर, पोस्ट—लालपुर सरौपही, वाया—सिंहेश्वर-852128

71/13.5.83 3. श्रद्धेय मिश्री लाल यादव सरपंच, वीपीओ—चन्दौर, वाया—सौर बाजार

33/22.2.84 4. श्रद्धेय जवाहर लाल मंडल, वीपीओ—भान, वाया—मिठाई

149/19.11.84 5. श्रद्धेय मिसरी लाल यादव सरपंच, वीपीओ—चंदौरा, वाया—सौर बाजार

95/4.10.88 6. श्रद्धेय श्रीकान्त मंडल, गाँव—बड़ी फटोरिया, पोस्ट—अलम-नगर

11. बिहार (29. भोजपुर-शाहाबाद या आरा)

04.03.1970 श्री विश्वनाथ सिंह, पोस्ट—रतनपट्टी, गाँव—गोशलडीह, शाहबाद, बिहार

01.01.1972 रामअयोध्या सिंह 'विद्यार्थी', अरवल, गया, बिहार-804401, ये पत्रकार और समाजसेवी हैं।

59/25.4.80 5. श्रद्धेय उदय सिंह पर्वाहकर्ता, श्रद्धेय मुरारी सिंह, वीपीओ—कोपवीर, वाया—सरैया

116/29.9.80 6. श्रद्धेय अम्बिका प्रसाद, वीपीओ—जितौरा

49/8.3.85 7. श्रद्धेय रामनारायण राम, वीपीओ—काभम नगर-802304

117/19.6.83 8. श्रद्धेय जयचन्द प्रताप, गाँव—दंगाकपी, पोस्ट—नात्मघ, वाया—रघुनाथपुर-802134

129/6.10.83 और	
10/26.3.66	9. श्रद्धेय रामइकबाल राम, डॉ. अम्बेडकर शोध सन्तवाल, वीपीओ—वाया—हिटुबाराजपुर-802522
107/16.8.84	10. श्रद्धेय रामश्रय सिंह, गाँव—बहुली, पोस्ट—जगदीशपुर
140/16.11.84	11. श्रद्धेय शिवकुमार, गाँव—तारनपुर, पोस्ट—गुसाईपुर, वाया—चौंसा
133/2.1.89	12. श्रद्धेय शिवशंकर शिक्षक, गाँव—हिमाराढ़, पोस्ट—टेहुआ राजपुर-802152
135/3.1.89	13. श्रद्धेय भगवान प्रसाद, स्वास्थ्य कार्यकर्ता, स्वास्थ्य उप-केन्द्र, वीपीओ—802206
15/9.3.76	1. श्रद्धेय शशिकान्त, तुलसी टोला, वीपीओ—जितौरा-802159 (कई बार)
35/8.6.78	2. श्रद्धेय प्रोफेसर सुनील कुमार सिन्हा, गाँव—बड़हरा, पोस्ट—सेमराँव
10/1.3.77	3. श्रद्धेय *राजेन्द्र प्रसाद* सिंह, वीपीओ—चासी, वाया—अगयाव बाजार-802202
64/28.5.79	4. श्रद्धेय लक्ष्मण सिंह कुशवाहा, वीपीओ—सकड़ी-847239

11. बिहार (30 रोहतास - सासाराम)

7/21.1.76	1. श्रद्धेय रामचन्द्र सिंह, गाँव—गोहानी, पोस्ट—दवना
9/2.2.76	2. श्रद्धेय आदित प्रसाद, वीपीओ—ठकुरा, वाया—नोआन-802132
75/30.10.76	3. श्रद्धेय मंत्री दलित वर्ग संघ, वीपीओ—दिनारा-802213
125/13.12.88	4. श्रद्धेय विश्वनाथ साह, वीपीओ—दिनारा-802213
83/29.11.76	5. श्रद्धेय बिन्देश्वरी प्रसाद पासवान को-ऑपरेटिव सुपरवाइजर, वीपीओ—दावथ
9/28.2.77	6. श्रद्धेय महेन्द्र प्रसाद, गाँव—पचासुत्या, पोस्ट—करबाडिया-821115
31/14.5.77	7. श्रद्धेय रामनारायण सिंह, गाँव—बिलारी, पोस्ट—सिलारी
84/9.10.77 और	
1/3.7.78	7. श्रद्धेय बगेटनराम, गाँव—साधोपुर, पोस्ट—मीवं, वाया—भोलार (पुलिस थाना—भगवानपुर)
66/17.10.77	8. श्रद्धेय गोरख प्रसाद साह, वीपीओ—बासी कलाँ, वाया—नयानगर-802129
71/5.11.77	9. श्रद्धेय रघुनाथ सिंह, वाया—सुन्दर, पोस्ट—दावथ

37/13.5.88	10. श्रद्धेय भोला सिंह, वीपीओ—गोटाया
49/26.6.78	11. श्रद्धेय आदित प्रसाद साहू, वीपीओ—वाया—नोआन-802132
148/22.10.79	12. श्रद्धेय प्र. शिव पूजन उर्फ श्रद्धेय बैजनाथ सिंह, गाँव—चितौली, पोस्ट—रामडिहरा
9/4.2.80	13. श्रद्धेय सीताराम सिंह उर्फ श्रद्धेय बंशी सिंह, गाँव—पिलौली, पोस्ट—रामडिहरा
107/12.9.80	14. श्रद्धेय राजेन्द्र कुमार सिंह, गाँव—इटिम्हा, पोस्ट—कुमर, वाया—नसरीगंज-821310
122/9.10.80	15. श्रद्धेय अर्जुन सिंह शिक्षक, गाँव—केकढ़ा, पोस्ट—तोरनी, वाया—शिव सागर-821310
148.16.10.82	16. श्रद्धेय कैलाश सिंह, गाँव—सलेमपुर, पोस्ट—जबरा, वाया—गढ़नोखा-802265, गैक्स नोखा
31/12.3.83	17. श्रद्धेय रामजीराम, गाँव—डडवास, पोस्ट—मुजात, वाया—मोहनिया-821109
157/19.11.83	18. श्रद्धेय रामगोबिन्द राम वयस्क शिक्षक परियोजना, वीपीओ—कुठरो-821108
21/28.4.84	19. श्रद्धेय सीताराम सिंह शिक्षक, गाँव—गरेयाँ, पोस्ट—अखत्यारपुर, वाया—कुढेरा-821108
37/18.4.85	12. श्रद्धेय श्रीकान्त सिंह कुशवाहा, वीपीओ—ठकुरा, रोहतास-802132
148/31.12.85	13. श्रद्धेय मोतीलाल राम, वीपीओ—गोटपा, वाया—बिक्रमगंज- 802212
159/17.1.87	14. श्रद्धेय व्यस्थापक आर.एल. पुस्तकालय, गाँव—परानपुर, पोस्ट—महरोढ़, वाया—दिनारा-802213
53/18.7.87	15. श्रद्धेय ब्रज बिहारी राम, वीपीओ—विशम्भरपुर, वाया—नटवार-802218
165/2.2.88	16. श्रद्धेय विश्वनाथ साह, गल्ला दुकान, वीपीओ—दिनारा-802213

11. बिहार (31. नवादा)

32/13.6.86	1. श्रद्धेय डॉ. रामेश्वर प्रसाद, वीपीओ—अंधरवारी
1/7.4.89	2. श्रद्धेय शिवबालक दास, गाँव—नकटी सराय, पोस्ट—रसीसा, वाया—इस्लामपुर-801303

11. बिहार (32. जहानाबाद)

79/31.8.89 1. श्रद्धेय रामजतन दास, गाँव—गौड़ीहा, पोस्ट—कोसडीहरा

116/22.11.88 2. श्रद्धेय दुधेश्वर सिंह, गाँव—मँगा बिगहा, पोस्ट—माली, वाया—करपी-804419

11. बिहार (33. सिवान)

100/3.8.84 1. श्रद्धेय राम प्रति प्रसाद शास्त्री, वीपीओ—भेड़वनियाँ, वाया—भोरा (सिवान)

19/15.2.85 2. श्रद्धेय राम नारायण राम पर्वाहकर्ता, श्रद्धेय राजेन्द्र राम, क्लर्क लाइफ इंश्योरेंस कॉरपोरेशन, सिवान-841226

68/6.7.85 3. श्रद्धेय रामलाल, गाँव—भंगौता, पोस्ट—लक्ष्मीगंज, वाया—पुस्तकालय

12. मद्रास (तमिलनाडु)

01.01.1965 जनरल सेक्रेटरी साउथ इंडिया बुद्धिस्ट, एसोसिएशन, पैरब्रह्म, मद्रास

02.02.1970 Sir Editor - *Viduthalai Rational Tamil Daily,* 2-Rundalls Road Vepery. Madras-7

31.07.1970 The Adya Library and Research Center Adya Madras-20
पेरियार सेल्फ रेस्पेक्ट प्रोपेगंडा, इंस्टीट्यूच वाई.ई.वी.के. संपथ रोड, वेपेरी, मद्रास-600007 (*दि रामायाण : ए ट्रु रीडिंग* बाई ई.वी. पेरियार रामा स्वामी नायकर)

13. मध्य प्रदेश (1. इन्दौर)

5. श्रद्धेय सुखदेव राव रणित, मं.नं. 664, गोटू महाराजश्री चाल, मालवा मिल ( ) इन्दौर-452

13/5.3.77 1. श्रद्धेय राम भरोसे, सुपुत्र श्रद्धेय कन्हैया लाल, 434, नारायण सेठ का मकान, मोहल्ला—पाटनीपुरा, इन्दौर-452003

65/13.9.86 2. श्रद्धेय मदन लाल गेहलोत, वीपीओ—जामली-453643, तहसील—महू

166/2.2.88 3. श्रद्धेय आर.एल. ढावी, असि. सेल्स टेक्स ऑफिसर, बी/32, सेल्स टेक्स कॉलोनी, गुमास्ता नगर, इन्दौर-452009

4. श्रद्धेय पी.बी. शेगाँवकर प्रोफेसर, 108, इन्दरपुरी कॉलोनी, इन्दौर-452001

13. मध्य प्रदेश (2. उज्जैन)

14.03.1970	श्री एस.पी. चन्द्रसेन, असिस्टेंट इंजीनियर, तिबाड़ी, टीकमगढ़, मध्य भारत
01.01.1971	श्री हीरालाल सिसौदिया, 8/1649, अशोक नगर फ्रीगंज, उज्जैन, मध्य भारत
16/01/1973	ई.श्री हरीलाल सिसौदिया, 78-नर्मदा भवन, अशोक नगर, उज्जैन, मध्य प्रदेश
9/10.1.79	1. श्रद्धेय कुमारी किरण मरमट पर्वाहकर्ता, मरमट भवन, अशोक नगर (फ्रीगंज)
175/24.2.87	2. श्रद्धेय प्रमोद मेश्राम पर्वाहकर्ता, स्टेटबैंक ऑफ इन्दौर, ब्रांच फ्रीगंज, उज्जैन-456001
107/25.10.88	3. श्रद्धेय आर.आर. सोनगरा, 9/9, अशोक नगर, फ्रीगंज, उज्जैन
157/12.11.89	2. हीरा लाल सिसौदिया, 587 नर्मदा भवन, अशोक नगर, उज्जैन, मध्य प्रदेश।

13. मध्य प्रदेश (3. गुना)

102/26.9.85	1. श्रद्धेय एन.आर. इम्पोरियम, तुलसी कॉलोनी, वीपीओ—मुंगावली-473443
171/21.2.87	2. श्रद्धेय मानिकचन्द अहिरवार, अकाउंटेंट, शाम. बालक उच्च माध्य. विद्या., वीपीओ—मुंगावली-403443 (कई बार)
7/16.4.87	3. श्रद्धेय किशन धैर्य, शिक्षक, वीपीओ—बमनावर, वाया—ईसागढ़- 473335
109/4.11.88	4. श्रद्धेय कोमलिया, आत्मज श्रद्धेय सूरतिया हरिजन, गाँव—फखावडी, पोस्ट—नई सराय, वाया—साढोरा-473330

13. मध्य प्रदेश (4. ग्वालियर)

श्रद्धेय श्री नन्द गोपाल शुक्ला

श्रद्धेय श्री विष्णु गोपाल शुक्ला, अध्यापक

श्रद्धेय श्री शिव गोपाल शुक्ला

श्रद्धेय पंडित सीताराम तिवारी, पेंशनर हेड कतर्नन, अशोक भवन के पीछे रेलवे लाइन के पास (लक्ष्मी बाई कॉलोनी), जीपीओ—शनानन्द पर्वाहकर्ता, डी.आर. मेला, ग्राउंड, पंचशील नाप-3, गवर्नर

23.02.1970	श्री एसएस रामटेके असिस्टेट इंजीनियर, मध्य रेलवे इंस्टीट्यूट, ग्वालियर, मध्य भारत
02.04.1970	श्री कम्मोद सिंह, 'अम्ब' IAD जनरल, A.G. ऑफिस, मोती महल, लश्कर, ग्वालियर, एम.पी.
31.07.1970	श्री डॉ. विशानु, V.—पाटई, P. मोहना, जिला—ग्वालियार, मध्य भारत
15.08.1970	श्री हरिश्चन्द ऋषि, एडवोकेट, आर्गनाइजिंग सेक्रेटरी, मध्य प्रदेश RPI, P.O.—राजनादगाँव, जिला—दुर्ग, मध्य भारत
01.01.1971	आशाराम होटल वाले, V.—भीमनागर (दुल्लपुर), पोस्ट—मुरार, ग्वालियर एमपी। आप श्रीपाद दामोदर सावतकर पब्लिकेशन महाभारत वाले का पता भेजें। रजिस्ट्रेशन संख्या 1539
65/20.9.76	1. श्रद्धेय लाल सिंह जाटव सुपुत्र श्रद्धेय मन्नूलाल जाटव, गाँव—बरका, पोस्ट—सालौन (बी.), तहसील—भाँडेर-475335
85/18.11.78	2. श्रद्धेय बी.जे. डंडोतिया, केन्द्रीय तार घर
55/23.4.79 और	
84/7.79	3. श्रद्धेय मंगलसिंह जाटव नेताजी, तिकोनियाँ, गुरार। यह स्वामी अछूतानन्द के आभार हैं। कांग्रेसी हरिजन पक्के हैं।
175/17.12.81	4. श्रद्धेय मोती लाल भारतीय, रंगियाना, बौद्ध नगर, पोस्ट—लोहा मंडी
6/9.1.82	5. श्रद्धेय रतिराम, सराहिया (अरोरा टी स्टाल के सामने) अस्पताल ताला चौराहा, ठाठीपुर, ग्वालियर-474006
87/10.6.82	6. श्रद्धेय कृष्णाराम जाटव, गाँव—इकोना, पोस्ट—सूखपाठा, वाया—डबरा-475110
107/24.7.82	7. श्रद्धेय आशाराम भास्कर, गाँव—बरचौली, पोस्ट—बडेरा सोपान, तहसील—भाँडेर
84/15.6.83	8. श्रद्धेय दुर्गाचरण मौर्य पर्वाहकर्ता, श्रद्धेय राजाराम सिंह दिनकर, गाँव—कुरगाँव, पोस्ट—रिलरिया आलम, तहसील—भाँडेर-475335
6/13.1.84	9. श्रद्धेय मनोहर लाल न्यास, 4/2, भोला का मन्दिर, इंजीनियरिंग कॉलेज के पास, पोस्ट—रेजीडेंसी-474005
60/18.4.84	10. श्रद्धेय लक्ष्मीनारायण महतो, शुगर फैक्ट्री, वीपीओ—डबरा-475110

109/16.8.84	11. श्रद्धेय ईश्वरी प्रसाद विशैलिया, एम-45, मध्य प्रदेश स्टेट क्वार्टर अस्पताल के पीछे, ठाठीपुर (नेता हैं)
6/12.1.85	12. श्रद्धेय ड्राइवर श्रीमन्त सिंह बौद्ध, द्वितीय बहिनी सशस्त्र कैम्प लश्कर। (इन्होंने 58 बुद्ध विहार केन्द्र कानपुर के लिए दान रसीद नं.467/4.1.87 द्वारा दिया।)
50/17.5.87	13. श्रद्धेय सरनामसिंह पर्वाहकर्ता, श्रद्धेय एम.पी. सत्यार्थी, नया मोहन नगर, गल्ला बाजार, ठाठीपुर, पोस्ट—मुरार
66/2.7.85	14. श्रद्धेय हरचरन कैरोसिया, वाल्मीकि साइकिल स्टोर, वीपीओ—करही, वाया—मोहना-475330
105/15.10.85	15. श्रद्धेय चेतराम जाटव, शिक्षक शा.प्राथ.विद्या., सैमाहा, पोस्ट—नोरोत, वाया—भाँडेर-475335
21/15.8.76	16. श्रद्धेय मोतीराम हिन्नोटिया, सह-शिक्षक, रा.प्राथ.माध्य. विद्या., वीपीओ—उर्वा, वाया—आंतरी-475001
32/8.8.87	17. श्रद्धेय रमेश प्रह्लाद मौर्य, गाँव—बड़कागाँव, पोस्ट—समरई, वाया—मोहना-475334
55/14.6.88	18. श्रद्धेय उमाशंकर मलौठिया, वीपीओ—लिपरौआ कलां, वाया—भाँडेर-475335

13. मध्य प्रदेश (5. छतरपुर)

67/16.9.86	1. श्रद्धेय धनी राम अहिरवार, उच्च श्रेणी लिपिक कार्यालय जिला एवं सत्र न्यायाधीश, छतरपुर-471001
92/20.10.86	2. श्रद्धेय अजुद्दी लाल उर्फ खार बाबू, कार्या.सहा. संचालक, मत्स्योद्योग (मछली विभाग)
16/4.5.87	3. श्रद्धेय हर प्रसाद वर्मा, हेड फिटर (ब), औद्यो. प्रशिक्षण संस्था चौबे कॉलोनी, छतरपुर-471001
188/7.3.88	4. श्रद्धेय सोने लाल अहिरवार, गाँव—बसन्तपुर, पोस्ट—बालकौरा, तहसील—लौंडी-471515

13. मध्य प्रदेश (6. छिंदवाड़ा)

61/4.9.78	1. श्रद्धेय चैतराम यादव, गाँव—सीताडोंगसी, पोस्ट—देलारवारी
100/1.12.81	2. श्रद्धेय रामवन्दन राव कनौजिया, वीपीओ—दमुआ

13. मध्य प्रदेश (7. जबलपुर)

25.01.1970	श्री मुंशी परमलाल अध्यापक, V.P.—चितहती (पठा), छतरपुर, (M.P.)

27/17.4.76 और
128/11.9.82 — 1. श्रद्धेय लौजीराम, सी एंड डब्ल्यू फिटर, पर्वाहकर्ता, श्रद्धेय रामपाल टी स्टाल, न्यू कटली (नया पता—न्यू सिक लेन, न्यू गार्ड, सेंट्रल रेलवे, सूकटनी एन.के.रे.—कई बार)

77/4.11.76 — 2. श्रद्धेय मुरारी लाल गौतम, सुपरवाइजर एल.बी. ऑफिस, गन कैरिज फैक्टरी, जबलपुर (कई बार)

32/14.5.77 — 3. श्रद्धेय किशन लाल कोरी, मकान नं. 1692, बन्दी कोरी की दफाई, मोह.—धमापुर, जबलपुर

161/27.12.80 — 4. श्रद्धेय भजनलाल झरिया, राझइ (पुरानी बस्ती) सेठी बिल्डिंग, पुरानी गौशाला के पास

120/22.8.82 — 5. श्रद्धेय पी.जी. मेश्राम, स्टेट बैंक ऑफ इंडिया, मेन ब्रांच, वीपीओ—कटनी-483501

145/9.10.82 और
106/25.10.88 — 6. श्रद्धेय बलीराम, टिकट नं. 432, सेक्शन गेयर शॉप, साइट नं. -2, व्हीकल फैक्ट्री, जबलपुर-482009 (कई बार)

72/10.5.87 — 7. श्रद्धेय डब्ल्यू.बी. गनवीर, फोरमैन, ए.सी.सी. लिमि., कटनी, रिफैक्ट्री वर्क्स, पोस्ट—कटनी, सी.एफ.-483504

100/3.8.84 — 8. श्रद्धेय एम.एल. गौतम, सुपरवाइजर एल.बी. ऑफिस, तोप गाड़ी फैक्ट्री

9. श्रद्धेय चन्द्रभान चाइटेल, डॉ. अम्बेडकर छाया, 1046, शारदा नगर, व्हीकल रोड, जबलपुर

199/18.3.88 — 10. श्रद्धेय सूरज प्रसाद कोल द्वारा सूरज पान भंडार, पोस्ट—कटनी-483501

31/11.5.88 — 11. श्रद्धेय कौशल किशोर मौर्य, 83/3, टाइप-2, ओ.एफ. के. स्टेट, वीपीओ—खमरिया (जबलपुर-482005)

13. मध्य प्रदेश (8. झाबुआ)

124/23.9.81 — 1. श्रद्धेय बी.पी. जाटव, विक्रय कर अधिकारी, बिक्री कर कार्यालय

11/12.4.86 — 2. श्रद्धेय ज्वाला प्रसाद जाटव, रा.नि.कार्यालय सहायक बन्दोबस्त अधिकारी, वीपीओ—पेटलावद-457773

22/5.5.86 — 3. श्रद्धेय राम आसरे बौरासी पर्वाहकर्ता, स्टेट बैंक ऑफ इन्दौर, शाखा चान्दला-457777

30/6.6.86 — 4. श्रद्धेय एम.एस.ठाकुर, रा.नि.कार्यालय, सहा. बन्दोबस्त अधिकारी, वीपीओ—पेटलावद-457773

36/21.6.86	5. श्रद्धेय आर.सी.सोनगरा राजस्व निरीक्षक, वाल्मीकि मार्ग, वीपीओ—पेटलावद-457773
43/19.7.86	6. श्रद्धेय सुरेश वासनिक, स्टेट बैंक ऑफ इन्दौर, पेटलावद-457773
149/4.1.88 और 15.20.4.88	7. श्रद्धेय आर.आर. सोनगरा, एकलव्य मार्ग, वीपीओ—पेटलावद-457772

13. मध्य प्रदेश (9. टीकमगढ़)

10.04.1970	श्री जीपी केन, सब-इंस्पेक्टर पुलिस, पुलिस स्टेशन निवारी, P.O.—निवाड़ी जिला—टीकमगढ़, मध्य भारत
02.10.1971	श्री छिंगेलाल कटरा, कटरा टेलर्स ग्रा + पोस्ट—निवाड़ी, टीकमगढ़, मध्य भारत
24/26.3.76	1. श्रद्धेय छोटे लाल अहिरवार (गुरुजी), वीपीओ—पृथ्वीपुर, तहसील—452442
18/25.3.77	2. श्रद्धेय मन्नी लाल यादव, वीपीओ—जेवर, तहसील—निवाड़ी- 472442
66/4.6.79	3. श्रद्धेय हरप्रसाद अहिरवार, अध्यापक, मोह.—मांडेरियाना, वीपीओ—निवाड़ी-472442
3/3.4.86	4. श्रद्धेय सचिव महोदय, डॉ. अम्बेडकर नवयुवक सेवा संघ, वीपीओ—मीडिया, वाया—पृथ्वीपुर-472336 (श्रद्धेय नाथूराम अहिरवार)
51/1.8.86	5. श्रद्धेय एल.एल. अहिरवार, रीडर सहायक पंजीकरण सहकारी समितियाँ, टीकमगढ़-472001
90/20.10.86	6. श्रद्धेय संतराम अहिरवार, गाँव—गयाजीतपुर, पोस्ट—बरेठी

13. मध्य प्रदेश (10. दतिया)

82/30.10.78	1. श्रद्धेय बाबा हरबल बौद्ध, वीपीओ—कुदारी (कई बार)
82!25.7.80	2. श्रद्धेय अजय कुमार बौद्ध, सुपुत्र श्रद्धेय पद्म सिंह बौद्ध, रिछरा फाटक
33/12.3.83	3. श्रद्धेय भजनलाल, वीपीओ—कामद
	4. श्रद्धेय माखन लाल मौर्य, 6/84, खलकपुरा, दतिया-475661

13. मध्य प्रदेश (11. दमोह)

13. मध्य प्रदेश (12. दुर्ग)

07.07.1970	श्री जी.एच. डोंगरे, संस्थापक—अम्बेडकर विचार मंच, सेक्टर नं. 5, क्रॉस स्ट्रीट 4, क्वार्टर नम्बर 6-च, किदवई नगर, दुर्ग, मध्य भारत
65/17.10.87 और	
84/21.11.77	1. श्रद्धेय प्रेम लाल साखरे, वेल्डर, पर्वाहकर्ता, दुर्गा प्रसाद बिसकेट वाले, न्यू मार्केट, चन्दनी शॉप, पोस्ट—दल्ली, राजहरा-491228 (कई बार)
16/25.2.78	2. श्रद्धेय व्यवस्थापक डॉ. अम्बेडकर वाचनालय, बुद्ध विहार, वीपीओ—दल्ली राजहरा-491228, तहसील—बालोद
108/11.10.79	3. श्रद्धेय श्रामशेह धम्म-ज्योति, बाबा साहब डॉ. अम्बेडकर सांस्कृतिक भवन, सैक्टर-6, सड़क-1, वीपीओ—भिलाइनगर- 490001
21/12.3.83	4. श्रद्धेय महादेव भारती, गाँव—सहापउ (टिपनी), पोस्ट—टिपनी (खम्हनिया)-491338
36/5.3.84	5. श्रद्धेय विजय कुमार रंगारी, जैन क्लॉथ स्टोर, पुराना बाजार, पोस्ट—दल्ली, राजहरा-461228
64/26.6.85	6. श्रद्धेय भोलाराम...ब्लॉक नं. 53 क्यू., क्वा. नं. ए-2/(डी-टाइप), हास्पिटल सेक्टर, वीपीओ—दल्ली, राजहरा-491228
145/28.12.85	7. श्रद्धेय भीमराव ठवरे, माइंस बालोद (राजहरा), पोस्ट—राजहरा-491228
122/5.12.88	8. श्रद्धेय कुन्दन कुमार भारतीय, वीपीओ—बेरला-491332

13. मध्य प्रदेश (13. देवास)

3/19.1.76 और	
41/23.7.76	1. श्रद्धेय सत्यवान नामदेव पाटिल, 1125-बी, एन.पी. कॉलोनी, देवास-455001
122/20.9.84	2. श्रद्धेय रत्नेश मल्लवीर, क्वा.नं. 6, नर्सेज क्वार्टर, मेटरनिटी कम्पाउंड

13. मध्य प्रदेश (14. धार)

70/27.3.82	1. श्रद्धेय एस.पी. सेन, नेशनल हाइपो डिवीजन, वीपीओ—धाननोद-454552

83/21.9.87 2. श्रद्धेय आर.आर. खांडे, विद्युत अनुदेशक, आई.टी.आई., वीपीओ—धाननोद-454552

85/13.9.82 3. श्रद्धेय लाल बहादुर गोयल, पुलिस चौकी, दसई

13. मध्य प्रदेश (15. नरसिंहपुर)

13. मध्य प्रदेश (16. पन्ना)

10.06.1970 श्रीमती विद्या मालविका Ph.D., पन्ना, मध्य भारत

13. मध्य प्रदेश (5. छतरपुर)

189/73.88 5. श्रद्धेय प्रहलाद अहिरवार, गाँव—सीलप, पोस्ट—ठकुर्रा, तहसील—गौरीहार

13. मध्य प्रदेश (17. पश्चिमी निमाड़)

13. मध्य प्रदेश (18. पूर्वी निमाड़)

13. मध्य प्रदेश (19. बस्तर)

108/24.7.82 1. श्रद्धेय वी.के. भीमटे, सहायक मानचित्रकार सिंचाई अनुविभाग, क्रमांक नं. 2, वीपीओ—नारायणपुर-484661

13. मध्य प्रदेश (20. बालाघाट)

50/23.8.76 1. श्रद्धेय प्रभूराम हिरकने, सहा. शिक्षक, प्राथ. पाठ. बनेरा, पोस्ट—बनेरा कटंगी, तहसील—वाणसिवनी-481331 (कई बार)

14/8.3.77 2. श्रद्धेय सी.जी. मसूरकर, सहा. शिक्षक, प्राथ.पाठ. बीसापुर, पोस्ट—खमरिया कटंगी, तहसील—वाणसिवनी-481331

19/28.3.77 3. श्रद्धेय टेम्भेर, केन्द्रीय सहकारी बैंक, मर्यादित बालाघाट, शाखा-बिरसा

37/24.6.77 4. श्रद्धेय कृष्णा किशोर खोब्रागडे (सचिव बौद्ध संघ), मोह.—नारायण टोला, वीपीओ—किरनापुर

15/20.2.78 5. श्रद्धेय जे.आर. डहारे, अध्यापक, वीपीओ—चरेगाँव

90/8.12.78 6. श्रद्धेय सी.जी. मसूरकर, सहा. अध्या.प्राथ.पाठ., बीसापुर, पोस्ट—खमरिया कटंगी, तहसील—वाणसिवनी-481331

133/1.12.79 7. श्रद्धेय रामचरन रामटेके शिक्षक, वीपीओ—मोहझरी, (कई बार)

116/15.9.81 8. श्रद्धेय गोबिन्दराव बागडे, वीपीओ—कटोरी, ब्लाक-खैरलॉजी, तहसील—वाणसिवनी-481331

128/7.9.82	9. श्रद्धेय कीर्तिकुमार मेश्राम बौद्ध, वीपीओ—बनेरा, तहसील—वाणसिवनी
179/11.12.82	10. श्रद्धेय बाबूराव गजामिवे, वार्ड नं. 9, पोस्ट—भरवेली
145/19.11.83	11. श्रद्धेय धनराज क्षीरसागर, कम्प्रेशर हाउस, गंगनिज ऑर इंडिया लिमि., बालाघाट माइन, वीपीओ—भरवेली-481102
175/12.2.88	12. श्रद्धेय डुकरुजी सोनवाले, गाँव—पाल डोंगरी, पोस्ट—अमेड़ा, वाया—लौंजी-481222

13. मध्य प्रदेश (21. बिलासपुर)

6/10.2.77	1. श्रद्धेय शिवनारायण धुर्वे, वार्ड कीपर, बालको हॉस्पिटल, वीपीओ—बालको टाउनशिप, कोरबा-495684
29/9.5.77	2. श्रद्धेय मंगतराम हरदास, गाँव—गिधौरी, पोस्ट—तिलकेजा
68/21.9.78	3. श्रद्धेय फेंकूलाल 'बिजौरे', वीपीओ—खैरा (हुगलिया), वाया—रतनपुर-495442
2/2.1.79	4. श्रद्धेय अन्तराम जाटवर, वर्कशॉप, सुरा कछार, कोलियारी, वीपीओ—बांकीगोंगरा-495447 (झींझक से 950 किलोमीटर रेलवे स्टेशन 'गोवरा रोड', दक्षिण पूर्व रेलवे, रेलवे मार्का एम.ए.डी., वाया—नैनी कटनी
140/12.12.79	5. श्रद्धेय पांडेराम कुर्रे, गाँव—मानिकपुर कालरी (कोरबा), पोस्ट—मानिकपुर कालरी-495682
143/1.12.80	6. श्रद्धेय डी.डी. उइके, सब इंजी. अलकतारा शाखा नहर, उप-विभाग क्रमांक नं. 6, वीपीओ—जांजगीर-495668 (पट रुपया अस्सी भारी लिखा-पढ़ी के बाद दिनांक-13.8.82 को मिला)
32/24.3.81	7. श्रद्धेय पूरनदास 'नीलम पुस्तक भवन', वीपीओ—बाँकी मोंगरा-495447
110/4.9.81	8. श्रद्धेय आई.बी.बंजारे, 104/3, गजरा साइड, पोस्ट—बाँकी मोंगरा-495447
102/5.12.81	9. श्रद्धेय समेलाल फिरही, वीपीओ—कुसमुल, वाया—माल खरौंदा
11/14.1.82	10. श्रद्धेय मुकुटराम मोहिने, वीपीओ—खैरा (हुगलियाँ), वाया—रतनपुर-495442
18/22.1.82	11. श्रद्धेय रामप्रसाद मिर्रे, वीपीओ—कुसमुल, वाया—माल खरौंदा, आर.एस. सकती-495689

20/22.1.82	12. श्रद्धेय एच.आर. बंजारा, सबऑडिटर सहायक भीमतियाँ, पर्वाहकर्ता, महामाया, बुनकर उद्योग सहकारी समितियाँ, वीपीओ—सकती-495689
60/27.3.82	13. श्रद्धेय तेजपाल सिंह, वीपीओ—कुसमुल, वाया—मालखरौंदा
69/27.2.82	14. श्रद्धेय एस.डी. अविनाशी, शिक्षक, गवर्न. हायर सेकेंडरी स्कूल, वीपीओ—नवागढ़
141/4.10.82	15. श्रद्धेय डॉ. हीरा साहब बंजारे, (गोल मेडलिस्ट) आर.एम. आर., वीपीओ—बडौद, वाया—चन्द्रपुर-495692 (कई बार)
150/21.1.82	16. श्रद्धेय जे.डी. रात्रे, सहायक शिक्षक, पूर्व माध्य.शाला, रामपुर, अन्धरी कछार, कोरबा कमरा नं. एन.एफ.-189, पोस्ट—टाउनशिप कोरबा-495681 (एन.एफ-189, एम.पी.ई.बी. कॉलोनी)
156/15.10.82	17. श्रद्धेय भागीरथी विजय, वीपीओ—धर्माशिव (पोखरा के पास), वाया—जांजगीर-495668 (कई बार)
187/18.12.82	18. श्रद्धेय जगतजीतराम खुंटे, पर्वाहकर्ता, श्रद्धेय घनश्याम प्रसाद खुंटे, पोस्टल-असि.—प्रगतिनगर
4/15.1.83	19. श्रद्धेय डेरिहा प्रसाद सापडे, गाँव—ठकुरदिया, पोस्ट—नवागढ़, वाया एंड तहसील—495668
15/24.2.83	20. श्रद्धेय ए.एल. अनन्त, क्वा. नं. 246, सेक्टर-3, वीपीओ—बालको टाउनशिप, कोरबा-495684
79/2.6.83	21. श्रद्धेय झामलाल थ्रितलहरे, सतनाम मेडिकल स्टोर्स, वीपीओ—गोड़रवाकही, वाया—लोरमी-495115, तहसील—गुंगेली
92/23.7.83	22. श्रद्धेय सन्नी, अन्तर ग्रामीण विकास समिति, गाँव—देवरघटा, पोस्ट—हसोद, वाया—विर्रा-495661
112/308.83	23. श्रद्धेय एस.आर. डहरिया, क्वा.नं. ई-11, विद्युतनगर हरदेव ताप विद्युत परियोजना, एम.पी.विद्युत मंडल, दर्री
122/6.10.83	24. श्रद्धेय मनोहर लाल बंजारे, सुरा उद्योग कोलियरी, रामनगर दफाई, पोस्ट—भौरांताल, वाया—बाँकी मोंगरा-495447
46/24.3.84	25. श्रद्धेय नवघा प्रसाद कुर्रे, गाँव—अचानकपुर, आर.एस. बाराछार, पोस्ट—श्रामगाँव
80/9.6.84	26. श्रद्धेय प्रेमलाल धीरही, वीपीओ—कुसमुल, वाया—अडमार

		पोस्ट—कोरबा-495641
115/1.12.86	55.	श्रद्धेय परमानन्द गढ़ेवाल, गाँव—डोंगिया, पोस्ट—कोरबा, वाया—सकती-495689
126/15.12.86	56.	श्रद्धेय डॉ. शीशराम भारद्धाज, गाँव—बोरसी, पोस्ट—कोसा, वाया—नरियारा
137/17.12.86	57.	श्रद्धेय आर.एस. यादव, शिक्षक मा.वि. पोटापाकी, पोस्ट—वाया—वाली-495449
147/17.1.87 और 132/5.12.87	58.	श्रद्धेय तराजूराम खुटियारे, प्रधानाध्यापक, प्राथ.पाठ., गाँव—पनगाँव, पोस्ट—कुटरा, वाया—जांजगीर-495688
173/21.2.87	59.	श्रद्धेय मंसाराम टंडन, गाँव—झरकुंडा, पोस्ट—लोहरसी सोन, वाया—मस्तूर-495551
180/9.3.87	60.	श्रद्धेय गेंदराम कुर्रे, वीपीओ—सकरेली (बारहद्धार), वाया—बाराद्धार-495687
188/21.3.87	61.	श्रद्धेय नेहरू प्रसाद जाँगड़े, हसदेव बाँगो बाँध, तनु विभाग, क्रमांक 7, माथाडोली, वाया—कटघोरा-495555
191!30.3.87	62.	श्रद्धेय डॉ. डी.पी. कुर्रे, गाँव—डोंगरिया खुर्द, पोस्ट—भेरवा, वाया—मुगेली
10/25.4.87	63.	श्रद्धेय माधो प्रसाद खुंटे, पर्वाहकर्ता, पुन्नीलाल, वीपीओ—तनौद, वाया—खरौंद
44/20.6.87	64.	श्रद्धेय एस.पी. सूरज, गाँव—ओछिनापारा, पोस्ट—रतनपुर-495442
68/21.8.87	65.	श्रद्धेय गेंदराम कुर्रे, वीपीओ—सकरेली (या.), वाया—बाराद्धार-495687
77-78/10.9.87	66.	श्रद्धेय ए.एल. खांडेकर, हसदेव बाँगो बाँध पटियो जना, डिवीजन नं. 2, माथा डोली, वाया—कटघोरा-495445
139/19.12.87	67.	श्रद्धेय महिपाल सिंह, वीपीओ—रंजना (पाली)
141/25.12.87	68.	श्रद्धेय कोमल सिंह चान्दसे, गाँव—पीथमपुर (डबरी), पोस्ट—साल्हेपोरी, वाया—लोरसी-495115
146/2.1.87	69.	श्रद्धेय गणेश प्रसाद पांडेकर, सफाईवाला, नगर पालिका परिषद, वीपीओ—मुंगेली-495334
167/2.2.89	70.	श्रद्धेय एम.एस. कामठे, गाँव—भिलाई नगर, पोस्ट—हरदी बाजार-494556

172/8.2.88 71. श्रद्धेय देवेन्द्र कुमार, गाँव—मिलौनी, पोस्ट—डोंगा कोहरौद, वाया—पामगढ़-495554

178/22.2.88 72. श्रद्धेय बलराम खुटे, वीपीओ—बम्हनी बाजार-495660

181/26.2.88 73. श्रद्धेय बलदाऊराम डहरिया, सहा. शिक्षक, गाँव—कोसकट्टी, पोस्ट—मटसगरा, वाया—तखतपुर-495330

185/29.2.88 74. श्रद्धेय डॉ. हीरासाय बंजारे गोल्ड मेडलिस्ट, आर.एस.पी., वीपीओ—बथौद, वाया—चन्द्रपुर-495692

187/29.2.88 75. श्रद्धेय घनसाय जागड़े, गाँव—मिलौनी, पोस्ट—डोंगा कोहरौद, वाया—पामगढ़-495554

195/18.3.88 76. श्रद्धेय राजाराम बनर्जी, गाँव—जोरैला, पोस्ट—कोसीर, वाया—पामगढ़-495554

205/21.3.88
और 13/20.4.88 77. श्रद्धेय गोफेलाल चतुर्वेदी, गाँव—खालमीडीह, पोस्ट—चन्देली, वाया—लोरमी-495115

30/11.5.88 78. श्रद्धेय चरनदास, चेयरमैन भूमि एवं सम्पत्ति सर्वेक्षण, ईकाई-बाँगो बाँध परियोजना, वीपीओ—माचाडो, वाया—कटघोरा- 495553

51/11.6.88 79. श्रद्धेय राम प्रसाद कोमले, गाँव—बाराद्वार बस्ती, पोस्ट—बाराद्वार-495687

58/8.7.88 80. श्रद्धेय घनश्याम जाँगड़े, वीपीओ—नेवरा-495112, तहसील—तखतपुर

67/6.8.88 81. श्रद्धेय आर.सी. धुणे, प्रधान पाठक, पूर्व नाट्यशाला, वीपीओ—कोरबी (फूलसर), वाया—कटघाए-495445

91/27.6.88 82. श्रद्धेय आर.आर. पत्रवारती, कार्यालय सम्भागीय मंत्री (भंडार), ह.ता.वि. मंडल, दर्री कोरबा

96/4.10.88 83. श्रद्धेय विष्णु सिंह प्रथम शिक्षक, शा.प्रा.पाठ.—करुहागर, पोस्ट—डिंडोरी, वाया—लोरमी-495115

97/4.10.88 84. श्रद्धेय एन.एल. खोब्रागडे क्वा.नं. 180, सेक्टर-5, पोस्ट—बालको टाउनशिप-495684

108/27.10.88 85. श्रद्धेय सजन कुमार सांडे, गाँव—बुन्देला, पोस्ट—रहौद, वाया—पामगढ़-495554

121/29.11.88 86. श्रद्धेय जे.आर. सांडे, सब इंजी., हसदेव बाँगो बाँध परियोजना, एच-35, माचाडोली, वीपीओ—मलाडोली-495553

140/17.1.89	87. श्रद्धेय टी.पी. लोनारे, बी.एल. होम, वीपीओ—बम्पा-495671
143/17.1.89	88. श्रद्धेय मरहन लाल सितारे, गाँव—नेगुरडीह (भाठापार), पोस्ट—किटीत, वाया—जांजगीर-495668
151-152/7.2.89	89. श्रद्धेय शिव नारायण राजे द्वारा इंकलाब पान भंडार, स्वत: बुक स्टाल, क्रान्ति चौक, वीपीओ—मसूरी-495551
158/14.2.89	90. श्रद्धेय प्रदीप कुमार राही, विक्रय कर कार्यालय (शाह कुटीर लिंक रोड), बिलासपुर, वृत्त-3, बिलासपुर-495001
162/28.2.89	91. श्रद्धेय अनिरुद्ध आदिल, वीपीओ—भठली, वाया—जांजगीर-495668
166/10.3.89	92. श्रद्धेय एस.आर., टेलर्स (बस स्टैंड) वीपीओ—तिलई
169/10.3.89	93. श्रद्धेय पौलुस विनय कुमार रानाकर, वीपीओ—माल खरौंदा, वाया—सकती-49691
6/26.4.89	94. श्रद्धेय सुन्दर लाल जांगड़े, गाँव—तुलसीडीह, पोस्ट—कुब्मूल, वाया—अड़भार-495695
	95. श्रद्धेय नरेन्द्र कुमार रामटेके, अम्बेडकर नगर, बिलासपुर-495001
22/27.5.90	96. श्रद्धेय सन्तोष कुमार पाटले, गाँव—बस्ती बाराद्वार, पोस्ट—बाराद्वार-495687

13. मध्य प्रदेश (22. बैतूल)

47/17.8.76	1. श्रद्धेय बी.डी. पाटील पर्वाहकर्ता, श्रद्धेय खुशरंग पाटील, गाँव—देवसिलाई, पोस्ट—नरखेड़, पोस्ट—मुल्ताई-460661
36/13.6.77	2. श्रद्धेय बुहनबार्ड वामनकर, रेलवे कॉलोनी, आर.बी., 253-बी, वीपीओ—अमला-46551
148/21.11.83	3. श्रद्धेय यादवराव खोब्रागडे, तीसरी मंजिल, एफ-651, एम.पी. विद्युत मंडल कॉलोनी, वीपीओ—सारनी-460447
40/9.3.84	4. श्रद्धेय मनीराम भामारकर, 134, कांग्रेस नगर, ब्लॉक नं. 3, वीपीओ—पाथाखेड़ा-460449 (कई बार)
14/30.4.87	5. श्रद्धेय सलिकराम खातरकर, 181, एल.सी.एच. (पानी की टंकी के पास), सुभाष नगर, पोस्ट—एम.सी.एल.नाभार, खेड़ा-460449 (आर.एस. घोड़ा डोगरी)
92/27.9.88	6. श्रद्धेय एस.वी. मौर्या, शिक्षक, बालक मिडिल स्कूल, वीपीओ—सारनी-460447

13. मध्य प्रदेश (23. भिंड)

13.8.63 श्रद्धेय पी.डी. जयन्त, भीमनगर वार्ड नं. 3 (जैन स्कूल के पीछे), भिंड

13.8.63 चचुरी लाल कचरोलिया, बौद्ध नगर (पतारा), (उच्चतर माध्य. विद्यालय के पीछे) 2/642, दबोह, डालचन्द आमघरिया

13.8.71 महंत पी.डी.जयंत, राष्ट्रीय अध्यक्ष, राष्ट्रीय सर्वहारा गरीब मुक्ति संघ, मुख्य कार्यालय, भीम नगर, भिंड (मध्य प्रदेश)

81/30.10.78 1. श्रद्धेय मुन्नी लाल गोयल, 73, लहार रोड, गौरी किनारा, पुरानी बस्ती, भिंड-477001 (पुरानी कोतवाली के पीछे मकान है। दुकान परचूनी की पुरानी बस्ती में है।) (कई बार)

63/16.5.79 2. श्रद्धेय नारायण सिंह कुशवाह, सरपंच ग्राम पंचायत गिरवासा, पोस्ट—लहार-477445

132/1.11.80 3. श्रद्धेय भले फक्कड़देव, वीपीओ—गिर्वासा, वाया—लहार-477445

42/25.3.83 4. श्रद्धेय रतन सिंह डंडोतिया, गाँव—रुचि का पुरा, पोस्ट—गोरमी-477660 (कई बार)

146/19.11.83 5. श्रद्धेय रानाजीत जाटव, वीपीओ—पिपरमाना, वाया—मोहब- 447116

111/18.10.85 6. श्रद्धेय रामस्नेही पर्वाहकर्ता, श्रद्धेय रामस्वरूप सिंह, वीपीओ—कृपे का पुरा, वाया—गोरमी-447660

134/3.1.89 7. श्रद्धेय सिद्धार्थ गौतम द्वारा श्रद्धेय आर.डी. अहिरवार

66/13.8.87 8. श्रद्धेय सत्यनारायण बौद्ध पर्वाहकर्ता, हरीपाल जाटव, वीपीओ—भालनपुर, वाया—गोलद-477116

13. मध्य प्रदेश (24. महू)

—कुमारी शोभा सुदास, 1153, बरलावर गली, महू-453447

13. मध्य प्रदेश (24. मंडला)

10.06.1970 श्री मुंशी निडवा सुकाजी गड़वाले, V—चौबीसा, P—मारवारी, तहसील—निवास, मंडला, मध्य भारत

38/16.7.76 1. श्रद्धेय प्रेम सिंह, सुपुत्र श्रद्धेय रघुवर सिंह, भरश्राम, सुरला टोला, पोस्ट—बोंदर, वाया—डिंडोरी-481880

54/1.8.78 2. श्रद्धेय रामस्वरूप कैलाशिया, राजस्व निरीक्षक बन्दोबस्त कार्यालय, बन्दोबस्त अधिकारी, प्राचीन डिंडोरी-481880

89/247.80	3. श्रद्धेय आर.एस. चौहान, सब इंजी. थनवार केनाल, सब डिवीजन नं. 2, वीपीओ—नमनपुर-481778 (कई बार)
29/11.5.88	4. श्रद्धेय टी.एस. कुशरन, हेड मास्टर, मिडिल स्कूल—खुड़िया, वाया—डिंडोरी-481778

13. मध्य प्रदेश (मन्दसौर)

7/22.1.83	1. श्रद्धेय एम.एल. आर्य, गाँव—सेमलिया काजी, पोस्ट—कुचड़ोद, वाया—अफजलपुर-458237 (कई बार)
119/16.9.83	2. श्रद्धेय एल.आर. मालविया, दूरभाष प्रचारक, दूरभाषा केन्द्र, वीपीओ—नीमच- 458411 (कई बार)
16/13.5.89	3. श्रद्धेय प्यारे लाल रांगोठा प्रबला शास. सुभाष उच्च माध्य. विद्या., वीपीओ—भानपुरा-458775

13. मध्य प्रदेश (26. मुरैना)

96/13.9.85	1. श्रद्धेय आदिराम जाटव, उप-मंत्री, पर्वाहकर्ता, श्रद्धेय पोस्ट मास्टर साहब, पोस्ट—पोरसा-476115
110/15.10.85	2. श्रद्धेय मातादीन मास्टर, गाँव—रसीलपुर, पोस्ट—जींगनी-478001
75/27.9.86	3. श्रद्धेय पी.एस. दौनेरिया, बड़ा इमामबाड़ा, वीपीओ—श्योपुर-कलाँ-476337
53/11.6.88	4. श्रद्धेय बाबूलाल टेलर, गाँव—गयासीपुरा, पोस्ट—बरेह, वाया—अंवाह-476111

13. मध्य प्रदेश (27. रतलाम)

38/24.3.81	1. श्रद्धेय राजाराम पनवारी, 94-बी, रोड नं. 3, न्यू रेलवे कॉलोनी, रतलाम-457001 (कई बार)
131/2.10.81	2. श्रद्धेय पी.बी. शेगाँवकर, विभागाध्यक्ष (ग्रामीण) शासकीय महाविद्यालय, वीपीओ—जावरा-457226
144/11.11.83	3. श्रद्धेय जगन्नाथ चौहान, ऑफिस कमि. एम.पी. इलविड सिटी बोर्ड, डी.सी., वीपीओ—जावरा-457227
151/26.11.83	4. श्रद्धेय रामचन्द्र बोरिया अध्यापक, 108, डॉ. भीमराव अम्बेडकर कॉलोनी, वीपीओ—रावटी-457769
37/9.3.84	5. श्रद्धेय बलीराम दोहरे, अध्यापक द्वारा श्रद्धेय प्रभूलाल बूरिया, टेलर के मकान में, वीपीओ—रावटी-457769

91-92/17.1.80	6. श्रद्धेय बी.आर. मेहर, 6/96, जवाहर नगर, रतलाम-457001

13. मध्य प्रदेश (28. राजगढ़)

13. मध्य प्रदेश (29. रायपुर)

10.06.1970	श्री बिसराम बौद्ध, V.—भोरिंग, P.—तुमगाँव, तहसील—महासमुद, रायपुर
106/22.8.83	2. श्रद्धेय श्याम रतन भारद्वाज, गाँव—बुड़गहन, पोस्ट—भटमेरा, वाया—नेवरा-493114 (कई बार)
70/4.5.84	3. श्रद्धेय उपराम बौद्ध, वीपीओ—तेलासी, वाया—बरगन (पलारी) 483228
86/25.6.84	4. श्रद्धेय दिलीप कुमार रामटेके द्वारा श्रद्धेय डी.डी. वैद्य, दानीटोला, वीपीओ—धमतरी-493773
87/25.7.87	5. श्रद्धेय आशाराम पाटिल, वीपीओ—मोहतरा, वाया—कटगी- 493334
27/18.5.87 और 18/17.2.87	6. श्रद्धेय गरीबदास साहू, गाँव—नया खर्बे, पोस्ट—कसडोल-483335
41/17.6.87	7. श्रद्धेय धर्मपाल सूर्यवंशी, दफाई नं. 3, कोतमा कालरी, वीपीओ—कोतमा कालरी (भालू भाड़ा)-404334
51/3.7.87	8. श्रद्धेय डी.डी. वासनिक, सब-इंजी. पर्वाहकर्ता, टेकराम वर्मा, एडवोकेट, सिविल लाइन, बालौदा बाजार-493332
79/21.9.87	9. श्रद्धेय पनिक राम, गाँव—सरवानी, पोस्ट—सर्वा
173/17.3.89	10. श्रद्धेय परसराम चेलकर सतनामी, गाँव—बुड़ेरा, पोस्ट—खरोरा
180/31.3.88	11. श्रद्धेय सी.एम. साकेत, बी.ए.एम.एस. (4 वर्ष), कमरा नं. 26, नवीन छात्रावास, शास. आयुर्वेद चिकित्सा महाविद्यालय
80/2.4.89	1. श्रद्धेय बी.आर. खुटे, वीपीओ—पलारी

13. मध्य प्रदेश (30. रायसेन)

13. मध्य प्रदेश (31. रीवा)

26/12.3.80	1. श्रद्धेय रामखिलावन, भूतपूर्व विधायक, कमसरिया अनाथालय, रीवा-486001

28/25.2.86	2. श्रद्धेय रामचरण चौधरी वास्ते न्यू भारत टेलर, वीपीओ—सिरमौर-486448
31/28.2.86	3. श्रद्धेय राहुल मनहर बौद्ध, 55/56, नई कॉलोनी (नेहरू बस्ती के उत्तर में), पुलिस लाइन रीवा (भारतीय बौद्ध परिषद् के कार्यकर्ता हैं), कई बार सतना से 52 किलोमीटर सम्यक् साहित्य संस्थान, भारत भवन, मोहल्ला—पड़रा, रीवा-486001 (किताब कालम चन्द्रोदय 125 विक्रय)
छत्तीसगढ़	1. रायपुर, 2. बिलासपुर, 3. दुर्ग, 4. राजनाद गाँव, 5. रायगढ़, 6, बस्तर, 7. सरगुजा।
	गुरु घासीदास का जन्म सन् 1756 ई. में ग्राम गिरौदपुरी, जिला रायपुर में हुआ। ससुराल जिला—रायपुर के ग्राम सिरपुर में थी। काल-गुणा पंचमी को जन्मस्थान में मेला लगता है। इन्होंने सतनामी पन्थ चलाया। अन्याय-अत्याचार के विरुद्ध संघर्ष किया। श्रद्धेय नकुल दीढ़ी बौद्ध धर्मप्रचारक हैं। भीष्मदेव दीढ़ी एडवोकेट, धामतरी-493773/1987 में और रायपुर में बौद्ध धर्म की महासभा हुई। श्रद्धेय डी.डी. वासविक आदि शामिल हुए थे। राजनादगाँव/मदानजी के कर्मचारी भी शामिल हुए।

13. मध्य प्रदेश (32. विदिशा) (भेलझा)

07.11.1970	1. श्री रणपीर सिंह यादव, V.P.—पबई, जिला—विदिशा, M.P.
160/20.11.82	2. श्रद्धेय रतनचन्द मेहता, व्यवस्थापक मेहता सार्वजनिक पुस्तकालय, बाझौदा दाल मिल, वीपीओ—बासौदा-464221
61/19.6.85	3. श्रद्धेय मनीराम बौद्ध पर्वाहकर्ता, श्रद्धेय व्यवस्थापक, खादी आश्रम, विद्यार्थी पथ, वीपीओ—मिरौंज-464228

13 मध्य प्रदेश (33. रायगढ़)

18/19.3.76	1. श्रद्धेय जगदीशचन्द्र, गाँव—सिंघनपुर, पोस्ट—कोसिर, तहसील—सारगढ़-496448
68/31.10.77	2. श्रद्धेय रामदास सुमन, गाँव—भाठागाँव, पोस्ट—कोसीर
60/27.3.82	3. श्रद्धेय जी.सी. सिंह, गाँव—कठानी, पोस्ट—कोड़ापाली, वाया—पुसौर-496441

86/29.8.85	4. श्रद्धेय मेहत्तरदास सूर्यवंशी, वीपीओ—उच्चमिट्‌ठी, वाया—हरदी-496450
87/29.8.85	5. श्रद्धेय एच.आर. बंजारा, सहकारी निरीक्षक, पर्वाहकर्ता, कार्यालय, पंजीयक सहकारी संस्थाएँ, रायगढ़-496001
5/27.1.86	6. श्रद्धेय भोपाल महिलाने, गाँव—जिल्दी, पोस्ट—रेडा-496450, तहसील—सारगढ़
56/22.8.86	7. श्रद्धेय टेलर लेखराज जांगड़े, वीपीओ—उच्च मिट्‌टी, वाया—हरदी-496450
18/4.5.87	8. श्रद्धेय सम्मेलाल उस्ताद, गाँव—डंगनियाँ, पोस्ट—परसमोल-496445
42/17.8.87	9. श्रद्धेय टेलर लेखराज जांगड़े, वीपीओ—उच्च मिट्‌टी, वाया—हरदी-496450 (यह लंगड़े हैं—पावर मशीन से सिलाई करते हैं।)

13. मध्य प्रदेश (34. शहडोल)

54/26.4.80	1. श्रद्धेय संत तुकाराम दिव्यदर्शी परिब्राजक, धनपुरी कालरी नं. 3, पोस्ट—धनपुरी कालरी (आर.एस.एम.)
115/20.9.80	2. श्रद्धेय बी.एन. सिंह मरावी व्याख्याता, शास.उच्चतर माध्य. विद्या., वीपीओ—बेनीबारी
97/4.8.83	3. श्रद्धेय ए.एल. उके, जूनि.इंजी., क्वा.नं. डी.डी.-77, मध्य प्रदेश इलेक्ट्रिसिटी बोर्ड कॉलोनी, वीपीओ—चाचई-484220
125-126/ 6.10.83	4. श्रद्धेय सुखदेव सिंह श्रमिक शिक्षक, गाँव—धनपुरी दफाई नं. 1, पोस्ट—धनपुरी-484114
2/5.1.84	5. सहदेव डके ट्रेड मशीनिस्ट सेक्शन-अ (आई.टी.आई.)
131/15.12.86	6. श्रद्धेय अशोक कुमार मेश्राम, शहडोल क्षेत्रीय ग्रामीण बैंक ब्रांच, वीपीओ—अमरपुर, तहसील—बाँधवगढ़-483770
183/26.2.88	7. श्रद्धेय रामबली सरस, फोतमा फालरी, गोला बाजार, शहडोल-484336

13. मध्य प्रदेश (35. शाजापुर)

1/15.5.83	1. श्रद्धेय किशन सिंह केमसरन, 10/7, गांधी कॉलोनी, वीपीओ—शुजालपुर मंडी-465333

13. मध्य प्रदेश (36. शिवपुरी)

134/3.11.80	1. श्रद्धेय बलराम राजे शिक्षक, गाँव—ठकुरपुरा, गाँव—कंधाल (यह श्रद्धेय धर्मरत्न बौद्ध के साले हैं। मैं बाबा साहब की जयकी में गया, गाँव ठकुरपुरा के ही सब लोग नहीं जाए। मेरे ग्राहक हैं। घमंडी हैं।)
164/23.12.83	2. श्रद्धेय राजाराम बौद्ध, गाँव—ठकुरपुरा, पोस्ट—कत्था मिल
22/28.1.84	3. श्रद्धेय नकटू जाटव, सुपुत्र श्रद्धेय सामलिया, गाँव—राई की पौर, पोस्ट—कोलारस-473770 (दूसरा पता—ग्राम मनीपुरा फेर मेश्राम, बीजक नं. 105/25.10.89) (कई बार)
30/9.1.84	4. श्रद्धेय हरभजन गौतम, ड्राइवर, विकास खंड करेरा, न्यू कॉलोनी, वीपीओ—करेरा-473660
14/19.4.86	5. श्रद्धेय देवीलाल दिवाकर, वीपीओ—लुकवासा-473588 (गांधी नगर), तहसील—कोलारस-473770
130/1.12.87	6. श्रद्धेय मंगल सिंह जाटव, वीपीओ—काली पहाड़ी, वाया—नरवर-473880
158/19.1.88	7. श्रद्धेय हीरा लाल जाटव, गाँव—पनवारी, पोस्ट—कोलारस-473770
200/21.3.88	8. श्रद्धेय पी.एल. डंडोतिया, राजस्व निरीक्षक बन्दोबस्त, वीपीओ—कोलारस-473774
15/12.4.88	9. श्रद्धेय डी.सी. मौर्य, उच्च श्रेणी शिक्षक, शाम. कन्या. उच्चतर माध्य.विद्या. कोलारस-473770
179/31.3.89	10. श्रद्धेय नकटूराम जाटव, गाँव—मानीपुरा, पोस्ट—कोलारस-473770

13. मध्य प्रदेश (37. सतना)

102/4.11.86	1. श्रद्धेय बी.वी. जाटव, अतिरिक्त सहायक आयुक्त विक्रय
65/8.8.87	2. श्रद्धेय बी.डी. अहिरवार, विक्रय कर निरीक्षक (सतना वृत्त-1)

13. मध्य प्रदेश (38. सागर)

75/7.9.87	1. श्रद्धेय आर.पी. चौधरी, 195/5, अहमद बागीचा, वृन्दावन वार्ड, सागर-470002
86/13.9.88	2. श्रद्धेय पुरुषोत्तम लाल अहिरवार, 241, अहमद बगीचा उपरोक्त

13. मध्य प्रदेश (39. सिंहोर)

13. मध्य प्रदेश (40. सिद्धि)

37/16.2.82 1. श्रद्धेय दयाशंकर जोशी, ओवरसियर, ए-143, जयन्त प्रोजेक्ट कॉलोनी

13. मध्य प्रदेश (41. सरगुजा)

132/19.10.83 1. श्रद्धेय पुरुषोत्तम लाल धीरही, नियर दी मार्केट, वेस्ट झगड़ा खंड कालरी, दफाई (पक्का थैड़ा के पास), ईंट भट्टा दफाई, पोस्ट—झगड़ा खंड कालरी

28/10.2.84 2. श्रद्धेय सम्वत लाल, बाजार दफाई, वीपीओ—वेस्ट झगड़ा खंड कालरी

55/10.4.84 3. श्रद्धेय श्रीरथ राम सतनामी, कोरिया स्टोर्स के पाल, पोस्ट—वेस्ट झगड़ा खंड कालरी

138/21.12. 4. श्रद्धेय प्यारे बौद्ध भाई पर्वाहकर्ता, श्रद्धेय रामजीत आजाद, सी.आर.ओ. कैम्प, गाँव—खोघाबाली, पोस्ट—वेस्ट झगड़ा खंड कालरी

8/31.1.86 5. श्रद्धेय आर.टी. बोधी, गाँव—खोघावाली, सी.आर.ओ. कैम्प, पोस्ट—वेस्ट झगड़ा खंड कालरी-497447

38/24.3.76 6. श्रद्धेय कुमारी सरिता टाटके, उरसू लाइन कान्वेंट, गाँव—भीम्बकापुर, नया पारा-494001

108/21.3.87 7. श्रद्धेय के.आर. सुमन, शिक्षक, शास. पूर्व मध्य. विद्यालय, गाँव—बरढोढ़ी, पोस्ट—मिट्टी कलाँ, वाया—अम्बिकापुर-497001

59/18.1.88 8. श्रद्धेय पी.ए. अहिरवार, ( ) शास. उच्च मध्य. विद्यालय, खड़गवाँ, वाया—चिरमिरी-497449

111/18.11.88 9. श्रद्धेय सैनाथ सिंह प्रधानाध्यापक, गाँव—खड़घोभा, वाया—सीतापुर-497101

163/10.3.89 10. श्रद्धेय परशराम, गाँव—भटगाँव कालरी माइंस, क्वा. नं. 35, पोस्ट—भटगाँव कालरी

13. मध्य प्रदेश (42. सिवनी)

37/24.3.81 1. श्रद्धेय चिन्तामन भीमदास, गाँव—मोहगाँव, पोस्ट—काटीरात- 480661

37/13.3.86 2. श्रद्धेय एच.एल. बागडे बनयाल, वीपीओ—खबासा-480881

13. मध्य प्रदेश (36. होशंगाबाद)

43/27.3.81	1. श्रद्धेय ए.जे. शिंदे, ई.एस.एम/ई.टी., आर.बी., 3-463/ए, आजाद नगर, न्यू वार्ड, वीपीओ—इटारसी
128/26.9.89	2. श्रद्धेय किशोर भारती, वीपीओ—बनखेड़ी-461990

13. मध्य प्रदेश (37. भोपाल)

02/01/1973	ई. श्रीमान इंस्पेक्टर जनरल साहब, जेल भोपाल, मध्य प्रदेश
92/24.8.79	1. श्रद्धेय ए.के. राजे आवास, क्रमांक 2/4-एस.टी.डी.एस., स्टाफ कॉलोनी, गोविन्दपुरा, भोपाल-462023
34/24.3.81	2. श्रद्धेय एम.आर. धिरही, पर्वाहकर्ता, श्रद्धेय हरलाल ब्रजवासी किराना दुकान के पास (बाल बिहारी), आनन्द नगर, रायसेन रोड, भोपाल-462025
155/5.12.83	3. श्रद्धेय अशोक उर्फ महेन्द्र, उच्च श्रेणी लिपिक पर्वाहकर्ता, मध्य प्रदेश उच्च शिक्षा अनुदान आयोग, ई-2/84, महावीर नगर, भोपाल-462016 (कई बार)
23/5.5.86	4. श्रद्धेय कार्यालय सचिव, अखिल भारतीय अनु.जाति परिषद् (रजि.), 5/4, प्रोफेसर कॉलोनी

13. मध्य प्रदेश (45. राजनादगाँव)

39/16.7.76	1. श्रद्धेय चैनसिंह ठाकुर शिक्षक, गाँव—भदेश, पोस्ट—पैलीमेटा, वाया—गंडई
24/11.4.77	2. श्रद्धेय कुमारी कविता हिरकने (गायिका), वीपीओ—भरकापारा
2/3.1.78	3. श्रद्धेय चोबाराम मेश्राम, गाँव—बिहारी कलाँ, पोस्ट—अम्बागढ़ चौकी-491665, तहसील—राजनादगाँव
31/12.4.78	4. श्रद्धेय राहुल कुमार मेश्राम, गाँव—बिहारी कलाँ, पोस्ट—अम्बागढ़ चौकी-491665, तहसील—राजनादगाँव
61/3.5.79	5. श्रद्धेय हमीरराव मेश्राम, गाँव—बिहारी कलाँ, पोस्ट—अम्बागढ़ चौकी-491665, तहसील—राजनादगाँव
96/3.5.79	6. श्रद्धेय पूरन लाल गायकवाड़, गाँव—दनगढ़, पोस्ट—दनगढ़, वाया—अम्बागढ़ चाकी (कई बार)
125/16.11.79	7. श्रद्धेय पंचाराम सलामे, सोमाटोला, पोस्ट—दनगढ़ चौकी
41/2.3.82	8. श्रद्धेय चोबाराम मेश्राम, गाँव—बिहारी कलाँ, पोस्ट—अंबागढ़ चौकी-491665

174/25.11.82 9. श्रद्धेय भैयालाल बंसोड़, स्टेशन पारा, वार्ड नं. 8, राजनादगाँव—491441

9/13.1.84 10. श्रद्धेय रामचरन गढ़े, स्टेशन पारा, वार्ड नं. 8, राजनादगाँव—491441

34/10.3.86 11. श्रद्धेय सी.डब्ल्यू. मेश्राम, हेड पोस्ट ऑफिस, राजनादगाँव—491441

24/15.5.86 12. श्रद्धेय गया प्रसाद मोटघरे, शहीद नगर
रामधन चौक, बादरा टोला, बाँधा बाजार, पोस्ट—आमगाँव-491668

37/28.6.86 13. श्रद्धेय मुकेश रामटेले, बुद्ध विहार, तुलसीपुर (संगम चौक) (डॉ. अम्बेडकर स्मृति क्लब) राजनादगाँव—491441

171/14.3.89 14. श्रद्धेय जयलाल मेश्राम, अवकाश प्राप्त शिक्षक, गाँव—कौडीकसा, वाया—मोहल्ला—491666

13. मध्य प्रदेश (46. खंडवा)

34/10.3.86 —श्रद्धेय बी.आर. दामोदर, वार्ड नं. 9, खैरानी बाजार, वीपीओ—बुरहानपुर

—वाई.एस.पी. सिरपुर, सचिव, वार्ड नं. 16, दाउदपुर

13. मध्य प्रदेश (47. खरगोन)

13. मध्य प्रदेश (21. बिलासपुर)

02/01/1973 ई. श्रीमान इंस्पेक्टर जनरल साहब, जेल भोपाल, मध्य प्रदेश, भारत

62/15.6.84 27. श्रद्धेय सवदराम, वीपीओ—कुसमुल, वाया—अडभार

28. श्रद्धेय पी.एस. कमलेश, 792/4, बालको टाउनशिप, कोरबा-495684

140/3.10.84 29. श्रद्धेय सन्तराम रात्रे, चंडीपारा उरैया, पोस्ट—पामगढ़-495554

156/10.12.84 30. श्रद्धेय बी.एस. सूर्यकान्त, 135, भदरापारा, सेक्टर-6-बी के पीछे, वीपीओ—बालको टाउनशिप, कोरबा-495684

12/31.1.85 31. श्रद्धेय चान्दराम खडगाँव, मानचित्रकार, सिविल सीनियर औद्योगिक प्रशिक्षण संस्था, कोनी, राज्य-बिलासपुर-495009

32/1.4.85	32. श्रद्धेय शनिकुमार भास्कर, गाँव—करकेना, पोस्ट—साल्हे, वाया—चन्द्रपुर-495892
38/22.4.85	33. श्रद्धेय मोहन लाल देशबन्धु, शास.उच्च.मा.विद्या., वीपीओ—करतला (मैसमा)-455675, वाया—सारंगपुर-49569 (पोस्ट—करतला (मैसमा)-455674 (कई बार)
39/22.4.85	34. श्रद्धेय रामकुमार पंकज पर्वाहकर्ता, रहमूराज पाल, लोक निर्माण विभाग, मोह.—कालापारा-495001
44/17.5.85	35. श्रद्धेय डी.पी. लोनारे, वीपीओ—देवरघटा, वाया—डभरा-495668
65/26.6.85	36. श्रद्धेय सन्तोष कुमार, सहा. शिक्षक, वीपीओ—चन्दली, वाया—लोरमी-495115
78/5.8.85	37. श्रद्धेय बी.एल. मेश्राम, बालको नगर, कोरबा, क्वा.नं. 429, सेक्टर नं. 5. पोस्ट—बालको टाउनशिप, कोरबा-495684
147/31.12.85	38. श्रद्धेय गंगाराम मरकम, अध्यापक, प्राथ.पाठ., गाँव—बरसाही, पोस्ट—पाली (रतनपुर)-495449
5/4.4.86	39. श्रद्धेय पी.सी. लदेर, क्वा.नं. 75, सेक्टर नं. 5, पोस्ट—बालको टाउनशिप, कोरबा-495684
31/11.6.86	40. श्रद्धेय बुधराम, 104/3, गजरा साइड, वीपीओ—बाँकी मोगरा-495440
86/13.9.86 और 83/9.9.88	41. श्रद्धेय दुजराम बौद्ध, कक्षा 10, शा.उ.मा. विद्यालय, घर का पता—वीपीओ—कोसीर, वाया—पामगढ़-485554
68/22.9.86	42. श्रद्धेय गणेशराम बंशी, गाँव—पनगाँव, पोस्ट—कुटरा, वाया—जांजगीर-495668
77/29.9.86	43. श्रद्धेय आर.एल. भारद्वाज, जो.ए.-3/ई.एम.डी.-3, पी.एच.-3, (एम.पी. इलेक्ट्रिसिटी बोर्ड), ई.वी., वीपीओ—कोरबा-495681
88/21.10.86	44. श्रद्धेय आर.सी. कुर्रे (भृत्य) कार्यालय टी.एस.डी.पी. एच.-3, एम.पी. विद्युत मंडल

14. महाराष्ट्र (1. अकोला)

12/16.2.76	1. श्रद्धेय स.उ. खंडारे, पोस्ट मास्टर, आमखेड़
100/24.9.79	2. श्रद्धेय महेन्द्र एस. दाभाडे, महेन्द्र बुक डिपो, (एस.टी. बस स्टैंड), पोस्ट—वाशीम (मध्य रेलवे)

135/12.12.79	3. श्रद्धेय यू.डी. वानखडे, जम्बोडीक्स, भीम नगर-अकोला-444101 (कई बार)
4/12.1.81	4. श्रद्धेय वेन शासन बोधी पर्वाहकर्ता, श्रद्धेय मनकर्ना बलीराम खंडारे, गाँव—निजामपुर (श्रावस्ती), पोस्ट—पलसोड़, तहसील—अकोला

14. महाराष्ट्र (2. अमरावती)

26/26.3.78 और 72/11.10.76	1. श्रद्धेय महादेव सहादेव तायड़े, वीपीओ—चान्दूर बाजार (पिप्पलपुरा)-444704 (मराठी—विप्पल पूरा शब्द है) (कई बार)
30/14.5.77	2. श्रद्धेय पुंडलिक सदाशिव 'मेभांग', वीपीओ—पिंपतीपूर्णा (थुगाँव), तहसील—444805
136/12.11.79	3. श्रद्धेय जी.बी. भोवटे बिल्डर्स एंड कांट्रेक्टर, वीपीओ—बेनोडा
47/6.3.82	4. श्रद्धेय आर.एन. इंगले, वीपीओ—सोनोरी, वाया—चान्दूर बाजार-444704
76/19.4.82	5. श्रद्धेय गंगाधर अवधूतराव बाघमारे, बुद्ध चौक, चान्दूर बाजार-444704
138/28.10.83	6. श्रद्धेय पी.ओ. मैंदकर, वीपीओ—सावली खेड़ा, तहसील—धारणी (मेलघार)-444707

14. महाराष्ट्र (3. अहमदनगर)

162/4.11.82

14. महाराष्ट्र (4. उस्मानाबाद)

40/21.7.76	1. श्रद्धेय सोपान राव बनसोडे, भीमनगर, वीपीओ—अहमदपुर-413515 (अध्यक्ष, सिद्धार्थ वाचनालय) (कई बार)
70/5.10.76	2. श्रद्धेय विनायक बांदडे, अध्यक्ष, डी.बी. साल्तुका, शाखा-उदयगीर विभाग

—पूज्य भिक्षु अँगलिमाल, बुद्ध कुटी, भीमनगर, पोस्ट—कलम्ब (कड़म्ब)-433507

14. महाराष्ट्र (5. औरंगाबाद)

07.05.1970	श्री केपी, जाफराबाद, औरंगाबाद, महाराष्ट्र, मैंने सूची-पत्र भेज दिया है, अपना भेजिए।

11.05.1970	श्री गुलाब ज्ञानु जी पाईसुख, V.—हिवरा, P.O.—कारला, Head P.O.—जालना, औरंगाबाद, महाराष्ट्र
06.04.1970	श्री नाखुराम मास्टर V.—हिसवन लहारे, PO.- कारला, Head P.O.—जालना, औरंगाबाद, महाराष्ट्र
13.04.1970	श्री आशाराम 'केशव', रोहिमाल, पनवाड़ी, अमम्बड, जिला—औरंगाबाद, महाराष्ट्र
31.07.1970	श्री भिक्षु एच. राष्ट्रपाल, करुणाकर बुद्ध विहार, रेलवे स्टेशन के पास, V.P.—जालना, DIST—औरंगाबाद, महाराष्ट्र
109/29.8.81	1. हवलदार क्लर्क आर.बी. आनन्द (आर.एस.एम.बी. सेक्शन), एन.ई.आर. ग्रुप ए.एस.सी. रिकार्ड (एम.टी.)
29/25.2.86	2. पूज्य भदन्त अँगुलिमाल, बेरो पर्वाहकर्ता, श्रद्धेय जयराम गडकर कैलाश नगर
60/1.4.86	3. श्रद्धेय उपासक पी.एम. राऊत, बौद्ध नगर, जवाहर कॉलोनी

14. महाराष्ट्र (6. कुलाबा)

14. महाराष्ट्र (7. कोल्हापुर)

14. महाराष्ट्र (8. चन्द्रपुर)

06.03.1970	श्री बी.के. येरमे, सहायक शिक्षक, नव भारत विद्यालय, V.P.—बेहाड़ बुज., जिला—चन्द्रपुर, महाराष्ट्र
3/9.1.78	1. श्रद्धेय अशोक यशवन्त राव काम्बले, टाइप-1, सेक्टर-4, क्वा.नं. 15-सी. आर्डिनेंस फैक्ट्री, चान्दा-1442501
126/21.11.79	2. श्रद्धेय विक्रमराम, गाँव—बल्लारपुर कालरी कैम्प, पोस्ट—बल्लारपुर टाऊन-442701
81/28.6.80	3. श्रद्धेय जियालाल अत्म, अम्बेडकर वार्ड, गाँव—बल्लारपुर कालरी, पोस्ट—बल्लारपुर-4427001
99/20.8.80	4. श्रद्धेय एम.ए. उमरे, 21-ए, टाइप-1, सेक्टर-4, आर्डिनेंस फैक्ट्री, चन्द्रपुर-442501
11/2.2.81	5. श्रद्धेय गोवर्धन पी. तोतेड़, परीक्षक श्रेणी द्वितीय आयुक्त निरीक्षणालय, पोस्ट—आयुधनिर्माणी, चन्द्रपुर-442501

14. महाराष्ट्र (9. जलगाँव)

14. महाराष्ट्र (10. थाणे)

31.07.1970	श्री W.M. गौड़बोले, मैत्रेयछाया भवन, 224 बजाज नगर, महाराष्ट्र

06.02.1970	श्री गिरधारी लाल, लेखा कार्यालय, आयुध निर्माणी, V.P.—अम्बरनाथ, ठाणे, महाराष्ट्र
03.07.1970	श्री गिरधारी लाल, लेखा कार्यालय, आयुध विभाग, अम्बरनाथ, थाना, महाराष्ट्र
11/9.2.76	1. श्रद्धेय गिरधारी लाल, अकाउंट ऑफिस आर्डिनेंस फैक्ट्री, वीपीओ—अम्बरनाथ-421502
8/25.1.78	2. श्रद्धेय श्याम गायकवाड़, गायवाड़ चॉल, चिंचपाड़ा, वीपीओ—अम्बरनाथ-421502
57/20.8.78	3. श्रद्धेय पूज्य भन्ते एन. आनन्द थेगे, महेन्द्र विहार, ए-337/734, उल्हास नगर-421009
172/20.2.87	4. श्रद्धेय रामराज यादव मल्होत्रा, स्टील प्रॉडेक्ट्स, पोस्ट बॉक्स नं. 4, 10, कल्याण

14. महाराष्ट्र (11. धुलिया/धुले)

14. महाराष्ट्र (12. नागपुर)

22.06.1970	श्री एम. डी. पंचभाई बोजनबंग, नागपुर, महराष्ट्र। आपको बुद्धा एंड हिज धम्मा भेजा गया है और सभी मनी ऑर्डर भेजिए।
06.07.1970	श्री एम.ओ. पंचभाई (G.A.C.) अकाउंट जनरल, नागपुर, महाराष्ट्र
31.07.1970	श्री फत्तू जी साधु आश्रम, खलासी लाइन, लाला का मार्ग, (मोतीराम बेले की मशीन के पास) नागपुर सिटी, महाराष्ट्र
49/19.8.76	1. श्रद्धेय तु.म. पगारे, सुगत बुक डिपो, डॉ. अम्बेडकर मार्ग, आपड़े चौक, नागपुर-440017 (कई बार)
71/29.9.78	2. श्रद्धेय प्रभाकर दुपारे, गाँव—चन्द्रमणि नगर, पोस्ट—पार्वती नगर, नागपुर-440007 (कई बार)
	3. श्रद्धेय वा.ना. मेश्राम, 160 सहकार नगर, खामला रोड, नागपुर-440025 (सामाजिक कार्यकर्ता)
46/25.4.80	4. श्रद्धेय ओम प्रकाश, टेम्बुर्णो, हि.एल.सी.एम.एस.ई. बिल्डिंग, काटोल रोड, नागपुर-440013
98/20.8.80 और 56/29.4.81	5. श्रद्धेय मइयादीन वर्मा आजाद, भारतीय भीम, 2 हवा महल, कालरी

8/19.1.85 और
17/10.2.86 6. श्रद्धेय मन्नूराम जाँगड़े, गाँव—भोपड़ा पट्टी, (कई बार) मेंटल लेंड डोर (कोल माइंस खदान) पोस्ट—पाठन सावंगी, वाया—सवमेर-441107

34/14.5.88 7. श्रद्धेय बिन्देश्वर राम बिन्दे द्वारा गनेश मिस्त्री, ऑडिनेंस फैक्ट्री (ब्रिजसेशन), वीपीओ—आम्बाझरीदीन प्रॉजेक्ट-440021 —श्रद्धेय विजय बागड़े पर्वाहकर्ता, श्रद्धेय प्रभाकर बोरकर, आनन्दक नगर, सीतावर्ती, नागपुर

41/14.6.89 8. डॉ. अम्बेडकर रोड, पाँचपावली, नागपुर-440017 (महाराष्ट्र), फोन नं. 44165
(4) प्रो. डॉ. भाऊ लोखंडे, एम.ए./पीएच.डी., बंगला एरिया, पी.एच.ए.एस. यूनिट-II, नागपुर-440017

31.07.1970 श्री फत्तू जी साधू आश्रम, खलासी लाइन, लाला का मार्ग, (मोतीराम बेले की मशीन के पास) नागपुर सिटी, महाराष्ट्र

14. महाराष्ट्र (13. नादेड़)

68/6.5.83 1. श्रद्धेय केशव तुकाराम लोणो, घर का पता—1-6-267, श्रीनगर, पोस्ट—तहसील—नांदेड़
—श्रद्धेय प्रताप सिंह, एडवोकेट कलेक्ट्रेट

महाराष्ट्र (14. नासिक)

14. महाराष्ट्र (15. परभणी)

20/28.2.80 1. श्रद्धेय केशव दौंडे, बौद्ध व दलित साहित्य, संगीता बुक विक्रेता (दुकान किराना), महात्मा फुले कॉलोनी, परभणी-431401 (कई बार)

125/18.10.80 2. श्रद्धेय बी.जी. पटेकर, फायरमैन (बी.) पूर्णा जंक्शन, पोस्ट—पूर्णा-431511

42/27.3.81 3. श्रद्धेय त्र्यंबक झोटींगराव काम्बले, डॉ. अम्बेडकर नगर, पूर्णा जंक्शन, एस.ई. रेलवे (लोको शेड के समीप, पूर्णा-431511) (कई बार)

119/15.9.81 4. श्रद्धेय एन.एम. खंडेलोटे, सी.डब्ल्यू.सी., साइट नं. 50, पूर्णा-431511 (कई बार)

155/21.1.87 5. श्रद्धेय के.के. काम्बले एंड संस बुक सेलर, डॉ. अम्बेडकर नगर, पूर्णा-431511

14. महाराष्ट्र (16. पूणे)

01.01.1971	श्री जयन्त श्रीधर तिलक श्रीकान्त, श्रीधर तिलक, 568 नारायण पेठ, (गायकवाड़ वाड़ा), पुना-2 महाराष्ट्र

14. महाराष्ट्र (17. बुलडाना)

14. महाराष्ट्र (18. भंडारा)

05.03.	श्री शंकर राव बोरकर, V.P.—आमगाँव, (कुटे 90), तहसील—गोंदिया, भंडारा, महाराष्ट्र
22.07.1970	श्री श्रद्धानन्द बुद्ध बिहार, वटठी, भंडारा रोड, भंडारा, महाराष्ट्र
07.07.1970	श्री M.D. पंचमाई, बेजानबाग (G.A.V.) C/O. अकाउंटेंट जनरल, Nagpur, महाराष्ट्र
31.07.1970	श्री खेमराज श्री कृष्ण दास, अध्यक्ष—श्री निकेतन प्रेस, 7 खेतवाड़ी, बॉम्बे-4
31.07.1970	श्री सुन्दर राम जैसवार, 69—डॉ. अम्बेडकर रोड, खार, बम्बई-52
44/15.7.77	1. श्रद्धेय यशवन्त राव टूटशहारे, वीपीओ—मक्का टोला, तहसील—गोंदिया-441601
101/24.9.79	2. श्रद्धेय एस.एन. अम्बादे, पर्वाहकर्ता, श्रद्धेय एकनाथ कुले, रामनगर वार्ड (मनोहर कॉलोनी के पास), वीपीओ—गोंदिया- 441601
150/26.11.83	3. श्रद्धेय शामराव नारायण जी मेश्राम, वीपीओ—बाकटी, तहसील—अर्जुनी गोरगाँव-441701
7/19.1.85	4. श्रद्धेय शंकर लाल नारगे, सुपुत्र श्रद्धेय अवध राम नारगे, गाँव—बालापुर कैम्प, पोस्ट—डोगरी बुजुर्ग, वाया—गोवरवाही-441907
203/21.3.88	5. श्रद्धेय सुकचन्द गोविन्दा वाघमारे, वीपीओ—बोर कंहार, वाया—आमगाँव—441902

14. महाराष्ट्र (19. बीड)

14. महाराष्ट्र (20. यवतमाल)

17.01.1969	श्री सांगड़े जी कपड़ा व्यवसायी, ग्राम—कोटम्बा, पोस्ट—मादणी, जिला—यवतमाल, महाराष्ट्र, आपने बाबा साहब डॉ. अम्बेडकर पर व्याख्यान के लिए बुलाया। कुछ साहित्य भी बिका धन्यवाद!

73/22.8.79	1. श्रद्धेय शंकर (पेज धुँधला है, समझ नहीं आ रहा। पेज इमेज 181003)

14. महाराष्ट्र (21. रत्नागिरि)
14. महाराष्ट्र (22. दादर नगर हवेली)
14. महाराष्ट्र (23. बृहत्तर बम्बई)

01.01.1965	Shri Sharma Picture Publication, 175 Priness Street, Bombay-02
01.01.1965	श्री रामजीराम बौद्ध, कालाकिला, परदेशी देवल, धारावी, बम्बई
12.01.1971	श्री खेमराज और श्री कृष्णराज, अध्यक्ष—श्री निकेश्वर प्रेस-7, खेतवाड़ी, Bombay-4
20/29.3.76	1. श्रद्धेय रामराज दुबरी, जयसवार, दारुवाला पन्ना चॉल नं. 6, खोली नं. 1, पांडुरंगलुधवार मार्ग, बम्बई-400013
62/5.10.77	2. श्रद्धेय बी.बी. गायकवाड, 162/4520, पन्थ नगर, घाटकोपर, बम्बई-400075
39/20.5.78	3. श्रद्धेय आशाराम केशव रोहीमल, खोली नं. 725, डॉ. अम्बेडकर चॉल, हनुमान नगर, आकुर्ली रोड, पोस्ट—कान्देवली, बम्बई-400067 (कई बार)
89/1.12.78	4. श्रद्धेय हरगेन बौद्ध, वर्ली नाका, डॉ. ई. मोहस रोड, वीर जीजा माता नगर, बी-ब्लॉक, खोली नं. 5, बम्बई-400018 (कई बार)
74/15.6.79	5. श्रद्धेय भिक्षु अँगुलिमाल, सिद्धार्थ बिहार होस्टल, रूम नं. 53, टिक रोड, बड़ाला, बम्बई-400031 (कई बार)
72/27.9.86	6. श्रद्धेय भिक्षु निर्गुणानन्द थेरो, सारिपुत्र प्रकाशन, गौतम कुटीर, चेम्बूर, बम्बई-400074
30/16.3.80	7. श्रद्धेय मिठाई लाल जयसवार, पर्वाहकर्ता, श्रद्धेय अमन्नाथ दूध वाला, शास्त्री नगर (छक्कर वाला कॉलोनी के पीछे), एस.जी. बर्वे मार्ग, चेम्बूर, बम्बई-400071
141/1.12.80	8. श्रद्धेय मगरु प्रसाद बौद्ध, 101 शायन, इंडिया टूल फैक्ट्री (प्रॉडेक्ट लिमि.), टिकट नं. 785, हाइडिल डिपाटे, शायन रोड, बम्बई-400022
145/2.12.80	9. श्रद्धेय हरिश्चन्द्र आर. बौद्ध, लक्ष्मी स्टोर, मुकुन्द नगर, धारावी रोड, बम्बई-400017

157/24.12.80 10. श्रद्धेय हीरा पूजाराम जाधव, काठणा बीमा योजना-रुग्णालय, आकुर्ली रोड, पी.डब्ल्यू.डी. डिपाट, बंबई-400101
—शंकर गंगा राम, मिस्साल नेवल डोकयार्ड मिल राइट शाप, सेंटर नम्बर 245.13, टिकट नम्बर 2025, बम्बई नम्बर 1, बोरी बन्दर बोरिवली। सिद्धार्थ कॉलेज (बुद्ध भवन), आउटरन रोड, बम्बई नम्बर 1
—सांगोई जी, कपड़ा के व्यापारी, गाँव—कोटम्बा, पोस्ट—मादणी, यवतमाल (महाराष्ट्र) 19 से 20-12/6 समेला है।

24/26.2.81 11. श्रद्धेय रामअवतार बी. बौद्ध (मंगत राम पैट्रोल पंप के पीछे), जोकिन कम्पाउंड, रहमान चाल, खोली नं. 3, भंडुप, बम्बई-400078

100/6.8.81 12. श्रद्धेय अरविन्द कुमार बौद्ध, तेलवाला चाल, रूम नं. 1, उल्हास नगर, बम्बई-400078

161/12.10.83 13. श्रद्धेय शिवपाल, म्पुनि. चाल नं. 4, ररूम नं. 7, हेन्स रोड, बम्बई-400011

18/21.1.84 14. श्रद्धेय धर्मराज गौतम, परमार ट्रांसपोर्ट, 364, आर्थर रोड, अग्रीपाड़ा, घास बाजार, बम्बई-400011

23/11.2.84 15. श्रद्धेय बी.आर. भारती, वाकोला पाइप लाइन, गंगादेवी, शान्ताकुंज पूर्व, तूफानी सेठ की दुकान (बड़ा हनुमान मन्दिर के बाजू में), बम्बई-400055

47/28.3.84 16. श्रद्धेय बच्छूलाबाई सदाशिव पैठण, हनुमान नगर, मराठी शालेचा पाठी, मार्ग, आकुर्ली रोड, कान्दिवली, बम्बई-400101

18/10.2.86 17. श्रद्धेय रामानन्द भोला बौद्ध, मंगत राम पैट्रोल पंप के पीछे, जोकिम स्टेट, चाल नं. 8/5, बम्बई-400078

69/12.9.86 18. श्रद्धेय आर.एस.जयसवार ट्रेजरर, पोस्ट—चौपाटी, बम्बई-400004
—श्रद्धेय निमजी भाई एंड कम्पनी, बुक सेलर, 98, नयागंज, क्रूस रोड, दादर, बम्बई-400014
—श्रद्धेय आप्पा साहेब आपिसे, 224, नागलेन नगर, नामीनाका, चेम्बूर, बम्बई-400074
—श्रद्धेय बाला साहब प्रकाश राव अम्कडकर, राजगृह हिन्दू कॉलोनी, गोकुलधाम पा. रोड, दादर, बम्बई-400074

—श्रद्धेय ग.रा. भड़कड़, पापुलर प्रकाशन, 35-सी. ताड़देव रोड, बम्बई-400024 ('डॉ. अम्बेडकर : लाइफ एंड मिशन' के लेखक हैं।)

-—श्रद्धेय आर.के. अम्बेश, अम्बेश स्टडी सेंटर, 61, पाइप लाइन, हारुन कम्पाउंड, भागरा रोड, कुर्ला, वेस्ट बम्बई-400070

यू.पी. के रहने वाले पुराने ग्राह हैं—श्रद्धेय श्याम मुरारी, फोन्स इन्सपेक्टर, जी-सेकंड डिवीजन, अलंकार बिल्डिंग, दूसरी मंजिल, बम्बई-400004 (महाराष्ट्र)

—श्रद्धेय रामधनी प्रसाद, पत्थर नगर, खोली नं. 204 (नियर भारत नगर), बम्बई-400051 (महराष्ट्र)

—श्रद्धेय रामसमुझ यादव, कोर्पोरेशन बैंक चैम्बर्स, दलाल स्ट्रीट-फोर्ट, बम्बई-400023 (महाराष्ट्र)

—मिस्टर डैनी बौद्ध, फिल्म कलाकार, जोगीला 11वाँ एकम, जुहू, बम्बई-400049

17/13.5.89 19. श्रद्धेय कमलेश कुमार, बरफ की दुकान नं. 9, मच्छी मार्केट, कात्रक रोड, बड़ाल, बम्बई-400021, 129 राजगृह, हिन्दू कॉलोनी

14. महाराष्ट्र (24. सोलापुर)

25/6.2.82 1. श्रद्धेय सुधीर नारायण सूर्यवंशी, ब्लॉक नं. 3, उधर हाउसिंग सोसा. (एस.एस.बी.), सोलापुर-413003

14. महाराष्ट्र (25. सतारा)

14. महाराष्ट्र 26. सांगली)

14. महाराष्ट्र (27. वर्धा)

103/1.9.80 1. श्रद्धेय शा.श्री. गवठी उर्फ सत्यबन्धु, वीपीओ—कवठा, तहसील—वर्धा-445516

61/4.9.86 2. श्रद्धेय सुधीर सालिग राम गवली, शशि एजेंसी, वीपीओ—बोरगाँव (मेधे)-442004

14. महाराष्ट्र (28. गडचिरौली)

91/20.7.83 1. श्रद्धेय जी. एम. भटके, फारेस्ट डिपो ऑफिसर, वीपीओ—मुरुमगाँव, वाया—धानोरे-442606

39/9.3.84	2. श्रद्धेय एस.पी. चान्द्रेकर शिक्षक, वीपीओ—मरुमगाँव, वाया—धानोरे-442606 (कई बार)

14. महाराष्ट्र (1. अकोला)

14. महाराष्ट्र (18. भंडारा)

123/5.12.88	6. श्रद्धेय संजय कुमार एच. मेश्राम, वीपीओ—उमरवारा, वाया—तुमसर-441912

14. महाराष्ट्र (8. चन्द्रपूर)

39/24.3.81	6. श्रद्धेय रामजती कन्हई सुपरवाइजर, बल्लारपुर कालरी (घुघुसकाईल) हनुमान मन्दिर के पास, पोस्ट—कल्लारपुर टाउन
157/23.11.81	7. श्रद्धेय ज्ञानेश्वर नारायण कुम्भारे, गाँव—चिरौली, वाया—मूल-441224
164/30.11.81	8. श्रद्धेय जियालाल भल, डॉ. अम्बेडकर मार्ग, वीपीओ—बल्लारपुर-442701
10/12.1.82	9. श्रद्धेय घुरपत प्रसाद बिन्द, माइनिंग सरदार, बल्लारपुर माइंस क्वा.नं. 3/6, पोस्ट—बल्लारपुर-442701
153/3.12.84	10. श्रद्धेय रामस्वरूप अम्बेडकर, सुपुत्र श्रद्धेय जियालाल, अम्बेडकर वार्ड, बस्ती बल्लारपुर, पोस्ट—442701
25/22.2.86	11. श्रद्धेय एच.जी. बाघमारे पर्वाहकर्ता, सहायक एकीकरण अधिकारी, क्रमांक-1, राम नगर, चन्द्रपूर-442401
156/15.1..88	12. श्रद्धेय जी.एस. कबाड़े, अशोक नगर, जटपुरा, वार्ड नं. 3, चन्द्रपूर-442402

16. राजस्थान (1. अजमेर)

16. राजस्थान (2. अलवर)

23/23.3.85	1. श्रद्धेय सन्ते धर्म दर्शक, नई बगीची, पोस्ट—टापूकड़ा-301707
29.31.5.86	2. श्रद्धेय श्रीचन्द बौद्ध कर्मचारी, गाँव—शाहपुर, पोस्ट—जटियाना, वाया—किशनगढ़-305802
110/5.11.87	—श्रद्धेय श्रीचन्द बौद्ध, कर्मचारी राज्यकीय उच्च प्राथमिक विद्यालय, गाँव—मीरका, पोस्ट—बसईकलाँ, वाया—किशनगढ़-305802

16. राजस्थान (3. उदयपुर)

16. राजस्थान (4. कोटा)

77/24.10.78	1. श्रद्धेय बालकिशन, काट्स विभाग, जे.के. सिंथेटिक्स (लिमि.), कोटा-324003
10.19.1.81	2. श्रद्धेय रघुनन्दन सिंह, आर.पी.एस. कॉलोनी, क्वा.नं. टी.एच./5, वीपीओ—रावतभाटा-323305
62/2.5.83	3. श्रद्धेय त्रिवेणी सहाग, बुद्ध विहार परिसर, वीपीओ—रावत भाटा-323305
123/20.9.84	4. श्रद्धेय त्रिवेणी सहाय, ब्लॉक नं. 1, क्वा.नं. 4, हैवी वाट एच.डब्ल्यू.पी., कॉलोनी, वीपीओ—रावत भाटा-323305, वाया—कोटा

16. राजस्थान (5. झुंझनू)

16. राजस्थान (6. चित्तौड़गढ़)

144/21.1.89	1. श्रद्धेय रामचन्द्र धोबी, पंचायत समिति, छोटी तादड़ी-312604

16. राजस्थान (7. चुरू)

245/5.12.83	1. श्रद्धेय देवीदत्त सुपुत्र श्रद्धेय सुमनाराम बापूतियाँ, गाँव—धमेरी, पोस्ट—कोहवदनल
68/5.5.84	2. श्रद्धेय भैरोराम बरोह, सुपुत्र श्रद्धेय ताबूराम बरोह, वीपीओ—बोचेरा, वाया—सरदार शहर
246/2.1.87	3. श्रद्धेय तेजसिंह शीला, प्रधानाध्यापक राज्यकीय उच्चतर प्राथमिक विद्यालय, बोगेरा, वाया—सरदार शहर-331403
35/19.5.88	4. श्रद्धेय एम.पी. मेघवाल, भगधर क्षेत्रीय ग्रामीण बैंक, वीपीओ—सालासर-331805

16. राजस्थान (8. जयपुर)

119/3.10.80	1. श्रद्धेय ईश्वर लाल बैटवा, हवलदार मेजर, आर.पी.एफ. रिजर्व पुलिस लाइन

16. राजस्थान

16. राजस्थान (9. जालौर)

16. राजस्थान (10. जैसलमेर)

16. राजस्थान (11. जोधपुर)

2/7.1.77	1. श्रद्धेय राजनलाल जावा, जलवायु विज्ञान विभाग, केन्द्रीय मरु अनुसन्धान शाला, जोधपुर-342003 (कई बार)

66/27.3.82 2. श्रद्धेय राजनलाल जावा, केन्द्रीय मरु अनुसन्धान संस्थान, आर.एम. एंड एस.सी. यूनिट, वीपीओ—बोरुन्दा-342604 बौद्ध बनना चाहते हैं।

3. श्रद्धेय राम किशन प्रधान लिपिक राजस्थान रेलवे, डीजल शैड भगत जी कोठी

4. डॉ. श्याम सिंह पर्वाहकर्ता, श्रद्धेय नरसिंह आर्य, डी-22, यू.आई.टी. कॉलोनी, मसूरिया, जोधपुर (राजस्थान) श्रद्धेय डॉ. श्याम सिंह पर्वाहकर्ता, श्रद्धेय नरसिंह आर्य, डी.-22, यू.आई.टी. कॉलोनी, मसूरिया

16. राजस्थान (12. झालावाड़)

16. राजस्थान (13. टोंक)

93/13.9.85 1. श्रद्धेय राम सहाय आरवाल पर्वाहकर्ता, बैंक ऑफ बड़ौदा, वीपीओ—निबाई-304021

16. राजस्थान (14. डूंगरपुर)

16. राजस्थान (15. धौलपुर)

16. राजस्थान (16. बागौर)

120/4.12.86 1. श्रद्धेय परशुराम बारुपाल, प्रधानाध्यापक, वीपीओ—डेह-341002

42/30.5.88 2. श्रद्धेय जोराराम भानु, गाँव—मिलनवारी, पोस्ट—गढ़ी लासर

16. राजस्थान (17. पाली)

169/20.11.82
और 2/15.1.82 1. श्रद्धेय मदन लाल मोबारसा, डॉ. अम्बेडकर होस्टल, माखाड, रानावास, भूतावास-306023 (अन्य पता—मोबारसा, ए/टी, गवर्न. यू.पी. स्कूल, वीपीओ—रानावास-306023)

16. राजस्थान (18. बाडमेर)

139/2.11.83 1. श्रद्धेय वरुणाराव काणा, आर.डी.सी. ग्रामीण परिषद् कल्याण केन्द्र, वीपीओ—चौहटन-344702

55/5.6.85 2. श्रद्धेय तरुणाराय राणा, संचालक डॉ. अम्बेडकर विचार संघ, राणा हाउस महावीर नगर, वीपीआ—चौहटन-344702 (कई बार)

133/11.12.85 3. श्रद्धेय आर.पी. भावना, प्र.अध्यापक, रा.उ.वि., वीपीओ—सारला, वाया—344706 (कई बार)

16. राजस्थान (19. बाँसवाड़ा)

10/12.4.88 1. श्रद्धेय इन्दराजकुमार, जूनि. इंजी., सिंचाई विभाग क्वार्टर, वीपीओ—ताम्बेसरा, वाया—सज्जनगढ़-367602

16. राजस्थान (22. भरतपुर)

91/6.9.85 और
144/28.12.85 1. श्रद्धेय अनन्तराम बौद्ध, वीपीओ—बरौली रान, वाया—अखैगढ़- 322602, तहसील—नदबई

16. राजस्थान (20. बीकानेर)

8/9.4.88 1. श्रद्धेय उमा राम कटारियत द्वारा श्रद्धेय चन्दूराम जोइया फतीपुरा—भुट्टो का बास

49/6.6.88 2. श्रद्धेय सूरजराम द्वारा श्रद्धेय अमरसुख, अध्यक्ष डॉ. अम्बेडकर नवयुवक वाचनालय, रामपुरा बस्ती (लालगढ़ स्टेशन), बीकानेर-334001

16. राजस्थान (21. बून्दी)

16. राजस्थान (22. भरतपुर)

28.03.1970 श्री श्री बाबा विशुदास, कबीर पन्थी, C/o. अरुजन लाल, सदगुरु दवाखाना, बजरिया, माधोपुर, राजस्थान

86/30.3.81 1. श्रद्धेय दयाराम, सुपुत्र श्रद्धेय छिद्दीराम, वीपीओ—ब्रह्मवाद, वाया—बयानक-321401

47/1.4.81 2. श्रद्धेय हरीनाथ, निरीक्षक ऑडिटर सहकारी समितियाँ, वीपीओ—नदबई-321602

53/8.4.81 3. श्रद्धेय कमलसिंह, मैनेजर, वीपीओ—ईशापुर कटारा, वाया—नदबई-321602

69/25.5.81 4. श्रद्धेय राम खिलाड़ी, सुपरवाइजर दि भरतपुर सेंट्रल को-ऑपरेटिव बैंक (लिमि.), नदबई-321602

74/1.6.81 5. श्रद्धेय भगवान सिंह, फौजदार, नदबई-321602

30.12.3.83 6. श्रद्धेय नत्थीलाल मथुरिया, गाँव—भरतपुर गेट, कुम्हेर

87/16.11.84 7. श्रद्धेय बिस्सीराम, सुपुत्र श्रद्धेय खुनखुनराम, वीपीओ—बरौली रान, वाया—अखैगढ़, तहसील—नदबई-321602

16. राजस्थान (23. भीलवाड़ा)

16. राजस्थान (24. सवाईमाधोपुर)

03.10.1970 श्री डॉ. अरुजन लाल, सतगुरु, दवाखाना बजरिया, जिला—सवाई माधोपुर, राजस्थान

114/28.10.85 1. श्रद्धेय हरिमोहन बंसीराम, डॉ. बी.आर. अम्बेडकर चौराहा, बस स्टैंड, वीपीओ—सूरौठ, वाया—फतेहसिंहपुरा-322252

59/20.7.87 2. श्रद्धेय बाबूलाल देवत, कृषि पर्यवेक्षक, मो. बड़ागाँव, पोस्ट—खेरला-322240

16. राजस्थान (25. सिरोही)

16. राजस्थान (26. सीकर)

16. राजस्थान (27. श्रीगंगानगर)

44/6.8.76 1. श्रद्धेय गौतम प्रिय, मिट्ठूराम बौद्धी

97/17.9.79 2. श्रद्धेय अमृतलाल पर्वाहकर्ता, श्रद्धेय मंगल सिंह, मकान नं. 354, पटेल नगर, वार्ड नं. 33 (कई बार) (68/80)

5/14.1.83 2. श्रद्धेय अमृतलाल, 378, गांधी बस्ती, वार्ड नं. 33, श्रीगंगानगर-335001 (नया पता)

137/19.10.81 3. श्रद्धेय हरखू प्रसाद, पर्वाहकर्ता, अमृतलाल, मलकाना बिल्डिंग, पुरानी आबादी, श्रीगंगानगर-335001

44/6.4.83 4. श्रद्धेय चानन राम पटवार, वीपीओ—अनूपशहर-335502, हनुमानगढ़

7/27.1.86 5. श्रद्धेय दत्ताराम मेघवाल, गाँव—चक थराजवाला, पोस्ट—लिखमीसर, वाया—पीलीबंगा-335803

22/22.2.86 6. श्रद्धेय उमाराम हरिजन, वीपीओ—जबरासर, वाया—नोहर-335523

528/15.12.86 7. श्रद्धेय डी.आर. चरनलाल निमेश, 115 बी. मेडिकल कॉलोनी (रेलवे अस्पताल के पीछे), पोस्ट—हनुमागढ़ जंक्शन-335512

94-95/17.10.87 8. श्रद्धेय एच.आर. परिहार, क्वा.नं. 480, टिब्बा कॉलोनी, सूरतगढ़ संगम, श्रीगंगानगर-335405

82/2.9.88	9. श्रद्धेय पन्तराम मालडिया, गाँव—लखूवाली, पोस्ट—पीलीबंगा-335803
137/14.1.89	10. श्रद्धेय इन्द्रराज कुमार, गाँव चक-1, डी.बी.एन., पोस्ट—ढाबर, वाया—पीलीबंगा-335803
139/14.1.88	11. श्रद्धेय रामप्रताप, आत्मज श्रद्धेय माडूराम मेघवाल, वीपीओ—जाखड़ वाली, वाया—पीलीबंगा-335803
158/7.2.89	12. श्रद्धेय भजनलाल, सुपुत्र श्रद्धेय रतनलाल, चक-1, डी.बी.एन., पोस्ट—ढावा, वाया—पीलीबंगा-335803
167/10.3.89	13. श्रद्धेय पुरखाराम, सुपुत्र श्रद्धेय भादर राम मेघवाल, वीपीओ—रामपुरा मटोरिया, वाया—रावतसर-335524
11/6.5.89	14. श्रद्धेय रसिराम, सुपुत्र श्रद्धेय देवीलाल रघेरा, गाँव—खेड़ामरी, पोस्ट—वाया—रावतसर-335524

17. हरियाणा (1. अम्बाला)

56/23.4.79	1. श्रद्धेय जगदीश लाल शॉपकीपर, वीपीओ—बरारा-133201
58/29.4.81	2. श्रद्धेय स्वरूपचन्द, 48/759, बलदेव नगर, अम्बाला नगर
9/12.1.82	3. श्रद्धेय एन.एस. लाम्बा, जन.सेके. बामसेफ लाइब्रेरी, विश्वकर्मा कॉलोनी, वीपीओ—पिंजोर-134102
123/21.9.84	4. श्रद्धेय रामसिंह (दिल्ली वालों की दुकान), गाँव—रासेहड़ी, पोस्ट—रामपुर रासेहड़ी-133001

17. हरियाणा (2. करनाल)

17. हरियाणा (3. कुरुक्षेत्र)

23/12.3.83	1. श्रद्धेय दयाराम सरदार फौजी ताँगे वाला, सुपुत्र श्रद्धेय हरि किशन, गाँव—जोगी माजरा, पोस्ट—रावा, वाया—हेड पोस्ट—शाहाबाद मारकुंडा-132135

17. हरियाणा (4. गुड़गाँव)

17. हरियाणा (5. जीन्द)

17. हरियाणा (6. फरीदाबाद)

12/2.2.81	1. श्रद्धेय मोहन लाल यादव, सुपुत्र श्रद्धेय बाबू लाल यादव, डॉ. अम्बेडकर समिति, गाँव—गौड़ोता, पोस्ट—होडल, 121106, तहसील—पलवल

92/21.6.82 2. श्रद्धेय राज किशोर, न्यू इंडिया डाइंग एंड फिनिशिंग, 14/5, मथुरा रोड, फरीदाबाद-121002

50/12.4.83 3. श्रद्धेय सुन्दरलाल बोद्धी, सुपुत्र श्रद्धेय शिवराम बोद्धी, वीपीओ—सेवली, तहसील—121102

116/15.11.85 4. श्रद्धेय धर्मचन्द बौद्ध, गाँव—शमसाबाद, पोस्ट—पलवल-121102

17. हरियाणा (7. भिवानी)

56/20.7.80 1. श्रद्धेय अंधराज, 67, राम नगर कॉलोनी, भिवानी

121/21.9.82 2. श्रद्धेय बुधूदास, क्वा.नं. 69/113/11, रामनगर कॉलोनी

17. हरियाणा (8. महेन्द्रगढ़)

17. हरियाणा (9. रोहतक)

17. हरियाणा (10. सिरसा)

27/27.6.88 1. श्रद्धेय कृष्णलाल सुपुत्र श्रद्धेय रामरख, मकान नं. 274, ब्लॉक नं. 9. कच्चा बाँस (बनद गेट), वीपीओ—सिरसा-125055

17. हरियाणा (11. सोनीपत)

85/20.10.86 1. श्रद्धेय रमेश कुमार डीगवाल, आनन्द शू फैक्ट्री, धर्मशाला रोड, वीपीओ—फतेहाबाद-125050

17. हरियाणा (12. हिसार)

18. हिमाचल (1. काँगड़ा)

18. हिमाचल (2. किन्नौर)

18. हिमाचल (3. कुल्लू)

18. हिमाचल (4. चम्बा)

18. हिमाचल (5. बिलासपुर)

18. हिमाचल (6. मंडी)

18. हिमाचल (7. सोलन)

22/11.3.85 1. श्रद्धेय रतन सिंह, रेडियो टीचर एयरफोर्स स्टेशन, वीपीओ—कसौली-173204 (शिमला)

18. हिमाचल (8. लाहौल और स्वति)

18. हिमाचल (9. शिमला)

18. हिमाचल (10. सिरमौर)

18. हिमाचल (11. ऊना)

18. हिमाचल (12. हमीरपुर)

19. त्रिपुरा

श्री भीखूजी बौद्ध मन्दिर, बेना बन बिहार, अगरतला (नजदीक सर्किट हाउस)

20. मणिपुर

श्रद्धेय भिक्षु अक्षयानन्द, बुद्ध विहार, मणिपुर, रेन अक्षयनन्दा, जम्बूद्वीप-विस्डम मोना स्टेरी, पोस्ट—मोरेन-795131, राज्य-चुर्चचनपुर

21. मेघालय

52/2.4.84 1. श्रद्धेय बी.आर. गौतम, कुडेम कुलाई इलेक्ट्रिकल डिविजन, एम.ई.एस.ई.बी., वीपीओ—सुमेर-793104

33/2.4.85 2. में एम.एस.ई.बी. लिखा है। कौन सही है, ज्ञात नहीं।

22. सिक्किम

23. अरुणाचल

संघीय प्रदेश (अंडमान निकोबार द्वीप समूह)

संघीय प्रदेश (2. गोवा-दमन-दीव)

संघीय प्रदेश (3. चंडीगढ़)

113/1.12.86 1. श्रद्धेय वेदभान, मकान नं. 1070, सेक्टर-24-बी

संघीय प्रदेश (4. दादर नगर हवेली)

संघीय प्रदेश (5. दिल्ली)

23.02.1970 श्री बाबू लाल मौर्य, उपविधि सलाहकार, विधि मंत्रालय, भारत सरकार, नई दिल्ली

05.03.1970 श्री सुरेशचन्द 'निर्मल', M.A. (स्वर्ण पदक प्राप्त), बी.टी. रिसर्च स्कॉलर, 651/आई नेहरू गली, गांधी नगर, देहली-11, आपको *सच्ची रामायण* भेज दी गई है। सूचीपत्र भी रवाना है।

05.03.1970 श्री महाराज सिंह भारती, M.A. बंगला न. 20, नई दिल्ली

06.07.1970 श्री तेजपाल राही, बधव इलाइट एजेंसी, 150 डी. कमला नगर, दिल्ली

02/01/1973 ई. श्री सीताराम, पीपल बधव, श्री निहालचन्द जाटव, लड़ो सराय, महरौली, नई दिल्ली

02/01/1973 ई. श्री टी.एम. कुमार, यूनिट चौथी मंजिल, ए.जी.सी.आर., नई दिल्ली

15/01/1973 ई. आरडी सोनकर, 34 ए मंजिल मार्ग, नई दिल्ली

19/01/1973 ई. धनपत सिंह जाटव, सप्लाई एंड अकाउंट सेल्स, नई दिल्ली, सम्मति

02/01/1973 ई. श्री सीताराम, पीपल बधव, श्री निहालचन्द जटव, लड़ो सराय, महरौली, नई दिल्ली

02/01/1973 ई. श्री टी.एम. कुमार, यूनिट चौथी मंजिल ए.,जी.सी.आर. नई दिल्ली

15/01/1973 ई. आरडी सोनकर, 34 ए मंजिल मार्ग, नई दिल्ली

19/01/1973 ई. धनपत सिंह जाटव, सप्लाई एंड एकाउंट सेल्स, नई दिल्ली

4/15.1.76 1. श्रद्धेय बिहारी लाल, सुपुत्र श्रद्धेय धर्मसिंह जाटव, 120, मोहम्मदपुर, पोस्ट—आर.के. पुरम, नई दिल्ली-110022

61/28.8.77 2. श्रद्धेय अंशोक प्रियदर्शी बौद्ध, ब्लॉक-एम.-110-22/प्लॉट नं. 750, मंगोलपुरी, नई दिल्ली-110041

10/22.1.79 3. श्रद्धेय छोटेलाल, भारत इंजी. वर्क्स, ए-50 मेन फैक्ट्री, इंडस्ट्री एरिया, नारायणा, नई दिल्ली-110028

131/29.11.79 4. श्रद्धेय मास्टर अजब सिंह, दिल्ली नगर निगम, प्राथ.विद्यालय, कल्याणपुरी (बी-5/2 पाली), नई दिल्ली-110091

45/30.3.81 5. श्रद्धेय दीपचन्द बौद्ध, मकान नं. 79, ब्लॉक नं. ओ, मंगोलपुरी, दिल्ली-110083
रिश्तेदार श्रद्धेय राधेश्याम कारपेंटर, सी-9530, सुल्तानपुरी

141/11.11.83 6. श्रद्धेय भगवान दास एडवोकेट, बी.सी.-1/एच.डी.डी.ए. फ्लैट, मुनिरका, नई दिल्ली-110067

7. श्रद्धेय मेवालाल, लाज नं. ई-75-सी, लोको रोड (एम. सी.) दिल्ली किशनगंज, दिल्ली-110006

8. श्रद्धेय रामसहाय, 80-ई, सेक्टर-4, डी.आर.जेड एर्सिन-बाणा खड़गसिंह मार्ग, नई दिल्ली-110001 (दिल्ली किताब महल के पीछे)

RAS R. GROVER, CRESCENT PRINTING WORKS LTD.
HOUSE OF QUALITY PRINTING AND PHOTOTYPE SETTING
14/90, CANNAUGHT CIRCUS, NEW DELHI-110011 (CALL-345146).

8. श्रद्धेय रामसहाय, परीक्षा, 15 अनुभाग, संघ लोक सेवा आयोग, धौलपुर हाउस, शाहजहाँ रोड, नई दिल्ली-110011 यह भीमायण के प्रकशक हैं।
9. श्रद्धेय बिहारी लाल हरित, श्रद्धेय मोहन लाल हरित, हरित एंड कम्पनी, 449/4, तेलीवाड़ा, शाहदरा, नई दिल्ली-110032
10. श्रद्धेय चेतराम भास्कर, 3565, तेलीमंडी, दरीबापान पहाड़गंज, नई दिल्ली-110055 (घर का फोन नं. 7370706, ऑफिस-3019672)
11. श्रद्धेय मूलचन्द मंजन वाले बाबा, पर्वाहकर्ता, पूज्य भन्ते जी, बुद्ध बिहार, कोंडली (हरिजन बस्ती), पोस्ट—खिचड़ी पुर, नई दिल्ली-110091 (लालकिला से बस नं. 301 जाती है।)
12. श्रद्धेय वतनस्वरूप राहुल, खसरा नं. 44, गली नं. 5, पुराना गोबिन्दपुरा एक्टेंशन, परवाना रोड, खुरेजी खास, नई दिल्ली-110055

85/21.9.87 13. श्रद्धेय श्रीराम मिस्त्री (समेसिंह मेटीरियल सप्लायर्स), मोहल्ला—झडौदा कॉलोनी (मोहल्ला—मजरा बुराडी), पोस्ट—मजरा बुराड़ी, नई दिल्ली-110002

147/2.1.88 14. श्रद्धेय प्रेमदास, कोसल डिगीह एक्सपोर्ट, ओखला फोर, एफ-24/4, नई दिल्ली-110620

171/8.2.88 15. श्रद्धेय हुब्बलाल, जू.ई. फिटर (डी.ई.-एस.यू.) 220 केवी उपकेन्द्र-2, पटपड़गंज, मंडावली, फाजलपुर, नई दिल्ली-110092

209/21.3.88 16. श्रद्धेय शिव दयाल द्वारा श्रद्धेय छोटेलाल, ई-207, जे.जे. कॉलोनी, बुद्ध नगर, इन्द्रपुरी, नई दिल्ली-110012

—श्रद्धेय ताजेन्द्र, हिसं फाल नेशनल प्रेसी. बामसेफ, 'बामसेफ सेंट्रल यूनिट', 5709/81, रैगरपुरा, करोल बाग, नई दिल्ली-110005, फोन नं. 5710322

'आल इंडिया बैकवर्ड' (शिड्यूल्ड कास्ट, शिड्यूल्ड ट्राइब्स, अदर बैकवर्ड क्लास) एंड मायनार्टी कम्युनिटीज एम्पलायज फैडरेशन रजिस्टर्ड, प्रमुख शाखा, दिल्ली मंत्री सत्य संकेश ग्रंथमाला, सत्यचल प्रकाश वर्धा, राष्ट्रीय स्वयं सेवक संघ और समाजवाद-प्रभाकर। सुरुचि साहित्य, केशवकुंज झंडेवाला, नाज सिनेमा के सामने, नई दिल्ली-55

संघीय प्रदेश (6. लक्षद्वीप)
संघीय प्रदेश (7. पांडिचेरी)

दिल्ली

रजिस्ट्रेशन नं. एस-17809 (रिफ्रेंस नं. बामसेफ, 16 नवम्बर,1989, एन.सी./89 कन्वेंशन दिनांक : 10-11-12.12.89 बेगम हजरत महल।

श्रद्धेय मूलचन्द, मंजन वाले बाबा, मारफा मेंडली, बुद्ध विहार रहरिजन बस्ती, गली बुद्ध विहार, पोस्ट—खिचड़ी पुर, दिल्ली —गाजियाबाद से बस नं. 62 कल्याणपुरी नोएडा जाती है। लाल किला से बस नं. 301 जाती है। पुरानी दिल्ली से बस नं. 9 जाती है।

श्रद्धेय प्यारे लाल गौतम, सुपुत्र श्रद्धेय मोहन लाल, गाँव—वीरपुर, पोस्ट—अमोई, मिर्जापुर

अन्य

70/23.09.1978 1. श्रद्धेय प्रहलाद वर्मा, वीपीओ—सुइथा कलाँ

71/12.09.1980 2. श्रद्धेय सभाजीत, वि—महड़ौरा, पो.—किल्लई

70/04.09.1980 3. श्रद्धेय शिव गोविन्द, वृक्षा रोपण लिपिक रेंज, वन विभाग, वीपीओ—केराकत-222142

67/06.05.1983 4. श्रद्धेय धर्म देव राम, सह.अध्या., आदर्श इंटर कॉलेज, रोहारी, पो.—पतरही

98/04.08.1983 5. श्रद्धेय गोपाल जी निराला, वि—बलवा (टाउन एरिया व पोस्ट—मड़ियाहूँ-222161)

43/22.03.1978 6. श्रद्धेय नथुनी प्रसाद बौद्ध, ग्राम विकास अधिकारी, वीपीओ—खुटहन-223104

143/08.11.1984	7.	श्रद्धेय मुंशीलाल बौद्ध, तार बिलवार, पोस्ट—बिलवार, कासगंज-222201
6/19.01.1985	8.	श्रद्धेय लाल जी, आर्य सहायक अध्यापक प्राथमिक पाठशाला पोखीरयपुर, पोस्ट—मसीदा (फतेहगंज)
1/03.04.1987	9.	श्रद्धेय लहुरीराम, शिक्षक, वि—अनूपुर (पनियरिया), पोस्ट—गड़ैला-222001
4/08.04.1987	10.	श्रद्धेय भैयालाल प्रवाहकर्ता, श्रद्धेय रामराज पोस्ट—मैन पोस्ट मड़ियाहूँ-222161

यहाँ अशोक पुस्तकालय के सम्पूर्ण भारत—तमिलनाडु से लेकर कश्मीर तक और गुजरात से लेकर असम तक के 26,000 पते दे पाना असम्भव है। कारण कि इसके लिए ग्रंथावली को कई खंड में बढ़ाना पड़ेगा जो ठीक नहीं है।

अतः यहाँ कुछ ही पते प्रस्तुत किए जा रहे हैं। शेष अशोक पुस्तकालय के बीजक रजिस्टर में लिखे पते भविष्य में पेरियार ललई सिंह के नाम पर बनी वेबसाइट पर अपलोड कर दिए जाएँगे।

—सम्पादक

पेरियार ललई सिंह के ऐतिहासिक चित्र 1944 से...

1. इसी पवित्र भूमि पर पेरियार ललई सिंह का 1 सितंबर, 1911 ई. को जन्म हुआ।
घर के अन्दर की तस्वीर, गाँव-कठारा, तहसील-रसुलाबाद, जिला-कानपुर, उ.प्र., भारत

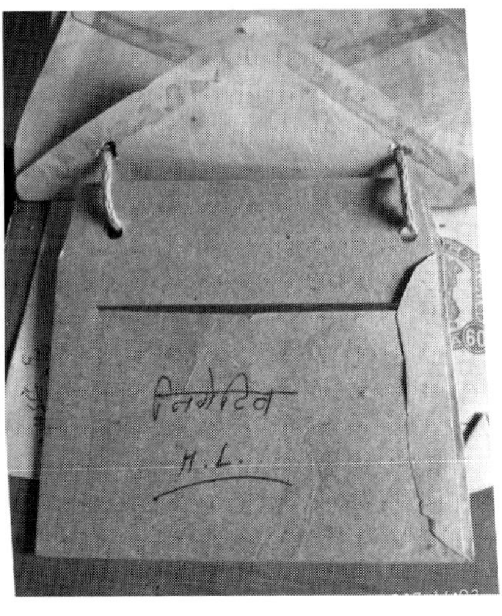

2. प्रथम फोटो की दुर्लभ नेगेटिव। इसी से आगे कई फोटो निर्मित किए गए।

3. युवा पेरियार ललई सिंह। ये ब्लैक एंड वाइट फोटो है।

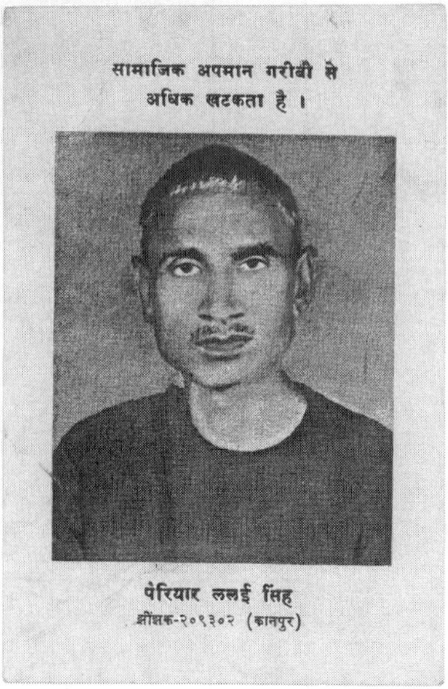

4. युवा पेरियार ललई सिंह की प्रथम रंगीन तस्वीर जिसमें अपने लोकतांत्रिक और संवैधानिक अधिकारों को प्राप्त करने का वाक्य लिखा है।

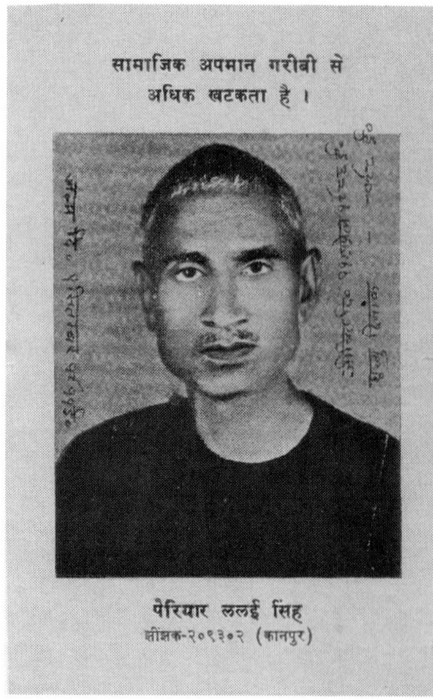

5. पेरियार ललई सिंह का एक ऐतिहासिक फोटो जिसमें वे अपना परिचय स्वयं अपनी कलम से लिखते हैं।

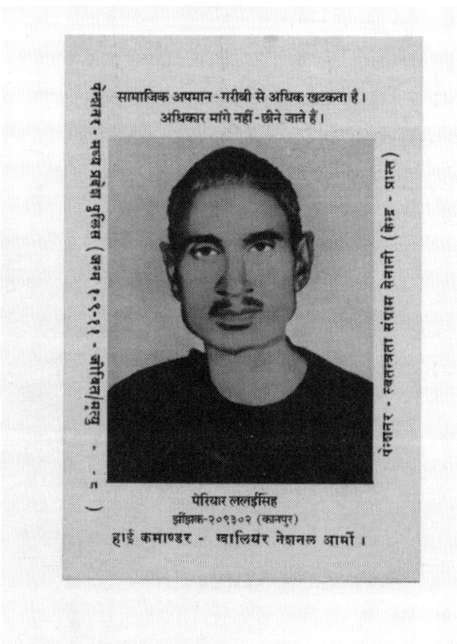

6. युवा पेरियार ललई सिंह आधुनिक राष्ट्र-निर्माण के लिए आन्दोलन के दौरान लोगों के परिचय पूछने पर यही अपने परिचय-स्वरूप देते थे।

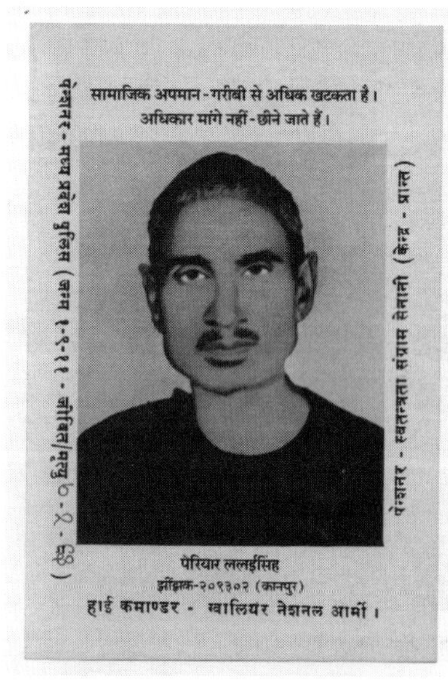

7. इस परिचय में पेरियार ललई सिंह के शुभचिन्तकों उनकी मृत्यु-तिथि देवनागरी में लिखी है।

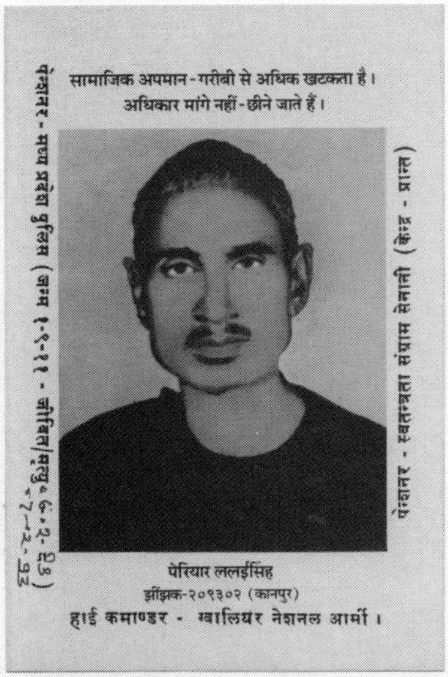

8. इस परिचय में उनके शुभचिन्तकों ने मृत्यु-तिथि देवनागरी और रोमन, दोनों में लिखी है।

9. हुजरात कोतवाली, लश्कर ग्वालियर, जेल जहाँ अंग्रेजों ने हाई-कमांडर पेरियार ललई सिंह को कैद किया था। सन् 1945 से 1947 तक।

10. यह केन्द्रीय जेल ग्वालियर है। हुजरात कोतवाली से देश-प्रेमी क्रान्तिकारी पेरियार ललई सिंह का रातोंरात चुपके से स्थानांतरण किया गया। इस केन्द्रीय जेल में पेरियार ललई सिंह ने अछूतों के अपमान के लिए आन्दोलन किया। उसके बाद देश की स्वतंत्रता के लिए, अंग्रेजी साम्राज्य के विरुद्ध, 41 दिनों की लम्बी भूख-हड़ताल की। ये नौ माह और पन्द्रह दिन जेल में रहे। देशी रियासत 'ग्वालियर स्टेट' की मुक्ति के लिए आन्दोलन किया। सन् 1945 से 1947 तक।

1061-SA

11. हाई-कमांडर पेरियार ललई सिंह उत्तर भारत में बुद्ध, फुले, पेरियार, अम्बेडकर की वैचारिकी के निर्माण के लिए जब आन्दोलन और क्रान्ति के लिए निकलते तो अपने साथ पानी का बोतल, कुल्हाड़ और दवा हर समय झोले में रखते थे। यह अदा सहज ही महान क्रान्तिकारी चे-ग्वेरा की याद दिलाती है, जो अपने साथ गन, दवा और पानी हर क्रान्तिकारी अभियान में निकलते हुए रखते थे।

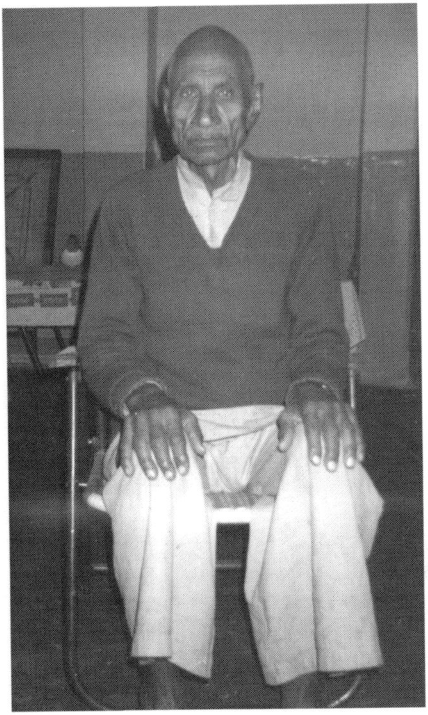

12. मूलनिवासी योद्धा पेरियार ललई सिंह,
कानपुर, उ.प्र. में

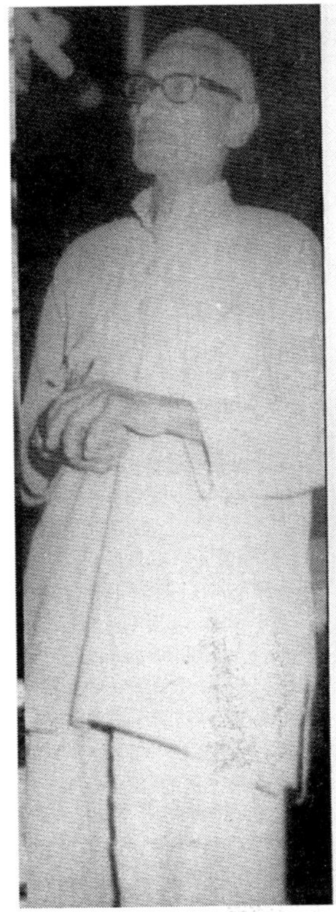

13. पेरियार ललई सिंह जन सभा को
सम्बोधित करते हुए

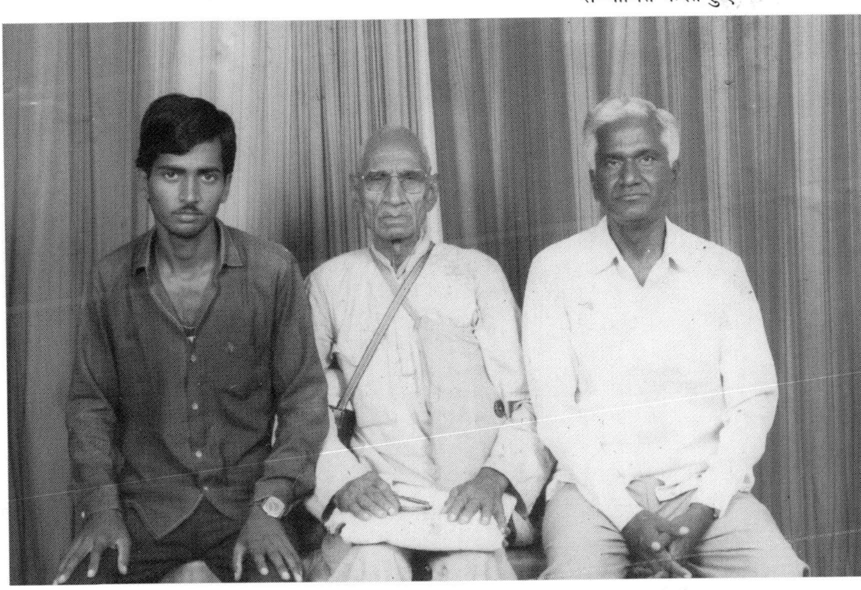

14. उत्तर भारत के 'पेरियार' पेरियार ललई सिंह अपने शुभचिन्तकों के साथ

15. डॉ. अम्बेडकर जयंती पर लुधियाना, पंजाब में व्याख्याता पेरियार ललई सिंह का डॉ. अम्बेडकर नवयुवक दल के लोग स्वागत करते हुए

16. डॉ. अम्बेडकर जयंती लुधियाना, पंजाब में पेरियार ललई सिंह और जेएन आदित्य का स्वागत करते हुए डॉ. अम्बेडकर नवयुवक दल के शुभचिन्तक, कार्यकर्ता

17. डॉ. अम्बेडकर जयन्ती पर लुधियाना, पंजाब में डॉ. अम्बेडकर नवयुवक दल के आयोजक मंडल के लोग स्वागत करते हुए

18. डॉ. अम्बेडकर जयंती पर पेरियार ललई सिंह और जेएन आदित्य का स्वागत करते हुए आयोजक मंडल के सदस्य

19. पेरियार ललई सिंह के भिक्षुप्रिय शिष्य जे.एन. आदित्य व्याख्यान देते हुए

20. बौद्ध विनय प्रशिक्षण शिविर, सारनाथ में, तिब्बती बौद्ध विहार की छत की टेंट के अंदर की तस्वीर है, जो मौन बौद्ध धम्म अभियान का प्रशिक्षण था उसमें पोल के बाईं ओर उद्घाटनकर्ता–चीवर में पूज्य भिक्षु एस. रिंपोंछे, अरुणाचल के मूलनिवासी और बौद्ध दर्शन के आचार्य प्रो. सिम्पा दोर्जे, उनके ठीक दाईं ओर बैठे राजनीतिक-धार्मिक-सामाजिक क्रान्ति के अग्रज और महान स्वतंत्रता सेनानी पेरियार ललई सिंह के साथ जे.एन. आदित्य, श्याम सिंह और सबसे पीछे बैठे आर.आर. सूर्य।

21. बौद्ध विनय शिविर, सारनाथ, की समाप्ति की तस्वीर। प्रथम पंक्ति में ऊपर से (मध्य में) पीवर-पीत वस्त्रों में केन्द्रीय तिब्बती उच्च अध्ययन संस्थान के प्राचार्य एवं निदेशक पूज्य एस. रिंपोंछे, उनके बाईं ओर भारतीय बौद्ध महासभा, उ.प्र. के अध्यक्ष–जे.एन. आदित्य, उपाध्यक्ष–श्याम सिंह, मिथुन सिंह बौद्ध, सुन्दर लाल गौतम तथा पुज्य भंते एस रिंपोंछे के दाएँ पेरियार ललई सिंह, जी.एस. गौतम, लोकनाथ बौद्ध एवं रामरत्न बौद्ध आदि। बैठे हुए लोगों में बाएँ से दाएँ–प्रथम पंक्ति–एसएन राम गौतम, राम सहाय, दूसरी पंक्ति में रामनाथ, रामस्वरूप आदि।

22. मूलगंध कुटी, महाविहार के भग्नावशेष के दर्शनार्थ उपस्थित बौद्ध विद्वान और प्रशिक्षक, शिविर सारनाथ, वाराणसी ई.

23. बौद्ध प्रशिक्षण के लिए चीन, जापान और थाईलैंड से आए हुए सुन्दर बच्चे शिविर में

24. शिविर में धम्म-देशना करते हुए सुन्दर बच्चे

25. धम्म विजय एवं दीक्षा समारोह, कानपुर

26. पेरियार ललई सिंह के अध्ययन-कक्ष में बुद्ध की सुन्दर तस्वीर

27. उनके कक्ष में बुद्ध के साथ बौद्ध भिक्षुओं की एक सुन्दर तस्वीर

प्रशस्ति-पत्र

श्री ललई सिंह यादव पुत्र श्री गज्जू सिंह

को स्वतंत्रता संग्राम में स्मरणीय योगदान के लिए राज्य की ओर से यह प्रशस्ति–पत्र भेंट किया जाता है।

भोपाल,
दिनांक 15 अगस्त 1989

मोतीलाल वोरा
मुख्यमंत्री

28. पेरियार ललई सिंह ने देश की स्वतंत्रता के लिए ब्रिटिश साम्राज्य के विरुद्ध आन्दोलन किए, जेल गए। जेल में सन् 1946 में 40 दिन की लम्बी भूख-हड़ताल किए। देश की स्वतंत्रता के साथ उन्हें महान स्वतंत्रता संग्राम सेनानी का सम्मान और पेंशन दी गई। उन्हें तीन पेंशन मिलती थीं—1. सैनिक की, 2. केन्द्र सरकार से स्वतंत्रता संग्राम सेनानी की, 3. उत्तर प्रदेश सरकार से भी स्वतंत्रता संग्राम सेनानी पेंशन।

29. उनकी 1944 ई. की दुर्लभ डायरी

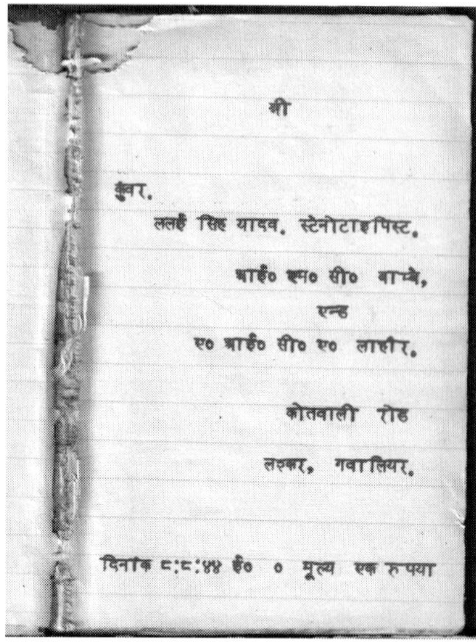

30. दुर्लभ डायरी में उनका यह दिलचस्प पता

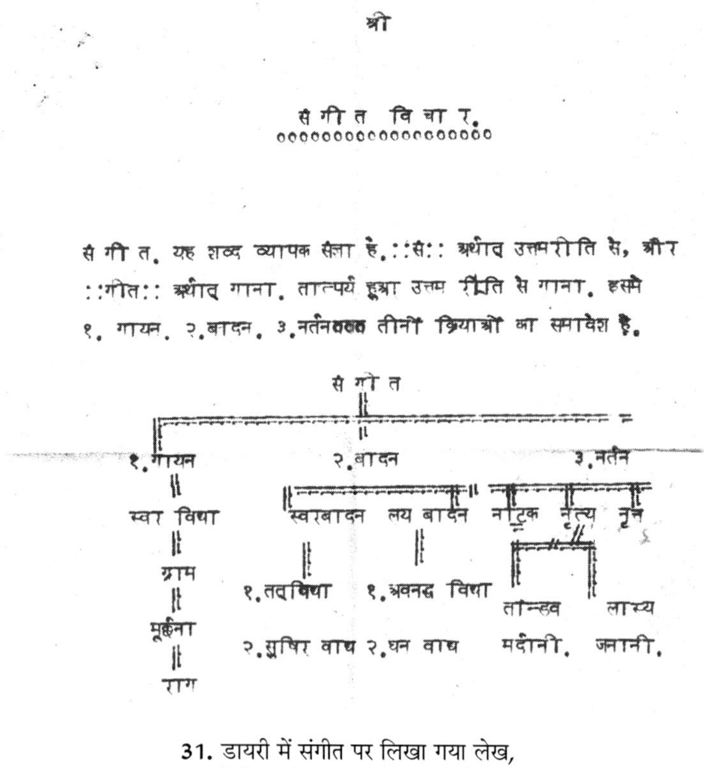

श्री

संगीत विचार.

संगीत. यह शब्द व्यापक संज्ञा है. ::सं:: अर्थात उत्तमरीति से, और ::गीत:: अर्थात् गाना. तात्पर्य हुआ उत्तम रीति से गाना. इसमें १. गायन. २.बादन. ३.नर्तनतीनों क्रियाओं का समावेश है.

31. डायरी में संगीत पर लिखा गया लेख,
जिसे टेबल के माध्यम से समझ रहे थे

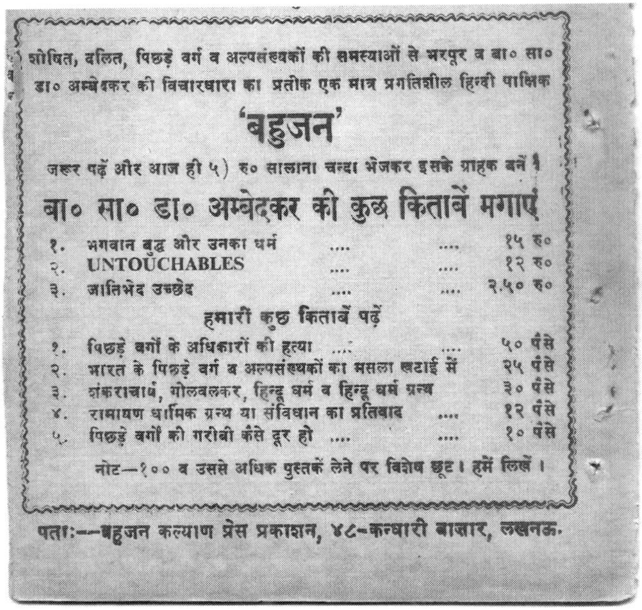

32. 1957 में चंद्रिका प्रसाद 'जिज्ञासु' के संरक्षण और निर्देशन में बहुजन कल्याण प्रकाशन, लखनऊ से छेदीलाल साथी के संपादन में 'बहुजन' नाम का हिन्दी पाक्षिक निकलता था।

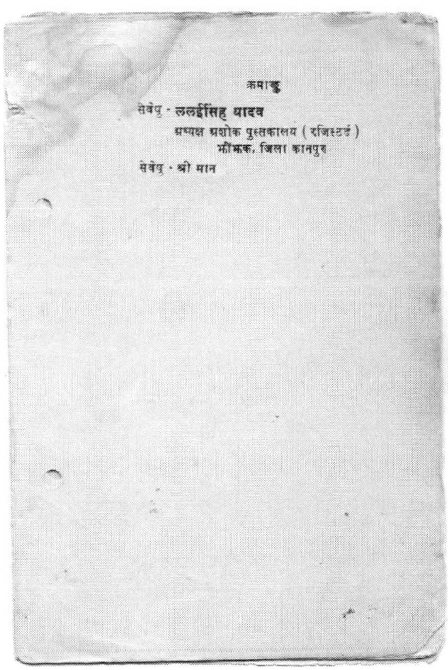

33. 1958 ई. में स्थापित अशोक प्रेस, हिसाब आदि का एक पर्चा

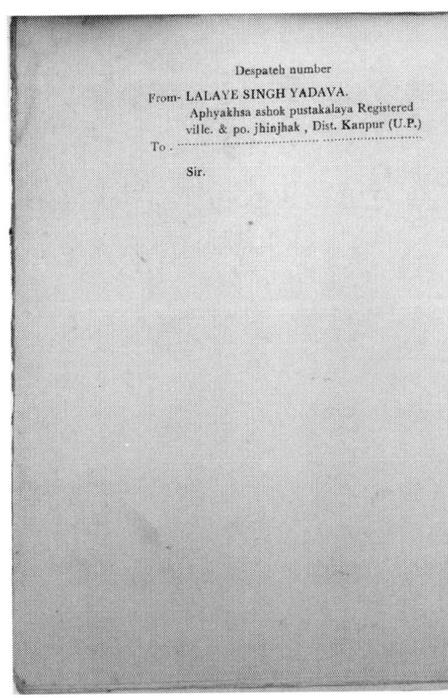

34. अशोक प्रेस के पैड का अंग्रेजी स्वरूप।

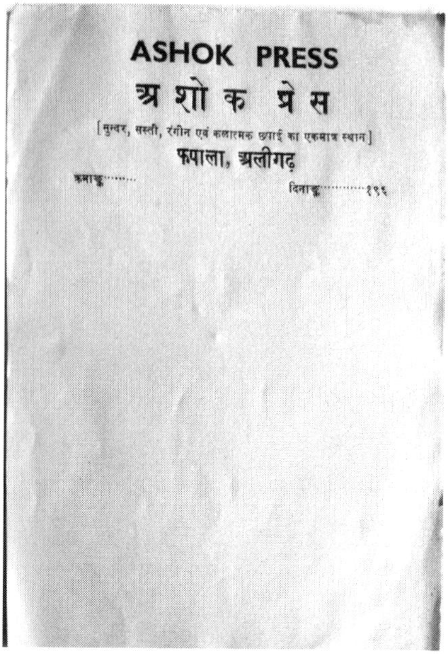

35. अशोक प्रेस के पैड का हिन्दी स्वरूप।

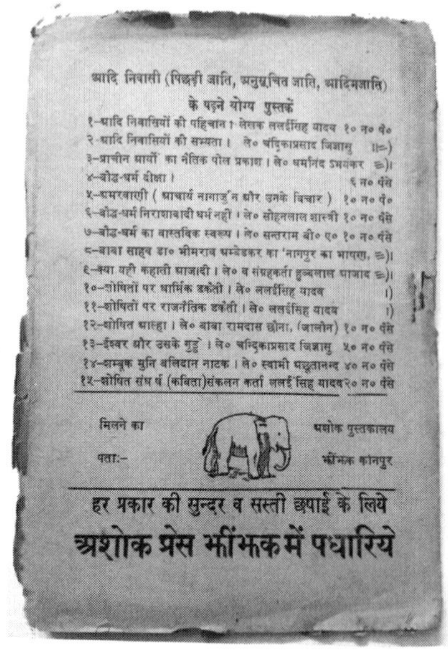

36. अशोक प्रेस का हाथी चिन्ह

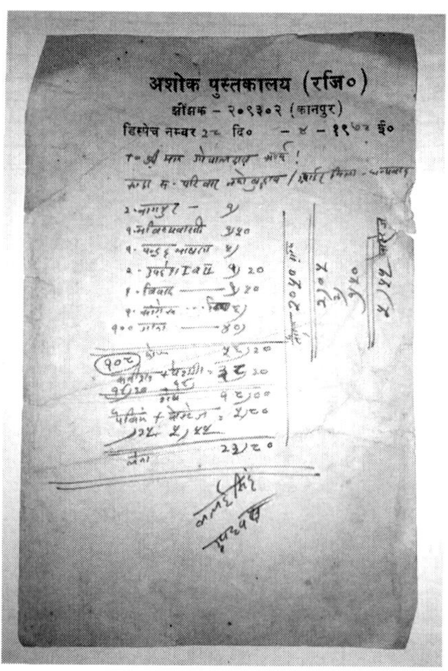

37. अशोक पुस्तकालय के हिसाब-कीताब का पैड

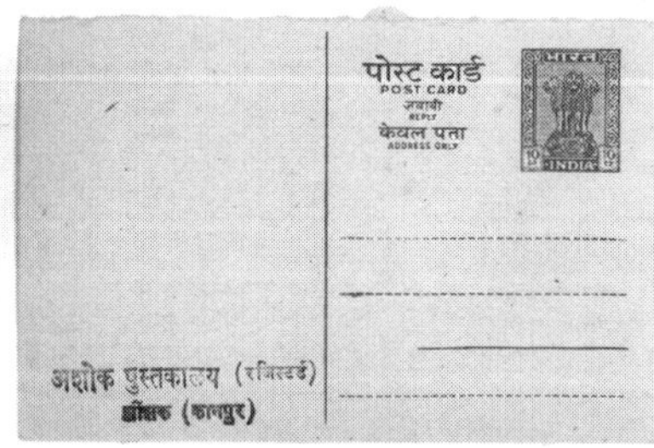

38. पोस्ट कार्ड, जिस पर अशोक पुस्तकालय की मुहर लगी हुई है।

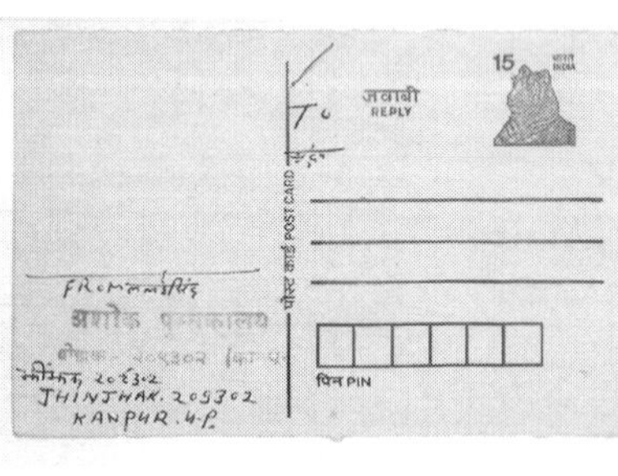

39. वे पोस्ट कार्ड पर श्रीमान और पता आदि लिखकर रखते थे। जरूरत पड़ने पर तत्काल सामने वाले व्यक्ति का पता लिखकर प्रेषित कर देते थे।

40. वे पोस्टकार्ड के पीछे जय भीम! नमो बुद्धाय! जय भारत! पत्र नम्बर और प्रिय धम्म बंधुवार, आदि लिखकर फिर पता लिखते थे।

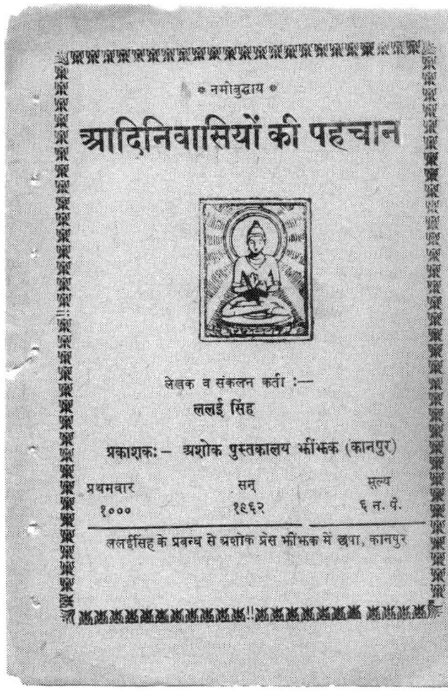

41. 'आदिनिवासियों की पहचान' किताब का आवरण पृष्ठ, 1962 ई.

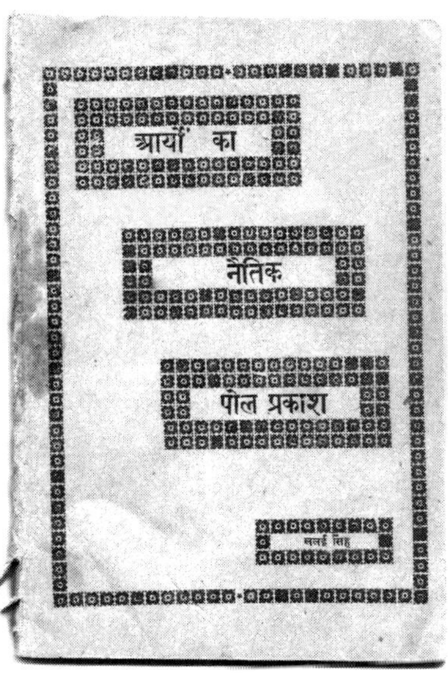

42. प्रथम संस्करण अक्तूबर, 1968 ई. का 'आर्यों का नैतिक पोल प्रकाश' का आवरण पृष्ठ

43. अगले संस्करण का आवरण पृष्ठ

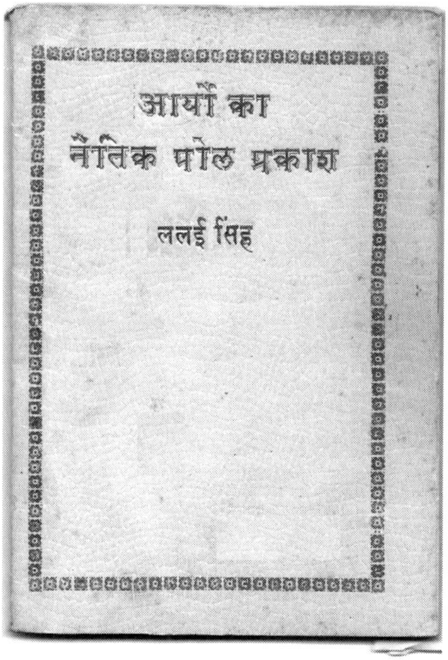

44. अद्यतन संस्करण का आवरण पृष्ठ

45. 1930 ई. में पेरियार ई.वी. रामास्वामी द्वारा तमिल में लिखी गई–'रामायण पादिरंगल' अर्थात् 'सच्ची रामायण' का आवरण पृष्ठ। स्रोत–पेरियार ललई सिंह के दस्तावेज़ से।

முதல் பதிப்பு 1930.
இரண்டாம் பதிப்பு 1931.
மூன்றாம் பதிப்பு 1936.
நான்காம் பதிப்பு 1944.
அய்ந்தாம் பதிப்பு 1946.
ஆறாம் பதிப்பு 1961.
ஏழாம் பதிப்பு 1964.
எட்டாம் பதிப்பு 1966.

ஆதாரங்களில் உள்ளபடி தொகுத்தது

46. 'तमिल रामायण' के आवरण पृष्ठ के ठीक पीछे छपा संस्करण

இராமாயணப்
பாத்திரங்கள்

பெரியார் ஈ.வெ.ரா.

பெரியார் சுயமரியாதை பிரசார நிறுவனம்
திருச்சி.
1969

விலை ரூ. 1.

47. 'तमिल रामायण' किताब का प्रारम्भिक पृष्ठ

48. तमिल 'रामायण पादिरंगल' के अंग्रेजी अनुवाद— 'The Ramayana' (A True Reading), प्रथम संस्करण 1958 ई. का आवरण

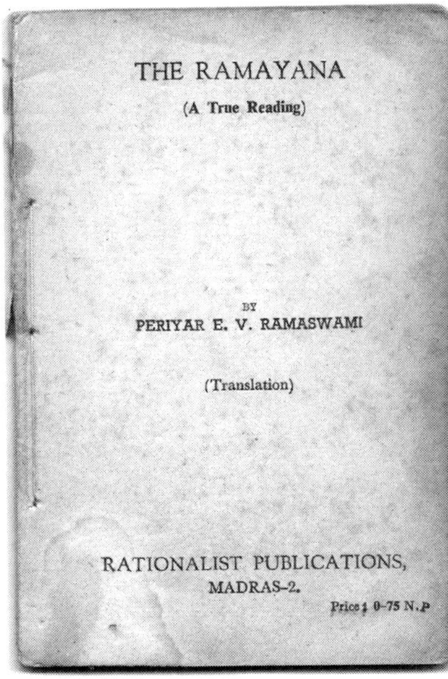

49. 'The Ramayana' (A True Reading), प्रथम संस्करण 1958 का प्रथम पृष्ठ

50. 'The Ramayana' (A True Reading) का द्रविड़ कजगम प्रकाशन का आद्यतन वर्जन

51. 'The Ramayana' (A True Reading) के हिन्दी अनुवाद 'सच्ची रामायण' का आवरण पृष्ठ। इसका प्रथम हिन्दी अनुवाद 1 अक्तूबर, 1968 ई. में पेरियार ललई सिंह ने प्रथम बार प्रकाशित किया।

52. 'सच्ची रामायण' के अद्यतन संस्करण का आवरण पृष्ठ

53. 'सच्ची रामायण की चाभी' का आवरण पृष्ठ

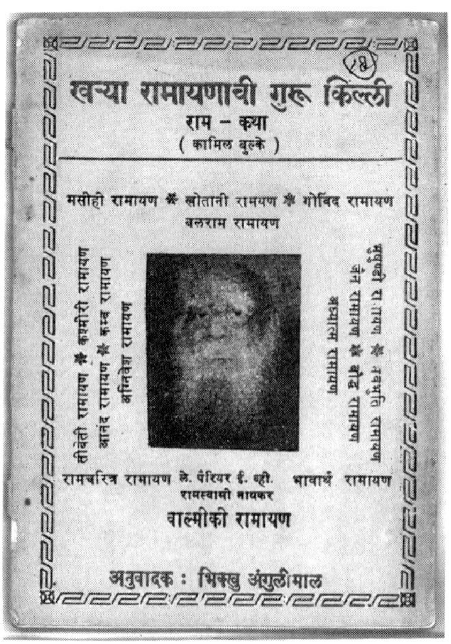

54. 'सच्ची रामायण की चाभी' के मराठी अनुवाद का आवरण पृष्ठ, सन् 1975

55. मराठी में अनूदित 'सच्ची रामायण की चाभी' किताब के धूल जैकेट पर ललई सिंह की तस्वीर और सामान्य परिचय

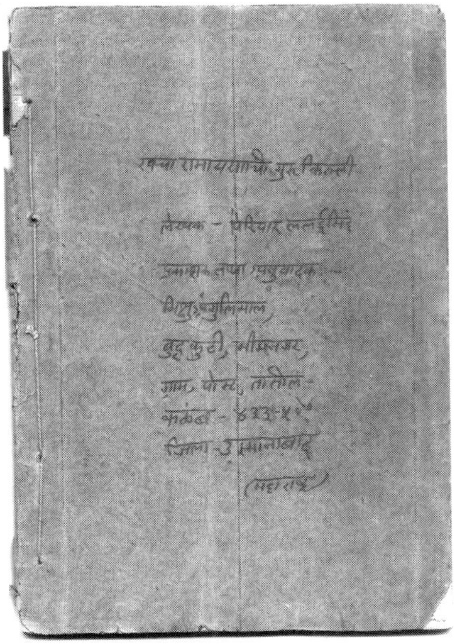

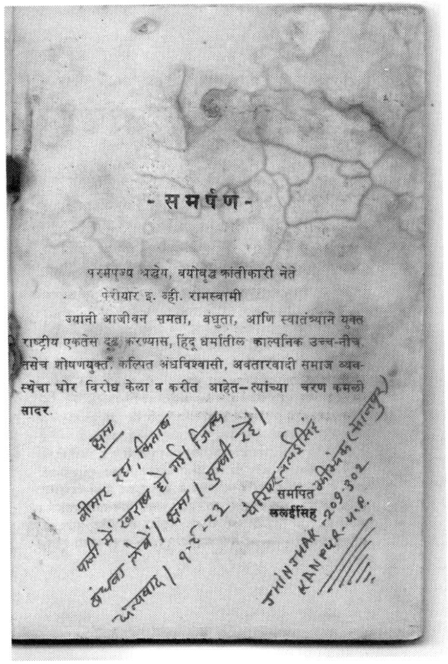

56. 'सच्ची रामायण की चाभी' किताब पर पेरियार ललई सिंह के हाथों लिखा गया भिक्षु अंगुलिमाल का पता

57. अपने शुभचिंतकों से क्षमा भाव की अभिव्यक्ति। अस्वस्थता के बीच किताबें भींग जाने पर गहरा दुख प्रकट किए।

58. 'जय शोषित' लघु पैम्फलेट का आवरण पृष्ठ

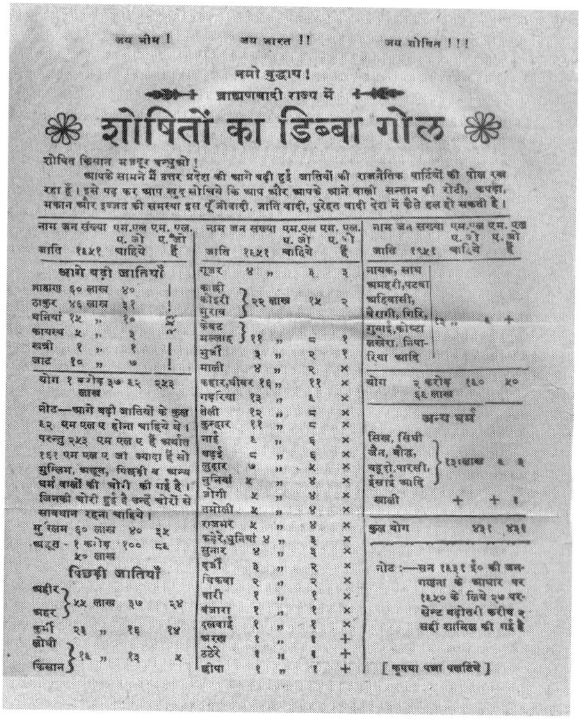

जय भीम ! जय भारत !! जय शोषित !!!

नमो बुद्धाय !

ब्राह्मणवादी राज्य में

शोषितों का डिब्बा गोल

शोषित किसान मजदूर बन्धुओ !

आपके सामने मैं उत्तर प्रदेश की आगे बढ़ी हुई जातियों की राजनैतिक पार्टियों की पोल रख रहा हूँ। इसे पढ़ कर आप खुद सोचिये कि आप और आपके आने वाली सन्तान की रोटी, कपड़ा, मकान और इज्जत की समस्या इस पूँजीवादी, जाति वादी, पुरोहित वादी देश में कैसे हल हो सकती है।

नाम जाति	जन संख्या १९५१	एम.एल.ए. जो चाहिये	एम.एल.ए. जो हैं
आगे बढ़ी जातियाँ			
ब्राह्मण	६० लाख	४०	
ठाकुर	४६ लाख	३१	
बनियां	१५ ,,	१०	
कायस्थ	५ ,,	३	
खत्री	१ ,,	१	
जाट	१० ,,	७	
योग	१ करोड़ ३७ लाख	९२	२४२

नोट—आगे बढ़ी जातियों के कुल ९२ एम एल ए होना चाहिये थे। परन्तु २४३ एम एल ए हैं अर्थात १६१ एम एल ए जो ज्यादा हैं सो मुस्लिम, अछूत, पिछड़ी व अन्य धर्म वालों की चोरी की गई है। जिनकी चोरी हुई है उन्हें चोरों से सावधान रहना चाहिये।

नाम जाति	जन संख्या १९५१	एम.एल.ए. जो चाहिये	एम.एल.ए. जो हैं
मुस्लिम	६० लाख	४०	३५
अछूत	१ करोड़ ५० लाख	१००	८९
पिछड़ी जातियाँ			
अहीर, अहर	४५ लाख	३७	२४
कुर्मी	२१ ,,	१६	१४
लोधी, किसान	१९ ,,	१३	५

नाम जाति	जन संख्या १९५१	एम.एल.ए. जो चाहिये	एम.एल.ए. जो हैं
गूजर	४ ,,	३	३
काछी, कोइरी, मुराव	२२ लाख	१५	२
केवट, मल्लाह	११ ,,	८	१
भुर्जी	३ ,,	२	१
माली	४ ,,	२	×
कहार, धीवर	१६ ,,	११	×
गड़रिया	१३ ,,	९	×
तेली	१२ ,,	८	×
कुम्हार	११ ,,	८	×
नाई	९ ,,	६	×
बढ़ई	८ ,,	६	×
लुहार	७ ,,	५	×
लुनियां	५ ,,	४	×
जोगी	५ ,,	४	×
तमोली	५ ,,	४	×
राजभर	५ ,,	४	×
कसेरे, धुनियां	४ ,,	३	×
सुनार	४ ,,	३	×
दर्जी	३ ,,	२	×
चिकवा	२ ,,	२	×
बारी	१ ,,	१	×
बंजारा	१ ,,	१	×
हलवाई	१ ,,	१	×
अरख	१ ,,	१	+
ठठेरे	१ ,,	१	+
छीपा	१ ,,	१	+

नाम जाति	जन संख्या १९५१	एम.एल.ए. जो चाहिये	एम.एल.ए. जो हैं
नायक, साथ, अमहरी, पटवा, आदिवासी, बैरागी, गिरि, गुसाईं, कोष्टा, जसेरा, निषारिया आदि	१२ ,,	६	+
योग	२ करोड़ ६६ लाख	१९०	४०
अन्य धर्म			
सिख, सिंधी, जैन, बौद्ध, यहूदी, पारसी, ईसाई आदि	१३ लाख	९	३
खाली	+	+	१
कुल योग		४३१	४३१

नोट :—सन १९३१ ई० की जनगणना के आधार पर १९५० के लिये २७ परसेन्ट बढ़ोत्तरी करीब २ सदी शामिल की गई है

[कृपया पन्ना पलटिये]

59. 'शोषितों का डिब्बा गोल' समता का चेतना निर्माण करने वाला पर्चा

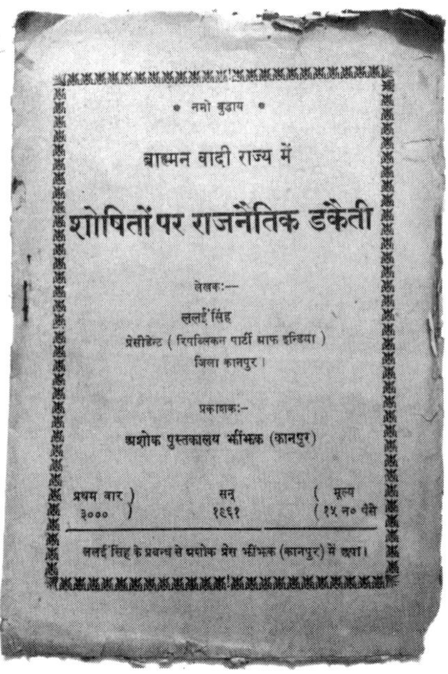

60.

61.

62.

63. पेरियार ललई सिंह द्वारा संपादित गीत संग्रह–भीम अभिनंदन, 1967 ई.

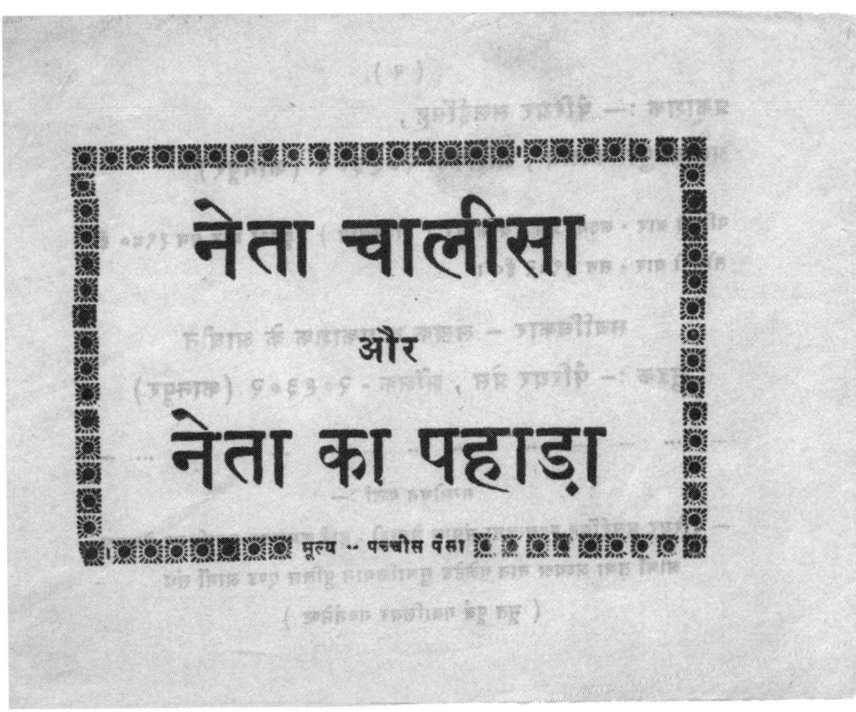

64. उनकी राजनीतिक चेतना की एक पन्ने पर लिखी कविता का आवरण

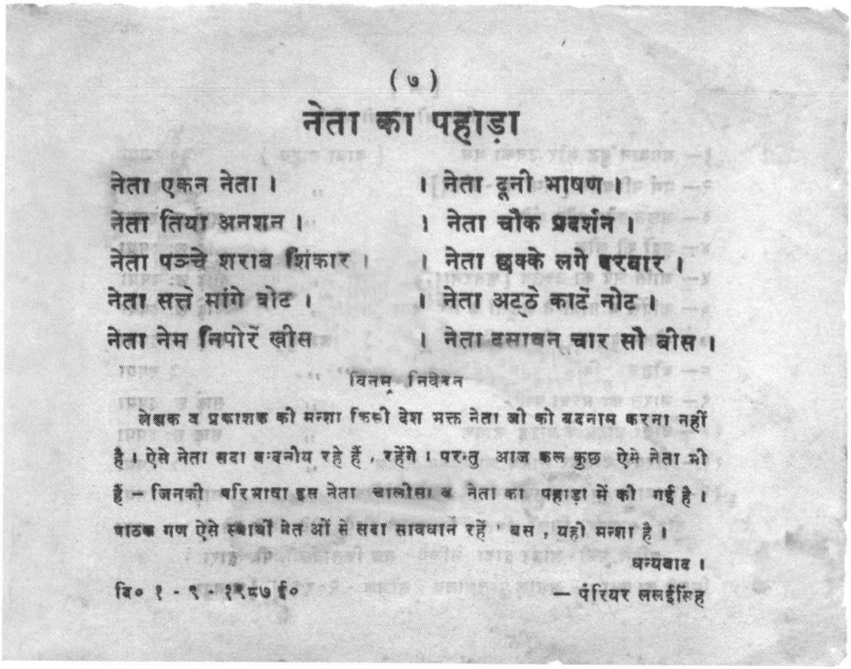
(७)

नेता का पहाड़ा

नेता एकन नेता । । नेता दूनी भाषण ।
नेता तिया अनशन । । नेता चौक प्रदर्शन ।
नेता पञ्चे शराब शिकार । । नेता छक्के लगे दरबार ।
नेता सत्ते मांगे वोट । । नेता अट्ठे काटें नोट ।
नेता नेम निपोरें खीस । नेता दसावन चार सौ बीस ।

विनम्र निवेदन

लेखक व प्रकाशक की मन्शा किसी देश भक्त नेता जी को बदनाम करना नहीं है। ऐसे नेता सदा वन्दनीय रहे हैं, रहेंगे। परन्तु आज कल कुछ ऐसे नेता भी हैं – जिनकी परिभाषा इस नेता चालीसा व नेता का पहाड़ा में की गई है। पाठक गण ऐसे स्वार्थी नेताओं से सदा सावधान रहें 'बस, यही मन्शा है।

धन्यवाद।

दि० १-९-१९८७ ई० — पेरियर ललईसिंह

65. पेरियार ललई सिंह की राजनीतिक चेतना की कविता

66. पेरियार ललई सिंह द्वारा संपादित डॉ. अम्बेडकर के भाषणों का संग्रह

67. डॉ. अम्बेडकर के भाषणों का संग्रह–'सम्मान के लिए धर्म परिवर्तन', जिस पर हाईकोर्ट में मुकदमा चला।

68. 'धर्म परिवर्तन' पुस्तक का आवरण पृष्ठ, जिसका पूर्व नाम–'सम्मान के लिए धर्म परिवर्तन' था। इसे आगे पेरियार ललई सिंह ने 'धर्म परिवर्तन' नाम से प्रकाशित किया।

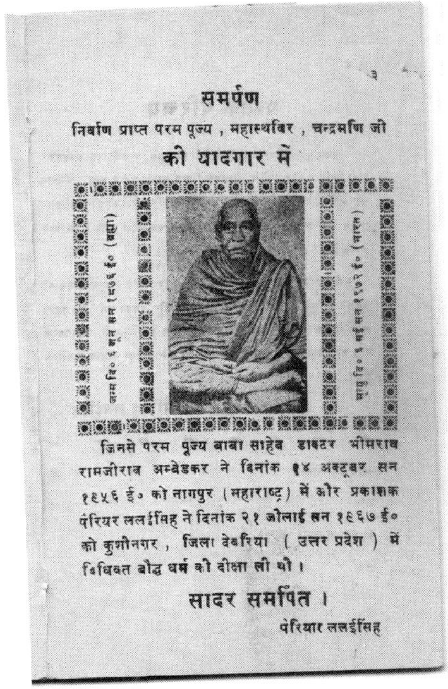
समर्पण

निर्वाण प्राप्त परम पूज्य, महास्थविर, चन्द्रमणि जी

की यादगार में

जिनसे परम पूज्य बाबा साहेब डाक्टर भीमराव रामजीराव अम्बेडकर ने दिनांक १४ अक्टूबर सन १९५६ ई० को नागपुर (महाराष्ट्र) में और प्रकाशक पेरियर ललईसिंह ने दिनांक २१ जौलाई सन १९६७ ई० को कुशीनगर, जिला देवरिया (उत्तर प्रदेश) में विधिवत बौद्ध धर्म की दीक्षा ली थी।

सादर समर्पित।

पेरियार ललईसिंह

69. उन्होंने महास्थवीर ॐ चन्द्रमणि की याद में कई किताबों को समर्पित किया था।

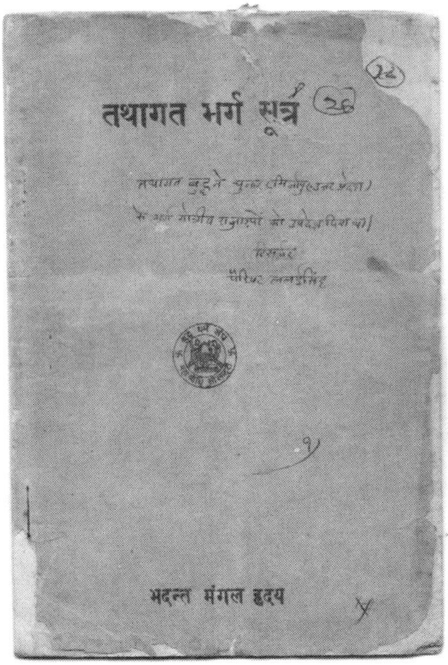
तथागत भर्ग सूत्र

भदन्त मंगल हृदय

70. पेरियार ललई सिंह स्वयं को रिसर्चर मानते थे। उन्होंने अपने हाथों स्वयं को 'रिसर्चर' लिखा है।

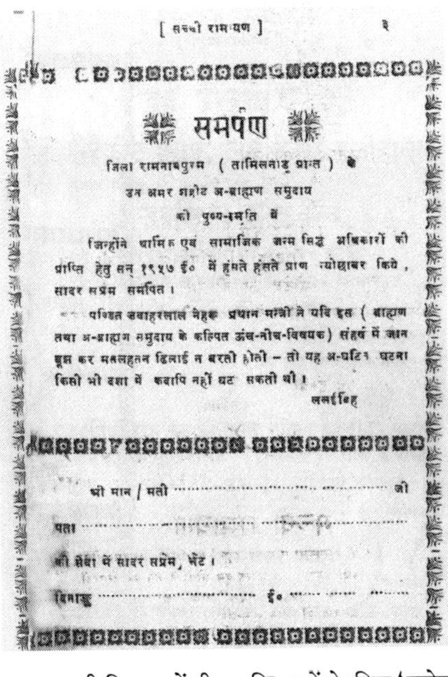
[सच्ची रामायण] ३

समर्पण

जिला रामनाथपुरम (तामिलनाडु प्रान्त) के
उन अमर शहीद अ-ब्राह्मण समुदाय
की पुण्य-स्मृति में

जिन्होंने धार्मिक एवं सामाजिक जन्म सिद्ध अधिकारों की प्राप्ति हेतु सन् १९५७ ई० में हंसते हंसते प्राण न्योछावर किये, सादर सप्रेम समर्पित।

पण्डित जवाहरलाल नेहरू प्रधान मन्त्री ने यदि इस (ब्राह्मण तथा अ-ब्राह्मण समुदाय के कल्पित ऊंच-नीच-विषयक) संघर्ष में जान बूझ कर मतलहतन ढिलाई न बरती होती – तो यह अ-घटित घटना किसी भी दशा में कदापि नहीं घट सकती थी।

ललईसिंह

श्री मान / मती .... जी

पता ....

की सेवा में सादर सप्रेम, भेंट।

दिनांक .... ई० ....

71. अपनी किताब में ही शुभचिन्तकों के लिए 'सप्रेम भेंट' का पन्ना रखते थे। यहीं लिखकर भेंट करते थे। यह 'सच्ची रामायण', 1968 का पेज है।

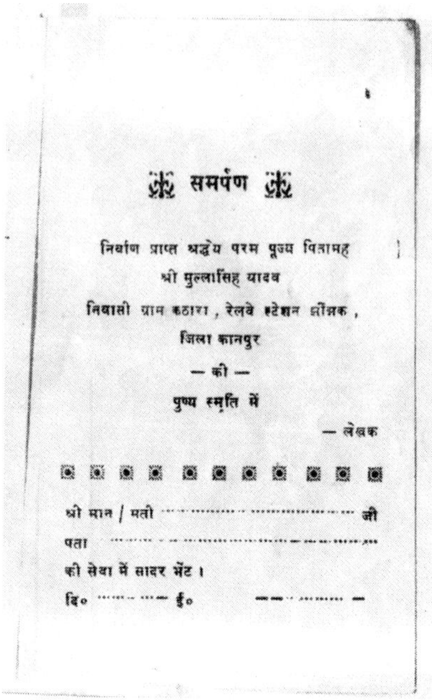

समर्पण

निर्वाण प्राप्त श्रद्धेय परम पूज्य पितामह
श्री मुल्लासिंह यादव
निवासी ग्राम कठारा, रेलवे स्टेशन झींझक,
जिला कानपुर
— की —
पुण्य स्मृति में

— लेखक

श्री मान / मती .... जी
पता ....
की सेवा में सादर भेंट।
दि० .... ई० .... —

72. उनके नाटक 'अंगुलिमाल' का सप्रेम भेंट करने वाला पन्ना। सन् 1964 ई.।

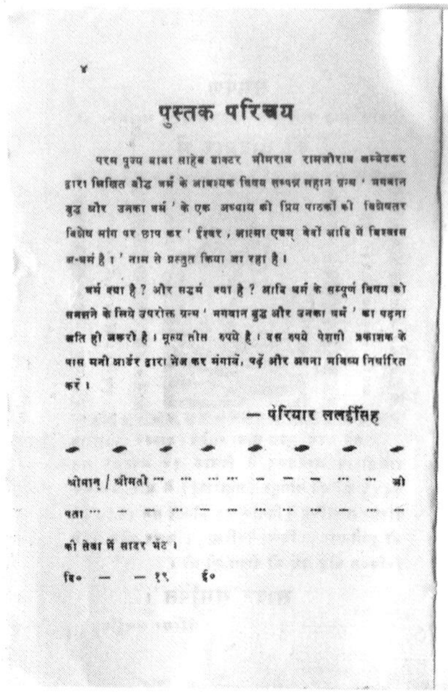

४

पुस्तक परिचय

परम पूज्य बाबा साहेब डाक्टर भीमराव रामजीराव अम्बेडकर द्वारा लिखित बौद्ध धर्म के आवश्यक विषय सम्पन्न महान ग्रन्थ 'भगवान बुद्ध और उनका धर्म' के एक अध्याय को प्रिय पाठकों की विशेषतर विशेष मांग पर छाप कर 'ईश्वर, आत्मा एवम् वेदों आदि में विश्वास अ-धर्म है।' नाम से प्रस्तुत किया जा रहा है।

धर्म क्या है? और सद्धर्म क्या है? आदि धर्म के सम्पूर्ण विषय को समझने के लिये उपरोक्त ग्रन्थ 'भगवान बुद्ध और उनका धर्म' का पढ़ना अति ही जरूरी है। मूल्य तीस रुपये है। दस रुपये पेशगी प्रकाशक के पास मनी आर्डर द्वारा भेज कर मंगावें, पढ़ें और अपना भविष्य निर्धारित करें।

— पेरियार ललईसिंह

श्रीमान / श्रीमती ... जी
पता ...
की सेवा में सादर भेंट।
दि० — — १९ ई०

73. डॉ. अम्बेडकर की धर्म दृष्टि पर ललई द्वारा संपादित किताब–'धर्म और सद्धर्म क्या है?' का सप्रेम भेंट करने वाला पन्ना। इसमें वे पुस्तक का परिचय भी बताते हैं।

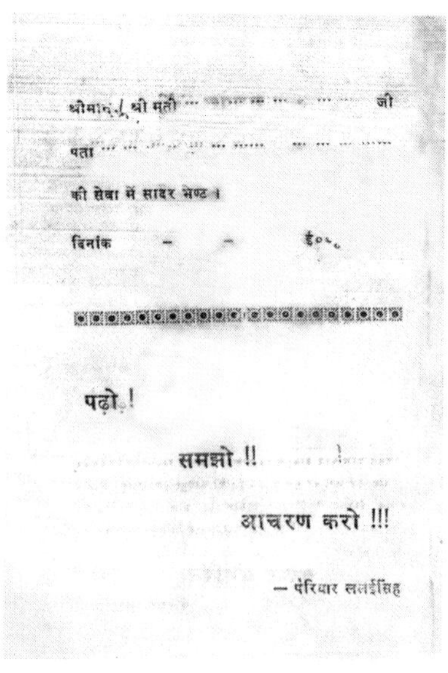

श्रीमान् / श्री मती ... जी
पता ...
की सेवा में सादर भेण्ट।
दिनांक — — ई०

पढ़ो!

समझो!!

आचरण करो!!!

— पेरियार ललईसिंह

74. अपनी किताबों में नैतिकता निर्माण हेतु इस प्रकार की प्रेरक पंक्तियाँ देते थे।

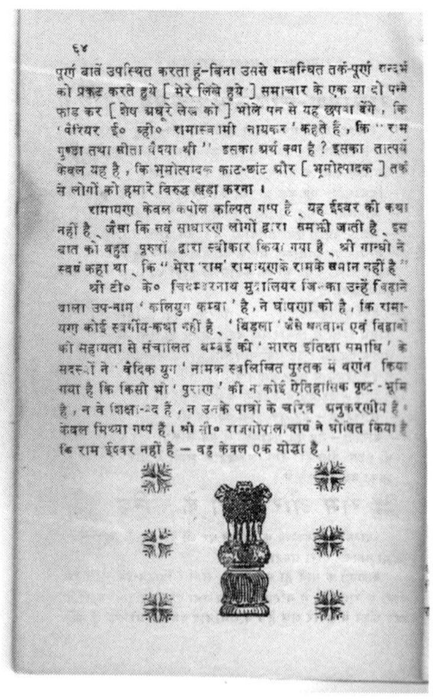

६४

पूर्ण बातें उपस्थित करता हूं–बिना उससे सम्बन्धित तर्क-पूर्ण सन्दर्भ को प्रकट करते हुये [मेरे लिखे हुये] समाचार के एक या दो पन्ने फाड कर [शेष अधूरे लेख को] भोले पन से यह छपवा देंगे, कि 'पेरियार ई० व्ही० रामास्वामी नायकर' कहते हैं, कि "राम गुण्डा तथा सीता वैश्या थी" इसका अर्थ क्या है? इसका तात्पर्य केवल यह है, कि भ्रमोत्पादक काट-छांट और [भ्रमोत्पादक] तर्क से लोगों को हमारे विरुद्ध खड़ा करना।

रामायण केवल कपोल कल्पित गप्प है, यह ईश्वर की कथा नहीं है, जैसा कि सर्व साधारण लोगों द्वारा समझी जाती है, इस बात को बहुत पुरुषों द्वारा स्वीकार किया गया है, श्री गान्धी ने स्वयं कहा था, कि "मेरा 'राम' रामायणके रामके समान नहीं है"

श्री टी० के० चिदम्बरनाथ मुदालियर जिनका उन्हें चिढ़ाने वाला उप-नाम 'कलियुग कम्बा' है, ने घोषणा की है, कि रामायण कोई स्वर्गीय-कथा नहीं है, 'बिड़ला' जैसे धनवान एवं विद्वानों की सहायता से संचालित बम्बई की 'भारत इतिहास समाधि' के सदस्यों ने 'वैदिक युग' नामक स्वलिखित पुस्तक में वर्णन किया गया है कि किसी भी 'पुराण' की न कोई ऐतिहासिक पृष्ठ-भूमि है, न वे शिक्षाप्रद हैं, न उनके पात्रों के चरित्र अनुकरणीय हैं। केवल मिथ्या गप्प हैं। श्री सी० राजगोपालाचार्य ने घोषित किया है कि राम ईश्वर नहीं है — वह केवल एक योद्धा है।

75. अपनी किताबों में इस प्रकार के अशोक स्तम्भ का चिह्न छापते थे, जिससे बौद्ध धम्म की सोच निर्मित हो। यह उनकी किताब 'आर्यों का नैतिक पोल प्रकाश' (1968) पुस्तक से उद्धृत है।

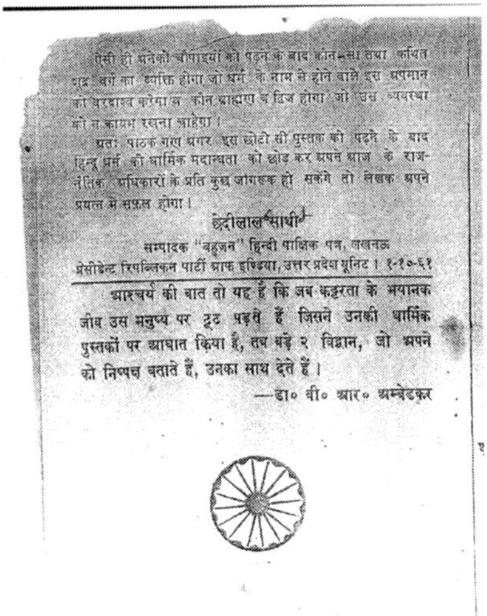

ऐसी ही अनेकों चौपाइयों को पढ़ने के बाद कौन-सा तथा कथित शूद्र वर्ग का व्यक्ति होगा जो धर्म के नाम से होने वाले इस अपमान को बरदाश्त करेगा व कौन ब्राह्मण व द्विज होगा जो उस व्यवस्था को न कायम रखना चाहेगा।

अतः पाठक गण अगर इस छोटी सी पुस्तक को पढ़ने के बाद हिन्दू धर्म की धार्मिक मदान्धता को छोड़ कर अपने आज के राजनैतिक अधिकारों के प्रति कुछ जागरूक हो सकेंगे तो लेखक अपने प्रयत्न में सफल होगा।

छेदीलाल साथी

सम्पादक "बहुजन" हिन्दी पाक्षिक पत्र, लखनऊ

प्रेसीडेन्ट रिपब्लिकन पार्टी आफ इण्डिया, उत्तर प्रदेश यूनिट। १-१०-६१

आश्चर्य की बात तो यह है कि जब कट्टरता के भयानक जीव उस मनुष्य पर टूट पड़ते हैं जिसने उनकी धार्मिक पुस्तकों पर आघात किया है, तब बड़े २ विद्वान, जो अपने को निष्पक्ष बताते हैं, उनका साथ देते हैं।

—डा० बी० आर० अम्बेडकर

76. यह उनकी अधुनिक राष्ट्र-निर्माण की दिलचस्प पहल थी जिसमें वे भारत के राजचिह्न को किताब में खाली स्थान पर छापते थे। यह 'धम्म चक्र' है। आधुनिक भारत को वे बुद्ध की सोच का बनाना चाहते थे। यह शोषितों पर 'राजनैतिक डकैती' नामक पुस्तक से साभार है। सन् 1969।

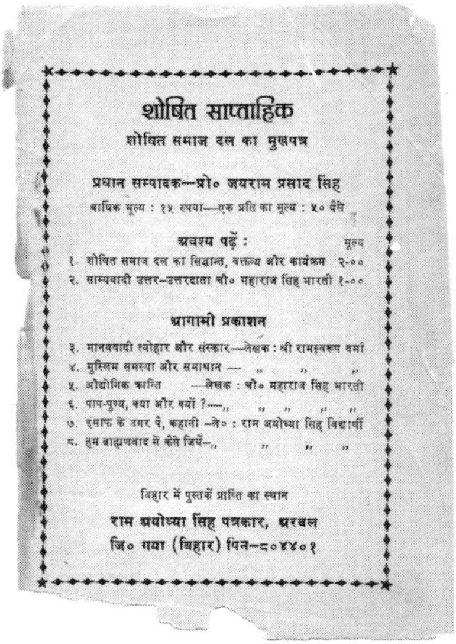

शोषित साप्ताहिक

शोषित समाज दल का मुखपत्र

प्रधान सम्पादक—प्रो० जयराम प्रसाद सिंह

वार्षिक मूल्य : १५ रुपया—एक प्रति का मूल्य : ५० पैसे

अवश्य पढ़ें : मूल्य

१. शोषित समाज दल का सिद्धान्त, वक्तव्य और कार्यक्रम २-००

२. साम्यवादी उत्तर–उत्तरदाता चौ० महाराज सिंह भारती १-००

आगामी प्रकाशन

३. मानववादी त्योहार और संस्कार—लेखक : श्री रामस्वरूप वर्मा

४. मुस्लिम समस्या और समाधान — " " "

५. औद्योगिक क्रान्ति —लेखक : चौ० महाराज सिंह भारती

६. पाप-पुण्य, क्या और क्यों ?—" " " " "

७. इंसाफ के डगर पे, कहानी –ले० : राम अयोध्या सिंह विद्यार्थी

८. हम ब्राह्मणवाद में कैसे जियें–" " " "

बिहार में पुस्तकें प्राप्ति का स्थान

राम अयोध्या सिंह पत्रकार, अरवल

जि० गया (बिहार) पिन–८०४४०१

77. 'शोषित सप्ताहिक' के नियमित पाठक थे।

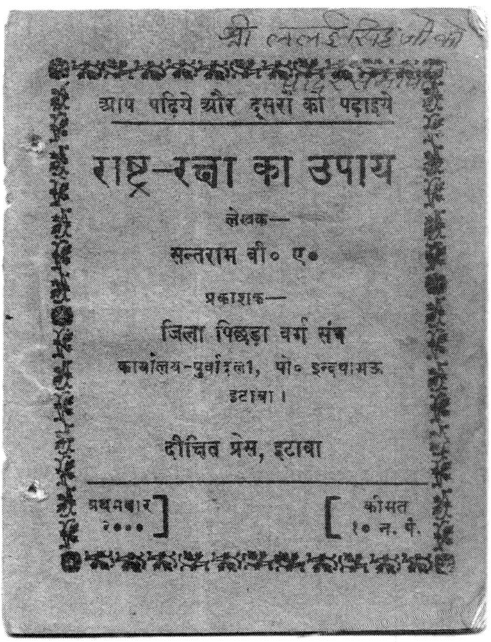

आप पढ़िये और दूसरों को पढ़ाइये

राष्ट्र-रक्षा का उपाय

लेखक—

सन्तराम बी० ए०

प्रकाशक—

जिला पिछड़ा वर्ग संघ

कार्यालय-पुर्वाइला, पो० इन्द्रपामऊ

इटावा।

दीक्षित प्रेस, इटावा

प्रथमबार ७०००

कीमत १० न. पै.

78. संतराग बीए ने अपनी किताब पेरियार ललई सिंह को सप्रेम भेंट की थी।

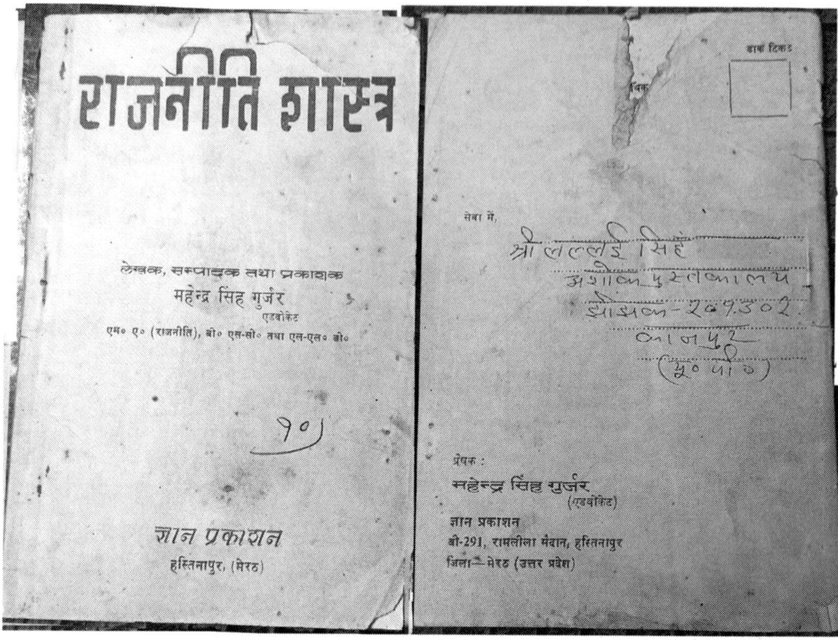

79. महेंद्र सिंह गुर्जर ने अपनी राजनीति विज्ञान की किताब उन्हें सप्रेम भेंट की थी।

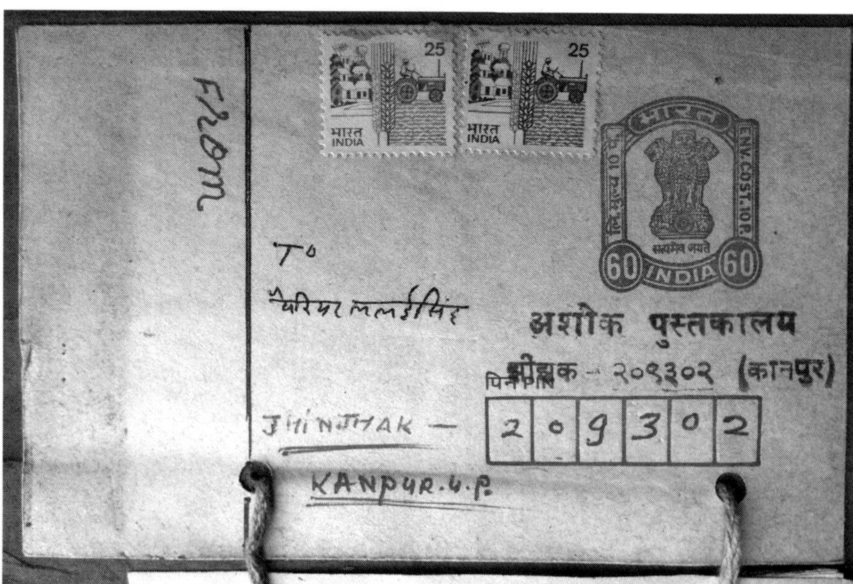

80.

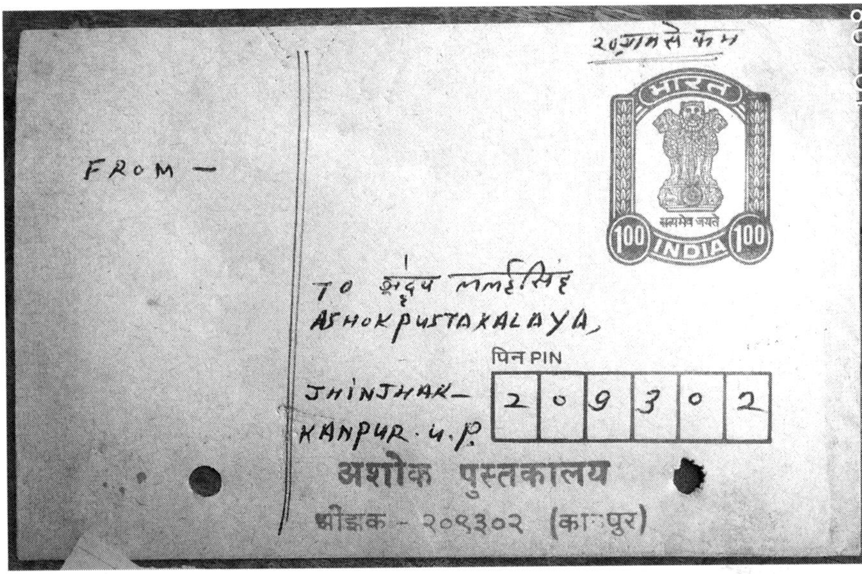

81.

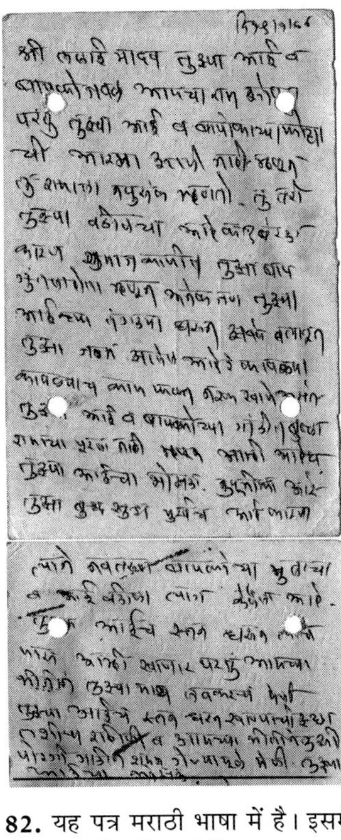

82. यह पत्र मराठी भाषा में है। इसमें मनुवादियों ने उन्हें गाली लिखकर नागपुर, महाराष्ट्र से भेजा है।

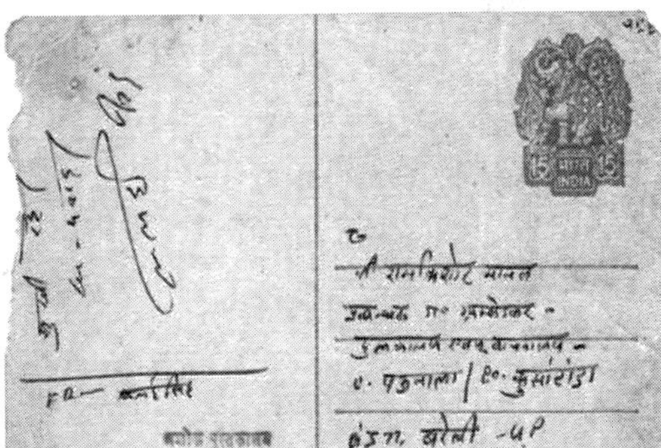

83. इस प्रकार के अनतर्देशी पत्र लिखते थे।

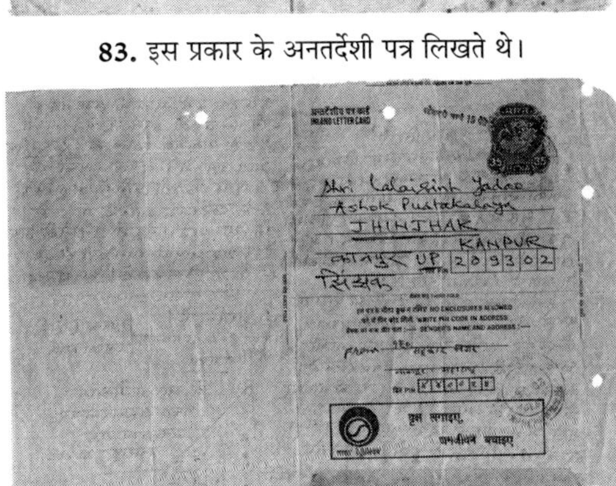

84.

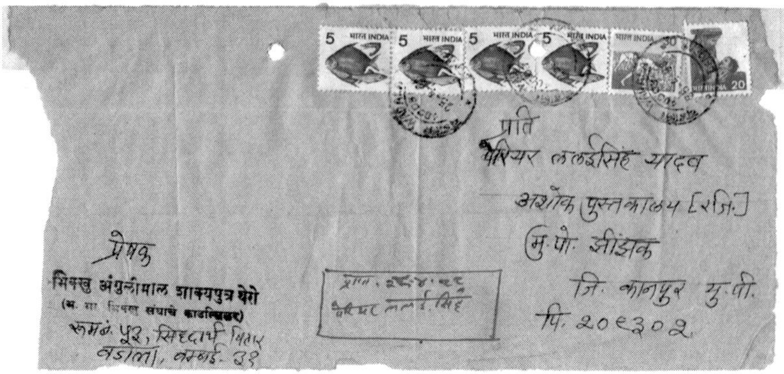

85.

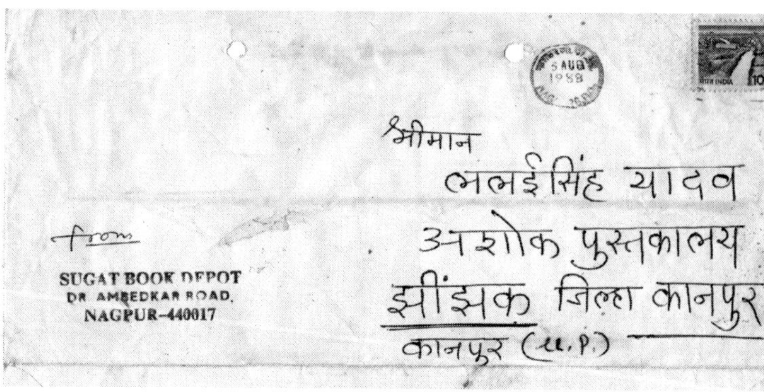

86.

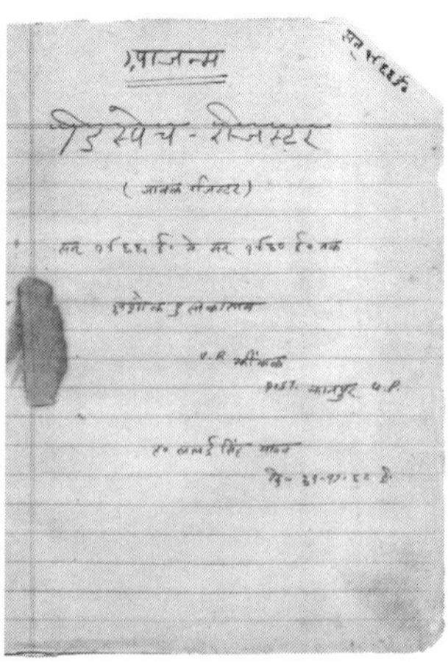

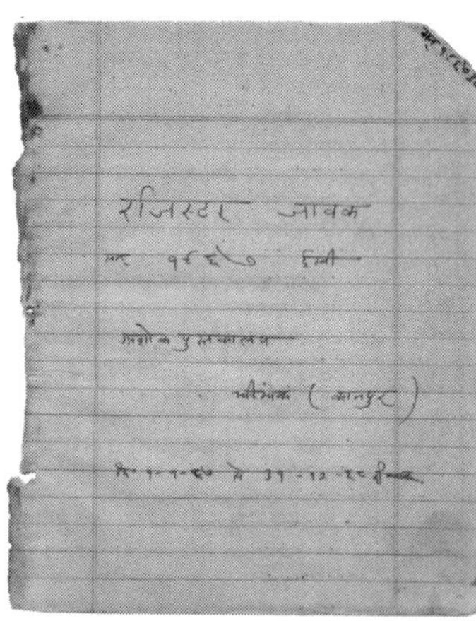

87. अशोक पुस्तकालय द्वारा भेजी जाने वाली पुस्तकों के आजन्म (जावक रजिस्टर) पते का प्रारम्भिक पृष्ठ

88. जावक रजिस्टर, 1967 ईसवी.

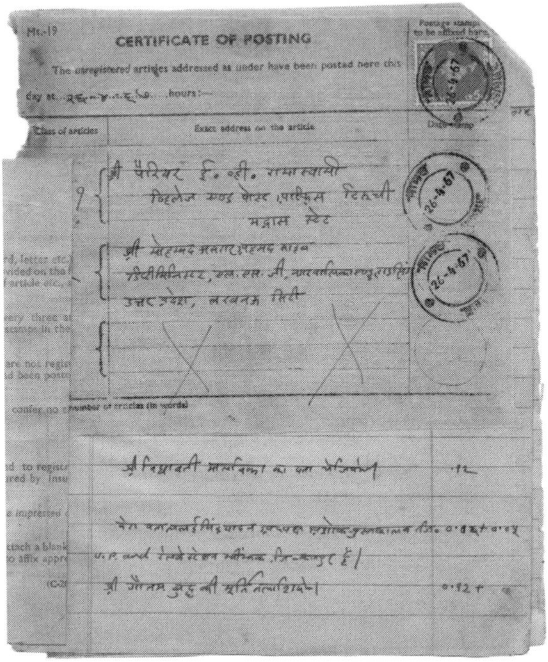

CERTIFICATE OF POSTING

The unregistered articles addressed as under have been posted here this day at ...... hours:—

Class of articles	Exact address on the article
1	श्री पैरियर ई. वी. रामास्वामी ... मद्रास स्टेट

89. पेरियार ई.वी. रामास्वामी मद्रास, तमिलनाडु को ललई सिंह अपनी किताबें भेजते थे और पेरियार से उनकी लिखी गई किताबें मँगाकर उत्तर भारत में नास्तिक चेतना का निर्माण करते थे। अप्रैल, 1967 ई.।

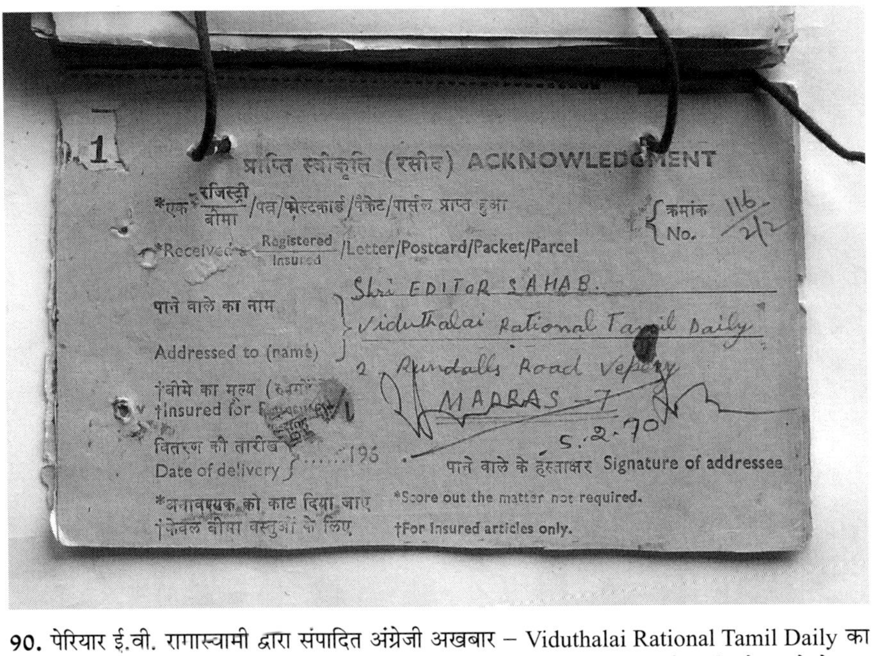

प्राप्ति स्वीकृति (रसीद) ACKNOWLEDGMENT

*एक रजिस्ट्री/बीमा /पत्र/पोस्टकार्ड/पैकेट/पार्सल प्राप्त हुआ

*Received a Registered/Insured /Letter/Postcard/Packet/Parcel

क्रमांक No. 116/2/2

पाने वाले का नाम Addressed to (name): Shri EDITOR SAHAB. Viduthalai Rational Tamil Daily 2, Rundalls Road Vepery MADRAS-7

†बीमे का मूल्य †Insured for Rs.

वितरण की तारीख Date of delivery 196

5.2.70

पाने वाले के हस्ताक्षर Signature of addressee

*अनावश्यक को काट दिया जाए *Score out the matter not required.

†केवल बीमा वस्तुओं के लिए †For Insured articles only.

90. पेरियार ई.वी. रागास्वामी द्वारा संपादित अंग्रेजी अखबार – Viduthalai Rational Tamil Daily का पेरियार ललई सिंह 1972 ई. से नियमित मँगाते और अध्ययन करते थे। उत्तर भारत में सभी को पढ़ाते थे।

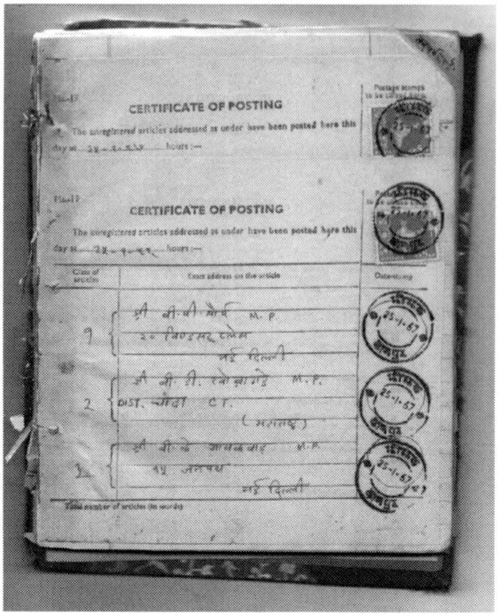
CERTIFICATE OF POSTING

CERTIFICATE OF POSTING

91. बीपी मौर्य और बी.डी. भंडारे पेरियार ललई सिंह के साहित्य के नियमित पाठक थे। जनवरी, 1967 ई.।

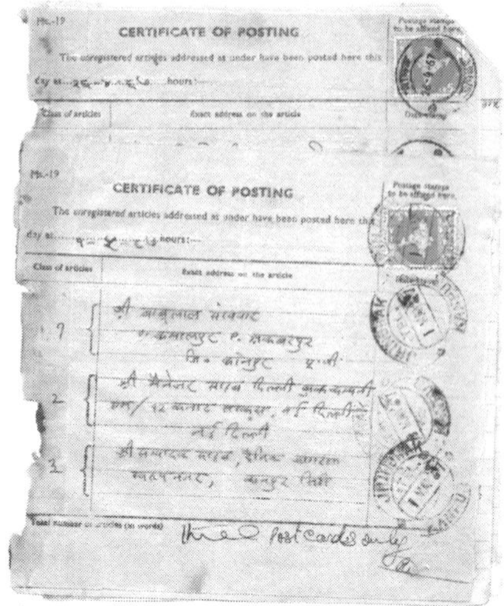
CERTIFICATE OF POSTING

CERTIFICATE OF POSTING

92. Certificate of posting

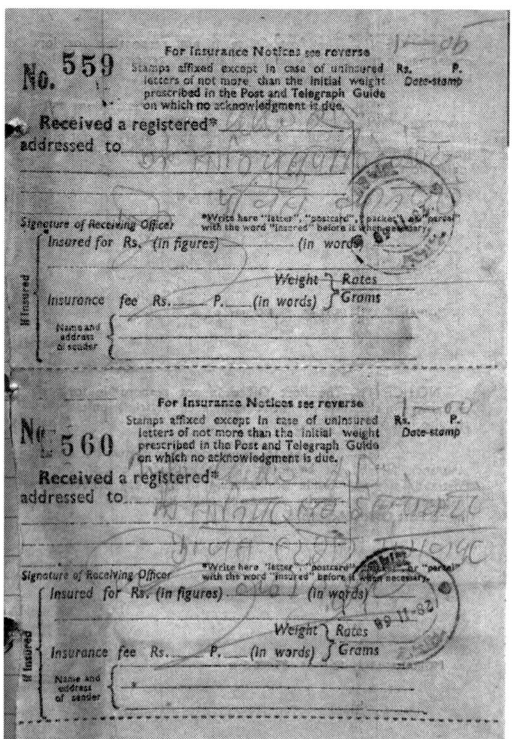
No. 559

For Insurance Notices see reverse

Stamps affixed except in case of uninsured letters of not more than the initial weight prescribed in the Post and Telegraph Guide on which no acknowledgment is due.

Rs. P.

Date-stamp

Received a registered*

addressed to

Signature of Receiving Officer

*Write here "letter", "postcard", "packet" or "parcel" with the word "insured" before it when necessary.

If Insured

Insured for Rs. (in figures) (in words)

Insurance fee Rs. P. (in words)

Weight } Rates Grams

Name and address of sender

No. 560

For Insurance Notices see reverse

Stamps affixed except in case of uninsured letters of not more than the initial weight prescribed in the Post and Telegraph Guide on which no acknowledgment is due.

Rs. P.

Date-stamp

Received a registered*

addressed to

Signature of Receiving Officer

*Write here "letter", "postcard", "packet" or "parcel" with the word "insured" before it when necessary.

If Insured

Insured for Rs. (in figures) (in words)

Insurance fee Rs. P. (in words)

Weight } Rates Grams

Name and address of sender

93. चेतना निर्माण के साहित्य प्रेषण की पावती

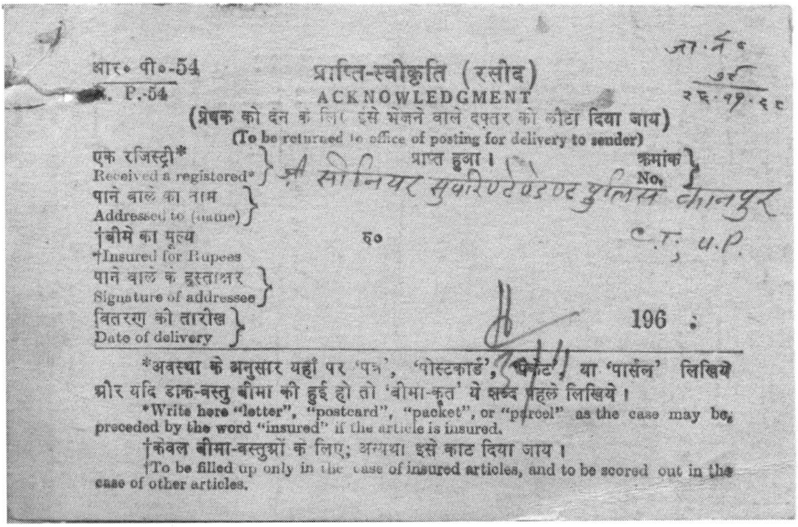
आर० पी०-54
R. P.-54
प्राप्ति-स्वीकृति (रसीद)
ACKNOWLEDGMENT
(प्रेषक को देने के लिए इसे भेजने वाले दफ्तर को लौटा दिया जाय)
(To be returned to office of posting for delivery to sender)

एक रजिस्ट्री* / Received a registered* — श्री सीनियर सुपरिण्टेण्डेण्ट पुलिस कानपुर — प्राप्त हुआ। क्रमांक / No.
पाने वाले का नाम / Addressed to (name)
†बीमे का मूल्य / †Insured for Rupees — रु०
पाने वाले के हस्ताक्षर / Signature of addressee
वितरण की तारीख / Date of delivery — 196

*अवस्था के अनुसार यहां पर 'पत्र', 'पोस्टकार्ड', 'पैकेट', या 'पार्सल' लिखिये और यदि डाक-वस्तु बीमा की हुई हो तो 'बीमा-कृत' ये शब्द पहले लिखिये।
*Write here "letter", "postcard", "packet", or "parcel" as the case may be, preceded by the word "insured" if the article is insured.
†केवल बीमा-वस्तुओं के लिए; अन्यथा इसे काट दिया जाय।
†To be filled up only in the case of insured articles, and to be scored out in the case of other articles.

94. 'सच्ची रामायण' के केस के सन्दर्भ में कानपुर पुलिस को लिखे गए पत्र की रिसीविंग

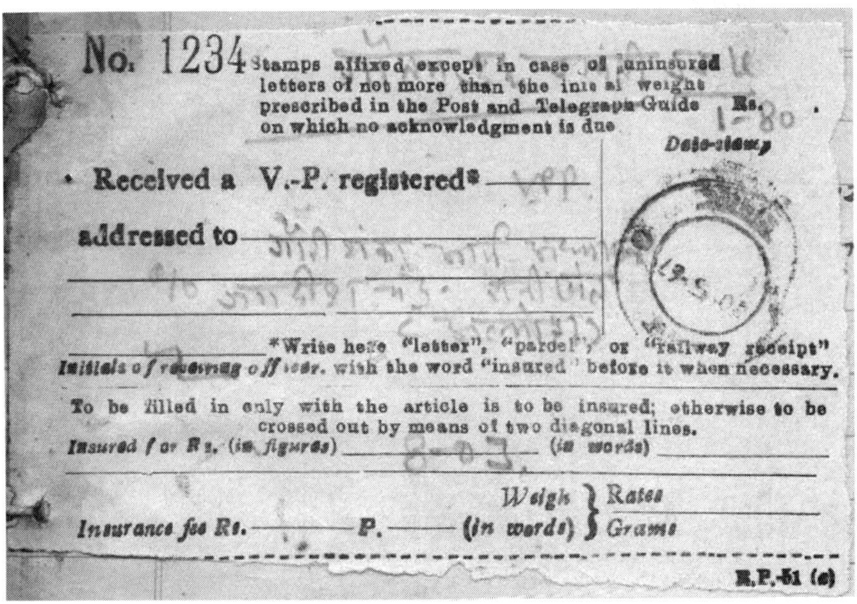
No. 1234 Stamps affixed except in case of uninsured letters of not more than the initial weight prescribed in the Post and Telegraph Guide on which no acknowledgment is due Rs. 1-80

Date-stamp

• Received a V.-P. registered*

addressed to

Initials of receiving officer.

*Write here "letter", "parcel", or "railway receipt" with the word "insured" before it when necessary.

To be filled in only with the article is to be insured; otherwise to be crossed out by means of two diagonal lines.

Insured for Rs. (in figures) ______ (in words) ______

Insurance fee Rs. ______ P. ______ (in words) Weight } Rates Grams

R.P.-51 (e)

95. चेतना मूलक साहित्य के अध्येता को लिखे गए पत्र की पावती

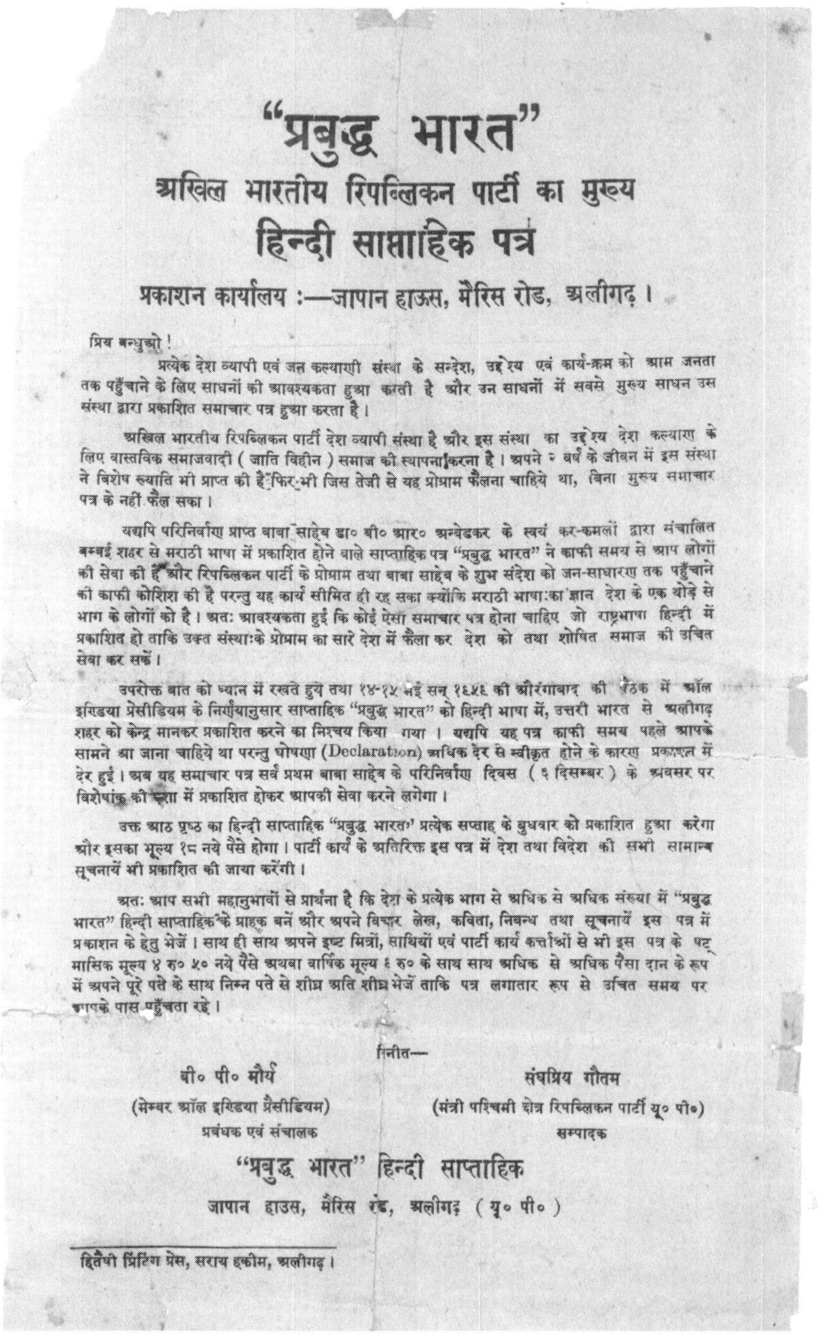

“प्रबुद्ध भारत”

अखिल भारतीय रिपब्लिकन पार्टी का मुख्य

हिन्दी साप्ताहिक पत्र

प्रकाशन कार्यालय :—जापान हाऊस, मैरिस रोड, अलीगढ़।

प्रिय बन्धुओ !

प्रत्येक देश व्यापी एवं जन कल्याणी संस्था के सन्देश, उद्देश्य एवं कार्य-क्रम को आम जनता तक पहुँचाने के लिए साधनों की आवश्यकता हुआ करती है और उन साधनों में सबसे मुख्य साधन उस संस्था द्वारा प्रकाशित समाचार पत्र हुआ करता है।

अखिल भारतीय रिपब्लिकन पार्टी देश व्यापी संस्था है और इस संस्था का उद्देश्य देश कल्याण के लिए वास्तविक समाजवादी (जाति विहीन) समाज की स्थापना करना है। अपने २ वर्ष के जीवन में इस संस्था ने विशेष ख्याति भी प्राप्त की है फिर भी जिस तेजी से यह प्रोग्राम फैलना चाहिये था, बिना मुख्य समाचार पत्र के नहीं फैल सका।

यद्यपि परिनिर्वाण प्राप्त बाबा साहेब डा० बी० आर० अम्बेडकर के स्वयं कर-कमलों द्वारा संचालित बम्बई शहर से मराठी भाषा में प्रकाशित होने वाले साप्ताहिक पत्र “प्रबुद्ध भारत” ने काफी समय से आप लोगों की सेवा की है और रिपब्लिकन पार्टी के प्रोग्राम तथा बाबा साहेब के शुभ संदेश को जन-साधारण तक पहुँचाने की काफी कोशिश की है परन्तु यह कार्य सीमित ही रह सका क्योंकि मराठी भाषा का ज्ञान देश के एक थोड़े से भाग के लोगों को है। अतः आवश्यकता हुई कि कोई ऐसा समाचार पत्र होना चाहिए जो राष्ट्रभाषा हिन्दी में प्रकाशित हो ताकि उक्त संस्था के प्रोग्राम का सारे देश में फैला कर देश को तथा शोषित समाज की उचित सेवा कर सकें।

उपरोक्त बात को ध्यान में रखते हुये तथा १४-१५ मई सन् १९५९ की औरंगाबाद की बैठक में ऑल इण्डिया प्रेसीडियम के निर्णयानुसार साप्ताहिक “प्रबुद्ध भारत” को हिन्दी भाषा में, उत्तरी भारत से अलीगढ़ शहर को केन्द्र मानकर प्रकाशित करने का निश्चय किया गया। यद्यपि यह पत्र काफी समय पहले आपके सामने आ जाना चाहिये था परन्तु घोषणा (Declaration) अधिक देर से स्वीकृत होने के कारण प्रकाशन में देर हुई। अब यह समाचार पत्र सर्व प्रथम बाबा साहेब के परिनिर्वाण दिवस (६ दिसम्बर) के अवसर पर विशेषांक की दशा में प्रकाशित होकर आपकी सेवा करने लगेगा।

उक्त आठ पृष्ठ का हिन्दी साप्ताहिक “प्रबुद्ध भारत” प्रत्येक सप्ताह के बुधवार को प्रकाशित हुआ करेगा और इसका मूल्य १८ नये पैसे होगा। पार्टी कार्य के अतिरिक्त इस पत्र में देश तथा विदेश की सभी सामान्य सूचनायें भी प्रकाशित की जाया करेंगी।

अतः आप सभी महानुभावों से प्रार्थना है कि देश के प्रत्येक भाग से अधिक से अधिक संख्या में “प्रबुद्ध भारत” हिन्दी साप्ताहिक के ग्राहक बनें और अपने विचार लेख, कविता, निबन्ध तथा सूचनायें इस पत्र में प्रकाशन के हेतु भेजें। साथ ही साथ अपने इष्ट मित्रों, साथियों एवं पार्टी कार्य कर्त्ताओं से भी इस पत्र के षट् मासिक मूल्य ४ रु० ५० नये पैसे अथवा वार्षिक मूल्य ९ रु० के साथ साथ अधिक से अधिक पैसा दान के रूप में अपने पूरे पते के साथ निम्न पते से शीघ्र अति शीघ्र भेजें ताकि पत्र लगातार रूप से उचित समय पर आपके पास पहुँचता रहे।

विनीत—

बी० पी० मौर्य	संघप्रिय गौतम
(मेम्बर ऑल इण्डिया प्रेसीडियम)	(मंत्री पश्चिमी क्षेत्र रिपब्लिकन पार्टी यू० पी०)
प्रबंधक एवं संचालक	सम्पादक

“प्रबुद्ध भारत” हिन्दी साप्ताहिक

जापान हाउस, मैरिस रोड, अलीगढ़ (यू० पी०)

हितैषी प्रिंटिंग प्रेस, सराय हकीम, अलीगढ़।

96. ‘प्रबुद्ध भारत’ समाचार पत्र के प्रारम्भ होने का पैम्फलेट, जो रिपब्लिकन पार्टी का मुखपत्र था। पेरियार ललई सिंह इसके नियमित पाठक थे और साधारण जनता को भी पढ़ाते थे।

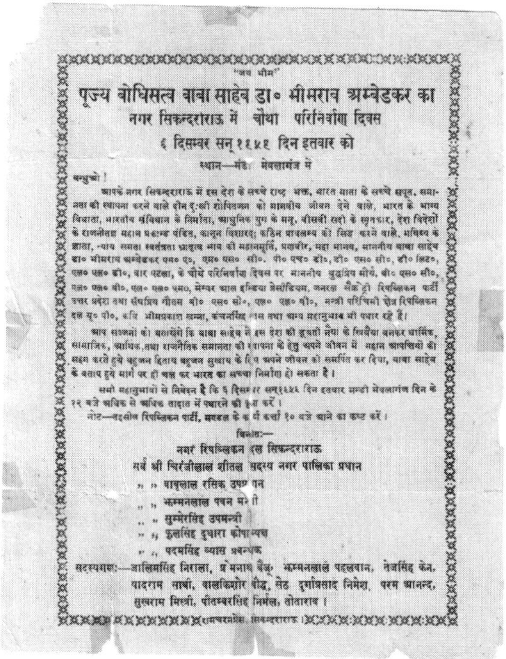

"जय भीम"

पूज्य बोधिसत्व बाबा साहेब डा० भीमराव अम्बेडकर का
नगर सिकन्दराराऊ में चौथा परिनिर्वाण दिवस
६ दिसम्बर सन् १९५९ दिन इतवार को
स्थान—मंडी मेवलागंज में

बन्धुओ !

आपके नगर सिकन्दराराऊ में इस देश के सच्चे राष्ट्र भक्त, भारत माता के सच्चे सपूत, समानता की स्थापना करने वाले दीन दुःखी शोषितजन को मानवीय जीवन देने वाले, भारत के भाग्य विधाता, भारतीय संविधान के निर्माता, आधुनिक युग के मनु, बीसवीं सदी के सूत्रधार, देश विदेशों के राजनीतिज्ञ महान प्रकाण्ड पंडित, कानून विशारद; कठिन प्रावलम्ब को सिद्ध करने वाले, भविष्य के ज्ञाता, न्याय समता स्वतंत्रता भ्रातृत्व भाव की महानमूर्ति, प्रज्ञावीर, महा मानव, माननीय बाबा साहेब डा० भीमराव अम्बेडकर एम० ए०, एम० एस० सी०, पी० एच० डी०, डी० एस० सी०, डी० लिट०, एल० एल० डी०, बार एटला, के चौथे परिनिर्वाण दिवस पर माननीय बुद्धप्रिय मौर्य, बी० एस० सी०, एल० एल० बी०, एल० एल० एम०, मेम्बर आल इण्डिया प्रेसीडियम, जनरल सैक्रेट्री रिपब्लिकन पार्टी उत्तर प्रदेश तथा संघप्रिय गौतम बी० एस० सी०, एल० एल० बी०, मन्त्री पश्चिमी क्षेत्र रिपब्लिकन दल यू० पी०, कवि ओमप्रकाश खन्ना, कंचनसिंह [illegible] तथा अन्य महानुभाव भी पधार रहे हैं।

आप सज्जनों को बतायेंगे कि बाबा साहेब ने इस देश की डूबती नैया के खिवैया बनकर धार्मिक, सामाजिक, आर्थिक, तथा राजनैतिक समानता की स्थापना के हेतु अपने जीवन में महान आपत्तियों को सहन करते हुये बहुजन हिताय बहुजन सुखाय के लिए अपने जीवन को समर्पित कर दिया, बाबा साहेब के बताए हुये मार्ग पर ही चल कर भारत का सच्चा निर्माण हो सकता है।

सभी महानुभावों से निवेदन है कि ६ दिसम्बर सन् १९५९ दिन इतवार मन्डी मेवलागंज दिन के १२ बजे अधिक से अधिक तादात में पधारने की कृपा करें।

नोट—तहसील रिपब्लिकन पार्टी, मण्डल के कार्य कर्ता १० बजे आने का कष्ट करें।

विनीत:—

नगर रिपब्लिकन दल सिकन्दराराऊ

सर्व श्री चिरंजीलाल शीतल सदस्य नगर पालिका प्रधान

" " बाबूलाल रसिक उपप्रधान

" " भम्मनलाल पवन मन्त्री

" " सुम्मेरसिंह उपमन्त्री

" " फूलसिंह दुखारा कोषाध्यक्ष

" " पदमसिंह व्यास प्रबन्धक

सदस्यगण:—जालिमसिंह निराला, प्रेमनाथ बैजू, भम्मनलाल पहलवान, तेजसिंह केन, यादराम साथी, बालकिशोर बौद्ध, सेठ दुर्गाप्रसाद निमेश, परम आनन्द, सुखराम मिस्त्री, पीताम्बरसिंह निर्मल, तोताराम।

रामचरन प्रेस, सिकन्दराराऊ।

97. डॉ. अम्बेडकर के चौथे परिनिर्वाण दिवस पर प्रेषित ऐतिहासिक पर्चा

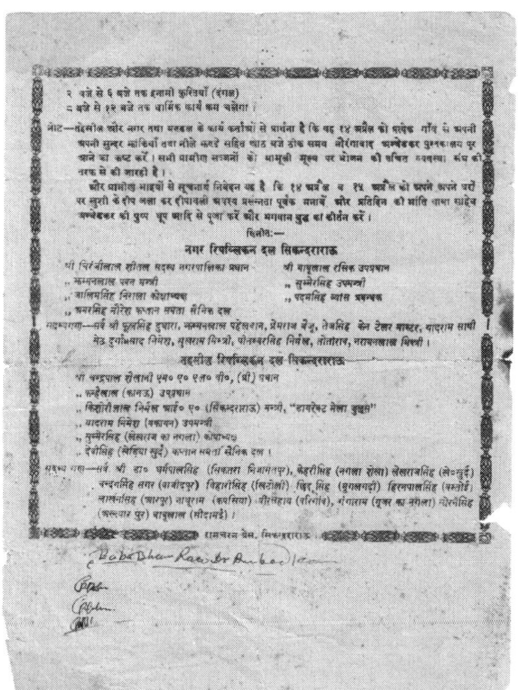

२ बजे से ६ बजे तक इनामी कुश्तियाँ (दंगल)
८ बजे से १२ बजे तक धार्मिक कार्य क्रम चलेगा।

नोट—तहसील और नगर तथा मण्डल के कार्य कर्ताओं से प्रार्थना है कि वह १४ अप्रैल को प्रत्येक गाँव से अपनी अपनी सुन्दर झांकियाँ तथा नीले झण्डे सहित आठ बजे ठीक समय औरंगाबाद अम्बेडकर पुस्तकालय पर आने का कष्ट करें। सभी ग्रामीण सज्जनों को मामूली मूल्य पर भोजन की उचित व्यवस्था संघ की तरफ से की जारही है।

और ग्रामीण भाइयों से सूचनार्थ निवेदन यह है कि १४ अप्रैल व १५ अप्रैल को अपने अपने घरों पर खुशी के दीप जला कर दीपावली अवश्य प्रसन्नता पूर्वक मनायें और प्रतिदिन की भांति बाबा साहेब अम्बेडकर की पुष्प धूप आदि से पूजा करें और भगवान बुद्ध का कीर्तन करें।

विनीत:—

नगर रिपब्लिकन दल सिकन्दराराऊ

श्री चिरंजीलाल शीतल सदस्य नगरपालिका प्रधान — श्री बाबूलाल रसिक उपप्रधान

" भम्मनलाल पवन मन्त्री — " सुम्मेरसिंह उपमन्त्री

" जालिमसिंह निराला कोषाध्यक्ष — " पदमसिंह व्यास प्रबन्धक

" अमरसिंह गौरेश कप्तान समता सैनिक दल

सदस्यगण—सर्व श्री फूलसिंह दुखारा, भम्मनलाल पहलवान, प्रेमराज बैजू, तेजसिंह केन टेलर मास्टर, यादराम साथी सेठ दुर्गाप्रसाद निमेश, सुखराम मिस्त्री, पीताम्बरसिंह निर्मल, तोताराम, नारायनलाल मिस्त्री।

तहसील रिपब्लिकन दल सिकन्दराराऊ

श्री चन्द्रपाल शैलानी एम० ए० एल० बी०, (भी) प्रधान

" कन्हैयालाल (कानऊ) उपप्रधान

" किशोरीलाल निर्मल आई० ए० (सिकन्दराराऊ) मन्त्री, "डायरेक्ट मेला कुम्भ"

" यादराम निमेश (बकायन) उपमन्त्री

" सुम्मेरसिंह (सिकराव का नगला) कोषाध्यक्ष

" देवीसिंह (सिढ़िया खुर्द) कप्तान समता सैनिक दल।

सदस्य गण—सर्व श्री डा० धर्मपालसिंह (सिकतरा निजामतपुर), केहरीसिंह (नगला शेखा) खेलाराजसिंह (खे०खुर्द) चन्दनसिंह सागर (जावीदपुर) बिहारीसिंह (सिटौली) खिद सिंह (मुगलगढ़ी) हिरनपालसिंह (बस्तोई) लालजीसिंह (आरपुर) बाबूराम (कपसिया) वीरसहाय (परिनौंध), गंगाराम (सूकर का नगला) गोरीसिंह (कल्यान पुर) बाबूलाल (सीदामई)।

रामचरन प्रेस, सिकन्दराराऊ।

डॉ. अम्बेडकर के चौथे परिनिर्वाण दिवस पर प्रेषित ऐतिहासिक पर्चा के पीछे का अंश

जय भीम || नमो बुद्धाय || जय भीम

बोधिसत्व बाबा साहेब डा० अम्बेडकर

परि निर्वाण दिवस ६ दिसवर १९६१

बाबा साहेब के श्रद्धालु बन्धु,

परम पूज्य बोधिसत्व बाबा साहेब डा० अम्बेडकर भारत के महा प्राण महा पुरुष थे। आपने भारत की दबी पिछड़ी शोषित जनता को जागृत एवं नव जीवन प्रदान करके, देश के इतिहास में एक नई परम्पराओं को जोड़ दिया। संविधान निर्माता, हिन्दू कोडबिल प्रदाता और सोई मानवता के प्रणेता अभूतपूर्व हितकारी नेता एवं धम्म चक्र के अनुवर्तक प्रचेता के प्रति किस की श्रद्धा नहीं है। जीवन भर एक अनौखे आन्दोलन को आगे बढ़ाते हुए वे, ६ दिसम्बर को सन्देहास्पद स्थिति में काल कवलित हो गये। यही वह दिन है जिसदिन समस्त अछूत, पिछड़ी एवं बुद्धिष्ट जनता अपने जीवन दाता बाबा साहेब के निधन का स्मरण करके अपने कर्तव्य का अटल निश्चय करती है।

६ दिसम्बर के दिन अन्य गत वर्षों की भांति इस वर्ष भी सभी श्रद्धालुओं को अपनी हड़ताल करनी चाहिये। इस प्रकार सम्पूर्ण देश में रहने वाले बोधिसत्व बाबा साहेब के अनुयायी ६ दिसम्बर को मनाते हैं।

आगरा में भारतीय बौद्ध महासभा के तत्वाधान में इस वर्ष भी ६ दिसम्बर को अम्बेडकर भवन ईदगाह कॉलोनी के प्रांगण में एक विषाल सभा का आयोजन दिन के ३ बजे से किया जारहा है। इस सभा में स्थानीय नेताओं के साथ साथ हमारे माननीय एम० पी० भी भागलेंगे। आगरा के कीर्तन मण्डल एवं भीम कव्वाल मण्डल का विशेष कार्य-क्रम होगा। पूज्यभिक्षुराष्ट्रपाल के प्रवचन तथा पागल बाबा के भजन भी होंगे।

विशेष निवेदन :—

आगरा की समस्त बाबा साहेब की श्रद्धालु जनता ६ दिसम्बर को अपने दायें हाथ पर काली पट्टी बाँधें। अपने कामों की छुट्टी करें। और बुदिस्ट भाई बिधिवत अष्ट शील आदि ग्रहण करें।

नोटः—समता सैनिक दल के कमाण्डर व सैनिक भा० बौ० महासभा के अध्यक्ष महोदय से मिलकर अपनी ड्यूटी आदि का कर्तव्य निश्चित करलें।

विनीत—

चरनसिंह बौद्ध	मिट्ठनलाल बी० ए०	खेमचन्द्र आश्वत्थायन
अध्यक्ष	कोषाध्यक्ष	महा मंत्री

भारतीय बौद्ध महासभा, आगरा।

रौयल फाइन आर्ट प्रेस, आगरा।

98.

मोबुद्धाय नमो तस्स भगवतो अरहतो सम्मासम्बुधस्स जय भारत

बौद्ध धर्म ही मानव धर्म

बहु-जन हिताय ——— बहु-जन सुखाय

तीन सरण

बुद्धं सरणं गच्छामि ! धम्मं सरणं गच्छामि !! संघं सरणं गच्छामि !!!

बौद्ध धर्म को समझने के लिए सम्यक प्रज्ञा की आवश्यकता है। सतिया, चतुराय, सत्यानी का प्रतीक और बौद्ध धर्म का मूल तत्व है। बौद्ध धर्म को समझने के लिए चतुराय सत्यानि को समझना अनिवार्य है। चतुराय सत्य क्या है ? दुख आर्य सत्य, दुख समुदय आर्य सत्य, दुख निरोध आर्य सत्य और दुख निरोध का मार्ग आर्य सत्य और चतुराय आर्य सत्य इस प्रकार है: —

भिक्षु सोभित

१—दुख क्या है ?

२—दुख समुदय क्या है ?

३—दुख निरोध क्या है ?

४—दुख निरोध का मार्ग क्या है ?

इनके विस्तार के लिए निम्नलिखित पर ध्यान दें :—

स्वर्गीय भिक्षु रेवत

१—जन्म दुख है। रोगी होना दुख है। बुढ़ापा दुख है। प्रिय वियोग दुख है। अप्रिय संयोग दुख है, इच्छाओं का पूरा न होना दुख है। अनिश्चित का उपस्थित होना दुख है। शत्रु से भय शंका रहना दुख है। पंच उपादान स्कन्धः (रूप, बेदना, संज्ञा संस्कार विज्ञान इत्यादि) दुख है और अन्त में मरना भी दुख है।

२—दुख समुदय का कारण अविद्या और तृष्णा है। अविद्या के होने से संस्कार, संस्कार से विज्ञान, विज्ञान से नाम रुप, नाम रुप से छः आयतन, छः आयतन से स्पर्श, स्पर्श से वेदना, वेदना से तृष्णा, तृष्णा से उपादान, उपादान से भव, भव अर्थात जन्म के होने से ही रोगी होना शोक, रोना पीटना, चिन्ता, व्याकुलता, भय, क्लेश, बुढ़ापा, मृत्यु दैन्य आदि दुखों की उत्पत्ति होती है।

३—जिस क्रम से दुख समुदय हुआ है उसी क्रम से उसका निरोध भी होता है। अर्थात अविद्या के निरोध से संस्कारों का निरोध, संस्कारों से विज्ञान का, विज्ञान से नाम रूप का, नाम रूप से छः आयतनों का, छः आयतनों से स्पर्श का, स्पर्श से वेदना का, वेदना से तृष्णा का, तृष्णा से उपादान का, उपादान से भव का, भव से जन्म का, जन्म से जरा, मरण, रोग, दुख, रोना पीटना, क्लेश इत्यादि सम्पूर्ण दुखों का निरोध होता है। दुखो के पूर्ण रूपेण नोरोध को ही निर्वाण कहते हैं।

४—दुख निरोध का [illegible] अष्टांगिक मार्ग अर्थात १–सम्यक ठीक दृष्टि २–सम्यक संकल्प, ३–सम्यक वाणि ४–सम्यक कर्म, ५–सम्यक आजीवका ६–सम्यक व्यायाम, ७–सम्यक स्मृति, ८–सम्यक समाधि है।

इस जीवन में राग द्वेष, मोह मान, मदामि[illegible], दृष्टी, सत्यानामिद्ध, औदित्य, कौकृत्य, विचि[illegible] और निर्लजता [illegible] दस क्लेश हैं। इन से विमुक्त हो जाना ही क्लेश निर्वाण है। यह है मानव जाती के लिये भगवान बुद्ध की आचार संहिता। इनके विस्तृत अध्ययन के लिये बौद्ध शास्त्रों का पठन पाठन अनिवार्य है।

भवदीय—

भिक्षु सोभित,
स्वर्गीय भिक्षु रेवत
तुलाराम यादव(लुहारा सराय)

डा० धीरसिंह यादव

शेरसिंह मौर्य (डौलचा)
रामपत यादव (डौलचा)
रमेश चन्द सैनी (रटौल)

कुटी गांव व पोस्ट डौलचा, जिला मेरठ (उत्तर प्रदेश)

नोट—धर्म दूत, नामक मासिक पत्रिका व बौद्ध धर्म सम्बन्धित पुस्तकों के लिए महा बौद्धी सभा सारनाथ वाराणसी व फोन नं० ६२२९७ व ६५२८७ से सम्पर्क स्थापित करें।

दयानन्द प्रिंटिंग प्रेस, बागपत रोड, मेरठ।

99. बौद्ध धम्म को उत्तर भारत में प्रत्यस्थापित, प्रचारित-प्रसारित करने वाला दुर्लभ पर्चा

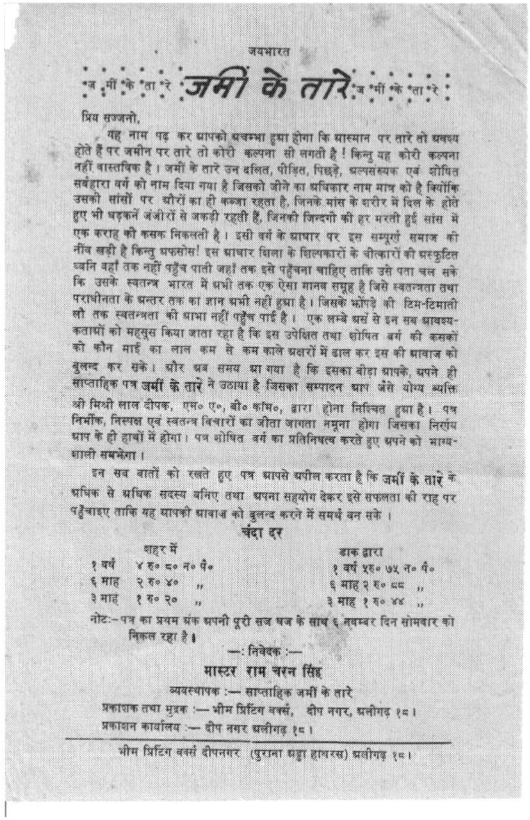

जयभारत

जमीं के तारे

प्रिय सज्जनो,

यह नाम पढ़ कर आपको अचम्भा हुआ होगा कि आस्मान पर तारे तो अवश्य होते हैं पर जमीन पर तारे तो कोरी कल्पना सी लगती है ! किन्तु यह कोरी कल्पना नहीं वास्तविक है । जमीं के तारे उन दलित, पीड़ित, पिछड़े, अल्पसंख्यक एवं शोषित सर्वहारा वर्ग को नाम दिया गया है जिसको जीने का अधिकार नाम मात्र को है क्योंकि उसकी सांसों पर औरों का ही कब्जा रहता है, जिनके मांस के शरीर में दिल के होते हुए भी धड़कनें जंजीरों से जकड़ी रहती हैं, जिनकी जिन्दगी की हर मरती हुई सांस में एक कराह की कसक निकलती है । इसी वर्ग के आधार पर इस सम्पूर्ण समाज की नींव खड़ी है किन्तु अफसोस! इस आधार शिला के शिल्पकारों के चीत्कारों की अस्फुटित ध्वनि वहाँ तक नहीं पहुँच पाती जहाँ तक इसे पहुँचना चाहिए ताकि उसे पता चल सके कि उसके स्वतन्त्र भारत में अभी तक एक ऐसा मानव समूह है जिसे स्वतन्त्रता तथा पराधीनता के अन्तर तक का ज्ञान अभी नहीं हुआ है । जिसके झोंपड़े की टिम-टिमाती लौ तक स्वतन्त्रता की आभा नहीं पहुँच पाई है । एक लम्बे अर्से से इन सब आवश्यकताओं को महसूस किया जाता रहा है कि इस उपेक्षित तथा शोषित वर्ग की कसकों को कौन माई का लाल कम से कम काले अक्षरों में ढाल कर इस की आवाज को बुलन्द कर सके । और अब समय आ गया है कि इसका बीड़ा आपके, अपने ही साप्ताहिक पत्र **जमीं के तारे** ने उठाया है जिसका सम्पादन आप जैसे योग्य व्यक्ति श्री मिश्री लाल दीपक, एम० ए०, बी० कॉम०, द्वारा होना निश्चित हुआ है । पत्र निर्भीक, निस्पक्ष एवं स्वतन्त्र विचारों का जीता जागता नमूना होगा जिसका निर्णय आप के ही हाथों में होगा । पत्र शोषित वर्ग का प्रतिनिधित्व करते हुए अपने को भाग्यशाली समझेगा ।

इन सब बातों को रखते हुए पत्र आपसे अपील करता है कि **जमीं के तारे** के अधिक से अधिक सदस्य बनिए तथा अपना सहयोग देकर इसे सफलता की राह पर पहुँचाइए ताकि यह आपकी आवाज को बुलन्द करने में समर्थ बन सके ।

चंदा दर

शहर में		डाक द्वारा	
१ वर्ष	४ रु० ८० न० पै०	१ वर्ष	५रु० ७५ न० पै०
६ माह	२ रु० ४० ,,	६ माह	२ रु० ८८ ,,
३ माह	१ रु० २० ,,	३ माह	१ रु० ४४ ,,

नोट:–पत्र का प्रथम अंक अपनी पूरी सज धज के साथ ६ नवम्बर दिन सोमवार को निकल रहा है।

—: निवेदक :—

मास्टर राम चरन सिंह

व्यवस्थापक :— साप्ताहिक जमीं के तारे

प्रकाशक तथा मुद्रक :— भीम प्रिंटिंग वर्क्स, दीप नगर, अलीगढ़ १८।

प्रकाशन कार्यालय :— दीप नगर अलीगढ़ १८।

भीम प्रिंटिंग वर्क्स दीपनगर (पुराना अड्डा हाथरस) अलीगढ़ १८।

100. वे 'जमीं के तारे' के नियमित पाठक थे।

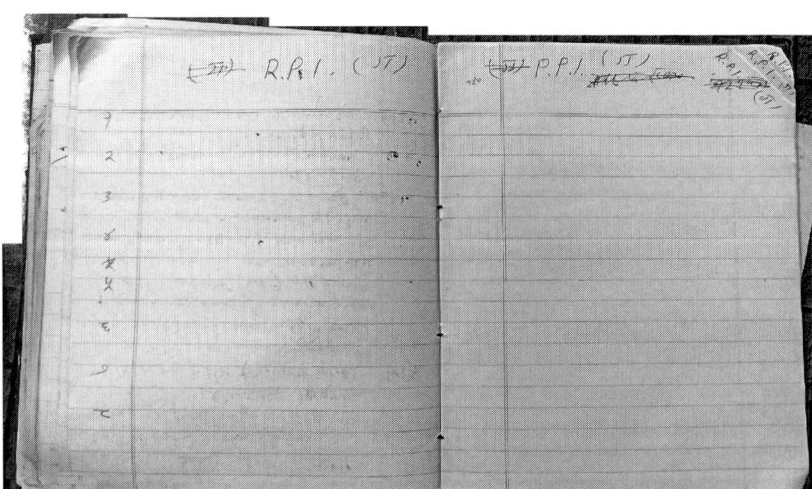

101. पेरियार ललई सिंह का RPI का रजिस्टर

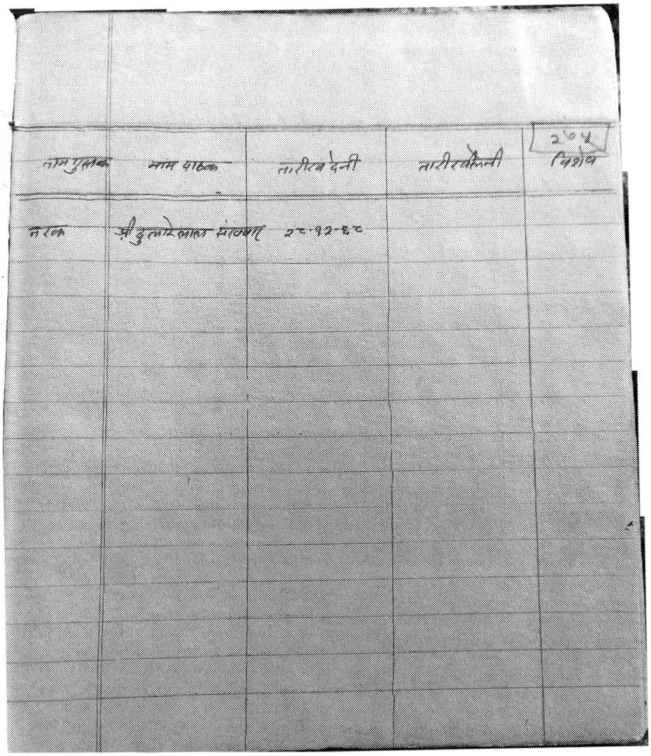

102. अशोक पुस्तकालय से प्रकाशित और अपनी मनपसन्द पुस्तकें, लेख आदि पेरियार ललई सिंह अपने शुभचिन्तकों को मानवतावादी-समतामूलक राष्ट्र-निर्माण की भावना से देते। उसे इसी रजिस्टर में नोट करते थे ताकि पढ़ने के बाद उनसे प्राप्त करके दूसरों को दिया जा सके। दिनांक 28.12.1968 ई.।

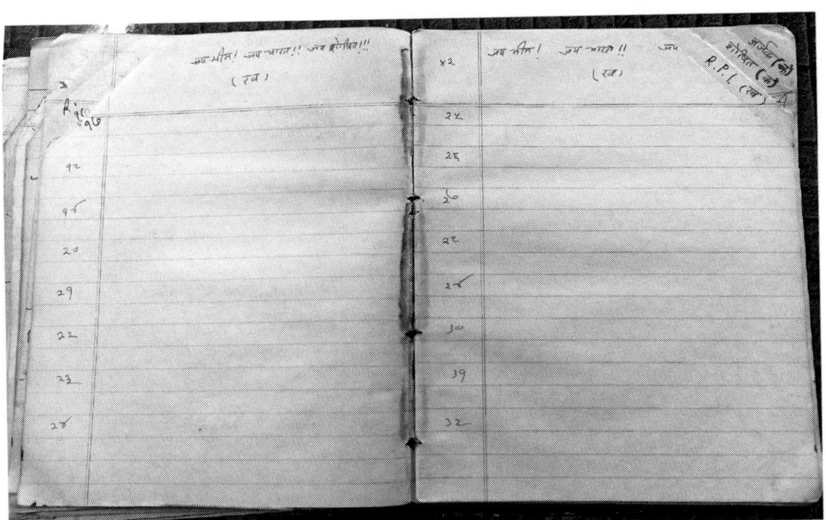

103. अपने रजिस्टर में पेरियार ललई सिंह अभिवादन 'जय भीम!, जय भारत!! जय शोषित!!!' के रूप में करते थे।

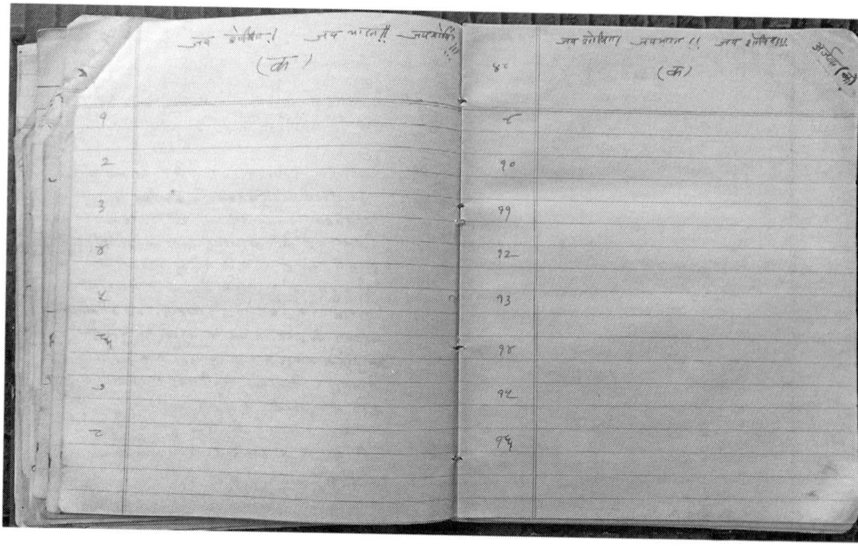

104. इसमें 'जय शोषित! जय भारत!! जय शोषित!!!' के रूप में अभिवादन करते थे।

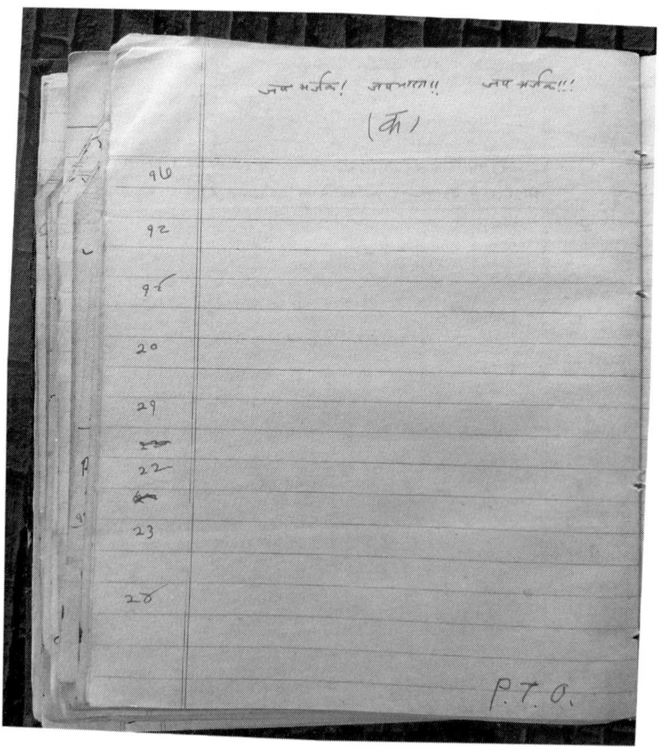

105. अपने अर्जक संघ के रजिस्टर में पेरियार ललई सिंह अभिवादन 'जय अर्जक! जय भारत!! जय अर्जक!!!' के रूप में करते थे।

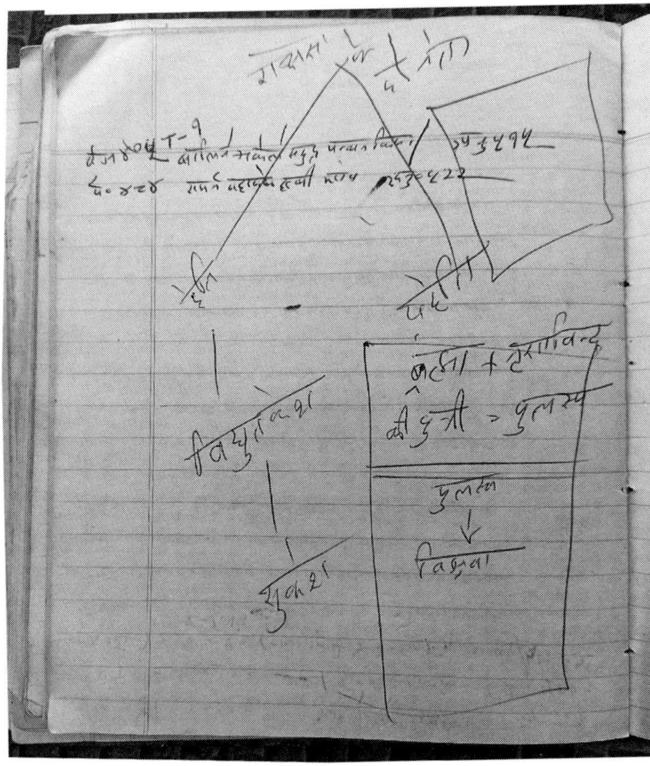

106. हिन्दू मिथकों की दुनिया को वे इस प्रकार टेबल बनाकर समझते थे।

107. अशोक पुस्तकालय का बीजक रजिस्टर

108. अशोक पुस्तकालय के बीजक रजिस्टर के अन्दर का पृष्ठ

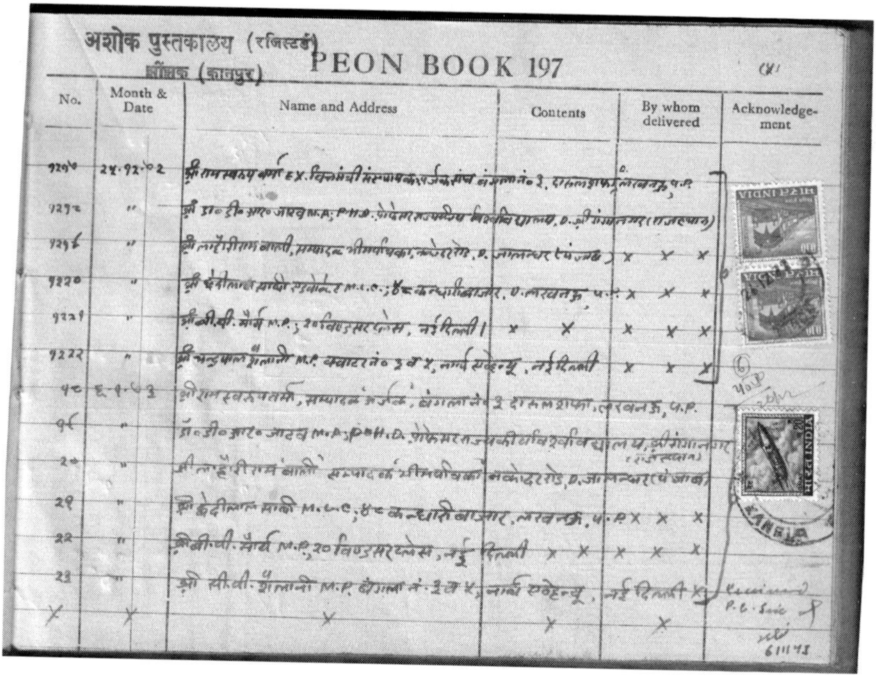

109. अशोक पुस्तकालय की प्यून नोटबुक

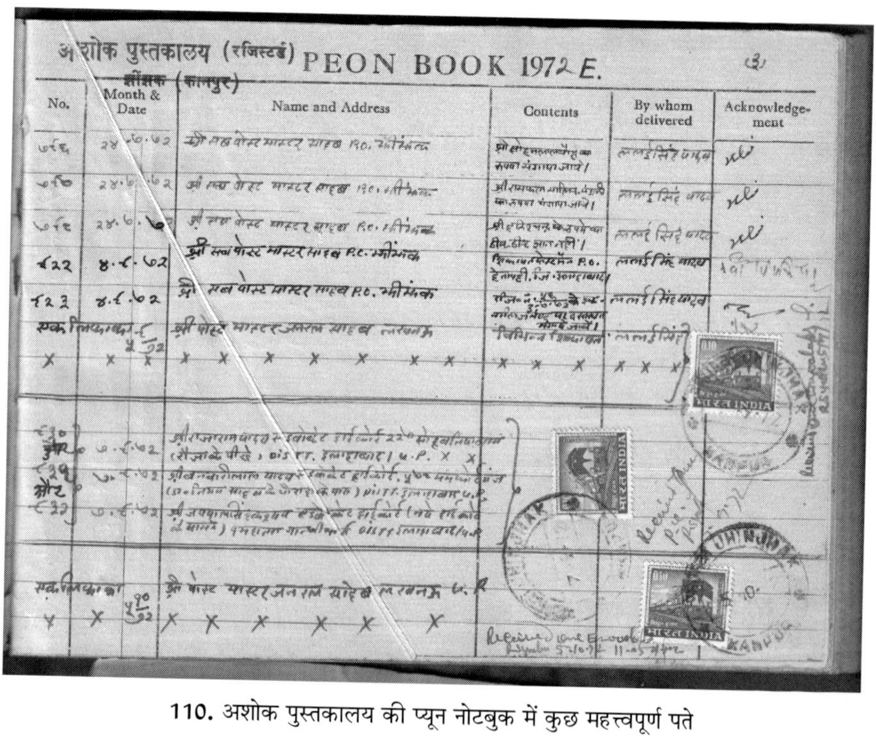

110. अशोक पुस्तकालय की प्यून नोटबुक में कुछ महत्त्वपूर्ण पते

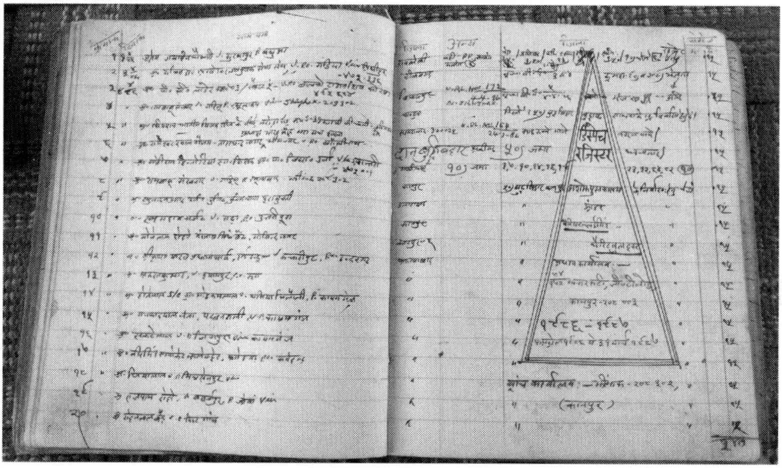

111. अशोक पुस्तकालय का रजिस्टर जिसमें साल समाप्ति पर त्रिभुजाकार बनाकर पाठकों को धन्यवाद देते थे।

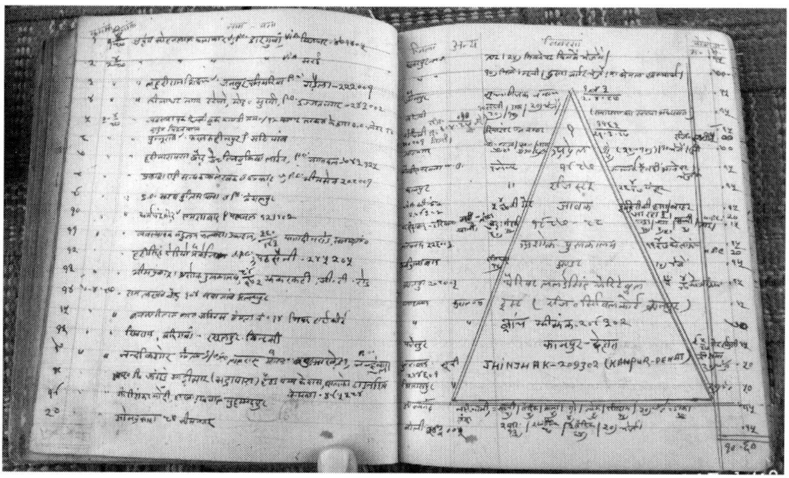

112.

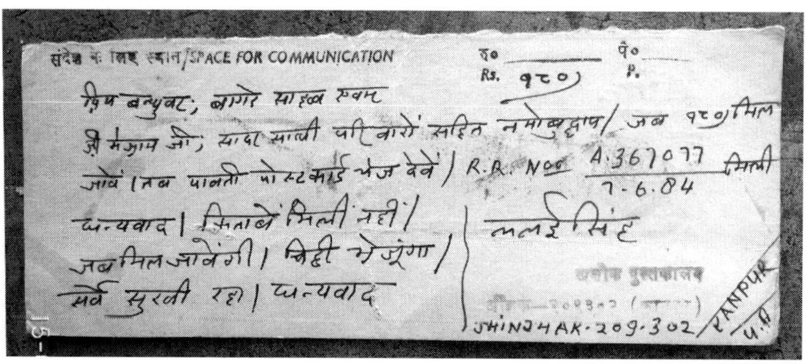

113. वे ऐसे लघु प्रकार के पत्र भी लिखते थे।

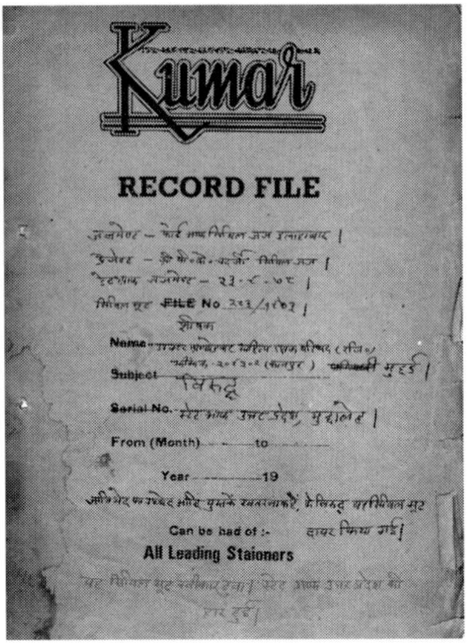

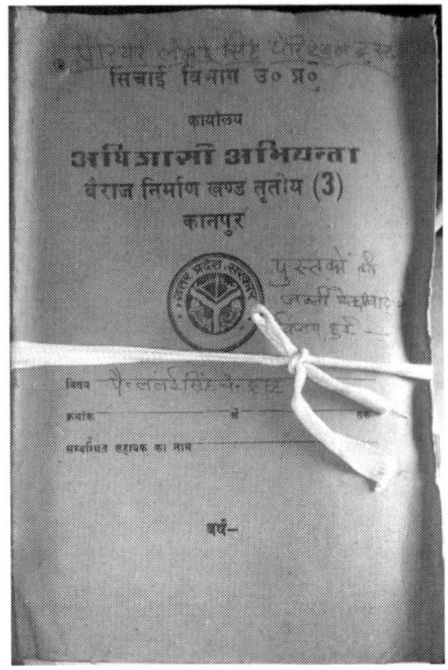

114. न्यायालय में मुकदमा लड़ने वाली फ़ाइल का आवरण चित्र

115. न्यायालय में मुकदमा लड़ने वाली अन्य फ़ाइल का आवरण चित्र

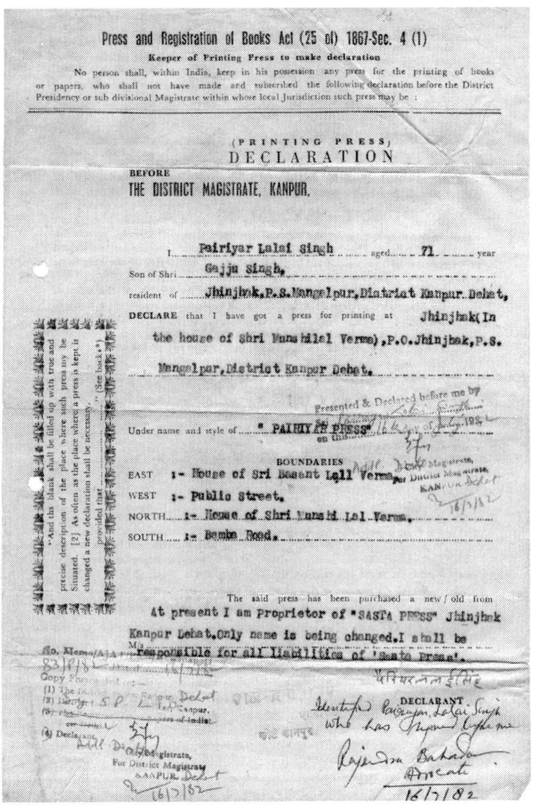

Press and Registration of Books Act (25 of) 1867-Sec. 4 (1)

Keeper of Printing Press to make declaration

No person shall, within India, keep in his possession any press for the printing of books or papers, who shall not have made and subscribed the following declaration before the District Presidency or sub divisional Magistrate within whose local Jurisdiction such press may be :

(PRINTING PRESS)
DECLARATION

BEFORE
THE DISTRICT MAGISTRATE, KANPUR.

I Pairiyar Lalai Singh aged 71 year
Son of Shri Gajju Singh,
resident of Jhinjhak,P.S.Mangelpur,District Kanpur Dehat,
DECLARE that I have got a press for printing at Jhinjhak(In the house of Shri Munshilal Verma),P.O.Jhinjhak,P.S. Mangelpur,District Kanpur Dehat.

"And the blank shall be filled up with true and precise description of the place where such press may be Situated. [2] As often as the place where a press is kept is changed a new declaration shall be necessary, provided that ...... " (See back.*)

Presented & Declared before me by ...... on this 16th day of July 1982

Under name and style of " PAIRIYAR PRESS"

BOUNDARIES
EAST :- House of Sri Basant Lall Verma,
WEST :- Public Street.
NORTH :- House of Shri Munshi Lal Verma.
SOUTH :- Bamba Road.

Addl. District Magistrate,
For District Magistrate,
KANPUR Dehat
16/7/82

The said press has been purchased a new / old from
At present I am Proprietor of "SASTA PRESS" Jhinjhak Kanpur Dehat.Only name is being changed.I shall be responsible for all liabilities of 'Sasta Press'.

पेरियर ललई सिंह
DECLARANT

Identified Pairiyar Lalai Singh who has signed before me
Rajendra Bahadur
Advocate
16/7/82

No. Memo/AJA 83/P/82 Dated 16/7/82
Copy Forwarded to :—
(1) The District ...... Kanpur Dehat
(2) ...... S.P. ...... Kanpur,
(3) ...... of India
(4) Declarant.
Addl. District Magistrate,
For District Magistrate
KANPUR Dehat
16/7/82

116. पेरियार प्रेस का डिक्लेरेशन

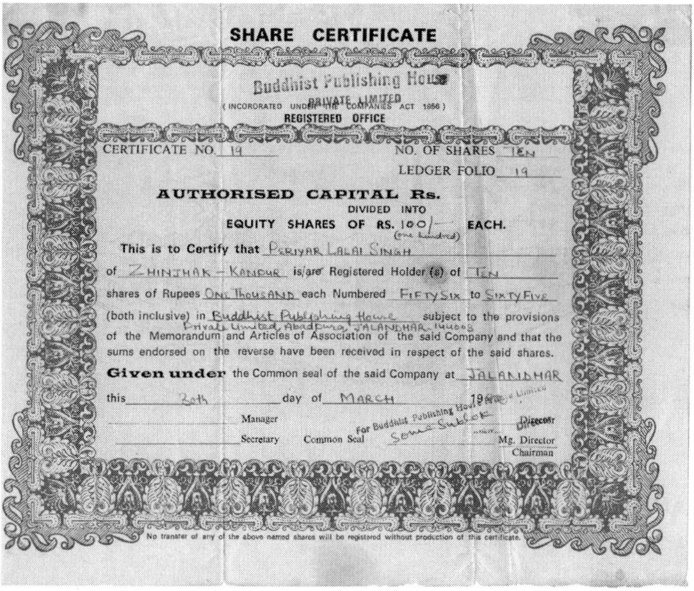
SHARE CERTIFICATE

Buddhist Publishing House
PRIVATE LIMITED
(INCORORATED UNDER THE COMPANIES ACT 1956)
REGISTERED OFFICE

CERTIFICATE NO. 19 NO. OF SHARES TEN
LEDGER FOLIO 19

AUTHORISED CAPITAL Rs.
DIVIDED INTO
EQUITY SHARES OF RS. 100/- (one hundred) EACH.

This is to Certify that PERIYAR LALAI SINGH
of ZHINJHAK - KANPUR is/are Registered Holder (s) of TEN
shares of Rupees ONE THOUSAND each Numbered FIFTY SIX to SIXTY FIVE
(both inclusive) in Buddhist Publishing House Private Limited, Abadpura, JALANDHAR 144003 subject to the provisions of the Memorandum and Articles of Association of the said Company and that the sums endorsed on the reverse have been received in respect of the said shares.

Given under the Common seal of the said Company at JALANDHAR
this 30th day of MARCH 19

Manager
Secretary Common Seal For Buddhist Publishing House Private Limited Director Mg. Director Chairman

No transfer of any of the above named shares will be registered without production of this certificate.

117. बौद्ध साहित्य के प्रचार के लिए बुद्धिस्ट पब्लिकेशन, पंजाब में पेरियार ललई सिंह ने शेयर किए थे।

118. अशोक पुस्तकालय से डॉ. अम्बेडकर की किताब 'एनहिलेशन ऑफ कास्ट' का हिन्दी अनुवाद 'जातिभेद का उच्छेद' नाम से प्रकाशित की थी। इस पर उ.प्र. सरकार ने मुकदमा चलाया था। उसका आवरण पृष्ठ है।

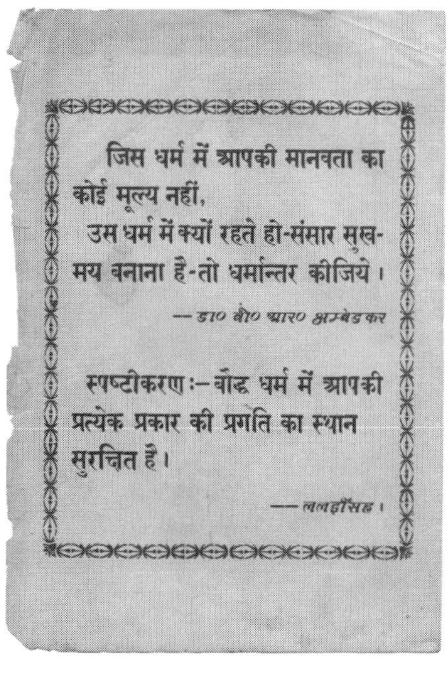

119. 'जातिभेद का उच्छेद' का धूल जैकेट पृष्ठ

120. अशोक पुस्तकालय से प्रकाशित–'सामाजिक विषमता कैसे दूर हो?' और 'धर्म क्या है? सद्धर्म क्या है?' इन दोनों किताबों के कवर बनाने का साँचा।

121. डॉ. अम्बेडकर की सचित्र मुहर जिसे वे अशोक पुस्तकालय से प्रकाशित लगभग सभी पुस्तकों पर लगा कर लोगों तक पहुँचाते थे। डॉ. अम्बेडकर के इमेज को साहित्य के माध्यम से गाँव-गाँव पहुँचाने का यह उनका नायाब तरीका था।

122. पेरियार ललई सिंह अपने अध्ययन-कक्ष में टाँड पर साहित्य रखते थे।

123. अशोक पुस्तकालय में दुर्लभ साहित्य को वे इस प्रकार सुरक्षित रखते थे।

124. 'बौद्ध मत का मुखमर्दन' नामक मनुवादी साहित्य, जिसमें बौद्धमत की मूर्खतापूर्ण आलोचना की गई है। उस पर पेरियार ललई सिंह मुकदमा चलाने के लिए प्रति सील करके रखे हुए थे।

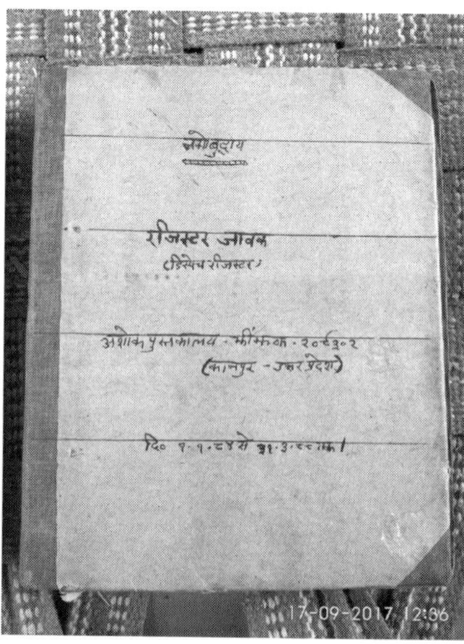

126. अशोक पुस्तकालय के 1988 का जावक रजिस्टर

125. अशोक पुस्तकालय से प्रकाशित साहित्य के संदर्भ में सम्पूर्ण भारत से आए पत्रों का जावक रजिस्टर। इसमें तमिलनाडु से कश्मीर तक और गुजरात से मणिपुर तक के पाठकों के लगभग 26,000 पते हैं।

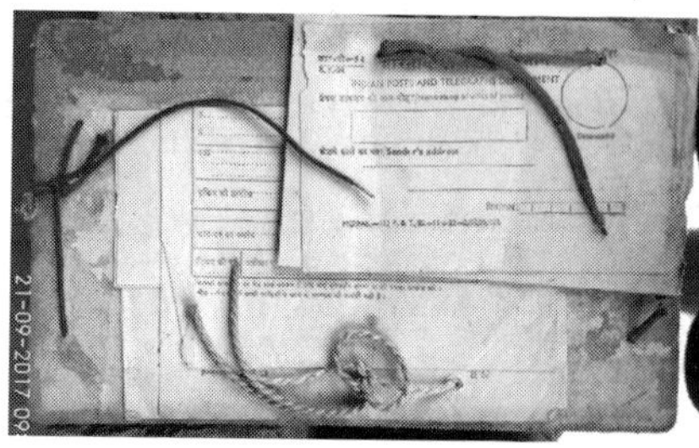

127. भेजी गई पुस्तकें और पत्र की रिसीविंग प्रति

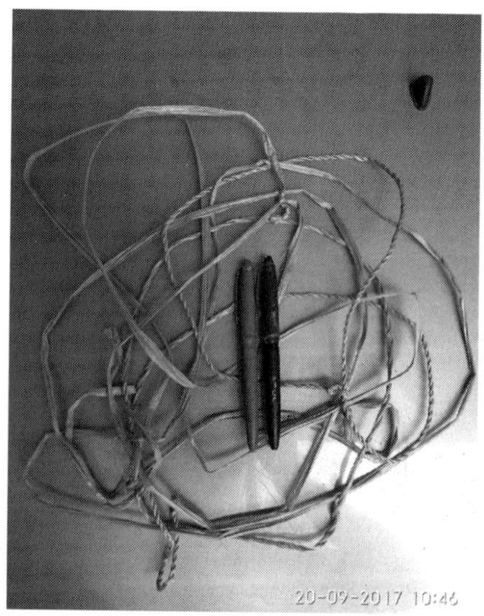

128. पेरियार ललई सिंह की दुर्लभ कलम और साहित्य को बाँधने वाली रस्सी। वे स्याहीदार कलम और पेंसिल से सदा लिखते थे।

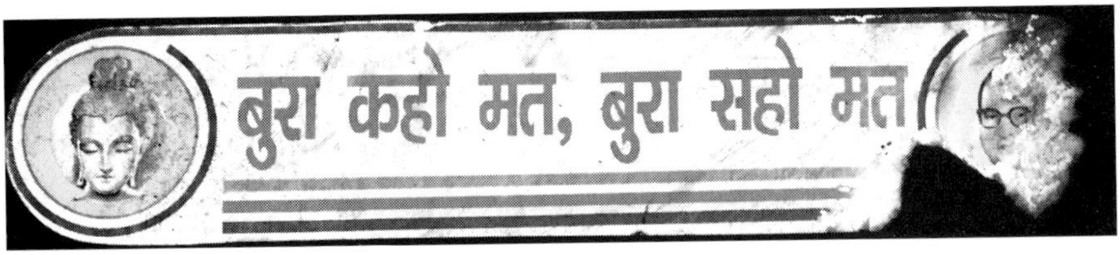

129. बुद्ध के मत को जनमानस में निर्मित करने के लिए इस प्रकार उनकी तस्वीर और सूक्ति का प्रचार-प्रसार करते थे।

130. बुद्ध धम्म के महान मत और बुद्धि की तस्वीर को इस प्रकार उत्तर भारत के जनमानस में उतार रहे थे।

131. उनके अशोक पुस्तकालय में दुर्लभ साहित्य और 'डॉ. अम्बेडकर साहित्य रक्षक' की मुहर, डॉ. अम्बेडकर के रूप की मुहर, पुराना ताला, कलम और पंचशील। वे उत्तर भारत में बुद्ध अम्बेडकर के साहित्य और चित्र को इस प्रकार समाज में पहुँचा रहे थे।

पढ़िये ; अवश्य पढ़िये !!

डा० बी० आर० अम्बेडकर के कुछ भाषणों के संकलन का नाम 'सम्मान के लिये धर्म परिवर्तन करें' था, जप्त हो गये थे – उन्हें हाई कोर्ट इलाहाबाद से जीता गया है। अब नया नाम 'धर्म परिवर्तन' है।

— लेखक
पैरियर ललईसिंह

132. डॉ. अम्बेडकर के साहित्य का प्रचार-प्रसार करने के लिए इस प्रकार छोटी-छोटी पर्ची बनाकर जनता में बाँटते थे, और अपनी पुस्तकों में ऐसी सूचनाएँ छापते थे।

पढ़िये ! अवश्य पढ़िये !!

"विश्व का सच्चा धर्म" लेखक 'भिक्षु धम्मालोक महास्थविर कपिलवस्तु (नैपाल)' :– इस लघु पुस्तक में संसार के मुख्य चार धर्मों बौद्ध, ईसाई, इस्लाम, और हिन्दू दर्शन का भली भांति किया गया विवेचन पढ़ कर अपना भविष्य निर्धारित कीजिये।

— प्रचार मन्त्री

133. बौद्ध धम्म को विश्व का सच्चा धर्म मानते थे। वे कहते थे–दुनिया के सारे धर्म उधार के धर्म हैं और बौद्ध धर्म नकद धर्म है क्योंकि सभी धर्म मरणोपरांत स्वर्ग में सुख प्राप्त करने की बात करते हैं किन्तु बौद्ध धर्म यहीं सुख प्राप्ति की बात करता है। ऐसी सूचना वे जनमानस में बाँटते थे और पुस्तकों में छापते थे।

लाखों हिन्दू करोड़ों पेम्पलेट सन्तोषी माता व श्रीकृष्ण का अवतार (तिरुपति बालाजी) और मुसलमान खुदा का ऐलान छापते हैं

अतः आप भी स्वतः या मित्रों के सहयोग से एक हजार या अधिक पेम्पलेट 'राकेट आफ डाक्टर अम्बेडकर' अपनी भाषा या हिन्दी में छपवा कर परम पूज्य बाबा साहब के कारवां को आगे बढ़ावें। दस प्रतियां मुझे भेजें। धन्यवाद। – पैरियार ललईसिंह

134. वे डॉ. अम्बेडकर के मिशन को उत्तर भारत में प्रचारित करने के लिए इस तरह की मौलिक पहल करते थे।

135. बुद्ध और अम्बेडकर के वैचारिकी को इस प्रकार उतार रहे थे।

136. डॉ. अम्बेडकर द्वारा संपादित 'बहिष्कृत भारत' के सभी खंडों का पेरियार ललई सिंह ने अध्ययन किया था।

137. उनके अध्ययन-कक्ष में बौद्ध साहित्य, वैदिक साहित्य, कुरान, बाइबल आदि ग्रंथ

138. डॉ. अम्बेडकर के चरित्र और व्यक्तित्व को
उत्तर भारत में प्रत्यस्थापित करने के लिए वे ऐसे चित्र गाँव-गाँव बाँटते थे।

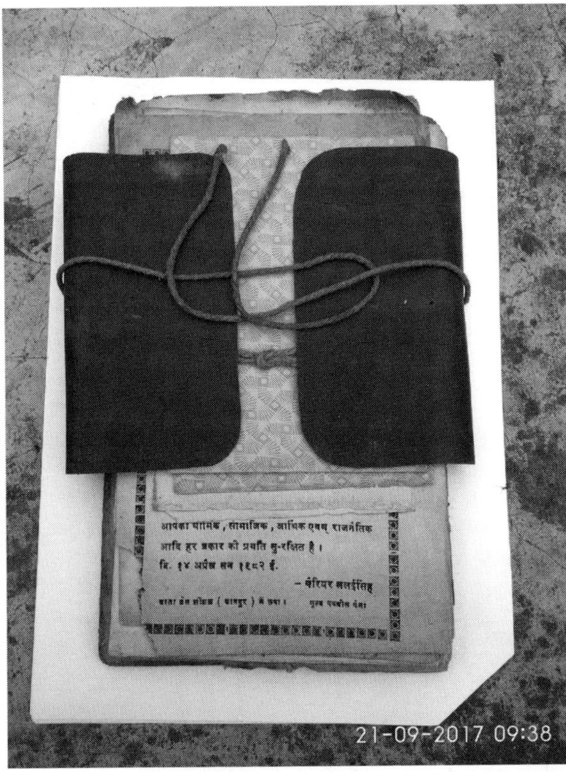

139. 'रॉकेट ऑफ डॉ. अम्बेडकर' का गुच्छा, जिसमें डॉ. अम्बेडकर और पेरियार ललई सिंह के कुछ विचार लिखे होते थे। इसे वे गाँव-गाँव बाँटते थे।

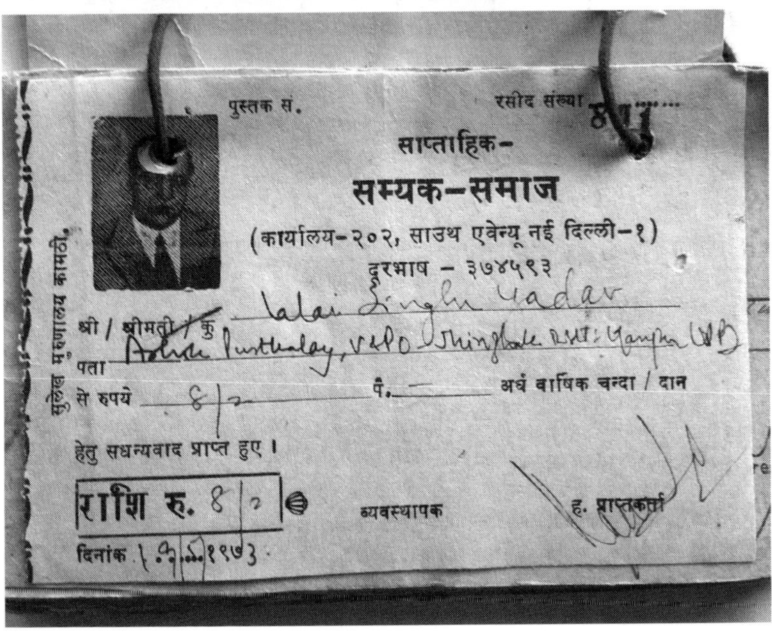

140. 'सम्यक—साप्ताहिक'—अम्बेडकरवादी सोच के इस समाचार-पत्र का नियमित अध्ययन करते थे।

शेरे गवालियर की दहाड़

डाउन डाउन - सिन्धिया फ्लैग।

डाउन डाउन - सिन्धिया गवर्नमेण्ट।

जनता पर - जनता का शासन हो।

('सिपाही की तबाही' से।)

जन्म - दिनांक १ सितम्बर १९११ ई०
जीवित - दिनांक २५ मई १९८३ ई०

गिरफ्तारी - दिनांक २९ मार्च १९४७ ई०
रिहाई - दिनांक १२ जनवरी १९४८ ई०

पेरियार ललईसिंह

स्वतन्त्रता संग्राम सेनानी (धारा १३१ ताजीरात हिन्द)

हाई कमांडर गवालियर नेशनल आर्मी,

प्रेसीडेण्ट नान गजेटेड मुलाजिमान पुलिस एण्ड आर्मी संघ

(गवालियर गवर्नमेण्ट)

141. पेरियार ललई सिंह किसी के परिचय पूछने पर यही देते थे।

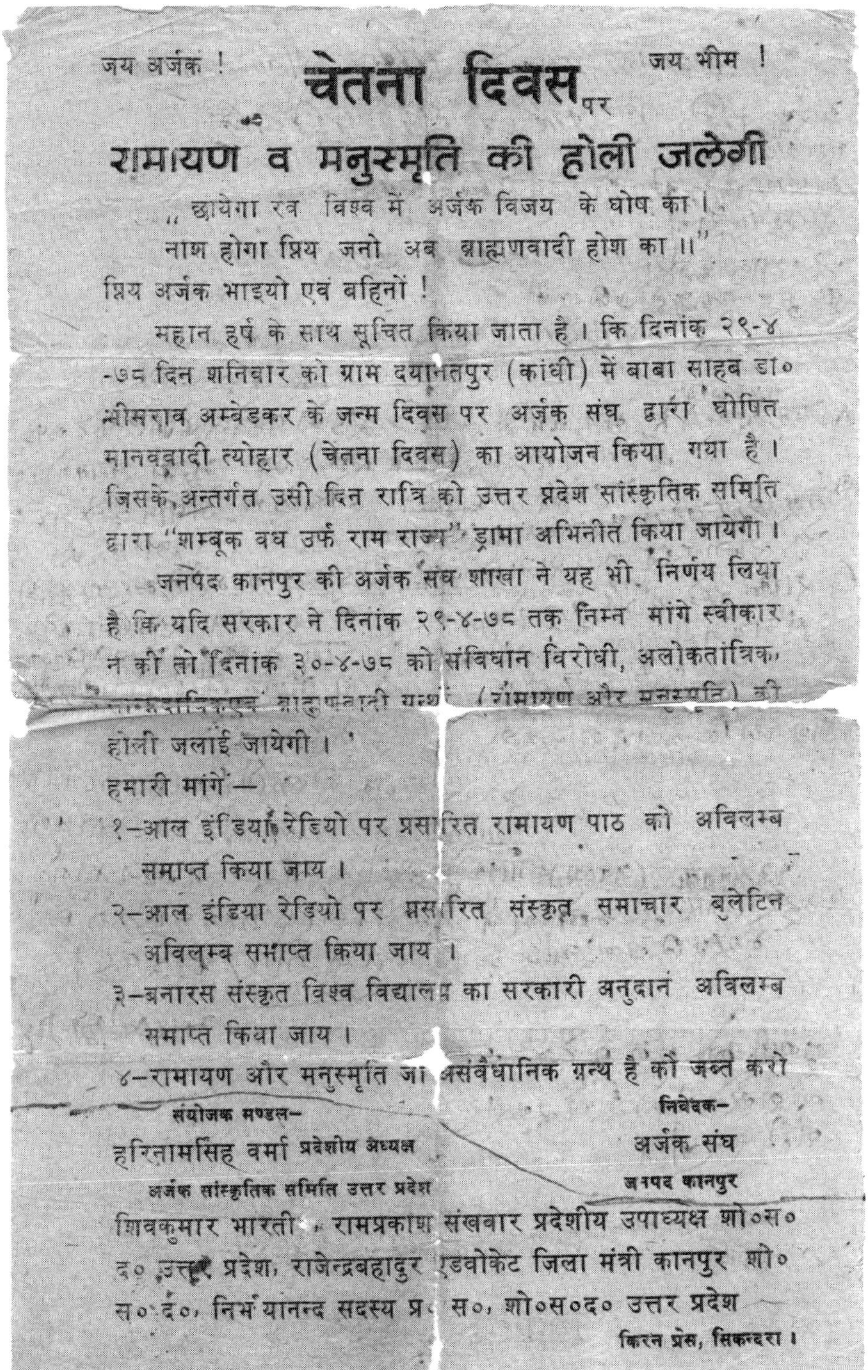

जय अर्जक ! जय भीम !

चेतना दिवस पर

रामायण व मनुस्मृति की होली जलेगी

„ छायेगा रव विश्व में अर्जक विजय के घोष का ।

नाश होगा प्रिय जनो अब ब्राह्मणवादी होश का ॥"

प्रिय अर्जक भाइयो एवं बहिनों !

महान हर्ष के साथ सूचित किया जाता है। कि दिनांक २९-४-७८ दिन शनिवार को ग्राम दयानतपुर (कांधी) में बाबा साहब डा० भीमराव अम्बेडकर के जन्म दिवस पर अर्जक संघ द्वारा घोषित मानववादी त्योहार (चेतना दिवस) का आयोजन किया गया है। जिसके अन्तर्गत उसी दिन रात्रि को उत्तर प्रदेश सांस्कृतिक समिति द्वारा "शम्बूक वध उर्फ राम राज्य" ड्रामा अभिनीत किया जायेगा।

जनपद कानपुर की अर्जक संघ शाखा ने यह भी निर्णय लिया है कि यदि सरकार ने दिनांक २९-४-७८ तक निम्न मांगे स्वीकार न कीं तो दिनांक ३०-४-७८ को संविधान विरोधी, अलोकतांत्रिक, [illegible] ब्राह्मणवादी ग्रन्थ (रामायण और मनुस्मृति) की होली जलाई जायेगी।

हमारी मांगें—

१–आल इंडिया रेडियो पर प्रसारित रामायण पाठ को अविलम्ब समाप्त किया जाय।

२–आल इंडिया रेडियो पर प्रसारित संस्कृत समाचार बुलेटिन अविलम्ब समाप्त किया जाय।

३–बनारस संस्कृत विश्व विद्यालय का सरकारी अनुदान अविलम्ब समाप्त किया जाय।

४–रामायण और मनुस्मृति जो असंवैधानिक ग्रन्थ हैं को जब्त करो

संयोजक मण्डल— निवेदक—

हरिरामसिंह वर्मा प्रदेशीय अध्यक्ष अर्जक संघ

अर्जक सांस्कृतिक समिति उत्तर प्रदेश जनपद कानपुर

शिवकुमार भारती, रामप्रकाश संखवार प्रदेशीय उपाध्यक्ष शो०स० द० उत्तर प्रदेश, राजेन्द्रबहादुर एडवोकेट जिला मंत्री कानपुर शो० स० दं०, निर्भयानन्द सदस्य प्र० स०, शो०स०द० उत्तर प्रदेश

किरन प्रेस, सिकन्दरा।

142. रामायण और मनुस्मृति दहन की घोषणा का पर्चा, स्रोत–शिवकुमार भारती

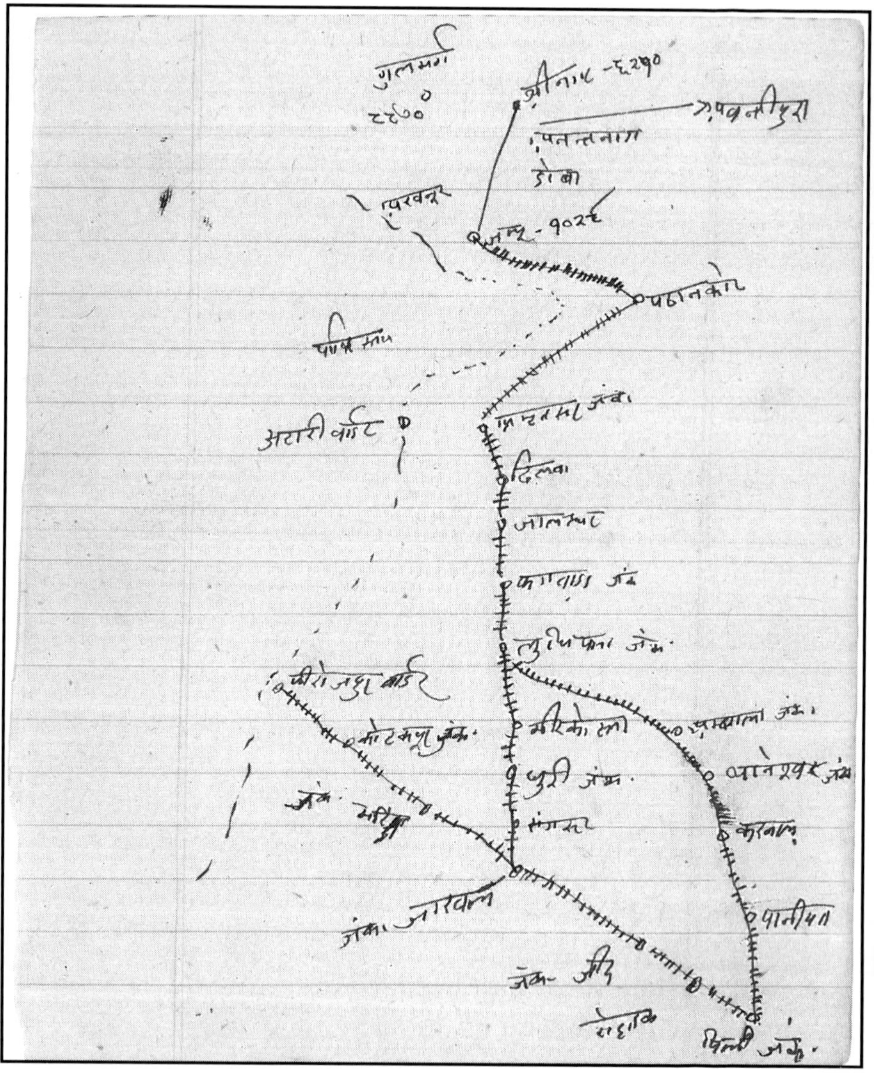

143. अपनी मिशनरी यात्राएँ मानचित्र बनाकर करते थे।

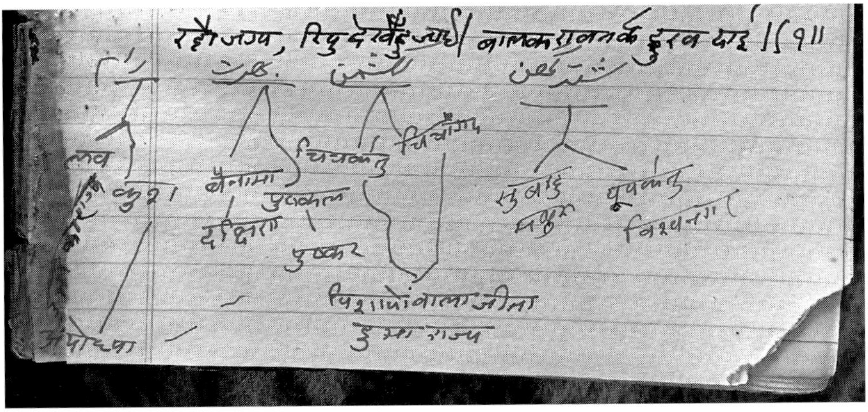

144. किसी भी वस्तु-स्थिति को टेबल बनाकर समझते थे।
हिन्दू मिथकीय राजवंश को वे टेबल से समझ रहे थे। यह उर्दू और देवनागरी, दोनों लिपियों में लेखन है।

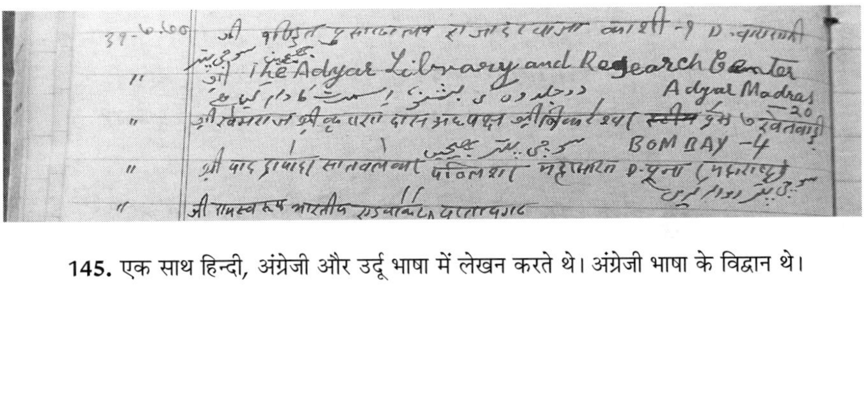

145. एक साथ हिन्दी, अंग्रेजी और उर्दू भाषा में लेखन करते थे। अंग्रेजी भाषा के विद्वान थे।

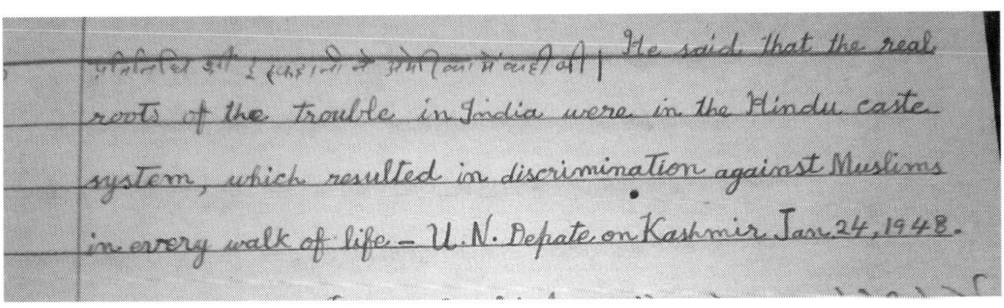

146. उनकी अंग्रेजी राइटिंग

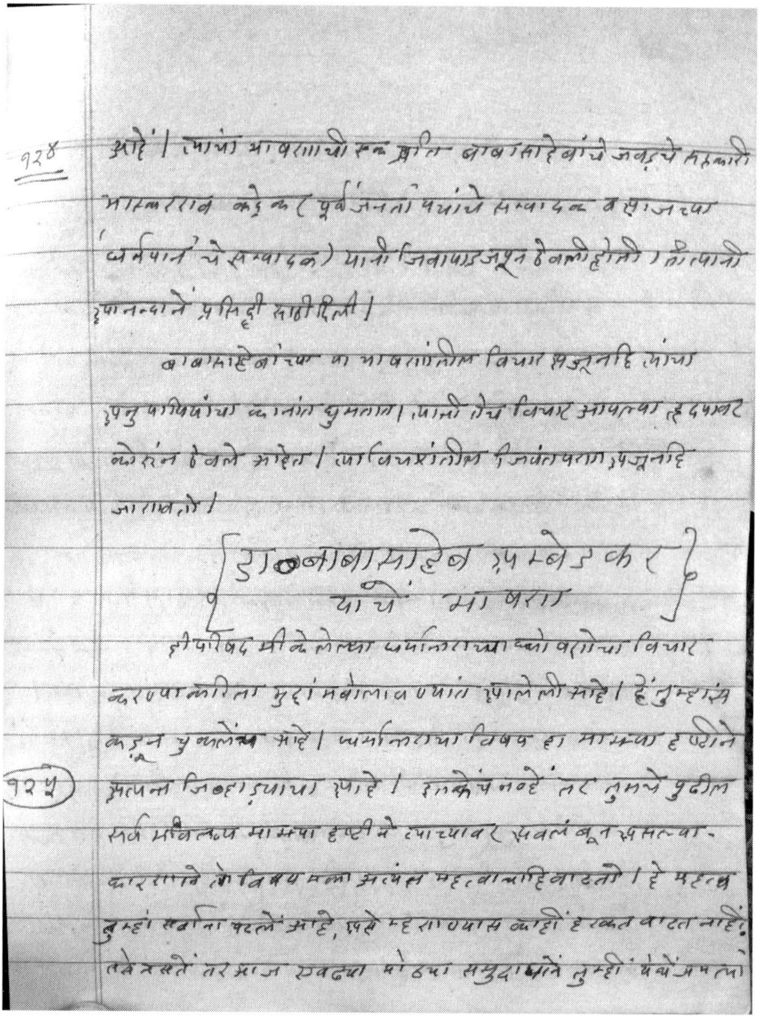

147. पेरियार ललई सिंह का लेखन सौन्दर्य।
यह उनके द्वारा मराठी भाषा में डॉ. अम्बेडकर के लिखे गए भाषण हैं।

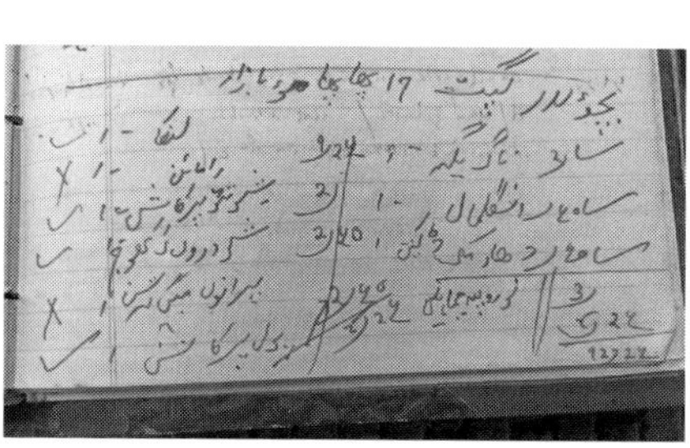

148. उर्दू में हिसाब आदि भी करते थे।

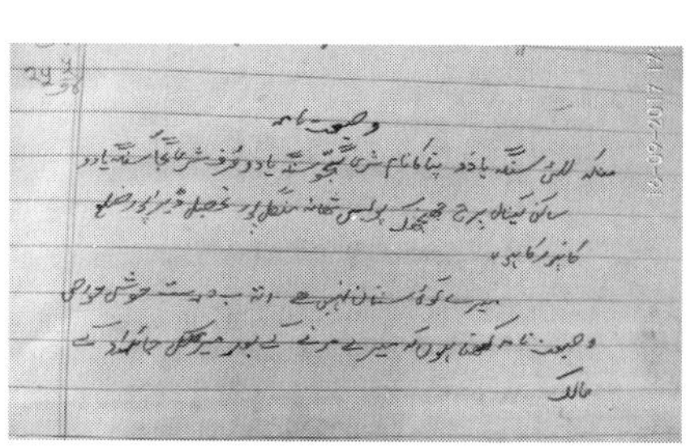

149. उर्दू राइटिंग

150. उर्दू शब्दकोश–करीम–उल-लुगात

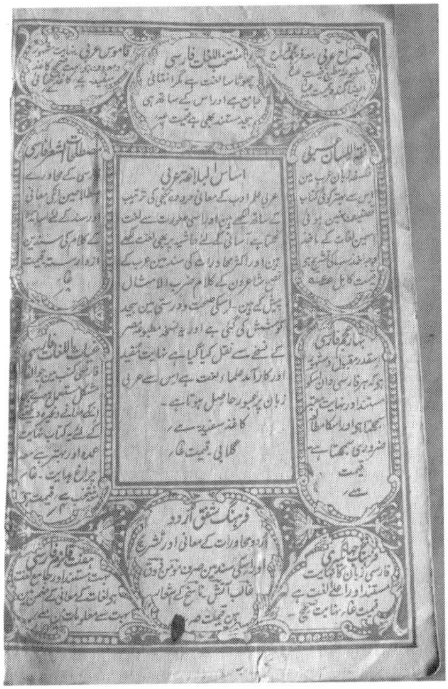

151. इस उर्दू किताब का नाम–'फरहंग शफ़क उर्दू' है। इनमें उर्दू के मुहावरों की 8 व्याख्याएँ हैं, जो मोमिन, ज़ौक़, ग़ालिब, आतिश, नासिख़ की शायरी के विशेष सन्दर्भ में है।

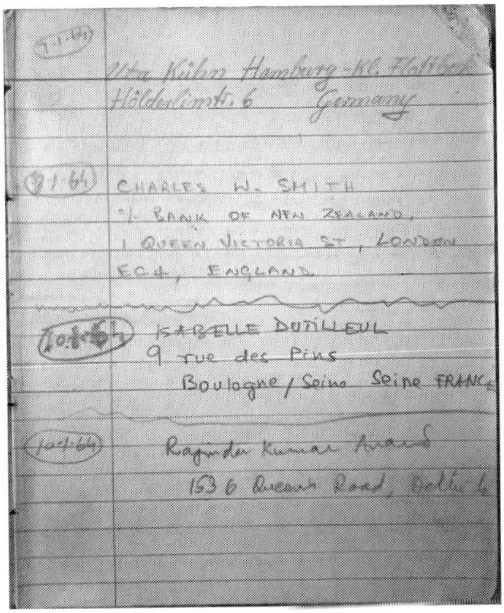

152. वे पेंसिल से भी लेखन करते थे।

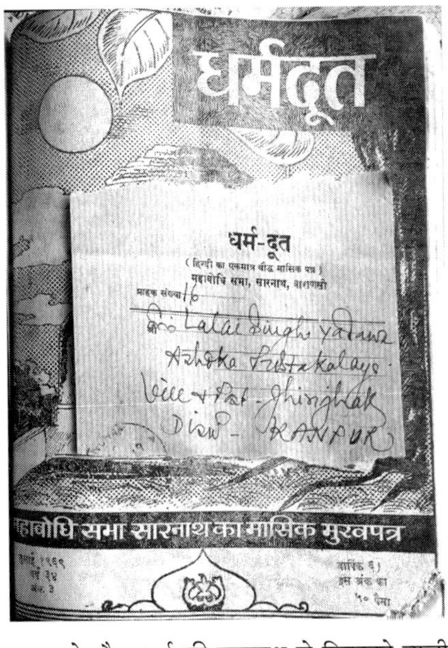

153. वे बौद्ध धर्म की सारनाथ से निकलने वाली पत्रिका 'धर्मदूत' का नियमित अध्ययन करते थे।

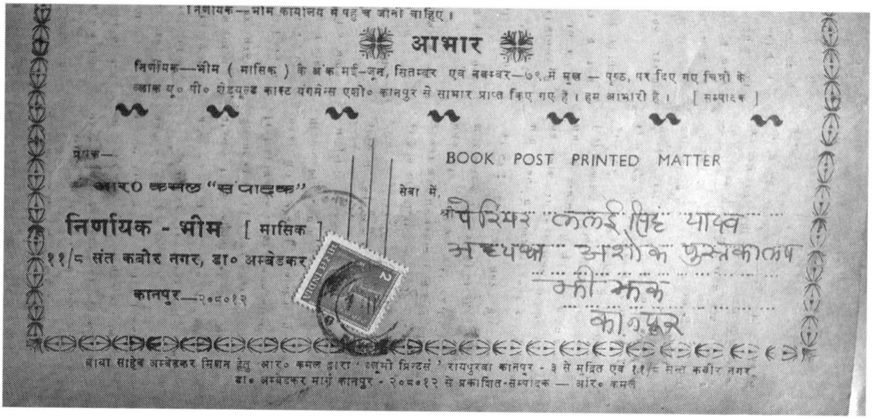

154. अम्बेडकरी मिशन की वाहक 'निर्णायक भीम' का वे नियमित अध्ययन करते थे।

155. डॉ. अम्बेडकर बुद्ध विहार, हरैंया, बस्ती, उ.प्र. के इस बौद्ध विहार का उद्घाटन अग्गमहापंडित महास्थविर ज्ञानेश्वर जी के करकमलों द्वारा और पेरियार ललई सिंह की विशेष उपस्थिति के साथ दिनांक 14 मार्च, 1983 ईसवी को किया गया।

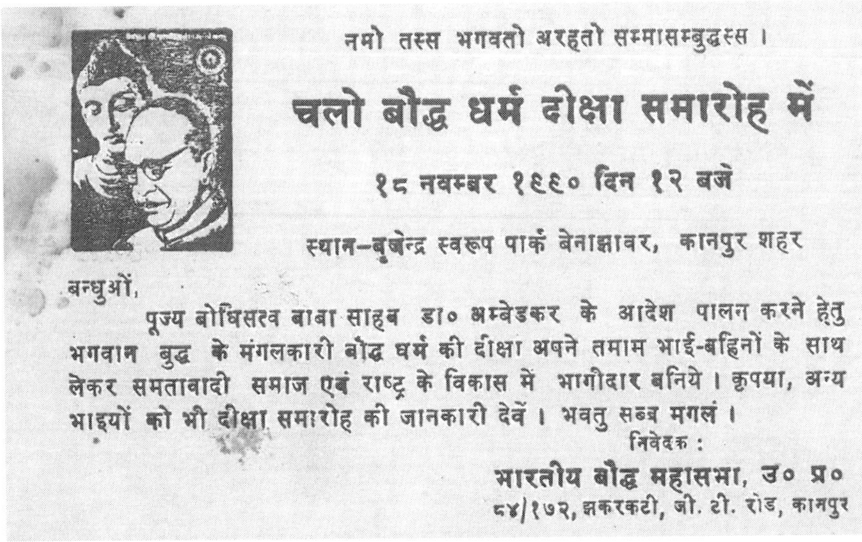

नमो तस्स भगवतो अरहतो सम्मासम्बुद्धस्स ।

चलो बौद्ध धर्म दीक्षा समारोह में

१८ नवम्बर १९९० दिन १२ बजे

स्थान–बृजेन्द्र स्वरूप पार्क बेनाझावर, कानपुर शहर

बन्धुओं,

पूज्य बोधिसत्व बाबा साहब डा० अम्बेडकर के आदेश पालन करने हेतु भगवान बुद्ध के मंगलकारी बौद्ध धर्म की दीक्षा अपने तमाम भाई-बहिनों के साथ लेकर समतावादी समाज एवं राष्ट्र के विकास में भागीदार बनिये । कृपया, अन्य भाइयों को भी दीक्षा समारोह की जानकारी देवें । भवतु सब्ब मगलं ।

निवेदक :

भारतीय बौद्ध महासभा, उ० प्र०

८४/१७२, झकरकटी, जी. टी. रोड, कानपुर

156. अपने जीवन के अंत समय तक बुद्धिज़्म के लिए लड़ते रहे। सन् 1990।

157. 'काल-विजय' नाटक जिसमें सम्राट अशोक और बुद्ध की गन्दी व्याख्या की गई है। इसके विरुद्ध पेरियार ललई सिंह ने दिल्ली में आन्दोलन करवाया और इसे रूहेलखंड विश्वविद्यालय के पाठ्यक्रम से बाहर करवाया।

158. त्रि-दिवसीय बौद्ध धम्म कार्यक्रम में, सन् 1991।

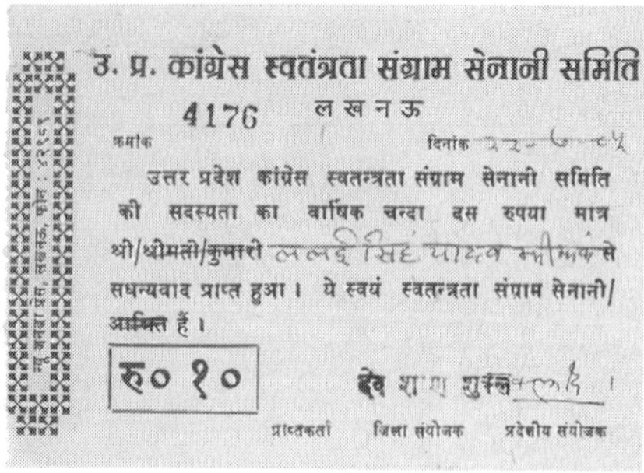

उ. प्र. कांग्रेस स्वतंत्रता संग्राम सेनानी समिति

4176 लखनऊ

क्रमांक दिनांक

उत्तर प्रदेश कांग्रेस स्वतन्त्रता संग्राम सेनानी समिति की सदस्यता का वार्षिक चन्दा दस रुपया मात्र श्री/श्रीमती/कुमारी से सधन्यवाद प्राप्त हुआ। ये स्वयं स्वतन्त्रता संग्राम सेनानी/आश्रित हैं।

रु० १०

प्राप्तकर्ता जिला संयोजक प्रदेशीय संयोजक

159. देश के स्वतंत्रता संग्राम सेनानियों के सम्मेलन में भाग लेने वाली पर्ची

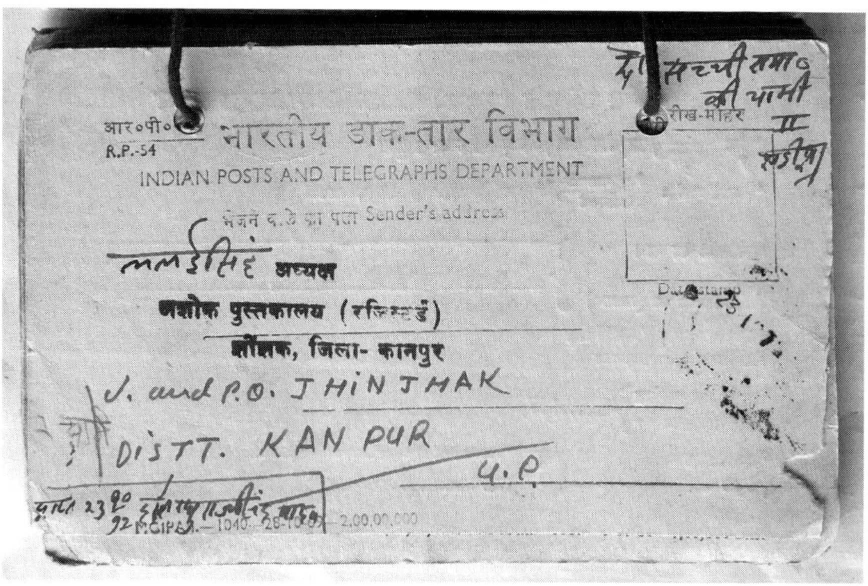

160. पेरियार ललई सिंह द्वारा 'सच्ची रामायण' और 'सच्ची रामायण की चाभी' की दिनांक 23/10/1992 को भेजी गई प्रति की पावती।

161. गुरु पेरियार ई.वी. रामास्वामी की तस्वीर, जिसे अपने अध्ययन-कक्ष में हमेशा रखते थे।

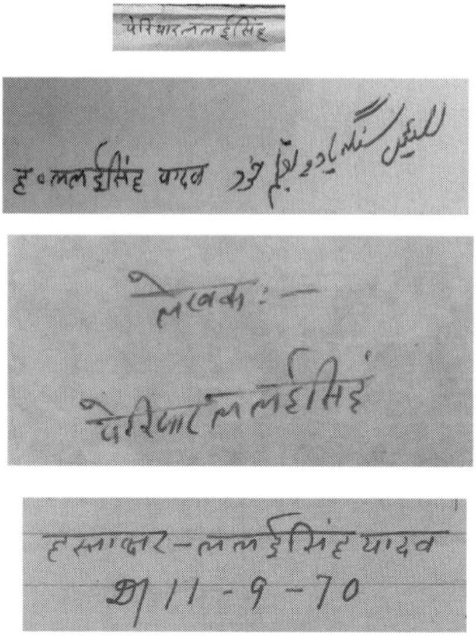

162. पेरियार ललई सिंह के हस्ताक्षर

163. हाई-कमांडर मूलनिवासी योद्धा पेरियार ललई सिंह

164. बौद्ध धर्म ग्रहण कराने वाली शाम की सभा को सम्बोधित करते हुए, गया, बिहार 1992। यहाँ उनका 'शम्बूक वध' नाटक का मंचन हुआ और लगभग 10,000 हजार लोगों को बौद्ध धर्म ग्रहण कराया गया। इस पर मनुवादी-सामंतों ने आक्रोशित हो गोली चला दी। चूँकि वे सोल्जर थे इसलिए चौकन्ने थे और बाल-बाल बचे।

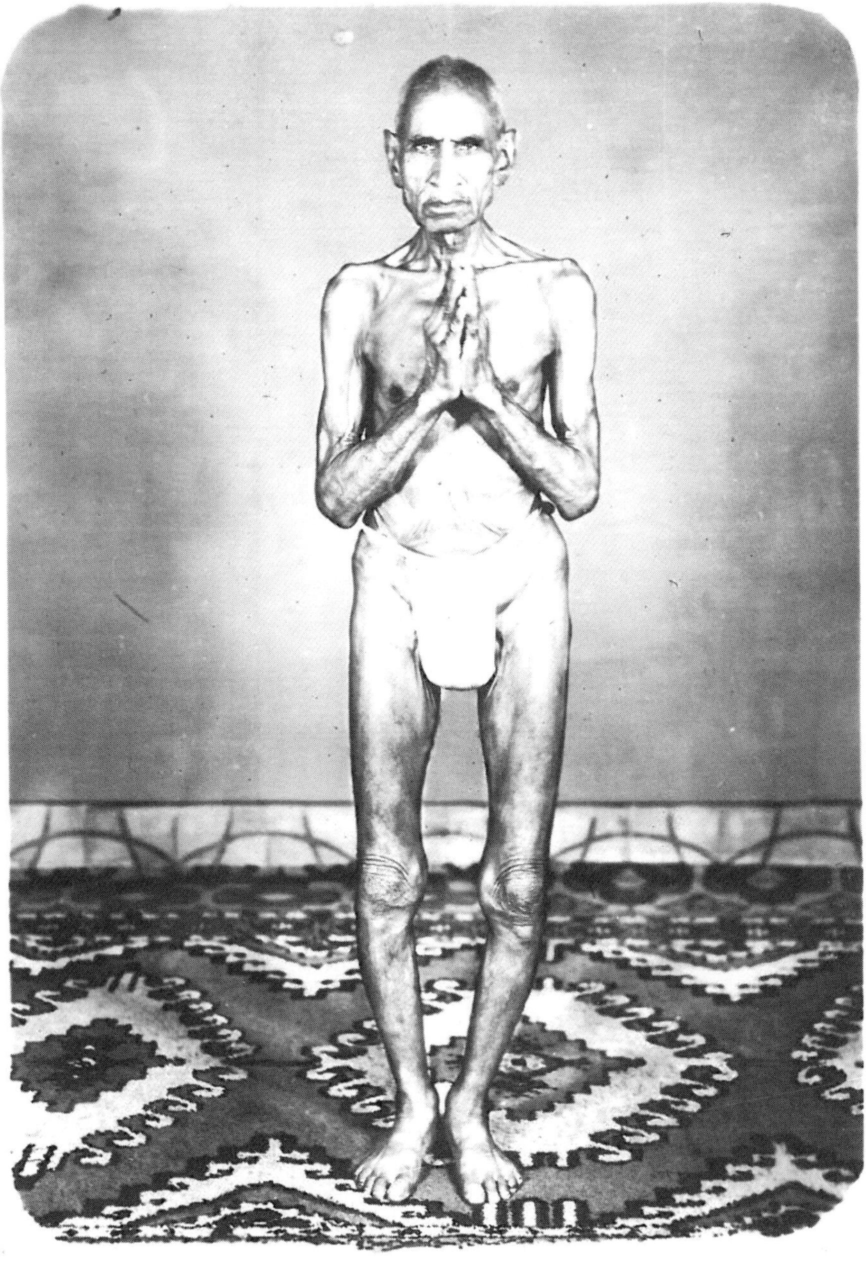

165. हिन्दुत्व से आमूलचूल सामाजिक परिवर्तन की लड़ाई लड़ते हुए जर्जर हो चुके उत्तर भारत के पेरियार, मूलनिवासी योद्धा पेरियार ललई सिंह

166. मस्तिष्कीय आघात के बाद इसी हैलट अस्पताल, कानपुर में पेरियार ललई सिंह को भर्ती किया गया जहाँ 7 फरवरी, 1993 ई. को उनका महापरिनिर्वाण हो गया।

167. हाई-कमांडर पेरियार ललई सिंह चिरनिद्रा में

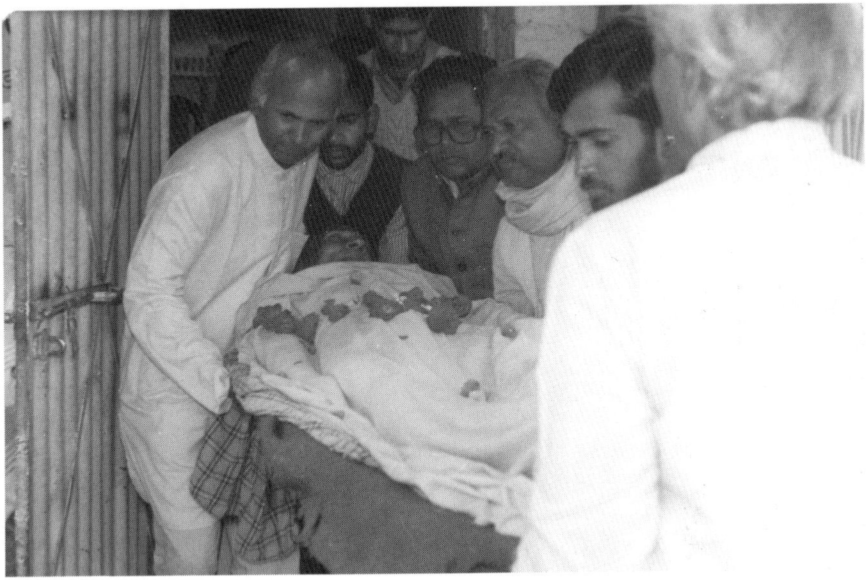

168. उनके शव को अशोक पुस्तकालय से बाहर निकालते शोकाकुल शुभचिन्तक

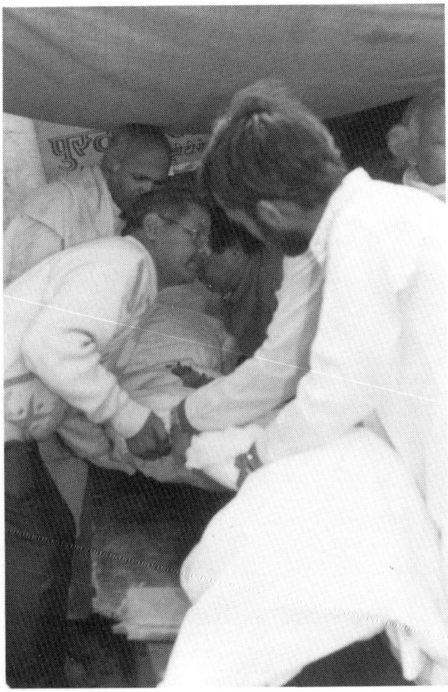

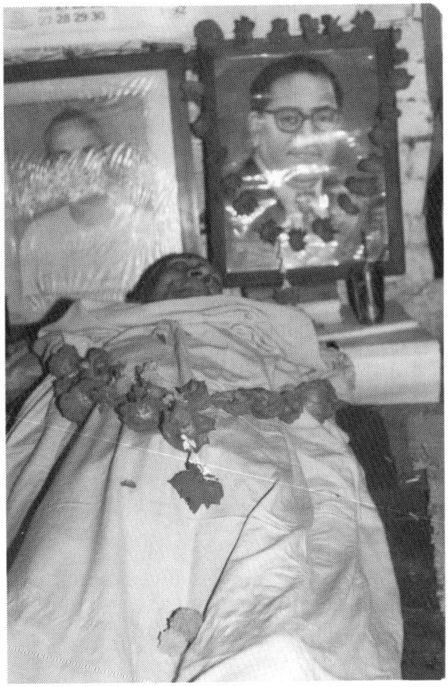

169.

170. साथियों, शुभचिन्तकों, बौद्ध भिक्खुओं के अन्तिम दर्शनार्थ अशोक पुस्तकालय कार्यालय, कानपुर के बाहर पेरियार ललई सिंह का शव

171. हाई कमांडर के निर्वाण के बाद दुखी बच्ची

172. शोक में उनके शुभचिन्तक

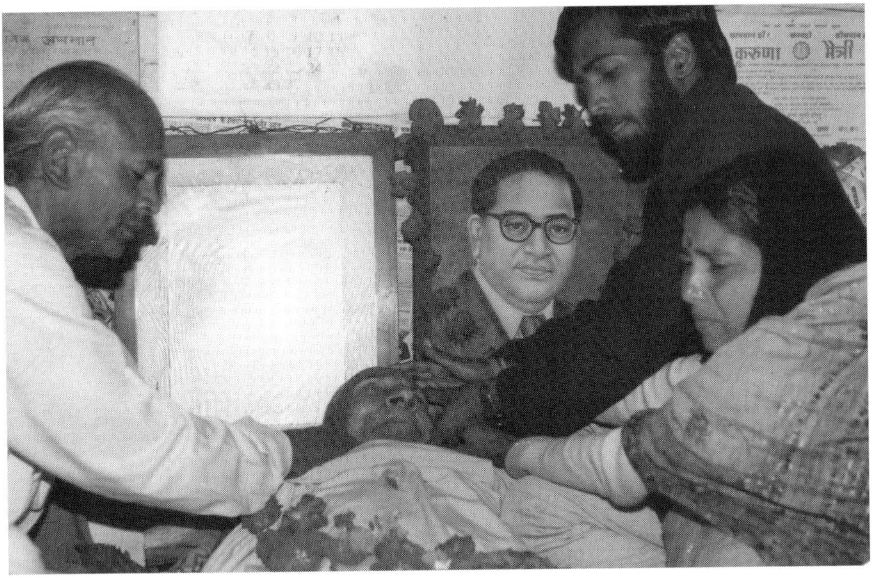

173. जे.एन. आदित्य, उनकी पत्नी उपासिका रानी, पुत्र सुशील कुमार गौतम, जीटी रोड, झकरकटी, कानपुर के आवास स्थल पर

174. शोक में प्रकाश रत्न गौतम और उनकी पत्नी

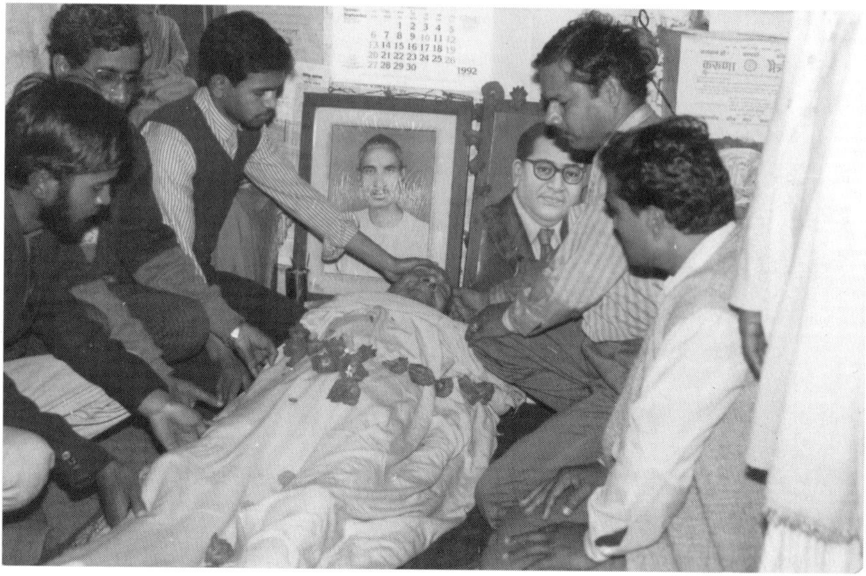

175. शोक में उनके युवा शुभचिन्तक

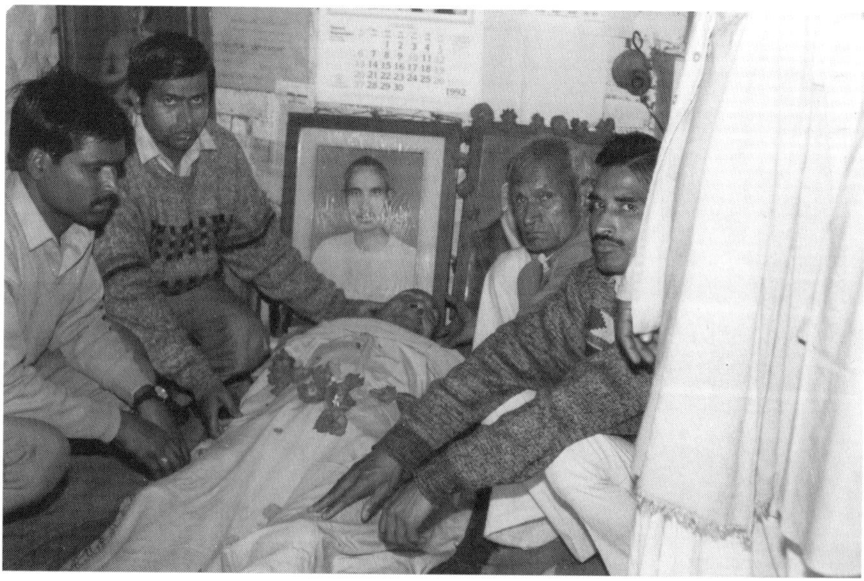

176. पेरियार ललई सिंह के सिर पर हाथ रखे हुए दाएँ—उनके चचेरे भाई रामसेवक सिंह, जो उनके साथ पढ़ने जाते थे। बाएँ—उनके भतीजे सुरेन्द्र सिंह

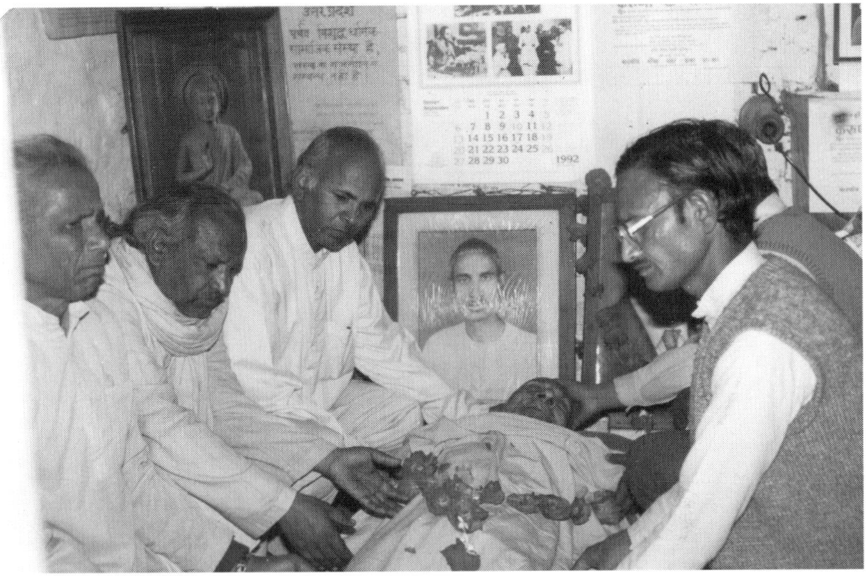

177. बाएँ से—सुन्दर लाल गौतम, भा. बौ. महासभा, उ.प्र. के नगर अध्यक्ष; प्रेमीजी बौद्ध—महामंत्री, जे.एन. आदित्य–अध्यक्ष, दाएँ–प्रकाश रत्न गौतम–मंडल अध्यक्ष, कानपुर मंडल

178. भंतेजन संगायन के लिए बैठे हुए

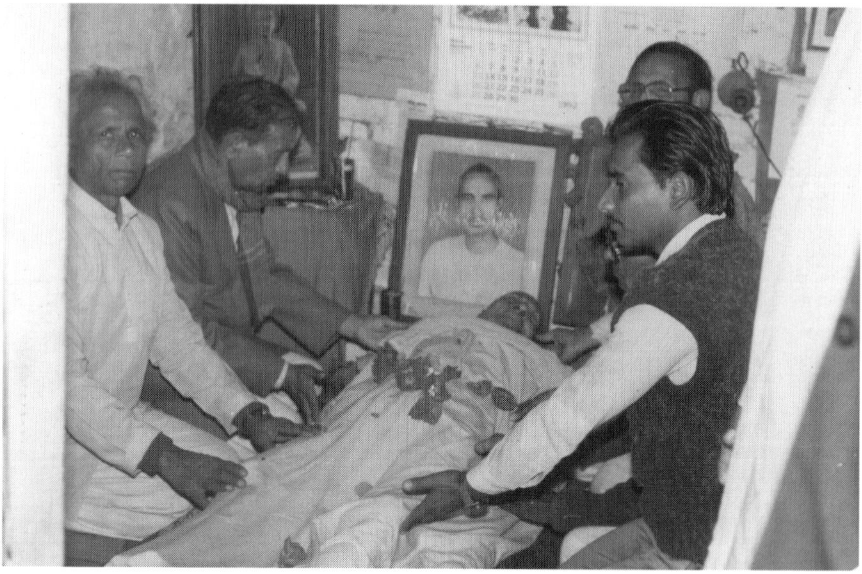

179. शोक में प्रौढ़ शुभचिन्तक श्रद्धा-सुमन अर्पित करते हुए

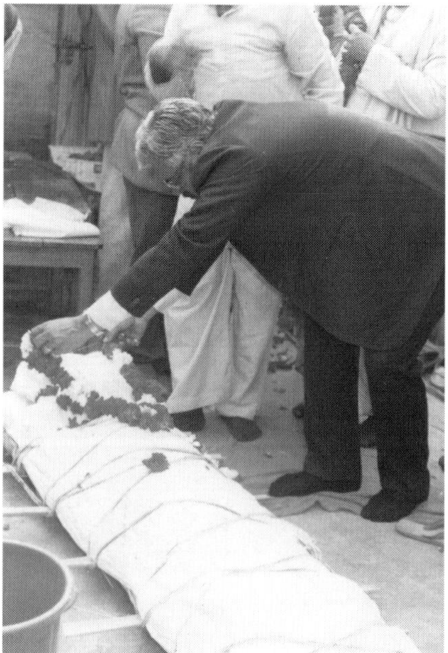

180. शुभचिन्तक पुष्पांजलि करते हुए

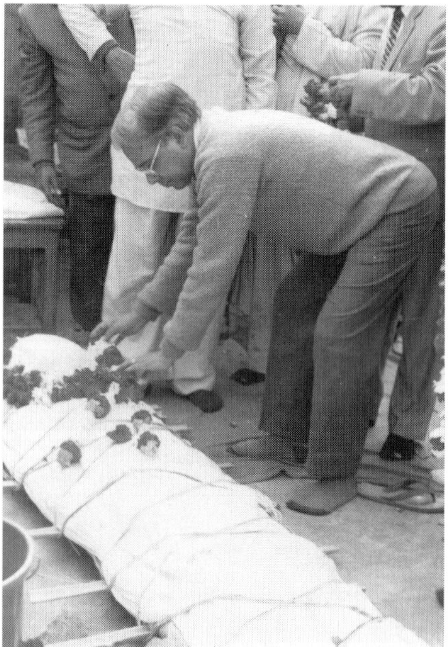

181. शुभचिन्तक पुष्पांजलि करते हुए

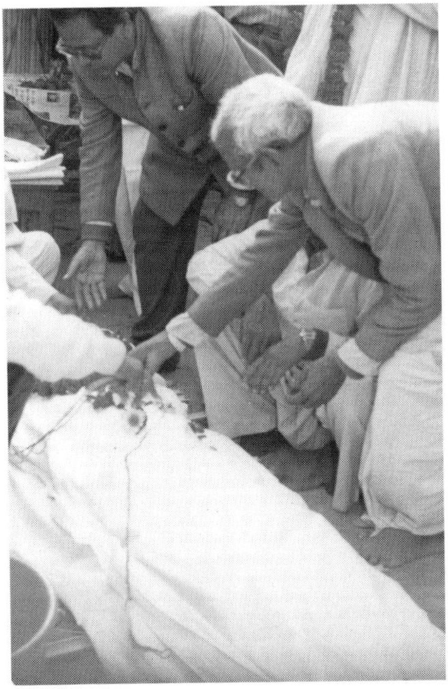

182. उनके चचेरे भाई अध्यापक रामसेवक सिंह पुष्पांजलि करते हुए

183. सुरेन्द्र सिंह पुष्पांजलि करते हुए

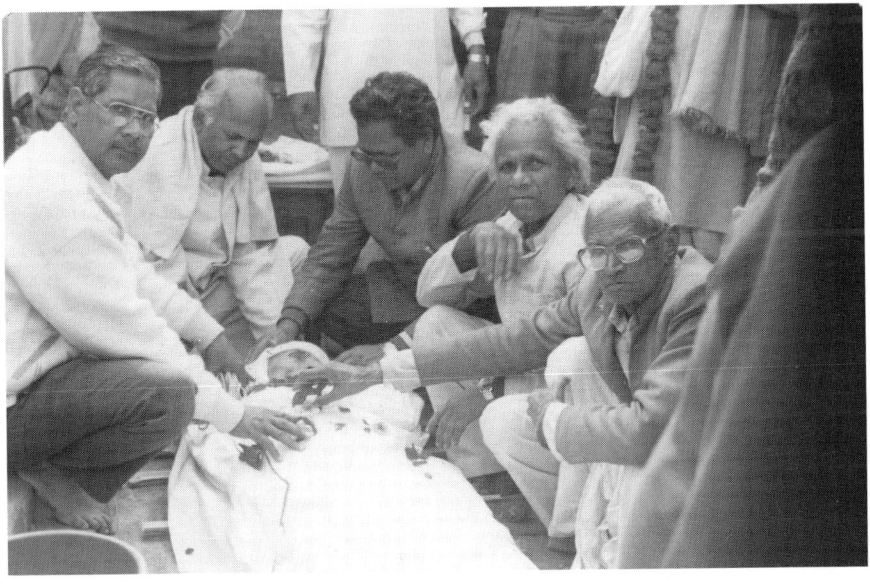

184.

185. मंचासीन—महंत दीपांकर महास्थविर। बैठे–बाएँ से दाएँ—उपासिका रानी, पत्नी जे.एन. आदित्य। खड़े—चश्मे में प्रताप सिंह आदि। खड़ी महिलाएँ–लोकावती आनंदी

186. उनके शुभचिन्तक अन्तिम दर्शन करते हुए

187. महान बौद्ध उपासक पेरियार ललई सिंह पंचशील में लिपटे हुए, जिन्होंने 21 जुलाई, 1967 ई. को, कुशीनगर में, महाथेरा ऊँ चंद्रमणि से बौद्ध धर्म ग्रहण किया था। अन्तिम विदाई देते हुए उनके भिक्षु प्रिय शिष्य दाएँ से–धनीराम बौद्ध, जे.एन. आदित्य, प्रकाश रत्न गौतम, प्रेमीजी बौद्ध, एस.डी. भानु, राजेन्द्र नाथ, पन्नालाल, सुन्दर लाल गौतम आदि।

188. शुभचिन्तक पेरियार ललई सिंह के अंतिम संस्कार के लिए उनके शव को ले जाने के लिए उठाते हुए

189. बौद्ध भिक्षुओं के संगायन के साथ उनके शव को पंचतत्व में विलीन करने के लिए अग्नि देते हुए लोग। बीच में युवा सुरेन्द्र सिंह, उनके बाएँ—रामसेवक सिंह, सत्य नारायण, पन्ना लाल, दाएँ–सी. एल. विशारद (लखनऊ), जे.एन. आदित्य, सुशील कुमार, प्रेमी जी बौद्ध आदि।

190. शोक में गाँव-जवार की महिलाएँ और पुरुष

191. पवित्राण पाठ और प्रतीकात्मक दर्शन करने के लिए पेरियार साहब का चित्र

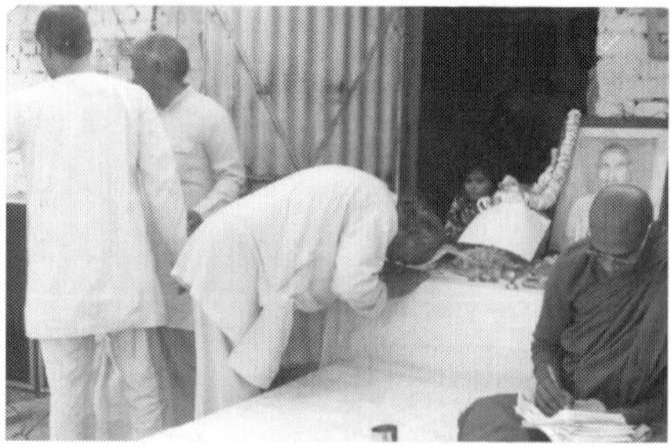

192. उनके शुभचिन्तक श्रद्धा और सम्मान व्यक्त करते हुए

193. पुष्पांजलि अर्पित करते हुए शुभचिन्तक

194. पुष्पांजलि अर्पित करती हुई महिलाएँ और शुभचिन्तक

195. पुष्पांजलि अर्पित करते हुए शुभचिन्तक

196. पुष्पांजलि अर्पित करती हुई महिलाएँ और शुभचिन्तक

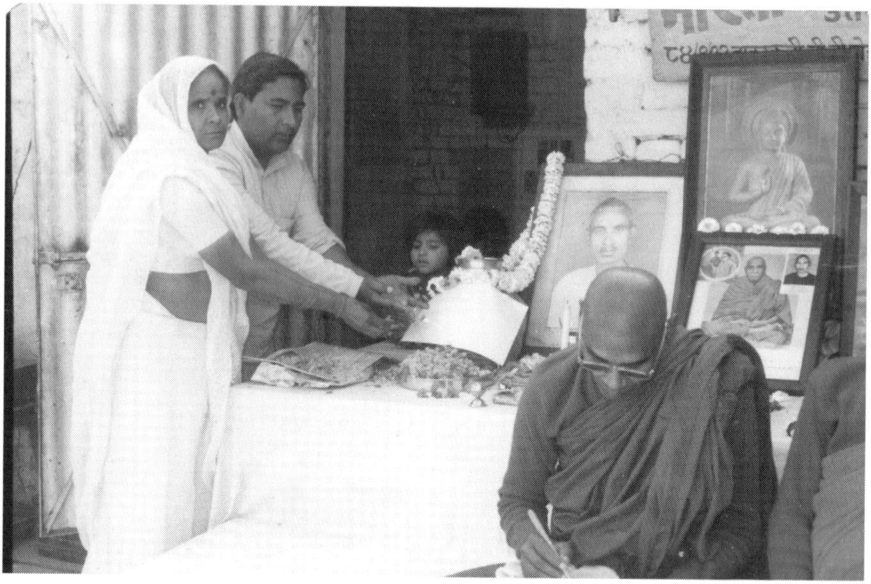

197. पुष्पांजलि अर्पित करती हुई महिलाएँ, बच्चियाँ और शुभचिन्तक

198. पेरियार ललई सिंह का अस्थि-कलश
मंचासीन भदंत दीपांकर महास्थविर, बुद्धांजलि देती–उपासिका रानी, मालती—पत्नी एस.डी. भानु

199. उनकी शुभचिन्तक बच्चियाँ और महिलाएँ अस्थि कलश पर सम्मान व्यक्त करते हुए

200. पुष्पांजलि अर्पित करते हुए शुभचिन्तक

201. उनके भिक्खुप्रिय शिष्य जे.एन. आदित्य बुद्धांजलि सभा को सम्बोधित करते हुए

202. बौद्ध भिक्खु पवित्राण पाठ का संगायन करते हुए

203. बौद्ध भिक्खु पवित्राण पाठ का संगायन करते हुए

204.

205. बौद्ध भिक्खु पुण्य-अनुमोदन करवाते हुए। इसे पुण्य-अनुमोदन संस्कार या जल-अनुमोदन संस्कार भी कहते हैं।

206. महिला और पुरुष—सभी पुन्य अनुमोदन करते हुए

207. उपासक-उपासिकाओं को शरण गमन, पंचशील तथा त्रिशरण वंदना कराता हुआ पंचशील महान भिक्खु संघ

208. सभी शुभचिन्तक पवित्राण पाठ में संगायन करते हुए

209. उपासक पाठ करते हुए

211. पेरियार ललई सिंह के बौद्ध मिशन को आगे बढ़ाते हुए उनके शुभचिन्तक

210. दुख में शुभचिन्तक

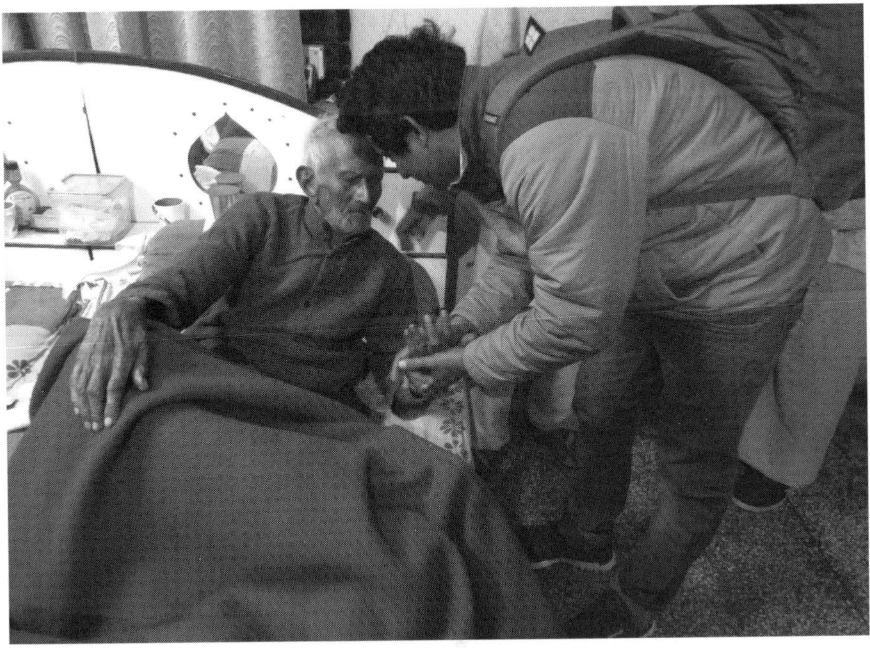

212. रामसेवक सिंह का साक्षात्कार 27 दिसंबर, 2016, संपादक गगन। जो 101 वर्ष की उम्र पार कर चुके हैं। उनका एक दुर्लभ साक्षात्कार।

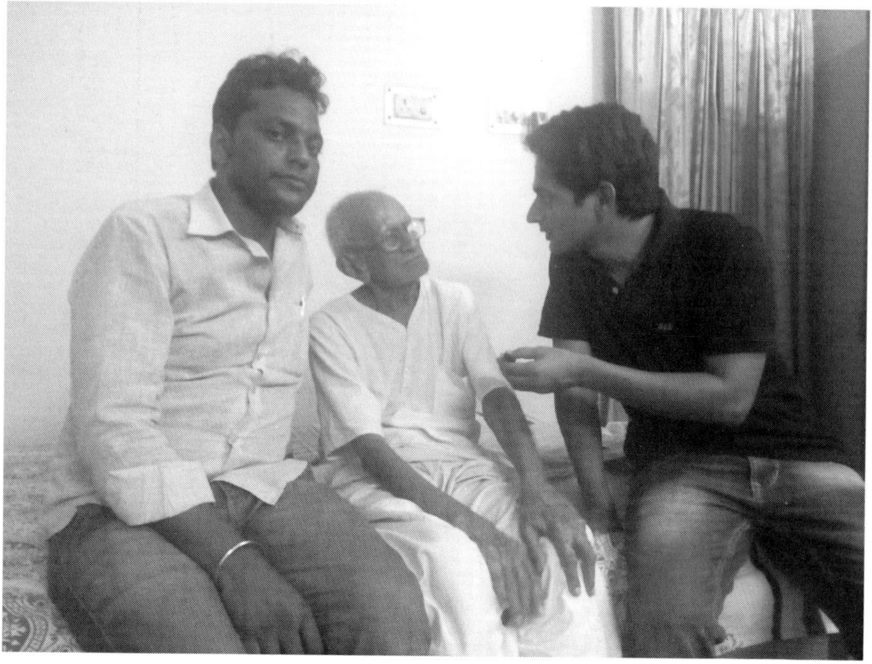

213. रामसेवक सिंह, जो पेरियार ललई सिंह के चचेरे भाई हैं, उनका साक्षात्कार साथी आशीष कुमार दीपांकर संग।

214. झींझक—वह भूमि, जहाँ पेरियार ललई सिंह ने अशोक प्रेस, सस्ता प्रेस, अशोक पुस्तकालय, पेरियार प्रेस स्थापित किया था। यहाँ प्रेस की नींव अभी भी मौजूद है। संपादक गगन निरीक्षण करते हुए। झींझक, कानपुर, उ.प्र.।

215. प्रेस का लोहे का बिखरा ढाँचा

216. प्रेस का लकड़ी का साँचा

217. पेरियार साहब का बड़ा बक्सा जिसमें अपना साहित्य आदि रखते थे।

218. वह कुआँ जिसके लिए ऐतिहासिक संघर्ष हुआ था।

219. पेरियार ललई सिंह की 71 बीघा जमीन जिसे उन्होंने बेचकर समतामूलक राष्ट्र निर्माण के लिए लगा दिया।

220. पेरियार ललई सिंह की 5 बीघे में फैला बाग, जिसमें आम, कटहल, आँवला, बेल, महुआ, अमरूद, नीम आदि के पेड़ लगे हुए थे।

221. हाई-कमांडर, महान स्वतंत्रता सेनानी पेरियार ललई सिंह जिन्होंने देश की स्वतंत्रता के लिए 41 दिनों की लम्बी भूख-हड़ताल ग्वालियर सेंट्रल जेल में की थी। उनके शिष्य सांसद राधेश्याम कोरी ने उनकी स्मृति में सांसद निधि से वर्ष 2007-08 में उनकी जन्मभूमि गाँव कठारा, रसुलाबाद, कानपुर (दे.) में स्मारक बनवाया और बाउंड्री निर्माण ग्राम प्रधान सुभाषचन्द्र तिवारी ने वर्ष 2019-20 में करवाया। उस समय सचिव–राकेश कटियार थे। इसमें पेरियार साहब की मूर्ति प्रोफेसर देवेन्द्र कुमार ने भेंट की है जो जोधपुर से संगमरमर के सफेद पत्थर से बनवाकर लाई गई। यह प्रतिमा 2.5 फीट ऊँची और 1 कुंतल 70 किलो वजन की है। यह 1 सितम्बर, 2021 को स्थापित की गई।

222. पेरियार ललाई सिंह स्मारक का मुख्य गेट

223. स्मारक की बाउंड्री

224. 1 सितम्बर, 2022 को स्मारक में लगी हुई पेरियार ललई सिंह की सुन्दर प्रतिमा कानपुर देहात।

225. पेरियार ललई सिंह स्मारक में लगी हुई सुन्दर प्रतिमा। शुभचिन्तकों में प्रोफेसर विक्रम, इलाहाबाद विश्वविद्यालय, इलाहाबाद; धर्मवीर यादव गगन, दिल्ली विश्वविद्यालय, दिल्ली एवं अनुसंधानकर्ता, जनता आदि। 1 सितंबर, 2022, कठारा, कानपुर देहात, उ.प्र., भारत।

226. 1 सितंबर, 2022 को उनके शुभचिन्तकों ने स्मारक के द्वार को 'धम्म द्वार' के रूप में सजाया था।

227. 1 सितम्बर, 2022, पेरियार ललई सिंह की जयन्ती के अवसर पर शुभचिन्तक जिसमें सिख सरदार, भीम आर्मी के सदस्य एवं अन्य साथी।

228. 227. पेरियार ललई सिंह भवन में 2 मार्च, 2023 को पेरियार ललई सिंह के साथ तथागत बुद्ध और विश्वरत्न बाबा साहब डॉ. भीमराव अम्बेडकर की प्रतिमा भी लगाई गई l स्रोत - सौरभ यादव l

229. पेरियार ललई सिंह के भिक्खु प्रिय शिष्य और उनके वैचारिक वारीश जे.एन. आदित्य के साथ गगन

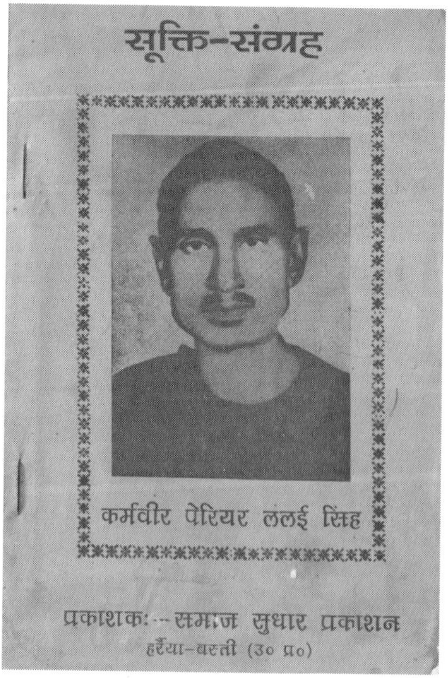

230. पेरियार ललई सिंह साहब के शुभचिन्तकों द्वारा प्रकाशित उनके सूक्ति-संग्रह का आवरण पृष्ठ जिसमें उनकी सोच का उत्तर भारत निर्मित करने की कोशिश की गई है। स्रोत–आर.बी. त्रिशरण, बस्ती, उ.प्र.

231. प्रज्ञा स्मृति बुद्ध विहार में पेरियार ललई सिंह के शुभचिन्तकों द्वारा प्रस्तुत उनका बौद्ध धर्म पर महावाक्य। यह विहार उदेत, शिवली, कानपुर देहात, उ.प्र. में स्थित है। इसकी स्थापना दिनांक 22 मई, 2011, रविवार को की गई। इसके मूल निर्माता रमेशचंद बौद्ध हैं। आप प्रान्तीय बौद्ध महासभा के अध्यक्ष भी थे।

232. पेरियार ललई सिंह के शताब्दी वर्ष में आयोजन का पोस्टर—1 सितम्बर, 2011

233. भारतीय विद्यार्थी मोर्चा, बमसेफ द्वारा पेरियार ललई सिंह का जन्मदिन मनाए जाने वाला पोस्टर

234. JNU में सन् 2018 में 'बौद्ध दर्शन और पेरियार ललई सिंह का बहुजन आन्दोलन' शीर्षक से पब्लिक टॉक

235. अम्बेडकर स्टूडेंट फोरम, छात्र संगठन, अन्तर्राष्ट्रीय हिन्दी विश्वविद्यालय, वर्धा, महाराष्ट्र

236. लोकेश पूजा बौद्ध द्वारा बनाया गया गुरु और चेला का स्केच पेरियार ललई सिंह के हाथ में विश्वविख्यात कृति सच्ची रामायण और वो अमूलचूल परिवर्तन की ओर संकेत करते हुए

237. दक्षिण भारत में बढ़ता हुआ पेरियार ललई सिंह का प्रभाव

238. अपनी बहुजन विभूतियों के चित्र से उनके चरित्र और विचार का प्रचार करता हुआ ऑटो चालक गोरखपुर (यूपी)

239. बनारस हिन्दू विश्वविद्यालय, बनारस में छात्र आन्दोलन के पोस्टर में पेरियार ललई सिंह

240. गोरखपुर विश्वविद्यालय, गोरखपुर में छात्र आन्दोलन के पोस्टर में पेरियार ललई सिंह

241. बुंदेलखंड विश्वविद्यालय, झाँसी में छात्र आन्दोलन के पोस्टर में पेरियार ललई सिंह की तस्वीर

242. एसी-एसटी एक्ट पर भारत बंद आन्दोलन, दिल्ली विश्वविद्यालय,
दिल्ली में आन्दोलनरत लोगों के हाथों में वी.पी. मंडल साहब और पेरियार ललई सिंह की सुन्दर तस्वीर

243. आरक्षण बचाओ आन्दोलन, जंतर-मंतर, नई दिल्ली में एक आन्दोलन में छात्रों, अध्यापकों के हाथ में पेरियार ललई सिंह का चित्र

244. मंडी हाउस से जंतर-मंतर तक आरक्षण के समर्थन में मार्च। छात्र, प्रोफेसर आदि के एक हाथों में पेरियार ललई सिंह के चित्र

245. आरक्षण पर संघर्ष के दौरान पेरियार ई.वी. रामास्वामी, पेरियार ललई सिंह, सावित्री बाई फुले और बीपी मंडल साहब का चित्र; दिल्ली विश्वविद्यालय, दिल्ली के छात्र और प्रोफेसर आदि

246. जेएनयू में छात्र आन्दोलन के दौरान पेरियार ललई सिंह और बीपी मंडल साहब के चित्र छात्रों, शोधार्थियों के हाथों में

247. 13 प्वाइंट रोस्टर आन्दोलन का ऐतिहासिक पोस्टर, आधुनिक भारत की निर्माता विभूतियाँ, दिल्ली विश्वविद्यालय, दिल्ली

248. 13 प्वाइंट रोस्टर आन्दोलन के दौरान पोस्टर पर राष्ट्र-निर्माता विभूतियाँ; दिल्ली विश्वविद्यालय, दिल्ली

249. 13 प्वाइंट रोस्टर आन्दोलन के दौरान दिल्ली विश्वविद्यालय, दिल्ली में पेरियार ललई सिंह एवं अन्य बहुजन विभूतियों के बैनर के साथ आन्दोलन करनेवाले छात्र और अनुसंधानकर्ता

250. आक्रोश मार्च, 13 प्वाइंट रोस्टर विरोध में और 200 प्वाइंट रोस्टर के माँग के समर्थन में छात्र, शोधार्थी और प्रोफेसर के हाथों में पेरियार ललई सिंह और डॉ. अम्बेडकर की तस्वीर दिल्ली विश्वविद्यालय, दिल्ली।

251. 13 प्वाइंट रोस्टर विरोध में कैंडल मार्च, दिल्ली विश्वविद्यालय, दिल्ली

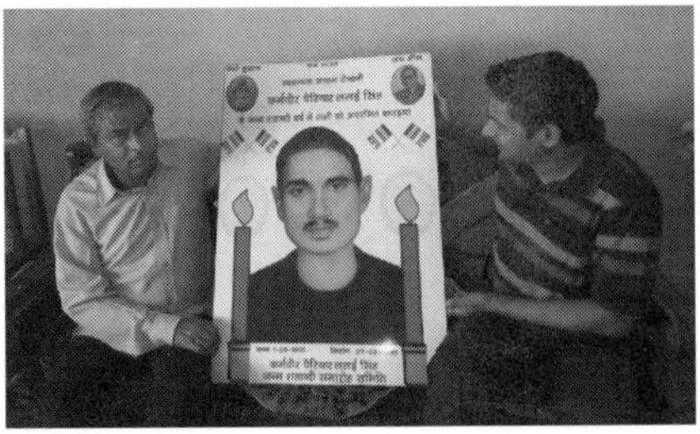

252. सुरेन्द्र सिंह और गगन के हाथों में पेरियार साहब का सुन्दर चित्र, कानपुर

253. छात्र संघ चुनाव के दौरान छात्रों के हाथों में डॉ. अम्बेडकर और पेरियार ललई सिंह के सुन्दर चित्र

254. इलाहाबाद विश्वविद्यालय, इलाहाबाद के छात्र संघ चुनाव में पेरियार ललई सिंह चित्र में

255. छात्र संघ चुनाव के दौरान इलाहाबाद विश्वविद्यालय, इलालाबाद में मार्च करते छात्र

256. छात्र संघ चुनाव, इलाहाबाद विश्वविद्यालय, इलाहाबाद में बहुजन चेतना के प्रसार और आन्दोलन के दौरान ज्योतिबा फुले और पेरियार ललई सिंह का चित्र आन्दोलनकारियों के हाथों में

257. 13 प्वाइंट रोस्टर आन्दोलन के दौरान बुंदेलखंड विश्वविद्यालय, झाँसी में आन्दोलन के पोस्टर पर पेरियार ललई सिंह आदि बहुजन विभूतियाँ

258. भारतीय बौद्ध महासभा, उ.प्र. द्वारा मनाया गया हाई-कमांडर पेरियार ललई सिंह का जन्मदिन

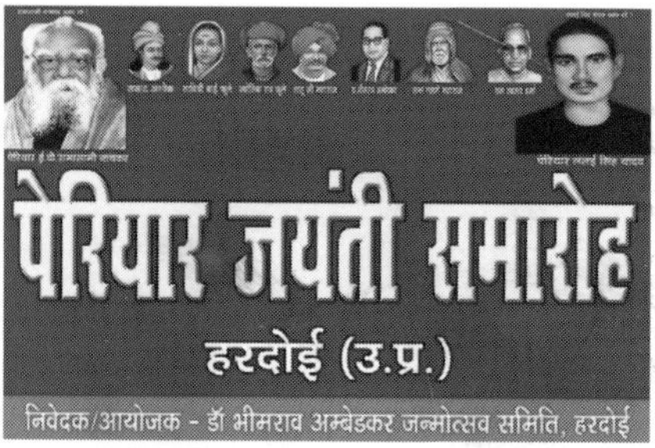

259. गुरु पेरियार ई.वी. रामास्वामी और शिष्य पेरियार ललई सिंह की संयुक्त जयंती, हरदोई, उ.प्र. में

260. मधुबन, जिला-मऊ, उत्तर प्रदेश में 23 मार्च, 2018 को पेरियार ललई सिंह की जयंती का आयोजन

261. गुरु पेरियार ई.वी. रामास्वामी और शिष्य पेरियार ललई सिंह की संयुक्त जयंती पर महिलाएँ माल्यार्पण करती हुई, बक्सर, बिहार, 16 सितंबर, 2018 ई.

262. गुरु पेरियार ई.वी. रामास्वामी और शिष्य पेरियार ललई सिंह की संयुक्त जयंती, बक्सर, बिहार, 16 सितंबर, 2018 ई.

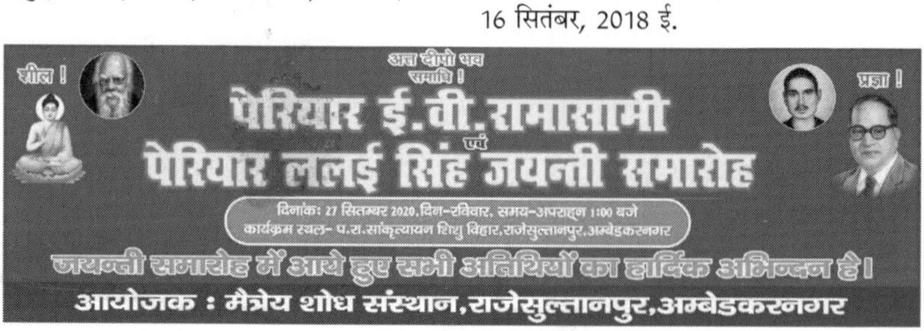

263. मैत्रेयी शोध-संस्थान, राजेसुलतानपुर, अम्बेडकर नगर में गुरु पेरियार ई.वी. रामास्वामी और शिष्य पेरियार ललई सिंह की संयुक्त जयंती का आयोजन

264. बहुजन-समाजवाद विशाल भीम चर्चा सम्मेलन, गाजीपुर, उ.प्र.

265. बहुजन समाजवाद महासम्मेलन, गाजीपुर, उ.प्र., 10 फरवरी, 2019

266. विद्यार्थी चेतना फाउंडेशन द्वारा पेरियार ललई सिंह जयंती का आयोजन, लखनऊ

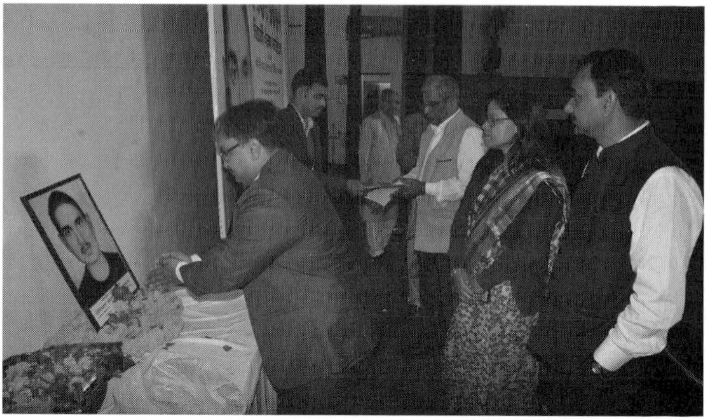

267. विद्यार्थी चेतना फाउंडेशन के आयोजन में पेरियार ललई सिंह पर पुष्पांजलि अर्पित करते हुए शोधार्थी और प्रोफेसर, लखनऊ

268. विद्यार्थी चेतना फाउंडेशन द्वारा पेरियार ललई सिंह जयंती के आयोजन में वक्तागण

269. चंद्रशेखर रावण, अध्यक्ष : आजाद समाज पार्टी, माता रमाबाई और पेरियार ललई सिंह की स्मृति सभा को सम्बोधित करते हुए

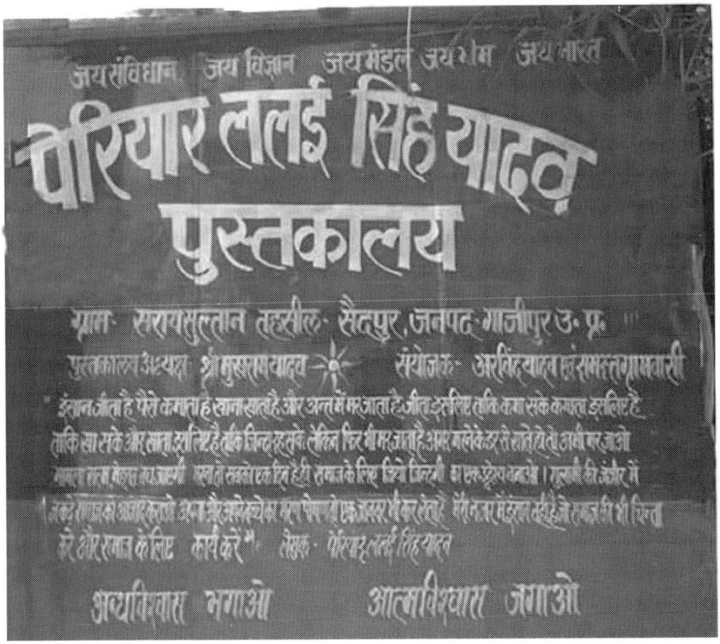

270. पेरियार ललई सिंह के नाम पर बना पुस्तकालय, ग्राम-सुल्तान सराय, पोस्ट-नेवादा, तहसील-सैदपुर, जिला-गाजीपुर, उत्तर प्रदेश में प्रारम्भ किया गया है। पुस्तकालय अध्यक्ष–श्री मुखराम यादव, संयोजक–अरविंद यादव एव समस्त ग्रामवासी हैं। इसका उद्‌घाटन बी.पी. मंडल साहब की स्मृति-तिथि 13 अप्रैल को हुआ। यह पेरियार ललई सिंह पुस्तकालय 13 अप्रैल, 2019 से चल रहा है।

271. पेरियार ललई सिंह के नाम पर स्मृति सम्मान

272. पेरियार ललई सिंह बहुजन विभूतियों संग विवाह के निमंत्रण पत्र पर

273. बी.पी. मंडल साहब के साथ पेरियार ललई सिंह विवाह के निमंत्रण पत्र पर

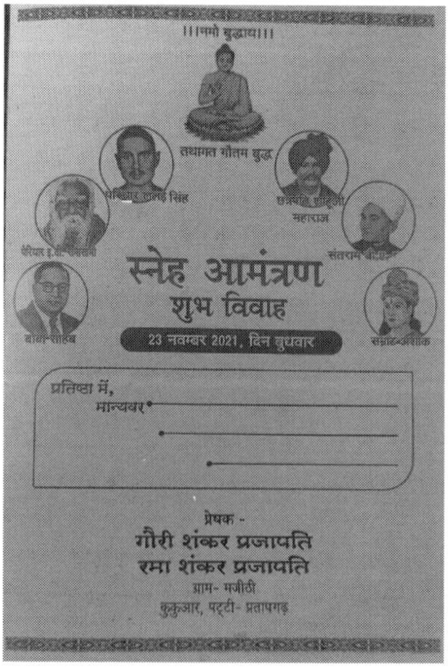

274. शुभ विवाह आदि पर प्रस्तुत होती बहुजन विभूतियाँ जिसमें पेरियार ललई सिंह भी हैं।

275. आमंत्रण-निमंत्रण, विवाह आदि हेतु प्रतिमान बनती बहुजन विभूतियाँ

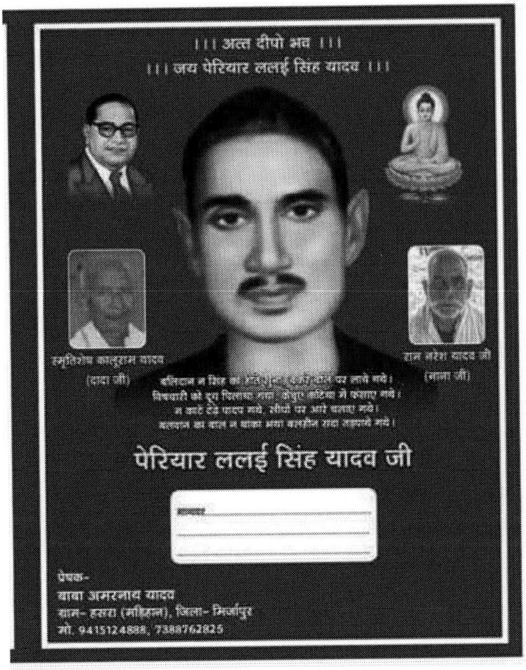

276. बुद्ध और बाबा साहब डॉ. अम्बेडकर के साथ पेरियार ललई सिंह आमंत्रण-पत्र पर, मिर्जापुर, उ.प्र.

277. पेरियार ललई सिंह विवाह के आमंत्रण-पत्र पर, सासाराम, बिहार

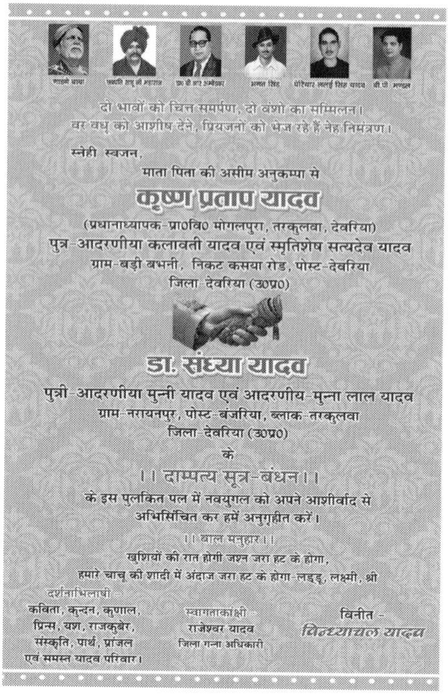

दो भावों को चित्त समर्पण, दो वंशो का सम्मिलन।
वर वधू को आशीष देने, प्रियजनों को भेज रहे हैं नेह निमंत्रण।

स्नेही स्वजन,

माता पिता की असीम अनुकम्पा से

कृष्ण प्रताप यादव

(प्रधानाध्यापक-प्रा0वि0 मोगलपुरा, तरकुलवा, देवरिया)
पुत्र-आदरणीया कलावती यादव एवं स्मृतिशेष सत्यदेव यादव
ग्राम-बड़ी बभनी, निकट कसया रोड, पोस्ट-देवरिया
जिला-देवरिया (उ0प्र0)

डा. संध्या यादव

पुत्री-आदरणीया मुन्नी यादव एवं आदरणीय-मुन्ना लाल यादव
ग्राम-नरायनपुर, पोस्ट-बंजरिया, ब्लाक-तरकुलवा
जिला-देवरिया (उ0प्र0)

के

।। दाम्पत्य सूत्र-बंधन।।

के इस पुलकित पल में नवयुगल को अपने आशीर्वाद से
अभिसिंचित कर हमें अनुगृहीत करें।

।। बाल मनुहार।।

खुशियों की रात होगी जश्न जरा हट के होगा,
हमारे चाचू की शादी में अंदाज जरा हट के होगा-लड्डू, लक्ष्मी, श्री

दर्शनाभिलाषी-
कविता, कुन्दन, कुणाल,
प्रिन्स, यश, राजकुबेर,
संस्कृति, पार्थ, प्रांजल
एवं समस्त यादव परिवार।

स्वागताकांक्षी-
राजेश्वर यादव
जिला गन्ना अधिकारी

विनीत-
विन्ध्याचल यादव

278. आमंत्रण-निमंत्रण, विवाह आदि हेतु प्रतिमान बनती बहुजन विभूतियाँ, देवरिया, यू.पी.

279. आधुनिक राष्ट्र-निर्माता विभूतियों के चित्र संग सजा विवाह-मंडप जिस पर संविधान की प्रस्तावना और मंडल कमीशन की ऐतिहासिक पंक्तियों–'समानता केवल समान लोगों में होती है, असमानों को समान के बराबर खड़ा करना असमानता को स्थिरता प्रदान करना है'—का लड़की और लड़कों द्वारा उच्चारण करने के साथ विवाह सम्पन्न। पेरियार ललई सिंह का चित्र प्रारम्भ में हुआ।

281. सावित्री बाई फुले संघर्ष समिति, बस्ती के पोस्टर पर पेरियार ललई सिंह की तस्वीर

280. बहुजन चेतना यात्रा पेरियार ललई सिंह के जन्मदिन 1 सितम्बर के अवसर पर, आजमगढ़, उ.प्र.

282. बहुजन नवजागरण के वैवाहिक कार्यक्रम में बीपी मंडल साहब और पेरियार ललई सिंह का चित्र। प्रदीप कुमार गौतम के विवाह के अवसर पर उरई, जालौन, उ.प्र.

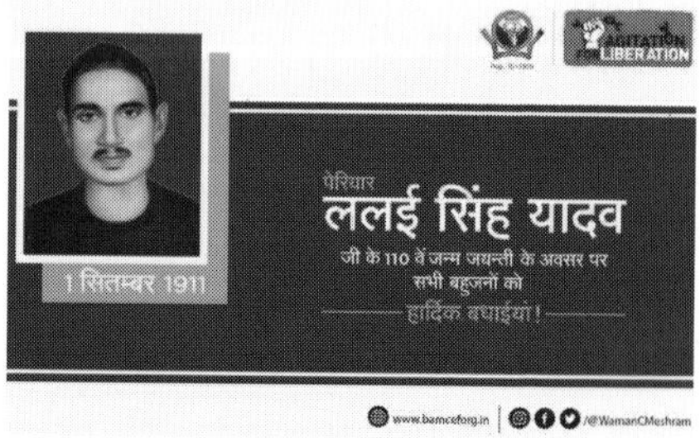

283. बमसेफ द्वारा पेरियार ललई सिंह के जन्मदिन पर बधाई का चित्र

284. भारत में बहुजन नवजागरण की महान विभूतियाँ

285. उत्तर भारत में बुद्ध, फुले, अम्बेडकर, पेरियार की वैचारिकी को प्रस्तुत करने वाली आधुनिक राष्ट्र-निर्माता बौद्धिक बहुजन विभूतियाँ, अर्जक संघी, शोषित वंचितों की मुखर साहित्यिक अभिव्यक्ति और आवाज चंद्रिका प्रसाद 'जिज्ञासु', पेरियार ललई सिंह, रामस्वरूप वर्मा, महाराज सिंग भारती, जगदेव प्रसाद

नोट–इन चित्रों में प्रारम्भिक चित्र पेरियार ललई सिंह द्वारा स्वयं खिंचवाए और बनवाए गए हैं। कुछ अन्य फोटो उनके शुभचिन्तकों द्वारा खिंचे गए हैं। दस्तावेजों के चित्र अनुसंधानकर्ता गगन द्वारा संगृहीत हैं। और उनके महापरिनिर्वाण के बाद के फोटोज चन्द्र प्रकाश, कानपुर द्वारा खींचे गए हैं। उस समय ये फोटो खींचते थे, बाद में डाकिया हो गए। कुछ अन्य फोटो साथियों, शुभचिन्तकों द्वारा खींचे गए हैं। *संपादक-गगन।*

वंशावली

[पेरियार ललई सिंह द्वारा तैयार की गई]

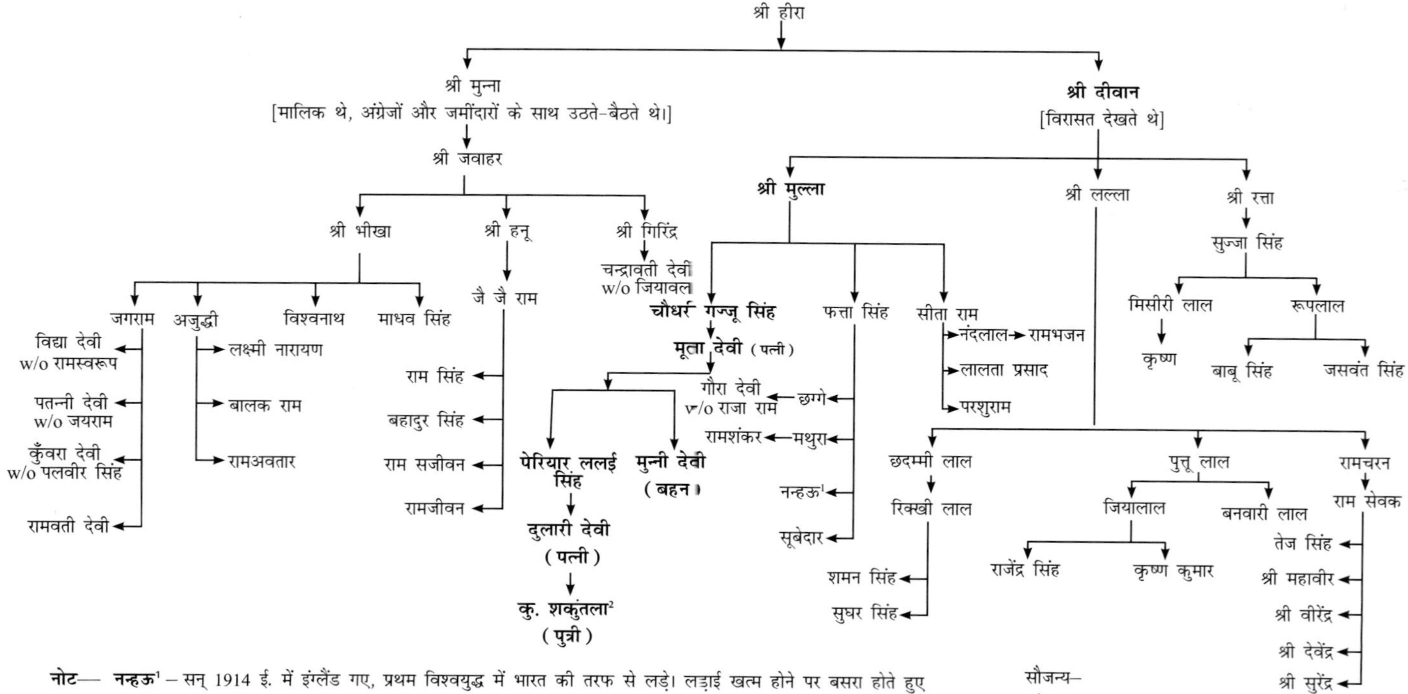

नोट— **नन्हऊ**[1] – सन् 1914 ई. में इंग्लैंड गए, प्रथम विश्वयुद्ध में भारत की तरफ से लड़े। लड़ाई खत्म होने पर बसरा होते हुए भारत वापस आए। प्रथम विश्वयुद्ध की विभीषिका को देखकर करुणामय होते हुए सदा के लिए साधू हो गए।

कु. शकुंतला[2] – ग्यारह वर्ष की उम्र में क्षय रोग से मृत्यु हो गई थी।

सौजन्य–
सुरेंद्र सिंह
(M.Sc. Math), कानपुर, उ.प्र.
आप पेरियार ललई सिंह के भतीजे हैं।